ちくま学芸文庫

中東全史

イスラーム世界の二千年

バーナード・ルイス
白須英子 訳

筑摩書房

THE MIDDLE EAST:
2000 years of History from the Rise of Christianity to the Present Day
by Bernard Lewis

Copyright © 1995 by Bernard Lewis
First published by the Orion Publishing Group, London All Rights Reserved.
Published by arrangement with Orion Publishing Group
via The Japan Uni Agency, Inc.

1. コンスタンティヌス大帝（在位 306-337）。最初のキリスト教徒ローマ皇帝でコンスタンティノープルの設立者――ワイデンフェルト資料館

2. ヨルダンのマダバにある聖ゲオルギオス教会の床に初期キリスト教徒が作成した世界最古の聖都エルサレムとその周辺のモザイク地図——ワイデンフェルト資料館

3. ローマ皇帝ユスティニアヌスの530年の勝利を記念した硬貨――ロンドンの古代美術建築コレクション

4. シリアのドゥラ・エウロポスで発掘された3世紀のシナゴグ（ユダヤ教会堂）――ダマスカス国立博物館

5. 691-692年にエルサレムの「神殿の丘」に、アブド・アルマリクによって建立された「岩のドーム」。イスラーム史上初の壮大な宗教的建造物——ワイデンフェルト資料館

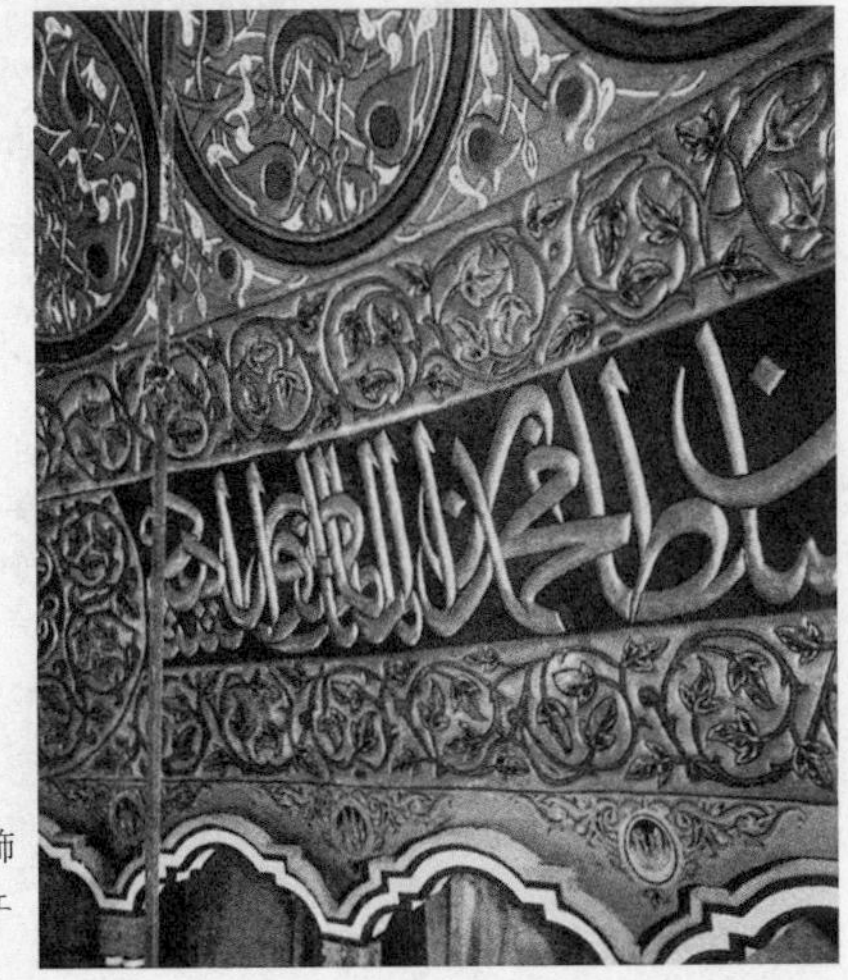

6.「岩のドーム」内部の銘刻と装飾——ワイデンフェルト資料館

7. 1258年、モンゴル軍がバグダードを襲撃、略奪し、アッバース朝最後のカリフを殺害。以後、バグダードはイスラーム世界の重要な地位を喪失――パリ国立図書館

8. サマルカンドにあるティムール・レンクの廟。1405年の彼の死後、その広大な領土は分割され、喪失した――ワイデンフェルト資料館

9. （上）オスマン帝国史上で「稲妻」の異名をもつスルタン・バヤズィト一世（在位 1389-1402）
（右）スルタン・ムラト二世（在位 1421-44、1446-51）――イスタンブルのトプカプ宮殿博物館

10. メフメト二世がコンスタンティノープルの最終的攻囲攻撃に備えて 1452 年に建造した要塞ルメリ・ヒサール――ワイデンフェルト資料館

11.「征服王」として知られるスルタン・メフメト二世（在位 1445-46、1451-81）。ベリーニ作の肖像画――ロンドンのナショナル・ギャラリー

12. 行進するオスマン帝国軍（左）　宮廷で大事な役割をしていた〈イェニチェリ〉の副官・教育官（騎乗）と従者たち（右）——アテネのゲナディオス図書館

13. 〈イェニチェリ〉のマスケット銃兵。袖の形をした帽子と、銃身の長いマスケット銃が特徴——アテネのゲナディオス図書館

14. オスマン帝国宮廷の首席天文学者タキエッディーン。1577年から新設の天文台長。中世のムスリム科学者たちは天文学の発達に大きな貢献をした——ワイデンフェルト資料館

15. 真鍮を彫り込み、銀と銅の象嵌を施した1236年カイロ製の天体観測器。イスラーム世界全土の天文学者、占星術師に使われていた——大英博物館

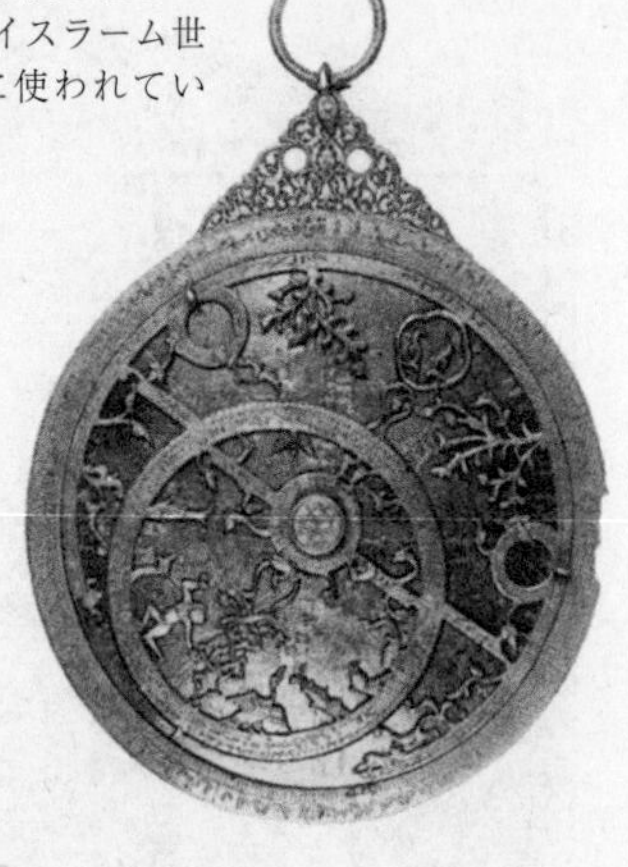

16. 17世紀ペルシアの医学書の挿絵——オクスフォード大学ボードリアン図書館

17. エスファハーン（イラン）の王のモスク（現在はエマーム・モスクと呼ばれている）。サファヴィー朝シャー・アッバース一世（在位1588-1629）が首都と定めたエスファハーンにある16世紀末から17世紀初頭のすばらしい建物群の一つ——ワイデンフェルト資料館

18. エスファハーンのチャハール・バーグ神学校の玄関。この神学校は中世ムスリムの高等教育の礎石となった——ロンドンの古代美術建築コレクション

19. 大使をもてなすシャー・アッバース。16世紀の建立、1706年に再建されたエスファハーンのチェヘル・ソトゥーン宮殿の壁画——ロンドンの古代美術建築コレクション

20. 16世紀のオスマン帝国海軍将官ウルチ・ハサン・パシャの親友で財務長官になったイギリス人ハサン・アー（サムソン・ローリー）。大勢の西欧人キリスト教徒がオスマン帝国に出仕し、その大半がムスリムに改宗した。キリスト教国では、そうした人たちは背教者と言われるが、オスマン帝国内では「真理への道を発見した人」という意味の「ムフテディ」と呼ばれた――オクスフォード大学ボードリアン図書館

21. 無名の画家による1574年のイスタンブルのユダヤ人医師（左）とトルコ人商人（右）。キリスト教徒ヨーロッパから迫害されて逃げてきたユダヤ人難民で16世紀のオスマン帝国内に定住した人は多い――アテネのゲナディオス図書館

22. イスラーム神秘主義教団のデルウィーシュ（修道僧）。ヴェネチア大使のためにトルコ人画家が書いた17世紀の本の挿絵より――ワイデンフェルト資料館

23. 18世紀のドラゴマン（通訳）。オスマン帝国政府や外国大使館の大半がドラゴマンを雇っていた。トルコ政庁の首席ドラゴマンは、事実上オスマン帝国の外交関係を取り仕切る重要な役割を果たしていた――ダルヴィマート著『トルコ人の服装』（1802）

24. ペルシアの狩猟風景。ペルシアやトルコの狩猟は、長いあいだ社交、文化ばかりでなく、軍事演習的な役割さえもっていた——大英博物館

25. 1850年代のトルコのカフヴェ・ハーネ（コーヒー館）での喫煙風景。タバコは17世紀初頭にイギリス人商人によってアメリカから輸入された。喫煙も、のちにはタバコの栽培もオスマン帝国内に急速に広まった——メアリー・エヴァンズ版画館

26. 1825年のオスマン帝国内の「女たちの長」と呼ばれる黒人宦官、小人の道化師、白人宦官らの服装（ジョヴァンニ・ブリンジェシ作）――トルコの絵葉書コレクション

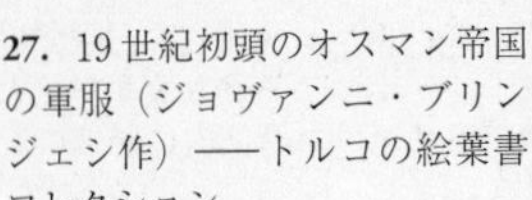

27. 19世紀初頭のオスマン帝国の軍服（ジョヴァンニ・ブリンジェシ作）――トルコの絵葉書コレクション

28. 左からトルコ政庁の通訳、西欧の大使、書記官長、ブハラの大使、内務省高官（アリフ・パシャ作）――トルコの絵葉書コレクション

29. 1826年に〈イェニチェリ〉を全廃した前後のスルタン・マフムト二世。左右の絵は馬の姿勢は同じだが、騎乗のスルタンの被り物、髭、着衣、護衛官、馬飾りなどが西欧風に変化している――トプカプ宮殿博物館

30. 英仏の専門家たちと会談するオスマン帝国エジプト総督ムハンマド・アリー・パシャ（在位 1805-48）——ロンドンのヴィクトリア＝アルバート美術館

33. オスマン帝国支配に対するアラブ人の反乱。アラブ軍は 1917 年 7 月にアカバ湾に進攻——ロンドンの帝国軍事博物館

31. トルコ共和国の創立者で初代大統領ケマル・アタチュルク——ワイデンフェルト資料館

32. 1928年、イスタンブルで、西洋式のアルファベットを教える教師としての指導者アタチュルク——ワイデンフェルト資料館

34. 1979年1月、テヘランでホメイニー師を支持するデモ——撮影A・ミンガム

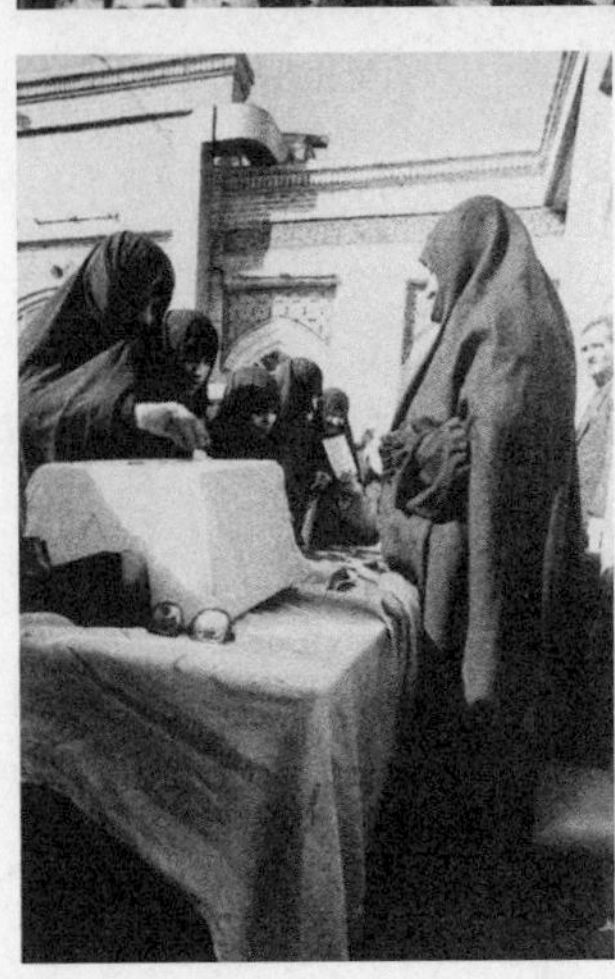

35. 1979年12月、新しいイスラーム憲法のために投票するイラン人女性——撮影A・ド・ヴィルデンバーク

日本の読者へ

このたび、中東の二千年に関する拙著の日本語訳出版にあたり、日本の読者にご挨拶を送ることを私はことのほか嬉しく思っています。

私の日本の第一印象は、一九二〇年代のイギリスでの学校時代にさかのぼります。ご想像がおつきのように、大ざっぱではありましたが、日本についての歴史、地理の授業から私が折にふれて得た印象は好ましいものでした。私たちは日本人を、どちらかと言えば自分たち自身に似ていると考える傾向がありました。これは一つの民族が他の民族に対して払うことのできる最大の賛辞であることは言うまでもありません。私たちと同様、あなたがたもまた島国の国民で、大国や大陸を拠点とする帝国とは別個の特質をもっています。私たちと同じように、あなたがたもまた、ユニークな、そしてもちろん、私たちから見れば優れた生活様式を生みだし、それを大切に育んできました。私たちと似て、あなたがたも、シェイクスピアの言葉を借りれば、「征服者の傲慢な足下に踏みつけられたことは一度もなかったし、これからもないであろう」と自負してきました。のちの諸事件や出来事がそうした意識に重要な変化を与えはしましたが、それでも最初の印象はそれなりに心に残り、その一部が力強く甦りはじめてさえいます。

私がはじめて日本人と知り合い、同時に日本人の中東に関する学問的研究について知ったのは、一九三六年から三七年にかけてのことです。当時、イギリスで学士号を取ったばかりの私は、指導教官だった故ハミルトン・ギブ先生から、パリに一年ほど留学し、当時のフランスの卓越した東洋学者のもとで勉強するように勧められました。そのときの学生仲間の一人に、同じ目的のために京都大学からパリに留学してきていた日本人の羽田明氏がいました。私たちにはたくさんの共通点があることがわかり、そのうちの一つが発端で、この日本からきた友人は私に、いっしょに京都に戻って、彼らが計画している新しい中東研究センター設立の仕事に携わらないかとまでもちかけたのです。私は大きな誘惑を感じましたが、思いとどまりました。一つには、すでに勉学中だった四つの中東言語に加えて、もう一つのむずかしい東洋の言葉を学習することは容易に越えがたい障壁でした。もう一つのもっと現実的な理由は、私がこれまで何年も勉強してきた中東にまだ一歩も足を踏み入れたことがなかったことです。私の当面の仕事は明らかに、現地を訪れ、じかにその地域のことを知り、それからイギリスに帰って学位論文を仕上げて博士号を取得することでした。

私が実際に日本を訪れ、同じ研究分野の日本人同僚と会ったのは、それからずいぶんんだってからのことです。それは一九七三年のイギリス学士院と日本学術振興会とのあいだの人材交流計画によって実現しました。日本へ派遣する代表を一人選ぶように依頼されたイギリス学士院は、最初、極東のなかでもとくに日本の専門家の一人を送ることを考えていました。ところが、日本の研究機関は、イギリスの極東専門家たちはすでによく知っているので、少し目先の変わった人をお迎えしたいと丁重に指示してきたのです。そこでイギリス学士院のオリエント学会会長を務めていた私にお鉢がまわってきたわけです。私は日本の学術研究機関を訪ねたり、同僚研究者たちと会ったり、日本の大学における私の研究分野の現状について多少なりとも知ることができ、本当に愉しい一カ月を過ごしました。それはある意味では、少々気後れするほどの大仕事でした。生まれてはじめて日本にやってきた私は、日本語を一言も知らず、道路標識さえ読めない国にいきなりきてしまったのですから。お迎えくださった日本人の方々の行き届いたお心遣いと手助けのおかげで、それは問題ではありませんでした。ごく基本的な文字を読むことさえ、とうとうできるようにはなりませんでしたが、挨拶や必要な用事を足すための簡単な言葉は、なんとか覚えることができました。それはたぶん、私の著書のいくつかが日本語に翻訳されていたためであったことを知って、とりわけありがたく思ったものです。中東は、とかく不幸な諸事件のために始終ニュースになっており、そのせいで、中東問題についてガイダンスを求められることが少なくありません。私の著書はたくさんのヨーロッパ言語、およびおもな中東言語すべてに翻訳されていますが、私がいちばん満足しているのは日本語の訳書です。見た目も美しいし、他言語の訳書に時折見られるような、翻訳者の仕事の粗雑さに気づいたことは一度もありませんでした。

今では、日本の大学に中東研究の大きなセンターがいくつかあり、中東の歴史と文化をさまざまな側面から専門的に研究している学者が大勢おられます。日本人の学者が第一に日本の読者のためにものを書くのは当然のことですが、その仕事が西欧世界にあまり知られていないのは残念に思えてなりません。すでに西欧言語、あるいは中東言語で書かれたり、翻訳されたりしているものは量的に少なくはありますが、時には私たちにはない発想を示唆してくれます。他の文化交流と同様に、翻訳も相互通行であるべきです。西欧も中東も、日本人の学問的研究に触れることによって得るものは非常に大きいのではないでしょうか。

私たち西欧人と極東のあなたがたは、世界の両端から中東に接近することになりますが、大事なのは、私たちには共通の知的好奇心、異質の文化や文明を知りたいという意欲があり、彼らの言語や古典的作品を学ぶために必要な努力を惜しまず、必要とあれば、遠いところにある大昔の忘れられた刻文の発見や解読に努めてさえいることです。こうした好奇心は、あなたがたの文明と私たちの文明に顕著なものですが、決して人類に共通の特質ではありません。こうした共通点のない人たちのあいだでは、好奇心は誤解されたり、相手を怒らせたりすることすらあるのです。

最後に、有名な十八世紀のイギリスの辞書編纂者であり、文学者でもあったサミュエル・ジョンソン博士の一七三五年の言葉を引用して結びといたします。「寛大で高尚な精神の持ち主は、間違いなく並外れた好奇心にあふれている。こうした好奇心は他国の法律や慣習を調査するときほど好ましく、有効に役に立つことはない」

バーナード・ルイス

二〇〇一年六月　プリンストンにて

中東全史【目次】

編集部注

・人名の生没年、在位、時代の期間は、原文にあるものも、訳者が付記したものも（　）で示した。

・地名の旧名・別名、簡単な地理的説明は（　）で示した。

・その他の訳注は〔　〕で割注で示した。

・『コーラン』は井筒俊彦訳（岩波文庫）、『聖書』は新共同訳を参照させていただいた。

中東全史——イスラーム世界の二千年

序文

中東の歴史を一冊にまとめた本は、今日までにたくさん出ている。その大半はキリスト教の勃興で終わるか、もしくはイスラームの興隆で始まっている。本書の中東史をキリスト教時代から始めることにしたのは、次の二つの目的を達成したいからである。

その一つは、預言者ムハンマド（マホメット）の生涯とイスラーム国家が樹立された背景の一部としてのイスラーム勃興以前のアラビアを描くとともに、ペルシア帝国（サーサーン朝ペルシア、二二六―六五一）とビザンツ帝国（三九五―一四五三）という二つの偉大な帝国の存在を、通常の歴史書の慎ましやかな位置から救い出すことにある。何百年にもわたって中東を共有したり、分裂させたりしてきたこの二つのライバル大国を、通り一遍の記述ですますのはもったいない。

第二の目的は、私たちが知っている今日の中東と、古代の文書や記念碑から知ることができるこの地域の古代文明とのつながりを立証することである。キリスト教時代の初期、つまりイエス・キリストとムハンマドのあいだの約五百年の時代に、ペルシア帝国の西側地帯は、ギリシア化、ローマ化、キリスト教化が次々と進んで大きく変わり、それらの古代文明の記憶は(全部ではないにしても)忘れられてしまった。考古学者や東洋学者の努力によってそれらが復活されたのは、比較的近代になってからのことである。だが、現代の中東が、古代から中世を経て今日にいたるまでどのようにつづいてきたのか、その連綿とした生々しいつながりは考察に値する。

この地域の歴史を綴る近代初期の試みは、当然のことながらこの地に起こった政治的・軍事的諸事件に焦点を当ててきた。それらを除外して歴史をより深く掘りさげることは、不可能ではないにしてもむずかしい。そうした先人たちの業績のおかげで、筆者は政治関連の叙述を最小限にとどめ、社会、経済、そして何よりも文化の変遷のほうに心おきなく注目できる。こうした見地から、年代記、旅行記、記録資料、碑文、ときには詩や逸話などを含めたそれぞれの時代の資料を、しばしば直接引用した。適当な英訳があるものはそれを利用したり、引用したりし、英訳がない場合は、筆者自身が訳した。写真や図版もまた、同様の目的で入れてある。それらが、叙述や分析では得られないものを洞察する手がかりになってくれればと思う。

豊かで、多様性に富み、脈動あふれる地域の二千年の歴史をたった一冊の本にまとめようとすれば、どうしても大事なことの多くを割愛せざるをえない。この地域の研究者なら、それぞれ独自の取捨選択をするであろうが、筆者もまたその一人として、そうした選択が恣意的であることは避けられない。筆者から見て、もっとも特徴的な、もっとも示唆に富む人物や出来事、風潮、業績を重視するように心がけたつもりである。それがどこまで成功しているかは、読者の判断に委ねたい。

最後に、プリンストン大学の四人の若い学者、デイヴィッド・マーマー、マイケル・ドーラン、ケイト・エリオット、ジェーン・バウンに心から謝辞を述べる。四人とも、本書出版の準備から完成にいたるさまざまな過程で筆者を助けてくれた。とりわけジェーン・バウンの細部まで正確さを追求する学者精神と鋭い鑑識眼は、終始、何よりもありがたかった。また、何度も稿を改めた本書の初稿から最終稿まで、ていねいに、忍耐強く処理してくれた助手のアンナマリー・セルミナーロにも感謝を表明したい。編集、写真や図版、刊行実務に関しては、ベンジャミン・ブカン、トム・グレイヴズ、索引制作者のダグラス・マシューズの力量と忍耐力に負うところが果てしなく大きい。彼らは刊行までの過程を迅速に運び、しかも仕上がりをいっそうすばらしいものにした。

協力者全員から受けた数々の提言のうち、筆者が受け入れたものについては、深い感謝を捧げるとともに、拒絶した分についてはお詫びを申し上げる。それゆえ、本書になお欠陥が残っているとすれば、すべて筆者の責任であることは明らかである。

一九九五年四月、プリンストンにて

バーナード・ルイス

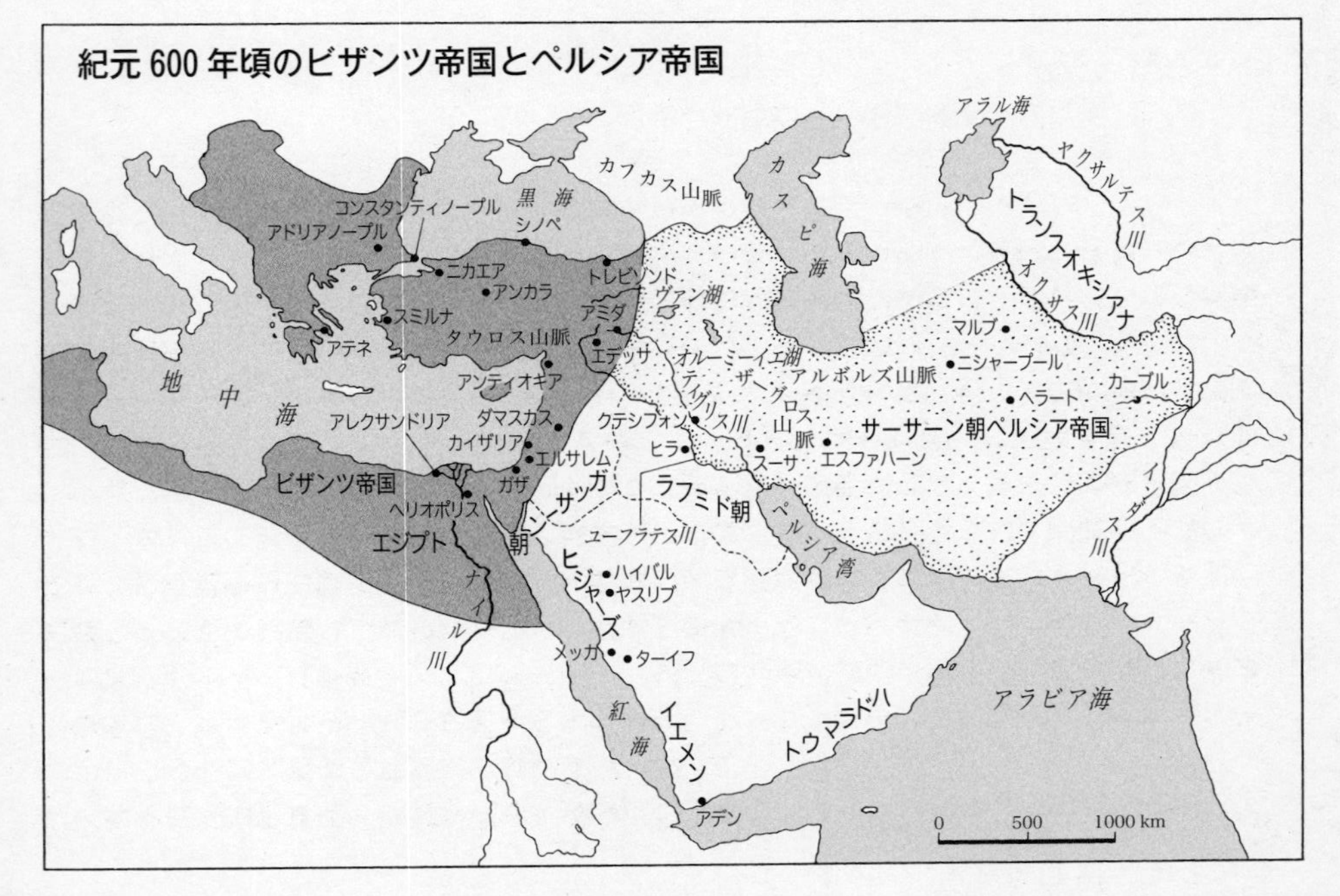
紀元 600 年頃のビザンツ帝国とペルシア帝国
アラル海
ヤクサルテス川
トランスオキシアナ
オクサス川
カフカス山脈
カスピ海
黒海
シノペ
コンスタンティノープル
アドリアノープル
ニカエア
アンカラ
トレビゾンド
スミルナ
アテネ
アミダ
ヴァン湖
タウロス山脈
エデッサ
オルーミーイエ湖
アルボルズ山脈
ニシャープール
マルブ
カーブル
ヘラート
地中海
アンティオキア
ザーグロス山脈
ティグリス川
クテシフォン
ダマスカス
アレクサンドリア
カイザリア
エルサレム
ヒラ
スーサ
エスファハーン
サーサーン朝ペルシア帝国
ビザンツ帝国
ガザ
ガッサーン朝
ラフミド朝
ヘリオポリス
エジプト
ユーフラテス川
ペルシア湾
インダス川
ヒジャーズ
ハイバル
ヤスリブ
ナイル川
メッカ
ターイフ
紅海
イエメン
ハドラマウト
アラビア海
アデン
0
500
1000 km

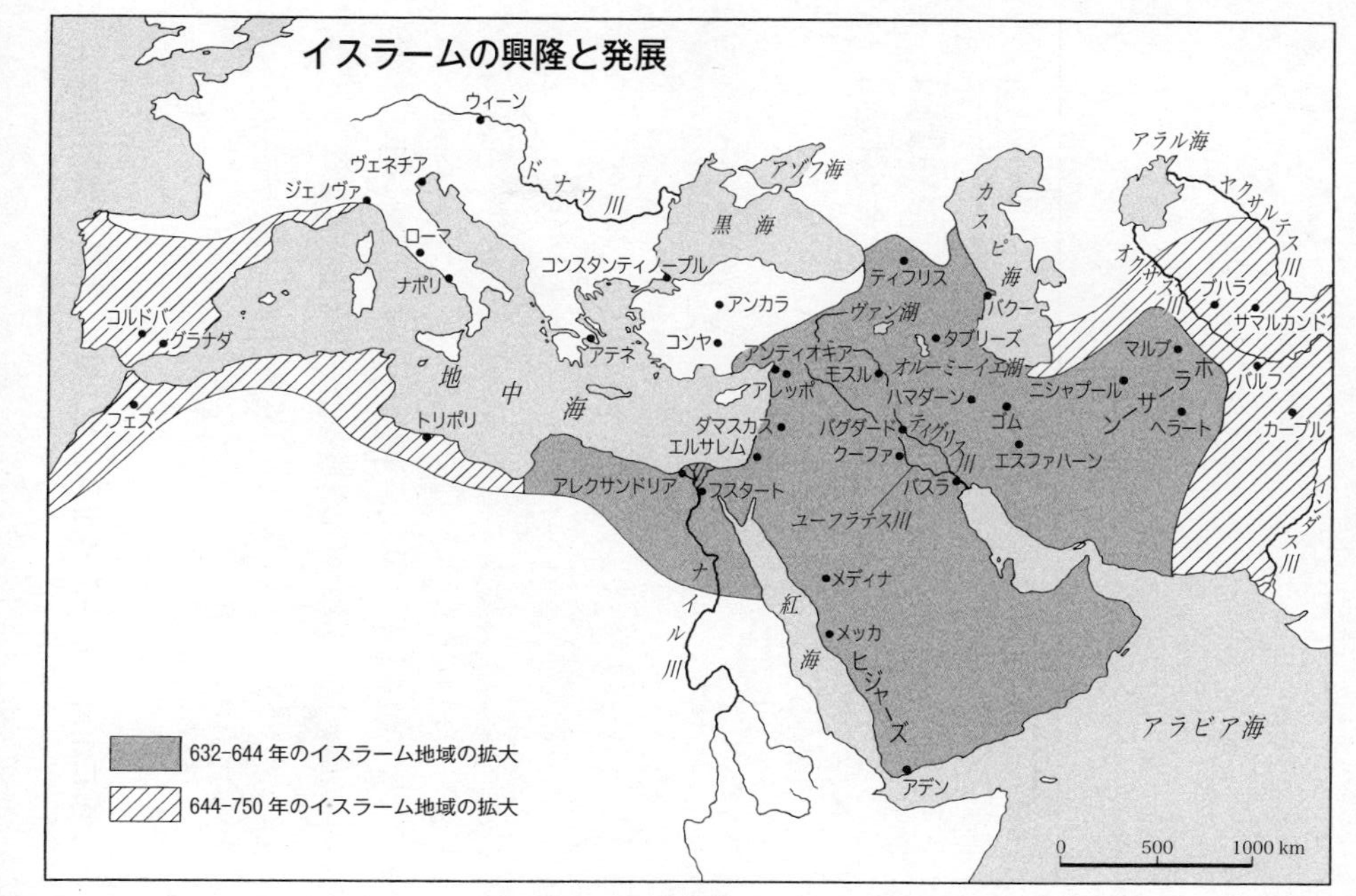
イスラームの興隆と発展
ウィーン
ドナウ川
ヴェネチア
ジェノヴァ
ローマ
ナポリ
コルドバ
グラナダ
フェズ
トリポリ
地中海
アテネ
コンスタンティノープル
黒海
アゾフ海
アンカラ
コンヤ
アンティオキア
アレッポ
ダマスカス
エルサレム
アレクサンドリア
フスタート
ナイル川
紅海
メディナ
メッカ
ヒジャーズ
アデン
ユーフラテス川
ティグリス川
バグダード
クーファ
バスラ
モスル
ヴァン湖
オルーミーイエ湖
ティフリス
バクー
カスピ海
タブリーズ
ハマダーン
ゴム
エスファハーン
ニシャプール
ホラーサーン
マルブ
ヘラート
アラル海
ヤクサルテス川
オクサス川
ブハラ
サマルカンド
バルフ
カーブル
インダス川
アラビア海
632-644 年のイスラーム地域の拡大
644-750 年のイスラーム地域の拡大
0
500
1000 km

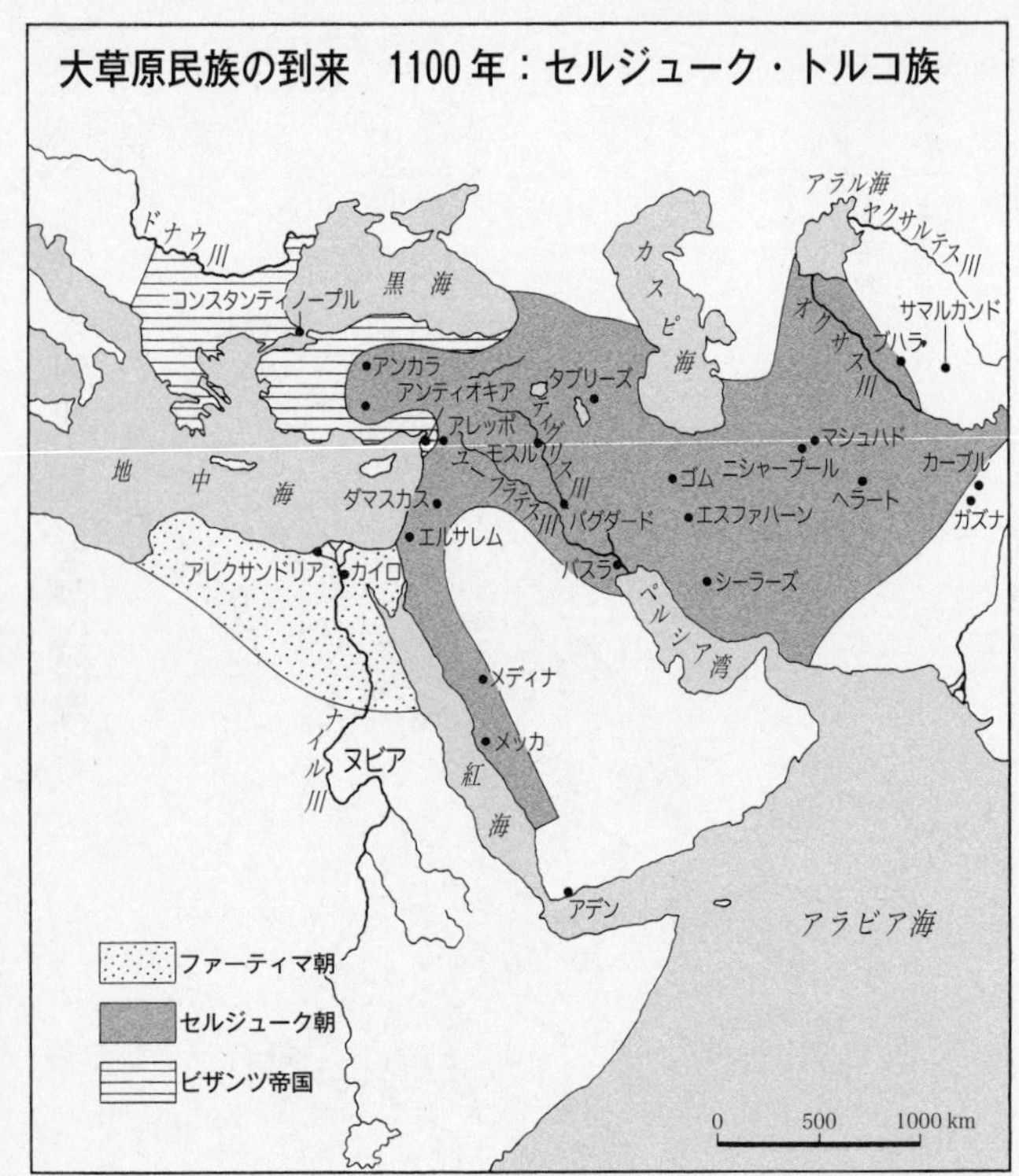
大草原民族の到来　1100 年：セルジューク・トルコ族
ドナウ川
コンスタンティノープル
黒　海
カスピ海
アラル海
ヤクサルテス川
オクサス川
サマルカンド
ブハラ
アンカラ
アンティオキア
タブリーズ
アレッポ
ティグリス川
モスル
ユーフラテス川
地　中　海
ダマスカス
エルサレム
バグダード
バスラ
マシュハド
ニシャープール
ゴム
ヘラート
カーブル
ガズナ
エスファハーン
シーラーズ
ペルシア湾
アレクサンドリア
カイロ
メディナ
メッカ
ナイル川
ヌビア
紅海
アデン
アラビア海
ファーティマ朝
セルジューク朝
ビザンツ帝国
0
500
1000 km

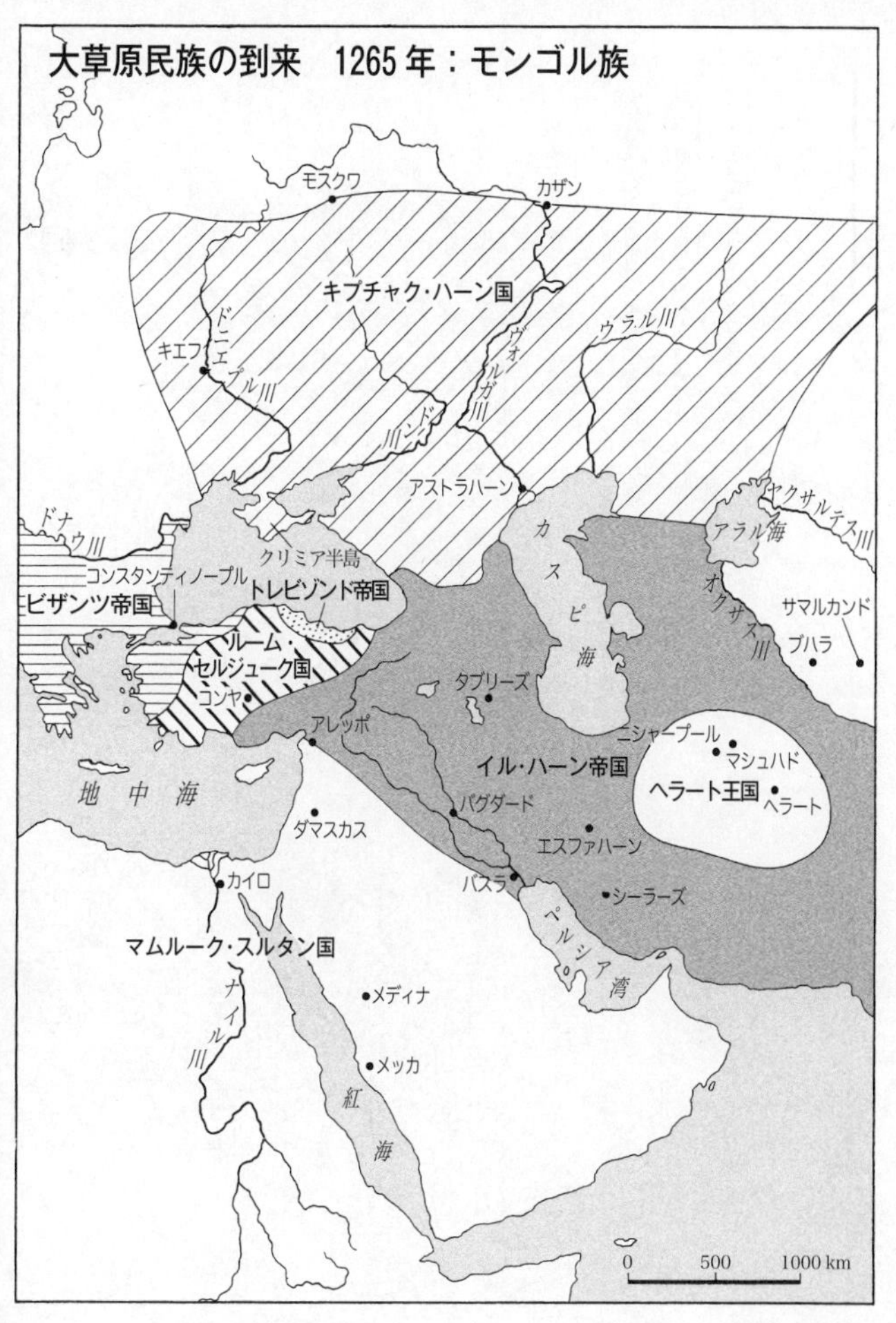
大草原民族の到来　1265年：モンゴル族
モスクワ
カザン
キプチャク・ハーン国
ドニエプル川
キエフ
ヴォルガ川
ウラル川
ドン川
アストラハーン
ドナウ川
クリミア半島
コンスタンティノープル
ビザンツ帝国
トレビゾンド帝国
ルーム・セルジューク国
コンヤ
カスピ海
アラル海
ヤクサルテス川
オクサス川
サマルカンド
ブハラ
タブリーズ
アレッポ
ニシャープール
マシュハド
イル・ハーン帝国
ヘラート王国
ヘラート
地中海
バグダード
ダマスカス
エスファハーン
バスラ
カイロ
シーラーズ
ペルシア湾
マムルーク・スルタン国
メディナ
ナイル川
メッカ
紅海
0
500
1000 km

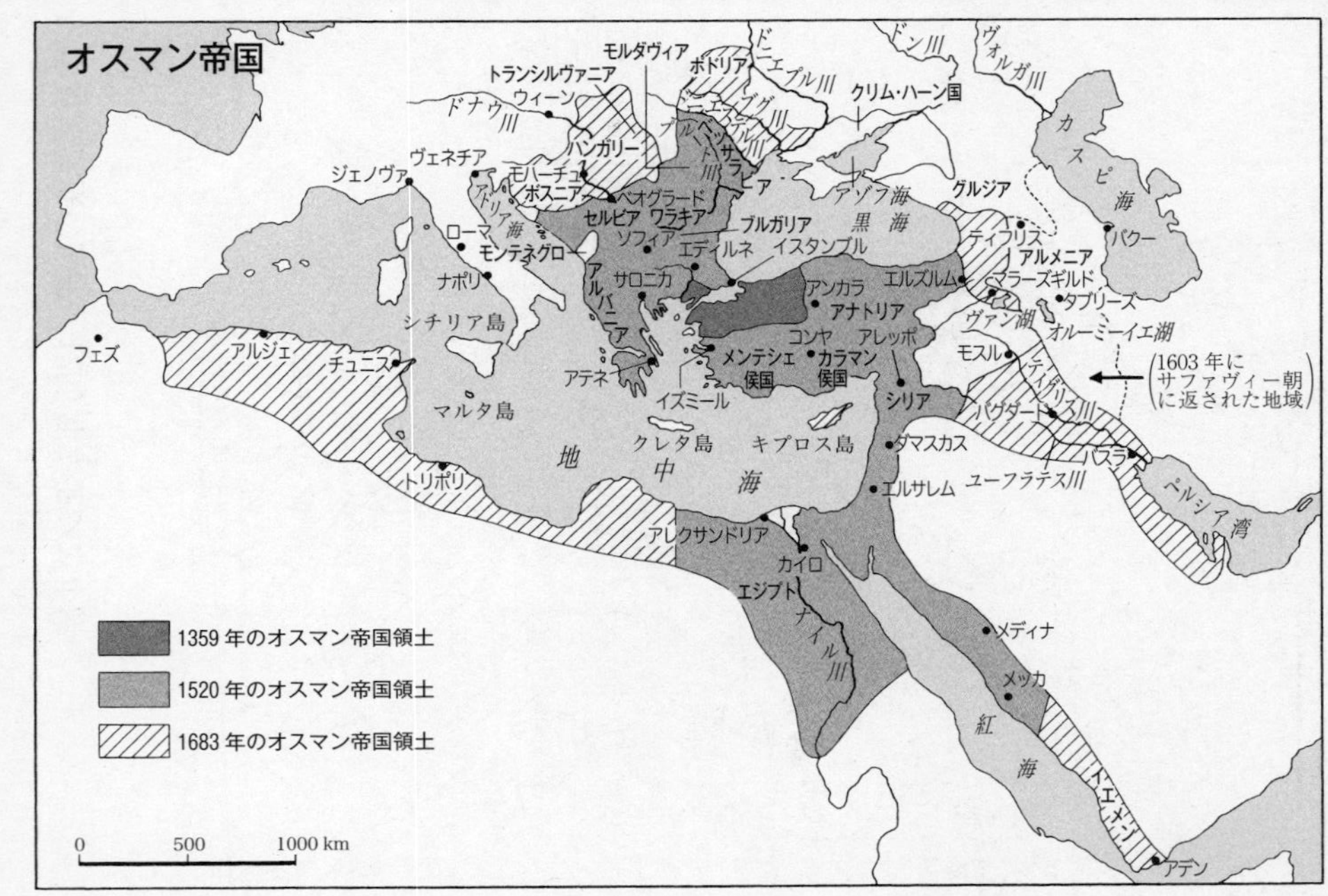
オスマン帝国
モルダヴィア
ポドリア
トランシルヴァニア
ドナウ川
ウィーン
ドン川
ヴォルガ川
ドニエプル川
クリム・ハーン国
ハンガリー
ヴェネチア
ジェノヴァ
モハーチュ
ボスニア
ベオグラード
アドリア海
セルビア
ワラキア
ブルガリア
アゾフ海
黒海
グルジア
カスピ海
ローマ
ソフィア
エディルネ
イスタンブル
ティフリス
バクー
モンテネグロ
アルメニア
ナポリ
アルバニア
サロニカ
アンカラ
エルズルム
マラーズギルド
タブリーズ
アナトリア
ヴァン湖
オルーミーイエ湖
シチリア島
コンヤ
アレッポ
フェズ
アルジェ
チュニス
メンテシェ侯国
カラマン侯国
モスル
アテネ
ティグリス川
(1603 年にサファヴィー朝に返された地域)
マルタ島
イズミール
シリア
バグダード
クレタ島
キプロス島
ダマスカス
地中海
バスラ
トリポリ
エルサレム
ユーフラテス川
ペルシア湾
アレクサンドリア
カイロ
エジプト
ナイル川
メディナ
メッカ
紅海
イエメン
アデン
1359 年のオスマン帝国領土
1520 年のオスマン帝国領土
1683 年のオスマン帝国領土
0
500
1000 km

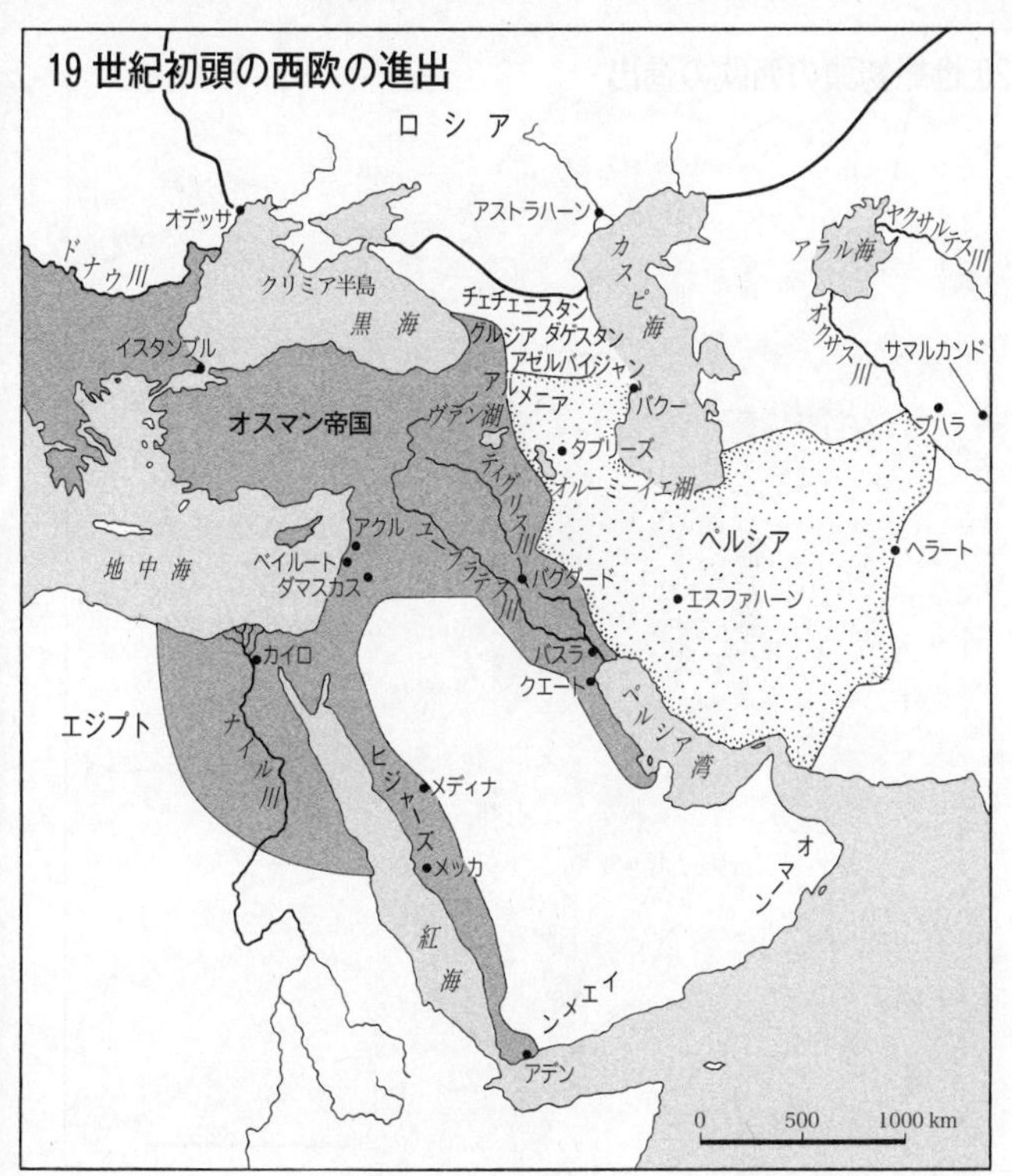
19 世紀初頭の西欧の進出
ロシア
オデッサ
ドナウ川
クリミア半島
黒海
アストラハーン
カスピ海
アラル海
ヤクサルテス川
オクサス川
サマルカンド
ブハラ
チェチェニスタン
グルジア
ダゲスタン
アゼルバイジャン
アルメニア
バクー
イスタンブル
オスマン帝国
ヴァン湖
タブリーズ
オルーミーイエ湖
ティグリス川
ユーフラテス川
ペルシア
ヘラート
アクル
ベイルート
ダマスカス
地中海
バグダード
エスファハーン
バスラ
クエート
ペルシア湾
カイロ
エジプト
ナイル川
ヒジャーズ
メディナ
メッカ
紅海
オマーン
イエメン
アデン
0
500
1000 km

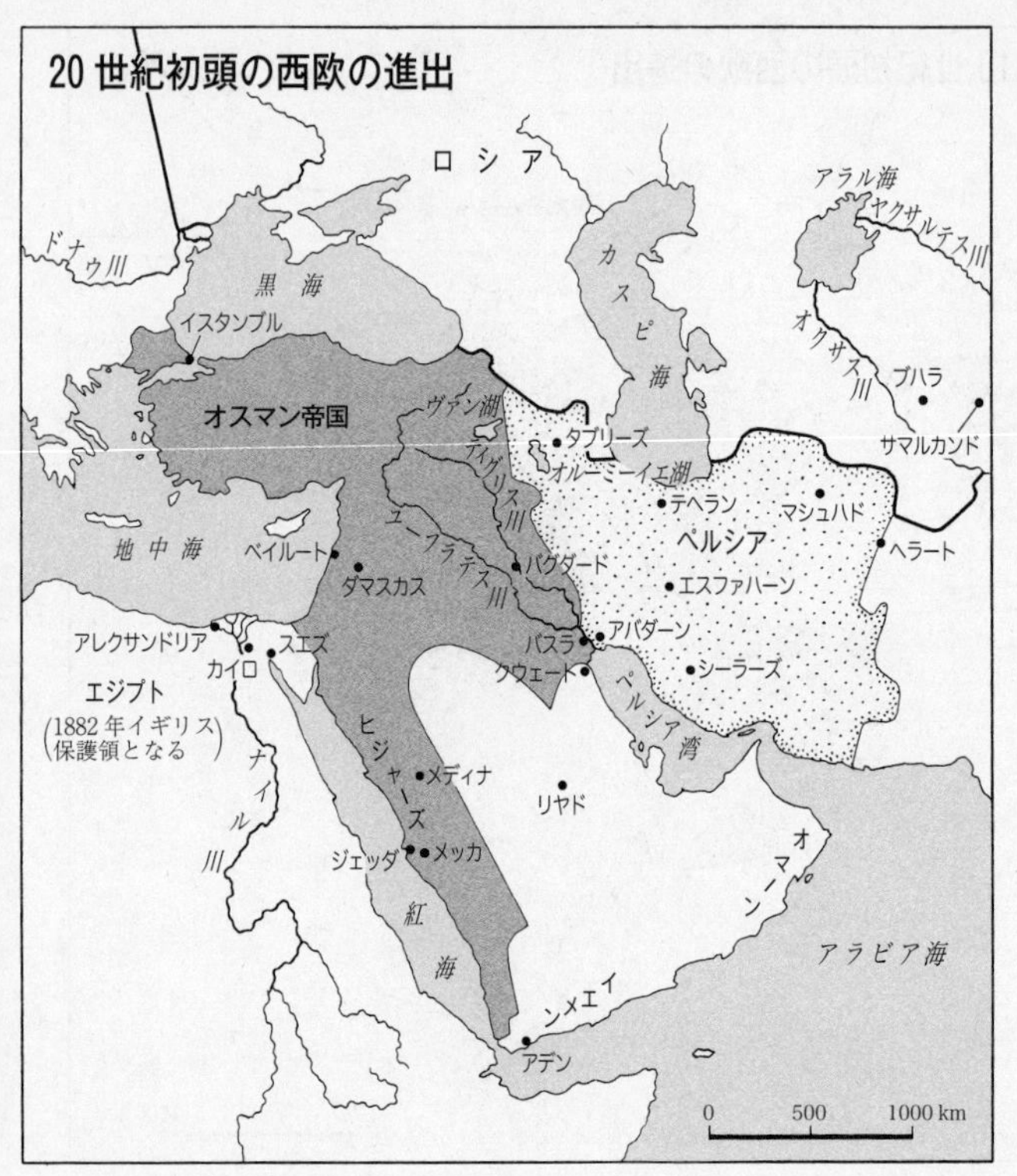
20 世紀初頭の西欧の進出
ロ シ ア
ドナウ川
黒 海
カ ス ピ 海
アラル海
ヤクサルテス川
オクサス川
ブハラ
サマルカンド
イスタンブル
オスマン帝国
ヴァン湖
タブリーズ
オルーミーイエ湖
ティグリス川
ユーフラテス川
テヘラン
マシュハド
ペルシア
ヘラート
地 中 海
ベイルート
ダマスカス
バグダード
エスファハーン
アレクサンドリア
カイロ
スエズ
バスラ
アバダーン
クウェート
シーラーズ
エジプト
(1882 年イギリス保護領となる)
ペルシア湾
ナイル川
ヒジャーズ
メディナ
リヤド
ジェッダ
メッカ
オマーン
紅 海
アラビア海
イエメン
アデン
0 500 1000 km

第Ⅰ部　文明の十字路は今

西欧化は服装から始まった

中東の都市(まち)ではカフェや茶店(チャイハネ)をよく見かける。そこには、ほとんどどんな時間帯でも客がいる。しかもだいたい男だけだ。彼らはテーブル席に座ってコーヒーかお茶を飲みながら、タバコを吸ったり、新聞を読んだり、店の片隅に置かれたラジオやテレビの番組にそれとなく耳を傾けながら、盤上ゲームをしたりしている。

一見して、この中東のカフェの常連は、ヨーロッパの、とりわけ地中海周辺諸国のカフェの客とあまり変わらない。だが、五十年前、あるいは百年前に同じ場所に座っていた彼らの祖先とは大分違うであろう。もちろん、ヨーロッパのカフェに座っている客についても、同じことが言える。しかし、両者の変遷はまったく異なっている。同じ時期のヨーロッパ人に生じた外見、物腰、装い、振舞いの変化は、ほとんどすべてその起源はヨーロッパにある。少数の例外を除いて、変化は自分たちの社会のなかから起こり、ごく最近生じた例外でさえも、緊密な関連のあるアメリカ社会にその端を発している。

ところが、中東では、変化の大部分が、中東特有の伝統とはまったく異質な社会や文化、つまり外界からの影響によって発生した。カフェのテーブルに向かって椅子に腰かけ、新聞を読んでいる男は、その外見、しぐさ、身なりのいずれにおいても、自分とその両親の人生にもたらした変化を如実に表わしている。彼の職業でさえ、ヨーロッパ諸国からの影響によって近代の中東に生じた計り知れなく大きな変化を象徴している。

もっとも明らかな目に見える変化の第一は、その男の服装だ。彼は今でも伝統的な衣服を身に着けることがあるかもしれないが、都市部では、その機会はしだいに少なくなっている。彼の着ているものはだいたいにおいてシャツにスラックス、あるいは今時ならばTシャツにジーンズといったヨーロッパ・スタイルである。服装はもちろん、非常に重要な意味をもっている。衣服は寒さや湿気から体を守ったり、身だしなみとしての役割があるばかりでなく、とりわけこの地域では、その人の出自を明らかにしたり、同じものを着ている人たちと仲間意識を共有するなど、自分の存立基盤（アイデンティティ）を示すものなのだ。すでに紀元前七世紀の『旧約聖書』の「ゼファニヤ書」一章八節には、「主のいけにえの日がくれば、わたしは、高官たちと王の子らを、また、異邦人の服を着たすべての者を罰する」とあり、ユダヤ教徒やムスリム（イスラーム教徒）の書いたものにも、その信奉者は異教徒と同じ服装をしてはならず、自分たち独自の明らかにそれとわかる衣服を着るべきであると強く奨めている。どの宗教にも「異教徒のような服を着るな。そうでないとあなたも異教徒のようになる」という禁令がある。預言者ムハンマド以来の伝統によれば、「ターバンは異教徒と信者のあいだの垣根である」とされている。「人々と同じようにしようと努める人は、仲間の一人になる」という伝承もある。つい最近まで、一部の地域では今でも、それぞれの民族グループ、個々の宗派、種族、地域、ときにはそれぞれの職業によってまで、それとわかる独自の服装をしている。

カフェに座っている男は、もしかするとまだ布製の特殊な帽子――トルコは例外だが――あるいはもっと伝統的ななんらかの被り物を頭に載せているかもしれない。オスマン帝国時代（一二九九―一九二二）の墓地を訪ねたことのある人なら、墓石の一部に、死者の生前の被り物の形が刻まれていたことを思い出されるであろう。その人物が生前、〈カーディー〉（イスラームの裁判官）であったならカーディー独特の帽子で飾られ、〈イェニチェリ〉（オスマン帝国皇帝（スルタン）の常備兵）であったなら、墓石の天辺にはイェニチェリが頭にかぶっていた折りたたんだ袖のような独特の帽子がかたどられている。その人の一生が紆余曲折に富んだものであったとしても、その人の職業を示すシンボルとしてふさわしい被り物が墓の上に表示されるのである。墓にまで付けられるほど重要なシンボルが、生前には非常に大きな意味をもっていたことは言うまでもない。

比較的最近まで、トルコ語の「シャプカ・ギイメク」（帽子をかぶる）は古い英語の「コートを替える（変節する、改宗する）」とほぼ同じ意味だった。つまり反対側に身を投じて味方を裏切る、転向者になることを意味したのである。今日ではもちろん、ほとんどのトルコ人は、信心深い人でもベレー帽をかぶるなど、あらゆる種類の帽子を着用するようになっていて、この意味は廃（すた）れ、もはや通用しなくなっている。だが、ヨーロッパ風の被り物はアラブ諸国では今でもめずらしく、イランではめったに見かけない。中東における近代化の進みぐあいは、ある意味で服装、とりわけ被り物の西欧化によって証拠づけることができると言ってよい。

服装の変化は、その他の多くの近代化の場合と同じように、軍隊から始まった。改革者たちにとって、西欧の軍服はなんともいえず魅力的だった。ムスリム軍が戦場で異教徒の敵軍にたびたび敗北した結果、支配者たちは敵方の武器ばかりでなく、西欧式の軍服を含めた敵の軍隊組織や装備までしかたなく取り入れるようになった。十八世紀にオスマン帝国改革軍が組織されたとき、西欧式の演習や武器も採用せざるをえなかったものの、軍服までは必ずしも採用する必要はなかった。それは社会的選択であって、軍事的選択ではなかった。ところが実際は、リビアやイスラーム共和国であるイランまで含むムスリム全土の近代的な軍隊で、西欧式の軍服が採用されるようになったのである。西欧式の武器や戦術は、自分たちのものより効果的であったために、これを利用せざるをえなかったが、体にぴったりした軍服や、つば付き帽子を着用する必要はなかった。それでも、それらを身に着けるようになった。こうした様式の変化は、それをはっきりと、ときには激しく拒否する人たちでさえ、西欧文化のすばらしさに惹きつけられずにはいられなかったことを証明している。

その軍服でさえ、頭にかぶるものの変更はいちばんあとだった。今日でも、大半のアラブ諸国でカフェに座っている男は、たぶん頭になんらかの形の昔ながらの被り物を着けているであろう。〈ケフィーヤ〉と呼ばれるこうした被り物のデザインや色は、種族や出身地を示していることが多い。頭部とそれを覆うものとが象徴的な重要な意味をもっていることは明らかである。ムスリムにとって、ヨーロッパ風のつば付きの被り物は、イスラームの礼拝の邪魔になることも普及が遅れた理由の一つである。ムスリムの男性が、ユダヤ教徒の男性と似ていてキリスト教徒の男性とは違うところは、神を敬う徴（しるし）として、祈るときには頭を丸出しにせず、必ず被り物を着けることである。ムスリムは地面に触れるほど深く頭を下げて祈るしきたりがあるので、被り物につばがあると邪魔になる。中東のムスリム軍は、だいたいにおいて西欧風の軍服を着るようになってからも長いあいだ、帽子だけは洋風に改めず、伝統的な被り物を着用してきた。

十九世紀の重要な改革者の筆頭に挙げられるスルタン・マフムト二世（在位一八〇八―三九）は、〈フェズ〉〔バケツを伏せた形の赤いトルコ帽、上部に濃紺の房付き〕、アラビア語では〈タルブーシュ〉と呼ばれる新しい被り物を導入した。最初、これは異教徒的刷新だと拒否され、嫌われたが、結局、受け入れられ、やがてムスリムのシンボルにまでなってしまった。一九二五年に、トルコ共和国初代大統領ケマル・アタチュルク（一八八一―一九三八）によってこれが廃止されたときには、まったく同じ理由によって激しい反対が起こった。社会的なシンボルの使い分けの達人だったアタチュルクは、専制君主的な根拠のない気まぐれからフェズその他のあらゆる伝統的な男性の被り物を廃止し、そのかわりとしてヨーロッパ風の帽子を採用したわけではなかった。これは、大きな社会的決断だったのである。彼の取り巻きたちは、アタチュルクが何をしようとしているか、十分知りぬいていた。もちろん、彼に抵抗する人たちもまた、それが何を意味するかよく知っていた。アタチュルクは普段から単刀直入にものを言う人で、「われわれも文明人らしい服装をしたい」と言った。しかし、この発言はどういう意味なのか？　なぜ、もっとずっと古い文明から生まれた服装が非文明的と思われたのか？　アタチュルクは、文明とは近代的、つまり西欧的なものと考えていたのだ。

このような変化が起こったのはこれがはじめてではない。十三世紀に、預言者ムハンマド時代以来はじめてモンゴルが中東のムスリムの中核地帯を征服し、この地の人々を非ムスリム征服者の支配下に入れたとき、ムスリムは少なくとも軍事的事柄に関しては進んでモンゴル方式を取り入れはじめた。モンゴルには一度も占領されたことのないエジプトでさえ、ムスリムの総督たちは、モンゴル風の服装をし、モンゴル風の馬具を付けた馬に乗り、ムスリムの慣習では短く刈っていた髪の毛を、モンゴル風に長く伸ばしはじめた。ムスリム軍がモンゴル風の服装、装身具、馬具を取り入れたのは、今日の彼らが西欧風の体にぴったりした上着やつば付き帽子を身に着けるようになったのと同じ理由による。それは勝者の装いであり、その時代における世界最強の軍隊の外観や風習を表わしていた。

彼らがモンゴル風のヘアスタイルをつづけ、モンゴル風の装身具を使用していたのは一三一五年までだったと言われている。この年、中東のモンゴル人支配者たちがムスリムに改宗し同化したあと、エジプトのスルタンは配下の武官たちのふさふさした頭髪にはさみを入れ、モンゴル風の服装や馬具の使用を禁じて、伝統的なムスリムの服装ときらびやかな馬飾りに戻らせた。現代イスラーム軍ではそのような回帰現象は起きていない。

変化は、軍隊に次いで宮殿に波及した。スルタン自身が西欧風の服装で人前に姿を現わすようになった。手直しされた洋服は、見かけは西欧人のそれとは少々違うが、それほど大きな違いはない。軍服改革前後のスルタン・マフムト二世のチャーミングな二枚の肖像画〔口絵29参照〕が、イスタンブルのトプカプ宮殿にある。この二枚の肖像画は、明らかに同じ画家が、同じように威勢よく跳ねる馬に跨(また が)った同じスルタンを、同じアングルから描いたものである。だが、一枚は伝統的なオスマン帝国の装束、もう一枚は装飾的な留め金付きの上着とズボン姿である。乗っている馬も、それに合わせた馬飾りを付けている。

スルタンに倣(なら)って、宮殿内の廷臣たちもまた、西欧風の衣服を取り入れはじめた。支配者が一般国民に服装について命令を出し、それに従わせることができるのは、宮殿をおいてほかにない。オスマン帝国の廷臣たちはフロックコートとズボンを着用しはじめた。この新しいスタイルは、宮殿から役所全般に普及し、十九世紀末まではオスマン帝国全土の役人すべてが、さまざまなスタイルの上着とズボンを身に着けるようになった。これは社会的価値観の大幅な変更を象徴する出来事である。新しいスタイルの衣服が、社会の重要な一員である役人から、しだいに周辺の一般市民、少なくとも都市部の住民のあいだに広まっていった。イランではこうした傾向はやや遅れる。オスマン帝国でもイランでも、労働者階級や農村部の住民の衣服の西欧化にはずっと時間がかかり、しかも徹底しなかった。一九七九年のイスラーム革命後、イラン・イスラーム共和国の代表者たちさえ、西欧風の上着とズボンは着用するが、西欧のしきたりや拘束への服従を拒否する徴（しるし）として、ネクタイだけは着けなかった。

人口の半分を占める女性の衣服の西欧化には大きな抵抗があった。それが進むのは、ずっとあとになってからで、しかも、今日にいたってもまだ男性ほど広範囲に及んではいない。この問題には、女性の慎みについてのムスリムのしきたりが微妙に関連しており、たびたび議論の的になっている。男性のトルコ帽フェズその他の非西欧的な被り物を禁止したアタチュルクでさえ、女性のヴェールの禁止令は出さなかった。トルコ共和国の地方自治体レベルでは、その地域に限ってのなんらかの規定を設けているところもあるが、その数はきわめて少ない。女性のヴェールの廃止は、一種の社会的圧力や浸透によって達成されたもので、男性の伝統的な被り物の廃止のように法的強制力によって組織的に行なわれたものではない。

このことでわかるように、服装の変化ばかりでなく、ほかの点においても、女性のありようは異なっている。カフェやチャイハネに女性がいることはまれで、いたとしても伝統的な衣服にすっぽり身を包んでいることが多い。流行の、つまり西欧風のドレスを着た優雅な女性の姿は、国によっては、金持ち階級がよく利用する高級ホテルやカフェでなら見られるかもしれない。

服装の変化はまた、反西欧気運の強い国々でさえ、大きな変化を象徴するものだった。一人の人間が少しずつ西欧風の衣服を取り入れていったように、国家もまた、成文化された憲法、立法議会、なんらかの形の選挙などの西欧風の〝上着〟や〝帽子〟を身につけるようになる。イラン・イスラーム共和国で維持されているそうした制度は、古代ペルシア時代や、イスラーム勃興後から革命（一九七九年）までのイランにはまったくなかった。

前述のカフェの常連は、テーブルのわきの椅子に腰かけているが、この二つの家具もまた、西欧の影響を受けての模様替えである。昔の中東やローマ時代にも椅子とテーブルはあった。しかし、アラブに征服されてからは消え失せていた。アラブ人は木の少ない地方から来たため、材木は手に入りにくく、貴重品だった。そのかわり羊毛や皮はふんだんにあり、これらを利用して衣服をはじめ、家や公共の場の内装品をつくった。人々は、〈ディヴァーン〉（壁にそった作り付けの長椅子）や〈オットマン〉（足台）――ともに中東の呼び名――に、さまざまな種類のクッションや座布団にもたれかかったり、足を乗せたりして座り、優美な装飾付きの金属製の盆から食べ物や飲み物をとった。十八世紀はじめのオスマン帝国の細密画には、この国の高位高官らを訪れたヨーロッパ人の様子がこまごまと描かれている。体にぴったりした上着とズボン、帽子といった出立ちは、地元の人たちと明らかに違い、しかも彼らだけが椅子に腰かけている。オスマン帝国人はもてなしが丁寧で、ヨーロッパ人用に、自分たちは日頃使わない椅子を用意していた。

カフェにいる男はたぶんタバコを吸っているだろう。そのタバコは欧米からの輸入品で、原産地はまさにアメリカである。一説によれば、タバコは十七世紀はじめにイギリス人商人によって中東に紹介され、まもなくたいへんな人気商品になった。コーヒーはそれよりやや早く、十六世紀に入ってきている。こちらの原産はエチオピアで、まず南アラビアに持ちこまれ、そこから、エジプト、シリア、トルコに紹介された。トルコの年代記によれば、コーヒーがイスタンブルではじめて知られるようになったのは、スレイマン大帝(壮麗王、在位一五二〇―一六六)の時代で、アレッポとダマスカスから来た二人のシリア人が、このトルコの首都に最初のカフェを開いたという。新しい飲み物は大流行し、アレッポから来たカフェの店主は、わずか三年間で金貨五千枚の利益を手にして故郷の町に帰ったと言われている。

カフェ社会の発達は、騒動の企てを恐れる政治家と、その動機をイスラーム聖法下で合法化されることを危惧した宗教関係者たちに警戒心を抱かせた。一六三三年、スルタン・ムラト四世はコーヒーとタバコの禁止令を出し、大勢の喫煙者とコーヒー愛飲者の処刑を命じた。反対者と擁護者のあいだで長い議論が闘わされたあと、ヘビー・スモーカーで、一六三四年には喫煙を理由に解雇され追放されていたイスラームの長老メフメト・バハイ・エフェンディが、新たな法的解釈（ファトワー）によりこれを合法化した。彼と同時代のオスマン帝国の書記（カーティブ）チェレビィの記録によれば、メフメト・バハイが喫煙の合法化に好意的な解釈を与えたのは、彼が愛煙家だったからではなく、「禁止されていないものはすべて許される」という法的解釈を正しいと信じ、「人々の現状にもっとも即したもの」に配慮したためとされている。

メディアの力

カフェにいる男は新聞を読んでいることが多い。あるいは、新聞を読む人種の一人である可能性が高い。新聞は間違いなく、個人にも社会にも強烈で類例のない変化を及ぼしたものの一つである。ほとんどの地域で、新聞といえば、中東の大半で使われているアラビア語で印刷されたものだった。「肥沃な三日月地帯」〔パレスチナからペルシア湾にいたる三日月形の中東文明発祥地〕、エジプト、北アフリカで古代に話されていた諸言語は、宗教儀式や少数民族のあいだに残っているだけで、消滅してしまった。たった一つの例外はヘブライ語で、ユダヤ人の宗教上の書き言葉として維持されてきたものが、現代国家イスラエルの政治用語、日常言語として復活した。ペルシアでは古い言語がアラビア語に取って代わられることはなかったが、影響を受けて変形した。イスラームの勃興以降は、アラビア語の単語が大幅に混入したアラビア文字が使用されるようになった。ペルシアで起こった現象はトルコでも見られたが、トルコでは改革派の大統領ケマル・アタチュルクの導入した大きな文化改革（一九二八年）の一環として、アラビア文字を廃止したため〔口絵32参照〕、以後、トルコ語は新たに定められたローマ字書法で表記されるようになった。トルコの試みは、旧ソヴィエト連邦共和国内の一部のトルコ系住民のあいだの言語にも適用されるようになった。

芸術的な書字法は中東ではずいぶん昔から実践されている。アルファベット（字母）は中東の発明で、それに先立つさまざまな記号や絵による表示法におびただしい改良が加えられてできあがったものである。そのもとになった表示法は、今でも世界の一部で通用している。ラテン語、ギリシア語、ヘブライ語、アラビア語のアルファベットはみな、地中海東部沿岸地域の商人たちが考案したものに端を発している〔フェニキア文字〕。アルファベットが文書の作成や解読を容易にする一方、八世紀に中国から紙が導入されて、書類の制作と普及を助けた。

だが、極東のもう一つの発明である印刷術は、なんらかの理由で中東を素通りして西欧に伝わってしまったようだ。印刷術はまるっきり知られていないわけではなかった。中世には木版印刷のようなものが行なわれていた形跡はある。十三世紀末に、ペルシアのモンゴル人支配者たちが紙幣を印刷したことがあるが、長続きしなかった。雇い人には紙幣で給金を払い、税金は金貨で納めさせたので、通貨の信用が落ちてしまったのである。実験は成功しなかったため、二度と行なわれずじまいだった。印刷術が最終的に中東に伝えられたのは、中国からではなく、西欧経由だった。その導入がまたたくまに知れわたったのはトルコである。通常は異教徒の地で起こっていることにはあまり言及しないオスマン帝国の年代記作者が、印刷機の発明に触れ、グーテンベルクとその最初の印刷機について数行書き添えてまでいる。

印刷術を中東に伝えたのは、一四九二年にスペインから追放されたユダヤ人難民たちであったらしい。彼らは、さまざまな西欧文明の産物や技術、ものの考え方を中東にもたらしたが、その一つが書物の印刷と、その生産法に関する知識だった。ユダヤ人難民による西欧文明の導入は、ほかの非ムスリム・コミュニティーにも見られるようになった。そうしたユダヤ人の活動は、この地の多数派の文化に直接の影響は与えなかったが、印刷術導入の道筋をつけるのに役立った。ヨーロッパで印刷されたアラビア文字の書物が輸入され、ムスリムがそれを購入していた事実が、オスマン帝国の古文書館に保存されているいくつかの個人の財産目録によっても証明されている。十八世紀はじめに、ようやく最初のムスリムの印刷所がイスタンブルに設立されたが、印刷の熟練労働者である植字工はユダヤ教徒とキリスト教徒だった。

新聞の出現は、それよりずっとあとのことになる。だが、ムスリムの有識者たちは、新聞発行の可能性に——その危険性についても——早くから気づいていた。一六九〇年にはすでに、在スペインのモロッコ大使、アル・ワジール・アル・ガッサーニーこと、ムハンマド・ブン・アブド・アル・ワッハーブという人物が、「最新情報を伝えるのが目的であるが、扇動的な嘘に満ち満ちたリポートを発行する文書製作工場」について報告している。十八世紀になると、オスマン人はヨーロッパには新聞があることを知っていたようで、ヨーロッパでは自分たちについてどう言っているかに関心を示した記録がいくつかある。だが、そうした関心はごく一部の人たちに限られていて、あまり大きな影響は及ぼさなかった。

新聞が中東に導入されるようになった直接の原因は、まさにフランス革命の勃発（一七八九年）である。一七九五年に、在トルコのフランス大使館が発行するようになった『ガゼット・フランセーズ・ド・コンスタンティノープル』が、この地域で印刷された最初の新聞と言ってよいようだ。この新聞は、主としてこの地に住むフランス系市民を対象として発行されたものだが、ほかの人たちも読むようになって、部数は増えた。これにつづいて、ボナパルト将軍（のちのナポレオン）のエジプト遠征でフランス革命の余波をかぶったカイロでも、フランス語の新聞と公報が発行されるようになった。アラビア語の新聞もカイロでフランス人が発行するという計画があると報じられたが、ついに日の目を見なかったようで、計画は立ち消えになったものと思われる。

従来のムスリム社会では、統治者が国民に重要な変化を知らせる方法がいくつかあった。こうした統治者の大権のなかでよく引用されるのが、硬貨の銘刻と、モスク（イスラーム教寺院）における金曜礼拝の二つである。どちらの場合も、支配者とその宗主国の名が公示される。説教前の祈りに名前がはずされたり、付け加えられたりしたら、それは支配者が、後継者もしくは反逆者に取って代わられたか、同盟関係に変化が起きて、別人になったという合図であり、それにつづく金曜礼拝のスピーチで、新しい法案や政策が発表されることになる。税金の免除——課税はこの限りではない——もまた、公共の場に明示される。統治者への称賛を唱えるのは宮廷詩人である。その詩句は覚えやすく、大勢の人が口ずさむので、一種の宣伝効果がある。公式年代記作者が発行する文書もまた、重要な出来事を知らせるために配布される。たとえば、〈ファトフナーメ〉と呼ばれる勝利宣言書は、オスマン帝国のスルタンが軍事的勝利をあげたことを知らせるものである。ムスリムの統治者たちは行政の補助手段として書き言葉や話し言葉を利用することに前々から慣れていたので、新聞という、外来の新しい意思伝達手段の利用法は知っていた。

中東での現地語新聞の発刊には、同時代人でたがいにライバル同士だった二人の偉大な改革派統治者、エジプト総督ムハンマド・アリー・パシャ（在位一八〇五―四八）とトルコのスルタン、マフムト二世が携わった。この仕事については、ほかのさまざまな問題と同様、ムハンマド・アリー・パシャが先手を取り、スルタン・マフムトが、一将軍にできることならスルタンはもっとよくできるという建前のもとにこれに追随した。このエジプト総督は、最初はフランス語で、やがてはアラビア語も加えた公報を発行しはじめ、スルタンはフランス語とトルコ語のものを出すようになった。中東では、かなり長いあいだ、新聞と言えば政府刊行物で、その目的は、「臣民に政府の意図と命令を伝えるためのものである」という当時のトルコの新聞の社説によく表われている。新聞の本質と機能に対するこのような概念は、この地域では未だに完全に消え失せてはいない。

中東における新聞刊行史を書くのは容易ではない。たいていの新聞は短命で、発行されたと思ったら、わずか数回で廃刊になってしまったものが多い。それらをきちんと収集してあるところはなく、あちこちに断片的に保管されているにすぎない。非政府系の新聞の元祖は、確実にわかっているものとしては、一八四〇年にトルコのイスタンブルで刊行された『ジェリジェイ・ハワーディス（時事新報）』である。発行人兼編集者はウィリアム・チャーチルというイギリス人で、この事業を認可してもらう〈フェルマーン〉（スルタンの勅令）を上手に取りつけ、発行は不定期ながら長くつづいた。

この新聞だけでなく、中東のすべての新聞刊行に決定的な転換期となったのはクリミア戦争〔一八五三―五六年、東方正教会キリスト教徒の保護にからめてトルコの分断を図るロシアと、英仏を味方につけたオスマン帝国とのあいだで起きた戦争。ロシアの敗北に終わり、その南下政策は阻止された〕だった。このときはじめて、これまでに前例のない通信手段である電信が中東に開通した。クリミア戦争の取材にイギリスやフランスから大勢の従軍記者がやってきた。チャーチルはそのうちの一人とかけあって、ロンドンの新聞に打電する記事を提供してもらうことにした。こうしてチャーチルの『ジェリジェイ・ハワーディス』は、これまた斬新きわまりないことだが、週五回の発行にこぎつけた。おかげでトルコ人ばかりでなく、やがては中東全域で、コーヒーやタバコよりもはるかに病みつきになりやすく、有害だと言う人さえいる毎日の最新情報摂取が欠かせなくなった。まもなく、クリミア戦争を機に売り出した新聞が、オスマン帝国のトルコ語よりもアラビア語が通じやすい地域で、アラビア語で発行されるようになった。アラビア語の新聞は戦争の終結とともに廃刊となったが、トルコ語の新聞の刊行はつづき、部数も増えた。

一八六〇年、オスマン帝国政府はイスタンブルで発行されているあるアラビア語の日刊紙のスポンサーになった。それはたんなる政府の行政命令などの媒体ではなく、帝国内外のニュース、社説、特集記事などを含むれっきとした新聞だった。これとほぼ同じ頃、ベイルートのイエズス会〔ローマ・カトリック教会に属する教団〕の神父たちが、アラブ地域では最初と言ってよい日刊紙を出しはじめた。ムスリムは帝国主義者とキリスト教の宣教師を危険視するが、少なくともこの点については無理もない。日刊紙を刊行したのは帝国主義者と宣教師だったからだ。新聞の人気が高まるにつれて、編集者、ジャーナリスト、読者は、プロパガンダと検閲という二つの大きな問題に直面した。

十九世紀末から二十世紀はじめにかけて、日刊、週刊、月刊いずれの出版物も急速に読者を増やした。とりわけエジプトでは、イギリスの占領で、新聞の普及に好都合な下地ができあがっていた。エジプトで発刊された新聞は、他のアラビア語圏の国々でも大勢に読まれるようになり、それに刺激されてそれぞれの国が独自の新聞や雑誌を発行するようになった。出版物の急激な普及の影響は、とてつもなく大きかった。国内や外国のニュースが定期的に届けられるようになって、それが読める人、あるいはだれかに読んでもらうことのできる一般の人たちが、自分の住む町や州、国、大陸で起こっていることを知ることができるようになったのである。これは前代未聞のことだった。クリミア戦争は、新聞のほかにもいろいろなものをもたらした。それらも新聞によって人々は知ることになるのだが、まずは西欧式の地方自治体の創設である。次にやはり西欧型の国家による財務管理と公債が導入された。

もう一つの重要な基本的変化は言葉である。トルコ語、アラビア語、のちにはペルシア語においても、初期の新聞はまるで宮廷の年代記か公的宣言文を読んでいるような感じだったが、十年、二十年とたつうちにもっと軽やかな、ジャーナリスティックな文体へと急速に変化し、その傾向は今日までつづいている。中東のジャーナリストたちは、現代世界の問題を論じるために、大急ぎで新しい伝達用語をこしらえなくてはならなかった。十九世紀の新聞の報道や論点と言えば、ポーランドの反ロシア暴動、アメリカの南北戦争、ヴィクトリア女王のロンドンにおける議会での開会の辞など、理解しにくいトピックがたくさんあった。こうした問題を報道したり、解説したりするには、中東の言語に最先端の報道用語、政治用語をどんどん付け加えざるをえなかった。

おそらくジャーナリズム用語以上に驚異的に進化したのは、ジャーナリスト自身だったであろう。ジャーナリストは、中東の社会では、これまでに前例のないまったく新しい職業であり、しかもその重要性は絶大だった。

今日のカフェでは、新聞が唯一のマス・メディアではないであろう。たぶんラジオがあり、もしかするとテレビもあるかもしれない。中東で最初にラジオ放送局ができたのはトルコで、放送開始はロンドンよりわずか三年後の一九二五年である。だが、大半の国ではマスコミの支配権は外国の支配者たちに握られていて、放送事業の導入は容易に進まなかった。エジプトでは、放送の開始はようやく一九三四年になってからであり、本格的に普及したのは、一九五二年のエジプト革命以降のことである。民間放送設立のパイオニアもやはりトルコで、一九六四年に政府の直接支配を受けないラジオ局が誕生した。一般的に言って、放送局がどれくらい独立を保てるかは、その国の体制のありように左右される。外国から直接プロパガンダ放送をやりはじめたのはイタリアのファシスト政権で、一九三五年、アドリア海側のバーリから定期的にアラビア語放送を流しはじめた。これがプロパガンダ戦争の始まりで、最初はイギリスとドイツ、つづいてフランス、のちにアメリカとソ連がこれに加わった。中東諸国もまた、相互に、情報伝達、ガイダンス、ときとしては破壊工作用にラジオを大々的に利用しはじめた。テレビの導入は、コストが膨大であるために、多少困難をともなったが、今日では中東全土にテレビ電波は行き届いている。

識字率の低さがまだ大きな問題である地域では、話し言葉による直接的な情報伝達手段の導入は、大変革をもたらすような力があった。実際、一九七九年のイラン革命〔ホメイニー師を指導者としたイスラーム革命。王制を倒し、イラン・イスラーム共和国を成立させる〕では、ホメイニー師〔一九〇二―八九。シーア派の指導者。イラン革命後、イランの最高指導者となる〕のスピーチのカセット・テープがたくさん配られ、彼の指示が電話で伝えられたことにより、世界史上初の電子機器利用による革命となったことは確かである。これは雄弁術に新たな次元を切り開いた。これまで考えられなかったような手段で、スピーチを聞き手に伝えることができるようになったのである。

統治者の肖像画と偶像崇拝禁止の矛盾

ラジオやテレビから流れ出る放送は、その国で勢力のある政治形態、それを動かしている政府もしくは国家の長によって非常に大きく左右される。たぶんカフェにはその人物の写真がかかっているであろう。その人物が民主的な選挙によって選ばれたリーダーである可能性は、西欧的な民主主義の導入に成功し、しかもそれをうまく運営しているわずかな国々に限られる。そういう国では政府の見解ばかりでなく、反対派の意見も、幅広くマスコミに反映されることになる。だが中東では、支配者は多かれ少なかれ、独裁的な政治形態の長である場合が多い。伝統ある穏やかな専制政治形態がゆきわたっている国もあるが、そうした国には、規範となる良識があって、ある程度の意見の相違は認められている。軍部、あるいは党の独裁者が全体主義体制を敷いているところでは、新聞、ラジオ、テレビなどのメディアは、施政者によって統一されたものしか流さない。

統治者が司る政治形態や権威の種類に関係なく、たんにその存在を示すためにだけ肖像画を壁にかけることは、これまでの伝統を打ち破る画期的な風習である。在フランスのトルコ大使が一七二一年に書いているところによれば、フランスでは、国王が外国大使に自分の肖像画を下賜するしきたりがあった。だが、「ムスリムのあいだでは、肖像画を壁にかけることは禁じられているので」、かわりに別のものを賜るように頼んだ。肖像画がまったく知られていなかったわけではない。征服王スルタン・メフメト二世（在位一四四四—四六、一四五一—八一）は、イタリアの画家ベリーニに自分の肖像画を描かせたばかりでなく〔口絵11参照〕、ヨーロッパの画家による肖像画を集めたりした。後継者の彼の息子は、父親よりもずっと信心深かったため、そのコレクションを処分してしまったが、のちのスルタンたちはそれほど几帳面ではなかったので、イスタンブルのトプカプ宮殿には、スルタンその他の人たちの肖像画の立派なコレクションが残っている。近代になって、イスラームにも一種の聖像画（イコン）がもてはやされるようになり、シーア派〔預言者ムハンマドの血筋を引くアリーを後継者に奉ずるイスラーム諸分派の総称〕の国々では、預言者ムハンマドの娘婿アリーとその息子のホサインの肖像画というより想像画が、またスンナ派〔預言者ムハンマドのスンナ（慣例、範例）に従う人々で、シーア派とイスラームを二分する一派〕の国々では、前者より控えめではあるが、別の人物たちの肖像画が出回るようになった。

古代ギリシアやローマ時代以来、ヨーロッパで慣習化されているような、肖像入りの硬貨が鋳造された例はあまりない。アッバース朝（七五〇―一二五八）のカリフ〔預言者ムハンマドの「後継者」「代理者」の意。イスラーム世界の最高権威者の称号〕を思わせる肖像入りの硬貨が一種類あるが、統治者のたんなる肖像だけでなく、その人物がこれ見よがしにお茶を飲んでいる姿を描いている。現在のトルコ領のアナトリア（小アジア）その他にあたる小さな君侯国では、首長（アミール）の肖像入りのセルジューク朝（一〇三八―一一九四）の硬貨が何種類か発行されているが、これは限られた地域に通用していたもので、ビザンツ帝国時代の支配者たちの地域的な慣習を真似たものだった。

壁にはそれ以外の絵がかかっていることはほとんどないが、あるとすれば、装飾的な書体で記したコーランの一節か、預言者ムハンマドの言葉を額に入れたものが多い。イスラームは約千四百年にわたって栄え、この地域ではほぼずっと支配的な宗教だった。モスクでの礼拝は、コーランのいくつかの節を唱える簡素で厳粛なものである。一般の礼拝者は、規律正しくいっせいに、造物主である遠くにまします無形の神への服従を行為で示す。ドラマや神話は認められていない。儀式用の音楽や詩はもとより、ムスリムの伝統として偶像崇拝は禁じられているため、象徴的な絵画や彫刻もない。そのかわり、ムスリムの美術家たちは抽象的、幾何学的模様を使ったり、装飾としていろいろな碑文を系統立てて使用したりした。コーランの一節、ときには全章がまるごと、モスクはもとより、一般家庭や公共の場所の壁や天井にまで装飾として用いられている。

西欧文化の手法や価値観の浸透の形跡がいちばん最初に見られたのが、おそらく美術であっただろう。西欧からははるかに遠く、西欧の影響に対して閉鎖的であったイランでさえ、十六世紀にはすでに絵画に、影の使い方や遠近法、人物描写のデフォルメなど、西欧の影響が見られる。イスラームの偶像崇拝禁止などものともせず、ペルシアでもオスマン帝国でも、人物が描かれるようになって久しいが、その手法も型にはまったものではなく、より個性的な、画家の心情を吐露したものになった。硬貨や切手、あるいは壁などに統治者の顔を公然と表示するようになったのはごく最近のことで、一部の保守的な国々では、未だに偶像崇拝に近い冒瀆とみなされているところもあるが、それでも少数ながら肖像画さえも描かれるようになった。

芸術の一形態としての演劇は、中東諸国ではあまり普及しなかったが、映画は予想外の成功を収めた。無声映画は一八九七年にすでに、イタリアからエジプトに輸入されていたことが証明されている。第一次世界大戦中、連合軍兵士たちのために催された映画会は、中東の人たちにもこの新しいメディアに触れる機会を与えた。一九一七年にはすでに、エジプト国内で映画が製作され、一九二七年には最初の長編映画も製作、公開された。それ以降、エジプトを中心に、この地方の多くの国々で映画は大きな産業になった。エジプトの映画産業は、アメリカとインドに次いで今では世界第三位になっている。

伝統と変化のはざまで

西欧起源の新しいものはほかにもいろいろあり、ずいぶん前に導入され、今ではすっかり定着してしまっていて、外国からの到来物であることがもはや忘れられているものもある。カフェに座っている男が教育ある階級に属していて、視力が衰えているとすれば、たぶんメガネをかけているであろう。メガネはヨーロッパの発明であるが、十五世紀にはすでに中東に入ってきていたことが証明されている。さらに、カフェには時計がかかっているであろう。その客は腕時計をしているかもしれない。両方ともヨーロッパの発明で、今日でもまだ、ヨーロッパか極東などの外国製である可能性が高い。時間を正確に計るということは、社会習慣に大きな変化をもたらす。変化はまだ進行中である。

コーヒーを飲んでいる人が友達といっしょならば、この地方ではたいへん長い歴史のある盤上ゲームに興じて、時の過ぎ行くのを忘れているかもしれない。いちばんポピュラーなのは、一種のバックギャモン（西洋すごろく）と、教育のある人たちのあいだではチェスの二つである。二つとも中東から西欧にもたらされたもので、チェスの起源はインドと言われている。両方とも、イスラームの到来以前のペルシアにあったことが証明されている。中世のムスリム神学者のあいだで、宿命と自由意志の問題について大議論が行なわれたのは、この二つのゲームにその象徴と原型があったことにも由来している。人生は、指し手がすべての動きを選択でき、その技量と先見性が勝利をもたらすチェスのゲームのようなものなのか？　それともバックギャモンに似ているのだろうか？　後者は、わずかな技量で結果の出るのを早めたり遅らせたりはできるが、最終的な成果はさいころを何度か投げて出た目によって決まる。それをまったくの偶然と呼ぶ人もいれば、神があらかじめ定めた運命と言う人もいる。この二つのゲームは、ムスリム神学における大論争の一つにうがった隠喩として用いられ、人生はチェスよりもバックギャモン、すなわち宿命的なものであるという説が勝利した。

ニュースやスピーチのあいだに音楽が入ることもあるだろう。大半のカフェでは、中東の伝統的な音楽か、西欧のポップスをいくぶんか取り入れたようなポピュラー・ミュージックをやっている。それが芸術性の高い西洋のクラシックであることはまずない。社会的にも文化的にも、もっとも西欧化された人たちのあいだでさえ、西欧の音楽芸術の鑑賞はまだ非常に限られている。これは他の非西欧社会ときわだって違うところだ。日本や、あるいは中国でさえ、芸術性の高い西洋音楽が広く鑑賞され、演奏され、作曲までされている。レバノンのキリスト教徒や、イスラエルのユダヤ教徒のような西欧化された人々のなかには西洋音楽の愛好者はいる。トルコでもまた、西欧化の波は音楽の世界にも及んでいて、現在のトルコにはオーケストラもオペラもあり、作曲家もいる。音楽のなかでも、少なくとも器楽曲は、美術と同じように言語の壁がない。それゆえ、他の文化よりも近づきやすい。だが、中東の大半の地域では、たぶん歌が中心であったせいもあって、西洋音楽はなじまず、聴衆も比較的少ないままである。これは、そのほかの芸術とくらべて著しく異なっている。

絵画や建築は、西欧の影響が入りはじめた初期の段階で変化が生じ、定着した。文学にいたっては、伝統的な芸術的表現の形態までも事実上消滅し、小説、ドラマ、詩までが現代世界に共通のパターンをとるようになった。その最先端を行き、もっとも普及した美術にくらべ、音楽は西欧化がもっとも遅れ、かつ実を結ばない分野だった。このことは何を物語っているのか。音楽は、一つの文明が生みだす芸術のなかで、外界から入ってきた新参者がもっとも理解しにくく、受け入れにくい、演じるのがむずかしい分野なのである。

西側からの旅行者にとって、中東の大部分の地域のカフェで感じるもっとも異様な特徴の一つは、女性の姿がほとんど見られず、いたとしても外国人の可能性が高いことである。テーブルのまわりにいるのは、一人であれグループであれ、男ばかりで、夜ともなれば、若い男の集団が娯楽を求めて町じゅうをうろつきまわる。女性の解放は、男性の地位の変化よりもはるかに遅れており、しかも昨今、この地域の多くの場所で逆行現象がある。

そこに浮かびあがるのは、古代から深く根づいた文化と伝統をもった一つの地域の姿である。ここで生まれた考え方、日用品、ときには軍隊までもが、四方八方に広められた。時代によっては、大勢の部外者を魅了した。使徒や巡礼、捕虜や奴隷、征服者や支配者らがこの地に吸い寄せられたのである。ここは、古くからある遠い国々から知識や商品がもたらされ、ときには大幅に改良されてまた送り出される十字路であり、市場であった。

現代では、中東の人たちの意識のありようを大きく左右するのはヨーロッパの、近年では欧米のと言ってよい影響と、それがもたらした変化――混乱という人もいる――である。この地域の近代史とは、押しつけられた急速な変化――外界からの挑戦、さまざまな形や局面での反発、拒否、感応の歴史であった。変化の波が抵抗不可能で、受け入れざるをえない点はいくつかあり、そうした変化をさらに推進したいと思う人たちも大勢いる。他方、変化は部分的、表面的であって、地域によってはそうした傾向に逆行しようとする動きもある。保守派、革新派双方に、こうした逆行をつづけ、促進したがっている人は大勢おり、そうした人たちは、西欧文明の影響を、十三世紀に大損害をこうむったモンゴルの来襲以上に大きな、この地方に降りかかった最大の災厄であると見ている。

ひところ、「帝国主義」という言葉は西欧の影響を言うときによく使われたが、一時期のヨーロッパの直接支配が過去のものとして遠退き、アメリカは距離を置いて干渉しない状態がつづくうちに、この言葉はしだいに現実味が乏しくなってきている。欧米の影響が、それに反対の立場をとる人たちにどう受け止められるかを、的確な言葉で言ってのけたのがホメイニー師だった。彼はアメリカを「偉大な悪魔」と評した。悪魔とは、帝国主義者ではなく誘惑者である。悪魔は征服はしないが、人々を堕落させる。誘惑者を嫌い、怖れ、西欧的な生活様式がのさばれば破壊的な影響を及ぼすと考えている人たちと、文化や文明の有益な交流をつづけることが新たな進歩、新たな機会につながると見る人たちのあいだには、未だに戦いがつづいている。

中東におけるこうした葛藤が、どんな結果を生みだすかはまだ見通しがつかない。その方向を決定する基点、プロセス、論争は、中東の歴史と文明の背景をふまえてはじめて、より深く理解できるのではないだろうか。

第Ⅱ部　先人たち

第一章　キリスト教勃興以前

民族・言語の分布図

キリスト教時代初期、現在私たちが中東と呼んでいる地域は、二つの強大な帝国（ローマとペルシア）のあいだで、有史以来、数千年間に何度となく繰り返されてきた覇権争いの真っただ中にあった。西半分のボスポラス海峡からナイル・デルタまで、地中海東部を囲む諸国から成る地域はローマ帝国の一部になっていた。この地の古い文明は衰退し、古代都市はローマ人総督か、地元の傀儡君侯に支配されていた。この地域の東半分は、ギリシア人やのちのローマ人が「ペルシア」と呼ぶ広大なもう一つの帝国に属していた（そこの住民は自国を「イラン」と呼んでいた。外国語呼称が「ペルシア」から「イラン」に正式に定められたのは一九三五年）。

この地域の政治的地図は、その外形においても、それが表わす実態においても、今日とは非常に大きな違いがある。国々の名前も違えば、それぞれが実質的に領土と呼ぶ範囲も異なっていた。当時そこに住んでいた人たちの大部分は、現在とは違う言葉をしゃべり、異なった宗教を信仰していた。数少ない例外でさえ、古代の伝統が間断なくつづいてきたように見えながら実はそうではなく、意識的に古代の再発見を心がけた結果と言ってよい。
また、ペルシアとローマが覇権を争っていた頃のアジア南西部とアフリカ北東部の地図は、それより古い時代の中東の諸帝国や文化の分布図とも大分異なっていた。マケドニアのファランクス〔盾・槍をもった重装歩兵集団〕、ローマのレギオン〔歩兵を主体に騎兵も含む軍団〕、ペルシアのカタフラクタリイ〔小札鎧（こざねよろい）の重騎兵〕らがそれぞれに支配権を確立するはるか前から、この地方の多くの国々は強い隣国に征服されたり、文化的に同化を余儀なくさせられてきた。古い文化のなかで、キリスト教時代が始まるまで存続し、古くからの独自性と言語を維持してきた最古の国は、まさしくエジプトである。東と西を砂漠、北側を海に遮られた、ナイル川の下流渓谷とデルタ地帯から成るエジプトは、地理的にも歴史的にも、明確に特定することができる。その文明は、征服者たちがやってくる数千年も前から連綿とつづいていた。しかも、ペルシア人、ギリシア人、ローマ人に次々と征服されたにもかかわらず、エジプト文明はその特質の大部分を保持してきた。

古代エジプトの言語と書字法は、数千年のあいだにいくらか変化はしたが、驚くほど長続きしている。古代の聖刻文字（ヒエログリフ）と、それをもとにしたいわゆる民衆文字（デモティク）と言われる書写文字は、やがて初期キリスト教時代にコプト語に取って代わられるまで存続した。古代エジプト語の最終的な形としてのコプト語は、ギリシア語のアルファベットに民衆文字を加えた書写文字をもっている。このコプト文字が最初に出現したのは紀元前二世紀で、紀元後の最初の百年間で定着した。エジプト人がキリスト教に改宗するにつれて、コプト語は、ローマ支配下と、その後のビザンツ帝国支配下のキリスト教国エジプトの民族文化と関わりの深い言語になった。イスラーム教徒アラブ人による征服と、それにつづくエジプトのイスラーム化とアラブ化が進むと、キリスト教徒だったエジプト人までアラビア語を使うようになった。彼らは今でもコプト教徒と呼ばれているが、コプト語はしだいに衰退し、今日ではコプト教会の典礼にだけ残っている。こうしてエジプトは新たな存立基盤（アイデンティティ）を獲得した。

この国にはいろいろな名前がある。エジプト人自身は使わないが、ギリシア人、ローマ人、それに現代世界の人たちは、古代エジプト起源のギリシア語の「エジプト」という呼び名を使っている。第二音節の「プト」は「コプト」と同じ語源からきているのではないかと思われる。アラビア語の「ミスル」は、アラビア人征服者たちが付けたもので、これは現在でも使われている。こちらのほうは、『旧約聖書』その他の古代文書のなかでセム語族〔『旧約聖書』の「創世記」一〇章、ノアの三人の息子の長子セムの子孫、すなわちヘブライ人、アラブ人、アラム人を指す〕が、エジプトのことをこう呼んでいることからきたものだ。

中東のもう一つの古い河川流域文明は、ティグリス・ユーフラテス川沿いに発達したもので、もしかするとエジプトよりももっと古くからあったのかもしれないが、エジプト人国家と社会のような統一性や継続性はなかった。川の南部、中部、北部に、シュメール、アッカド、アッシリア、バビロニアなど言葉の違う人たちが住んでいた。『旧約聖書』では、ここを「アラム（シリアの古代名）・ナハライム」、すなわち「二つの川にはさまれたアラム」と呼んでいる。ギリシア・ローマ時代には、ほぼ同じ意味をもつ「メソポタミア」と呼ばれた。初期キリスト教時代の数世紀は、中部と南部はペルシアの堅固な支配下にあり、現在のバグダードからそれほど遠くないクテシフォンを帝国の首都にしていた。「バグダード」という名前そのものがペルシア語で、「神に与えられた」という意味である。数百年後に、アラブ人がこの名の村に、新しい首都を設立した。中世のアラブ人が使っていた「イラク」という呼び名は、現在のこの国のタクリットから南の海までの南半分の地方を指す名称だった。隣接するイラン南西部の「イラーク・アジャミー」と区別して、「イラーク・アラビー」と呼ばれていたこともあった。

メソポタミア北部は領土争いの激しかったところで、ローマ人に支配された時代もあれば、ペルシア人や地元の王族に支配されていたこともある。シリアの一部と考えられていたこともあった。「シリア」という呼び名は、北はタウルス山脈、南はシナイ砂漠、東はアラビア砂漠、西は地中海を境界とする一帯を漠然と指すときによく使われていた。「シリア」という名の起源は明らかではない。ヘロドトス（紀元前四八五―前四二五）は「アッシリア」が短くなったものだと説明している。近代の学者たちはいろいろな地方名にその起源をたどっている。

この言葉が最初に表われるのはギリシア語で、古代ギリシア時代以前の文書にはこの形の語も、使用例も見当たらない。ローマ時代やビザンツ帝国時代に公的に使用されて定着したこのギリシア語は、七世紀のアラブ人による占領後に、事実上消滅した。ヨーロッパでは、とくに古典語の学習が復活してから、ギリシア・ローマ時代の用語として、ルネッサンス時代にときたま使われることはあった。アラブ人のあいだでは、もう少しおおざっぱに言うとムスリムの世界では、元「シリア」と呼ばれていた地域は「シャーム」〔アラビア半島から見た「北方」の意〕として知られており、そのなかの大きな都市ダマスカスもこの名で呼ばれていた。「シリア」という名——アラビア語では「スーリヤ」——は、地理的な記述にときたま出てくるが、十九世紀後半になってヨーロッパの影響下で再登場するまではあまり知られていなかった。一地方——ダマスコ〔ダマスカスのヘブライ語読み〕州——の呼び名として正式に採用されたのは、一八六五年、オスマン帝国統治時代のことである。はじめて一つの国の正式名称になったのは、第一次世界大戦後にフランスの委任統治が決まったときだった。それ以前に地元民が使っていた呼び名のうち、私たちにわかっているかぎりでいちばん広く使用されていたのが、シリアとメソポタミア両地方に定住していたアラム人にちなんだ「アラム」という名だった。メソポタミアは「二つの川にはさまれたアラム」、シリア南部と北部はそれぞれ「ダマスコのアラム」、「ツォバ（アレッポ）のアラム」として知られていた（「サムエル記下」八章六節、一〇章八節）。

だが、もっと一般的には、「肥沃な三日月地帯」の左腕部分を形成する国々は、そこを支配していたさまざまな王国や住んでいた人々の名で呼ばれていた。そのなかで、少なくともはっきりと記録に残されていて聞き覚えがあるのは、『旧約聖書』その他の古代の文書に「カナン」として出てくる南側の土地である。イスラエル人がこの地を征服し、入植してからは、彼らが住み着いた地域は「イスラエルの人々の領土」（「ヨシュア記」一一章二三節）、あるいはたんに「イスラエル」（「サムエル記上」一三章一九節）と表示されるようになった。紀元前十世紀にダビデとソロモンの王国が崩壊したあと、エルサレムを首都とした南の部分が「ユダ」、北の部分が「イスラエル」のちに「サマリア」と呼ばれるようになった。地中海沿岸部はそこに住み着いた人たちにちなんで、北部は「フェニキア」、南部は「ペリシテ」として知られていた。ペリシテ人は、バビロニア人に征服されて姿を消したあと、その名を聞かなくなった。フェニキア人は、ローマ時代と、初期キリスト教時代まで、現在のイスラエル北部とレバノン南部に存続した。紀元前六世紀にペルシアに占領されたあと、帰還難民が再定住した地域は、「ユダ」（「ダニエル書」二章二五節、五章一三節、「エズラ記」五章一節、五章八節）という名で知られていた。ローマ時代の名称は、『新約聖書』にも反映されているように、南部を「ユダヤ」、中部を「サマリア」、北部を「ガリラヤ」と呼んでいる。これらに付け加えて、南部の砂漠地帯を、ローマ人は「イドゥメア」（聖書に出てくる「エドム」）と呼んでいた。今日ではこのあたりは「ネゲヴ砂漠」、ヨルダン川の東側は「ペレア」と呼ばれている。

メソポタミアとシリアの主要言語はセム語だが、それがさらにいくつかの異なった語族に分かれている。そのなかでもっとも古いのが、アッシリア語とバビロニア語を含むアッカド語で、メソポタミアでは広く使われていた。もう一つはカナン語で、これには聖書が書かれたヘブライ語、フェニキア語、北アフリカから枝分かれしたカルタゴ語も含まれ、ほかにもシリア北部と南部の碑文からいくつかの緊密な関連のある言語があったことがわかっている。キリスト教時代初期までにこれらの言語の大半は、事実上消滅し、セム語系でもう一つの緊密に関連した言語グループであるアラム語に取って代わられた。カナン語系のなかでは、フェニキア語は、地中海東部沿岸の港や北アフリカの植民地で使われつづけ、ヘブライ語は、ユダヤ教徒に共通の話し言葉ではなくなったものの、宗教、文学、学問の分野では存続した。アッシリア語とバビロニア語は完全に消滅してしまったように思われる。アラム語は、「肥沃な三日月地帯」ばかりでなく、ペルシア、エジプト、今日のトルコ南部でも、交易・外交などの国際的意思疎通手段として広範囲に通用した。

キリスト教時代が始まったとき、歴史的に見て、セム語系言語のなかでこの地方に最後に入ってきたアラビア語の使用は、アラビア半島の中部と北部に限られていたと言ってよい。今日のイエメンにあたる南西部の比較的進んだ都市民族は、南アラビア語として知られるもう一つのセム語系の言葉を話した。それはエチオピア語にかなり近いもので、「アフリカの角」と言われる、紅海からインド洋に突きだしたソマリア半島への南アラビア入植者たちによってもたらされた。北部では、七世紀にアラブ人がシリアとイランに勝利してこの地を全面的に征服する前から、アラビア語を話す人たちが境界線を越えて入りこみ、住み着いていた。「肥沃な三日月地帯」では、アラム語が廃れてアラビア語が使われるようになった。今日、アラム語は一部の東方教会の典礼のなかに残っており、僻地の小村で使われているところもある。

現在、トルコと呼ばれている国を、ヨーロッパ人がこの名で呼ぶようになったのは、中世にトルコ族として知られる人たちがはるか東からやってきて以後のことである。初期キリスト教時代の数世紀には、「アジア」または「小アジア」、「アナトリア」などがいちばん通りのよい呼び名だった。それらはどれも、もともとはエーゲ海の東海岸を指しており、その地域はいつのまにかじわじわと東へ拡大されつつあった。この国は通常、それを構成している地方、都市、王国の名で呼ばれることのほうが多かった。いちばん多く使われていた言語、主要意思疎通手段はギリシア語だった。

「アナトリア」は、ラテン語由来の「オリエント」、イタリア語由来の「レヴァント」と同様、「日の出」を意味するギリシア語からきている。そのような呼び名は、当時の人々にとって、地中海東部の諸地域が、関知できる世界の最果てであったことを物語っている。地中海沿岸に住む人たちが、もっと遠くに、もっと広いアジアがあることに少しずつ気づくようになってはじめて、既知の部分を「小アジア」と命名しなおした。同様に、数百年ののち、古代人の言う「東」は「近東」になり、やがてもっと遠い東が西欧の地平線上に浮上するようになると、「中東」と呼ばれるようになった。遠い東の地のなかで、当時の中東にとっていちばん重要で、前途に不安を抱かせる国は、西欧では「ペルシア」の名で知られていたイランだった。

厳密に言えば、「ペルシア」もしくは「ペルシス」は、国土あるいは国家の名称ではなく、この名の付いた湾の東岸にある「パールス」もしくは「ファールス」と呼ばれる南西部の一地方名だった。ペルシア人はこの国全体をこの名で呼んだことは一度もない。だが、彼らは自分たちのしゃべる言葉は「ペルシア」語と呼んだ。トスカーナ語がイタリア語に、カスティリャ語がスペイン語に、ロンドンを取り巻く諸州の方言が英語になったように、パールス地方の方言がこの国の文化・政治に重要な言語になったからである。ペルシア人は自国をいつも「イラン」(現地音では「イーラーン」または「イールーン」)と呼び、一九三五年には、世界にもその名で呼ばせるようになった。これは古代ペルシア語の「アリャーナム」からきたもので、「アーリア人たちの(土地)」を意味する複数所有格で、その起源はインド・アーリア語族の移住初期にまでさかのぼる。

一神教の誕生

中東の宗教分布図は、民族や言語の分布図よりもはるかに複雑で、わかりにくい。古代の神々のなかには死に絶えたり、忘れられたりしたものもあるが、多くの神々が奇妙に変形されはしたものの、未だに生きつづけている。中東に住む人々のあいだでは、征服や移住が果てしなく繰り返され、そこへギリシアの文化とローマの支配という強烈な衝撃が加わって、信仰や崇拝も、混じりあった新しい形ができあがってきた。東方の宗派のなかには、ローマ人の、それもローマに住んでいるローマ人の信者を獲得したものもある。エジプトのイシス〔古代エジプトで信仰された神々のなかで最高位の女神〕、シリアのアドニス〔ギリシア神話の女神アフロディテの愛を受けた美青年〕、小アジアのフリギアのキュベレ〔フリギアを中心に小アジアで崇拝された大地母神〕はみな、中東の新しい支配者たちのなかに信奉者を得た。

千年単位ではなく、百年単位という比較的短い期間に、こうした古代の神々や宗派はみな廃れ、この地に相次いで起こったキリスト教とイスラーム教という二つの新しい、競合する世界規模の一神教に取って代わられた。七世紀のイスラーム教の勃興と大勝利を、ある意味で可能にしたのは、その前にキリスト教の勃興と普及があったからである。そのキリスト教も、宗教的・哲学的先駆者に負うところが大きい。キリスト教文明もイスラーム教文明も、ユダヤ人、ペルシア人、ギリシア人という三つの博識な民族の伝統をもつ古代中東における人々の出会いと相互の影響のなかに共通のルーツをもっている。

一神教の発想はまったく新しいものではなかった。たとえば、紀元前十四世紀のエジプトのファラオ、アメンホテップ四世の賛歌にもそれが表われている。だが、そうした発想は散発的で孤立しており、その影響は一時的で、しかも狭い地域に限られていた。所属集団の倫理としてはじめて一神教を自分たちの宗教の根幹としたのはユダヤ人だった。彼らの信仰が、原始的な民族神崇拝から普遍的な倫理としての一神教へとしだいに変化していくさまは、『旧約聖書』の各巻に連綿と綴られている。聖書は同時にまた、ユダヤ人がそうした認識に目覚めるにつれて、偶像崇拝者や多神教の隣人のなかにいる自分たちを、みずからの信仰によって孤立させていった過程も浮き彫りにしている。

近代では、このユニークな真理をつかんだと信じている人たちは、そうした真理の発見は自分たちの功績だと疑いもなく思いこむだろうが、古代の信心深い人たちにとっては、そんなふうに考えることはたいへんな思い上がりだという気がしたであろう。自分たちだけが一神教の真理を知ったという途方もない事実を前にして、古代のユダヤ人は自分たちが神を選んだと考えることすらできず、神が自分たちを選んでくれたのだと、もっと謙虚な信じ方をした。これは、特権どころか義務を、ときとしては耐えがたいほど厄介な重荷を負わされる選択だった。神はこう言われた。「地上の全部族の中からわたしが選んだのはお前たちだけだ。それゆえ、わたしはお前たちをすべての罪のゆえに罰する」（「アモス書」三章二節）

だが、普遍性のある倫理的な一人の神を認め、崇拝したのはユダヤ人だけではなかった。

はるか東のイランの高原に住んでいた、歴史上メディア人とペルシア人と呼ばれる二つの同系の民族が、古代の多神教を経て、悪霊の勢力とつねに闘う善の究極の力をもつ唯一の最高神を信じるようになった。この宗教の出現に寄与したのは、ゾロアスターという名の預言者である。彼の教えは、非常に古い形のペルシア語で書かれた古代ゾロアスター教の経典として残されている。このペルシア人預言者がいつ頃の時代に生き、教えを広めていたかはわかっていない。学者の説もまちまちで、その時代について千年以上の開きがある。だが、紀元前六世紀から前五世紀が、ゾロアスター教の大きな宗教的活動期であったことは確かなようだ。それまで数百年にわたって、唯一の最高神を求める二つの種族は、たがいに相手を知らないまま、別々の道を歩んでいたものと思われる。紀元前六世紀の政治的大変動で、この二つの種族が接触をもつようになり、その結果起きた諸事件が世界じゅうに時代を超えて影響を及ぼすことになる。

紀元前五八六年、バビロンの王ネブカドネツァルは、相次ぐ征服戦争の結果、エルサレムを占領して、ユダ王国とユダヤ人の神殿を破壊し、当時の慣習に従って征服された国民を捕虜にしてバビロンに送った(バビロン捕囚)。それから数十年後、そのバビロニア人自身が、新しいペルシア帝国の創立者で、当時シリア以遠にまで領土を広げたメディア人のキュロス王によって滅ぼされた。この征服者側と、広大な多言語地域に住んでいたたくさんの被征服民族のなかの小さな一集団の双方が、ものの考え方と信仰に非常に基本的な類似点があることに気がついた。キュロス王は、バビロンに幽閉されていたユダヤ人をイスラエルの地に帰すことを正式に認可し、エルサレムに政府の費用で神殿を再建することを命じた。『旧約聖書』によれば、キュロス王はごく少数のユダヤ人支配者に対して、他の非ユダヤ人支配者には見せたことのない敬意を表明した。バビロン捕囚のあとに書かれた「イザヤ書」の最後の数章は実に感動的である。「キュロスに向かって、わたしの牧者、わたしの望みを成就させるもの、と（主は）言う。エルサレムには、再建される、と言い、神殿には基が置かれる、と言う」（「イザヤ書」四四章二八節）。そのすぐあとの章はこうつづく。「主が油を注がれた人キュロスについて、主はこう言われる。私は彼の右の手を固く取り、国々を彼に従わせ、王たちの武装を解かせる」（「イザヤ書」四五章一節）

『旧約聖書』のなかで、バビロン捕囚前に書かれたものと、イスラエルへの帰還後に書かれたものでは、信仰にも、ものの考え方にも著しい違いがある。そのうちのあるものは、少なくともイランの宗教的思考世界の影響を受けたせいであると考えてよいであろう。そのなかで注目すべきは、人間が大きな役割を果たしている善の力と悪の力のあいだ、すなわち神と悪魔のあいだの壮大な葛藤に関する思想である。この概念をもう少し明確に展開してみると、死後の審判、天国や地獄での報償や懲罰、聖別された子孫から生まれ、救世主が終末のときに現われて、善が悪に最終的に勝利することを確約する思想などが出てくる。後期のユダヤ教、初期のキリスト教にはそのような思想の重視が目立つ。

ユダヤ人とペルシア人のつながりにはまた、政治的な関わり合いもあった。キュロス王はユダヤ人に好意を示し、その見返りとして、ユダヤ人は王に忠実に仕えた。数百年後、ユダヤ人は母国においても、他のローマ支配下の国々においても、ローマの敵であるペルシア人に同情的あるいは協調関係にあるとさえ疑われることがあったのは、それなりに理由があったわけである。

ギリシア文化とペルシアの伝統

ドイツの哲学者で歴史家のカール・ヤスパース（一八八三―一九六九）は、紀元前六〇〇年から前三〇〇年のあいだを人類の歴史の「軸をなす時代」と言っている。遠く離れた、明らかに無関係ないくつかの土地で、時を同じくして人々が大きな精神的、知的躍進を遂げたからである。中国では孔子と老子、インドではブッダ、イランではゾロアスターとそのおもだった弟子たち、イスラエルでは複数の預言者、ギリシアでは何人かの哲学者が現われた。これらの人たちは、だいたいにおいておたがいに相手の存在を知らない。中東では、インドからやってきた仏教使節団の活動がいくつかあったらしいが、あまり知られておらず、効果もほとんど上がっていなかったようだ。ユダヤ人とペルシア人の好ましい相互関係は、キュロス王とその後継者たちの時代から始まった。その同じ後継者たちが、小アジアを越えてエーゲ海まで西進して支配権を広げるにつれて、ギリシア人と接触し、争いが始まると、日の出の勢いのギリシア文明と、ペルシア帝国の大勢の人たちのあいだに情報交換ルートが確立された。ギリシア人の天性の資質は、宗教的というよりも哲学的・科学的であるが、ギリシアの哲学者や科学者が体得した洞察力は、中東、ひいては世界全体のその後の宗教を中心とした文明に計り知れなく大きな影響を与えることになる。

ギリシア人商人や傭兵たちは、早くから中東のあちこちを探索して、ギリシアの哲学者や科学者の旺盛な知的好奇心を刺激するような、異国についての情報を持ち帰っていた。ペルシア帝国の勢力拡大は、新たなチャンスを提供した。旅行や情報交換、言語の習得、さらには、ペルシア帝国政府のさまざまな職階にギリシア人熟練技術者を雇用するのを容易にしたのである。

マケドニアのアレクサンドロス大王（紀元前三五六―前三二三）の東征で新しい時代が始まった。これを機にマケドニアの支配とギリシア文化の影響が、イランを越えて中央アジアやインドとの国境、南はシリアを抜けてエジプトにまで広がったのである。大王の死後、彼が征服した土地は、イラン、シリア、エジプトを基盤に三つの王国に分けられて後継者に引き継がれた。

アレクサンドロス大王の征服以前からすでに、ペルシアについて多少は知っていたギリシア人は、神秘に満ちたメソポタミア、シリア、エジプトの内情に明るくなって、政治的覇権を確立するが、これはやがてローマ人に取って代わられる。だが、ローマ時代になっても、ギリシア文化の優位性はそのままつづいた。紀元前六四年、ローマの将軍ポンペイウスがシリアを征服し、まもなくユダヤも掌中にした。紀元前三一年、アントニウスとクレオパトラがアクティウムの戦いで敗れたあと、エジプトのギリシア・マケドニア系の支配者たちもローマの支配に屈伏せざるをえなくなる。ギリシア文化とローマの支配が広い範囲で成功を収めるなかで、ペルシア人とユダヤ人の二つの民族だけがあえて抵抗を示し、その結果、両者はまったく異なった道を歩むことになった。

紀元前二四七年、アルサケス（アルシャク）という人物が、ギリシアの支配に対する反乱軍を率いて成功し、自分たちの種族名とその出身地にちなんでパルティアという名の独立した王朝を樹立したことが歴史に残っている。マケドニアは何度か覇権の回復を試みるが、パルティア人が譲らないどころか、自分たちの政治的独立性を拡大さえして一大強国となり、ローマにとって危険な敵になりつつあった。だが、彼らはギリシア文化に対しては門戸を開いたままで、その影響は並々ならないものがあったように思われる。パルティア王国が、サーサーン朝ペルシアの創立者でゾロアスター教の擁護者でもあったアルダシール（在位二二六―二四〇）によって打倒されると、そうした状況もまた一変した。ゾロアスター教はやがてイランの国教になり、統治機構、社会、政府の組織の一部になった。これは、国家によって正当性を裏付けられ、位階性をもった祭司階級が異端を摘発して迫害するという国教が、有史以来はじめて登場したと言ってよいかもしれない。サーサーン朝ペルシアのこうした慣行は、パルティア人の先人や、ローマ帝国の寛容や折衷主義と著しい対照をなしていた。

ゾロアスター教とその祭司階級は、国家との結びつきによって強大な権力をもつようになったが、その国家自体が滅ぼされたとき、彼らは苦況に陥り、ペルシア帝国の消滅とともに、ゾロアスター教の祭司らがつくった既成階級も姿を消した。アラブ人に征服されて帝国が崩壊（六五一年）したあと、ゾロアスター教は長期にわたって衰退の一途をたどり、のちのイスラーム時代にイランの政治・文化生活が復活したあとでさえ、まったく復活の気配すらなかった。イランに進出したイスラームが受けた宗教上の抵抗は、正統派のゾロアスター教祭司階級からではなく、むしろ権威の行使よりも反対や抑圧に慣れていたゾロアスター教の異端派から起こった。

ゾロアスター教の異端のなかには、中東においても、また歴史全般から見ても、無視できない重要な存在になったものもある。そのうちの一つとしてもっともよく知られているのがミトラ教で、ローマ帝国のとりわけ軍隊のなかに大勢の信者を獲得し、イギリスでも、宗教行事の行なわれていたミトラ教寺院が発見されている。その次に知る人が多いのがマニ教である。教祖マニは、紀元二一六―二七七年にこの世にあって、キリスト教とゾロアスター教の思想を混ぜ合わせたものを基礎とした宗教をつくりあげた。彼は二七七年には殉難に遭ったが、マニ教は驚くほど活況を呈し、中東およびヨーロッパの両方でムスリムからもキリスト教徒からもひどい迫害を受けたにもかかわらず生き延びた。三番目は、その特徴としては地域密着型だが、非常に重要な、ゾロアスター教の異端のマズダク教（ゾロアスター教とマニ教とを折衷した宗教）がある。これは六世紀はじめのイランで栄え、一種の宗教共同体を形成し、のちにイスラームの異論派であるシーア派運動の母体となった。

ゾロアスター教は、はじめて帝国の唯一の正統教義とされた宗教だった。だが、それはイランの宗教であって、イラン帝国と文化圏以外の人たちに熱心に布教が行なわれた形跡はない。実際に、古代の洗練された宗教はみな、はじめは民族宗教で、やがて万民に広がり政治的圧力をもつようになるが、その宗教集団を維持してきた政治体制とともに消滅する運命にあり、ゾロアスター教もその例外ではなかった。こうした法則にも例外はあって、古代の宗教のなかで唯一、政治体制も領土的基盤も失ったにもかかわらず、思いきった自己変革を行ないつつ、そのどちらもなしに生き延びたものがある。イスラエルの子孫、のちのユダヤ人はこうしてユダヤ教徒になった。

ユダヤ教徒とローマ帝国

ユダヤ教徒は、ギリシアとローマへの政治的反抗に敗北した。最初は、マカバイ家のもとに結束して、シリアの支配権を要求したマケドニアの支配者に対し、自分たちの独立を主張することに成功し、しばらくのあいだユダヤ王国の独立を取り戻した。しかし、ローマの兵力には太刀打ちできず、反乱に反乱を重ね、そのうちの何度かはたぶんペルシアの扇動もしくは援助もあったようだが、ついに鎮圧されて奴隷に成りさがった。彼らの王や高位聖職者たちはローマの傀儡（かいらい）になり、ローマ人総督がユダヤを支配した。

いちばん大きな反乱が起こったのは紀元六六年である。長く苦しい戦いがつづいたにもかかわらず、反乱軍は完敗し、紀元七〇年、ローマ軍はエルサレムを占領し、バビロンから帰還した難民たちが建てた第二神殿を破壊した。それでもユダヤ人の抵抗は終わらなかった。一三五年のバル・コホバの乱のあと、ローマ人はこの厄介な民族からきっぱりと手を引く決意をした。その昔のバビロニア人と同じように、彼らもまた、ユダヤ人住民の大半を捕虜にして追放したが、今度はユダヤ人を帰還させてくれるキュロス王はいなかった。ユダヤ教徒にとって歴史的なゆかりのある呼称まで忘れられそうになった。エルサレムはアエリア・カピトリーナと名前が変えられ、破壊されたユダヤ教徒の神殿の跡地にユピテル神殿が建てられた。ユダヤとサマリアという名も廃止され、遠い昔に忘れられていたペリシテ人にちなんで、この国はパレスチナと命名された。

ユダヤ人の古文書に、ユダヤ人および他の中東の被支配民族が、ローマ帝国支配の利点と罰則をどのように見ていたかを如実に示す一節がある。それは、紀元二世紀頃三人のラビ〔ユダヤ教の導師〕の会話を記したものである。

ラビ・ユダがこう口火を切った。「あの人たち（ローマ人）、すばらしいことをしてくれましたね。市場をつくり、橋をかけ、公衆浴場を建ててくれました」ラビ・ヨセフは黙っていた。ラビ・シメオン・バル・ヨハイは答えて言った。「ローマ人が建設したものはみな、自分たちに必要なものばかりです。市場は自分たち用に娼婦の値段を決めるため、公衆浴場は自分たちをきれいにするため、橋は通行料を集めるためです」ユダヤ教への改宗者の息子であるユダは役所に出向いて、彼らの言ったことを権威者に報告した。すると役人たちは言った。「われわれを称賛したユダは昇進させよ。黙っていたヨセフはセッフォリスに追放せよ。われわれを非難したシメオンは処刑せよ」

ユダヤ人とギリシア人とローマ人は、重要な点でたがいによく似ているところと異なっているところがあった。その相似点と相違点は、その後の文明を形づくるうえで、三者にきわめて重要な役割を与えることになる。中東では、世界の他の所と同様に、人間集団がそれぞれのあいだにきっちりとした一線を画して、その集団の特性を明確にし、部外者を拒絶するのが一般的な風習だった。こうした基本的な、原始的欲求は、人類始まって以来、それ以前のほとんどの動物の生活形態にも見られるものである。仲間と部外者とを区別するものはつねに血である。つまり、血縁、今日風の言葉ならばそれを民族性と呼んでよいであろう。

地中海地域の古代人のなかで、自他の区別意識がいちばんはっきりしていたギリシア人とユダヤ人は、「他者」について、ギリシア人でない者は野蛮人、ユダヤ人でない者は異端といううがった定義を残している。こうした言葉が示す垣根は侮りがたいものだが、そこにはまた、そうした垣根は乗り越えられないものではないという点で、計り知れないほど重要な斬新性があった。つまり、それは生まれや血縁に基づく相違という旧来の原始的、普遍的な定義とは異なっていたのである。そうした垣根は、一つはギリシア人の言葉と文化を採用することによって、もう一つはユダヤ人の宗教と律法に従うことによって乗り越えることも、取り除くことも可能であった。どちらの集団も新メンバーを進んで求めはしなかったが、双方ともやってくる人たちは快く受け入れた。キリスト教時代初期には、ギリシア化した野蛮人やユダヤ化した異端者は中東の多くの都市でめずらしくない存在だった。

古代世界でもう一つ、敵に対する同情という点でも、ギリシア人とユダヤ人はユニークだった。ギリシアの劇作家で、自分自身がペルシア戦争の退役軍人でもあったアイスキュロスの、征服されたペルシア人の苦しみに対する同情的な描写や、『旧約聖書』の「ヨナ書」に記されたアッシリアのニネベの人たちへのユダヤ人の関心はほかに比類がない。ローマ人は包括の原則をさらに大きく進めて、ローマ帝国共通の市民権の漸次拡大を図った。ギリシア人はすでに、その政府の形成と運営に参加する権利をもった一つの政治体制のメンバーとしての市民権という発想を広げつつあった。だが、ギリシアの都市国家の構成者は、生粋の市民とその子孫に限られており、余所者が望みうる最高の地位は居留外国人だった。ローマの市民権も本来は同種の限られたものだったが、ローマ市民としての権利と義務は徐々に帝国全域にまで拡大されていった。

ギリシア人の文化、ユダヤ人の宗教、ローマ人の政治体制のいずれもが手近にあったことが、キリスト教の勃興と普及への道を拓くのに役立った。キリスト教は、自分たちが神の最終的な啓示の保持者であると信じる信奉者たちが、それをすべての人類に伝えることこそ、自分たちの神聖な義務と考える伝道熱心な宗教だった。数百年後に、イスラームという第二の普遍的な宗教が勃興し、内容や方法は異なるものの、信者に同じような確信と使命感を鼓吹することになった。同じような信念に支えられ、似たり寄ったりの野心に駆られた二つの世界宗教が、同じ地域に隣り合わせに存在すれば、早晩、衝突は避けられなかったであろう。

第二章　イスラームの興隆まで

ローマ帝国とペルシア帝国の果てしない戦い

キリスト教の勃興からイスラームの興隆までのいわばキリスト教時代の最初の約六百年間は、世相の移り変わりにも、諸文明の動向にも、一連の重要な進展があった。そうした進展の皮切りで、しかも、さまざまな点できわめて重要なのは、キリスト教自体の勃興である。キリスト教がしだいに広まり、信者も増えるにつれて、ユダヤ人とペルシア人の宗教を除くすべてのキリスト教以前の宗教は消滅するか、少なくとも人気がなくなった。古代ギリシア・ローマ時代の多神教は、しばらくのあいだ廃れず、キリスト教徒の歴史家たちからは「背教者ユリアヌス」と呼ばれたローマ皇帝ユリアヌス（在位三六一—三六三）の統治時代には最後のきらめきを示しさえした。

この初期キリスト教時代の前半から四世紀はじめまでのあいだ、キリスト教はローマ体制への反抗という形で勢いを得て広がった。ローマ帝国はキリスト教に対し、ときとして寛大であったが、迫害を加えることのほうが多かった。キリスト教徒は、必然的に国家を離れ、自分たち自身の組織をつくりだした。それが独自の構造と組織、独自のリーダーシップと位階制、独自の法律と裁きの場をもった「教会」で、やがてじわじわとローマ世界全体に浸透していった。

ローマ皇帝コンスタンティヌス（在位三一二―三三七）〔口絵1参照〕の改宗で、キリスト教はローマ帝国を取りこんだ。ある意味では、ローマ帝国に取りこまれたと言うべきかもしれない。皇帝の改宗後、ローマ帝国のキリスト教化はじわじわと進んだ。この新しい宗教を信仰する人たちに権限が与えられ、偉大なキリスト教徒皇帝ユスティニアヌス（在位五二七―五六五）〔口絵3参照〕の頃までには、大国ローマの全精力を傾けて、他宗教に対するキリスト教の優位性を確立したばかりでなく、当時いくつもあったキリスト教徒の宗派のなかで一つの国家公認の教義の優位性を強化した。その頃にはすでに、教会は一つではなく、神学的教義の問題で基本的に一致しなかったり、特定の個人、司法管区、地域を中心にしたり、ときには民族的な共通意識から分派をつくっていることがしばしばあった。

第二の大きな変化は、ローマ帝国の重心となるべきセンターが西から東へ、ローマからコンスタンティヌス帝が東の首都として建設した都市コンスタンティノープル〔現在のイスタンブル。一九二三年のトルコ共和国成立まで、二つの名前が併用して使われていた〕に移ったことである。紀元三九五年、皇帝テオドシウス（在位三七九―三九五）の死後、ローマ帝国はローマを中心とする西帝国と、コンスタンティノープルを中心とする東帝国に分裂した。それから比較的短いあいだに、西帝国は相次ぐ北方民族の侵攻に威勢を失って、事実上消滅した。東帝国はそうした問題を克服し、さらに千年ほど存続した。

今日、東帝国を呼ぶときに広く使われているビザンツ帝国という名称は、近代の学者用語で、コンスタンティノープル市の近くに以前にあった入植地の名前からとったものである。ビザンツ帝国の臣民は自分たちを「ビザンツ人」と呼んだことはない。彼らは自分たちをローマ人と呼んでおり、ローマ法に従わせることをもくろむローマ皇帝に支配されていた。だが実際には、そうひとくくりにはできなかった。皇帝とその臣民は多神教徒ではなく、キリスト教徒だった。

ビザンティウム（コンスタンティノープル）の市民は自分たちを「ローマ人」と呼んでいたが、その言い方もラテン語の「ローマーニ」ではなく、ギリシア語で「ロマイオイ」と呼んでいた。地方住民にさえ、そうした影響は及んだ。あちこちに「ローマ人の至上権」を祈願する「ヘーゲモニア・トーン・ロマイオーン」という言葉がギリシア語で刻まれている。辺境に近い君侯国エデッサ（メソポタミア北西部の古代都市で現在のウルファ）は一度はペルシアに奪われ、のちにローマ人が取り戻した国だが、ローマの保護下に入ってからは、この国の首長は「フィロロマイオス」（ローマ人の友）というギリシア語の称号を誇らしげに採用している。ローマの国力の最盛期でさえ、ギリシア語はローマ帝国の第二言語の地位を、事実上保っていた。東ローマ帝国では、それが第一言語になった。ラテン語もしばらくは廃れず、ビザンティウムのギリシア語、さらに数百年後にはイスラームのカリフ統治時代のアラビア語にも、ラテン語起源の言葉を見つけだすことができる。そして、ギリシア語は政治用語であるばかりでなく文化用語にもなって長いあいだ生き残った。コプト語、アルメニア語、のちのアラビア語など、東部諸州で使われつづけた非ギリシア語系言語や文献にさえ、ギリシア哲学や科学の伝統が深く浸透している。

第三の大きな進展は、中東のギリシア化である。それは、アレクサンドロス大王とその後継者たちが征服したシリアやエジプトの諸帝国で数百年前から始まっていた。国家としてのローマもキリスト教会も、ギリシア文化に多大な影響を受けた。どちらもギリシア語を広範囲に伝播することに寄与した。東ローマ帝国の政治組織は、アレクサンドロス大王やその後継者であるそれまでのギリシアの君侯国の伝統を受け継いでいる。彼らの君主制の概念は、ローマ皇帝たちのそれといろいろな点で大きな違いがあった。宗教においてもまた、初期のキリスト教徒は、長いあいだギリシア人の心を捉えてきた哲学的で精緻な理論にこだわった。ローマ人にもユダヤ人にも、そうした傾向はあまりなかった。キリスト教徒の聖典である『新約聖書』は、アテネの劇作家や哲学者たちの使っていた言葉とは違うが、まぎれもないギリシア語で書かれている。『旧約聖書』〔ほとんどがヘブライ語で書かれている〕でさえ、数百年も前に、アレクサンドリアのギリシア語を話すユダヤ人コミュニティーにギリシア語訳が出回っていた。

もう一つの大きな変化は、おそらくこれも、それ以前に受けた影響があるだろうが、今日では統制経済と呼んでもよさそうな、国家権力を利用した経済の計画や指導が着々と進んだことである。大河流域社会では自然にそのような政策が進んだ。とりわけエジプトでは、アレクサンドロス大王麾下の将軍の一人によって創立されたプトレマイオス朝のもとで、統制経済が高度な段階にまで進んでいた。キリスト教時代初期、とくに三世紀以降、国家はますます工業、商業、製造業に加えて農業にまで関与するようになった。国家当局はさらに、まだ手のつけられていなかった民間企業家にまで国家の経済政策に従わせようとした。国家はいろいろな分野で民間の商人を締め出し、国営組織を張りめぐらせた。たとえば、軍隊は、武器や装具の製造から、一時期は軍服まで、そのほとんどを国営企業に依存させた。軍隊の糧食は通常、一種の税金の形で徴集し、部隊には軍用食として配給した。国家の経済活動が盛んになるにつれて、企業家や御用商人、商品供給者やその仲間たちの自由裁量の余地はますます少なくなっていった。

農業にも政府の介入は増えた。耕作地域がどんどん少なくなっているのも証明されている。帝国への届け出状況によると、土地はまだかなりあるが、放置され、荒れ地になっているものが多いのが難点で、財政その他のさまざまな奨励策を講じて、そうした土地に農民や地主を再入植させようとしていたことがわかる。これは、とりわけ三世紀から六世紀に、国家が経済に介入することを唱道したディオクレティアヌス皇帝（在位二八四―三〇五）時代から、イスラームによる征服と、それにつづく経済機構と権限の再構築が行なわれる六世紀までの大きな問題であった。

ビザンツ帝国とペルシア帝国は、七世紀はじめのイスラームの急速な進出にたじろいだ。しかし両帝国の運命には重要な違いがあった。ビザンツ帝国軍は壊滅的な敗北を喫し、多くの州をアラブ軍に取られたが、小アジアの中心部はまだ、ギリシア正教徒のものであり、帝国の首都コンスタンティノープルは、たびたびの襲撃にもかかわらず、陸と海の壁に守られて不可侵だった。ビザンツ帝国は版図も縮小し、弱体化したが、それからさらに七百年近く生き延び、その言語、文化、組織はそれなりの自然なリズムで進歩しつづけた。一四五三年、ギリシア正教徒の帝国の最後の残存部分が攻め落とされたとき、それまでのビザンツ帝国の形見や記録はキリスト教界に託された。

ペルシア帝国の運命は大分違う。周辺諸州ばかりでなく、その首都も領土も丸ごと、新たなアラブ・イスラーム帝国に征服され、組みこまれてしまった。シリアやエジプトにいたビザンツ帝国の貴族たちはビザンティウムに逃げ出すことができたが、ペルシアのゾロアスター教徒は、ムスリムの支配下に残るか、唯一の受け入れ国であるインドに避難するしか選択肢がなかった。イランがムスリムの支配下に入ってから最初の数百年のあいだに、この国の古い言語は、古い文書とともにごく一部を除いてしだいに忘れられ、消滅していった。アングロ・サクソン語が英語になったのと同じように、この国の言葉さえも、征服によって変形された。学者が古代ペルシア語の文書や碑文を発見して、その解読に着手し、イスラーム到来以前のイランの歴史の探索が始まったのは比較的近代になってからのことである。

キリスト教時代の最初の六百年間におけるペルシア帝国の歴史は、最初のパルティア人の時代と次のサーサーン朝時代の大きく二つに分けられる。サーサーン朝の初代支配者アルダシール（在位二二六—二四〇）はローマに対して一連の戦いを挑んだ。彼の後継者のシャープール一世（在位二四一—二七二）は、戦場でローマ皇帝ヴァレリアヌスを捕虜にすることに成功した。この功績に大喜びした彼が、イランのいくつかの山の石にそのときの情景を刻ませたものが今でも残っている。それは馬に乗ったペルシア王が、ローマ皇帝の首を足蹴にしている図である。ヴァレリアヌスは捕らえられてから死んだ。

こうしたペルシア対ローマ、のちのペルシア対ビザンツ帝国の敵対関係は、イスラームのカリフ国家の台頭でこのライバル国の一方が滅ぼされ、もう一方が大幅に弱体化されるまで、この地域の歴史を左右する重要な政治的ファクターであった。断続的ではあるが平和が訪れた例外的な一時期を別にすれば、長く果てしない戦闘が繰り返されたことが、最終的には滅亡と弱体を招く原因となったことは間違いない。

その例外的な「長い平和」は、百年あまりつづいた。三八四年、シャープール三世（在位三八三—三八八）はローマと和議を結んだ。四二一—四二二年に国境付近でちょっとした衝突があった以外は、六世紀のはじめまで〔五〇三―五〇五年のペルシア・ローマ戦争〕戦争はなかった。以後、六二八年〔ホスロー二世の死〕まで、何度か小休止はあったものの戦争はつづく。やがて新しい勢力が台頭し、まもなく二つの交戦国の影は薄くなった。

同時代および中世の歴史家たちは、これらの戦争のおもな争点は、当然のことながら領有権に関するものであったと見ている。ローマ人は当時、だいたいにおいてペルシア人が支配していたと言ってよいアルメニアとメソポタミアの領有権を主張した。ローマ人がこれらの土地の権利を主張したのは、ローマ皇帝トラヤヌス（在位九八―一一七）がここを征服し、ローマ人、ペルシア人、のちにはムスリムとの合意のうえでこの地の永久所有権を樹立していたからである。ビザンツ帝国時代にはもう一つの論拠があった。アルメニアとメソポタミアの住民のほとんどがキリスト教徒であるから、キリスト教徒の皇帝に忠誠を尽くす義務があるというものである。ペルシア人は、紀元前五二五年にキュロス王の息子、カンビュセスが征服したシリア、パレスチナ、エジプトの領有権を主張した。たびたびの戦争のあいだに彼らはこれらの地に来襲し、荒廃させたこともあれば、短期間占領していたこともあった。この三国にはペルシア人やゾロアスター教徒はいなかったが、いくつかの非キリスト教徒集団があって、そのなかにはペルシア帝国の同調者たちもいた。

緩衝地帯の通商路の繁栄

近代の歴史家は領有権以外の問題にも目をつけ、資料によってそれを証明することができるようになった。そのなかでもっとも重要なのは、東西の通商路の支配に関するものである。地中海世界にとって、東からの輸入品としてとりわけ重要だったのは、中国からのシルクとインドおよび南東アジアからのスパイスの二品目だった。こうした品目の交易範囲は非常に広く、ローマ帝国はそれらを支障なく、継続的に行なうための保護法を制定していたことがわかっている。

こうした交易のおかげで、ローマ帝国とそれにつづくビザンツ帝国ははるか彼方のアジア、中国やインドの文明と接触した。定期的な交流があったわけではなく、相互に訪問し合った形跡もほとんどないが、中国とインド双方からの輸入があり、ローマ帝国とビザンツ帝国は、それに対し金貨で支払いをしていたらしい。地中海世界が中国のシルク、インドの香辛料との交換に提供できるものは、あったとしてもごくわずかだった。だが、金貨はつねに喜んで受け取ってもらえた。大量のローマ金貨が、地中海方面への輸入代金として東アジアへ流れた。金貨の流れ着いた先は東アジアだけではなかった。ペルシア人は中国とのシルク取引の仲買人として相当な利益を上げており、とりわけ一時期にはずっと東の中央アジアまでその支配権を伸ばし、生産地での出荷時点でシルク取引を牛耳ってさえいたのである。東方への金塊の流出を嘆く声もときには聞かれたが、ローマ帝国全体としては、こうした流出にびくともしなかったのは驚嘆に値する。

地中海地方からさらに東へ行くもっとも便利なルートはペルシアの支配地域を通るものだが、ペルシアの勢力範囲以遠にまでルートを延ばせれば、経済的にも戦略的にも明らかな利点があった。ほかにも、中国からユーラシア大陸草原地帯のトルコ領を通って黒海やビザンツ帝国領内に出る北回りの陸路や、インド洋を経由する南回りの海路もあった。南回りは、インド洋からペルシア湾を経てアラビア半島に入るか、あるいは紅海経由で陸路に入り、エジプトやスエズ地峡に抜けるもの、もしくは西アラビアの隊商路（キャラバン・ルート）経由でイエメンからシリア国境地帯に出るものなどがあった。

ローマ帝国、のちのビザンツ帝国の関心事は、中国やインドとのこうした外回りの通商路を確立してこれを保持し、ペルシア帝国支配下の中央部を迂回することだった。ペルシア帝国はこうした輸送路を横切る場所に位置する地の利を生かして、ビザンツ帝国の交易から平時には利ざやを稼ぎ、戦時には交通を遮断した。そのため、この二つの帝国のあいだでは、双方の国境以遠の国々への影響力の行使をめぐって争いが絶えなかった。商業、外交、まれにではあるが軍事面でのそうした介入は、どちら側にも少なからぬ影響を与えた。その筆頭が、北部ではトルコ系種族や君侯国、南部ではアラブ系種族とその君侯国だった。トルコ系種族もアラブ系種族も、この地の古代文明に大きな役割を果たした形跡はない。どちらの種族も、たえまない侵略の波にさらされたあと、中世になってイスラームの中心地で顕著な役割を果たすようになる。

キリスト教時代の最初の六百年間は、トルコ人もアラブ人も両帝国の国境からはるか離れた未開かそれに近い大草原（ステップ）や荒野で暮らしていた。ペルシア人もローマ人も、帝国の拡張期にさえ、こうした大草原や荒野の人々を征服することにはあまり関心がなかった。むしろ彼らとあまり深い関わりをもたないように気をつけていた。四世紀のローマの歴史家アムミアヌス・マルケリヌスは、自分自身もシリアの生まれだが、こうした種族について触れ、大草原に暮らす人々についてこう書いている。

こうした地域全般の住民は残忍かつ戦争好きで、戦いや騒動があると大喜びし、戦闘で生命を失った者は他の人たち以上に幸福であるとみなされる。自然死した人に対しては、堕落した者とか臆病者という罵りの言葉を浴びせる。

南部の荒野の住民については、「サラセン人は……味方にも敵にもしたいと思ったことは一度もない」と評している。こうした隣人を武力によって征服するのは不経済なうえ、むずかしく、危険だったのであろう。征服できたとしても、これで安心というわけでもなければ有益でもない。そうするかわりに、両帝国はやがて帝国主義政策の見本となる政策をとった。すなわち、さまざまな方法でそうした部族民の機嫌をとり、財政、軍事、技術面での援助、称号や勲章の授与などで、できるかぎり親善を図ることに努めたのである。

当初から、ギリシア語では〈フュラルク〉と呼ばれる部族長たちは、北部でも南部でも、こうした状況を自分たちに有利に利用することを知っていて、あるときは一方に、あるときは他方に、ときには両方を当てにしたり、どちらにも背を向けたりした。隊商による交易で自然に生じた富で豊かになった彼らは、自分たち自身の都市や王国を樹立し、独自の政治体制を敷いて、両帝国の衛星国や同盟国になったことさえある。両帝国のほうは、そうすることが安全だと直感したら、辺境の君侯国を征服し、直接の支配下に入れた。だが、できればなんらかの形の間接的支配、もしくは従属国とすることのほうが多かった。

これは古くからあるパターンで、その起源は遠く古代にまでさかのぼる。ローマ人が砂漠の民政策を開始したのは、紀元前六五年、ポンペイウスが、今ではヨルダンのハシミテ王国になっているナバテア人の首都ペトラ〔ギリシア語で「岩」の意味〕に遠征したときだった。ナバテア人はアラブ人のように見えるが、彼らの文化や書き言葉はアラム語だった。ペトラのオアシスに彼らが設立した隊商都市は隆盛をきわめており、ローマ人は彼らと友好関係を結ぶことが得策と判断した。ペトラは、ローマ諸州と砂漠のあいだの一種の緩衝国、アラビア南部やインドとの交易ルートにつながる大事な援助国として役立った。

紀元前二五年、ローマ初代皇帝アウグストゥス（在位、紀元前二七―後一四）は新たな政策を打ち出す決意をし、イエメンを征服するために遠征隊を派遣した。目的は、紅海の南端にローマの足場を樹立し、インドへのルートをローマが直接支配する道を拓くことだった。この遠征は惨敗に終わり、以後ローマ人は二度と同じ企てはしなかった。つまり、アラビア本土に軍事力によって侵入することはきっぱり諦め、そのかわりに、平時には交易を、戦時には戦略的必要性から、こうした隊商都市や砂漠の辺境国を頼みにすることにしたのである。

こうしたローマ人の政策が、アラビアの辺境にずらりと並ぶ君侯国を豊かに繁栄させた。いくつかあるなかで有名なのはパルミラ〔「ナツメヤシ」を意味する〈パルマ〉というラテン語からきている〕である。シリア東南部のこの隊商都市は、現代ではタドモルと呼ばれている。パルミラはシリア砂漠のなかの泉のほとりに栄えた。ずいぶん昔から、ここは入植と交易の中心地だったことは確かである。ユーフラテス川沿いのドゥラ〔古代セム語で「要塞」の意味〕に大きな商業中心地があったため、パルミラの住民は、地中海からメソポタミアやペルシア湾への砂漠横断ルートの宿場町という立場を大いに利用できた。それでこの都市の住民は、商業的にも戦略的にも重要視されていたわけである。

二つの帝国の北側、すなわち黒海とカスピ海の北側には、中央アジアを横切って中国へ通じる陸路があり、さまざまな点で似たような状況が展開していた。紀元七五―一〇〇年頃、このあたり一帯の宗主権を漠然と主張していた中国の権威者に対して、中央アジアの諸種族が反乱を起こしたことがあったようだ。この反乱のリーダーたちのなかに、中国の史記では「匈奴(きょうど)」、ヨーロッパ史でいう「フン族」にあたると思われる人々がいた。班超(はんちょう)(三二―一〇二)という名の中国の将軍が中国から中央アジアへ遠征し、この反乱を鎮圧して、フン族をシルクロードから追い払った。だが、このとき、中国人はさらに侵攻して、現在のウズベキスタン共和国とその西側隣接地帯を含む、のちにトルキスタンとして知られるようになる地域を征服した。そこから、班超はうまく内陸のアジア・シルクロードを中国の支配下に入れることができた。同時に、彼は甘英(かんえい)の率いる使節団をローマ人に会わせるために西に送った。この使節団は紀元九七年にペルシア湾に到達したと報告されている。

中東に積極的かつ野心的な拡張計画を進めたローマ皇帝トラヤヌス(在位九八―一一七)の政策の裏には、これらを含めた東方からのさまざまな軍事的・外交的働きかけがあったことは否めない。一〇六年、彼はそれまでのローマとペトラの関係をご破算にして、ここに侵攻し、征服した。ナバテア人の王国はアラビア州と呼ばれるローマの属州となり、ボスラ(シリア南部のヨルダン国境近くにある町)に駐屯するローマ軍団の総督の支配下に置かれた。トラヤヌス帝はまた、ナイル川の支流や運河をつないで、アレクサンドリアからクライスマまでの水路を造り、ローマ帝国の船舶が地中海から紅海まで航行できるようにした。一〇七年には、ローマの使節団がインドに派遣された。シリア東部国境から紅海までの道が見つかったのはそれからまもなくのことである。

こうしたことはみな、パルティア人を警戒させたであろうことは言うまでもない。これが発端となって、二つの帝国のあいだに戦争が起こった。トラヤヌス帝は一一四年に始まる遠征で、二つの帝国の中間にあるおもな紛争地帯の一つアルメニアを占領し、エデッサの独立心の強いキリスト教徒支配者と和議を結んだ。皇帝はティグリス川を渡ってさらに東征し、一一六年夏、現在のバグダードからそれほど遠くないペルシアの大都市クテシフォンを占領したのち、ペルシア湾岸にまで到達した。同じ頃、ユダヤで大きな反乱が起きたのは偶然の一致でないことは確かだ。一一七年にトラヤヌス帝が死んだあと、後継者のハドリアヌス帝（在位一一七—一三八）は東方で征服した諸州から撤退したが、アラビア州だけは保持した。

アラビア半島の戦国時代

紀元一〇〇年前後、つまりトラヤヌス帝が帝国拡大に着手する寸前のアラビア半島の様子は、大ざっぱに言うと次のようなものだった。内部的には、地元や外国の支配はいっさい受けていなかったものの、周辺には東のパルティア王国、西のローマ帝国とさまざまな形の関係を結んでいるたくさんの小国や君侯国があった。それらの国々は、アラビア半島を経由してイエメンに出て、そこから海路で東アフリカやインドに出る隊商（キャラバン）が行き来する通商路で生計を立てていた。

ローマ帝国によるペトラの併合は、重大な政策変更であったことは確かで、これを機にそれまでの勢力均衡が崩れた。ローマ人はやがてパルミラでも同じような政策を遂行した。こちらもまた、やや違った形ではあるが、帝国に併合された。その正確な日付はわかっておらず、二世紀にはもう、パルミラにローマ軍の駐屯地があったことが知られているにすぎない。

サーサーン朝ペルシアが台頭し、中央集権化を進めて軍事体制を強化するようになると、今度はペルシア人が征服したり、併合したりした辺境君侯国が散在するアラビア州北東部の国境付近で、事態は再び一変した。三世紀半ば頃、ペルシア人は古代アラビアの中心地ハトラ〔イラク北部の古代都市〕を壊滅させ、ペルシア湾岸沿いの東アラビアの一部を占領した。ローマの歴史家たちは、二七〇年頃のこの地での面白いエピソードを記録に残している。当時、ローマ人がゼノビア（アラブ名はたぶんザイナブ）と呼ぶ傑出した女性支配者が、独立国パルミラの再建に懸命の努力をしたが及ばず、皇帝アウレリアヌス（在位二七〇―二七五）の派遣したローマ軍に滅ぼされた。こうしてパルミラは、もう一度ローマ帝国にしっかりと組みこまれることになる。

他方、はるか南のアラビア半島では、別の大きな変化が起こりつつあった。南アラビアは、ほとんど砂漠に近い北部とは違って、耕作地や歴代君侯の支配するいくつもの都市があった。だが、これらの君侯国が滅ぼされ、ヒムヤル王国と呼ばれる新しい政権が樹立されたが、ここもまた、東からはペルシア人、西からはエチオピア人が攻め寄せて、外敵との戦場になっていた。エチオピアに出現した好戦的なキリスト教徒の君侯国は、紅海の対岸の出来事に当然ながら関心を深めており、ペルシア人はもちろん、ローマ人やキリスト教徒（彼らにとってはどちらも同じ）の影響をつねに押しとどめようとしていた。

この頃までには、これらの地中海文明の最果ての前哨地点にまで、古代世界全般の経済的衰退、とりわけ三世紀からの交易の衰微の影響が及んでいた。それはローマ帝国硬貨の発見量がしだいに減っていることでもわかる。インドでは、二一七年に死んだカラカラ帝（在位一九八―二一七）以降の硬貨はまったく発見されていない。四世紀から六世紀にかけて、アラビアは一種の暗黒時代、貧困とベドウィン化の時代に戻ってしまったように見える。それはつまり、これまであった文明、営々と築かれた揺るぎないセンターが衰退し、ラクダを連れた遊牧民の暮らしが拡大されたことを意味する。この時期の様子は、それからまもなく始まるイスラーム時代のムスリムの物語のなかに回想の形で生き生きと語られている。

少なくとも、アラビアにおけるこのような衰退の一因は、敵対する二つの帝国の関心が薄れたことにあったにちがいない。ローマ帝国とペルシア帝国が平和を保っていた三八四年から五〇二年までの長い期間に、アラビアも、砂漠やオアシスを経由する長くて費用もかさむ危険の多い通商路も、顧みられなくなった。通商路はほかにでき、政府の助成金は打ち切られ、隊商は通らなくなり、町は見捨てられたのである。オアシスの入植者たちでさえ、移住するか、遊牧生活に切り替えた。交易の途絶と遊牧生活への切り替えが生活や文化の水準を全般的に下げ、アラビアを大昔に返ったように文明世界から著しく孤立させてしまった。生活レベルの高かったアラビア南部でさえ苦境に陥り、大勢の南部の遊牧民が少しでもましな牧草地を求めて北部へ移動していった。アラビア社会では、遊牧民はつねに存在する重要な構成員であったが、やがて大勢を占めるようになった。これが「光明の時代」であるイスラーム時代とは対照的な〈ジャーヒリーヤ〉(無明)とムスリムが呼ぶ時代である。それはその後につづく時代ばかりでなく、それ以前の時代とくらべても暗黒の時代であった。この意味で、イスラームの勃興は復活、すなわち『コーラン』に示されているようなアブラハムの宗教の復活と受け止められたのかもしれない。

ムハンマドが生まれた六世紀に、すべてがまた、がらりと変わった。多くの人々の運命を一変させた重要な出来事とは、約百年あまりの平和のあと、ペルシア帝国とビザンツ帝国との紛争が再開し、ほとんどたえまのない戦国時代に戻ったことである。二つの帝国が交戦状態に入り、敵対関係がつづくようになると、アラビアは再び紛争の焦点として注目を浴びるようになり、アラビアの住民たちはまたもや、両方の側から支持を求められたり、礼遇されたり、ときには賄賂(わいろ)を使って買収されるなど、うまい汁が吸えるようになった。

平和時には、地中海世界からさらに東へ出るには、大河流域を通ってペルシア湾に出るのがもっとも便利だった。ルートの大部分は水路で、繋ぎの陸路が比較的短かったため、経費も安く、より安全でもあった。だが、ペルシアとビザンツ帝国のあいだで戦争が再開されると、すべての条件が変わった。ビザンツ帝国にとって、メソポタミア経由でペルシア湾に出るルートは、攻撃にさらされやすくなった。ペルシア側は、戦時であればこのルートをいつでもすぐに閉鎖することができ、両帝国のあいだが平和なときには、経済的なプレッシャーをかけることさえ可能だったからである。それゆえ、ビザンツ帝国はペルシア人の影響力が及ばない別のルートをもう一度探すことになった。

それには以前と同様、大きく分けて北の大草原地帯を通るものと、南の砂漠と海を経由する方法の二つの可能性があった。アジアの陸路ルートの再開で、歴代のビザンツ帝国皇帝と中央アジアの大草原地帯からやってきたあまたの部族長（ハーン）たちとのあいだでさまざまな面白い駆引きが行なわれた。トルコ系の部族長たちの使者がコンスタンティノープルにやってくるようになり、抜け目のない部族長のなかには、ペルシアとビザンツ帝国の両方に使者を送る者があったと、ビザンツ帝国側の年代記作者が書いている。だが、だいたいにおいてビザンツ帝国側の背信行為を部族長らが非難するほうが多かった。ビザンツ帝国の歴史家メナンダーが五七六年に書いているところによれば、あるビザンツ帝国の外交使節団がさる部族長のところへ信任状を提出すると、その部族長が自分のところへも自分たちの敵のところへも同じことをしていると痛烈に非難し、口のなかに指を突っこんでこう言った。

あんたたちは十枚の舌をもって嘘をつくというローマ人ではないのか？……わしの十本の指が今、わしの口のなかにあるように、あんたがたには舌がいっぱいあって、一枚はわしらを欺き、別の一枚で（アヴァール人〔六世紀頃ダキアに定住し、中部・東部ヨーロッパを侵略したアジア系と思われる民族〕に）嘘をつく……。あんたがたは悪巧みを隠してうまい言葉でだれでも喜ぶような嘘をつき、彼らがとんでもない不幸に陥っても知らん顔で自分たちの利益をむさぼる……。トルコ人にとっては嘘をつくということは、予想外の不自然なことなのだ。

だが、全般的には、保護国と従属国、北と南は相互に相手をよく知っていたように思われる。六世紀までには南ルートのほうが北ルートよりも重視されるようになった。その理由の一つは、ペルシアの支配権が及びにくいほど離れていたためであり、もう一つの理由は、南のほうにはいくつか代替ルートがあったからである。古代の資料から、三つの大きな勢力の政策と活動はかなりはっきりと図式化できる。ビザンツ帝国はペルシア帝国の妨害を受けずにインドとの自由な交流を常時確保しておきたかった。ペルシア帝国はそうした連絡路を遮断したり妨害したり、中断させたりしたかった。そのルート沿いに住むさまざまな種族は、そうした状況を自分たちに有利に活用しようとした。つまり、自分たちにとって明らかに有利なルートを利用させはするが、ビザンツ帝国にそれを独占もしくは支配されるのは防ぎたかった。自分たち独自の役割が小さくなってしまうからである。

当時の事情からして、これはよくあるパターンだった。ビザンツ帝国側にも、ペルシア帝国側にも、国境付近に従属君侯国が再び出現した。ビザンツ帝国の砂漠地帯の国境には、大ざっぱに言って現在のヨルダンにあたる地域にアラブ人のガッサーン王国があり、ペルシア側にはヒーラ王国があった。どちらもアラブ人で、アラム文化の影響を深く受けており、キリスト教徒だったが、ガッサーン王国は政治的にビザンツ帝国と結ばれており、ヒーラ王国はペルシア帝国と連携していた。

五二七年頃、ビザンツ帝国皇帝ユスティニアヌスがガッサーン王国をけしかけてヒーラ王国と戦争をさせた。それは結局、当時のビザンツ帝国とペルシア帝国を主導国とする典型的な代理戦争になった。ガッサーン王国の君侯には数々の栄誉が与えられた。彼はローマ帝国のパトリキウスという爵位が与えられ、コンスタンティノープルに招かれて、ローマ軍の武器や指導官、十分な量のローマ金貨を提供された。ペルシア側についての資料は乏しいが、似たり寄ったりのことが行なわれていたように思われる。

この時期の第二の重要な展開は、シナイ半島南端沖のチラン海峡の真ん中に、チランもしくはヤトベと呼ばれる小さな島が、歴史の舞台に短期間ではあるが再浮上したことだった。そこには早くから中継貿易に従事する人たちの小さな入植地があったようだ。四七三年に、この島の部族長がコンスタンティノープルを訪れ、その後何人かがやってきたが、ビザンツ帝国に対して味方と思える人物もいれば、敵に見える者もいた。ある時点でのこの島の住民は、ユダヤ人だったとされている。彼らが、早くからここに拠点を築いていたユダヤ人か、ユダヤ教に改宗した人たちか、あるいはユダヤから新たにやってきた入植者であるかはわかっていない。彼らはおもに南回り、つまり紅海経由の貿易に従事しており、当初はどこにも従属しておらず、どちらかと言えば反ビザンツ帝国的気風があった。やがて六世紀を迎え、紅海貿易が重視されるようになると、この島はビザンツ帝国の支配下に入れられ、便宜上、ガッサーン王国の君侯の管轄となった。

五二五年には、いくつかの興味深い動きがあった。チラン海峡のヤトベ島のユダヤ人は征服されたが、紅海の南端のヒムヤル王国の王がユダヤ教に改宗し、アラビアの南西の端に数百年来はじめてユダヤ系の君侯国が出現したのである。紅海の南北両端に、何の関連もなく同時にユダヤ分子が突然出現するはずはない。双方とも紅海貿易に従事し、ペルシアびいきで、反ビザンツ帝国政策をとっていたと言われる。

ビザンツ帝国の政策は本来、ペルシアとは真っ向から対立する。ビザンツ帝国のとった行動は、反ペルシアであるばかりでなく、中立をも認めず、地域勢力を排除するか征服するかして、ビザンツ帝国の優位性と商業的独占権を紅海の端から端まで確立することを狙っていた。北の端では、彼らは部分的にはアラブ同盟国の助けも借りてうまくやっていたが、南端では、挑戦を受けて立つには頼みとする味方が足りなかったため、エチオピアを利用することになった。エチオピアはキリスト教国で、イエメンのユダヤ人と、そのはるか後方の東から彼らを支えるペルシア人を敵視するビザンツ帝国の味方だった。この時点でのエチオピアは、すでに東はインドまで航行できる船舶をもち、アラビア本土には軍隊を所有する国際的な貿易国だった。エチオピア人は改宗したばかりの熱心なキリスト教徒であり、ビザンツ帝国からの使節団に熱いまなざしを向けた。

だが、残念ながらエチオピア人には、自分たちに課せられた任務を遂行することができなかった。彼らはまずはアラビア南部の最後の独立国を打倒することに成功し、キリスト教徒と他の外的影響力に対して自国の門戸を開放することができたが、それを持続するだけの実力がなかった。彼らはイエメンから北部へ進軍し、五〇七年には北部への隊商ルート沿いのイエメン人の通商拠点であるメッカを攻撃した。だが、エチオピア人は敗北し、まもなくペルシア人が彼らに代わってイエメンを制覇した。

預言者ムハンマドが誕生してからしばらくのあいだ、イエメンはペルシアの太守に統治され、完全にペルシアの支配下にあった。紅海の南端にペルシア勢力が樹立されたことは、自由に利用できる東への通商ルートを独自に広げようとするビザンツ帝国政策の大きな敗北を意味した。皮肉なことに、同じ時期にこうした問題のすべてが重要ではなくなる事態が生じた。何百年ものあいだ、中国では絹の製造は厳重な秘密とされ、蚕を輸出した者は死刑に処せられていた。ところが、五五二年、シリアのネストリウス派（イエスには神性と人性の区別があると主張する派）の二人の修道士が、中国からビザンツ帝国へ蚕の卵を密輸することに成功し、七世紀はじめには小アジアで養蚕業が確立されたのである。中国の絹製品はその卓越した美しさと品質でまだまだ高価であったが、中国の独占には終止符が打たれたのだ。

六世紀は、二つの帝国が双方とも手を引くか、衰弱するかで終わった。エチオピア人はアラビアから追い出され、エチオピア国内でも、政治体制が弱体化した。ペルシア人はしばらくのあいだ頑張っていたが、彼らもまた、国内での後継者争いと、ゾロアスター教徒内で発生した深刻な宗教問題のために国力が大幅に低下した。ビザンツ帝国も、ユスティニアヌス帝の統治以降、帝国のキリスト教を震撼させる教会問答をはじめとする独自の問題を抱えていた。アラビア半島の最後の独立拠点である南部のいくつかの君侯国も、次から次へとやってくる外国勢に占領されることになる。

これらの変化すべては、アラビア半島に大きな影響を与えた。やがてアラビア半島には大勢の外国人、入植者、難民その他の余所者集団が入りこみ、それぞれの新しい生活様式や文明の産物、考え方などを導入した。ペルシア帝国とビザンツ帝国の抗争がつづいた結果、アラビア半島経由のいくつかの商業ルートが確立され、商人や物資の動きは活発になった。北部のほうでさえ、辺境国が再度台頭し、自分たちがアラビア人の一員であることは譲らないまま、それぞれの保護国と結びつきを深めていった。

こうした外的影響は、アラビア人自身のなかにもさまざまな反応を引き起こした。その一部は物質的なものである。彼らは当時の武器や防護具を使うことを知り、戦術を学んだ。これはその後の出来事に大いに役立った。先進国社会の嗜好品の一部を手にするようにもなった。商人たちが、彼らがそれまで知らなかった商品を運んでくるようになり、彼らはたちまちそれらを喜んで取り入れたのである。知的分野、精神的領域にさえも影響はあった。アラビア人は自分たちより洗練された近隣諸国の宗教や文化から少しずつ学びはじめたのだ。彼らは書くことを学び、書写文字を生みだし、自分たちの言葉を書きとめるようになった。外部から新しい考え方も吸収した。なかでもいちばん重要と思われるのは、彼らの大半がある程度まで信仰していた原始的な多神教に不満を感じ、よりよい何かを求めはじめたことである。

手の届くところにいくつかの宗教があった。なかでも、キリスト教はかなり盛んになっていた。辺境地帯に住むアラブ人の大半は、ペルシア側でもビザンツ帝国側でも大部分がキリスト教徒で、はるか南のナジュラーンやイエメンにもキリスト教徒入植者はいた。ユダヤ人もまた、イエメンはもとより、ヒジャーズのあちこちにいた。そのなかには明らかにユダヤからの難民の末裔(まつえい)である人たちもいたが、のちにユダヤ教徒に改宗した人たちもいる。七世紀までには、アラビア半島のキリスト教徒もユダヤ教徒もすっかりアラビアに同化して、アラブ人社会の一部になっていた。ペルシアの諸宗教は、たとえ改宗者がいたとしてもごく少数にとどまっていたのは意外なことではない。ペルシアの宗教は非常に民族色の濃いものだったので、ペルシア人以外の人たちにはあまり受けなかったのである。

初期のイスラームの年代記には、アラビア語で〈ハニーフ〉〔アブラハムを典型とする純粋一神教徒。元来は在来の宗教のいずれにも属さない禁欲的な傾向の人びと〕と呼ばれる人たちのことが記されているが、彼らは多神教は捨ててはいたものの、当時勧められたいかなる競合宗教の教義も認めてはいなかった。新しい宗教であるイスラームへの初期の改宗者のなかには、彼らのような人たちも含まれていた。

第Ⅲ部　イスラームの黎明期と最盛期

第三章　イスラームの起源

預言者ムハンマドの誕生

イスラームの興隆とその創始者、最初の教友や弟子たちの物語は、ムスリムの経典、伝承、歴史的な出来事の記憶を通して知られているだけである。これらの出来事が外界の注目を惹き、外部から見た人の証言が得られるようになるのは、しばらくたってからのことだ。その意味では、イスラーム教は、ユダヤ教、キリスト教、その他の人類の偉大な宗教とよく似ており、歴史家にとってても似たような問題を提起する。中世にはすでに、厳格でしかも信心深いムスリムの学者の一部に、その宗教的メッセージの価値や完全性は無条件で認めているものの、創始者と初期の仲間や弟子たち個々の伝記や系図の正確さ、信憑性に疑問を呈する人たちがいた。現代の厳格な学者たちは、もっと多くの疑問を投げかける。同時代の碑文や資料、記録などの形で明白な証拠が示されるまでは、初期のイスラーム史に関する伝承の大半は、不確実なものであるにちがいない。したがって、厳密なイスラーム史といえども、せいぜい暫定的なものにすぎないのである。

ムスリムにとって、その物語の骨子は明快、不動のものである。預言者ムハンマド（マホメット）の使命、葛藤、最終的勝利、ムスリム共同体の創設、信奉者や後継者たちの有為転変は、経典と、当事者たちの口伝によって知られており、それが世界各地のムスリムの歴史認識の源になっている。伝承によれば、アブドッラーの息子ムハンマドがはじめて預言者としての啓示を受けたのは四十歳近かった。第九月のある夜、ヒラー山（メッカの町の北東約五キロメートル）の洞窟に独りで寝んでいたムハンマドのところに天使ガブリエルが現われ、「誦め！」と言った。ムハンマドがためらっていると、天使が三度も激しく迫ったので、ムハンマドは「何を誦めばいいのですか？」としかたなく訊いた。すると、天使が答えて言った。「誦め、「創造主なる主の御名において。いとも小さい凝血から人間をば創りなし給う」誦め、「汝の主はこよなく有難いお方。筆をもつすべを教え給う。人間に未知なることを教え給う」と」これは、『コーラン』として知られるムスリムの経典の九六章の最初の四節（日本語注釈書では五節）にある言葉である。「クルアン」（アラビア語では『クルアーン』）とは、アラビア語で「読誦するもの」の意で、ムスリムの信仰によれば、それは神からムハンマドに賜った啓示が記されている書物である。この最初のメッセージにつづいて、預言者ムハンマドは、偶像崇拝や慣習を捨て、唯一の普遍的な神を崇拝せよと強く主張し、故郷の人々の目を開かせた。

ムハンマドは、口伝によれば、紀元五七一年頃、アラビア半島西部のヒジャーズ地方にある小さなオアシスの町メッカのクライシュ族アラビア人の家庭に生まれた。当時のアラビア半島の大部分は、所々にオアシスといくつかの隊商路(キャラバン・ルート)があるだけの広漠とした砂漠だった。居住者の大半は遊牧民で、羊や山羊、ラクダを飼育して生計を立て、ときにはライバルの部族や、オアシスその他の辺境の住民を襲うこともあった。わずかな耕作可能地域で土を耕す人たちもいた。外界の諸事情の変化でアラビア横断ルートに商人が戻ってくると、商業に従事する人たちもいた。六世紀のローマ帝国とペルシア帝国間の戦争再開も、まさにそうした時期で、地中海と東方を結ぶ隊商路沿いの小さな町々は、短期間ながらにぎわった。メッカもその一つだった。

宣教の初期、ムハンマドは一族を皮切りに、しだいにその輪を広げて大勢の改宗者を得た。ところが、しばらくすると、メッカの有力者たちはこうした新しい考え方や活動を疑問視したり、反発したりするようになった。ムハンマドと彼の教えが、宗教的・経済的既成秩序と、自分たちの優位性を脅かすように思われたからである。伝承による一代記によれば、改宗者たちに対する圧力が高まり、迫害まで受けるようになったため、彼らのなかには故郷を離れて紅海の対岸のエチオピアへ避難する人たちもいた。

ムハンマドが最初の召命を受けたとされる日から約十三年後の六二二年、メッカの北三百五十キロあまりのところにあるもう一つのオアシスの町ヤスリブ(のちのメディナ)から来た使者たちと、彼は盟約を結んだ。ヤスリブの人々はムハンマドとその信奉者たちを自分たちの町に喜んで迎え入れ、彼に紛争の調停者になってもらい、自分たちを守ってくれるならば、彼とメッカから彼に同伴する改宗者たちを守ろうと申し出た。ムハンマドはまず、自分の信奉者のうちの六十家族を先発させ、その年の秋、彼自身も最終的に一行に合流した。このメッカからヤスリブへのムハンマドとその信奉者たちの移住を、アラビア語で「移住」を意味する〈ヒジュラ〉と呼び、ムスリムのあいだではムハンマドの伝道における重要な契機とみなしている。のちにムスリムの暦が制定されたとき、ヒジュラが行なわれたこの年（西暦六二二年）をアラビア暦（ヒジュラ暦）の元年とした。ヤスリブはムスリム信仰と共同体のセンターになり、やがて「町」を意味するアラビア語の〈アル・マディーナ〉（メディナ）として知られるようになった。その共同体は〈ウンマ〉と呼ばれ、この共同体の発展とともにその意味も進化発展してゆくことになる。

メッカにいた頃のムハンマドは、最初はそこの支配者たちから無視され、やがては敵視されながら孤軍奮闘する庶民だった。それがメディナでは、彼は宗教的権威者であるばかりでなく、政治的・軍事的権力も行使する支配者になった。まもなく、メディナの新しいムスリム政治集団は、メッカの異教徒支配者たちとの争いに巻きこまれる。八年つづいた抗争のあと、ムハンマドはメッカを征服し、かつての同郷者に偶像崇拝をやめさせ、かわりにイスラームの信仰を広めて自分の人生の最後を飾った。

ムハンマドと、その先駆者であるモーセやイエスの信奉者たちが描くこの二人の生涯とのあいだには重要な違いがある。モーセは約束の地に入ることを許されず、その民を先発させたあとで死んだ。イエスは十字架にかけられた。キリスト教は、ローマ皇帝コンスタンティヌスがその信者となり、キリスト教信者に権利を与えるまで、何百年も迫害された少数者(マイノリティー)の宗教だった。ムハンマドは約束の地を征服し、生前に勝利を収めて、預言者としての権威ばかりでなく政治的権力をも行使する実力者になった。神の使徒としての彼は、宗教的な啓示を携えて、それを民に広めた。だが同時に、彼はイスラーム共同体(ウンマ)の長として、法律を発布、施行し、税金を集め、外交の指揮をとり、戦争もし、和議も結んだ。生活共同体として出発したウンマは国家になり、やがて帝国になる。

伝承によれば、六三二年六月八日、ムハンマドが死んだとき、彼の預言者としての使命は完了した。ムスリムにとって、ムハンマドの使徒としての任務は、昔の預言者たちに教えられていながらすっかり忘れられ、ゆがめられていた真の一神教を復活させることだった。つまり、偶像崇拝を捨て、神の最終的な啓示に従って正しい信仰と聖法を体系化することだった。ムスリムの信仰では、彼は「神の最後の御徴(みしるし)の預言者」だった。彼の死で、人類のための神の意図の啓示は完了した。彼のあとにはもう預言者は出現せず、さらなる啓示もないことになる。

精神的指導者としての任務はこうして完了し、その働きに終止符が打たれた。だが、「聖法」を維持、擁護し、国外にも広めていくという宗教集団としての機能は残った。この機能を効果的に発揮するには、国家のなかで政治的・軍事的権力、つまり統治権をたえず行使していかなければならない。

ムハンマド自身は、自分が生身の人間で、「神の使徒」、神を信じる人々のリーダー以上のものであると宣言したことはなかった。彼は神聖でもなければ不死身でもなかった。『コーラン』にも、「ムハンマド（マホメット）も結局はただの使徒（ただの人間であって神や天使ではない）。これまでにも随分沢山（たくさん）の使徒が（この世に現われては）過ぎ去って逝（い）った。なんと、彼（マホメット）が死ぬか殺されるかしたら、汝ら早速踵（くびす）を返すつもりなのか」（三章一三八節）とある。

預言者ムハンマドが死ぬと、もはや預言者は現われないはずだった。だが、ムスリム共同体国家の長が死ねば、だれかが代わりにその地位に就かねばならない。この緊急事態に直面して、ムハンマドの内輪の信奉者のなかから、もっとも古くからのメンバーの一人で、改宗者のなかでいちばん尊敬されていたアブー・バクル（在位六三二―六三四）がその任に選ばれた。史書が伝えるところによれば、彼のリーダーとしての称号は〈ハリーファ〉（訛ってカリフ）、元来「継承者」で「代理者」を指す、よい意味で曖昧なアラビア語である。「神の使徒（すなわちムハンマド）の代理」という意味の〈ハリーファ・ラスール・アッラー〉と称していたという伝承もあれば、もっと深い意味をもつ「神の代理」を表わす〈ハリーファ・アッラー〉と称していたとも言われている。アブー・バクルがこの地位に就いたとき、彼もあるいは彼を選んだ人たちも、そのような意味をはっきり認識していたとは思われない。だが、彼らの間に合わせの行為から、のちの偉大な機関であるカリフ位、イスラーム世界の最高権威者という地位が生まれた。

ムスリムのカリフ位の初期の歴史は、ムハンマドの伝記と同様に、もっぱらムスリムの資料をもとにしており、この新しい国家と宗教の勃興と進展について、ほかの地域の歴史家たちが書きとめるようになったのはしばらくのちのことになる。ムスリム側の説明は、文字で記録されるようになるまで数世代にわたって口承で伝えられてきた。文字をもたない社会では今ほど問題にはならなかったとはいえ、人間の記憶には間違いがあることが多いため、そうした口伝の信用度は低い。それよりも重要なことは、多くの個人、親族、部族、分派、党派のあいだの争いが初期のムスリムを分裂させてしまい、その結果、潤色されたいくつもの異なった歴史が後世に伝えられていることである。戦闘の因果関係やその結果といったもっとも基本的な事実さえ、異説がある場合がある。

アラブ・ムスリム帝国の成立

ムスリムの歴史家によれば、ムハンマドが死んだとき、彼が興した宗教はまだアラビア半島の一部にしか広まっていなかった。その教えに浴したアラブ人も、「肥沃な三日月地帯」の境界付近にまで散らばっていたかもしれないが、その数はやはり限られていた。のちにカリフの統治するイスラームの領域となり、現代語で言う「アラブ世界」を形成することになる西南アジア、北アフリカその他の広大な地域ではまだ別の言語が使われ、別のいくつかの宗教が信仰され、別の支配者たちに従っていたのである。

ムハンマドが死んでから百年ちょっとのあいだに、この地方全域はがらりと変わった。それは人類の歴史上もっとも急速で、もっとも劇的な変化の一つであったにちがいない。七世紀の終わり頃には、新しい宗教、新しい権力が台頭し、カリフの率いるムスリム帝国〔中世ヨーロッパではサラセン帝国と呼んだ〕が東はアジア、ときにはインドと中国の国境以遠にまで、また西は地中海南岸沿いに大西洋まで、南はアフリカの黒人居住地域まで、北はヨーロッパの白人の国々にまで広がっていることを外の世界も認めている。この帝国では、イスラーム教が国教で、アラビア語は急速に他の言語に取って代わり、国民生活の重要な情報伝達手段になっていった。

ムスリム時代が始まってから千四百年以上もたつ今日、カリフの率いるアラブ帝国が消滅（一二五八年）して久しい。だが、西方ではヨーロッパ、東方ではイランと中央アジア以外の、アラブ帝国が征服した国々すべてで、口語体のアラビア語はいろいろ形を変えて人々の話し言葉のなかに残っており、文語体のアラビア語は、商業、文化、政府の重要な証書として残っている。経典、神学、聖法などの宗教用語としてのアラビア語は、アラビア語圏よりもはるか彼方まで、のちにはアラブの征服地域以遠にあってアラブの支配を受けたことのないアジアやアフリカのたくさんの地方にまで広がった。

イスラーム教とアラブ帝国の拡大を促進したのは、征服された地方に住む人々だった。イスラーム教を信じ、こぞって帝国を支持する人たちが急速に増えた。西方では、はじめのうちアラブ人征服者に激しく抵抗していた北アフリカのベルベル人〔北アフリカからサハラ砂漠にかけて居住する、ベルベル語を話す人々〕が、やがていっしょになってスペインの征服と植民地化に乗りだし、のちには、自分たち自身がサハラ砂漠の南の大勢の黒人たちを入植させ、イスラーム教に改宗させた。東方では、自分たちの帝国が崩壊し、祭司の位階制も弱体化したペルシア人が、イスラーム教に社会組織的・精神的拠り所を見出し、自分たちの新しい信仰を中央アジアのイラン人とトルコ人の入り混じった地域へ広げるのを助けた。また中央部では、長いあいだペルシア帝国やビザンツ帝国の支配下にあった、「肥沃な三日月地帯」に住むほとんどがキリスト教徒でアラム語をしゃべる人たちや、エジプトのコプト語を使うキリスト教徒たちが、旧宗主ほど過酷な要求をせず、寛大で、喜んで迎え入れてくれる新しい支配者に宗旨替えした。

　こうした国々では、イスラーム教とアラビア風の生活習慣への移行は比較的容易だった。アラブ帝国の税金は、ビザンツ帝国時代よりも、ムスリムにとってばかりでなく一般住民にとっても安くなった。コンスタンティノープル支配時代には、非正統派キリスト教徒や教会は、正統派とのささいな違いをあげつらって迫害されることが多かったが、アラブ帝国はすべてのキリスト教徒に平等に、法的裏付けをともなった寛大さを示した。ユダヤ人は、パルティア人や多神教のローマ皇帝のもとでは宗教的には寛大な扱いを受けていたのに、偏狭なサーサーン朝ペルシア人やキリスト教徒のビザンツ帝国人のもとではひどい扱いを受けたため、アラブ・ムスリム帝国になって、自分たちの立場は改善されたように感じた。

アラブ国家の支配者たち、アラブ軍の指揮官たちは、だいたいにおいてメッカやメディナなどのオアシスの町出身のいわば「都会人」だった。だが、その彼らとて、砂漠を出たのはそれほど遠い昔ではなく、征服に寄与したアラブ兵の大部分は砂漠の民だった。征服戦争におけるアラブ人の戦法は、砂漠の威力をいかにうまく利用するかが基本になっている。それはのちの諸帝国が西方の船乗りたちによる海の威力の活用によってできたことを思い起こさせる。アラブ人にとって、砂漠はわが家のようなものだが、敵にとってはそうではなかった。アラブ人にとって砂漠は自分たちがよく知っている、心地よい、身近な存在であるが、敵にとっては、遠くの恐ろしく茫漠とした、暮らしにくく危険がいっぱいの荒野に思え、陸上生活者が海を恐れるように砂漠を恐れた。アラブ人は砂漠を、伝言や補給品、援軍を送る連絡路として、いざというときは妨害や追跡を受けずにすむ隠れ場として、そしてまた、勝利の暁には凱旋路として利用することができた。アラブ帝国には、今日のスエズ運河に匹敵する、アジアとアフリカをつなぐスエズ地峡を通る砂漠の踏み分け道もあったのである。

アラブ人は、征服したそれぞれの国の砂漠と耕地の境目にある町に、大きな軍事基地と行政センターを設置した。ダマスカスのような、既存の格好な都市があれば自分たちの首都として利用した。だが、多くの場合、彼らは自分たちの戦略と帝国支配に必要な新しいセンターを設立し、それが新しい都市になった。そうした軍営都市のなかでもっとも重要な拠点とされたのがイラクのクーファとバスラ、イランのゴム、エジプトのフスタート、チュニジアのカイラワーンである。

初期のアラブ帝国にとってジブラルタルやシンガポール、ボンベイやカルカッタに匹敵するものはいくつもあった。アラビア語の〈ミスル〉（軍営都市、複数形は〈アムサール〉）は、元々は古代セム語の「境界」を意味する言葉からきたもので、境界地帯もしくは地域を指す単語であったようだ。聖書時代のヘブライ語、アラム語、アラビア語でも、同じ「ミスル」という言葉が、たまたまエジプトを指す名前として使われている。軍営都市(アムサール)は、辺境地域の統治と、アラビア化のセンターとして重要な役割を果たした。アラブ人が帝国をつくったばかりの頃は、彼らは支配階級とはいえ少数派で、小さくまとまり、孤立していた。アムサールではアラブ人開拓者と彼らの言語であるアラビア語が幅を利かせていた。それぞれのアムサールの核となっていたのは軍隊の宿営地で、アラブ人戦士兼入植者たちが部族ごとに分かれてそこに住んでいた。宿営地の周辺には、アラブ人支配者や兵士、その家族らのさまざまな要望に応える原住民の職人、商店主などが集まってきて、周辺に基地の町を形成した。こうした基地の町はしだいに大きく豊かになり、その重要性も増してくると、アラブ国家に仕える原住民の役人の数も増えた。こうした人たちは、必要に迫られてアラビア語を覚え、アラビア風の好み、対応の仕方、ものの考え方に染まっていった。

イスラーム教は征服によって広められたと言われることがある。だが、イスラーム教の普及を可能にしたのは、かなりの程度まで征服と植民地化が並行して進められた結果だとはいえ、そうした言い方は間違っている。征服者たちの当初の戦争目的は、武力によってイスラーム教を押しつけることではなかった。『コーラン』にも「宗教には無理強いということが禁もつ」(二章二五六節)と明記されている。これは通常、一神教の信者で、初期における神の啓示として認められている経典を尊ぶ者(ユダヤ教徒とキリスト教徒)は、イスラームの国家と法律で定められた条件の下で、自分たちの宗教を信奉してよいという意味に解釈された。一神教信者ではなく、公認の経典をもたない人たちは生きにくかった。だが、そういう人たちは初期のアラブ人征服者が支配する地域では、いたとしてもごくわずかだった。

被征服民は、イスラームに改宗すれば税金が安くなるなど、さまざまな誘因を与えられはしたが、そうせよと強制されることはなかった。ましてや、アラブ国家は従属民を同化させてアラブ人にしようとしたりはしなかった。それどころか、征服者たちの初期の世代は、アラブ人と非アラブ人とのあいだに、たとえ後者がイスラーム教を信じ、アラビア語を話すようになっていても、厳然とした社会的境界線を設けていた。アラブ人女性と非アラブ人男性との結婚は認められなかったし(その反対の組み合わせは問題なかった)、イスラーム勃興後二世紀目に起きた大変革によってアラブ人の特権に終止符が打たれ、それによってアラブ化が大幅に進むまでは、新参のムスリムには社会、経済、政治全般の平等は認められていなかった。

アラブ帝国の真の驚異は、実際に行なわれた軍事的征服そのものよりもむしろ、征服した地域の人々のアラブ化とイスラーム化である。アラブ人が政治的にも軍事的にも優位性を保っていた期間は非常に短く、まもなくアラブ人は帝国支配と、自分たちが生みだした文明の主導権さえも他者に譲り渡さざるをえなくなる。だが、彼らの言語、信仰、法律は残った。それらは今も、彼らの支配の不朽の記念碑として残っている。

大変革は概して植民地化と同化の同時進行によって成し遂げられた。広く認められている説によれば、アラブ人の征服を促進した要因の一つは、不毛なアラビア半島の人口が過剰になったためであるとされている。アラブ王国時代の初期、大勢のアラブ人が自分たちの征服した肥沃な土地へと、古代帝国の崩壊した防壁を越えて移り住んだ。最初の移民は、占領軍本隊の兵士や古参将校、地主など、少数の支配階級だけだった。アラブ国家が奪い取ったのは、すでに体制ができあがっていた国家の土地もあれば、アラブの新体制を敵視する国で、征服される前に住民が逃げ出したような土地もあった。アラブ政府は広大な獲得領土の大半を、アラブ人に好条件で払いさげたり、貸したりした。彼らが払う税金は、地元に残った地主たちよりもずっと安かった。アラブ人の大地主たちは、たいていは自分の土地を原住民の労働者たちに耕作させ、自分たちは駐屯地の町に住んでいた。
アラブ人の影響は、こうした町からしだいに農村部へと、直接に、あるいは軍隊に入隊した原住民の改宗者たちが急速に増加することで広がっていった。原住民改宗者たちの経済的、社会的平等の要求は、純粋なアラブ人の末裔であることを主張できる人たちから傲然と拒否されてはいたが、征服者の宗教と、彼らの言語であるアラビア語を受け入れる改宗者の数はどんどん増えた。

征服者貴族階級の言葉のもつ威厳、政府や商業で使われる言語としての実用的価値、帝国文明ならではの語彙の豊かさと多様性、それに、なによりも多大な敬意を表されたのは、アラビア語が新しい啓示を記した『コーラン』に使われている神聖な言語だったことなどが、アラブ人による従属国民の同化の促進に役立った。

イスラーム支配の最初の百年間に起こった広範囲の軍事的・政治的変化もまた、経済、社会に大きな影響をもたらした。アラブ人による征服は、征服の当然の成行きとして民間、国家、教会の所有物として眠っていた莫大な富を再活用させることに役立った。昔のアラブ人歴史家たちは、豊かな戦利品、豪勢な消費にまつわる物語をたくさん書き残している。十世紀のバグダード生まれの著名な学者アル・マスウーディーが記している、征服者が巨万の富を蓄積した話をいくつか見てみよう。

マスウーディーによれば、第三代正統カリフのウスマーン（在位六四四―六五六）が殺害された日、管財人の手元に個人資産として残された現金はローマ帝国（ビザンツ帝国）金貨十万ディナール、ペルシア帝国銀貨百万ディルハム。時価十万ディナール相当の邸宅、農園などの私有地および「たくさんの馬とラクダ」。イスラームへの最初の改宗者の一人で、初期イスラーム史の重要人物であるアル・ズバイル・ブン・アル・アッワームは、イラクのバスラとクーファ、エジプトのフスタートとアレクサンドリアに家を所有していた。マスウーディーによれば、彼のバスラの家は、当時（ヒジュラ暦三三二年、西暦九四三―九四四）もまだ、小売商、仲買人、海外貿易商などを宿泊させていた。彼の死亡時の資産は、現金五万ディナール、「たくさんの馬、男女の奴隷、前記の諸都市の土地」などがあった。ムハンマドのもう一人の教友タルハ・ブン・ウバイドアッラーフ・アル・タイムは、同じ資料によれば、クーファに大きな屋敷があり、イラクにある彼のいくつかの所領から上がる収入は、「一日一千ディナール、それ以上あったと言う人もいる。アル・シャラー地方にある所領の収益はもっと多かった。彼はメディナにも漆喰壁、煉瓦、チーク材を使った家を自分で建てていた」。もう一人の初期のムスリム、アブド・アッラフマーン・ブン・アウフの厩舎には、「百頭の馬がつながれ、ラクダ千頭、羊一万匹を所有していた。彼の死亡時の住まいは時価八万四千ディナールだった」。ザイド・ブン・サービトの死亡時の資産は、「時価数十万ディナールの荘園に加えて、斧で叩き割った金塊と銀塊……。ヤッラー・ブン・ムンニヤの死亡時の資産は、現金五十万ディナール、ほかに総額三十万ディナールの貸付金、土地その他」があった。

これらをはじめとするいろいろな資料が物語る征服者たちの獲得した莫大な財産は、決して誇張されたものではなく、征服者側の貴族階級がいかに莫大な富を手に入れ、好機をつかみ、自分たちにとっては先進国の快楽を享受し、その富を惜しげもなく使っていたかを浮き彫りにしている。

新体制下で利益を得て豊かになった人たちは、アラブ人以外にもたくさんいたことは確かである。だが、豊かにならなかった人たちも、アラブ人を含めて大勢いた。豊かになった人たちのあいだでさえ、その歩みはつねに思いどおりにはいかなかった。歴史物語、文学、とりわけ同時代の詩のなかには、当時の個人および社会集団の不満や、社会的、政治的、間接的には経済的なひずみが反映されている。征服と新体制の施行は必然的にそれまで富と権力を独占していた有力者集団を追い払う。

こうした変化の影響は、西方のビザンツ帝国支配地域よりも、東方のペルシア帝国支配地域のほうがはるかに大きかったにちがいない。シリアやエジプトにいて敗北し、無一物になったビザンツ帝国の有力者たちは、かつて所有していた土地や使用人たちを新しい主人のもとに残して、ビザンツ帝国の首都や中心部の州に撤退することができた。ところが、ペルシア帝国支配地域の有力者たちは、首都がアラブ人に占領されてしまったため、そのような逃げ場がなかった。彼らは、少数の例外を除いて、その場にとどまり、新体制のもとでできるだけいい地位を見つけだすしかなかったのである。それゆえ、帝国支配がまだ記憶に新しく、帝国の行政経験をそのまま行使できる元ペルシア帝国の特権階級や政府要人たちのほうが、長いあいだビザンツ帝国支配下にあった諸都市に残留した住民たちよりもはるかに、イスラーム政府と文化の発展に重要な貢献ができたはずである。

最初、ペルシアの支配者階級は、新体制にそれなりに順応し、自分たちの職務の大半と、特権の一部を保持していたように思われる。だが、アラブ政権が強化され、アラブ人が大挙してイランに移り住むようになると、アラブ人と同等の権利を主張するイラン人ムスリム人口が増加した。そのうえ、これがいちばん大きな原因であろうが、都市化が進むにつれて、新たな協力関係が生まれる一方で、新たな反目も表面化した。元ビザンツ帝国領土内では、都市生活は古くからあり、なじみがあったので、変化は比較的目立たなかった。だが、ペルシア帝国は、あまり都市化が進んでおらず、ムスリムの到来でいくつもの都市が急速に、しかも突然に出現したことによって緊張や抗争が生じた。

初期イスラーム時代に、アラブ国家の安定とイスラーム共同体の結集にもっとも深刻な脅威をもたらしたきわどい紛争の原因は、アラブ人と非アラブ人ムスリムのあいだのもめごとでもなければ、ムスリムと異教徒との争いでもなく、アラブ人同士のライバル関係から生じていた。いわば、北方のアラビア人と南方出身のアラビア人、成功者と不成功者、自由アラブ人とその妻の息子たち対自由アラブ人と（第一夫人以外の）外国人妻とのあいだにできた息子たちとの確執である。昔からの敗者に対する勝者の権利の行使で、アラブ人の混血児の数は急速に増えていたのである。

アラブ人の口伝史によれば、こうした紛争は主として部族間、個人間のもので、宗教がらみのものも時にはあったことがわかる。そのどれもが重要であったことは疑いの余地はないが、問題はほかにもあったことは否めない。アラブ人の異なったグループ間のたえまない、しばしば激しい敵対関係が内乱を誘発し、それにときとして、非アラブ人・ムスリム住民が巻きこまれたり、苦情や要求を宗教にこと寄せてさまざまな宗派ができたりした。

アラブ帝国の確立で、中東の通商路をめぐるローマ帝国とペルシア帝国のあいだの長い抗争は終わりを告げ、アレクサンドロス大王以来はじめて、中央アジアから地中海までの中東地域全体が一つの帝国の商業制度下におさまることになった。しばらくのあいだは、ビザンツ帝国金貨もペルシア帝国銀貨も通用した。その結果、この二つの通貨の換算レートが、初期イスラーム法の重要なトピックになり、両替商はイスラーム市場で大いに注目を浴びた。大量の現金をすぐに出せる新しい支配階級の新たな結束と台頭は、工業ならびに商業の両方の発達に好都合であったことは間違いない。中世ヨーロッパのヴァイキング〔八―十一世紀にヨーロッパ北部および西部を略奪した北欧人〕と同様、中東のアラブ人征服者たちも、自分たちの金を宮廷や貴族階級にとりわけ関心の高い高級織物に費やした。給料のよい軍人や入植者たちのさまざまな需要に加えて、モスクその他の公共建造物はもとより、王宮やぜいたくな私邸の建設が経済の活性化に大いに役立ったことは確かである。

急成長した都市に渦巻く不満は、生活の苦しさよりもむしろ、恨みであることが多かった。才覚も富も、権力さえもあるかなりの割合の混血アラブ人男性たちは、社会や政府の最高レベルの地位から自分たちが除外されていることに憤慨していた。非アラブ人改宗者、とりわけペルシア人は、自分たちの社会的地位が低いことに気を悪くし、彼らが新たに入信した宗教の普遍的なメッセージが唱える平等を当然のことと期待した。昔も後代も、人口がそれを維持できる限界を超えて急速に増加すれば、逃亡農民や未熟練労働者、浮浪者、貧民、前科者などの、その日暮らしの庶民もいたであろう。アラビア側の資料にはこうした都市周辺部の世界を生き生きと描いたものがある。

正統カリフ時代

ムスリムの勢力範囲が急速に広がったことにともなう当然のひずみに加えて、こうした格差や抗争が国家と帝国の維持管理の仕事を非常に複雑なものにし、初期のカリフたちをむずかしい、ときには手に負えないような問題に直面させることになった。

最初の四人のカリフは、スンナ派の法的選挙用語で言う「非世襲制」継承によって即位した。彼らは〈ラーシドゥーン〉（正統カリフ）〔本来は「神によって正しく導かれたカリフたち」の意〕として知られ、その統治時代は、ムハンマドの生前を除いて、高潔さ、道義的・宗教的指導性における黄金時代であったと、スンナ派ムスリムからみなされている。だが、この四人の正統カリフも、初代のカリフ以外は全員、暗殺者の手にかかって死んだ。第二代カリフ、ウマル・ブン・アハッターブ（在位六三四―六四四）は、不満を抱いたキリスト教徒の奴隷に殺された。三代目と四代目のカリフ、ウスマーン（在位六四四―六五六）とアリー（在位六五六―六六一）が二人とも同じムスリム・アラブ人の謀反者に殺されたのは不吉な前兆だった。預言者ムハンマドの死からわずか四半世紀あまりで、彼のつくった共同体は激しい意見の対立によって四分五裂し、彼のつくった国は、征服者対非征服者でもなければ、新旧のムスリムのあいだでもなく、アラブ人対アラブ人のあいだの反逆と内乱に突入した。

初代カリフのアブー・バクルはわずか二年の短い統治で、六三四年に病死した。後継者のウマル・ブン・アハッターブの十年間の統治は、ムスリム国家形成の決め手となる重要な役割を果たしたばかりでなく、ムスリム国民の歴史に忘れがたい足跡を残した。広く認められている口伝史によれば、ウマルはアブー・バクルが臨終の床で彼を後継者に指名したと言われている。いずれにせよ、彼は仲間の大半からただちに承認され、とくに深刻な反対派もなく統治をつづけた。異議を申し立てたのは、ムハンマドの従兄弟で娘婿にあたるアリーの推戴（すいたい）を支持する人たちだけだった。理由は、アリーがカリフ候補者として適任であるからという人もいれば、血統から言って彼がムハンマドの後継者となる権利があるとする人たちもいた。だが、アラブ人の大部分はウマルの統治を承認していたように思われる。ウマルは共同体の結束を維持できたばかりでなく、のちの帝国政府機構の土台を確立した。権威者の交代は、新たな称号の採用にもよく表われている。ウマルは、代理人を意味する〈ハリーファ〉という称号だけでなく、一語で政治的、軍事的、宗教的権威者であることをもっと明確に意味する〈アミール・アルムーミニーン〉(信徒の長)と呼ばれていたと言われる。これは、歴代のカリフの称号として、その後もいちばんよく用いられる称号になり、カリフ位が効率的に機能しつづけるかぎり、この地位を保持する者にふさわしい大権であった。

ウマルは生前(口伝によれば殺されたときの彼は五十三歳だった)、後継者については何の条項も定めていなかった。死ぬまぎわに彼は、六人の長老級の教友を選び、アラビア語で〈シューラー〉と呼ばれる族長会議を行ない、そのうちの一人をカリフに任命するように指示したと言われる。互選の結果、初期の改宗者のなかでただ一人のメッカの貴族階級の代表者である名門ウマイヤ家のウスマーンがカリフに任命された。

初期のカリフたちには意のままに動かせる軍隊はほとんどなかった。近衛軍もなければ、常備軍さえなかったのである。唯一の軍隊はアラブ人諸部族からの召集兵だけだった。カリフたちは、軍隊よりも個人的な威厳や権威、つまり預言者ムハンマドの後継者としてのカリフに対する服従、カリフの個人的魅力によって勝ち得た尊敬を基盤として統治を行なっていた。

ウスマーンの性格は、彼の二人の前任者が集めたような尊敬をかき立てなかった。ムハンマドの死から十年あまりたって、宗教的な絆は弱まりはじめていた。さらに、自分たちの一門から最高権力者の地位に就いた人物を利用して出世の機会にありつこうとするメッカの貴族階級たちが活気づき、それが宗教的な絆をいっそう弱めた。遊牧民族にとって権威者はつねにうっとうしい存在だが、当局の締め付けは耐えがたいほど大きくなりつつあった〔たとえば、遊牧民兵士はそれまで戦いに出撃しては戦利品を獲得していたが、当局は兵士を俸給制に切り替えつつあった〕。

ウスマーンがカリフ位に就いたのは六四四年である。七世紀半ばには、西方ではシリアとエジプト、東方ではイラクとイランの大部分が、すでにムスリムの支配下に入っていた。「マストの戦い」（六五四—六五五）では、新たに設立されたムスリム艦隊が海戦でビザンツ帝国軍に圧勝することさえできた。ペルシア帝国はすでに滅びていた。それは中休みの時期で、一時的な休戦で暇ができた部族民たちは自分たちの不平不満についていろいろ考えた。彼らの忌々しい思いとそれによってかき立てられた行動が、アラブ民族同士の一連の激しい内乱を引き起こしたのである。

六五六年、カリフ・ウスマーンが、メディナにそうした不平不満を陳情に来ていたエジプトのアラブ軍出身の反乱兵士グループによって殺害され、これをきっかけに内乱が始まった。六五六年六月十七日、反乱兵士たちはカリフの宿舎に乱入して、彼に致命傷を与えたのだ。反乱兵士らの行為と、それにつづく抗争が、ムスリムの歴史の方向を変えた。このときはじめて(しかし、これが最後にはならなかった)、ムスリム・カリフが同じムスリムに殺されたのである。ムスリム兵士たちはたがいに激しく戦った。この反乱兵士たちがカリフに擁立したのがアリーだった。

複雑かつ多面的な第一次内乱のなかで、ムハンマドの従兄弟で娘婿のアリー・ブン・アビー・ターリブが重要な地位を占めた。ムハンマドの娘ファーティマの夫としては、彼は特別に注目はされなかったであろう。そのような関係は、一夫多妻制の社会では、あまり重要視はされなかった。だが、ムハンマドの血縁者としての彼は、イスラーム興隆以前のアラブ人のあいだで認められていた慣習によれば、ムハンマドの政治的権威と宗教的権威を継承する候補者の一人として名乗りを上げることはできた。個人的な資質と、一族のなかでの地位が彼を有力候補にした。さらに、彼は互選されたカリフとその取り巻きたちの行為に失望していた大勢のムスリムの支持を取り付けることができた。人々は、イスラーム本来のメッセージへの復帰をもたらしてくれそうなムハンマドの血縁者を長とする新体制を望んでいたのである。彼らはやがて、〈シーア・アリー〉(アリーの党派)として知られるようになり、のちにアリーが省略されて、たんに「シーア派」と呼ばれるようになった。

六六一年一月、たえまない抗争がつづいた五年間の統治のあと、アリーもまた殺害された。今回の暗殺者は反乱兵士たちではなく、過激派宗徒が送りこんだ単独犯だった。同じムスリム・アラブ人の謀反という前例がまたもや繰り返されたことは、計り知れない重要性を示唆していた。

第一次内乱で、さまざまな分派が戦いあったが、シリア州総督ムアーウィア・ブン・アビー・スフヤーンの率いる一派が勝利した。ムアーウィアはいろいろな点で強い立場にあった。メッカのウマイヤ家のメンバーであり、殺害されたカリフ・ウスマーンの従兄弟でもあった彼には、昔からのアラブの慣習で認められ、イスラーム教によっても公認されている身内の者の殺害の報復を求め、それを実行する権利、事実上の義務があった。彼はその前のカリフ・ウマルによってシリア総督に任命されていた。つまり、ウスマーンとアリーの二人のカリフの対立や敵対関係が始まる前に、その終身在職権を得ていたことになる。イスラーム世界とビザンツ・キリスト教世界の軍事境界線にあたるシリアの総督として、彼は聖戦に勇名を馳せることで名高い、よく訓練された精鋭部隊の指揮者であった。麾下の軍は、経験を重ねるたびに強くなっていた。

カルバラーの悲劇とウマイヤ朝の覇権

他方、アリーが殺害されたあと、息子のハサンは一部に彼を新しいリーダーに推す動きがあったにもかかわらず、カリフに名乗り出ることをやめ、すでにシリアでカリフとして崇められていて、その頃には帝国全土で認められていたムアーウィア（在位六六一―六八〇）を承認した。ムアーウィアの即位は、イスラーム史上、ウマイヤ朝と呼ばれる新時代を画することになる。この時代に、カリフの後継者は、原則としてではないが事実上世襲制となり、しかもウマイヤ家の者が継ぐことになった。後継者については何の規則も権利もなかった。実際、のちのムスリム諸王朝は、長子相続その他の固定的な継承規則を認めていない。なぜなら、『コーラン』や昔からの伝承でははっきりと君主制が否定されていて、世襲制は禁じられていたからである。だが、ムアーウィアは生前に息子のヤジード（在位六八〇―六八三）を後継者に指命して、それから数代の世襲制の前例をつくった。この行為がいかに重要であったか、九世紀にある作家がそれを浮き彫りにする次のような物語を書き残している。

人々はムアーウィアの前に集まり、弁士たちが立ち上がって、ヤジードをカリフ位の後継者とすると宣言した。反対意見を表明する者が数人あった。すると、それに対しウズラ族（詩才で名高い遊牧民族）の一人の男が……立ち上がった。彼は鞘から刀を抜いて、「「信徒の長」はあの人物だ！」とムアーウィアを指した。「もし彼が死ねば、その次はあの人物だ！」と彼はヤジードを指した。「もしも反対を唱える者があれば、そのときはこれだ！」と彼は自分の刀を指した。

ムアーウィアは、「おまえは弁士の鑑だ」と彼に言った。

ウマイヤ朝のカリフ位は百年近くつづいた。ウマイヤ朝が打倒されたあとに書かれたアラブ・イスラームの口伝史によれば、この王朝の評判はあまりよくない。シーア派から見れば、彼らは共同体の正当な権利をもつ統領アリーとその息子からカリフ位を奪い取った簒奪者であり、圧政者でもあった。彼らはアリーの子孫を惨殺もしくは迫害し、イスラーム本来の教えを拒否もしくは改悪した一族だった。スンナ派の歴史家たちでさえ、ウマイヤ朝の崩壊後に、この一族は権力の簒奪者で、圧政的ではなかったにしてもその目的や方法は世俗的で、非宗教的だったと書いている。歴史の定説としては、ウマイヤ朝は、それ以前の正統カリフ時代と、その後の神によって認められたカリフ時代のあいだの幕間つなぎの〈ムルク〉（君主）とされている。概してウマイヤ朝に冷淡なアラブ人の口伝史でも、ムアーウィアの政治的外交的手腕にはある種の敬意を表しているものの、その賛辞は歯切れが悪い。

現代の学者たちは、全般的に、ウマイヤ朝の功績に対してもう少し好意的な見方をしており、とりわけ、危険で破壊的な内乱期にイスラーム国家と社会の安定と継続を維持したとして、優れた支配者がつづいたことを高く評価している。

ウマイヤ朝のカリフたちは、一連の妥協や暫定協定によってこの任務を達成した。それらはある程度の結束の維持と、征服戦争の継続、領土の拡大、帝国としての行政、社会、文化の核の樹立を可能にした。それには、イスラームの初期の教えを多少ないがしろにするという犠牲も払わざるをえなかった。宗教的権威の威光や宗教的忠誠心の絆は、大逆罪や内乱によって極限まで弱められてしまっていた。ウマイヤ朝のカリフたちは、それに代わるものとして「アラブ王国」と呼ばれるものを創設した。ありていに言えば、アラブ人優先主義といったところだろう。両親ともに純粋なアラビア人の子孫である真のアラブ人だけしか、最高権力や格式の高い地位に就くことは許されなかった。アラブ人の父と、非アラブ人でたいていは奴隷の母とのあいだに生まれた混血の息子も、出世できないわけではないが、最高の地位からは除外されていた。ウマイヤ朝最高のカリフの一人の息子で、当人も傑出したすばらしい軍事司令官であったマスラマのような皇子でさえ、奴隷の母から生まれたため、カリフの後継者としては見向きもされなかった。

混血アラブ人以下の社会階層に、イスラームに改宗した非アラブ人がおり、さらにその下には、当時の人口の大多数を占める大勢の非ムスリムがいた。だが、改宗者であろうと非改宗者であろうと、非アラブ人は政治的、軍事的指揮官にはなれなかったものの、ウマイヤ朝政権の重要な役目を担っていた。

後年の口伝史でウマイヤ朝が行なったもう一つの妥協として非難されているのは、行政や徴税などの問題でイスラームの教えがだんだんとないがしろにされ、中央でも地方でも、イスラーム・カリフが征服し、乗っ取った諸帝国のそれまでの組織ややり方、人材にますます依存するような政治組織ができあがっていったことである。

このようなやり方が見逃されるはずはなく、倫理的にも、軍事的にも、抵抗運動に立ち上がる者たちがいた。武力による抵抗に出たグループは大きく分けて二つある。彼らはウマイヤ朝カリフへの批判を宗教用語で表明し、したがって、その組織は分派という形を取った。その一つは、アラビア語で「出て行く者」を意味する〈ハーリジー〉(複数形は〈ハワーリジュ〉)と呼ばれるグループで、第四代カリフのアリーの支持者だったが、第一次内乱中にその陣営から分かれて、アリーに反旗を翻(ひるがえ)した小集団である。アリーを殺害したのはこの分派の一人で、彼らはウマイヤ朝とその後継者たちとも対立しつづけた。このハワーリジュ派はもっとも過激な部族独立派で、自分たちが受け取る自由も撤回する自由もないようないかなる権威も認めず、生まれや種族に関係なく、イスラーム信者であって、同じ信者によって選ばれた者ならだれでもカリフになることができると主張した。シーア派はこれとまったく正反対の見解をもち、カリフ位はムハンマド直系の一族に神聖な継承権があると主張した。どちらのグループも、既成秩序を打倒し、それに代わる新しい、もっと純粋なイスラーム的秩序を求めて、ときとしては過激な反乱者たちの支持を得ていた。

第二次内乱はそのような蜂起で始まった。それは政治的・軍事的効果がすぐには表われない比較的小規模のものだったが、宗教的、歴史的には計り知れない重要性をはらんでいた。六八〇年、アリーのもう一人の息子で、預言者ムハンマドの孫にあたるホサインはイラクで反乱軍の旗揚げをした。ヒジュラ暦で第一月（ムハッラム）十日（西暦六八〇年十月十日）、クーファ近郊のカルバラーというところで、ホサインは、その一族、彼の信奉者たちとともにウマイヤ朝政府軍と戦い、敗北した。口伝史によれば、この戦闘とその直後に、約七十人が殺害され、病気でテントのなかで寝ていた子供、ホサインの息子アリーがただ一人生き残り、そのときの模様を後世に語り伝えた。カルバラー〔ペルシア語ではキャルバラー〕の大虐殺は、イスラーム史のなかでシーア派の精神的拠り所とされるようになり、ムハッラムの十日はシーア派の宗教暦では大事な祭日となっている。シーア派のいるところはどこでも、この日を預言者ムハンマド一族の殉教の日として哀悼祭を行ない、彼らの命を救うことができなかったことを悔やみ、彼らを殺した人たちの邪悪さを思い起こすのである。そうした一連の宗教行事には、犠牲、罪、贖いという力強いテーマが脈々とつづいている。

　ムスリムのスンナ派とシーア派の教義上の違いは、キリスト教国のライバル教会を分裂させている違いにくらべれば微々たるものである。だが、シーア派の感じている受難と迫害は、彼らが権力簒奪者とみなす支配者たちに、少数者グループとして数百年にわたり支配された長い経験に裏付けられたものである。自分たちとスンナ派国家や多数派とのあいだの経験や世界観の違いが、宗教的・政治的姿勢や行動習性の違いを生み、両者間に心理的な壁をつくってしまった。

カルバラーの大虐殺は、シーア派を政治的党派から宗教的分派へと急速に変貌させ、第二次内乱をさらに過酷な、激しいものにした。カリフ国のあちこちが、再び何年にもわたる内輪もめで荒廃した。これにアラブ人以外の人たちが巻きこまれていったのは、不吉な前兆だった。長い目で見れば、アリー一派の反乱がその最たるものではあったが、当時はそれほど危険視されなかった。

六八五年に即位したウマイヤ朝カリフのアブド・アルマリク（在位六八五―七〇五）は、数々の蜂起や反対派運動に対処せざるをえなかったが、なかでももっとも脅威を感じさせられたのはムサブとアブダラ・ブン・アッズバイル兄弟の反乱である。アブダラは六八三年にヒジャーズでみずからカリフを僭称（せんしょう）し、しばらくのあいだはイラクにまでその勢力を伸ばし、帝国の他のいくつかの地方でもある程度実力が認められていた。アブド・アルマリクが反対派の一掃に成功し、君主制国家にふさわしい権力を回復、強化できたのは、アブダラが死んだ六九二年以降のことだった。

アブド・アルマリクと、彼の後継者でもっともその名をよく知られたヒシャーム（在位七二四―七四三）の統治時代に、アラブ人歴史家の言う「組織化と調整」のプロセスが目に見えて進行した。ビザンツ帝国やペルシア帝国時代から保持されてきた旧式の行政機構は新しい帝国組織に改編され、ギリシア語やペルシア語に代わってアラビア語が行政や経済の公用語になった。

アラビア語の口伝史によれば、この改革はアブド・アルマリクの功績によるもので、それは物的証拠によっても確認されている。六九四年、アブド・アルマリクは新しいカリフ国金貨を発行した。これは非常に大きな影響力をもつ重要な出来事だった。それまで、金貨の鋳造はローマ帝国皇帝から受け継いだビザンツ帝国の特権で、世界じゅうにそれ以外の金貨は存在していなかった。アラブ人がこれまで鋳造してきたのは銀貨だった。彼らはそれを元ビザンツ帝国とペルシア帝国諸州で見つけた造幣所でつくらせた。これらの銀貨は以前とほとんど同じで、支配者の変更を示す加刷が行なわれただけだった。アラブ人はそれまで、金貨はビザンツ帝国から輸入していた。それゆえ、アブド・アルマリクの金貨〈ディナール〉（名前はもちろんローマ金貨「デナリウス」にちなんだ）は、ビザンツ帝国皇帝から挑戦と見られ、これに抗議する戦いを挑まれた。アルマリクの金貨には、『コーラン』の一節からとった使徒信条が彫りこまれていたことがよけいにビザンツ皇帝を苛立たせたのである。

彼（アッラー）こそは御導きと真理の宗教とを持たせて使徒（ムハンマド）を遣わし給うた御神。この（宗教）をあらゆる宗教より上に高く揚げようとの大御心じゃ。（九章三三節）

これぞ、アッラー、唯一（ゆいつ）なる神、もろ人の依りまつるアッラーぞ。子もなく親もなく、ならぶ者なき御神ぞ。（一一二章一―三節）

キリスト教の教義に真っ向から挑戦するこれらの『コーラン』の語句はまた、ヒジュラ暦七二年（西暦六九一―六九二）にエルサレムの「神殿の丘」にアブド・アルマリクが建立した「岩のドーム」の銘刻にも見られる。この建造物とそこに彫りこまれた銘刻は、自分たちの宗教が意図するところを明らかにし、カリフの名を刻んだ里程標を設置した新しい主要交通路は、帝国の威厳をありありと示していた。硬貨の鋳造はその両方の目的を果たした。この時点で、新しい普遍的な国家と新しい世界的宗教が発生して、ビザンツ帝国とキリスト教徒の使命を自負していた人たちに挑戦状を叩きつけたことは明らかだった。「岩のドーム」とそれに隣接するアクサー・モスク（「遠隔の礼拝堂」の意）は、イスラーム史上初の大きな宗教的建造物群で、新しい時代の始まりを示すものだった（口絵5・6参照）。借用、順応、間に合わせの時代は去った。ウマイヤ朝カリフ国は、もはやローマ帝国やペルシア帝国の後継者ではなく、新たな普遍的政治機構になった。イスラーム教はもはやキリスト教の後継宗教ではなく、新しい普遍的な、神の御徴（みしるし）であった。「岩のドーム」の建設場所、建築様式、とりわけ内装に使われた装飾はその目的を如実に形で示している。その建築様式と規模は、キリスト教徒の聖墳墓教会の向こうを張って、キリスト教徒でなく、ムスリムの敬虔(けいけん)な祈りの場にふさわしい、微妙な違いのある、より立派なものを意図していたことは確かである。しかもその場所は、それ以前からあったユダヤ教とキリスト教のこの世でもっとも神聖な都市とされているエルサレムだった。

建築場所の選択には大きな意味がある。エルサレムについては、『コーラン』には一度も言及されていない。初期のムスリムの書いたもののなかには、「エルサレム」という表現さえ使われておらず、たとえば、アブド・アルマリクの里程標などには、「アエリア」と記されている。これは、ユダヤ教徒やキリスト教徒との関連を切り捨てようとしてローマ人が押しつけた名前だ。そのエルサレムに、はじめて立派なイスラーム教の聖堂を建てるために選んだ場所はさらに注目に値する。それはなんと、ユダヤ教徒とキリスト教徒双方にとって神聖な歴史的出来事があったとされている「神殿の丘」だった。ユダヤ教の導師(ラビ)の口伝によれば、実際のその場所には、アブラハムがわが子イサクを犠牲の献(ささ)げ物として供えようとした岩（『旧約聖書』の「創世記」二二章一―一九節）があり、のちには「契約の箱」（十戒を刻んだ二枚の石板を納めた箱。「出エジプト記」二五章一〇―二二節）が安置されていたとされている。アブド・アルマリクは、ここはアッラーが最後の御徴を示した聖所であると言いたかったようだ。つまり、ユダヤ教徒とキリスト教徒に神の啓示が授けられた場所と信じられている「ソロモン王の神殿」（紀元前十世紀建立）があった所にアブラハムの宗教（イスラーム）のための新しい神殿を建て、ユダヤ教徒とキリスト教徒が陥っていた誤りを正そうとしたのではないだろうか。

内部の装飾用に選ばれた『コーラン』の語句などの碑文で、この聖堂の建立の目的をめぐる論議はいっそう過熱した。「神はただ独り、伴侶も、友もない」という一節は、何度も出てくる。キリスト教の教義で言う三位一体説がきっぱりと拒否されていることが、他の碑文によってもはっきりわかる。

讃えあれアッラー、子もなく、友もなく、屈辱より守る必要なき神を。讃えあれ、アッラー、その偉大さと栄光のゆえに。

これ以外によく使われている有名な〈スーラ〉(章)は、「これぞ、アッラー、唯一なる神、もろ人の依りまつるアッラーぞ。子もなく親もなく、ならぶ者なき御神ぞ」という一一二章である。彼らより前に啓示を受けたとされる人々(キリスト教徒やユダヤ教徒を指す)にはっきりと警告する一節(四章一七一節)もある。

これ啓典の民よ(ここではキリスト教徒への喚び掛け)、汝ら、宗教上のことで度を過し(三位一体やキリストの神性の教義などを指す)てはならぬぞ。アッラーに関しては真理ならぬことを一ことも言うてはならぬぞ。よくきけ、救主イーサー(キリスト)、マルヤム(マリヤ)の息子はただのアッラーの使徒であるにすぎぬ。……されば汝ら、アッラーとその（遣わし給うた）使徒たちを信ぜよ（とくにキリストだけを有難がるな、という意）。決して「三」などと言うてはならぬぞ（三位一体の否定）。差し控えよ。そのほうが身のためにもなる。アッラーはただ独りの神にましますぞ。ああ勿体ない、神に息子があるとは何事ぞ。

ユダヤ教徒とキリスト教徒に彼らの間違いを正そうとする碑文もある（三章一八―一九節）。

アッラーは正義の範を垂れ給いつつ、御自ら、他に絶対に神なきことを証言し給う。また諸々の天使たちや。正しい叡知をもった人々も（それぞれに同じことを証言しておる）。まことに、正義をもって立ち給う、この限りなき権能の神、限りなき知恵の神を措いて他に神はない。……真の宗教はただ一つイスラーム（神に対する絶対無条件的服従を意味する）あるのみ。……せっかくアッラーが神兆をお示しになったのにそれを信じようともせぬ者は……よいか、アッラーは勘定がお早いぞ。

これらはみな、政治的であると同時に宗教的な意味がある。帝国を正当化できるのは宗教だけであり、しかも宗教は帝国によってしか維持することができない。アッラーは、使者ムハンマドと代理人カリフを通じて、この世に新たな神の御徴と、新たな秩序を与えた。この新しい宗教にはじめて捧げられた立派な宗教的建造物によって、この世の長であるカリフ・アブド・アルマリクは先行宗教とイスラームとの関連を力説すると同時に、新たな御徴が先行宗教信者たちの誤りを正し、イスラームがそれらの宗教に取って代わるものであることを明らかにしたのである。

アブド・アルマリクの息子で後継者のカリフ・アル・ワリード（在位七〇五―七一五）によるダマスカスの大モスクの建立も、そのような考え方にインスピレーションを受けたためであったと言えるであろう。十世紀のアラブの地理学者アル・ムカッダスィーは、次のような面白いやりとりを記録している。

ある日、私は伯父にこう言った。「（カリフ・アル・ワリードは）ダマスカスのこのモスクにムスリムの富を濫費したのは間違いでしたね。これだけのお金を道路や貯水池の維持、要塞の修復などに使ったほうがずっと賢かったし、称賛も受けたでしょうに」。すると、伯父はこう答えた。「アル・ワリードは重要な問題に関して正しく導かれたカリフだったとは思わないかね。キリスト教徒の多いシリアには、見ただけで心を惹かれる、リッダやエデッサでもよく知られている有名な聖墳墓教会（つまりエルサレムの聖墳墓教会）のような美しい教会が山のようにあることを彼は知っていた。そこでムスリムにそうした教会から目を転じるようなモスクを建設し、世界をあっと言わせたのだ。先代のアブド・アルマリクも同じように、エルサレムの聖墳墓教会の巨大でどっしりとしたドームを見たとき、これはムスリムの心を捉えるのではないかと心配になり、あの聖なる岩の上にドームを建てたのさ」

おそらくこの立派なモスクと、それがソロモンの神殿を思い起こさせることから、エルサレムは一時期、〈バイト・アル・マクディス〉（聖なる館（やかた））と呼ばれていたことがある。この言葉は、聖書のなかで「神殿」を意味するヘブライ語の〈バイト・ハ・ミクダシュ〉と関係があることは確かだ。やがてこの名も、ビザンツ帝国式の「アエリア」という名も、〈アル・クドス〉（前述のアラビア語で「聖都」を意味する〈バイト・アル・ムカッダス〉あるいは〈バイト・アル・マクディス〉を簡略化した形）、（『旧約聖書』では「イザヤ書」五二章一節、「ネヘミヤ記」一一章一節、一一章一八節の「聖なる都」）に変わった。『コーラン』の一節（一七章一節）には、アッラーがどのようにして預言者ムハンマドを聖なる礼拝堂（メッカの神殿）からもっとも遠いモスク（アラビア語では〈アル・マスジド・アル・アクサー〉）へ夜の旅に連れていったかが語られている。初期の口伝では、この「もっとも遠いモスク」は天国であるという解釈もあれば、エルサレムであるという解釈もあり、後者の解釈がムスリムのあいだで広く認められるようになった。この『コーラン』の一節は、「岩のドーム」の碑文のなかには含まれていない。同じように初期のこれと対立する伝承もあって、それによれば、イスラームにとってエルサレムの神聖さは否定されており、メッカとメディナだけが聖都であって、「神殿の丘」崇拝はユダヤ教におもねった誤りであるという。この議論は数百年もつづき、比較的近年になってから神聖さについての論議はようやく決着した。

アンマンから八十キロメートルほど東のヨルダン砂漠にある狩猟用ロッジ、アムラ城の壁画は、もっとあからさまに政治的メッセージを伝えている。おそらく八世紀のはじめ頃の作であろうが、そこには玉座に腰かけたカリフと彼に敬意を表している異教徒の六人の支配者たちの姿が描かれている。それらの人物像にはギリシア文字とアラビア文字で名が記されていて、そのうち、カエサル（ビザンツ帝国皇帝）、ロデリック（七一一年にアラブ人に敗北したスペインの西ゴート族最後の王）、ホスロー（ペルシア皇帝）、ニーゲーズ（エチオピア皇帝）の四人の名はかなりはっきり読める。残る二人の人物の名は汚れていて判読しにくいが、たぶん中国の皇帝と、トルコもしくはインドの君侯を代表するような人物であったようだ。注目すべきは、これらの王たちは、昔の征服された敵の肖像画によくあるような、面目を失った捕虜としてではなく、どちらかと言えば、敬意を捧げる従属国の支配者として描かれていることである。この時点で発せられているメッセージは、イスラームが優勢である世界で、これらの支配者たちが征服され服従させられているのではなく（中国とエチオピアの二国は一度も服従したことはない）、むしろ、ムスリム・カリフは彼らの一部の人たちの後継者であり、諸王の上に立つ人間であることをその全員に認めさせていることを示すものである。

ウマイヤ朝の末期、カリフとその顧問官たちは、これまで受け継いできたさまざまな財政制度を合理化し、新しいイスラーム独自の徴税制度に変えようとした。後年の口伝史では、そのなかで大きな役割を果たしたのは「敬虔（けいけん）なカリフ」ウマル・ブン・アブド・アルアジーズ（ウマル二世、在位七一七―七二〇）であったとし、他のウマイヤ朝の統領全員を「諸王」と呼んでいるのに対し、この人物にのみ「カリフ」という称号を許している。

だが、不平の種は残った。不満を抱く者たちを元気づけたのは、混血アラブ人と非アラブ人ムスリムの急速な増加だった。武力による抵抗もせず、別の教義を形成したわけでもない人たちのあいだでさえ、イスラーム史の流れは誤った方向に逸れはじめているとか、共同体の指導者たちは神の掟（おきて）に背く方向に人々を導いているといった思いがふくれあがっていることが、しばしば文学のなかにも表明されるようになった。文学による意思表示は、国家への関与からの消極的撤退だった。つまり国家行政が、本当に信心深いムスリムにとって、屈辱的で、利点のないものに見えたのである。

それは革命的変化の時代だった。深い意味では、イスラームの勃興自体がすでに一種の革命だったであろう。この新しい宗教は、既存の二つの経典（『旧約聖書』と『新約聖書』）に三つ目のものを付け加えたのではなく、それらに取って代わる新しい経典（『コーラン』）によって既存の教義や教会よりもイスラームが優れたものであることを示そうとした。征服によって就任した新しい支配者たちは政治、教会、社会の旧秩序を一掃し、かわりに新しい制度を生みだした。

イスラームの教えでは、理想的には、祭司、教会、王、貴族、特権階級や身分制度はいっさいないことになっている。ただし、真の信仰をもっている者〔ムスリム〕は、それを故意に拒絶する者より優位にあると自認してよい。男性が女性に対する優位性、主人が奴隷に対する優位性は、もちろん当然の社会的現実として認められる。そのような不平等でさえも、イスラームの新しい掟のもとでは緩和され、人道的なものに近づけられた。イスラームでは、古代とは違って、奴隷はもはや人的財産ではなく、法的にも倫理的にも認められた一人の人間だった。女性は、一夫多妻制や内縁関係の枠組みこそあったが、西欧では近年まで認められていなかった財産権が、たとえ男女平等ではないまでも与えられていた。経済的、社会的に不利だった非ムスリムでさえ、中世の（ときには近代の）キリスト教国における大勢の非キリスト教徒にくらべて、驚くほど寛容に扱われ、安全が保障されていた。

征服によって得た戦利品や貢ぎ品は、原則的には戦いに参加したアラブ人戦士全員のあいだで（平等にではないまでも）分配された。彼らの多くは、少しでも取り分を多くしようと、ときには争いもした。放牧場を求める部族もいれば、少しでも広い、条件のよい私有地をほしがるオアシス居住者もいた。メッカの商人たちは大都市の活発な商取引の機会を熱心にうかがっていた。カリフ政権、とりわけ第三代カリフのウスマーンに対する不満の多くは、政府がイスラームの要望よりも、こうしたグループの要望の対応に忙しいということだった。

自由な遊牧生活を送ってきた人たちは、あらゆる権威になじまず、これを嫌い、国家や国を支配する人たちの権力の増大を、イスラーム本来の教えに対する公然たる侮辱、裏切りであると感じた。

敬虔な信者も反抗的な者も、カリフ位はイスラームの教えを支持し、広げるために設立されたものであると思っていた。その目的は、イスラームの役に立つことである。その権威は、ムスリムが自由に与えることもできれば、拒絶することもできた。だが、多くのムスリムにとって、国家はイスラームの役に立つよりも、政府その他の分野の裕福な権力者たちの小集団の利益に奉仕しているように見えた。そのやり方が、イスラームがこれまで征服してきたかつての古代帝国にますます似てきたことは不吉な予兆だった。問題は、カリフ・ウスマーンの殺害についての論議で表面化した。あれは故意の殺人で、正当な権力に対する謀反であるから、極刑に処するべきだと言う人もいれば、あれは殺人ではなく、イスラーム共同体の最高位の地位を乱用し（シーア派は権力を簒奪したとも言う）、進むべき正しい道を踏み外した罰としての処刑だったのだと言う人もいた。この論議は、さまざまな形で数百年もつづき、ムスリムの政治理論と実践に大きな影響を与えた。

初期に浮上したのはカリフ位をめぐる問題だった。すなわち、だれがどのように統治するかということと、真のイスラームの（定義と）復活だった。

皮肉なことに、共同体の団結を維持するには国家が強くならざるをえないが、イスラーム国家は強くなるにつれて、イスラームの社会的・倫理的思考に多くの妥協を余儀なくされるという悲劇的な矛盾が生じる。こうしたプロセスへの抵抗はつねに活発にあった。反逆者が権力を奪取することができたという意味で、それが成功することもあったが、そのような抗争において反逆者と防御者のどちらが勝っても、やがて国家権力の強化と、イスラームの理想的な政府のありようとはほど遠い、以前の中東式の中央集権化された独裁制へと近づかざるをえない。

こうした抵抗の過程で、一連の宗派が出現した。それらは根本的な教義と支持内容に違いはあったが、イスラームの創始者たち本来の活力を回復したいという願望は同じだった。当初、「アラブ人」と「ムスリム」が事実上同義語であった頃は、宗教上の争いはアラブ人のあいだの内乱だった。やがてイスラーム教が征服された人たちのあいだにも急速に広がるようになると、改宗者たちがこうした運動においてますます大きな、ときには支配的な役割を果たすようになった。イスラーム帝国内の大きな急進的運動はみなイスラーム内部から生じたものであって、これと対決する運動ではなかったことは、万人救済説がいかに魅力があり、イスラーム思考が絶えざる革命的威力をもっているかを如実に示している。

西暦七四三年、ヒシャームの死後、四人のカリフの短期間の統治でウマイヤ朝カリフ時代は終わった。部族間の反目の再燃、〈ハワーリジュ派〉（離脱者たち）やシーア派のセクト主義の激化、イラン東部のホラーサーン地方に新たに台頭した有力な反対派などが、ウマイヤ朝カリフ位に対し反旗を翻させた。それはシリアにまで広がり、ほかでもカリフの権威は失墜した。ウマイヤ朝最後のカリフ・マルワーン二世（在位七四四―七五〇）は有能な統治者だったが、時すでに遅しで、王朝を救うことはできなかった。新しい勢力、新しい王朝、イスラーム史の新時代は東方で台頭した。

第四章　アッバース朝カリフ国

バグダードへの遷都

ヒジュラ暦一二九年第九月（ラマダーン）二十五日（西暦七四七年六月九日）、ペルシア人の解放奴隷で過激派のリーダーだったアブー・ムスリムは、イラン東部のホラーサーン州で蜂起の黒旗を翻（ひるがえ）した。彼とその前任者たちは、すでに三十年近くも、神を敬わないウマイヤ朝を非難し、預言者ムハンマドの近親者、とりわけ叔父アル・アッバースの末裔（まつえい）であるアッバース家の人々をムハンマドの正統な継承者であると主張するように積極的に扇動していた。手応えはあった。イランのムスリム住民は、ウマイヤ朝支配下で課された不平等に苛立っていたのである。アラブ軍と入植者たちは、長い駐留でペルシア化された者とそうでない者とにはっきり分かれ、反乱軍が勝利に向かいつつある頃でさえ、部族間の対立は深まるばかりだった。

非アラブ系だがアラブ人の並々ならない支持を得ていたアブー・ムスリムは、まもなくホラーサーン州全土を掌握し、さらに西進してイランを越え、イラクの古都のある州にまで兵を進めた。七四九年、彼の軍勢はユーフラテス川を越え、別のウマイヤ軍を敗北させ、同年、この派のリーダーだったアブー・アッバースが州都クーファで革命軍の推戴を受け、「アル・サッファーフ」(惜しみなく注ぐ者)とみずから称してカリフ位に就いた。さらにイラクとシリアにおける七四九年と七五〇年の勝利で、ウマイヤ朝の命運は尽きた。新カリフの権威はまもなくイスラーム帝国全土にゆるぎなく確立された。

この紛争によって、カリフ位がウマイヤ朝からアッバース朝に取って代わられたことは、たんなる王朝の交代ではなかった。それはイスラーム史上、一種の革命であった。

アッバース朝の勝利のこうした革命的性格は、ムスリムも西欧の歴史家たちもずいぶん前から認めており、双方ともその経緯の詳述に努めてきた。歴史における民族主義や人種理論に影響された歴史家のなかには、アッバース朝のカリフ即位は、ペルシア人のアラブ人に対する勝利と解釈する者もいた。ウマイヤ朝のいわゆる「アラブ帝国」が崩壊し、表面上、ペルシア化されたイスラームによる新しいペルシア帝国が生成したと見たのである。

一見、この説を支持する証拠はいくつかある。蜂起のリーダーたちのなかにも新体制の要職や廷臣のなかにもペルシア人が目立ち、アッバース朝の政治文化のなかにもペルシア的要素が色濃くにじみ出ていたからである。だが、その後の研究で歴史家たちは、ペルシアの勝利とアラブの敗北説など、いくつかの重要な点で修正を余儀なくされた。十九世紀の西欧、および二十世紀のイランの学者たちの一部で、「イラン人の民族意識」の表明と見られていたシーア派の起源は、アラブであったことが証明されたのである。それはイラク南部の多民族混住地帯でもっとも強く、やがて長いあいだシーア派の中心的支持者だったアラブ人入植者たちによってイランにもたらされた。アブー・ムスリムによる蜂起も、アラブ人に対してというよりもむしろ、ウマイヤ朝支配とシリア人の勢力伸張に反旗を翻したものだった。アッバース朝支持運動には、ペルシア人ばかりでなく、リーダー格や指揮官クラスの数名も含めて、アラブ人支持者が大勢いた。民族的な反目がある役割を果たしていたことは確かであり、ペルシア人が勝利者のなかで目立った存在であることも間違いないが、この運動はアラブ人の王位を狙う者のために役立ち、アラブ人の王朝を成立させたのである。

勝利のあと、政府の要職の大半はアラブ人で占められ、アラビア語は政治と文化の唯一の公用語として残り、アラブ人の土地の税制的優遇はそのままつづいた。社会的にも、少なくともアラブ人優位の原則は変わらなかった。アラブ人は、かつて考えられていたように、実際の権力を失った（それはもう少しあとになる）のではなくて、権力による利権を主として混血の身内である他者と分かち合わざるをえなくなったのである。ウマイヤ朝時代には、両親ともにアラブ人の家系の者しか国家の要職には就けなかった。アッバース朝になると、混血アラブ人ばかりでなく、ペルシア人やそのほかの民族出身者でも、カリフの宮廷で出世することができるようになった。そこでは、支配者の引き立てが、家柄よりも権力や格式へのパスポートになった。このアラブ王国の統治期間については後述する。そのあいだに、アラブ戦士たちは特権階級から没落し、首都ではトルコ人の守備隊が頭角を現わし、地方諸州では地元の独立した王家の台頭が見られた。

　多くの革命がそうであるように、こうした底辺での変化は徐々に起こり、やがてそれが政変へとつながっていった。ウマイヤ朝最後のカリフ、マルワーン二世は、クルド人（トルコ、イラク、イランの三国にまたがって居住する山岳民族）の女奴隷の息子だった。アッバース朝最初のカリフ、アル・サッファーフ（在位七五〇—七五四）は、アラブ人解放奴隷の息子である。そのせいか、彼は弟よりも優先権を与えられた。だが、彼の跡を継いだベルベル人の女奴隷から生まれた異母弟、アル・マンスール（在位七五四—七七五）は、いろいろな意味でアッバース朝の偉大さを確立した人物である。彼のあとにつづくムスリム王朝のほとんどすべての後継者たちは、少数の例外を除いて、著名な王家の出身者を父とし、名もない、たいていは外国人の奴隷の母から生まれた息子たちである。

　アッバース朝の勝利は、これを成し遂げた運動そのものよりも、それにつづいて起こった変化に大きな意味があると考えてよいであろう。最初のもっともきわだった変化は、首都を、ウマイヤ朝が百年にわたって支配してきたシリアから、古代中東のいくつものコスモポリタン帝国を束ねる中心地のイラクに移したことであった。アッバース朝初代カリフ、アル・サッファーフはユーフラテス川のほとりに臨時の首都を建設した。彼の後継者アル・マンスールは、ティグリス川の西岸にある新しい都市を恒久的な首都にした。この新しい都市は、古代サーサーン朝ペルシアの首都クテシフォンに近い隊商ルートの十字路にあった。中世のアラブ人が書いた文化の象徴をちりばめた物語によれば、バグダードの壮大なカリフの住居の一つの建設に、建築家はカリフの命令により、クテシフォンにあったペルシア皇帝ホスローの宮殿の廃墟からもってきた煉瓦（れんが）を一部に使わせたという。

新都の正式名称は「マディーナ・アッサラーム」（平安の都）だが、通常は以前ここにあった小さな町の名にちなんで「バグダード」と呼ばれている。アッバース家のカリフたちはこの都市およびその近郊から、約五百年にわたって大部分のイスラーム世界の最高位者として統治した。彼らは最初は帝国の有能な支配者であったが、後年、政治的に急速に衰退したあとは名目的な宗主となり、実権はおもに軍事指導者が行使するようになる。

アッバース朝はまもなく、その前後に革命運動によって権力を獲得した他の王朝と同じように、支持者たちの主義主張や目標と、政府や帝国としてやらねばならないことのはざまで、取捨選択を強いられるようになる。彼らは世論や連続性を選んだため、一部の終始一貫性を求める信奉者たちの怒りを招き、これを抑圧せざるをえなくなった。アッバース朝の勝利の立役者アブー・ムスリム自身も、他の数人の仲間と同様抹殺された。こうしたやり方は過激派や急進派に疎外感を醸成し、結果的に、ほかに捌（は）け口を求めさせることになった。同時に、それはムスリム主流派も活気づかせた。アル・マンスールは外国との戦争や国内の蜂起の危機を克服し、長期にわたる優れた統治によって、アッバース朝政権の基礎を築いたのである。

こうした任務を果たすにあたって、彼を巧みに助け、アッバース朝支配の最初の五十年にめざましい働きをしたのが、バルマク家の一族である。彼らはしばしばペルシア人と記述されるが、もう少し正確に言えば、バルフ（アフガニスタン北部バルフ州のオアシスの町）という町の仏教徒の末裔で、中央アジアのイラン人である。バグダードが首都になってまもなく、ハーリド・アル・バルマクがアル・マンスールの宰相となり、以後、彼の子孫は、〈ワジール〉（宰相）として、八〇三年にハールーン・アッラシード（アッバース朝第五代カリフ、在位七八六―八〇九）の統治時代に失脚するまで、この帝国の行政を拡大、指導した。

サーサーン朝ペルシアの影響

東方への遷都で、ペルシア文明のかつての中心地は身近なものになった。アラブ人の権力独占時代は終わり、イスラームに改宗したペルシア人が支配階級エリートに登用されるようにもなった。政治面では経験豊かなペルシア人は、行政のあらゆるレベルに進出した。宰相職（ワジール）は、カリフの最高権威に次ぐ全国家機関の長としてすっかり定着した。当然のことながら、ペルシア人の影響はいっそう大きくなった。サーサーン朝ペルシア帝国時代（二二六―六五一）の文書がアラビア語に翻訳されたり、そのまま取り入れられたりした。サーサーン朝時代の伝統が復活し、宮廷内の儀式や政治行政も、サーサーン朝ペルシアの慣例に従うようになった。アラブの部族的伝統は、そのどちらにも手本とするべきものがほとんどなかったから、しだいに廃れていった。イスラーム国家でははじめて、ペルシア軍をモデルにした常備軍が形成され、王家がアラブ諸部族の徴集兵に依存することが少なくなり、それにつれてアラブ人の首都での影響力は低下した。

初期のアッバース朝カリフたちは、一時信じられていたような移行期の空白もほとんどなく、さまざまな点で先駆者たちの政策を維持発展させた。ウマイヤ朝末期にすでに目につきはじめていたいくつかの変化は急速に進んだ。カリフはもはや、アラブの部族長たちの同意をいちいち取り付けなければならないアラブの大首長ではなくなった。今やカリフは古代中東型の専制君主で、神聖な血筋を盾に権威を主張し、独自の軍隊に守られながら、拡大一途の官僚制度を通してその権力を行使した。この点ではウマイヤ朝よりも強力だったアッバース朝にも、昔の専制君主にくらべれば弱点はあった。既成の封建領主階級や位階制をもった祭司階級に支えられているわけではなかったからである。そこで彼らには、その信仰の基本教義によって、破棄することも修正することもできない聖法が必要になった。

こうした弱点を補い、アラブの民族的結束を取り戻すために、歴代カリフはイスラーム教への献身と順応をいっそう強く奨めるようになり、広大で多様な帝国を共通の信仰と文化のもとに統合しようと努めた。この点でもまた、彼らはサーサーン朝ペルシアの前例に従い、カリフ位の権威と機能に宗教的要素を強調し、定評ある従順な神学者たちの後ろ盾と奨励によって、宗教の公的な解釈を行なう階級（聖職制度上のではなく、社会組織としての祭司職）をつくって体制の強化を図った。こうした目的を遂行するため、カリフはメッカとメディナの二つの聖都を再建し、イラクから定期的に巡礼団を送る段取りを整えるとともに、さまざまなムスリムの異端宗派、とくに当時大勢の信者を集めていたと思われるマニ教徒をきびしく弾圧した。

カリフ・アル・マームーン（在位八一三―八三三）とその後継者たちは、「ムータジラ派」（神の絶対的唯一性を主張し、コーランが神によって創造されたものと解釈する一派）と呼ばれるイスラーム神学の一派を国家の公式教義とし、それ以外の教えの信奉者を弾圧しようとした。この試みは失敗に終わり、アル・ムタワッキル（在位八四七―八六一）は、反抗的なトルコ人軍人階級の広い支持が必要になったとき、ムータジラ派を捨てて、その威勢を削ぎ、主流のスンナ派の見解を採用せざるをえなくなった。スンナ派とこれに属する〈ウラマー〉（イスラームの学者・宗教指導者層）はすでに、たとえカリフが正当な権利をもつスンナ派のカリフであっても、教義上の問題に自分の意思を押しつけようとする支配者には抵抗し、それに打ち勝つほどの勢力をもっていた。

こうしてイスラームを国家に従属させようとする試みは失敗に終わり、二度と企てられなかった。アル・ムタワッキル以後のアッバース朝は、少なくとも公式には、もっとも厳格な正統派に固執し、イスラームの宗教的組織に教義を指図するような異端的な試みを表立って行なった王朝は一つもなかった。

カリフの権威の喪失

第五代カリフのハールーン・アッラシードの統治は、通常、アッバース朝の最盛期とみなされているが、衰退の最初の兆しが表われたのもまたこの頃である。その一つは、この時以降、地方諸州においてカリフ位の政治的権威が急速に崩れ落ちたことだった。西方では、スペイン〔七五六年に、アブド・アッラフマーン一世がイベリア半島に逃れて自立〕と北アフリカ〔八〇〇年に、ハールーン・アッラシードがチュニジアにアグラブ朝の自立を許す〕が、それぞれ独自の首長のもとに事実上独立し、アッバース朝の宗主権をたんに名目上認めるだけとなった。八六八年、エジプトも離脱した。バグダードから派遣されていたトルコ人法務官で総督のアフマド・ブン・トゥールーンが独立を達成して、シリアにまで支配権を広げたのである。だが、この王朝〔トゥールーン朝、八六八—九〇五〕もまもなく打倒されると、同じトルコ系の王朝がそのあとにでき、それ以降、ごく短期間の例外を除いて、バグダードからの直接支配は二度と行なわれなくなる。

エジプトからしばしばシリアまで支配するほどの独立した政治勢力の勃興は、シリアとイラクのあいだに新たな無人地帯を生みだし、砂漠の辺境にいたベドウィン・アラブ人たちに失地回復と独立の機会を与えた。彼らはときとしてシリアやメソポタミアの入植者地域にまで活動を展開し、都市を奪取して、一時的に小王朝を樹立したこともあった。

東方では、崩壊のプロセスはやや違った形をとった。アッバース朝カリフとイランの支持者たちとの同盟関係は、バルマク家の衰退と没落を機に、ハールーンが統治権を奪取したものの、その統治時代にささいな内紛によって屋台骨を揺さぶられた。彼の死後、息子のアル・アミーンとアル・マームーンとのあいだにくすぶりつづけていたいがみ合いが爆発して内戦が起こったのである。アル・アミーンの勢力は首都とイラクを中心に構えたのに対し、アル・マームーンはイランを根拠地としていた。この内戦はアラブ人対ペルシア人の民族紛争と解釈され、ペルシア人の勝利に終わった。おそらくそれは、その少し前までのイランとイラクとのあいだの民族的な敵対関係というよりもむしろ、その地域特有の複雑な社会的抗争の延長上に生じたのではないかと思われる。東方からの支持に依拠していたアル・マームーンは、首都をバグダードからメルヴ〔現在のトルクメニスタン共和国マルイ、かつてのオアシス都市〕にしばらくのあいだ移転する計画を立てたが、バグダードの人たち、つまりイラク人の激しい反対にあって、移転案は差し戻された。

その後、ペルシア人の野心は地方の独立した諸王朝に突破口を見出した。八二〇年、アル・マームーンのペルシア人将軍ターヒルが事実上、ホラーサーンで独立し、独自のターヒル朝を樹立した。その過程で、彼はあとにつづく大勢の人たちが踏襲することになる前例をつくった。すなわち、だいたいにおいてスンナ派イスラームの最高位者としてカリフの名目的宗主権を認めておいて、その統治下の諸地域のすべての実権を奪ったのである。東方および西方の諸州では、カリフの権力は事実上の支配者への位階の授与にとどまり、イラクの首都のある州でさえ、その権力は急速に縮小されつつあった。バグダードがここを通る通商路を押さえているかぎり、帝国の政治的分裂は商業や文化の発展を妨げることはなく、ある点ではむしろ助長さえした。だが、別な面では危険が増大しつつあった。宮廷の濫費がつづき、官僚機構がふくれあがる一方、地方の税収は減り、その結果、金鉱や銀鉱は枯渇したり、侵入者に奪われたりした。

歴代のカリフは資金繰りの救済策として、地方総督を徴税請負人にした。徴税請負人兼総督は、まもなく帝国の事実上の支配者になる。徴税と総督としての任務が軍人に委ねられるようになると、その傾向はますます大きくなった。強制的に命令に従わせることができるのは彼らだけだったからである。アル・ムータシム（在位八三三―八四二）とアル・ワーシク（在位八四二―八四七）の頃から、カリフは臣下の将軍たちの操り人形となり、将軍たちはカリフを意のままに任命したり退位させたりすることもめずらしくなかった。十世紀初頭にはカリフの権威は完全に崩壊した。イラクの総督イブン・ラーイクに〈アミール・アル・ウマラー〉（指揮官のなかの指揮官の意、通称〈大アミール〉）の称号を許したのは、その経緯を象徴する出来事だった。こうした称号と職権を与えた当面の目的は、バグダードの軍事指揮官の優位性を他の地域の同等の軍人に認識させることであったのは間違いない。同時にそれは、カリフ以外に事実上、政治的・軍事的権力を行使する最高統治権威者が存在することを正式に認めたことにもなる。カリフは形式的な国家の長で、イスラームの宗教的な統一体の代表である信徒の長にすぎなくなった。

九四六年一月十七日にはついに、イラン西部ですでに事実上の独立王朝国家の指導者になっていたシーア派ペルシア人ブワイフ家が首都に侵入して、ここを占領し、権威の衰退は決定的となった。カリフはもはや自分の都の主人ですらなくなった。さらに悪いことに、スンナ派イスラームの最高権威者がシーア派に支配されるようになったのである。シーア派は、スンナ派カリフを利用できると見て、そのままの地位に留め置いた。のちに、支配者がスンナ派からシーア派に代わったあとも、カリフの実質的地位の低さは変わらなかった。

このときから一二五八年にモンゴル人によってこの都市が征服されるまで、カリフ位は名だけの機関になり、スンナ派イスラームという統一体の名目上の代表、実際の統治権を行使する大勢の軍人支配者の権威を合法化してくれる存在となった。カリフ自身も、十二世紀末と十三世紀初頭の短期間を除いて、こうした支配者たちの意のままにされた。

イラン人の幕間劇

バグダードでのブワイフ家の台頭は、カリフ位の政治的変化における重要な転機であったばかりでなく、中東史における「イラン人の幕間劇」と呼ばれる大事なひと時とされている。九世紀にアラブ人勢力が衰退して、十一世紀にトルコ人勢力が最終的に確立されるまでのあいだに、イラン人の復活する時期があったのだ。しかもそれは、明らかに地域的にはイランを基盤とし、イラン人に支持されたイラン人の王朝による国家という形をとった。さらに重要なのは、イラン人の民族精神と文化を新たなイスラームという形で生き返らせたのである。

最初のイラン人ムスリムによる独立した王朝は、イラン東部のターヒル朝（八二一―八七三）で、東方ではサッファール朝（八六七―九〇三）とサーマーン朝（八七五―九九九）がこれにつづき、北方と西方ではブワイフ朝（九三二―一〇五五）その他の王朝が出現した。これらの王朝はみなムスリムだった。なかには、アラブのイスラームの規範こそ最高と吹きこまれ、ペルシア文化に無関心な王朝もあったが、諸事件の推移や支持層の性向からして、好むと好まざるとにかかわらず、イラン・ルネッサンスの後援者になっていった。もっとも積極的だったのはサーマーン朝で、その首都ブハラはイラン文化復活のセンターになった。サーマーン朝支配者の大半は公用語をペルシア語とした。彼らはペルシアの詩人や学者の活動を奨励し、十―十一世紀には、ムスリムの信仰と伝統に大きな影響を受け、アラビア文字で書かれてはいるが、本質的には明らかにペルシア的な新しいペルシア文学が誕生した。

ブワイフ朝の時代は、シーア派の時代であるとともにイランの復活期だった。それでこの二つはしばしば誤って同一期とされている。アッバース朝のカリフ位が確立されたことは、シーア派の権利の主張とリーダーシップに大きな変化をもたらしていた。ウマイヤ朝時代には、シーア派は、ムスリム共同体と国家の長は預言者ムハンマドの男子直系の血筋の者、すなわち、ムハンマドの娘ファーティマではなく、その夫で預言者の従弟にあたるアリーの子孫でなければならないと主張した。すると、アリーのファーティマ以外の妻たちの子供や、ムハンマドの別の家系の者さえも首長の権利を主張した。シーア派のセクトのなかで最初に権力を掌中にしたのがアッバース家である。アッバース家の従兄弟たちがアリー一族はムハンマドの正統な後継者であると宣言すると、ファーティマの子孫は自分たちのほうがムハンマド直系であると強調するようになり、やがてシーア派のなかではこちらのほうが優勢になって、他を排した。

アリーとファーティマの息子、孫、その子孫たちは、シーア派のあいだでは〈イマーム〉（信徒の指導者）として知られている。ファーティマ朝第六代目のイマーム、ジャーファル・アッサーディクが七六五年に死亡すると、彼の信奉者たちは、このイマームの息子のムーサーとイスマーイールのどちらを継承者にするかをめぐって二つのグループに分裂した。前者の信奉者たちはムーサーとその子孫を、アリー以降十二代目までイスラーム世界の正統イマームとして認めた。ところが、ムーサーは忽然と姿を消した。「十二イマーム派」と呼ばれるシーア派の人たちは、今日でも彼のメシアとしての再臨を待ちつづけている。この十二イマーム派の教義は全般に穏健で、スンナ派イスラームとの違いは比較的少ない。

他方、イスマーイールを支持したために、「イスマーイール派」と呼ばれるもう一つのグループは、ウマイヤ朝時代の初期シーア派の過激な教義と扇動的手法を継承し、それらを新たな時代の変化に応じて適用した。通商の拡大、産業の勃興、大都市化、それらと並行して統治機構の細分化や軍国化につれて、社会がますます複雑になり、多様化して、帝国の社会組織の統制がとりにくくなると、緊張感が高まり、不満が広がった。有識者のレベルが上がり、文化や思想の衝突が起こると、宗教と政治がからみあっている社会では、既成秩序に異議を唱える意思表示は、自然と分派運動の台頭を促進する。

九世紀から十世紀はじめにかけて、こうした緊張状態は爆発寸前にまで達した。イスラームの支配者たちは、アラビア半島東部からシリアとメソポタミアにかけてカルマト派の武装勢力や、イスマーイール派の扇動的な宣教をはじめ、もっと穏やかで、結局はこのほうが効果的な、武力には訴えないバグダードのモラリストや神秘主義者たちの批判にいたるまで、さまざまな挑戦を受けた。カリフは、シリアとメソポタミアのカルマト派を苦心のすえ制圧し、アラビア半島東部の反乱軍は孤立した。だが、イエメンでは、イスマーイール派が勝利して独自の政権樹立に成功した。

ファーティマ朝の台頭

政権を樹立したイスマーイール派は、イエメンから北アフリカへ密使を送り、うまく立ちまわって九〇八年にイスマーイール派のウバイドアッラーを、ムハンマドの娘ファーティマの子孫であるという主張をもとに、ファーティマ朝最初のカリフの位に就けることができた。ファーティマ朝（九〇九―一一七一）の最初の三代のカリフは北アフリカだけを支配したが、第四代カリフのアル・ムイッズ（在位九五三―九七五）は九六九年、エジプトを征服し、新都市カイロを首都にした。

中東ではじめてアッバース朝に挑戦状を叩きつける強力で独立した王朝として支配権を握った彼らは、アッバース朝の名目上の権威さえ認めず、反対に自分たち独自のカリフ位を樹立して、イスラーム世界全体の最高統治者になり、スンナ派のカリフ位の理論的根拠さえ認めなかった。このファーティマ朝は、政治、軍事、宗教面での積極策に加えて、巧みな経済政策によって東方貿易をペルシア湾から紅海へと移し、これによってエジプトを強化するとともにイラクを衰退させた。

ファーティマ朝はパレスチナ、シリア、アラビアへと急速に勢力を伸ばし、そのあいだにバグダードのスンナ派カリフをしのぐ影響力をもつようになった。エジプトにおけるファーティマ朝の最盛期は、カリフ・アル・ムスタンシル（一〇三六―九四）の統治時代で、当時のファーティマ帝国には北アフリカ全土、シチリア島、エジプト、シリアおよび西アラビアまで含まれていた。

一〇五六―五七年にかけて、ファーティマ朝びいきのある将軍がバグダードの占領に成功し、アッバース朝の本家本元の首都の演壇からファーティマ朝カリフの統治権を宣言した。だが、翌年には彼は追い払われてしまい、それ以降ファーティマ朝の威勢は落ち目になる。崩壊の兆しはまず、内政面に表われ、一時期バグダードでもそうであったように、カイロでも軍事独裁者が次々と出現して権勢を振るうようになった。ファーティマ朝のカリフは、実権を奪われ、軍政官の思いのままの操り人形的地位に零落して、しだいに信徒たちの支持を失った。やがて体制は完全に崩壊し、エジプトはスンナ派と手を結んで復活することになる。

最盛期におけるエジプトのファーティマ朝の体制は、いろいろな点でそれまでのものと異なっていた。その頂点に立つカリフは、絶対君主であるとともに、信奉者の信じるところによれば、神の定めた一族を通して神の意志を伝える世襲の権利を行使する不可謬（ふかびゅう）の信徒の指導者（イマーム）であった。その政府は中央集権的で、階層化されており、宗教、軍事、官僚機構の三つに分かれていた。軍事と官僚機構はカリフに代わって文官の宰相（ワジール）が支配した。宗教界は、政治的人事に非常に大きな影響力をもつ教宣者の下に、位階制をもった教宣組織があった。この宗教部門は、高等教育やイスマーイール派のプロパガンダ組織を握っており、近代の一党体制国家の「党」に近い役割を果たしていたように思われる。プロパガンダ組織は、名目上はまだバグダードのアッバース朝カリフの支配下にあった東部諸州に、大勢の教宣員を送りこんでいた。プロパガンダの効果はいろいろな面に表われている。イラクからインドの国境地帯まで、たびたびの蜂起は、このイスマーイール派の教宣員の活動によるものであることが証明されており、イスラームの有識者たちにも、イスマーイール派の教えに心を惹かれる例が多かったことがわかっている。

ファーティマ朝時代はまた、エジプトが商業、工業面で大きく花開いた時期でもあった。ナイルの氾濫による飢饉(ききん)や、軍閥が跋扈(ばっこ)した時期を除いて、エジプトは大繁栄期を迎えた。ファーティマ朝政府は最初から、帝国の繁栄とその影響力の拡大には通商が大事であることに気づいていた。商業の促進を最初に舵取りしたのは宰相ヤクーブ・ブン・キリスで、のちの支配者たちはその流れを引き継いだ。ファーティマ朝以前のエジプトの通商はたかが知れていた。ファーティマ朝になってから、大規模農園や工業が発達し、エジプトの産物の輸出は注目を集めるようになった。

さらに彼らは広範囲の商業ネットワークを、とくにヨーロッパとインドに広げた。西方ではすでに、チュニジア時代初期から、イタリアの都市国家のいくつかとの関係ができあがっていた。エジプトと西方とのあいだには、海上経由で大量の貿易が行なわれており、ファーティマ朝の艦隊は地中海東部を支配していた。ファーティマ朝はさらに、その統治権を南の紅海両岸にまで徐々に拡大して、インドへの重要な連絡路を開拓した。インドとの貿易は、ファーティマ朝のスーダン沿岸にあるアイザーブの港を経由するようになった。エジプトの商人が行くところはどこでもイスマーイール派の伝道者が付かず離れずについて行き、まもなく、スペインやインドでもムスリムのあいだに同じような発想が醸成されるようになる。

だが、ファーティマ朝はアッバース朝に究極的に勝利することはできなかった。一〇九四年にファーティマ朝のカリフ、アル・ムスタンシルが死ぬと、その威勢はしだいに衰え、アッバース朝の優位性を二度と決定的に脅かすことはできなくなった。衰退の原因の一つは、シーア派内でイスマーイール派と十二イマーム派の抗争にエネルギーが散逸したことによる。後者にもまた、イランの地方王朝のいくつかを含む大勢の信奉者たちがいた。威勢のよかったファーティマ朝がバグダードに挑戦状を叩きつけていた頃、アッバース朝自体が十二イマーム派のブワイフ朝の軍人たちに支配されていたのである。ブワイフ朝は、シーア派であったにもかかわらず、アリー家の者をカリフに据えようとせず——十二イマーム派の十二代目は七十年ほど前にすでに死んでいた——外見上はアッバース朝に敬意を表しながら、スンナ派の世界で権力を保持するためにスンナ派を隠れ蓑、かつ政策を遂行する道具として利用していた。

第五章　大草原民族の到来

トルコ系民族の南下

十一世紀になると、イスラーム国家と社会には数々の内部的ほころびが見えはじめる。その徴候はもっと前からあった。帝国は独立志向の強い地方小国に分裂しつつあり、カリフの権威と権力はその首都でさえ低下していた。ビザンツ帝国とサーサーン朝ペルシアから引き継いだ基盤の上に営々と築かれたイスラームの政治・行政機構は崩壊した。カリフとイスラーム国家の実権は、軍隊を使って支配する独裁的な軍政官たちに奪われ、多くの住民が異端宗派に走った。カリフ座のある都市バグダードを含めて、イランからエジプトにいたる帝国の大半がシーア派の将軍や君侯に掌握されてしまい、スンナ派イスラームのカリフとしての宗教的な地位さえ極端に下落した。

経済面での衰退の徴候が表われるのはやや遅れる。ブワイフ朝は中部諸州でしばらくのあいだ秩序と繁栄を取り戻し、ファーティマ朝は中世エジプト史のなかでもっとも繁栄した時代に入っていた。だが、東部と、のちにはエジプトでもいろいろ問題が出てきた。かつては儲けの大きかった中国との交易は、先方の国内事情もあって下火になり、やがて途絶えた。八—十世紀に盛んだったロシアやバルト海沿岸（原文ママ）諸国との交易も、十一世紀には減少して、やがて皆無になった。帝国内でも、貴金属の不足が商業活動の障害となり、封建時代の経済に似た情況が広がりつつあった。

　文化面では、八—十世紀は知的好奇心の花開いた時期だった。当時の経済の発展で都市化が進み、レジャーや趣味、好奇心を求める都市人口は急増した。ギリシア語の科学や哲学の文献のアラビア語への翻訳は、よく言われる「イスラームのルネッサンス」の走りだった。ギリシアの学問やペルシアの処世訓的書物に反発する因習的なスンナ派イスラームさえも、アラビア古典文学を復活させ、その重要性をいっそう強く認識するようになった。だが、こうした文化面でのにぎわいは長続きしなかった。それは都市の文化で、都会の有閑階級の一部の人たちのあいだでの現象だったからである。都市文化と伝統、伝統にもとづくイスラームの信仰生活とのより深い関係は、判然としなかった。

　十一世紀から十二世紀初頭にかけて、帝国の弱い部分は、国内および国外のあちこちからほぼ同時に起こった攻撃にさらされた。ヨーロッパでは、キリスト教国の軍隊がシチリア島とスペインの両方に進軍し、十字軍の中東への進出で盛りあがっていた再征服の波に乗って、ムスリムの支配から広大な領土の支配権を奪い返そうとした。アフリカでは、ベルベル人のあいだで起こった新たな宗教運動が、スペインと北アフリカで新しいベルベル王国を生んだ。さらに東では、エジプト北部に出現して住み着いていたヒラール族とスライム族の二つの大きなアラブ・ベドウィンが、リビアやチュニジア全土を襲って、北アフリカのアラブ人による完全な回復は不可能なほどの混乱と破壊をもたらした。前世紀にすでにビザンツ帝国の攻撃やハザール族（トルコ系遊牧民族）の襲撃で弱体化していたカリフ座の北の国境地帯では、キリスト教徒のグルジア人が黒海からダゲスタン山麓にまで広がるグルジア王国を復活させ、そこからムスリムの領土に進出しようとしていた。

こうした恒常的な影響のなかで、もっとも重要なのは、東方のアジア大草原からアルタイ語族（トルコ語、モンゴル語、トゥングース語、朝鮮語などを話す民族）がたびたび侵入してきたことである。ムスリムがはじめてトルコ語族に遭遇したのは帝国の東の国境地帯で、彼らは一時期、トルコ人を奴隷として輸入し、とりわけ子供のときから訓練して軍事奉仕をさせていた。彼らは家内奴隷や、低賃金労働に就かせるもっと身分の低い奴隷と区別して、のちに〈マムルーク〉（アラビア語で「所有されている」という意味）と呼ばれるようになる。

トルコ人奴隷はすでに、アッバース朝初期に帝国内に連れてこられていたが、最初に彼らを積極的に利用したのは、カリフ・アル・ムータシム（在位八三三―八四二）だった。彼はカリフに即位する前からトルコ人の軍事奴隷兵を大勢集め、のちには、東部諸州から租税の一部として、毎年相当数を受け入れる段取りを整えた。彼の後継のカリフたちが、トルコ兵や彼らを統率する指揮官らへの依存度が高くなるにつれ、マムルークの指揮官らはアラブ人やペルシア人を排除して軍事的主導権を握り、やがて政治的にも支配権をもつようになった。軍人階級がほとんどトルコ人で占められ、イスラーム国家はほぼ軍事国家に近くなり、トルコ人の支配はそれから千年近くつづくことになる。八六八年にはすでに、ムスリム・エジプトの最初の独立した王朝がトルコ人の軍事奴隷によって樹立され、以後のエジプト政権は同系の出身者に引き継がれていった。イランでは、地元民族の王朝がしばらくつづくが、もっとも重要な長期政権だったサーマーン朝がトルコ人軍人に依存するようになった結果、サーマーン朝に仕えていたトルコ人奴隷が樹立したガズナ朝（九六二―一一八六）〔アフガニスタンのガズナの実質的な支配者になったことから始まる〕に乗っ取られた。これはトルコ系のなかで、もっとも優れた王朝の一つであった。

だが、それらはムスリム国家に奴隷や傭兵として入ってきた個人または集団の軍人たちで、彼らが政権を奪取したのである。九六〇年には、イスラームの国境以遠にあったトルコ系のカラ・ハーン朝が集団でイスラームに改宗するという、まったくこれまでとは違う出来事が起こった。それまではイスラームへの改宗は、個人もしくは個人的集団でしか行なわれたことはなかった。それがこの時はじめて、アラビア語の年代記によればテント二十万張りのトルコ系遊牧民族がイスラームに改宗し、ヤクサルテス川〔カザフスタン共和国南部を北流してアラル海に注ぐ川で、現在はシルダリヤと呼ばれている〕以遠の土地にムスリムのトルコ系王国が形成された。彼らの改宗後、カラ・ハーン朝はそれまでのイスラーム以前のトルコ人の過去をまったく忘れ去ってしまったかのように、自分たちは中東イスラーム文明のまぎれもない一員であると自認するようになった。

トルコ系イスラームの発生当初からのきわだった特徴は、トルコ人がこの新しい宗教に全身全霊を傾けたことである。その理由の一つは、彼らがイスラームと異教徒との国境でこの宗教に出会い、一途に信仰心を強めたことであり、もう一つは、彼らがイスラームに改宗してすぐに、自分たちの身内の異教徒に対する聖戦に巻きこまれ、アラブ人やペルシア人のようなイスラームのなかでの民族としての自己認識をもたなかったためである。トルコ人には、多神教アラビア時代のアラブ人英雄譜の記憶もなければ、古代ペルシアの過ぎし日の栄光に対するペルシア人の誇りに匹敵するものもなかった。少数の民族詩や家系をめぐる言い伝えを除いて、イスラームに改宗以前のトルコ人の過去の文明、国家、宗教、文学などはかき消され、忘れられた。トルコ人という名前さえも、西欧人ばかりでなく、トルコ人にとってもムスリムと同義語になった。イスラームへの忠誠にかけては、トルコ人以上に熱心で真面目な民族はほかにいなかった。それゆえ、やがてスンナ派の大々的復活がトルコ系王朝の援護の下に始まり、拡大したのは驚くにあたらない。

十一世紀初頭、ファーティマ朝カリフ位がまだ威勢を振るっていて、エジプトから西アラビアおよびシリアにまで支配権を拡大していたが、シリアでは地元のいくつかの砂漠を根城にしたベドウィン王国と支配権を共有せざるをえなかった。イラクやイラン西部では、イラン系の王朝が支配していたが、そのなかでもっとも有力だったのが中部諸州を治めるブワイフ朝だった。東方では、サーマーン朝の末裔（まつえい）が、オクサス川〔トルクメニスタン・ウズベキスタン共和国国境付近を流れる川、別名アムダリヤ〕の南のガズナ朝と北のカラ・ハーン朝に分裂した。前者はトルコ人将軍の率いるトルコ・マムルーク軍の守る典型的なムスリム国家で、後者はトルコ系自由民を率いる族長（ハーン）が支配するトルコ人国家だった。

セルジューク朝スルタンの登場

ちょうどこの頃、二つのトルコ系民族の大移動が、中東と東ヨーロッパの状況に大きな変化をもたらした。ヤクサルテス川のずっと北にはオグズと呼ばれるトルコ語族が住んでおり、それより北のイルトゥイシ川〔カザフスタン共和国北東部とロシア中部を流れるオビ川の左岸の支流〕近辺にはキプチャク族がいた。キプチャク族はイルトゥイシ川からヤクサルテス川方面へ進出してオグズ族を追い払い、さらに西進してロシア南部から東ヨーロッパへと移動した。故国を追われたオグズはイスラーム圏内に移住した。移住の波は一度ならずあり、なかでも重要なのはセルジューク一族の大移動だった。

セルジューク一族がイスラーム圏内に入ってきたのは十世紀末頃だったようだ。彼らはブハラ地方に落ち着き、イスラームに帰依（きえ）した。セルジューク族の息子たちは軍隊を組織してさまざまなムスリム王朝に仕えた。その最後の出仕先がガズナ朝だった。やがて彼らはガズナ朝と袂を分かち、抗争のあげく、たちまち権力を握った。族長セルジュークの孫にあたるトゥグリルとチャグリーは、トルコ軍を率いてホラーサーンに入り、ガズナ朝を打倒して、彼らの支配下にあったおもな都市を支配下に入れた。

彼らはまもなく、主導権をとって活躍しはじめる。一〇三七年には、メルヴやニシャープールのモスクでは、祈禱のなかに支配者として彼らの名前が唱えられるようになった。やがて彼らは残りのイラン東部を制圧し、トルコ人の大軍を率いて西進してイラン西部を征服した。一〇五五年にはついに、トゥグリルが自軍をともなってバグダード入りし、ブワイフ朝の最後の軍政官からこの都市を奪い取った。こうしてイスラーム圏内に新しい帝国が台頭した。一〇七九年には、セルジューク族は地元の支配者や落ち目にあったファーティマ朝からシリアとパレスチナを奪った。アラブ人にもペルシア人にもできなかったこの成果のあと、彼らはビザンツ帝国からアナトリア（小アジア）の大部分を奪取した。以後、ここは末長くムスリム・トルコ人の領土となる。

セルジューク族による征服は中東に新体制を創出した。初期のアッバース朝カリフ時代以来はじめて、大部分の地域が一つの権威のもとに統合されたのである。セルジューク族はスンナ派ムスリムだったので、カリフは名目上の支配者として据え置き、二つの重要な点でその地位を強化した。その第一は、宗主権下の地域を拡大したこと、第二はイスラームの最高位者としての称号さえも否定する党派心の強い政権を排除したことだった。だが、帝国の実質的な統治権はセルジューク朝の大帝〈スルタン〉にあった。スルタンはいくつにも分かれていた小国を一掃し、西方の敵ビザンツ帝国と北アフリカのファーティマ朝にも勝利した。「スルタン」という称号は、トゥグリルが一〇五五年にバグダードを征服してから採用するようになったが、年代記にはしばしば、それ以前にも、ブワイフ朝やガズナ朝の初期にカリフとは違う統治権を行使していた支配者のことをしばしばこの名で呼んでいる。だが、この称号をはじめて公式に使用し、硬貨にも刻みこんだのはセルジューク朝のスルタンだったようだ。以来、これは、最高権威保持者の称号としてずっと使われつづけている。

十一世紀後半のセルジューク朝スルタンは、アナトリアを含む西アジアのカリフ国家のほぼ全域に広がる帝国を統合、支配していた。一〇九二年に第三代スルタンのマリク・シャーが死ぬと、その息子たちのあいだで跡目争いが起こり、セルジューク朝の征服によって中断されていた政治的分裂が、今度は同じセルジューク一族の別の分家や役人のあいだで再開した。なかでも、キルマーン〔イラン南部〕、イラク、シリア、アナトリアでは、ホラーサーンにいるスルタンとの同盟意識の希薄な小政権がそうした傾向を顕著に示した。

一〇九六年、十字軍が地中海東岸部（レヴァント）にやってきたのは〔第一回十字軍〕、こうした弱小化と紛争の真っ最中だった。それからの三十年は、ムスリム世界の分裂で侵入が容易だったため、十字軍はたちまちのうちにシリア沿岸部からパレスチナに進軍し、アンティオキア〔トルコのシリア国境沿いの都市）、エデッサ（トルコ中南部のウルファ）、トリポリ（レバノン北西部）、エルサレムを拠点に次々とローマ帝国配下の封建君侯国を樹立した。だが、十字軍がうまく進出できたこの最初の時期でさえ、掌中にできたのは地中海やヨーロッパに近い海岸沿いの平野か斜面に限られた。砂漠地帯やイラクなど東方の内陸部では反撃準備が進んでいた。シリアのアレッポやダマスカスを治めていたセルジューク朝の小君主たちはあまり成果を上げられなかったため、反撃運動はさらに東方からじりじりと実力を発揮しはじめた。

一一二七年、セルジューク朝に仕えるトルコ人の軍人ザンギーがモスル（イラク北部）を占領し、翌年から、じわじわとメソポタミア北部とシリアに強大なムスリム国家を樹立していった。彼の息子のヌール・アッディーンは一一五四年にダマスカスを奪取し、シリアにおける単独のムスリム政権を樹立して、はじめて強敵である十字軍への挑戦に出た。

どちらにとっても当面の問題は、ファーティマ朝カリフが崩壊寸前で揺れ動いているエジプトの支配だった。クルド族出身の軍人サラーフ・アッディーン（一一三八―九三。西欧では「サラディン」という名でよく知られている）がエジプトに派遣され、ファーティマ朝の宰相（ワジール）を務めるとともに、ヌール・アッディーンの利益代表の役目を果たした。一一七二年、サラディンはファーティマ朝のカリフ位を廃し、エジプトにアッバース朝カリフの名目上の優位性を復活させ、ヌール・アッディーンとはやや曖昧な同盟関係を結んでおいて自分が事実上の支配者になった。

一一七四年、ヌール・アッディーンが死ぬと、サラディンはまず手はじめにその相続人たちからムスリム・シリアを奪い、一一八七年に十字軍に対して聖戦(ジハード)に乗り出した。一一九三年に死ぬまでに、彼はエルサレムを再占領して、細長い沿岸部の土地を除くすべての土地から十字軍を追い出した。だが、これを境に、サラディンのシリア・エジプト帝国は後継者たちが分割統治する小国群に成りさがり、シリアの他の諸州とともに徐々に十字軍に明け渡してしまう。十三世紀にマムルークの支配下のシリア・エジプト国家が再建されて十字軍を最終的に駆逐するまで、十字軍国家は約百年にわたってだらだらとつづく。

アナトリアでは、トルコ人による占領は、大セルジューク朝の意図的行為というよりも、トルコ系種族の移住によって成し遂げられたように思われる。だが、この征服後、セルジューク朝の一族の一人スライマン・ブン・クタルムシュが、この新しい州を組織するために派遣され、十二世紀末までに彼の後継者たちがアナトリアに有力なトルコ人君主国を樹立し、コンヤ（古代のイコニウム）を首都にした。いろいろな形で十四世紀はじめまでつづくアナトリアのセルジューク族の支配下で、中部および東部アナトリアはしだいにトルコ人の土地になっていった。東側から大量のトルコ人移住者がこの国にやってきて、トルコ人のムスリム文明がギリシア人のキリスト教文明を席巻した。

他方、たえまない紛争と反目で弱体化していた東方のセルジューク諸国は、国外にも国内にも新たな敵が出現していた。北東部では、別の大草原遊牧民カラ・キタイがイスラームの国境付近に現われた。彼らは中国から移住してきたモンゴル系のこれまでにない残忍な敵だった。十二世紀の中頃、彼らはカラ・ハーン朝からトランスオキシアナ〔ブハラ、サマルカンドを含むオクサス川以北のオアシス定住地帯。アラビア語では川向こうを意味する「マーワラーン・ナフル」〕を奪い、オクサス川からエニセイ川と中国国境にいたる広大な帝国をつくりあげていた。セルジューク朝スルタン・サンジャルは、こうした異教徒侵入者に対して聖戦を布告したものの、一一四一年カトワン草原の戦いで敗北し、逃走した。ムスリム軍のこの惨敗の反響は、はるか離れたキリスト教国ヨーロッパにまで届き、たるんでいた十字軍の士気を鼓舞した。トルコ系遊牧民のあいだの反乱も、セルジューク朝の権力の衰退を加速した。

一一五七年にサンジャルが死ぬと、崩れかけていた王国はたくさんの小国に分裂し、その大半は元セルジューク朝に仕えた軍人たちに支配されるようになった。バグダードのカリフさえ、しばらくのあいだ自分の独立と宗教的権威を再主張し、スンナ派イスラームの古都につかのまのカリフ国を維持することができた。もっと東のアラル海の南のホラズム〔オクサス川下流域一帯を指す名称。古来東西文化の要衝〕のトルコ人総督は、大セルジューク朝の領土と権力を受け継いだかのような新しい帝国を樹立したが、短命だった。

トルコ人が移住してきて、トルコ人による政治的・軍事的優位性が強化されたこの時期はまた、政治、経済、社会生活、文化、宗教に大きな変化が見られた。

セルジューク朝は、行政管理面では、ペルシア人とペルシアにすっかり定着していた官僚機構に負うところが大きかった。この時期にめざましい活躍をした人物の一人に、偉大な宰相ニザーム・アルムルク（一〇一八―九二）がいる。彼はそれまでにあった徴税請負の慣行が本来もっている封建的な要素をいっそう拡充、組織化した。貨幣でなく土地を基盤にした前時代の悪弊が、新しい社会と行政組織を司るルールとされたのである。軍人には、分与地を授与し、その見返りに武装兵士を供給させた。こうした分与地を授与された者には、徴税手数料ばかりでなく、自分のふところに入る実収入もあった。国家は聖法で公認された土地税や人頭税のほかに、年貢や徴兵の割当てを増やして収入を維持せざるをえなかった。

そのような変動期には社会的にも大きな変化は避けられない。イランの貴族階級は新たなトルコ系軍人支配階級の出現で居場所を失い、貧窮した。地主たちは新しい不在封建領主の出現に大打撃を受けた。貨幣は通用しにくくなり、商人や職人は非常に困った。面目を一新して過激派に転向したシーア派のイスマーイール派が、反対運動の旗頭になった。ファーティマ朝カリフ・アル・ムスタンシルが一〇九四年に死ぬと、イスマーイール派は二つのグループに分裂した。一つは彼の若いほうの息子をカイロのカリフ座の後継者と認めたのに対し、もう一つは廃嫡され、アレクサンドリアで殺された長子と同盟を結んでいた一派である。ハサン・サッバーフ（?―一一二四）の率いるペルシアのイスマーイール派は、前者の新しいファーティマ朝カリフを拒否し、カイロとのつながりを断切した。同時に彼らは新たな信仰のありようを考え出し、セルジューク・スンナ派体制に対し、過激で果敢な抵抗運動を展開した。ハサン・サッバーフの改革イスマーイール派として知られるこの「新教説」の信奉者たちは、通常〈アサッシン派〉と呼ばれている。この名前はアラビア語の〈ハシーシュ〉〔「大麻を吸う者たち」の意。ハサンが若者たちに大麻を吸わせたうえで、刺客として送り出したという伝説がある〕からきたもので、彼らの奇行に由来するものであるらしい。近代のヨーロッパ諸語の「アサッシン」という言葉は、彼らの戦術的暗殺にちなんで「暗殺者」を意味するようになっている。

一〇九〇年、ハサン・サッバーフはペルシア北部のアラムート（「鷹の巣」の意）という険しい山城を掌中にした。こことシリアの似たような基地を根城に、それから約百年にわたって、この秘密結社の歴代団長は、献身的で狂信的な信奉者の団員に命じて、いわくありげな隠れイマームの名においてスンナ派イスラームの要人にテロルや〝暗殺（アサッシン）〟を行なわせた。団長が派遣するスパイたちは、大胆不敵にもムスリムの政治家や将軍らを次々と殺害した。ニザーム・アルムルクも彼らによって一〇九二年に殺害された。アサッシン派のテロルが最終的に駆逐されるのは、十三世紀にモンゴル人が進出してきてからで、その後はイスマーイール派も少数派異端として尻すぼみになっていった。

アサッシン派の活動は、スンナ派カリフ位とその支配者層を打倒しようとするシーア派による最後の深刻な挑戦だった。他方、大々的に復活したスンナ派は、ものの考え方や知識など、ムスリムの生活のあらゆる面に影響を与えていた。そのルーツは遠い昔にまでさかのぼることができる。宗教機関ははるか昔から国家とは別で、その教義、法律、教育、社会施設の分野で非常に用心深くその特権を保持してきた。その進歩発展も、独自の内部の者にしかわからない論理によって展開し、国家や政府の要求や圧力には間接的な影響しか受けなかった。それはそれで利点はあったが、足並みの不揃いという危険な欠点もあった。

最高権力をめぐる多岐にわたる闘争で軍事指揮官が勝利すると、国家と臣民とのつながりは軍隊と徴税だけになり、宗教と国家のあいだの緊張関係は悪化した。軍人階級が住民とは同じ民族の出身者でなくなり、両者のあいだに隔たりができると、その溝はいっそう深まった。最高の政治的権威が、正統派の基本的政治概念を否定するような特定宗派に握られるようになると、その傾向はいっそう強まった。政教分離がされていない社会で、支配者と支配される者とのあいだの道義的、人間的な最後の絆が除去されてしまうと、イスラーム教は深刻な危機に見舞われた。政府は軍人と特定宗派の人たちに委ねられ、行政はイスラーム以前の文化的、職業的気風が色濃い書記階級が司った。宗教の分野でさえ、異端宗派がスンナ派の教えに代わる魅力的な教えを広めて、とくに都市部では広い支持を獲得した。

スンナ派の復活は十一世紀はじめにホラーサーンで始まった。ここはスンナ派トルコ系のガズナ朝時代（九七七―一一八六）に、シーア派に支配されない唯一の重要なムスリム地帯だった。シーア派は、ガズナ朝のマフムード（在位九九九―一〇三〇）をなびかせようと一大決意をするが、不成功に終わった。マフムードは代わりにカッラームィ派を支持するようになる。彼らは、異端と非難されながらも、反シーア派のスンナ派復活の先鋒となった。セルジューク朝はガズナ朝からこの使命を引き継ぎ、スンナ派復活運動をバグダードやそれ以遠の西方にまで広めた。スンナ派によるバグダードの奪取を、シーア派ブワイフ朝からの解放とスンナ派は見ている。

スンナ派復活の目標は、意識されていたかどうかは別として、大まかに言えば三つある。その第一は、シーア派体制を打倒してカリフ位を保持すること。第二は、シーア派の思想的挑戦に対するスンナ派の回答を改めて定式化して広めること。第三は、これがもっともむずかしいところだが、宗教機関をイスラームの政治社会に吸収統合することだった。目標の第一はほぼ完全に遂行された。東方では、ブワイフ朝その他のシーア派王朝は打倒され、スンナ派イスラームの政治的一本化は取り戻された。一一七一年のファーティマ朝の鎮圧後は、中央アジアからアフリカにいたるイスラーム圏全土で、祈禱のさいにバグダードのスンナ派カリフの名が唱えられるようになった。討伐されずじまいだった過激なアサッシン派さえも、彼らの根城の山中の要塞に閉じこめられ、スンナ派体制打倒のもくろみは挫折した。これらを可能にしたトルコ人の軍事力、政治的団結力、信心深さはまた、イスラーム世界を強化して異教徒を滅ぼし、アナトリアを征服してイスラーム化し、西欧のキリスト教国の攻撃をはねつけた。

シーア派異端との闘いはめざましい成功を収めた。それは、スンナ派の政治的復活の一翼として、ホラーサーンで始まった。十一世紀はじめ、スンナ派の神学者と法律専門家たちが〈マドラサ〉と呼ばれる正統派のイスラーム学院を組織立ててつくりはじめた。これは、カイロその他でファーティマ朝が、布教のための伝道者養成用につくったイスマーイール派の宣教師養成学校を真似たものである。セルジューク朝の勝利後、ニザーム・アルムルクがバグダードにマドラサを設立し、やがて帝国全土の諸都市にこうした学院が出現した。マドラサ制度はサラディンとその後継者たちによってエジプトにも広められた。これらの学院で、スンナ派の教師たちは、最初はファーティマ朝エジプトの学院や布教活動、のちにはもっと過激な形でアサッシン派の隠れ布教者などがもたらす教義に、スンナ派としての回答を公式化して広めた。

スンナ派の勝利はほぼ確定的だった。後期ブワイフ朝とファーティマ朝の弱体化と失政により、どちらのシーア派も信用を落とした。教義学のレベルでは、スンナ派が最終的に権威のあるアシュアリー派とマートゥリーディー派を形成して、少数派に成りさがっていたシーア派の教義学者たちを駆逐した。庶民の信仰のレベルでは、シーア派の情緒に訴える部分がスーフィズム（イスラーム神秘主義）という形をとるようになった。これはスンナ派の一部を形成しながらも、正統派ムスリム国家と階層制がもつ血の通わない教義学に対して、大衆の直観的、神秘的宗教心を表明しようとするものだった。

時がたつにつれて、宗教的な機関が復活したばかりでなく、初期イスラーム国家内で保持していた地位を実際に大幅に改善させた。イスラーム学院(マドラサ)で養成された新たなスンナ派の官僚たちが、それ以前の時代の書記階級に取って代わり、自分たちが独自に認めた階層制と、極端に用心深く守ってきた特権をもった宗教界の人たちがはじめて社会的、政治的秩序の柱の一つとして確固とした権威ある地位を獲得した。宗教的権威と政治的権威、信仰と権力、法と便宜主義という古来からの二分法は保持され、実際の制度上は、カリフの統治とスルタンの統治を並行して行なうことにした。

トルコ人イスラーム教徒は、当初から、イスラームの信仰を守りつつ、権力の伸張を図ることに腐心しており、こうした闘士的な資質を失ったことはなかった。東部の異教徒との国境で誕生し、西方ではキリスト教徒と国境を接していた彼らは、イスラーム自体を東方の異教徒、西側のキリスト教徒、国内の異端という三重の攻撃から守らざるをえない時代にカリフ国の舵取りをすることになったのである。長くきびしい抗争が究極的には成功したことが、トルコ支配の時代のイスラーム社会と制度に大きな影響を与えないはずはなかった。セルジューク朝支配時代に、深く真摯な宗教心が政府や行政機構全体に影響を及ぼしはじめる。それは、スンナ派の権力と権威が増大し、優れた階層制が形成されていく過程でもっとも顕著に表われた。政府の役人にいたるまで、宗教教育と忠誠心がますます重視されるようになったのである。宗教機関はその教義を成文化し、結合力を高め、国民と国家の両方にその影響力を拡大した。宗教と政治的権力構造との統合は、オスマン帝国スルタンたちの統治下で当然の結果として起こることになる。

モンゴル族の襲来

そうしているあいだに、イスラームにとってこれまでになく破壊的な、外部からの新たな脅威が迫りつつあった。アジアのはるか北東の一角でモンゴルの童子テムジン〔漢名は鉄木真、一一六二―一二二七〕は、激しい戦いのあと、好戦的な遊牧民を統合して、チンギス・ハーン（成吉思汗）と改名してみずからモンゴル国の首長となった。一二〇六年春、チンギスはオノン川上流の全モンゴル族に呼びかけて大集合させた。そこで彼は、みんなの前で九本の馬の尾毛が付いた白い幟（のぼり）を掲げてみせ、彼らの族長（ハーン）として自分に忠誠を誓わせた。強力なモンゴル帝国はこうして始まった。

それから数年、残りのモンゴル人とイスラームに改宗以前のトルコ人、南シベリアの山地民族にいたるまで、みな彼に恐れをなしてしかたなしに屈服した。チンギス・ハーンは大草原の遊牧民も狙って、大々的な征服活動に乗り出そうとしていた。一二一八年までにはアジア北東部を制覇した彼は、西方に目を向けた。彼の麾下（きか）のジェベ将軍の指揮のもとに、モンゴル軍はカラ・キタイ国に侵入し、ヤクサルテス川にいたる全土を占領して、ムスリム・トルコ系のホラズム・シャー朝の近接地まで進出した。しかし年明けに、ヤクサルテス川沿いの国境の町オトラルで、モンゴルが送った隊商がホラズムの総督の命令によって略奪され、総勢約四百五十人（ほとんど全員がムスリム）の商人たちが斬り殺された。チンギス・ハーンの復讐は、迅速かつ徹底的だった。一二一九年、彼は軍隊を率いてヤクサルテス川を渡ってイスラームの土地に入り、一二二〇年にはブハラとサマルカンドの両都市を含むトランスオキシアナを掌中にした。その翌年、モンゴル軍は次の遠征に取りかかろうとしていた。彼らはオクサス川を難なく渡り、メルヴとニシャープール、イラン東部を制覇した。

十三世紀半ば、新たに西への遠征が計画、実行された。チンギスの孫にあたるモンゴルの貴公子フラグ（一二一八—一二六五）は、当時北京（ペキン）で采配を振るっていた大ハーンの命令を受けてオクサス川を渡り、エジプトまでのイスラーム全土の征服に着手した。この長髪のモンゴル人騎馬民族は、イランを荒々しく横切り、これまで山城にこもっていかなる襲撃にも陥落しなかったアサッシン派までも打ち破り、屈服させた。

一二五八年一月、モンゴル軍はついにバグダードに集結した。最後のカリフ・ムスターシムは、一時はむだな抵抗を試みたものの、講和か慈悲を嘆願したが聞き入れられなかった。市は襲われ、略奪され、火が放たれた（口絵7参照）。一二五八年二月二十日、この「信徒の長」は、敵に見つかった一族の大勢のメンバーとともに殺された。こうして約五百年つづいたスンナ派イスラームの名目上の首長であったアッバース朝の統治は終わった。

衰退しつつあったとはいえ、イスラームの法的センターであり、統合の象徴でもあったカリフ位という歴史に残る偉大な機関が崩壊したことは、政府や統治権という現世的な形態ばかりでなく、イスラーム文明において、イスラームの歴史における一つの時代が終わったことを意味した。大草原民族が大挙襲来したことによって起こった変化が、これまでの数百年間とは違う新しい流れをつくりだした。だが、さしあたり、カリフ位の崩壊による精神的影響は、時折、問題にされたほどには大きくなかったようだ。カリフ位はもうずいぶん前から役に立つ機関としての存在ではなくなっていた。モンゴル人はすでに死んでいる者の亡霊を追い払ったにすぎない。実際の政治的、軍事的権力の行使機関にとって、カリフ位の消滅はほとんど何の変化も及ぼさなかった。イスラーム国家はどこでも、スルタン位が法律専門家からも宗教機関からも認められており、スルタンは以前はカリフのものだった宗教的称号と大権の両方を自分のものにしはじめていた。

モンゴル人による征服の影響、とりわけ彼らが及ぼした被害の範囲と大きさもまた、誇張されている。一時期、モンゴル人による破壊は、古いイスラーム文明を衰退させ、その後の中東における経済、社会、文化、政治的欠点のすべてがそのせいにされた。この説は、過去をより詳しく研究した近代の歴史家の大半が否定するか、もしくは大幅に修正している。今日の戦争の直接体験や荒廃とくらべれば、万事が素朴だった時代の被害の評価はどうしても甘くなる。今では、モンゴル人の征服による破壊的な影響は、かつて考えられていたほど大きくもなければ、長期にわたるものでもなく、範囲さえもそれほど広くなかったことが認められている。

モンゴル人の当初の襲撃は、現代の標準で言えば確かにたいしたことはないが、強烈であったことは間違いなく、それらの地域は荒れ果て、人が住まなくなり、廃墟になった。だが、その頃にはアラビア文化の大きなセンターになっていたエジプトは、一度もモンゴル人に征服されたことはなく、間接的な影響を受けたにすぎない。シリアは攻めこまれただけで、一二六〇年にアイン・ジャールートの戦い(後出)でエジプトのマムルーク軍がモンゴル軍に壊滅的打撃を与えたあと、エジプトのスルタン位のもとに併合され、モンゴルの攻撃から守られるようになった。アナトリアは、イランに現われたモンゴル人のせいで、長いあいだ影が薄くなり、いろいろな点で変更を余儀なくされはしたが、イスラーム帝国のなかでは最後で、しかもいちばん大きな帝国を育みつづけることができた。イランは実際にひどい打撃を受けたが、ここでさえも決して国じゅうが影響を受けたわけではなかった。南部では、地元の小王朝が自発的にモンゴルに降伏し、彼らの諸都市は侵略者たちの略奪を受けず、繁栄しつづけた。ファールス(イラン中南部、昔のペルシス)は、再びペルシア民族の生活の中心地になり、古代のペルセポリスから五十キロあまりの都市シーラーズは、モンゴル時代以後、ペルシア文化が豊かに花開いた。当時の傑出した人たちのなかには、詩人のサアディー（一一八四―一二九一）やハーフェズ（一三二〇―八九）、天文学者クトゥブ・アッディーン、建築家で、イランの建造物の最高傑作と言う人が多いマシュハド〔ホラーサーン州の州都〕のゴウハルシャード・モスクの建設者ガワーム・アッディーンなどがいる。

実際に壊滅状態だったイランのこれらの場所の復興は早かった。征服当初の衝撃が緩和されると、モンゴル人の族長（ハーン）たちはイランに政治的には比較的安定した一時期を与え、都市生活、産業、交易の再興を奨励し、彼らが役に立つと考えた学問や、一二九五年にイスラームに改宗してからはイスラーム文学や知識の習得も促進した。十四世紀には、ムスリムに改宗した族長たちが、イスラーム信者のためのすばらしい建造物を建てるようにもなった。ある意味ではモンゴル人による征服は、停滞していた中東文明に、事実上、新生活を吹きこむ役目をした。アラブ人征服者たちがはじめて地中海東部とイランの文明を一つの国家に統合し、社会的、文化的接触による実り多い新時代の端緒をつくったのと同様に、今度はモンゴル人がはじめて中東と極東の文明を一つの王朝のもとに統合し、通商と文化の両方にただちに役立たせた。同時に彼らはヨーロッパとの新たな、しかも有益な接触に門戸を開き、多くのヨーロッパ人がこれを利用して中東の非ムスリムの支配者たちが提供してくれた機会に乗じ、中国への陸路の探検を行なった。

異なった文明の接触が生んだ成果の好例は、ペルシアの歴史家ラシード・アッディーン

（一二四七―一三一八）による『集史（ジャーミー・アッタワーリーフ）』である。ラシード・アッディーンはユダヤ人だがイスラームに改宗した学者肌の元典医で、のちに宰相（ワジール）になり、ガーザーン・ハーンやウルジャーイトゥー・ハーンの委託を受けてこの世界史を編纂した。彼が集めた協力者チームのなかには、数名のペルシア人学者のほかに二人の中国人学者、カシミールから来た仏教徒の隠者、モンゴル人の部族伝統の専門家、西方からはフランク族の修道士がいて、それらの人たちの助けを借りて、彼はイギリスから中国にまで及ぶ幅広い世界史を執筆した。自分たち自身の文明を超えた広い世界の歴史を書くことを意図したラシード・アッディーンと彼の支援者たちは、偶然にもヨーロッパの五百年先をいっていたわけだ。

モンゴル人の侵入によって永久的な被害を受けた地域もある。バグダードとイラクはイスラーム世界の中心的地位を二度と回復することはできなかった。侵入による直接の影響は、内政が崩壊し、その結果、国の繁栄と国民の日々の暮らしの拠り所でもあった精巧な灌漑（かんがい）事業が頓挫してしまったことである。イランでは、ひとたび新体制が支配権を樹立すると、秩序と繁栄が回復されたのに対し、イラクでは荒れ果てたままだった。イランのモンゴル人支配者たちは、アゼルバイジャンのタブリーズに首都を設立して住み着き、ここを大きく豊かな都市に成長させた。すると、イラクは辺境の地になってしまい、モンゴル人がつくった抜け道を通って侵入してきたベドウィンが、モンゴル人のように去ってはいかず、そこにとどまって土地を荒らした。以後、ティグリス・ユーフラテス川流域地帯は、西側の地中海沿岸諸国からは砂漠と剣という国境線で遮られ、東側ではこのペルシアの中心地にお株を奪われて零落し、もはや東西通商路の要衝の役目をなさなくなってしまった。通商路は北はアナトリア、東はイラン、西と南はエジプトと紅海へと替わり、イラクとカリフ座のあったかつての都バグダードは落ちぶれて、その後、数百年もそのまま顧みられなくなる。

カリフ位の崩壊につづく時代に、中東は二つの大きな文化ゾーンにはっきり分かれた。北部のペルシア文明ゾーンではそのセンターをイランの高原地帯に置き、西はアナトリアからオスマン・トルコ人が征服したヨーロッパの地域にまで及び、東は中央アジアと新しいインド・ムスリム帝国に広がっていた。これらの国々では、アラビア語が宗教とそれに関連する学問、法律、伝承、神学の用語として残ってはいたが、アラビア文学はあまり知られていない。文学と美術の世界では「イラン人の幕間劇時代」に始まったムスリム・イランの伝統が支配的で、これがトルコ系諸王朝時代に受け継がれ、モンゴル人とその後継者のもとで新しいルネッサンス期を迎えた。イラン自体では、ペルシア語が日常会話にも文化的言語としても使われていた。イランの東と西にあたる中央アジアやアナトリアでは、ペルシアの古典に深い影響を受けて花開いた新しいいくつかの言語や文学が、トルコ系種族のあいだに出現した。

イランの南側には、顧みられなくなったイラクの地方をはじめ、古くからのアラビア語圏文明センターがいくつかあり、新しいエジプトのセンターはアフリカ大陸の西と南に拡大しつつあった。これらの土地では、美術、とくに建築にはペルシアの影響が少し見られるが、ペルシア語や文学はほとんど知られておらず、文字文化はアラビア古典文学の域を出なかった。

政治的には、トルコ人とモンゴル人がどこでも采配を振るっていた。トルコ系あるいはモンゴル系の王朝は、地中海から中央アジア、インドまでのすべての国を支配しており、シリア・エジプト帝国でさえ、長いあいだ主として黒海の北のキプチャク・ハーン国から輸入されたトルコ系軍事奴隷（マムルーク）出身の支配階級によって維持され、守られていた。のちにはそれが、カフカス山脈の南のチェルケス人などによって補充されたり、ときには取って代わられたりした。

この二つのゾーンの文化的多様化と政治的抗争の時代に、両者を統合する大きなファクターは宗教だった。とりわけ新たに登場したスーフィー〔羊毛の粗衣「スーフ」をまとい、禁欲と清貧のうちに修行によって神への愛を深め、神との一体感を得ようとするイスラーム神秘主義者〕は、セルジューク朝時代の思想家アル・ガザーリー（一〇五八―一一一一）が見出した神秘主義と正統スンナ派の信仰との優れた折衷説以来、広まっていった。十一世紀のスンナ派の復活はイスラームの再興と再統合へと進みつつあったが、その任務はまだ完了しておらず、地方人や遊牧民は取り残されたままだった。とりわけ後者は、内政が崩壊してあらゆる民族が移動しはじめた時期には重要な存在だった。とくにトルコ系種族はスーフィーに深く影響された。彼らの大部分は、トルコ系の放浪修道士や神秘主義者の影響ではじめてイスラームに改宗し、その信仰も各派のむずかしい教義とはほとんど関係がなかった。アル・ガザーリーの折衷説は、神秘主義と神学の解釈に一つの方向付けをした。異教徒の征服と支配にショックを受けた神学者と庶民は、たがいに手を取りあい、その後、スーフィーと教義学者は、信仰や信念にかなり違いがあり、争うこともまれではなかったが、同じ正統スンナ派の宗教を信奉した。

十三世紀以降、庶民の信仰生活の顕著な形として表われたのがスーフィーの教団だった。スーフィズムはイスラーム統合の要（かなめ）となり、宗教的な意向と忠誠を示す場になった。やがてそれは知的文化の源泉にもなり、ときには政治勢力の源（みなもと）にさえなった。近代初期に中東イスラーム圏の制覇をめぐって争ったトルコとイランの二つのライバル王朝は、その出自において、双方ともスーフィーの思想と組織に大きな影響を受けていた。

第六章　モンゴル人襲来の余波

イランのティムール朝

モンゴル人による征服でカリフ国が崩壊してから数百年のあいだに、中東のムスリム世界にはイラン、トルコ、エジプトの三つの大きな権力センターが出現した。イランの一大勢力は、最初は異教徒だったがのちにイスラームに改宗したモンゴル人族長(ハーン)たちとその子孫で、モンゴル人の独自性を維持し、モンゴルの伝統の基本的な要素を大切にしていた。ムスリム・トルコ語族の君侯に支配されていたトルコは、しばらくのあいだモンゴル人に牛耳られ、モンゴル・イラン文化の影響を深く受けた。おもにトルコ系マムルークのスルタンに支配されていたエジプトは、モンゴル人の進出を巧みに抑えはしたが、この現世の主君の影響をいろいろな面でしかたなく受け入れた。中東の辺境に近いロシアと中央アジアにはほかに二つのモンゴルの族長国家があり、モンゴル世界の政治にそれなりの役割を果たしており、とくに彼らがイスラームに改宗してからは、中東の政治にも少なからぬ影響を与えた。

権力の大きな中心地は最初イランだった。チンギス・ハーンの孫フラグは、バグダードを征服後、北西のアゼルバイジャンのタブリーズに撤退し、それから八年あまり、そこからイランと周辺諸国を支配した。イランのモンゴル人族長たちは、モンゴル王国の大ハーンの優位性を認め、その配下である徴として、〈イル・ハーン〉（地域支配者）と呼ばれていた。イラン全土は、このイル・ハーンたちによって、何事もなく平和に統治されていた。彼らはイスラームに改宗する以前から、あらゆる宗教の信者を同じように寛大に扱い、均等な機会を与えた。イル・ハーン朝（一二五八―一三五三）のおもな対外活動は西への進出だった。彼らは、アナトリアでは一定区域の占領とセルジューク朝スルタンたちに臣従を強制し、アナトリアの諸侯に家臣として忠誠を誓わせることで満足した。マムルーク・スルタン国との闘争はもっと命がけだった。

一二五九年、フラグはタブリーズから新たな遠征に出発した。彼はアルメニアとメソポタミア北部に進軍してシリアで南へ向かい、アレッポとダマスカスを奪取した。だが、一二六〇年九月、モンゴル軍の襲撃部隊はパレスチナのアイン・ジャールート（ゴリアテの泉）と呼ばれるところで、バイバルス（一二二八―七七）というキプチャク・トルコ人の指揮するエジプトから派遣されたマムルーク軍に迎撃され、大敗した。エジプト軍はたちまちシリア全土を再占領した。以後、モンゴル軍は何度もシリア侵攻を企てるが、いつもマムルーク軍に追い払われた。

この時期に、モンゴル軍とキリスト教徒ヨーロッパのあいだに、尻切れトンボではあったがなかなか興味深い外交交渉が何度か行なわれている。その目的は、共通の敵イスラームに対し二つの戦線で戦争を企てることだった。だが、これは実を結ばず、やがてエジプトのスルタンになったバイバルスは、ロシアのモンゴル人後継国のベルケ・ハーンと独自の同盟を結んで、この計画を無効にした。無宗教だったベルケはイスラームに帰依（きえ）し、のちに金帳汗国（キプチャク・ハーン）（ハーン国の幕営が金の錦紗で飾られていたことがこの名の始まり）と呼ばれるようになった彼の王国は、主として（キプチャク）トルコ系住民の住むムスリム国家になっていった。

イランとエジプトのあいだの抗争は、ガザン・ハーン（在位一二九五―一三〇四、イル・ハーン朝第七代君主）がイスラームに改宗したあとも、数十年間つづいた。最終的な講和が結ばれたのは一三二三年である。イル・ハーン朝の第九代君主アブー・サイードが一三三六年に没すると、前任者たちのときと同じようにイランは再び、地方諸王朝に支配される小国群に分裂した。それらはどれも短命だった。

ヨーロッパではタメルランとして知られているティムール・レンク（「足の不自由なティムール」の意）は、中央アジアのモンゴル領地の支配者だったが、一三八〇年にはすでにトランスオクサニアとホラズムを支配下に置き、イランに侵入し、つづく七年間に全土を征服した。彼はキプチャク・ハーンを二度敗北させ、インドに攻めこんだ。さらに彼は地方小王朝が支配していたイラクを併合し、マムルーク朝スルタンに臣従を強いた。一三九四年と一四〇〇年に、彼はアナトリアに攻め入り、一四〇二年にはアンカラの戦いでオスマン軍を壊滅的に敗北させ、オスマン朝スルタン・バヤズィトを捕虜にした。ティムールは中国征服のため行軍中の一四〇五年に死亡した。

ティムール・レンクは、トルコ化、イスラーム化したモンゴル人の子孫として生まれた。つつましい家庭の出身だが、チンギス・ハーンの一族の娘と結婚し、それが大自慢でサマルカンドにある自分の墓にもその姻戚関係を彫りこませている〔口絵8参照〕。彼の率いる軍隊はモンゴル人とトルコ人が混ざっていたが、後者が人数的には多かったにもかかわらず、指揮権はモンゴル人が握っていた。それまでのモンゴル人支配者たちとは違って、ティムールは自分が敬虔（けいけん）なムスリムであると主張し、イスラーム信仰にゆかりの場所や人物には注意深く敬意を表したと言われる。だが、彼の征服は、どちらかと言えばフラグよりも破壊的で、アルタイ語族の侵入が巻き起こした最後の大動乱と言われている。

彼の死後、十世紀に始まり中東を変貌させた大草原民族の大移動は終わりを告げたように思われる。草原民族の侵入はつづいたけれども、もっと大事なことは、遊牧民が中東の都市生活や文明のなかにすでに十分入りこんでしまっていたのである。

ティムールは偉大な征服者だったが、帝国の建設者ではなかった。彼の死後、広大な配下の諸勢力は分立した。アナトリアとシリアではオスマン朝とマムルーク朝が再び触手を伸ばしはじめた。イラン西部、メソポタミア、アナトリア東部では、トルコ系のカラ・コユンル（黒羊朝、一三五一—一四六九）とアク・コユンル（白羊朝、一三六九—一五〇八）が支配権を確立した。ティムール朝が支配権を確保できたのは、イラン東部とトランスオキシアナだけだった。彼らの首都、ブハラ、サマルカンド、とりわけヘラートは、きらびやかな文明のセンターだった。ティムール朝時代（一三七〇—一五〇七）は、美術、建築、学問、ペルシア語および東部トルコ系言語の文学の一大開花期だった。当時の文学はいわば古典文学として、コンスタンティノープルから極東やインドのトルコ系人種すべての文化の発展に末長く大きな影響を与えた。

エジプトのマムルーク朝

アラビア語圏諸国では、権力の中心はついにイラクからエジプトに移った。イラクは政治組織の解体とともに弱体化し、次の時代には侵入者や商人もやってくることになる地中海からも遠かったために、十字軍の時代にムスリム権力の基地としての可能性を失った。その代役を果たしたのが、もう一つの通商路にあたるエジプトだった。一つの川を灌漑して活用する流域地帯では、当然のことながら単一の中央集権化された政府を必要とする。エジプトはさしあたり、十字軍を近東から駆逐する再征服戦争の基地として役立った。エジプトはまた、イル・ハーン軍を撃退するマムルーク軍の後方支援や、アラブ世界にモンゴル軍の侵入を防ぐことにも貢献した。

十三世紀半ばまでに、サラディンの創立したアイユーブ朝は臣下の統率力を失い、事実上の権力はトルコ系マムルーク軍に握られていた。エジプトのアイユーブ朝スルタン国の最終的な危機は一二五〇年に訪れた。その少し前、フランスの聖王ルイ九世（在位一二二六―七〇）の率いる十字軍に攻めこまれて、自軍が奮闘中にスルタン・サーリフが病死した。この危機にさいし、ムスリム国家と軍隊の安定を図ったのは、死んだスルタンの気丈な妻妾シャジャル・アッドゥッル（「真珠の樹」の意）だった。彼女は夫の死を隠し、スルタンの長子トゥーラーン・シャー〔彼女にとっては義子〕がメソポタミアから戻ってくるまで、夫の名において命令を出しつづけた。トゥーラーン・シャーはまもなく、十字軍を包囲し、敗北させ、大勢を捕虜にした。ルイ王と数人の従者は捕虜にはなったが、多額の身代金を払って命拾いした。この戦いで大活躍したバイバルスの率いるトルコ系マムルーク軍が、やがてトゥーラーン・シャーに反旗を翻し、彼を殺した。だが、外面上はアイユーブ朝の正統性を維持するため、彼らはシャジャル・アッドゥッルをスルタンに推戴した。

アイユーブ家のシリアにいる君主たちは、エジプトの自分たちの王朝が表向きをつくろってトルコ系マムルーク軍に乗っ取られることを座視できなかった。彼らは徒党を組んで、この新女性〝スルタン〟の排除を要求して立ちあがった。この問題には直接関係のなかったバグダードのカリフまで、以前自分のところのハレムにいた女性をエジプトのスルタンに贈り物として与えたと言われるこの女性のスルタン位就任に反対した。カリフはシリアのアイユーブ家の君主たちを支持し、エジプトの子飼いのマムルーク軍のなかからスルタンを選ぶように命じた。エジプトの年代記によれば、「もしそなたたちのところに任命すべき男子がいないなら、言ってこられるがよい。そうすれば男子を一人送って進ぜよう」という手紙を送ったとされている。

一二六〇年、アイユーブ朝最後のスルタンの死につづく混乱期のあと、モンゴル軍に勝利して心機一転したマムルークの将軍バイバルスは、みずからスルタンに就任した。サラディンと同様、彼もムスリム・エジプトとシリアを併合して一つの国とし、今回はそれをもっと長続きさせた。彼は東西の外敵を滅ぼし、新しい社会秩序の樹立に精を出した。サラディンが、バグダードのアッバース朝カリフの宗主権を正式に認めることによってエジプトにスンナ派を復活させたのに対し、バイバルスは、バグダードのモンゴル軍征服者のもとから逃げてきたアッバース朝の血筋の者という人物を受け入れ、彼を名目だけのカリフに据えることによって、カイロにカリフ座をもってきた。この名目だけのカリフ位は言われたことをするだけの存在にすぎなかった。いわゆるカイロのカリフはまったく無力で、何の権力もなく、実際には、新しいスルタンの即位の儀式を司るだけの宮廷の小役人同然だった。このカリフ位は、一五一七年にオスマン・トルコがエジプトを征服したときに終わり、以後、いつのまにか忘れられた。

バイバルスとその後継者たちが採用したマムルーク朝の社会制度は封建制に近いもので、

アイユーブ朝がシリアやエジプトに適用していたセルジューク朝体制を踏襲したものである。それはまた、モンゴルの制度にも、エジプトで一旗揚げようと東方から移住してきたモンゴル人にも大きく影響されていた。このイスラーム教徒の抵抗の砦(とりで)であるエジプトにおいてさえも、モンゴルの名声は高く、しばらくのあいだ、マムルーク朝はモンゴルの武器や戦術、服装や風習まで真似た。

マムルークの軍人は、終身あるいは一定期間、分与地を授与された。通常、軍人はその分与地には住まず、カイロかあるいは分与地がある地方の大きな町で生活した。領主の関心は土地を所有することではなく、そこから上がる歳入だった。それゆえ、この制度から西欧の封建時代のような城とか荘園とか、地元の有力者は生まれなかった。主君から臣下に土地が再封与されることはなく、エジプトでは封土としての土地の分割さえ、永久的に授与されたものではなく、一定期間後、指定分与地を返還するという条件付きだった。

マムルークという存在自体が、奴隷として買われたあと、エジプトで訓練や教育を受けた人たちだった。最初、彼らは黒海北岸から来たキプチャク・トルコ人だったが、のちにはモンゴル軍の脱走兵や他の人種も混じるようになった。なかではチェルケス人がいちばん多く、ギリシア人、クルド人、まれにはヨーロッパ人もいた。だが、有力者層の使用言語はトルコ語かチェルケス語で、一部のスルタンを含む大半の人たちがほとんどアラビア語を話せなかった。

バイバルスとその後継者たちが樹立したマムルーク朝は、かなり複雑な民政と軍政の二重行政制度を基盤にしており、そのどちらも、マムルークの軍人が民間人の職員を使って管理していた。一三八三年までは、マムルーク朝のスルタンはだいたいにおいて世襲制をとってきた。それ以後は、最強の軍事司令官が王座に就くようになる。スルタンが死ぬと、実際の後継者が決まるまでの空位期間は、その息子が名目上の首長として跡を継いでいた。ヨーロッパとの交易、とくにヨーロッパと近東を経由して、さらに東の国々との交易はエジプトにとって非常に重要だった。交易そのものの収入と税関の歳入の両方があったからである。マムルーク朝が権勢を振るっていた時代は、こうした交易が保護、奨励され、エジプトになかなかの繁栄をもたらした。だがそれも、モンゴルの襲撃をバイバルスが撃退してくれていたからだった。

一四〇〇―〇一年にかけて、ティムールの率いるトルコ系モンゴル軍がシリアを襲い、ダマスカスを略奪した。モンゴル軍が去ったあとには、野放しにされたベドウィンが大挙してやってきて伝染病、略奪などでとどめを刺した。マムルーク・スルタンはこれによって受けた経済的・軍事的打撃から完全に立ちなおることができなかった。

十五世紀になると、経済・財政の困窮打開のために、中継貿易から最大限の収入を搾(しぼ)り取ることを目的にした新たな政策が導入された。それは、おもだった地元の産物と中継輸送の独占だった。その結果、価格は上昇し、それがヨーロッパ側の怒りをかき立て、やがてエジプトの経済生活に多大な影響を与えることになる。

トルコのオスマン朝

コンヤ(アナトリア南部の都市)のセルジューク・スルタン(もしくはルーム・セルジューク朝スルタン)の支配下で、中部および東部アナトリアはしだいに近東と中東のイスラーム文明が統合された形のイスラーム国家へとつくりかえられていった。この国を征服し、植民地化してきた辺境の開拓民や部族の政治的自立は、中央集権化されたセルジューク朝の成長によって抑制され、彼らの信仰は、組織化された神学者たちの監視と支配下に入れられた。ムスリムの官僚や知識階級、法律専門家や神学者、商人や職人が新たに植民地化された領土内に移住してきて、古典的なイスラームの昔ながらの高度で都会的な文明をもたらし、伝統を踏襲したイスラームの生活様式や政治組織を押しつけた。

モンゴルの侵入による衝撃は、セルジューク朝を修復不可能なほど破壊した。しだいに勢いが衰えながらも、長々と居座りつづけたモンゴル勢が、ようやく姿を消したのは十四世紀はじめになってからである。中心となる国家当局の崩壊と、モンゴル軍を逃れてアナトリアにどっと押し寄せた新たなトルコ系遊牧民族の移住で、国境地帯では戦争が再開した。宗教的にはイスラーム神秘主義に属する修道者であるデルウィーシュたち、軍事・政治面では国境地帯へ進軍する戦士たちが、十三世紀末から十四世紀にかけてアナトリア西部の主流派だった。ビザンツ帝国への新たな西征で、アナトリア西部全域がトルコ系ムスリムの支配下に入れられた。

この新たな西征に参加した君侯国の一つが、やがて広大で強力な帝国に成長する。この王朝の名祖であるオスマンは、伝承によれば十四世紀のはじめに世に出たと言われる。オスマン一族が統治した王朝と帝国をオスマン帝国（一二九九―一九二二）と呼ぶのは、彼の業績を記念したものだ。その場所が西の端のコンスタンティノープル防衛の最先端であるビザンツ帝国ビシニア（黒海、ボスポラス海峡、マルマラ海に接するアナトリア北西部）と境を接していたことが、この君侯国により大きな任務と、より大きな機会、ほかからの支援を得るのに役立った。

オスマンとその後継者は、ビザンツ帝国とたえまない境界争いに出陣した。一三二六年、彼らはブルサを奪取して、急速に発展しつつある王朝の首都にした。一三五四年には、オスマン軍はダーダネルス海峡をヨーロッパ側に渡って、数年のうちにガリポリ半島とアドリアノープル（現在のエディルネ）を征服、以後約百年にわたって、彼らのヨーロッパへの主要基地とした。セルビア人やブルガリア人との一連の戦いのうち、とりわけ大きなマリッァ川の戦い（一三七一年）とコソヴォの戦い（一三八九年）の勝利で、バルカン半島の大部分がオスマン・トルコの支配下に入れられ、残りの大半の君侯国も臣従させた。これを皮切りに、さらにマケドニア、ブルガリア、セルビアにたちまち勝利した。ヨーロッパでのこれらの征服戦争の合間に、アナトリアでは二回、平和的手段によって領土拡張が行なわれ、オスマン朝勢力の根拠地を強化した。

オスマン朝のヨーロッパ進出は軍事面だけではなかった。彼らが足場を築くやいなや、商売敵のヴェネチア人と闘っていたジェノヴァ人が、財政援助と引きかえに軍事援助を求めて接近してきた。同時代のビザンツ帝国の歴史家カンタクゼノス〔ビザンツ帝国の幼少の王位継承者ヨハネス五世の後見役を務め、オスマン朝との同盟関係をうまく取り結んで、のちに皇帝となる〕はこう書いている。「ジェノヴァ人は……多額の金を出すと約束した。このよき行為を元老院とジェノヴァ人は永久に心に銘記するべきである」一三五二年にオスマン朝とジェノヴァとの最初の通商協定が結ばれた。ここにヨーロッパと中東の歴史の基本テーマの一つを改めて見る思いがする。

オスマン朝の第四代統治者バヤズィト一世（在位一三八九―一四〇二）〔口絵9参照〕は、ヨーロッパとアジアの両方にかなりの領土を継承した。彼は遠大な野心の持ち主で、自分の領土を新たな特色あるものにしようとした。彼は東方に目を向け、トルコ系君侯国を次々と征服してアナトリア全土を掌中にした。オスマン朝の支配者たちは、王朝のほぼ最初の頃から、一般的な意味での「スルタン」という称号を使っていた。バヤズィトはこれに箔をつけるために、カイロの「カリフ」に「ルームのスルタン」〔ルームは、アナトリア西部の「ローマ人の地」の意〕という称号の認可を申請した。このアナトリアのセルジューク朝スルタンの古い称号の復活は、アナトリアに古くからあるイスラーム君侯国、ひいては中東のイスラーム帝国を正統に引き継ぐ者であることを公示したことになる。

一三九六年、バルカン半島の解放のために西ヨーロッパが派遣した十字軍に、ブルガリア最北部にあるドナウ河畔のニコポリス（現在のニコポル）で大勝し、バヤズィトはいっそう野心をかき立てられた。だが、彼の前に、もっと強い征服者が現われた。いや、挑戦者の出現を煽ったと言ったほうがいいかもしれない。一四〇二年、アンカラの決戦で強敵ティムールに敗北して捕虜になったバヤズィトは、捕囚中に自殺した。オスマン・トルコの領土は彼が引き継いだ頃より減ってしまい、さらに彼の息子たちによる跡目争いの内乱で国土は荒廃した。危険な蜂起の背景には社会的な出自の問題もあり、イスラーム神秘主義のデルウィーシュ教団が焚きつけたとも言われている。一四一三年にメフメト一世がようやく王位継承戦を勝ち抜くが、それからさらに数年は、彼とその継承者はあちこちで起こる反乱の対処に追われた。

メフメト一世の治世の大きな関心事はオスマン朝の復活と安定だったが、息子のムラト二世（在位一四二一―四四、一四四六―五一）〔口絵9参照〕の統治時代に大きな、非常に重要ないくつかの変化が起こった。領土拡張が再開され、ギリシア、セルビア、ハンガリー、十字軍を向こうに回して、度重なる大勝利を上げたのである。アナトリアでもまた、バヤズィトがかつて獲得した領土を取り戻した。

その後、平和と安定の一時期があり、そのあいだに、オスマン朝のスルタンたちは名実ともにイスラーム的な宮廷を維持し、詩人や作家、ムスリム神学者などのパトロンになった。とりわけ興味深いのは、この時期の文学に、トルコ人の民族意識が表われたことである。ムラトはそれを奨励し、自分も作詩までした。彼の統治時代にオグズ族〔トルコ族に属する〕の歴史や伝説が研究され、歴史的伝承としてまとめられた。物語はまず、オスマン朝宮廷とトルコ族の伝承や伝説との関連から始まり、その起源をオグズ・ハーンにまでさかのぼる。

　宮廷や王朝に対するこうした新しい考え方を支えていたのは、新たに台頭して国の中核を成すようになった信頼できる将軍や顧問官たちだった。彼らはムスリム王朝国家の根本方針を深く自覚し、これに一身を捧げるほどにオスマン朝に忠実だった。

　将軍や顧問官らは、十四世紀の終わり頃から始まって、一四三〇年頃には定期的に行なわれるようになった〈デウシルメ〉〔「集めること」の意〕によって、計り知れないほど強化された。デウシルメとは、キリスト教徒の子弟を徴集して、オスマン朝の軍隊や官僚の任務に就かせる制度である。この制度については、十六世紀のオスマン朝の歴史家サデッディーン（ホジャ・エフェンディ）が非常にうまく説明しているので、十七世紀のイギリスの学者ウイリアム・シーマンの訳でここに引用する。

　このもっとも名高い国王は……閣僚たちと協議のすえ、以下のようなことが行なわれることとなった。すなわち、近い将来、異教徒の子弟から、軍務に適した勇壮で勤勉な若者を選び、イスラームの信仰によって臣従させる。これは彼らを豊かで、信心深くさせる方法であると同時に、異教徒の拠り所を突き崩す手段にもなりうる。これを実行するために、国王の代理人数名が実務に当たり、命令書をもって数カ国に出向き、異教徒の子弟約千人を徴集し、傭兵と同様の規律と訓練に従わせる……これによって彼らを信心深い人間に転向させ、みな同じ一つの信仰のもとに勤務をつづけさせる。そうすれば、イスラームによる啓蒙の光が彼らの心に射しこみ、似非信仰の汚染からその心を浄化してくれるであろう。彼らの欲望は価値あるものにのみ注がれ、彼らの期待は昇進の度合いにかけられる、すると彼らは忠実に義務と奉仕を果たすようになるであろう。賃金は最初、一日につき一アスパー（銀貨）、能力や功績によって増加することとする。彼らは通常〈イェニチェリ〉（「新兵」の意）と呼ばれる。これらの勇壮な兵士たちは遠征時にも実戦においても非常に有能であったため、もっとも名高い王たちは、彼らの助けによって大いに名を上げたのである。同様に兵士たちも、こうした価値ある奉仕によってきわだった昇進をした。ほかにも、（身も心も打ちこんで）そのようにありたいともくろむ者たちや、自分の子弟をこの軍団に入れてほしいと嘆願する者もいた。それゆえ、この方法によって、短期間のうちに数千人の異端者がイスラームへの改宗によって栄誉を得た。

この方法によって、キリスト教徒の活力と軍人精神の双方が、オスマン朝への奉仕に活用された。さらに、それまでは国境によって異なった伝統に支配されていた軍隊内や、正統派イスラームの規範に沿って生成されたのち、セルジューク朝とその後の時代の政治的、宗教的情勢の変化によって修正されてきた国家内に、和気藹々（あいあい）とした協力関係を保つという緊急課題の解決策にもなった。

オスマン朝では、イスラームの宗教組織の発達が成熟期に達し、スンナ派政治体制と最終的に一体化した。これによってイスラームは、実在する一つの組織体となったのである。それは、聖法で最高位と認められた宗教権威者を頭（かしら）に、司法管区とその機能を定め、宗教を専門的に勉強した学者から成る位階制組織で構成されていた。オスマン・トルコ人は、高度の物質文明をもったムスリム国家において、地上における有効な法としてのイスラーム聖法を確立することを、実際に真剣に試みた唯一の民族だったであろう。彼らはその学者や法官に、これまでにはなかったような地位と権威と権力を与えた。

一四五一年、ムラト二世の跡を継いで息子のメフメト二世（在位一四四五―四六、一四五一―八一）が即位した〔口絵11参照〕。この新しいスルタンが引き継いだ帝国は、まだ二つに分かれていた。アナトリアはその頃までに、中東のイスラーム文明によって吸収、再構成された古いイスラーム地域だった。ルーメリア（ヨーロッパ地区）は新たに征服された地域で、未だに国境線の伸張はつづいており、開拓者精神の理想や習慣、デルウィーシュの神から与えられた神秘主義的な信仰が支配的だった。ブルサとアドリアノープルをそれぞれ首都とするこの新旧の地域を一つの新しい輪にする必要があった。一四五三年五月二十九日、新スルタンの即位後二年目、コンスタンティノープル包囲後七週間目に、イェニチェリはこの城壁の最終攻撃に取りかかった（口絵10参照）。最後のビザンツ皇帝コンスタンティヌスは、兵士に混じって戦死した。三日月旗（イスラームの象徴であり、オスマン帝国の旗）がアヤ・ソフィア寺院のドームの上に翻り、スルタンは帝国の首都に住居を移した。

第七章　硝煙の匂う帝国

コンスタンティノープルの征服

何百年も前からムスリム軍が切望していたコンスタンティノープルの征服で、宿願はついに達成された。以後、〈ファーティフ〉（征服者）と呼ばれるようになるスルタン・メフメト二世は、これで自分が受け継いだアジアとアフリカの二つの大陸と、それらを形成してきたイスラームと開拓者精神（フロンティア）の二つの伝統をしっかりと統合した。フロンティア戦士の君侯国は帝国になり、その首長は皇帝になった。この勝利で、オスマン・トルコ族のスルタンの国がイスラームの最前線であることを西側にはっきり示し、イスラーム世界には絶大な威信を印象づけた。

それ以後、メフメト二世の治世は、ヨーロッパ側とアジア側双方の前線でのたえまない軍事遠征に明け暮れた。ヨーロッパ側では、オスマン帝国軍はモレア〔「桑の葉」の意。ビザンツ帝国時代にペロポネソス半島をその形にちなんでこう呼んでいた〕でギリシアの最後の君侯国を支配下に入れ、セルビアとボスニアをオスマン帝国の属州とし、ギリシアのいくつかの島も征服した。アジア側では、ジェノヴァ人から黒海沿岸のアマシア、ムスリム君侯からはシノプ、ビザンツ皇帝からはトレビゾンドを奪取した。大事なのは、スルタンがさらなる東征によってムスリム君侯たちと戦うことを拒否したことである。アナトリア東部とメソポタミアのトルコ人支配者（白羊朝）ウズン・ハサンに戦いを挑まれて、一四七三年の戦いで彼を撃破したが、勝利の深追いはしなかった。

十六世紀のトルコの歴史家ケマルパシャザーデが引用している会話のなかで、メフメト二世はその理由をこう説明している。ウズン・ハサンの向こう見ずな行為（ヴェネチアと同盟して東西からオスマン帝国を挟み撃ちにしようと謀った）を罰するのは当然だが、彼の家系を絶滅させてはいけない。なぜなら、「イスラームの民の偉大なスルタンたちが率いる古くからつづいた王朝を崩壊させるのはよいことではない」からだ。もっとはっきり言えば、深追いは、ヨーロッパ側における重大事である〈ジハード〉（聖戦）からスルタンの注意を逸らすことになりかねなかったからであろう。

だが、オスマン帝国のスルタンたちは、南部や東部の国境以遠のムスリム世界を軽視するわけにはいかなかった。そこでは重要ないくつかの変化が起こりつつあったからである。その一つが、十三世紀半ば以降、エジプトとシリアを支配してきたマムルーク朝の顕著な衰退であった。ある意味で、エジプトのスルタン国家は、その最後の数年は、アラブのビザンツ帝国のようなものになっていた。北部と東部のアナトリア高原とイランでは、イスラームの政治的・文化的主導権を握っていたトルコ人やペルシア人のなかから、新しい国家や社会が出現しつつあり、主としてペルシア語やトルコ語で表現される新しい文明が開花してきていた。エジプトとシリアでは、東方からの影響が非常に大きかったにもかかわらず、旧体制が存続した。そのアラブ型の初期のイスラーム文化は最盛期を過ぎて久しかった。マムルークの軍人たちはその領土を守り、ナイル川流域地帯への侵略を防いだ。エジプトとシリアの書記（文官）や学者たちの大半はマムルークの子弟やその子孫で、彼らが国家を維持、運営し、同時に昔からのイスラームの遺産を保持し、解釈を加え、より豊かなものにしてきた。

このシリア・エジプトのスルタン国は、ティムールとの戦争で荒らされ、財政政策の失敗や経済の混乱、伝染病、旱魃（かんばつ）、飢饉（ききん）、マムルーク体制や社会の崩壊など、内外の複雑な原因によってすでに弱体化していた。最後の一撃は外部から、それも西方と北方からきた。その第一は経済面で、ポルトガル人が東方海域へ進出してきたことによる。ポルトガル人は、ヨーロッパとインドのあいだに直行航路を開いた〔ヴァスコ・ダ・ガマが一四九七―九九年に喜望峰回りのインド航路を発見している〕ことによってエジプト人の商業活動の隙をついた。これによる長期的影響は、一時思われていたほど大きくはなかった。十六世紀には地中海東岸部（レヴァント）経由の貿易はかなり復活した。だが、当初の影響は深刻で、マムルーク・スルタンのカーンスーフ・アルガウリー（在位一五〇〇―一六）は、交易の減少と歳入の低下という危機に遭遇した。彼はヴェネチアの積極的協力を得て、エジプトの艦隊をインドに派遣した。最初の数回は成功したが、その後はインド洋でムスリム商船隊を徹底的にやっつけはじめたポルトガル人に敗北した。ポルトガルの船舶はペルシア湾や紅海にまで勇敢に進出してきた。

第二の致命的な打撃は軍事的敗北である。マムルークとオスマン・トルコの両スルタン国間の関係は、しばらくのあいだはまずまず友好的だった。それが十五世紀後半には崩れてくる。一四八五年から九〇年にかけて、この二つの国のあいだに断続的に戦争がつづいたが、全体としてマムルークのほうがオスマン・トルコよりも形勢有利だった。

ところが、軍事力の差が急激に変化してオスマン・トルコが優勢になった。決め手になったのは鉄砲と大砲という火器である。オスマン・トルコはこれらをタイミングよく大々的に導入し、大きな戦果を上げた。これに対してマムルークは、こうした新兵器の採用に消極的だった。オスマン帝国の領土と違って、マムルークの土地には金属が少なく、輸入に頼らなければならなかった。だが、実際問題以上に深刻だったのは、マムルーク軍指揮官たちの社会的・心理的傾向である。彼らは昔からの「イスラーム法に則った」「戦士の誇り」とされる武器を使うことにこだわり、火器やそれを使う人間を軍人にふさわしくない、騎士道精神に欠けた連中であると軽蔑した。マムルーク朝の末期には、彼らも恣意的に火器を導入した。火器が割当てられたのは特別召集した黒人奴隷部隊や、マムルークと現地人とのあいだに生まれた息子たちの部隊、地元から駆り出したゲリラを含む一種の民兵や、さまざまな外国人傭兵部隊などであった。彼らはあまり成果を上げられず、マムルーク軍の花だった槍騎兵や剣士、弓の射手らはオスマン帝国軍のマスケット銃をもった歩兵隊や砲兵隊に惨敗した〔口絵12参照〕。

オスマン帝国軍はしかし、マムルークへの最終攻撃を開始する前に、もう一つのもっと危険な敵のムスリムに直面した。コンスタンティノープルの征服後、半世紀目のオスマン帝国の地位に挑戦してきたのはキリスト教徒ではなく、イランの〈シャー〉〔ペルシア語で「支配者」「王」の意〕たちのつくった新しいサファヴィー朝（一五〇一―一七三六）というライバルのムスリムだった。彼らは過激なシーア派の運動によって権力を掌中にし、数百年来はじめて、地中海沿岸から中央アジアやインドにいたる全域にまたがる一つの強力な帝国を創建していた。過激なシーア派の教義に扇動され、オスマン帝国との国境に近い北西部を基盤としたイランの新しい軍事勢力の樹立は、トルコでは脅威とも挑戦とも受け取られた。

アナトリアとイラン高原の支配者たちのあいだの長年のライバル関係の再開に、宗教的な特色が加味された。イランにはまだ数百万人のスンナ派ムスリムがいた。たぶん彼らは多数派だったであろう。オスマン帝国領土内には、東方のこの新たなシーア派体制に好意的であると思われるシーア派の人たちが少なくとも数千人いた。オスマン帝国のスルタンも、サファヴィー朝のシャーも、たがいに相手を我慢のならない異端者、不当な権力の簒奪者と思っていた。サファヴィー一族はトルコ出身であったことと、彼らがトルコのアナトリアに支持者層を広げていたことなどが、サファヴィー朝のオスマン帝国への脅威を、ただちに深刻な、抜き差しならないものにしていた。

脅威に気づいたオスマン帝国の対応は早かった。一五〇二年、スルタン・バヤズィト二世は、シーア派にアナトリアからギリシアへ強制移住を命じ、イラン国境地帯に軍隊を動員した。一五一一年、アナトリア中部でシーア派がオスマン帝国に対し、油断がならない蜂起を起こした。翌年、高齢のスルタン・バヤズィト二世は退位して、ヤヴズ（冷酷者）・セリムの名で知られる息子のセリム一世（在位一五一二―二〇）に譲位した。トルコのスルタン・セリムとイランのシャー・イスマーイールとのライバル意識と敵意が戦闘開始にまで発展したのは、それからまもなくだった。皮肉なことに、こうした敵意が丸出しになる前に、この二人の君主のあいだで交わされた書簡には、しだいに怒りがにじみ出てくるようになるが、スルタンからシャー宛の手紙は、都会の教養ある紳士の言葉であるペルシア語で書かれているのに対し、シャーのほうはスルタンに田舎の部族出身者の言葉であるトルコ語で書いている。

この戦争でオスマン帝国は大勝したが、反目はあとを引いた。一五一四年八月二十三日、二つの帝国の国境近くのチャルディラーンの野（タブリーズの西北方、現在はトルコ領）で、オスマン帝国のイェニチェリと砲兵隊がイラン軍を大敗北させ、スルタンはイランの首都タブリーズを占領した。前任者メフメト二世と同様、スルタン・セリムも勝利の深追いをして東進はせず、トルコへ撤退した。シャーは敗北し、弱体化したが、イランのシーア派国家の支配者であることには変わりがなかった。

それからの両帝国間には、長くきびしい闘争がつづいた。トルコではシーア派に対し、イランではスンナ派に対して血の粛清が行なわれ、犠牲者の血が相互の憎しみと恐怖を増大させた。

闘争は、イスラームの主導権と、中東の支配権の両方をめぐるものだった。それは戦場で行なわれたばかりでなく、オスマン帝国スルタンとサファヴィー朝のシャーをそれぞれ擁護者に立てたスンナ派とシーア派のあいだの宣教合戦でもあった。闘争はオスマン帝国の限定的勝利に終わり、イラン帝国を牽制(けんせい)することはできたが、壊滅させることはできなかった。

この成功は次の段階への道を拓(ひら)いた。南方のアラビア語圏諸国をオスマン帝国領に取りこむことができたのである。一五一六―一七年の短いが激しい戦争で、オスマン帝国は不安定だったマムルーク朝を滅亡させ、彼らが二百五十年近くも牛耳ってきたエジプト、シリア、アラビア西部を自国の支配下に入れた。これらの新たに獲得した領土から、オスマン帝国は、西は北アフリカを越えてモロッコとの国境まで、南は紅海のアフリカ側とアラビア側の両岸まで、東はインド洋水域まで、十六世紀後半にはイラクにまで統治権もしくは宗主権を拡大した。長い紛争のあげく、オスマン帝国がイラクをイランの支配者から奪い取ることができたおかげで、オスマン帝国軍をペルシア湾に進出させることが可能になった。

こうしてオスマン帝国のスルタンは、メッカとメディナという二つの聖都と、イスラームのアラビアの中心部を掌中にした。これは彼らの威信を高める一方で、責任も重くした。ペルシア人を服従させ、マムルーク朝を征服したオスマン帝国は、今度は大仕事であるヨーロッパでの戦争開始準備に取りかかった。スレイマン大帝（壮麗王、在位一五二〇―六六）の統治時代には、帝国はその勢力の最盛期を迎えた。一五二六年、モハーチュ（ハンガリー南部、ユーゴスラビアとの国境に近いドナウ川中流右岸）の決戦でオスマン帝国はハンガリー王国軍に大勝した。ケマルパシャザーデは、オスマン帝国軍の勝利を叙事詩調の散文でこう綴っている。

燃えさかる炎のごとく剣先をひらめかせ、さながらチューリップを撒きちらした山にも似た色鮮やかな騎兵大隊が、負け戦とはいえ剛胆な異教徒たちに向かって突撃す。戦場の祭典で、彼らはたちまち紅に染まることワインをそそぎ入れた酒杯の如し。首はユダの木（ユダが首を吊ったと言われるハナズオウの木）の花のごとく垂れさがり、目は赤玉髄の如く紅の光を放ち、手はサンゴ色なり……（戦いはつづく）荘厳な競馬場の縁が夕焼けの血の色に染まるまで……災いをもたらす（ハンガリーの）王は……東も西も包むがごとく舞いあがる砂塵の雲のさなかから戦場に突進す……間断なき拳銃、マスケット銃の弾丸にもめげず、恐れを知らぬ剛胆な王は、向こう見ずな騎兵隊の先頭に立ち、勇士のなかの勇士であるイェニチェリに一躍襲いかかれり……マスケット銃を構えた砲兵隊の前に現われし王に、一斉射撃が災いをもたらす敵のむなしき庭園の花をしぼませり……。

長い死にものぐるいの闘争のあと、王はついに敗北した。

スルタンの命令で、イェニチェリのマスケット銃射手〔口絵13参照〕たちは敵に向かって一斉射撃を開始す……瞬時にして、数百の、いや数千の敵を地獄に追いやれり……（王の手持ちの）時間という巻物は巻きあげられ、在りし日の版図は限定され、彼のつかのまの生涯の記録には、現世も来世も敗北の烙印を押されり。

この勝利のあと、スレイマンの軍隊はハンガリーを越え、一五二九年にはじめてウィーンを包囲した。東方では、オスマン帝国艦隊がインド洋でポルトガルの艦隊に挑戦した。西方では北アフリカを支配下に入れ、これによってムスリムの海軍勢は地中海西部から大西洋やヨーロッパ西部の海岸にまで進出した。ムスリムの進出は、キリスト教国にとって再び恐るべき脅威となった。十字軍遠征は終わり、聖戦（ジハード）が再開された。エリザベス朝時代のトルコ史家リチャード・ノウルズは、ヨーロッパのだれもがトルコ帝国のことを話すとき胸に去来する思いを、「当面の世界の恐怖」と形容した。

トルコは十六世紀に最盛期を迎えたあと、翳りが見えはじめる。中部ヨーロッパでは、第一回目のウィーン奪取の失敗以降、百五十年にわたる血みどろの決着のつかない戦いが、一六八三年の第二回ウィーン包囲でようやくけりがついた。今回のトルコは完全な、決定的敗北だった。東方では、エジプトと少しあとにはイラクの基地から、オスマン帝国は海軍力にものを言わせてペルシア湾や紅海に進出し、一時はイエメンや「アフリカの角」〔紅海からインド洋に突き出したエチオピア、ジブチ、ソマリア三国を含む地域〕に、オスマン帝国派遣の総督を置いていたこともある。ある時点では、オスマン帝国砲兵の分遣隊を南東アジアに送り、地元のムスリム支配者を助けて、ヨーロッパのキリスト教徒の敵と戦わせたほどだった。だが、それは役に立たなかった。オスマン帝国の艦隊でさえ、ポルトガルその他の西側諸国の軍艦にはとてもかなわなかった。現地のムスリム支配者たちの助力があったにもかかわらず、オスマン帝国は西ヨーロッパで台頭しつつあった海軍力に太刀打ちできず、南アジアと東南アジアを放棄せざるをえなかった。

地中海では、オスマン帝国は一五七一年のレパントの海戦で初の大敗北を喫した。ルトフィー・パシャの記録によれば、彼は大宰相としてスレイマン大帝に海軍力の問題についてこう進言した。「これまでのスルタンの支配下では、陸を制する者は大勢おりましたが、海を制した者はほとんどおりません。海戦においては異教徒のほうがわれわれよりも優れております。われわれは彼らを凌駕（りょうが）しなければなりません」

トルコ人は彼らに勝てなかったが、それが明確になるまでにはしばらく時間がかかった。レパントの海戦は、ヨーロッパの全キリスト教徒のあいだでは大勝利として祝われた。だが、それはアジア海域におけるオスマン帝国艦隊の敗北と崩壊にくらべればたいして重要ではなかった。まもなく、オスマン帝国は地中海で海軍力を復活させ、彼らのヨーロッパの占領地を攻撃から守ることができた。

あるトルコ人年代記作者が、大宰相ソコルル・メフメト・パシャとスルタン・セリム二世（在位一五六六―七四）のあいだで、レパントの海戦で失った船舶に代わる新しい艦隊の建設について交わされた会話を記録している。スルタンがその建設費について尋ねると、大宰相はこう答えた。「わが帝国の実力をもってすれば、望むなら、すべての艦隊に銀製の錨（いかり）と、シルクの索具、サテンの帆布を備え付けることができます」

それほどぜいたくな装備ではなかったが、艦隊は本当に再建され、近東や北アフリカを基地とするムスリムの海軍力は相変わらず地中海を支配し、十七世紀には大西洋にまで勇躍した。キリスト教徒ヨーロッパ側に対峙するイスラーム世界の実力はすでに重要ないくつかの点で衰えかけていたが、オスマン帝国の軍事力の壮大な陣容に目を奪われて、キリスト教徒もムスリムもその衰退には気づかなかった。

十六世紀半ばにスレイマン大帝の宮廷に派遣されていた神聖ローマ帝国の大使ビュスベクは、圧倒的なオスマン帝国の実力の脅威にさらされたキリスト教徒のヨーロッパの存続について、次のような深い疑念を表明している。

わがほうに好意的に仲裁役を務めるのはペルシアだけである。急遽(きゅうきょ)攻撃に出ようとしている敵は、背後にあるこの脅威に注目しているにちがいない……。ペルシアはわれわれの運命の時を先延ばしにしてくれているだけで、われわれを救うことはできない。トルコとペルシアのあいだに折り合いがつけば、彼らは東洋全域の力を後ろ盾にして、われわれの喉元に嚙みついてくるであろう。あえて言うまでもないが、われわれはなんと無防備であることか。

だが、オスマン帝国と「ペルシアの折り合いはつかなかった」。オスマン帝国はこの東方の隣国と十九世紀はじめまで争いつづけ、その頃にはトルコもペルシアも西欧にとって脅威ではなくなってしまった。

エジプトのマムルーク朝スルタンたちと同様、イランの支配者たちも火器を嫌っていて、はじめのうちは自分たちの軍隊でそれを採用する気はほとんどなかった。マムルーク朝と同様、彼らもその間違いを、オスマン帝国のマスケット銃射手や砲兵隊に戦場で思い知らされた。マムルークと違って、彼らは後日戦いを交えるまで生き延び、その教訓を生かした。十六世紀から十七世紀にかけて、イランのシャーたちは徐々に鉄砲などの火器で自軍を再装備させていった。イスラームの王たちは、いつも自軍への武器の供給、装備、訓練をしてくれる製造業者、商人、専門家に事欠かなかった。好条件でオスマン帝国軍に出仕して一旗揚げようというヨーロッパの軍人さえいた。そのおもな供給源は、ヴェネチア、ポルトガル、イギリスだったようだ。

最初はためらっていたペルシア人も、銃の製造や操作術を急速に身に付けていった。ヴェネチアの外交官ヴィンチェンツォ・ディ・アレッサンドリは、一五七二年九月二十四日付の「十人委員会」〔一三一〇年から一七九七年までのヴェネチアの政府機関〕に次のような報告書を提出した。

> 彼らは武器として刀剣、槍、火縄銃を使用しており、兵隊はみなこれを使える。彼らの武器はまた、他のどの民族のものよりも優れていて、よく手入れされている。火縄銃の銃身の長さは、普通一メートル三十センチ、百グラム弱の小さな銃弾が付いている。火縄銃は非常に使いやすいので、弓を引いたり、刀剣を使ったりする邪魔にはならない。刀剣は使う必要があるときまで馬の鞍（くら）の前輪に吊るしておけばよい。火縄銃は背中に背負えるので、一つの武器が他の武器の使用を妨げることはない。

このように弓矢と刀剣と火器をほぼ同時に使えるように装備したペルシアの騎兵の姿は、当時の武器の変遷の複雑さを如実に表わしている。十六世紀から十七世紀にかけて、ペルシアの支配者たちは、しかたなしにではあるが、銃の使用を増やし、かなりの数の軍隊にそうした兵器を装備させた。オスマン帝国軍とは規模こそ違うが、彼らも攻城砲を備えていた。だが、野戦砲の使用は限られていて、全体としてあまり効果を上げていなかった。

シャー・イスマーイールの後継者のなかでもっとも傑出した人物はシャー・アッバース一世（在位一五八七—一六二九）だった。彼の最初の大きな仕事は、オスマン帝国を手本にした新しい歩兵隊と砲兵隊をつくることだった。これに関して、彼はアンソニーとロバート・シャーリーというイギリス人兄弟の助力を得た。二人は一五九八年に二十六人の従者とともにイランに来て、何年かペルシア軍のなかで働いた。アッバースの第一の任務は、イラン東部のいくつかの町を占領した中央アジアのウズベク人の進出を阻止することだった。この目的に専念するため、彼はオスマン帝国と和議を結んで、サファヴィー朝のもとの首都タブリーズを含むアゼルバイジャンとグルジアを放棄した。ウズベク人との戦いに勝利し、東方の失地を回復した彼は、もう一度西方に目を向けた。一六〇三年、ペルシア軍はタブリーズを奪回し、勝利の余勢を駆って、以前にオスマン帝国に奪われたイラクの大部分を含む新しい領土を占領した。

彼の統治時代のもう一つの大きな出来事は、一六一六年の、インドのスラート（インド西部の港湾都市）を本拠地とするイギリスの東インド会社の出現だった。それまでイランのヨーロッパとの交易を、事実上独占していたポルトガル人は、イギリスの進出を抑えようとしたが不成功に終わり、一六二二年、イギリスの商人たちがペルシア軍に加勢して、一五一四年以来ポルトガル領だったペルシア湾の港ホルムズを再占領した。ペルシア軍のこの快挙は叙事詩にも謳(うた)われて、盛大に祝われた。

「大帝」と呼ばれることもあるシャー・アッバース一世の統治は、いろいろな面でサファヴィー朝の最盛期だった。シャーは、西側大国のポルトガル、オランダ、イギリスが、ペルシア湾とインド洋をめぐってたがいに商売敵であることを見て取って、それをうまく利用した。

一五九七年、シャー・アッバースは再度首都を移転した。以前はタブリーズからガズヴィーンに遷都したのだが、今回はもっと中心部に近いエスファハーンへの移転である。ここからならば、東の敵ウズベク族と西の敵オスマン・トルコ族の両方ににらみを利かせることができたからである。彼の治世のあいだにエスファハーンにはたくさんの建物が新たに建てられたり、再建されたりし、この都市を末長く美しい「エスファハーン・ネスフエ・ジャハーン（エスファハーンは世界の半分）」と誇らしげに謳われるほどの繁栄をもたらした（口絵17・18・19参照）。

彼の死後、サファヴィー朝は急速に衰退した。オスマン帝国はシャー・アッバースが再占領したバグダードその他の領土を取り返し、イランの東隣では、ウズベク族ばかりでなくアフガン族も略奪を開始した。もしかしたら将来もっとも恐るべき敵となりそうなロシアの最初の使節団がエスファハーンに到着したのは、一六六四年のことだった。その頃、コサック隊はカフカスの国境を襲いはじめていた。

　そうこうするうちに、北方では計り知れないほど大きな変化が起こりつつあった。一四八〇年、モスクワのイワン大帝（イワン三世、在位一四六二―一五〇五）が、ロシアの歴史家のいう「タタールのくびき」〔タタールは、モンゴル人ハーンとその子孫たち〕を最終的に断ち切り、進貢の義務も依存関係もなくなった。ロシア人は、似たような状況にあった西欧のスペイン人やポルトガル人よりもはるかにうまく自国内のムスリム支配に終止符を打ち、この昔の主人たちを彼らの元の土地に追い払った。長い激しい抗争のあと、一五五二年にロシアはヴォルガ川流域のタタール人の首都カザンを占領し、末長くロシアの領土の一部にした。そこから彼らはヴォルガ川を下り、一五五六年にはカスピ海の港湾都市アストラハンを奪取した。こうしてロシアはヴォルガ川全域を支配下に入れ、カスピ海への足場も築いたわけである。

　彼らは南進の途上でムスリムの敵の大半に圧勝し、オスマン帝国とクリミア・タタールの領土に忍び寄りつつあった。オスマン帝国はこの危機に気づき、反撃を試みたが無駄だった。アストラハン奪回のための遠征も、ドン川とヴォルガ川のあいだに運河を掘ってオスマン帝国艦隊を黒海からカスピ海へ移動させる計画も実現しなかった。クリミアのタタール族長（ハーン）らは、しばらくのあいだロシアの進出を防ぎ、宗主であるオスマン帝国スルタンとの同盟を維持できた。黒海はしばらくのあいだトルコとタタールの支配下に残され、クリミアとイスタンブルのあいだに、おもに食料品と東ヨーロッパ奴隷などの大事な取引が行なわれていた。

　だが、ロシアの進出はつづいた。十七世紀には、カフカス北部のいくつかのムスリム自治国を失いはしたものの、アストラハンはロシアのさらなる遠征の基地として役立った。その結果、ここはドン川とヴォルガ川の河口のあいだの全地帯を支配するロシア帝国州の行政センターになった。一六三七年、独自の行動をとってきたドン・コサック〔モスクワ公国から逃亡した農民集団で、軍事共同体を形成した〕が、黒海のそばのトルコの海軍基地アゾフを奪取した。彼らはトルコの陸海軍の攻撃に数年はもちこたえたが、やがてここをロシア皇帝に差し出した。ロシア皇帝は熟慮のすえ、オスマン帝国と全面戦争になる危険と引きかえにこの贈り物を受け取るのは賢明ではないと、その申し出を拒否した。ロシアの黒海への道はまだ拓けていなかったが、見通しは立っていた。

　早くも一六〇六年に、神聖ローマ帝国（九六二―一八〇六）とオスマン帝国スルタンとのあいだで結ばれたジートヴァトロク和約は、もう一つの大きな変化を示している。この条約は、ハプスブルク王朝〔一四五二年以降、神聖ローマ帝国の帝位を独占した名門王家〕とオスマン帝国とのあいだの国境を画す川のなかの島で調印された。これはもはや、それまでのように戦勝国が自分の首都で思いどおりに結ばせた休戦協定ではなく、国境線上で両者が対等の立場で締結された条約だった。

この変化を象徴しているのは、それまでのトルコ語の文書ではハプスブルク家の君主のことを軽蔑的に「ウィーン王」としていたのに対し、この条約のトルコ語の文書には、はじめてスルタンの称号と同じである「パディシャー」（大王）が使われていることである。オスマン帝国のヨーロッパ遠征初期には、厳格な意味での条約が結ばれたことはなく、相互の話し合いすらほとんどなかった。目標に向かって邁進（まいしん）することが永遠の宗教的義務であると考えているイスラームと、その異教徒の敵との戦いが、ときには休戦協定によって一時停止されることはあるが、それはいつも、勝利者であるオスマン帝国がイスタンブルで敗北者の敵に指図するものだった。ところが、ジートヴァトロク和約は、その基盤となる現実の変化を反映して、概念においても、締結までの経緯においても、大きな違いを見せたのである。

十七世紀は、対等関係への不承不承の譲歩で始まり、決定的な敗北を認めて終わった。ムスリムとキリスト教徒の世界の政治的・軍事的勢力の均衡は少しずつ変化してゆき、その教訓が認識され、生かされるまでにしばらく時間がかかった。経済的な格差はもっと表面化しにくかったが、こちらのほうが影響は深刻で、しかも重要だった。大陸発見航海のあと、ヨーロッパの商業、ひいては権力の中心は、地中海から大西洋へ、ヨーロッパの中部と南部から西の海洋国家へと移った。

中東その他のイスラーム諸国との取引で、西欧人はかなり有利に立っていた。大西洋の疾風を乗りきれるように建造された彼らの船舶は、地中海やインド洋を往来するムスリム国家の船舶よりも大きくて重量トン数も多かった。造船業者によって設計され、大西洋の荒波を乗りきるように訓練された航海士の操舵するそれらの船舶は、ムスリムの艦隊よりも機動性に富んでいた。利点は二つあり、彼らの船は戦時にはより多くの砲類を運ぶことができ、平和時にはより多くの貨物を遠くまで安価で運ぶことができた。西ヨーロッパの海洋大国は、中米や、東南アジアの熱帯、亜熱帯地域を植民地化しはじめるにつれて、今までヨーロッパでは知られていなかったり、手に入らないようなさまざまな農作物を生産することもできるようになった。こうした事態に加えて、アメリカからの金塊の流入、中東では思いも及ばなかった新しい貸付制度の導入などが相まって、国内経済は活況を呈し、中東市場に多様な商品を提供できるようにさえなったのである。

通商の諸条件に負けず劣らず大事なのは、経済文化の差が大きくなっていったことである。十六世紀以降、生産者主導型の経済と重商主義政策が、ヨーロッパの商社や政府のありようを変えた。それまでのオスマン帝国その他のイスラーム諸国の消費者主導型社会では知られていなかったような、経済エネルギーの集中や商業活動の拡大が保護、奨励されるようになったのだ。西ヨーロッパ人が商人としてばかりでなく支配者としてインドやインドネシアに定住し、海軍力を行使してアジアとヨーロッパのあいだに胡椒その他の大事な商品の貿易を両サイドから支配することができるようになって、彼らの商業活動の範囲と規模は格段に広がった。

だが、二つの世界のあいだの経済力格差の変化は、西側の台頭のせいにばかりはできない。少なくとも原因の一部は、ムスリム国家の相対的な衰退という内部変化にもあったと言わなければならない。

十六世紀の前半、伝統的なオスマン帝国体制は絶頂期を迎えていた。同時代のヨーロッパの観察者たちがそれを効率のよい中央集権化された絶対主義の手本であると見ていたのは驚くにあたらない。ヨーロッパ旧体制に深く根づいた特権に忠実な人たちのなかには、スルタン国家における恣意的で気まぐれな権力の行使の恐ろしい実例を見た人もいれば、民族国家の開明的な専制君主による新しいヨーロッパ時代を期待し、トルコにそうした統制のとれた近代的な君主国の基本的な枠組みを見た人もいたであろう。

マキアベッリ〔イタリアの政治思想家。一四六九―一五二七〕その他のヨーロッパの思想家たちが、フランスの王の弱さとトルコのスルタンの強さを比較していたのとまさに同じ頃、双方の国の君主の役割の逆転が始まっていたのは歴史の皮肉である。フランスでは、貴族が廷臣となり、自治区は行政区になり、国王の権力と権威がいや増して、すべての臣民とすべての領土を支配し、「朕は国家なり」と言わせるほどの存在となった。イスラーム帝国では、アラビア語の

「スルターン」は国家と主権者の両方を意味するが、ここでは廷臣が貴族になり、地方諸州は君侯国になり、皇室の奴隷たちは主人になり、「世界の王」は、自分の軍隊と政庁と一族の操り人形になっていた。

一五二〇年にスレイマン大帝がオスマンの剣を授与されて即位したとき、彼は申し分のない絶対主義政権機構の長になり、ハンガリーからペルシアの国境地帯まで、黒海からインド洋まで広がる帝国を支配した。たしかに彼は「聖法」の不変の規定に従う者ではあったが、「聖法」そのものがほとんど絶対的な権力を彼に与えており、「聖法」の権威ある擁護者たちが、国民のなかで彼の権威をしっかりと支えてくれていた。政府と軍隊、支配する者たちと戦う者たちは、スルタン個人に属する奴隷だった。彼らは大多数の庶民とくらべれば特権階級で、特典も多かったが、何事も意のままである統治者とくらべれば何の権利もなかった。古い階級を下層階級出身の奴隷たちの新たな導入によって定期的に入れ替えることで、権力の中枢に世襲貴族階級の蔓延を防ぐ一方、封建騎士たちは入れ替え可能で実用本位の封土を分与されてスルタンに仕えることを義務づけられる見返りとして、土地所有による農業の繁栄と、農村部での安定した暮らしが保証されていた。

ヨーロッパが新たに経済的・政治的発展の道へと進まざるをえなかった十六世紀の大挑戦は、オスマン帝国にとってはとくに問題とはならず、したがって刺激にもならなかった。新たな戦争を遂行するための中央政府による組織づくりや資金繰り、人材・物資が必要とされたのは、ヨーロッパ諸国のなかでトルコがすでに領土としていた地域だけだった。ヨーロッパ諸国の国民がやみくもに努力と進歩の時代に突入している頃、トルコ人はくつろぎ、安定を享受し、結果的には後退していった。

オスマン帝国の衰退の始まり

オスマン帝国の歴史家たちは、帝国の衰退の始まりをスレイマン大帝の死(一五六六年)としており、事実、十六世紀後半にはオスマン帝国の組織構造に最初の崩壊の兆しが表われはじめた。それは十六世紀後半から帝国終焉の日まで、オスマン帝国の政治家や官僚たちによって連綿と書きつづけられたすばらしい回想録のなかで取りあげられている。回想録の著者はしばしば、オスマン朝初期に国づくりの中心となり、その後も重要な役割を果たしてきた〈スィパーヒ〉(封建騎士)階級の衰退を、そうした徴候の一つとして挙げている。彼らの衰退を招いた要因はいくつかある。その一つは、スルタンがこうした軍事封土保有者の提供する兵士よりも、すぐに役立ち、独立の野心はあまりないプロの〝奴隷〟兵のほうを好んだことだった。もう一つは戦争における技術の進歩だった。これには射撃手、砲兵、工兵、地雷敷設兵など特別の訓練を受け、服務期間も長い連隊の形成がますます必要になり、封建時代の騎兵はなくなりはしなかったが、その重要性は減少した。

オスマン帝国の〈ティマール〉（軍事封土）は、取り消し可能、領地換えもあり、軍事奉仕の条件付きだった。実際には、父親の所有する封土のスィパーヒの地位を相続することはよくあったが、それは権利としてではなく、息子の軍事奉仕能力如何にかかっていた。スィパーヒは領地換えや、ある州から別の州に移されることもあった。十六世紀末には、軍事封土は保有者の死で消滅するか、持ち主の変更が行なわれることが多くなり、土地はしだいにスルタンの支配下に統合されるようになった。十六世紀以降の土地登録台帳によれば、軍事封土はどんどん減少し、それにつれてスルタンの王領地は増えている。これはヨーロッパ側に比較して、とくにアジア側で顕著だった。

封建騎士が衰退するにつれて、常備軍が急速に増え、それにともない、その維持費も増大した。これが主のいなくなった軍事封土召上げの大きな理由であったことは間違いない。迅速で簡単に現金を確保するために、スルタンは歳入の直接管理ではなく、貸与、授与などさまざまな形で土地を下付した。これらはみな財政上の施策であって、軍事的な意味合いはない。徴税請負権を与えられた土地もあれば、用益権を与えられた土地もあった。当初その期間は短かったが、やがて徴税請負権は終身となり、それが悪用されて世襲になり、譲渡可能にもなっていった。この仕組みは急速に帝国全土に広がった。その影響を受けたのは王領地だけではなかった。多くの軍事封土は、余得として高位高官や寵臣に与えられ、彼らはさらに同じようにそれを悪用し、スィパーヒさえ自分の封土を小作人に貸して収入源とした。

地主の永久徴税権や貸与権から生じる経済的・社会的権力が、地方に新しい有力者階級を生みだし、それがまもなく、地元の諸事件に大きな役割を果たすようになりはじめた。彼らは政府と農民のあいだに立って、税収の上前をはねた。理論的には、彼らは土地の貸与権か徴税請負権をもっているにすぎないのだが、政府の弱体化にともなって地方社会の実情を把握できなくなるにつれて、地主はますます自分たちの取り分を増やし、終身的地位を確保しやすくなった。十七世紀には、彼らは政府の機能の一部を不法行使するようにまでなった。

オスマン帝国史に出てくる〈アーヤーン〉という名称は、通常「名士」と訳されている。このアーヤーンという言葉は、かなり昔から、地方もしくは地元名士（普通は商人）の意味で使われていた。それがこの頃になると、重要な政治的機能を果たす新旧の地主階級、もしくは特定の社会集団を指すようになった。最初、そうした役割は権限の侵害であるとして阻止されたが、十八世紀の財政的・行政的逼迫（ひっぱく）のなかで、中央政府は地方都市の運営まで含む諸問題の処理をこのアーヤーンにまかせるほうが得策であると考えるようになった。これによってアーヤーンは自由土地保有者に近い存在になっていった。

封建騎士の地位や、彼らが中心的存在だった農村部にこのような進展が起こっているあいだに、奴隷上がりの既成階級にもまた急激な変化が起きていた。それらが始まったのは十六世紀後半で、その最初の明らかな徴候は、徴兵制度の変更に見られる。イェニチェリ軍団（トルコの常備兵）は閉鎖的な特権階級集団で、実力があり、しかも強い団結心で結ばれていた。最初はキリスト教徒の捕虜や奴隷のみが選ばれ、のちには主として〈デウシルメ〉（少年徴集制度）を通して集められるようになった。創立の当初からイェニチェリ軍団が深い関係をもっていたイスラーム神秘主義のベクタ－シュ教団との提携のもとに、これらの徴集兵たちは献身的な独身軍人になっていった。彼らにとって兵舎以外に家庭はなく、同僚以外に家族はなかった。そのイェニチェリの将校たちに結婚が許され、年配の兵士は隠退したり駐屯地の任務に就いたりするようになった。イェニチェリ軍団規定には次のような言葉がある。

大昔からイェニチェリが結婚することは禁じられている。妻帯は将校のみ、また高齢で明らかに軍務に就けない一兵卒で、スルタンにその旨申し出た者にのみ許可される。イェニチェリは独身者であるから、兵舎は独身者向けに建設されるものとする。

イェニチェリ軍団の衰退が始まったのは、兵士が世襲もしくは金で集められるようになったときからだったようだ。当初は、そうした手段はデウシルメを補完するものだったが、やがてこのほうが常態となった。その発端は、イェニチェリの結婚が増えたことによる。

スレイマン大帝時代にすでに普通になっていたが、次のスルタン・セリム二世の即位で、それが権利として認められた。それ以降、一兵卒も将校も、イェニチェリの大半が結婚して家族といっしょに住むようになった。

結婚すれば子供ができる。父親が特権階級に属していれば、その息子たちにも同じ特権を獲得しようとするのは当然の成行きだった。一五六八年、たびたびの要請に応えて、セリム二世はイェニチェリの子弟に士官候補生として有給で入隊させることを認めた。少年たちは食糧の配給と少額の手当を与えられ、やがて軍団の正規のメンバーになることができた。こうした新しいイェニチェリは「奴隷の息子たち」と呼ばれ、本物の「奴隷」と区別されたが、これまでの少年徴集制度(デウシルメ)による兵士たちのように厳格な選抜も、きびしい訓練も受けていなかった。一五九二年までにはそうした兵士たちが軍団の大多数を占めるようになった。

奴隷からの厳格な選抜制度が一度廃(すた)れてしまうと、腐敗は蔓延した。十六世紀末のイランとの戦争のあいだに、イェニチェリ軍団は、事実上、出自や身分に関係なく、だれでも金で入隊できるようになった。歴史家セラニキー・ムスタファは、こう書いている。

> 故スルタン・ムラト・ハーン(ムラト三世、在位一五七四―九五)の治世中に……恥ずべき烏合(うごう)の衆である卑劣な侵入者たちが王家に入ってきた。賄賂(わいろ)を使えば、イェニチェ

リ軍団、兵器係、砲手などの仕事は、農地を捨てた農民、タタール人、チェルケス人、ジプシー、ユダヤ人、ラズ人、ロシア人、町人……でも就くことができた。こうした連中が下士官になったとき、伝統や規律の尊重はまったく消滅した。政府の威厳という垂れ幕は引きちぎられた。こうして職務に適性も経験もない人間が権力の座に就くようになった……。

こうした苦情は当たり前のこととなった。上奏文の起草者コチ・ベイ（十七世紀はじめのオスマン帝国顧問官）も、当時、あらゆる種類の下層民がイェニチェリ軍団に入ってきていることをたびたび嘆いている。「彼らがどの宗教を信仰しているかは不明で、町人もいれば、トルコ人、ジプシー、タタール人、クルド人、外国人、ラズ人、遊牧民、ラバ追い、ラクダ追い、かつぎ人夫、甘味水(シュルベット)売り製造者、追いはぎ、スリ、その他のあらゆる種類の下層民がいた。そのため秩序も規律もなきに等しく、掟(おきて)も伝統も消え失せた……」

コチ・ベイ自身、マケドニアのゴリツィアからデウシルメによって徴集された人物だが、イェニチェリ軍団の質の低下に深く落胆し、スルタンにこのような烏合の衆で軍隊を満たす必要はないと上申した。「ボスニアやアルバニアにはまだ、勇敢で、気概のある人間がおります……」

だが、時すでに遅しだった。十六世紀末の軍事的・財政的急迫のなかで、大急ぎで無計画な徴兵が行なわれたことが急速な変化の始まりで、きわめて短期間にイェニチェリ軍団の性格全体がすっかり変わってしまった。デウシルメを廃止し、自由民ムスリムの入隊を認めたことで、イェニチェリ軍団は個人としても集団としても、極端に手厚い広範囲の特権をもった世襲集団になった。新規採用は主として親から子への相続によるものだが、金で買うこともできた。商人や職人で、自分自身や子弟のために金を出して、イェニチェリの給料支払い者名簿に載せてもらう者も少なくなかった。名目上はイェニチェリはスルタンの奴隷だが、奴隷が主人になり代わることもしばしばあった。名目上は軍人でも、彼らは武装した烏合の衆になりさがり、自分たちの集団の特権のためや、宗教上あるいは宮廷内の扇動者に呼応して、すぐに街頭で闘うが、戦場で規律ある敵軍を目の前にするとほとんど役に立たなかった。

デウシルメの廃止はまた、宮廷の小姓養成学校にもすぐに多大な影響を与えた。廷臣や国家の高官はここから選ばれていたからである。ヨーロッパからの捕虜や、ムスリムに改宗した異教徒の供給がだんだん減ってきたのを補ってくれたのは、カフカス地方からの奴隷の輸入だった。カフカス人女性は、中東の後宮(ハレム)ではいつも喜ばれた。カフカス人の男奴隷もまた、のちのエジプトのマムルーク朝でかなり重要な役割を果たしている。だが、オスマン帝国では彼らの役割はそれほど重要ではなかった。奴隷の既成階級や軍隊のなかで、彼らはバルカン半島やヨーロッパ出身の奴隷たちの陰で小さくなっていたのである。

十六世紀末には、この状況に変化が生じ、グルジア人、チェルケス人、チェチェン人、アブハズ人などのカフカス地方出身者が、オスマン帝国の支配階級エリートのなかに台頭しはじめる。明らかにカフカス人で最初に大宰相になったのは、ハディム・メフメト・パシャだったようだ。彼はグルジア生まれの宮廷付き宦官として、一六二二年から二三年にかけて四カ月ほど務めた。その後カフカス人の数は増え、十七世紀から十八世紀にはそのなかから大勢の将軍、総督、大臣が出ている。

首都の派閥争いはさまざまな形をとった。その提携関係も始終変化した。だが、争いは二極間で発生していたように思われる。一方は自由民の官僚と位階制組織をもつ宗教関係者に支えられた大宰相府、他方は網の目のように広大な影響力を張りめぐらしている宮廷と後宮、そして帝国全土の行政機関に散らばっているその息のかかった奴隷（もしくは解放奴隷）だった。

キリスト教徒のヨーロッパとイスラームのオスマン帝国のあいだの確執は、二十世紀の自由世界とソヴィエトとの対立によく喩えられる。この比較に長所がないわけではない。どちらの場合も、西側が、好戦的で拡張主義の政治体制と社会に脅かされている。彼らをかき立てているのは本能的欲望と使命感という二つの傲慢な特性だ。そうした気分を高揚させているのは、永遠の戦いは必ずや勝利に終わるという独断的な信念である。だが、この比較をあまり深追いしないほうがいい。初期の対立において、気分の高揚と独断性は双方の側にあった。トルコ側のほうがずっと寛容であった。

十五世紀から十六世紀にかけて、レーニンの言葉を借りれば、「逃亡することによって異議申し立ての意思を表明する」亡命者の移動は、西から東へ移ってきたのであって、われわれの時代のように東から西へではなかった。一四九二年にスペインを追われたユダヤ人がトルコに逃げこんだことはよく知られているが、決してめずらしい現象ではなかった。ユダヤ人と同様、自国の主流派の教会によって迫害を受けた宗派の違うキリスト教徒の亡命者グループも、オスマン帝国の領土内に逃げこんだ。オスマン帝国のヨーロッパ支配が終わったあとも、彼らが何百年も支配してきたキリスト教徒国は、言語、文化、宗教、社会制度さえ、ある程度そのまま残り、すぐに独自の民族国家として再出発できた。トルコの支配が終わったあとのバルカン半島や、ムーア人（北西アフリカに住むイスラーム教徒）支配の終わったスペインに残っていたムスリムたちにはそのようなことはありえなかった。

オスマン帝国支配下のヨーロッパにいて得をしたのは亡命者たちだけではなかった。征服された地域の農民もまた、自分たちの運命がいろいろな面で改善されたと思った。オスマン帝国政府は、紛争と混乱の地に統一と安定をもたらしてくれた。社会的、経済的に重要な影響もあった。

征服戦争の過程で、昔からの世襲の地主貴族階級の大部分が滅ぼされ、持ち主のいなくなった土地がオスマン帝国の軍人たちに封土として与えられた。だが、オスマン帝国の制度では、知行は基本的には徴税請負権で、少なくとも理論的には、終身もしくはある限られた期間だけのものであり、その権利の所有者が軍務を離れれば没収されることになっていて、相続権も領主としての支配権もなかった。他方、土地の分割や一極集中を防ぐためのオスマン帝国の政策により、農民は永代借地人としてその権利を相続できた。その結果、彼らはそれまでのキリスト教徒の支配下にいるときよりも、自分の農地について自由度が増した。彼らが払う税金の額も以前より少なめに計上され、その集め方も、近隣諸国より温情的だった。これらがもたらした安定と繁栄のおかげで、オスマン帝国支配下での、そのほかのあまり魅力的でない側面にも甘んじてもらえた。西方から導入された民族主義思想が爆発するまで、オスマン帝国の地方諸州が長いあいだ平穏であったのは、多分にこの理由による。

十九世紀末にバルカンを訪れたヨーロッパ人は、キリスト教徒のヨーロッパの状況を贔屓目にくらべてみても、バルカンの農民は豊かで満足していると述べている。ヨーロッパで農民の大蜂起が起こった十五世紀や十六世紀には、違いは歴然としていた。いろいろと非難される少年徴集制度さえも、プラス面があった。これによって、貧しい村人でも国家の要職や高官に出世する可能性があった。それが実現して家族を同道した人もたくさんいる。そのような形の社会的移動は、同時代のキリスト教国の貴族社会ではありえないことだった。

オスマン帝国はいろいろな面でヨーロッパに影響を与えた。長いあいだ、危険な敵として恐れられた。実際の危険がなくなってからも、恐れられつづけた。商人、製造業者、のちには金融業者にとって、オスマン帝国は豊かで拡大の可能性を秘めた市場だった。多くの人にとって、これもまた近代的な対決とよく似ているが、非常に心を惹きつけるものがあった。自国政府などに不満を抱く者や野心に燃える者は、オスマン帝国に好機を求めた。ヨーロッパでは「背教者」（とくにムスリムへの改宗者）と呼ばれる者、ムスリムが〈ムフタディー〉（理想的な道を発見した者）と呼ぶ大勢の人たちが、オスマン帝国に出仕して大出世した。虐げられた農民たちは、自分たちの主人の敵に期待のまなざしを向けた。

　マルティン・ルター〔ドイツの宗教学者。一四八三―一五四六〕は、一五四一年に出版した『反トルコ祈願への戒め』のなかで、強欲な君主に抑圧された貧しい地主や中産階級市民は、キリスト教徒よりもトルコ人のもとで暮らしたがるのは無理もないと警告している。既成秩序の擁護者たちでさえ、最盛期のトルコ帝国の政治的・軍事的優秀さには感心している。トルコの脅威についてヨーロッパで書かれた膨大な量の文献のうち、かなり多くのものがトルコの体制の長所とそれを真似ることの賢さを取りあげている。

　スレイマン大帝は一五六六年九月五日から六日にかけての夜半、ハンガリーのシゲトヴァルを包囲中に幕舎のなかで死去した。それは危機のさなかだった。戦闘はつづいており、形勢の見通しは立っておらず、皇位継承者ははるか遠方にいた。大宰相はスルタンの死を秘匿する決意をした。スレイマンの遺骸は部分的に防腐処置が施され、新スルタンのセリム二世の無事就任の知らせがあるまで、三週間のあいだ輿に載せて運ばれた。それまではスレイマンの死の秘密は暴露されなかった。

輿の垂れ幕の後ろで軍隊を指揮していた死んだスルタンは、象徴的存在だった。新スルタンは、トルコの年代記では「飲んだくれのセリム」と書かれているほど、酒浸りの無能者で、国家と帝国の運命を衰退に導く先触れだった。オスマン帝国陸軍はウィーンから撤退し、海軍はインド洋から引き揚げた。しばらくのあいだ、見かけは堂々としたオスマン帝国軍は、この国の実力の事実上の低下をさらけ出さずにすんだかもしれない。

イスタンブルでは、有能で冷酷なスルタン・ムラト四世（在位一六二三―四〇）と、のちの二人の卓越したアルバニア人の大宰相メフメト・キョプリュリュとその息子のアフメトが、一六五六年から七八年まで采配を振るい、国内の腐敗を止め、戦場で何度か勝利をあげた。一六八三年、アフメト・キョプリュリュの義兄弟で新しい大宰相カラ・ムスタファ・パシャに率いられて、オスマン帝国は二度目のウィーン攻略を企てることさえできた。だが、時すでに遅く、このときのオスマン帝国の敗北は決定的で、これが最後の遠征となった。やがてオスマン帝国は、その強さではなく弱さゆえに、ヨーロッパに問題を提起するようになった。それは「東方問題」と呼ばれるようになる。

第Ⅳ部　イスラーム社会の断面図

第八章　中東諸国家の性格

キリスト教徒ビザンツ帝国

ムスリムの伝承によれば、預言者ムハンマドはアラビアの家から異教徒の諸王や君侯たちに手紙を送り、自分が神の使徒になったことを告げ、イスラームを受け入れるように促した。この手紙を受け取ったとされる多くの支配者、総督、主教らの名前が列挙されているが、そのなかでもっとも重要な名前は「カエサル」と「ホスロー」で、それぞれ中東を分けあっていたビザンツ帝国皇帝とペルシア帝国皇帝を意味する。

「カエサル」はもちろん歴代ローマ皇帝につづくコンスタンティノープルの皇帝のことであり（ムハンマドの時代には、すでに西ローマ帝国は滅亡している）、コンスタンティヌス帝（在位三〇六―三三七）以降はキリスト教徒帝国の支配者でもあった。この新体制下の皇帝の権威のありようについて、聖ソフィア教会（現在のイスタンブルのアヤ・ソフィア寺院）の助祭であったアガペトゥスは、五三〇年頃にユスティニアヌス帝（在位五二七―五六五）に提出したと思われる建白書を次のように書き出している。

他のいかなる名誉にも優る高位にあられる陛下よ、その位を陛下に与えた神を敬い給え。神は天の王国が地にあるようにと願って、陛下に現世の王位と権力を与えたゆえ、これを全うするために、人々に正義の信条を固く守るように教え、この信条に反抗する者を罰し給え。陛下ご自身が正義の法則を尊ぶ王政下にある、法に則った臣民の王であられますように。

多神教のローマ時代には、皇帝は王であり、祭司であり、ある意味で神でもあった。キリスト教に改宗してからは、君主はもはや神性を主張せず、キリスト教徒の皇帝たちは、皇帝の職務と祭司の職務、つまり「帝権（インペリウム）」と「教権（サクレドティウム）」のあいだに一線を画すこと——分離するのではない——を認めるようになったのである。政治と宗教、現代の表現で言えば、「国家」と「教会」の区別は「福音書」にさえ暗示されている。そのなかでキリスト教の創始者であるイエスは、「皇帝（カエサル）のものは皇帝（カエサル）に、神のものは神に返しなさい」（「マタイによる福音書」二二章二一節）と弟子たちに説いた。この二つをはっきりと区別したのが、ユスティニアヌス帝であると思われる。彼からコンスタンティノープル総主教に宛てられた、主教その他の聖職者の叙聖式に関する六番目の改訂勅法の序文には、次のように記されている。

人類にとって最大の天恵は、天からの慈悲によって許された神の贈り物である祭司職と帝権である。祭司職は神事を取り扱い、帝国の権威者は人間に関する事柄に君臨、配慮することとする。しかしながら、この二つの制度の起源は一つで、いずれも人間の生活を魅力的にするためのものである。

初期のビザンツ帝国の支配者はまだ、「インペラトール」（共和制時代の凱旋将軍）、「カエサル」（皇帝）、「アウグストゥス」（尊者）などのローマ帝国の称号を使っていた。のちに、皇帝は「バシリゥス」（君主）あるいは「オートクラトール」（専制君主）という二つのギリシア語で呼ばれることが普通になった。皇帝の統治権の性格を強調するため、その勅令は「イエス・キリストの御名において」出された。ビザンツ帝国では、皇帝は通常、国家ばかりでなく教会に対しても究極的な責任を負っており、教会当局が定めた「正統信仰」を承認し、それを実行させる義務があった。「正統信仰」は、哲学者プラトン（紀元前四二七―前三四七）の言ったギリシア語の「オルテドクサ」（正しい意見をもつこと）からきている。

キリスト教時代初期の数百年間におけるコンスタンティノープルの皇帝たちは、自分の使命を普遍的なものと見ていた。一つの帝国の支配者として、また神に啓示された唯一の真の宗教の長として、全世界に帝国の平和とキリスト教信仰をもたらすのが皇帝の使命であった。ビザンツ帝国の儀式では、皇帝は世界の支配者を意味する「コスモクラトール」、あるいは時代の支配者を意味する「クロノクラトール」とさえ呼ばれていた。普遍的な帝国の権威のしるしや象徴のなかで、ソリドゥス金貨〔コンスタンティヌス大帝がはじめて発行し、ビザンツ帝国崩壊まで使われたローマ帝国金貨〕もしくは古代ローマのデナリウス金貨ほど威力あるものはなかった。これらの金貨は、何百年にもわたってローマ帝国皇帝あるいはビザンツ帝国の「オートクラトール」の名のみで鋳造され、世界じゅうでよく知られ、通用した。

紀元三世紀のペルシアとの紛争とそれにつづく混乱で、ビザンツ帝国皇帝の軍事・行政機構は弱体化し、支配圏は縮小した。その後、コンスタンティヌス大帝の改革が後継者によってつづけられ、完成すると、帝国政府の権威と効率のよさがともに回復し、予想されていた危機や敗北を乗りきって、帝国の存続を可能にした。新しい組織は首都も地方諸州も変えた。中央では、行政部門は専門的な役人のいる多数の部局に分かれ、防衛、保安、司法、外交のほか、もちろん財務も含む諸問題を取り扱った。帝国諸州の面積を狭めて数を増やし、それらを四つの管区に分けてそれぞれを親衛隊長官に治めさせた。各管区の長官は財務上も軍事上もかなりの実権と大幅な自治権をもっていたが、個人的には皇帝に対して責任を負っていた。

新制度の有効性を左右するのは、なんといっても軍事組織だった。新制度下では、可動力があって高度に訓練された正規軍があり、その軍隊は皇帝個人に所属していて、皇帝の意のままに国内の反抗者や国外の敵に立ち向かった。

ゾロアスター教徒ペルシア帝国

ビザンツ帝国の敵のなかでもっとも重要な相手はもちろん、唯一人の敵対する帝王であるペルシア王だった。ローマ軍に対する勝利を宣言する二六〇年の碑文には、ペルシア王シャープール一世が自分自身を次のように表現している。

> 余はシャープール王なり、ゾロアスター教の信奉者、イランおよびイラン以外の、神々の種族の、王のなかの王にして、ゾロアスター教の信奉者、イランの、神々の種族の、王のなかの王、パーパクの孫であるアルダシールの息子なり……余はイランの地の支配者なり。

たしかに、シャープール王はローマ軍に対して大勝利を収めたが、それから数世紀のうちに、ローマ帝国は再編成されて強大な国家になったのに、イラン国家は著しく弱体化した。

「不滅な魂をもつ（アノーシーラワーン）」とおくり名されたホスロー一世の治世（五三一―五七九）は、革命闘争と変革時代の頂点にあった。彼の父である前帝カワード（在位四四八―四九六、四九九―五三一）の時代には、たぶんマニ教徒であったと思われるマズダクと呼ばれる宗教がらみの反徒が指導する一種の共産主義的運動が起こった。カワード王はこの運動を、おそらく封建貴族に対抗するための武器として、一時期保護した。息子のホスロー一世は秩序とひとまずの平和を回復させた。その後、彼はマズダクの信奉者たちを抑圧して、国家、政府、軍隊の再組織化を図った。当初、それはある程度の成功を収め、軍事力は強化された。

だが、帝国の土台は弱体化した。王は封建制を廃止し、軍務期間中は俸給を支払う常備軍をもった軍事独裁制に変えた。特権階級は税金を免除されていたが、彼らはしだいに王に依存するようになり、その生活は以前にもまして宮廷を中心としたものとなった。変化の進行はしかし、まだまだ不完全だった。古くからの独立精神は存続しており、ホスロー一世の治世後、貴族たちは再び王位を脅かした。六世紀の国外戦争と内戦の時期には、軍司令官さえも軍事封土保持者になる傾向があった。将軍たちに支配された新しい軍事封建制度がこれらの抗争から生まれたが、それが定着するには時間が足りなかった。

七世紀初頭、ムスリム・アラブ人がイランに侵入したときには、中央政府は崩壊しつつあり、世襲の領主たちが地方を支配していたが、皇帝軍が最初の敗北を喫したあと、彼らは次から次に征服され、その領土はカリフ王国に吸収されていった。サーサーン朝ペルシア（二二六―六五一）最後の百年の社会的・政治的危機は、宗教がらみの動乱と並行して起こった。一連のゾロアスター教の異端派、とくにそのなかではマニ教とそれから派生した宗派が目立っていたが、彼らは祭司や王族の既成階級に挑戦した。これらの運動は一度も成功することはなかったが、既成のゾロアスター教祭司階級の結束と権威を蝕んでいった。

そこへムスリムがやってきた。彼らはこのサーサーン朝を、アッバース朝カリフ国（七五〇―一二五八）の政治制度の一部のモデルにした。その大きな特徴は、王の廃位や暗殺で調節され、アラブ人征服者たちを虜にした絢爛たる祭儀や儀式によって維持されていた専制政治である。サーサーン朝はまた、官僚制と書記制度という別の遺産も残した。昔ながらのペルシアの封建諸侯は、軍事的な能力が衰え、顧みられなくなっていたが、貴族階級は官僚機構を通して権力と影響力を維持していた。ペルシア時代の貴族的な書記階級の技能や心意気は、イスラーム時代に再開花することになる。

王位に対するペルシア人の解釈は基本的には宗教に基づいていた。パルティア王国とは対照的に、サーサーン朝は一種の国家教会制度を導入しており、それが王の権力を聖別し、社会、政治全般に積極的に関与していた。それは祭司長を最高権威者とする細かく規定された位階制によって運営され、精神面ばかりでなく世俗的にも、土地所有、十分の一税その他の特権を有していた。高位の祭司たちはまた、貴族階級に属し、一種の「僧服の貴族」階級を形成していた。

サーサーン朝ペルシアはきわだった貴族社会で、そこで地位を得るには閉鎖的な上流階級の一員であることが必須だった。そのような社会は欠陥もあるが長所もあり、とくにギリシア・ローマ世界には全般に欠けていた騎士道精神と礼節の伝統があった。

そのペルシアの政治組織の貴族的基盤は、すでに六世紀の度重なる動乱でひどく弱体化していた。イスラームがもたらした民主化がこれにとどめを刺した。

アラブ人国家の興隆

アラブ人によって敗北させられたビザンツ帝国とペルシア帝国の二つの国家を比較してみると、得るところが大きい。地理的には、この二つの国家には共通点がある。二帝国のいずれも、高地に基盤をもち、支配的な言語と文化――アナトリアではギリシア語とキリスト教、イラン高原ではペルシア語とゾロアスター教――は支配する王族のものだった。二帝国は、自分たちと言語も宗教も異なる民族が居住していた隣接地域を支配した。シリアのビザンツ帝国臣民とイラクのペルシア帝国臣民は、主としてアラム語を話すキリスト教徒であった。シリアでは、ビザンツ帝国人は教会内の異論派グループの抵抗に直面したが、これらのグループはしだいに彼ら独自の異なった位階制、主体意識、典礼の仕方を確立していった。

その後の成行きを左右するもっとも大きな違いは、この二つの帝国の首都の立地条件にあった。コンスタンティノープルはアナトリア高原の遠い端に位置し、高い城壁に囲まれて安泰であった。この都市を征服しようとするアラブ軍の試みはすべて失敗した。サーサーン朝ペルシアの首都は、イラン高原に近いイラクのクテシフォンにあり、六三七年のアラブ軍による攻撃第一波で陥落し、以後、独自の軍隊をもって割拠していたペルシアの貴族たちは、再興のための拠り所となるセンターを失ってしまった。

アラブ人は版図拡大の過程で、ローマ帝国とペルシア帝国というまったく異なった二つの帝国の伝統に遭遇し、それぞれから大きな、異なった影響を受けた。時は前後するが、この二つの帝国を呑みこんだアラブ・ムスリムの侵略者と、そのほかの侵略者たちのあいだにも大きな違いがある。西ローマ帝国の領土を侵略したゲルマン人たちは、それぞれ独自の組織、位階制、法律をもつ政治組織であるローマ帝国と、キリスト教会という宗教に遭遇した。彼らは、少なくとも原則的にこの二つを受け入れ、ローマ帝国とキリスト教の二重統治社会のなかで自分たちの目的を達成しようとした。西ローマ帝国皇帝は異教徒の主人の傀儡（かいらい）となったが、ゲルマン人は傀儡ゲームは役に立つと考え、やがて西ローマ帝国がむなしく崩壊したときでさえ、ドイツには新たな「神聖ローマ帝国」が設立された。

ペルシア帝国とビザンツ帝国を侵略したアラブ人たちは、ゲルマン人とは著しく異なった行動をとった。彼らは旧制度を廃止したばかりか、独自の統治制度さえ創出した。だが、のちに東方から来てイスラーム王国を征服した侵略者たちは、ヨーロッパのゲルマン民族に近い方式をとった。トルコ族や、改宗後のモンゴル族ですら、イスラーム教の組織やカリフとスルタン制度を維持し、それらを自分たちなりに変えた。西方におけるラテン語のように、東方から来た新しい支配者たちはアラビア語とペルシア語を維持し、大切にした。

キリスト教国とムスリム国家の違い

ムスリムは他の民族と同様に、統治し、徴税し、戦った。ムスリムはこれらのすべての行為を、他の民族以上に宗教がらみで行なった。キリスト教徒とムスリムのありようは、とりわけ大きな差があった。コンスタンティヌス大帝がキリスト教に改宗するまで、キリスト教徒は三世紀にわたって少数派(マイノリティー)であり、つねに疑惑の対象となり、またしばしば国家による迫害を受けた。そのあいだにキリスト教徒は独自の組織を広げ、それが「教会」になった。他方、イスラーム教の創始者ムハンマドは、自分自身がコンスタンティヌス大帝のようなものだった。彼の在世中に、イスラーム教徒は政治的にも宗教的にも忠実な信奉者となり、メディナの預言者ムハンマドの共同体は、この預言者自身を地域と人々の統治者と仰ぐ国家となった。彼の支配者としての活動の記録は、『コーラン』ともっとも古い口述伝承に収められ、世界じゅうのムスリムの歴史的自己認識の核をなしている。

それゆえ、預言者ムハンマドとその信奉者にとって、神かカエサルかという選択は生じなかった。キリストはこれを巧みにくぐり抜けたが、多くのキリスト教徒にとっては罠(わな)となる選択だったのである。ムスリムの教えと体験のなかにカエサルは存在しなかった。神は国家の長であり、預言者ムハンマドは神の代理人として教え、支配した。預言者としての彼には後継者はいなかったし、いるはずがなかった。イスラームの宗教・政治共同体の最高支配者として、彼は歴代カリフの始祖だった。

　カリフは教皇と皇帝を一人で兼ねる、国家と教会の長であると言われることがある。西欧的キリスト教用語を使ったこの表現は誤解を招きやすい。たしかにキリスト教徒帝国のような「帝権」と「教権」のあいだの区別はなかったし、また別個に独自の長と位階制をもつ宗教組織としての「教会」も存在していなかった。カリフ位はつねに宗教職と定義され、カリフの至上の目的は、預言者ムハンマドの伝統を守り、聖法を守らせることだった。だが、カリフには教皇や祭司のような機能さえもなく、教育あるいは専門職としての経験を積むことによってイスラーム法・神学者（ウラマー）階級に属することもなかった。カリフの任務は、教義の説明や解釈ではなく、その支持と保護、つまり臣民がこの世でよきムスリムとしての人生を送り、来世への準備を整えられるようにすることにあった。そのために、カリフはイスラーム国家の国境内で、神から与えられた聖法を維持、擁護し、できれば国境を広げ、定めの時までに全世界にイスラームの光明を広げなければならなかった。ムスリムの正史では、初期の征服を、「開通」を意味するアラビア語〈フトゥーフ〉と呼んでいる。

　カリフには、その職務のさまざまな側面と概念を象徴するいくつもの呼び名があった。

神学者や法学者はカリフを、本来はムスリムの礼拝の指導者を意味する。〈イマーム〉（導師）と呼ぶのが常である。カリフの政治的・軍事的権威は〈アミール・アルムーミニーン〉と呼ばれていたが、これは通常「信徒の長」と訳されていて、もっとも頻繁に用いられた称号だった。〈ハリーファ〉（継承者、代理人）という称号は歴史家がよく用い、硬貨の銘にもしばしばこの言葉が見られる。理論的には、預言者ムハンマドがイスラーム教を創始してからの最初の数百年は、カリフを長とする一つの国家によって統治されたムスリム共同体が一つあっただけだった。

通常、イスラームの統治者の称号は、キリスト教圏のそれと違って、領土名や民族名を用いない。イギリス王、フランス王、スペイン王その他の西欧の国王に相当する存在ではなかった。十六世紀にトルコのスルタンとイランのシャーとのあいだで行なわれた大戦争中、この二つの称号はたがいに相手をけなすときに用い、自分には使わなかった。どちらも自分の領土内では、この世における神の代理人であり、ムスリムの支配者であった。敵対者は異端であり、反徒であり、よくても一地域の有力者にすぎなかった。

カリフ制の草創期に、初期のムスリムたちが直面した大きな問題点は次のようなものだった。だれをカリフにするべきか？　カリフはどのようにして選ばれるべきか？　その役目は何か？　彼の権力の範囲と限界は？　カリフを退位させることができるか？　だれが跡を継ぐのか？　これらすべての問題は、ときには法学者や神学者のあいだで宗教法や教義の原則を取りあげたり、初期のカリフ制の実際経験を引用したりして、激しい議論が取り交わされた。

シーア派は、カリフ座は預言者ムハンマドの血筋の者に継承されるべきであり、したがって、アリーとその息子のハサンの短い治世を除いて、これまですべてのカリフは権力の簒奪(さんだつしゃ)者であると主張した。

スンナ派ムスリムは全般的に、カリフは選挙で選ぶことができ、預言者ムハンマドの一族であるクライシュ家の一員であればその資格があると考えていた。スンナ派の法学者は古代アラブ族の首長の選び方に則った選挙方法を想定していたが、選挙人の構成や、その数のみならず、選挙方法まで正式に定められたことはない。法学者のなかには、資格のある選挙人すべての同意が必要だとする者もいたが、その資格については定義がなかった。また選挙人の定数についても、五人、三人、二人あるいはたった一人でもいいなどと、法学者の意見はまちまちだった。すると、一人とした場合の選挙人が現カリフで、自分の息子を後継者に指名することも可能になる。

これらの教えや議論は、現実政治の渦中にある敬虔な法学者たちに、不承不承ながら受け入れられたことを示している。

組織としてのカリフ制の進化は四つの時期に分けられる。最初は、現代歴史家が家長制時代としている時期で、スンナ派ムスリムにとっては、「神によって正しく導かれた」正統カリフ時代を指す。この初期の四人のカリフはすべて、なんらかの方法で前任者や同僚によって選ばれており、世襲による継承者はいない。だが、家長制時代のカリフ位は国王殺しと内戦に終始し、選挙による統治者選びは実験段階で終わった。それ以降、ウマイヤ朝（六六一―七五〇）とアッバース朝では、カリフ制は、理論上はともかく実際には世襲制になった。だが、選挙の原則は強く引き継がれ、ヨーロッパ君侯国の長子相続制度のような、継承の定則の発生や承認を防いだ。その他の大部分の点では、政府の組織や方式は、しだいにムスリムが征服した古代の帝国に似てゆき、メディナの預言者ムハンマドの共同体とは異なったものになっていった。

初期のカリフたちが行使した権力は、彼らの先人や後継者の専制政治にはほど遠いものだった。それは、イスラームの政治倫理や古代アラビアの反権力主義的な慣習や伝統の範囲内にとどまっていた。イスラーム勃興以前の詩人アビード・ブン・アッブラスの作とされている詩のなかで、彼は自分たちの種族のことを〈ラカーフ〉と呼んでいるが、この言葉は、古代の批評家や辞書編集者によれば、王に決して服従しない種族と定義されている。自分たちの種族についてのアビードの誇らしげな言葉がそれをよく表わしている。

彼らは王の家来になることを拒否し、どんな王にも支配されたことはない。
だが、戦争の参加を呼びかけられれば、喜んでそれに応えた。

古代のアラブ人は、『旧約聖書』の「士師記」や「サムエル記」に描かれている古代のイスラエル人と同様、王や王国機構を信用していなかった。実際、古代アラブ人は近隣諸国の王制機構をよく知っていて、それを取り入れたこともあった。アラビア南部の諸国には王がいたし、北部の辺境君侯国にも王は存在していた。だが、これらのすべての諸国は、程度の差はあれアラビアにとって重要ではなかった。南部の定住民の王国は別の言葉を使い、異なった文化圏に属していた。北部の辺境君侯国は、本来アラブ人の国ではあったが、ペルシア帝国やビザンツ帝国の王制の影響を強く受けており、古代アラブ世界ではやや異質な様相を呈していた。

アラブ系部族のあいだでも、王の称号がまったく知られていないわけではなかった。シリアとの境界付近のナマーラで発見された現存するもっとも古い（紀元三二八年）アラビア語の墓碑銘には、イムルル・クェイズ・ブン・アムルのことを、「王冠を戴き、アサドとニザールを征服し、そこの王たちを従属させた、すべてのアラブ人の王」と刻まれている。この碑文は、今までいずれの王も、「彼が獲得したものを得た」王はいないという言葉で終わっている。碑文に記されているのは、たぶん境界地にあった君侯国の一つの王だったと思われる。

イスラーム勃興以前のアラビアの歴史はほとんど知られておらず、多種多様な神話や伝説でちりばめられている。アラブ人の歴史伝承には、王制を樹立しようとして果たせなかった回想も残っている。それは、紀元五世紀末から六世紀初頭に繁栄したが、短命に終わったキンダ王国のことである。キンダ王国は崩壊したが、定住民族であれ遊牧民族であれ、アラブ人の一般的態度は王制に対して敵対意識があった。オアシスの町メッカでさえ、アラブ人は王に命令されるより、合意で決まった首長に統治されるほうを選んだ。

王制に対する不信は一般的に、『コーラン』や伝承にも反映されている。アラビア語の〈マリク〉（王）は神聖な形容語句であり、それゆえこの称号には、当然のことながら神聖な義務が賦課されている。だが、この言葉が人間界に用いられると、いつも悪い意味に解釈される。たとえば、『コーラン』のなかで、不正で暴君の原型であったエジプトの王（ファラオ）を指して、この言葉が頻繁に使われている（一八章七九節など）。『コーラン』の他の章では、ソロモン王との会話のなかで、シェバの女王がこう言っている。「王者というものは、邑（まち）に入れば必ずそれを荒廃させ、住民の中の貴顕を引きずり下（お）ろしてしまうもの。今度の連中もどうせ同じことであろう」（二七章三四節）

初期のムスリムは、同時代のビザンツ帝国やペルシア帝国で実施されていた帝政の性格をよく知っていたが、預言者ムハンマドによって創設され、彼のあと後継者である歴代カリフに統治される国家は、それとは違う新しいものだと信じていた。彼らは、宗教的指導者の率いるイスラーム世界を新たな帝国に変えようとする試みには断固反対した。九世紀初頭のアラブの思想家アル・ジャーヒズは、アッバース朝によるウマイヤ朝の抑圧を正当化する小冊子で、ウマイヤ朝の創設者で初代カリフ・ムアーウィア（在位六六一―六八〇）をこう非難している。

> やがてムアーウィアは自分で権力を握り、「再統合の年」と呼ばれた年に、他の調停者や、「援助者（メディナ人）」および「移住者（メッカ人）」の両方から成るムスリム共同体を向こうにまわして、自分自身をただ一人の支配者に仕立てあげた。だが、この年は、統合の年ではなく、むしろ分裂、強制、抑圧の年であり、導師（イマーム）の国はホスロー王国（ペルシア）のようになり、カリフ制はカエサルの専制政治のようになってしまった。

アル・ジャーヒズがこのような変化をムアーウィアのせいにしたのは早計だった。だが、彼はウマイヤ朝後期に起きた変化を正確に表現している。そして皮肉なことに、アル・ジャーヒズが弁護しようとしたアッバース朝カリフにより、このプロセスは完了するのである。

「合議」もしくは「評議会」を意味する〈シューラー〉の一員を意味する「調停者」への言及は重要で、イスラームの初期とイスラーム勃興以前の伝承を想起させる。イスラーム以前のアラブ族では、長老を意味する〈シャイフ〉あるいは首長や主人を意味する〈サイイド〉は、「束ねたり、ほどいたりする」自由、つまり首長を任命したり解任することが認められている、年長で尊敬されている部族のメンバーたちの自由意志に基づく同意があるかぎり、その地位にとどまることができた。首長の役目は、対等な人たちのなかの第一人者、紛争の調停者であり、戦争のときにのみ真の指揮権を発動することが認められ、許されていた。戦時であれ平和時であれ、その任務の遂行にあたっては、部族に受け継がれてきた慣習を尊重することが期待された。

新しい部族首長の選択は、実際には一つの家族のメンバーに限られたにしても、継承の規定はいっさいなかった。部族首長はつねに、名家とみなされる一族のメンバーから選ばれた。その一族はしばしば、名家であるとともに聖別された家族と考えられており、首長一族の子孫は、地元の神殿や神事にまつわる品々の世襲管理者でもあった。首長の選択は人物本位で、忠誠心を喚(よ)び起こし、それを持続させる資質があるかどうかが決め手となった。首長の座は権威ではなく、信望がなければ維持できなかった。イスラームの勃興とともに、既存の反王制、反王朝傾向は強まった。兄弟愛と平等を標榜するイスラームの信仰では、信仰心の厚さ、あるいは個人的な長所以外の優越性を認めなかったから、反貴族的感情の高まりとともに既存の反王制、反王朝気運は高まった。

その後のカリフ制の変遷は、ありのままを見るかぎり、後継者を選挙によって選ぶという基本方針がスンナ派の教理と法学の金科玉条とされた。選出方法がしだいに虚構化され、首長が自分の継承者を指名する形をとるようになり、それが歴代カリフ制王朝の伝統になるのはのちのことである。

初期のムスリムたちはカリフ制を、それまでの権威がもはや一部族のものではなく、イスラームの政治的共同体を形成する部族連合、つまり超大型首長国に拡大されたようなものであるとみなしていた。そこでは、部族の慣習にイスラームの信仰と律法が継続的に付け加えられたり、取り入れられたり、統合されたり、補足されたりしていった。領土拡張とたえまない戦乱期には、すでに旧体制に存在していた統率機能が新たな重要性を増していった。

部族首長の役割の一つは、〈マジュリス〉(集会)もしくは〈ジャマーア〉(部族連合)と呼ばれる部族の名士の集まりの議長を務めることだった。マジュリスの本来の意味は「人が座る場所」ということで、ジャマーアは「寄り合い」を意味していた。古代アラビアでは、マジュリスは一種の寡頭(かとう)政治評議会として機能していた。そこでは、首長は名士たちに助けられながら判決を下し、政治的決断を行ない、訪問者に会い、詩の朗読を聞き、時事問題討議の司会者になった。こうした慣習は初期カリフ時代までつづいたが、やがて細かな作法や儀式張った規則ずくめのものになり、カリフ帝国の領土拡大と、それにともなう政治生活の複雑化で、旧態依然としたマジュリスはもはや時代遅れになった。

カリフ・ムアーウィアは、息子ヤジードの推定相続人指名に支持を得ようとして、アラブ部族の有力な指導者たちを説得するため、〈ワフド〉（代表団）を送ったり迎えたりした。これによってムアーウィアはヤジードへのカリフ位継承を確実にすることに成功したが、それを認めさせるための内戦に勝たせてやることはできなかった。死の床にあったウマル二世が召集した名高い部族会議（シューラー）は、相談によって後継者を選出する模範的な例だが、こうしたやり方が繰り返されることはなかった。

『コーラン』の四二章三六節は、支配者の選択について相談の義務を課すものとしてよく引用される。ムスリムの文献では、相談と個人の恣意的な支配を比較して、前者を勧め、後者を非難している。相談を支持している事例は、預言者ムハンマドの戒めや実践を記録した伝統主義者によるもの、『コーラン』のなかで相談に言及した部分についての注釈者によるもの、また、本来は伝承の律法的な部分を後代、アラビア語、ペルシア語、トルコ語に書き改めたたくさんの文献などがある。イスラーム法・神学者（ウラマー）は全般的にウラマーと協議することを勧め、役人は役人と相談することが大事だと強く主張した。

だが、相談が推奨され、恣意的支配は非難されてはいたものの、相談がいつも義務づけられていたわけではなく、恣意的支配もまったく禁止されていたわけでもなかった。事態の推移は、君主あるいはその側近たちの個人的権威を小さくするよりも、大きくする方向に動いていった。政府の権威主義的傾向の増大、著名な革命家たちの失望は、いくつかの古い引用文献のなかに生き生きと記されている。アッバース朝の支持者だったスダイフという人物が、ウマイヤ朝の崩壊とアッバース朝カリフの即位がもたらした変化についてこう苦情を言っている。「神により平等に分けられていた戦利品は、金持ちの役得になってしまった。指導者は相談によって選ばれていたのが、恣意的に決まるようになった。共同体で選ばれていた首長が、いまや世襲になっている」

もっとも専制的な支配者の治世下でも、なんらかの公的集会はつづけられていた。いろいろな王朝のカリフたちは公的会見を行なっており、異なった社会階層の代表たちが、統治者あるいはその代理の高官に謁見を許され、陳情することができた。引き立てがほしい詩人や学者たちもお墨付きをもらって、その後の出世に役立てた。このようなやり方は、参内者を取り仕切る侍従その他の人たちに影響力や、ときには権力を与えることになった。オスマン帝国時代になると、〈ディヴァーヌ・ヒュマユーン〉（御前会議）は一つの制度になった。十五世紀初頭には、スルタンがいつも将軍（パシャ）会議の議長を務めるようになった。スルタンの死去から後継者が決まるまで、ディヴァーンは例外的に将軍たちだけで開催された。

スルタン個人が議長を務めるのをやめ、この役割を大宰相に譲った最初のスルタンは、メフメト二世だったようだ。その理由は、オスマン帝国の歴史家たちが記しているエピソードによれば、ある日、ディヴァーンに陳情を申し立てにきた農夫が、集まっていた高官たちに、「どの方がスルタンかな？　わしは苦情を言いたいのだが」と言ったため、スルタンは腹を立て、そのような気まずい事態を避けるためには、大宰相がスルタンに、ディヴァーンに出席しないほうがよいのではないかと進言した。以後、スルタンは、格子や簾（すだれ）の背後から会議の進行を見守るようになった。

このエピソードの真偽はともかく、スルタンの脱退は、メフメト二世により公布された議事運営手続きの規則によって明らかにされている。この規則によれば、スルタンは簾の背後に座ることと明確に規定されている。この慣行はスレイマン大帝の時代までつづいたが、大帝はこうした形でのディヴァーンへの出席さえ取りやめた。

十六世紀には、ディヴァーンは週四回、定期的に開かれ、日の出とともに始まり、あらゆる領域に及ぶ行政事務を取り扱った。午前中は普通、公開の会議に当てられ、とくに陳情や苦情の申し立てを受け、関係大臣あるいは大宰相自身が裁定を下した。正午頃になると、多くの陳情者や外部の人たちは退出し、ディヴァーンのメンバーに昼食が出された。昼食後、彼らは残った議題を討議した。同時代の記述によれば、この会議は純粋な相談機関であったことは明らかである。最終的責任は大宰相にあり、彼の裁量を越えることについてはスルタンが責任を取った。特定の問題を取り扱うにあたって、大宰相はディヴァーンの関係大臣から情報や助言を受けることはあったかもしれないが、ディヴァーン全体に諮（はか）ることはなかった。軍事問題は常備軍（イエニチエリ）の司令官に、海軍の問題は海軍提督（カプダン・パシャ）に、法律問題は裁判官らに問い合わせた。

制度的に非常によくできたオスマン帝国のディヴァーンは、いくつかの点でオスマン時代の情報化がかなり進んでいたことを反映していたと言ってよいが、同時にまた、一般的な変化を示している部分もある。

最初にトルコ系民族、ついでモンゴル族という大草原遊牧民が中東にやってきてから、イスラームの歴史に定期的かつ永続的な協議会への言及が表われはじめる。その記録によれば、ペルシアのモンゴル人支配者たちは、宰相を議長とする貴人たちの大協議会を開く慣習があった。ペルシア語で〈ディーヴァーヌイー・ブーズールグ〉（大ディヴァーン）と呼ばれていたこの協議会は、モンゴル人の部族会議である〈クルルタイ〉に由来するものかもしれない。このような協議会は、ペルシアのモンゴル人支配以後にも存在しつづけ、その機能はペルシアや外国の資料によっても裏付けられている。

マムルーク朝のエジプトにおいても、軍部の高官たちからなる最高協議会のような組織があったようだ。だが、マムルーク朝の後期になると、この協議会への言及はきわめてまれになる。

オスマン帝国では、それぞれ決められた出席者、開催時期、議事次第のある御前会議に加えて、アラビア語のシューラー（合議）が起源の〈メシュヴェレット〉（相談）と呼ばれる別種の会議も存在していた。この言葉はディヴァーンに用いられることはなく、特別な問題を協議するために、スルタンあるいは大宰相が主催する軍部その他の高官による臨時会議や集会を指す。十五世紀のバルカン戦争の最中には、このようなメシュヴェレットがよく開かれていたようだ。十六世紀から十七世紀にかけてもそれはつづき、十八世紀後半の国家存亡の危機にさいして非常に多くなっている。

オスマン帝国初期の歴史伝承によれば、オスマン王朝の起源はこのメシュヴェレットにあったという。それによれば、指導者を選ぶため、部族長たちがメシュヴェレットを開き、「討議を重ねた結果、オスマン族長（ベイ）に指導者になってほしいと頼んだ。彼は受諾した」。これがオスマン帝国誕生の事実であるかどうかはわからない。だが、たとえそれが神話であったとしても、オスマン帝国初期の年代記作者がこのような神話を選び、王朝正史に収めたこと自体、意義がある。

カリフの権力の衰退

アッバース朝カリフ国の専制的威勢が増すにつれて、バグダードにいるカリフ個人の権力は減少した。そして十世紀以降、かつて全イスラーム教徒の確固たる支配者であった「信徒の長」は、地方、首都における実質的支配権を次々と失い、最後には宮廷での権力まで喪失した。

こうした傾向は広大なムスリム帝国の辺境諸州から始まり、やがて首都の近辺を除くすべての地方に波及した。カリフはしばらくのあいだ、一種の地方分権制度により中央政府の権威を維持することができた。分権とはつまり、行政、財務、通信をそれぞれの長官の手に委ね、長官が直接バグダードに報告するシステムである。地方総督の仕事は、軍隊の統轄と辺境部や都市の治安維持だった。税務官は税金や年貢を徴収し、地方の出費を差し引いた残りの金をバグダードの財務庁に送った。駅逓長は帝国内の飛脚便サービスの維持と、首都の通信・情報長官に定期的に情勢報告を行なった。中央の支配が弱くなるにつれて、この三人のうちの一人、たいていは地方総督が他の二人の権限を奪取し、その地方を独立した地方州、もしくは世襲制の君侯国にさえすることがよくあった。

十世紀になると、元イスラーム帝国の大部分の地方は、このような世襲制君侯国によって占められるようになった。これらの君侯国は、金曜日の礼拝で名前を唱えられたり、ときには硬貨に銘を刻まれているバグダードのカリフの形だけの承認を得て、それ以外のすべての重要な問題を独自に処理した。

こうして台頭したファーティマ朝（北アフリカで起こったイスマーイール派王朝、九〇九—一一七一）は、自分たちこそカリフの血筋と自称し、全イスラーム世界の覇権をめぐってアッバース朝に挑戦して、すでに虚構となっていたその宗主権さえも放棄させてしまった。ファーティマ朝の没落後、宗主権は復活されたが、一二五八年にモンゴル軍がアッバース朝カリフ国の残存部を一掃すると、あまり価値もなかった宗主権は消滅した。名ばかりのカリフは、しばらくのあいだエジプトのマムルーク朝スルタンによって維持されたが、これもまた一五一七年にオスマン軍に征服されて終止符を打った。

真の支配者はもはやカリフではなく、〈アミール〉として知られる総督であり、十世紀初頭からは〈アミール・アルウマラー〉（大アミール）であった。この称号がもつ意味は重要であり、明らかにイスラーム以前のイランにおける称号の使い方が反映されている。その頃のイランでは、最高司令官は司令官たちの司令官であり、司祭長は司祭たちの司祭であり、皇帝自身も〈シャーハーンシャー〉（王のなかの王）と呼ばれていたのである。十世紀半ばには、「王」（マリク）という称号までが、碑文や硬貨の銘に自分たちが支配者である徴（しるし）として用いられはじめた。マリクの称号を最初に使ったのは、その頃イランに台頭した新王朝の一部の人たちである。その後、サラディンの末裔（まつえい）のセルジューク王朝（一〇三八―一一九四）や、のちの弱小王朝もそれを踏襲した。この称号の使用は、カリフやのちのスルタンと同等の資格を主張するものではなく、むしろ、帝国の最高支配者の名目だけの宗主権のもとで、地方の支配権を擁護する目的で使われていた。大ざっぱに言えば、これは、神聖ローマ帝国皇帝の名ばかりの支配権のもとで、同時代のヨーロッパのあちこちの君主が「王」という称号を使っていたのと同じと言えよう。

語彙（ごい）の豊かなアラビア語のなかから、なぜこの「王」という称号が選ばれたのかは容易に推測できる。この称号が最初に使われたところは、イラン文化の土地で、そこでは古代イランの君主制の伝統がまだ生きていた。イラン式宮廷の諸作法や肩書までも、イラン系高官の重用や宮廷作法、儀式についての古いイランの協定書の翻訳を通して、アッバース朝カリフの宮廷に大きな影響を及ぼしていた。

このような影響は、事実上、イランの領土に台頭した新しい君侯国の首都でいっそう顕著に表われた。古くからあるイランの称号である「シャー」は、ムスリム支配者にとって、まだ異国的でなじめず、異教徒的響きがあって使われなかったが、そのかわりアラビア語でそれに匹敵する「マリク」という言葉が採用された。その少しあとに表われる〈マリク・アル・マリク〉(王のなかの王)という称号は、明らかに古代ペルシア語の「シャーハーンシャー」を模したものである。この称号はとくに初期の伝承で非難されている。預言者ムハンマドは、だれも自分自身を「王のなかの王」と呼んではいけないと言ったとされている。そう呼んでいいのは神だけであるからだ。それにもかかわらず、この称号はブワイフ朝（イラン系シーア派王朝、九三二—一〇六二）、アイユーブ朝（エジプト・シリアを中心としたスンナ派王朝、一一六九—一二五〇）、その後の王朝の支配者にも使われていた。その意味ははっきりしている。地方の支配者が王ならば、首都の支配者は「王のなかの王」だからだ。

スルタン国の誕生

このようにして、地方州から中央へと、カリフの権威と思わせながらも実質的にはカリフの政治的・軍事的権限を横取りしたような格好の新たな帝国支配組織が出現した。その結果、十一世紀半ばに西南アジアの大半を制覇したセルジューク・トルコ王朝が樹立され、「大スルタン国」として知られるようになる支配体制が誕生した。

アラビア語の「スルタン」は、権威や支配を意味する抽象名詞で、ずいぶん昔から、政府あるいはもっと一般的に権力機関を指していた。国家と支配者が同義語であることが多い社会では、政治的権能ばかりでなく、その保持者にもこの称号が用いられた。非公式には、宰相、総督もこの称号で呼ばれ、アッバース朝ばかりでなく、ファーティマ朝のカリフが自分自身の称号として使う場合すらあった。十世紀になると、この称号は独立した支配者を指すことが一般的になり、上から任命されたり（しだいにまれになってきていた）、解任されたりするような支配者と区別するために使われた。だが、このような使用法は非公式のものだった。

「スルタン」が公式名称になったのは、十一世紀にセルジューク朝が主たる治世者の称号に採用してからである。セルジューク朝の使用により、この言葉は新しい意味を獲得し、全イスラームの政治的最高統治者であるとともに、宗教的にも最高位かそれと同等の地位を宣言するものとなった。セルジューク朝のこの問題に対する考え方は、一一三三年に、セルジューク朝スルタンのサンジャルからカリフの宰相に送った手紙にははっきりと示されている。

われわれはこの世の主である神から王位を授かった。これは権利と相続によって、信徒の長である祖父や父から受け継いだのである……われわれには規範があり、契約がある。

言いかえれば、統治権はセルジューク家に属するもので、神から与えられ、宗教的権威としてのカリフに承認されているということだ。カリフ制と同様に、スルタン制はユニークかつ普遍的なものである。イスラームの宗教的最高位者としてただ一人のカリフがあるように、イスラーム帝国の秩序、領土保全、行政に責任をもつのが、ただ一人のスルタンということになる。このようなカリフとスルタン間の権威の分割は広く認められるようになっていたので、セルジューク朝が衰退期に入り、カリフが独立した政治権力を遂行しようとしたとき、スルタンと彼の代弁者は、それをスルタンの特権の侵害であると抗議した。カリフは、この世の支配者たちを保護するというもっとも光栄ある任務である〈イマーム〉（礼拝の指導者）としての義務のみを果たすべきである。したがって、カリフは統治の仕事を、カリフが信任したスルタンにまかせるべきであると彼らは言った。

経国の才や政治の動きについてムスリムが書いているところによれば、こうした二重統治の出現には十分気づいていたようだ。政治的実務経験のあった人たちの書いたものには、当然のことながら、そうした認識がもっともはっきり表われている。だが、この認識は神学者や法律家の著作にさえ認められる。しかし、どちらのグループの人たちも、この二分法をキリスト教徒ローマ帝国の「帝権」と「教権」の区分と同等とみなしたり、ましてや現代の政教分離のような解釈はしていない。スルタン制はカリフ制と同様に、「聖法」により維持され、「聖法」を遵守する宗教的機構と考えられ、国家とイスラーム法学者との関係は、カリフ制の時代よりもセルジューク朝スルタンとその後継者の治世下のほうがより緊密になった。カリフやその信奉者たちはいかなる意味においても聖職者と呼ばれることはない。中世のムスリム、とくにペルシア人が書いているところによれば、カリフとスルタンという二種の権威の事実上の区別は、一方は預言者、他方は君主であるが、いずれも宗教的なものであった。

預言者ムハンマドは神の掟(おきて)を広め、確立する任務を負って神から派遣された者であるから、預言者ムハンマドが樹立する国家は神聖なものである。だが、人間の国家は、政治的・軍事的手段によって獲得した権威を維持、行使する君主によって治められなくてはならない。君主はこうした権威により、神の掟に関係なく(ただしその掟に反することなく)秩序を維持し、罪人を罰することができる。あらゆる時代に、預言者ムハンマドのような人は必要ではなく、実際にムハンマド以来預言者は出現せず、これからも現われないであろうが、君主はつねに必要である。なぜなら、君主がいなければ秩序は無秩序に席巻されがちだからである。

宗教的正統性と政治的安定とのあいだの関係はよく知られていて、引き合いに出されることも多かった。それは、古いペルシアの名言、あるいは預言者ムハンマドの言葉とも言われるムスリムの著作によく引用される次のような格言に要約されている。「イスラーム（あるいは宗教）と政府は双子の兄弟だ。どちらが欠けても繁栄しない。イスラームは基礎であり、政府はその守護者だ。基礎がなければ崩壊する。守護者がいなければ滅びる」スルタンはカリフを選んで任命し、共同体の長として、またスンナ派統合の原則を実現する者としてカリフに忠誠を誓うのが慣例だった。カリフとスルタンの職務の対比は、ウォルター・バジョット〔十九世紀のジャーナリスト〕の言葉を借りれば、政府の「威厳」と「効率」面の対比になる。つまり、「民衆に畏敬の念を起こさせ、それを長続きさせる」役割と、「それによって実務を行ない、統治する」役割との対比ということになる。バジョットの言葉はイギリスの憲法と、王室と議会の関係について述べたものであるが、この対比は中世のイスラームの状況にもよく当てはまる。カリフは権威を、スルタンは権力を代表するものであった。スルタンはカリフに権威を与え、カリフはそれに応えて、スルタンの権力を認めた。カリフは君臨するが統治せず、スルタンは君臨し、かつ統治もした。

セルジューク朝スルタン制はしばらくのあいだ、単独の普遍的スンナ派政治機構として維持され一目置かれていた。セルジューク朝スルタン国が崩壊すると、「スルタン」という称号はもっと広く、もっと一般的に用いられるようになり、やがて国家元首を名乗り、他のいかなる宗主権も認めない者に用いられるスンナ派の普通の称号になった。

十六世紀初頭、中東には三つの大きな国家があった。そのうちの二つの国、トルコとエジプトはスルタン、第三の国イランはシャーによって統治されていた。一五一七年のオスマン帝国によるエジプト征服後、アッバース朝系の最後の名目的なカリフがカイロからイスタンブルへ連行され、数年後に平民となって帰国した。それ以後カリフはいなくなり、オスマン帝国の歴代スルタンと、あちこちの小国の自称スルタンたちは、スルタンと同時にカリフを名乗り、各自の領土を支配した。「カリフ」という言葉自体、スルタンがその称号に付け加えた無数の称号の一つになった。この称号は、十八世紀末にまったく違った状況のもとで復活するまで、古来の重要性をまったくもたないものになってしまった。

官僚機構の発達

カリフおよびスルタンの政府は、初期の頃から官僚機構によって支えられ、その規模はしだいに増大し複雑になっていった。カリフ制初期の残存する資料によれば、少なくとも地方行政は、征服前と同様に、古い官僚機構に大きく依存していたことは明らかである。イラクやイランではペルシア人、シリアやエジプトではキリスト教徒が役人として働きつづけ、以前と同様、記録を取ったり、税金を徴収したりしていた。大きな違いは、彼らがいまや、税金を新しいアラブ人の政府に送るようになったことだった。行政実務のアラビア化と標準化が進み、主としてウマイヤ朝カリフたちのおかげで中央集権的帝国政府が生まれたように思われる。

アラブの歴史伝承によれば、カリフ・ウマルが「ディーワーン」と呼ばれる中央登録庁の設立に大きく貢献したことになっている。この中央登録庁の主たる目的は財政的なもので、税収を記録し、俸給受給者を登録させ、これによって俸給の配布の迅速かつ公正を期すのが狙いだった。ウマイヤ朝カリフ・ウマル二世は、官僚組織の肥大化を阻止しようと努めたと言われている。初期の行政史家によれば、ある日、カリフの秘書がパピルスがもっと必要だと彼に言った。

ウマルはこう答えた。「ペンを削り、書くことを少なくせよ。そのほうが、ずっとわかりやすい」カリフはまた、パピルスがほとんどないと苦情を言い、もっとパピルスがほしいと書いてきた別の役人にこう返事した。「ペンをもっと細く、言葉を短くして、手持ちのパピルスで間に合わせよ……」

このような方針では、せいぜい官僚組織の肥大化を遅らせることができたくらいで、その後パピルスのかわりに紙が使用されるようになると、組織は急速に膨張した。文書保管所の詳しい記録は、オスマン帝国時代以後のものしか残っていないが、年代記、役所の文書、その他の多くの残存資料から、初期の時代のことが十分に読み取れ、官僚機構がどのように機能していたか、かなりはっきりと想定することができる。

近代国家と同じように、政府はそれぞれの役割を担う官庁に分かれており、アッバース朝時代にはこれを「ディーワーン」と呼んでいた。そのなかでもっとも重要なのが、各官庁間の調整にあたる官房庁と、税金の査定や徴収を担う税務庁であった。そのほかの重要な部署としては、軍務、公共事業、国内治安、領土、王宮奴隷と解放奴隷の管理、情報収集を含む飛脚便サービス、宗教財団、慈善事業などがあった。これらの官庁は、政権によっても時代によっても組織構成は異なる。それは一般的に、各官庁間の調整、財務、軍務の三つに分けられる。さらにその上には、これらの諸庁を統轄する機能をもつ監査庁があった。「苦情調査」庁は、聖法で完全に処理されない問題について、中世のイギリス大法院というより、上告裁判所に似た業務を行なっていた。

宰相の台頭

カリフあるいはのちのスルタン治世下の全政府機構の長は、宰相〈アラビア語では〈ワジール〉〉だった。この言葉は、「重荷と義務を負う者」という意味で、起源はアラビア語であったと思われる。この言葉はまた、初期ペルシア語からきたか、あるいは影響を受けた可能性もある。その職掌はアッバース朝が導入したもので、サーサーン朝ペルシアの方式を改良もしくは模倣したものの一つであった。

カリフ治世下では、ワジールは官房庁と財務庁を含む全行政機関の長であった。ワジールは、東イラン起源のある名門一族から任命されていた初期の頃を除いて、書記階級から出ることが多く、官僚位階制を昇りつめた者がなった。行政機関の長としてのワジールは、通常、各官庁の長のなかから選ばれた。この職掌は本質的には文官で、軍事作戦に参加するのはきわめてまれだった。

軍司令官の地位が上がるにつれて、宰相(ワジール)の重要性は低下した。ブワイフ朝は自分たちのワジールを書記官長兼財務長官として維持していたが、ワジール自身、彼の主人と同様に軍人だった。スルタン治世下で、新しい形で再び現われ、新たな重要ポストになった。宰相職はスルタンは武人であり、しばしば学がなく、行政実務で使われているアラビア語やペルシア語などの言語も知らないことが多かったため、宰相府は活気を取り戻した。だが、それもセルジューク・スルタン国とともに終わる。後継スルタンの治世下では、官僚機構のみならず、万事が軍人の掌中にあった。マムルーク朝のエジプトでは、官僚機構の長は〈ダワーダール〉、文字どおり訳せば「インク持ち」で、軍の高官であった。彼の指揮下で、大規模で重要な官僚機構が誕生した。それが歴代マムルーク・スルタンのもとで、行政の実務遂行に責任をもち、おおむね長続きした。

オスマン帝国のスルタンたちは多くの宰相を軍司令官から任命した。そのなかのまとめ役はヨーロッパでは大宰相と呼ばれ、民政、軍事、さらに司法にいたる諸問題にまで非常に広範囲に権力を行使した。オスマン帝国の大宰相の報酬は、権力と責任に相応するものだった。スレイマン大帝の下で大宰相を務めたルトフィ・パシャの最盛期に、大宰相として受け取った年俸は二百五十万アスパーで、「ありがたいことに、この額はオスマン帝国では十分な報酬だ」と記している。大宰相時代の彼は、百五十万アスパーを厨房と随員の費用に、五十万アスパーを慈善事業に使い、残りの五十万アスパーを個人の金庫に残した。イランのサファヴィー朝（一五〇一―一七三六）のシャーたちもまた、同様な地位と機能をもつ宰相を使っていた。

政府行政の大事な仕事は財務、つまり歳入と歳出に関係したものだった。オスマン帝国時代、とくに十六世紀以降の中央および地方の膨大な公文書が保存されており、これらの資料から、オスマン帝国の財務機構の詳細を想定することができる。だが、初期のイスラーム帝国については、公文書は存在していたことは間違いないが、残っていない。それゆえ歴史家は、中東や中世のヨーロッパなら可能な、オスマン帝国の詳細な日々の記録を再現できない。それでも、少量の公文書のコレクション、あるいは好運にも、偶然に保存されていた文献などがかなりあり、資料はたくさんある。これらの文書のほか、歴史、地理、裁判などの文献や、何にもまして重要な役所の記録のおかげで、歴史家は中世のイスラーム財務機構の実態について、かなり詳しく知ることができる。

初期のアッバース朝の財政は、行政のすべての部門と同様に、宰相が直接の責任を負っていた。のちには、財政問題のみを扱うもっと専門的な官職が生まれた。ペルシアやトルコの政権では、この官職の責任者は、記録保持者を意味する〈デフテルダール〉と呼ばれた。大まかに訳せば財務長官といったところだろうか。

イスラーム法の規定とほとんどのムスリム政府の慣習では、二つの別々な財庫を維持しなければならなかった。一つは一般的な財庫、もう一つは「特別な」〈ハーッサ〉（スルタン一族などの支配層）用財庫で、どちらも財務長官の管轄下にあった。この二つの財庫がはっきり区別されていない時期もあり、第二の財庫は第一の財庫の不足を補塡（ほてん）する役目を負わされていたこともあったようだ。第一の一般用財庫の二つの大きな用途は、首都に駐在する軍隊の維持と、宮廷の出費を賄う（まかな）ことだった。アッバース朝第七代カリフ・アル・マームーン（在位八一三―八三三）治世時代の文書によれば、一日の宮廷費は六千ディナールであった。

一般財庫は、軍事・政治の最高指導者としての統治者の費用を負担したが、「特別」財庫は、ムスリム共同体の宗教的指導者として必要とされる費用を主として負担した。つまり、「特別」財庫は、メッカへの巡礼の費用、聖戦（ジハード）に必要な国境要塞の維持費、聖法の擁護、施行の役目をもつ裁判官（カーディー）その他の宗教組織で働く人たちの俸給、駅逓制度の維持などの費用のほか、捕虜の身の代金、大使たちの接見費、詩人その他の報奨を受けるにふさわしい人たちへの気前のよい援助費を賄っていた。

原則として国家の歳入は、イスラーム税、つまり「聖法」で決められた税から得られていた。この税には、〈ハラージュ〉（地租）、〈ジズヤ〉（非ムスリムが支払う人頭税）、〈ザカート〉（ムスリムが支払う喜捨税）もしくは〈ウシュル〉（文字どおり十分の一税）などがあった。これらの税は一般財庫に納められた。これらの税のほか、種々の関税、使用料、〈ムクース〉と一括して呼ばれていた輸入税によって補足されるのが普通だった。法学者はこうした税の徴収を嘆いたり、非難したりしたが、それにもかかわらず、ムスリム支配者たちはどこでもそれらを集めていた。「特別」財庫の財源には、カリフの私有地からの収入のほかに、罰金、没収、相続人のない死亡者の土地の王領化による収入が当てられていた。

歳入は現金と物納があった。イラクやイランのような昔のサーサーン朝ペルシアに属していた地域や、それより東の中央アジアやインド北部では、通貨の単位は銀貨のディルハムであった。地中海東岸部（レヴァント）やエジプトのような、以前のビザンツ帝国領域の国々や、西および南西アラビアでは、金貨のディナールである。ディナールとディルハム間の交換比率は当然、金と銀の価値によって変動した。理論的には、一ディナールは十ディルハムであったが、役所の計算書類の記録には、この比率はかなり変動し、ディルハムは一ディナールに対し、二十ディルハムあるいはそれ以上に低下することもあった。

地方や地域の必要経費を除いたあとで首都に送られてくる実質税収の要約が、公文書館にいくつか残っている。これらの資料のもっとも古いものは、アッバース朝第四代カリフ・アル・ハーディー（在位七八五―七八六）時代のものである。その次の代のカリフ・ハールーン・アッラシード（在位七八六―八〇九）時代のものもある。後期のカリフ時代のいくつかのリストからは継続と変化が読み取れる。リストの数字から、東方地域からの税収は約四億ディルハム、西方地域からの税収は約五百万ディナールであったことがわかる。

残存しているリストには、現金収入に加えて、物品で評価されたり、集められていた収入や貢納品が列挙されている。たとえば、シンド〔パキスタンの南西部の州〕からのものとして、象三頭、胴着四千着、サンダル一千足、沈香四百モーンド〔インド、イラン、トルコなどの重量単位。標準換算単位で約三十七キログラム〕が挙げられている。クミシェー〔現在のイランのシャーレザー〕からの税収には、銀二千鋳塊、ザクロ四万個があり、ファールス〔イラン南部〕からは、ザクロとマルメロ十五万ラトル〔一ラトルは約四百グラム〕、バラ香水三万壜、果物砂糖漬け一万五千ラトル。エスファハーン〔イラン中部の都市〕からは、蜂蜜と蠟、各二万ラトル。スィースターンから、衣服三百着、砂糖二万ラトル。アルメニアからは、刺繡カーペット二十枚、種々の反物五十八ラトル、二種類の塩漬け魚、各一万ずつ計二万ラトルが納められていた。ローマ帝国のちにはビザンツ帝国の徴税法を長いあいだ踏襲してきたシリアやエジプトでは、物納はあまり重視されていなかった。一般に、物納は主として食料品、衣服、織物で、馬、驢馬、鷹、奴隷など生き物が税として納められることもあった。

その後のリストによれば、税収は減少していることがわかる。物納はしだいになくなり、現金による納税に置き換えられていった。現金による納税もまた減っていったが、その原因は経済的変化によるものもある一方、地方の支配者、軍司令官、徴税請負人らによる横領の比率が高くなっていったことにもよる。アッバース朝第十八代カリフ・アル・ムクタディル治世下の九一八—九一九年の税収の要約によれば、全地域からの実質収入額は一千四百五十万一千九百四ディナールであり、そのうち百七十六万八千ディナールは国有地からの収入であった。このリストは実際受け取ったすべての収入を列挙したもので、以前の計算書では示されていなかった没収や通行税の収入も含まれている。

アッバース・カリフ国が衰退し、その行政管理機構が崩壊するにつれて、税収数字の公表は頻度が減り、信頼できないものになる。歳入に関する数字がきちんとつかめるようになるのはオスマン帝国時代（しかもオスマン帝国領土内のみ）になってからである。一六六九—七〇年の会計年度の予算がその一例だ。数字はアスパー（トルコ語ではアクセ）で示されているが、これはもともと、昔のディルハムにほぼ相当する小さな銀貨で、のちに硬貨との交換可能な決済通貨として用いられた。この年の予算によると、オスマン帝国の全歳入額は六億一千二百五十二万八千九百六十アスパーで、地租、人頭税、各種通行税、手数料および罰金、相続人のない死亡者の没収財産、徴税請負人からの収入などが含まれていた。この年の歳出は、六億三千七百二十万六千三百四十八アスパーで、そのうち、軍事費三億九千八百三十九万二千六百二アスパー、宮廷費一億八千二十万八千四百三アスパー、スルタンの内廷費および中央官庁維持費五百三万二千五百十二アスパー、残りは雑費四千四百五十七万二千八百三十一アスパーであった〔合計額は全歳出額と合わないが原文のママ〕。初期の頃のリストと同じく、項目は税と地域に分けられていた。初期のリストと違って、税収入の一部としての物納による収入は列挙されていない。だが、皇室厨房に届けられた食糧の詳細なリスト（種類、量など）や皇室工房に送られた資材は、「現金外支払」として記録されている。

国家に対するムスリムの態度には矛盾がある。宗教教義によって、国家は秩序の維持と神の目的の実現のために必要な、神によって定められた機構であるとみなされている一方、国家とはなにか悪いもので、その活動に参加する者を汚染し、なんらかの形でそれに関与する者にとって危険なものであると見ていた。真偽のほどは疑わしいが、預言者ムハンマドが言ったとされている格言によれば、政府と天国を結びつけることはできないという。換言すれば、政府の実務には必ず悪事や罪がつきものであるということだ。政府関係者のなかにさえ、このような考え方をする人たちが時にはいた。九世紀のバグダードのある宰相は、「政府の基本は手品である。それがうまくゆき、つづけば政策になる」と言っている。こんな話もある。アッバース朝第二代カリフ・アル・マンスールの宮廷で、幸福の真の意味が議論され、真に幸福な男の定義を尋ねられたカリフはこう答えた。「余はそういう男を知らないし、そういう男も余を知らない」その意味は明らかに、人間は、政府に関係することが少なければ少ないほど、より幸福になれるということだ。

イスラーム教が他の宗教と同様に、政府に対してもつ牧歌的イメージのなかに、同様な二面性が認められる。多くの宗教書には、臣民は羊の群れで、神に対してその羊の群れの責任者であるカリフあるいはスルタンは、臣民の羊飼いであると描かれている。牧歌的イメージの逆の面が、アミール・イブン・アッラース（エジプトのアラブ人征服者）が言ったといわれるコメントに表われている。第三代正統カリフ・ウスマーン（在位六四四—六五六）が彼をエジプトの軍事総督とし、他の者を徴税の責任者にしたいと提案したとき、アミールは断わり、次のように言ったという。「それは、私が牛の角を押さえているあいだに、彼が牛の乳を搾るようなものです」

政府の性格と目的についての中世ムスリムの幅広い、いろいろな考え方が、九世紀はじめのアラブ人文学者によって集められたいくつかの格言に浮き彫りにされている。

●イスラームは次の四つの仕事を政府の役目としている。司法、戦利品の取得、金曜日礼拝、聖戦。

●イスラーム、政府、その国民は、テント、支柱、ロープ、杭のようなものである。テントはイスラーム教、支柱は政府、ロープと杭は国民だ。どれが欠けても具合が悪い。

●ペルシア皇帝ホスローは言った。「次の五つのものがない国には滞在するな。強い支配、公正な裁判官、常設市場、賢い医者、豊かな川」

●ウマル・ブン・アハッターブは言った。「統治に向いているのは、弱くはないが穏やかである者、苛酷ではないが強い者のみである」

国家についてのイスラームの古典的理想を、たぶんもっとも雄弁に物語っていると思われるのは、ある王が臣民について述べた言葉によく表われている。「余は彼らの心に、憎しみで汚れていない尊敬と、軽蔑に汚れていない愛を蓄えた」

第九章　経　済

農　業

近代以前の中東の経済と社会の歴史はほとんど探索されておらず、したがって、まったく知られていないないし理解もされていない。他の地域、とくに中世のヨーロッパ史とくらべて、この領域の歴史研究が比較的遅れた状態であったおもな理由は、文献資料の不足にある。中世の西ヨーロッパの諸国家は近代ヨーロッパ国家に進化していったが、これらの国の公文書は、しばしば実用目的のために現代まで保存され、歴史研究者の貴重な資料になっている。ところが、中世の中東諸国は、オスマン帝国を例外として、内部抗争や外部からの侵略により、打倒されたり滅亡したりした結果、公文書はもはや役に立たなくなったため、放置されたり、散逸したり、紛失したりしてしまった。

西欧の影響と二十世紀的行政方式が広がるまでの、中世後期から二十世紀初頭までずっと、政治・行政の突然の断絶なしにつづいてきた唯一の国家はオスマン帝国だった。それゆえ、この国の公的記録の多くは無傷で残っている。オスマン帝国の公文書は、多くのヨーロッパ国家や君侯国の公文書と同様に、実用目的のみによって維持された時代から、歴史研究のために保存されるようになる新時代までの、危険な過渡期を生き延びた。これらの文書の研究により、すでにオスマン帝国時代の中東の歴史に光が当てられるようになっただけではなく、それより以前の暗闇の部分まで明らかにされようとしている。オスマン帝国の公文書の解読は非常にむずかしく、またその量も多いので、中東史の研究、とくに社会・経済の歴史研究が、他のもっと恵まれた条件の地域ですでに当たり前となっているレベルにまで達するには、たくさんの作業がなされなければならない。

だが、すでに利用可能な資料に基づいて、中東の経済と社会の発展のおおよその輪郭を描くことは可能である。これはまた、当時の経済と社会が支えた政治機構を明らかにする助けになるであろう。

農業は有史以来、つねに圧倒的に重要な経済活動形態であり、現在でも大部分の地域でその役割は変わっていない。住民の大多数は農業から生活の糧を得ており、どの国家も比較的最近まで、税収の大部分を彼らの労働から得ていた。

中東の農業は伝統的に二つのタイプがあった。第一は大河流域経済を中心とした重要度の高いもので、ナイル川、ティグリス・ユーフラテス川、中央アジアの二つの川であるオクサス川（アムダリヤ）、ヤクサルテス川（シルダリヤ）流域がこのタイプに属する。中東の他の領域では、農業は降雨のあるところに限られ、シリアの渓谷、シリア・パレスチナの地中海沿岸、イランの一部、現在トルコになっている地域の大部分が第二のタイプに属する。後者の農業のほうが困難が多く、大河流域より収穫が少ない。中東では、この種の農業は、西ヨーロッパや中国などの世界の他の地域の降雨依存型農業にくらべても貧しく、未発達である。

全体として、この地域の顕著な特徴は森林がないことで、したがって木材もない。聖書時代には、レバノン杉がエルサレムの神殿の建築材料にされた。だが、すでに中世イスラーム時代には、中東はアフリカから木材を輸入し、とくに建築に欠かせない熱帯の硬い木材はインドや東南アジアから運び入れていた。

もっとも重要な農作物は、もちろん穀物であった。大昔からあったのは大麦、粟（あわ）と野生に近い小麦だった。中世初期になると小麦が大半を占めるようになった。それは現代も変わらない。稲の栽培は、いつ頃かはわからないがインドから伝えられ、イラン、イラクを経由してシリアやエジプトに導入された。七世紀のアラブ人征服時に、彼らはイラクではじめて米を見たと言われている。当時の記述から察すると、米は彼らにとってまったく新しいものだったようだ。

バスラ地方の遠征に参加したあるアラブ人が奇異な話を残している。

沼地でアラブ軍に奇襲攻撃されたペルシア前哨隊が、逃げるさいに二つの籠（かご）を残していった。その一つにはナツメヤシの実が入っており、他の籠には、あとでわかったことだが、脱穀していない米が入れられていた。アラブ軍指揮官は部下に、「ナツメヤシの実を食べ、ほかのものは食べるな。それは敵がわれわれのために用意した毒かもしれないからだ」と言った。そこで部下たちはナツメヤシの実を食べ、もう一つの籠に入っていたものは避けた。だが、彼らが食べているあいだに、馬一頭が逃げ出し、その米を食べはじめた。兵士たちは、肉に毒が回らないうちにその馬を食べるため、殺そうとした。しかし、馬の飼い主が「待ってくれ、様子を見よう」と言った。翌朝、その馬がまだぴんぴんしているので、彼らは米を火であぶり、籾殻(もみがら)から分離した。指揮官は、「アッラーの名を唱えて、食べろ」と命じた。そこで米を食べた彼らは、それが非常にうまい食物であることを知った。

アラブ人の統治下で、稲の栽培と米の消費はさらに西に広がっていった。他の穀物も食用にされたが、なかでもモロコシはよく知られていた。その他の食用作物として、マメ科植物――ソラマメ、エンドウマメ、ヒラマメ、ヒヨコマメが中東の多くの地域、とくにエジプトで今日まで必需食品として食べられている。

油性植物はもちろん重要で、油は食用、照明、各種化粧品、とくに石鹼用に必需品であった。おもな油性植物はオリーブで、中東、北アフリカ地域では主要な作物であった。油はまた、さまざまな脂肪種子からも抽出された。

アラブ・ムスリム統治時代に東方から西方へ持ちこまれた作物に砂糖キビがある。ペルシアでは、砂糖キビは〈シュキャル〉あるいは〈ガンド〉という二つの名前で呼ばれていた。どちらの言葉も「シュガー」「キャンディー」として現代英語にもその由来の痕跡が残っている。砂糖は、ギリシア・ローマ世界ではまだあまり知られておらず、せいぜい医薬品として用いられるだけだった。当時は、甘みが必要なときは、食品や飲料に蜂蜜を使っていた。中世イスラーム時代に、砂糖キビの栽培と砂糖の精製がエジプトと北アフリカに広がり、砂糖はイスラームの中東からキリスト教徒ヨーロッパへの主要な輸出品の一つになった。砂糖キビの栽培とそれを確実なものにした大農園方式は、北アフリカからムスリム・スペインに伝わり、そこから大西洋諸島へ、そして最後に新世界アメリカへと伝播した。

香辛料植物は中東の多くの地域で栽培されていたが、南および南東アジアから大量の香辛料の輸入もしていた。ヨーロッパ海洋国家がはじめてアジアへの直接航路を開き、これを独占して中東を経由する必要がなくなるまでは、香辛料は中東から西側世界への輸出品の目玉だった。近代的な冷蔵庫が発明される以前には、暑い気候では食品はすぐに腐るので、これを防ぐため、食品とくに肉類は塩漬け、酢漬けなどさまざまな保存法が工夫されたが、食べやすくするには香辛料や薬味が必要だった。

飼料用作物は、輸送にも食料にも家畜への依存度の高い社会では、なくてはならないものである。寒冷地では普通に着られる羊毛や皮革などの衣類が適さない地域では、軽い衣類をつくるための工業原料用作物が必要であった。そのうちとくに重要な作物が三つある。亜麻は太古の時代から中東、とくにエジプトで栽培されていたことが、亜麻布巻きのミイラからも証明されている。綿ははるか東方からもたらされた多くの作物の一つであるが、原産は東アジアだったようだ。中東では、綿についての最初の記録はペルシアにあるが、その後着々と西方へ広まっていった。蚕（かいこ）の餌になる桑は、六世紀以降、中東で栽培されている。ペルシアとシリアの絹はとくに珍重された。いろいろな種類の染色用植物や芳香植物は、おしゃれな身仕度の総仕上げに役立った。

もう一つの重要な工業原料用作物はパピルスで、これはナイル川岸のアシからつくられ、羊皮紙やのちに紙が使用されるようになるまで、東地中海世界の主要な筆記材料だった。

果物や野菜も広く栽培されていた。古い時代のもっとも重要な果物はブドウ、イチジク、それにナツメヤシだった。果物としてばかりでなくワイン用として栽培されていたブドウは、イスラーム勃興以前のほうが広く栽培されていたようだ。ナツメヤシはオアシスや半砂漠地帯では必需食品だった。桃やアンズなど中東で栽培されていた他の果物の多くは、ペルシアやそれ以東の東方原産である。ホウレンソウ、ナス、アーティチョークは、ヨーロッパでは、今日でも移入されたときのままのペルシア語やアラビア語に近い発音で呼ばれている。

柑橘類栽培の歴史はよくわかっていないだけに、興味をそそられる。今日の大部分の中東言語では、オレンジは「ポルトガル」と呼ばれており、アラビア語では「ボルタカル」、トルコ語では「ポルタカル」、はるか東のアフガニスタンでさえこれとよく似た言葉を使っている。インドや中国に古くからあった甘いオレンジは、たしかにポルトガル商人が十六世紀初頭に中東に運んできたものだった。しかし、柑橘類はイスラーム興隆のはるか前からペルシア帝国で知られていた。ペルシア語にも、ユダヤの法律と伝承の集大成である『タルムード』にも、食用柑橘類として〈トゥルンジ〉（ヘブライ語では〈エスローグ〉、アラビア語では〈ウトルゥージャ〉）や、すてきな花が咲く、苦みのある小さな果物についての記述がある。この果物は、飾り物や化粧品として用いられたが、主としてシェルベット〔冷した甘味水〕用や調味料として食用にもされていた。これはペルシア語で〈ナーランジー〉と呼ばれており、そこからアラビア語の〈ナーランジュ〉が由来した。ポルトガルその他のヨーロッパのあちこちで、甘い食用果物はこの言葉の類縁語で呼ばれている。

ナーランジーについては、すでに九世紀のアラブ詩人イブン・アル・ムタッズが、少女の頬のようだと形容している。この詩人はまたレモンのことも書いているが、レモンはたぶん、この時期にインドから来たようだ。レモンとライムの栽培は急速に中東一帯に広がり、ヨーロッパにも紹介された。ヨーロッパでは、これらの二つの果物の名は、今でもペルシア・インド語（リームー）で通用している。これらの果物は極東から中東へ、ムスリムの隊商によりもたらされ、中東からヨーロッパへは、十字軍と同行の商人たちにより運ばれていったことは間違いない。

タバコ、トウモロコシ、ジャガイモ、トマトなどの今まで知られていなかったアメリカ原産植物を中東に持ちこんだのは、ポルトガル人をはじめとするヨーロッパ人であったにちがいない。トルコの歴史家イブラヒム・ペチェヴィは、一六三五年にきわめて具体的にこう書いている。

嫌な匂いがして、吐き気を催させるタバコの煙は、ヒジュラ暦一〇〇九年（西暦一六〇〇―〇一）にイギリス人異教徒が持ちこんだものだ。彼らは湿気からくるある種の病気の薬だと言ってそれを売りつけた。遊び人や好色者が病みつきになったが、やがて遊び人でない人たちもタバコを吸いはじめた。多くの立派なイスラーム法学者や要人までがタバコの虜になってしまった。

もっと近代になると、中東原産ではない他の二つの植物が、経済に重要な影響を与えるようになった。たぶん今でも、この地方の社会生活になくてはならないものであろう。中世初期のアラブ人旅行者が不思議な国、中国の驚きを読者に伝えるため、次のようなめずらしい話を伝えている。

王は塩と、熱い湯を注いで飲む香草からの収入に対して独占権をもっている。この香草はどの都市でも高値で売られており、「シャ」と呼ばれていた。この香草はクローバーより葉が多く、少し香りがあり、いくらか苦い味がした。水を沸騰(ふっとう)させ、その香草の上に注いだ……。国庫の全収入は人頭税、塩、この香草から得られる。

もう少しあとの十一世紀はじめ、ペルシア人科学者、哲学者、旅行家として有名なアル・ビールーニーが、中国とチベットでの茶の栽培とその飲み方について、詳細に記述し、見聞を伝えた。茶の飲用は十三世紀にモンゴル族征服者によりイランに持ちこまれたようだ。だが、それは普及せず、さらに西方へ伝えられた証拠もない。イランで茶の飲用が急速に広まったのは十九世紀で、ロシアから再導入された。茶の広範な栽培は二十世紀になってからで、この地方で栽培できないコーヒーの消費を減らすため、イランとトルコの統治者が奨励したものである。茶の栽培はあまり重要ではなく、主として地元で消費され、あまった少量が輸出されたにすぎなかった。茶のおもな飲用地域は北アフリカのエジプト以西のマグレブ地方〔アフリカ北西部、チュニジア、アルジェリア、モロッコなどの地域〕で、一七〇〇年頃にはじめて茶についての記述が見られる。茶はフランスやイギリスの商人が東方から運んできて売っていた。彼らはアフリカ北西部をヨーロッパ市場の有力な延長線上にあるとみなしていた。ミントの葉と混ぜた茶は、モロッコの国民的飲み物になった。

中東地域全般で、はるかに重要な飲み物はコーヒーだった。コーヒーは多くの証拠から、エチオピア原産であり、その名は、今でも野生のコーヒーの木が茂っているエチオピアのカーファ地方に由来するようだ。十四世紀から十五世紀にかけて、コーヒーはカーファからイエメンに入ってきた。あるエジプト人が書いているところによれば、「今世紀（十六世紀）はじめ、〈カフワ〉と呼ばれる飲み物がイエメンで広がっているというニュースが、エジプトのわれわれのところへ届いた。この飲み物は、イスラーム神秘主義者（スーフィー）の長老らが、献身的な修行中の眠気覚ましに飲んでいる……」。コーヒーは、エチオピアへのある旅行者が、そこで広く飲まれていることを知り、イエメンへ持ち帰ったと説明はつづく。

この旅行者はアデンに帰ってから病気になったが、（カフワを）思い出して、それを飲んだところ、良くなった。彼はこの飲み物が疲れとだるさを追い払い、体にかなりの元気と活力をもたらすことを知った。その結果、彼がスーフィーになったとき、彼や他のアデンのスーフィーたちもこの飲み物を飲みはじめた……。その後、すべての人たち、有識者も庶民も、彼の真似をしはじめ、学問やその他の職業、手職人などの従事者もコーヒーの助けを借りた。このようにしてコーヒーの飲用が広がっていった。

実際にそれは広まった。一五一一年までには、コーヒーの飲用は聖都メッカですでに実証されており、そこから帰国する巡礼者や商人によって、この習慣は西方のエジプト、シリア、オスマン帝国中央部へ、また東方のイランに伝わっていった。これらの地方では、十九世紀初頭までコーヒーは主要飲料であった。西側世界はインドや中国などの良質かつ安価で豊富に供給される茶を直接輸入できたが、コーヒーはしばらくのあいだ中東の専売商品だった。

コーヒー、コーヒーを飲む人たち、コーヒー・ハウスのことを、ヨーロッパ人ははじめのうち、やや軽蔑的に見ていた。一五八五年、イスタンブル駐在のヴェネチア大使ジアンフランチェスコ・モロシーニは、訪れたコーヒー・ハウスについてこう書いている。

ここにいる人たちはみな、低級で、衣服も貧しく、非生産的で、何もしないで時間をつぶしている。彼らは何をするというのでもなく、表(おもて)や店内や道路で「カフヴェ」と彼らが呼んでいる豆から抽出した、やっと飲めるほど熱く、沸騰している黒い液体を飲むのを楽しみにしている。

一六一〇年にトルコへ旅行したイギリス人ジョージ・サンディーズはもっと手きびしい。

「そこ（コーヒー・ハウス）では、彼らはほとんど一日じゅう、座りこんで「コッファ」と呼ばれる飲み物をすすっている……その飲み物は火傷（やけど）するくらい熱く、煤（すす）のように黒く、まことに奇妙な味がする……」〔口絵25参照〕それにもかかわらず、ヨーロッパ人はコーヒーとコーヒー・ハウスの両方の味を覚えた。おもにイエメンで生産されていたコーヒーは、中東からヨーロッパへの輸出品リストのなかで、またたくまに主要品目になった。かつては儲かった香辛料取引がなくなったエジプト商人にとって、ヨーロッパで需要が増しているコーヒーは格好の代用品になった。ヨーロッパでの最初のコーヒー・ハウスは、トルコ軍による第二回ウィーン包囲のあと、この都で開店した。店主はアルメニア人で、トルコ軍後方の情報をオーストリア軍に通報した報奨として独占開業権を要求したのだ。

中東で茶とコーヒーが人気のある飲み物になり、茶店（チャイハネ）やコーヒー・ハウスが重要な社会生活のセンターになった理由はよくわかる。キリスト教やユダヤ教と違って、イスラーム教はアルコール飲料を禁止しているからだ。一般的に、この禁止令は完全に守られているとは言えず、広く行なわれている飲酒や、酩酊（めいてい）の様子さえ取りあげた詩や物語はいくらでもある。だが、飲酒はしかたがないからこっそりと、少なくとも目立たないように隠れて、個人の家の高い塀のなかや、禁酒令の影響を受けない非ムスリムのあいだでたしなまれていた。古典アラビア語やペルシア語の詩のなかでは、キリスト教の僧院と侍者、ゾロアスター教の賢者などが、居酒屋やその店主の詩的シンボルにされた。だが、このような飲酒習慣は、大目に見られていても、やむをえずこっそりと行なわれており、中世のムスリム都市生活には、ヨーロッパの居酒屋やそれに相当するものはまったくなかった。コーヒー・ハウスやチャイハネはその穴埋め的存在だった。やがてコーヒー・ハウスは虚偽宣伝、反政府的扇動行為や、最悪とされる賭博の中心になっているという苦情が聞かれるようになった。

この地方での農耕技術は、昔も今も未発達のままだった。単純な木製で、原動機も付いていない古色蒼然とした鋤（すき）が昔から用いられていたが、今でもそれを使っている地域がある。この鋤は鋤板〔鋤につけた湾曲した金属板〕なしに用いられることが多く、牛やラバ、ときには水牛に引かせたが、馬に引かせることはなかった。豊かな大河流域の社会では、それほど努力しなくても豊富な収穫が得られ、ときには年に二回ないし三回も穀物が穫れる。降雨が少なく、きびしい気候で、粘土質の土地では、農夫たちが技術的な改良に励むが、そうしたやる気がこの地方にはなかった。

技術革新がなかったもう一つの理由は、この地方の社会には、ヨーロッパにあった二つの特徴がなかったことだ。その一つは、作物の生育について学のある熱心な僧がいた修道院であり、もう一つは、教育のある農業従事者の存在であった。たとえば、大学で学んだあと、自分の農園で働き、監督し、農業の諸問題に熟達した知識を生かしていたイギリスの田舎紳士たちに匹敵する人間が中東にはいなかった。中東の教育を受けた紳士たちは、若干の例外を除いて、農事に関心がなかった。農夫たちは教育がなかった。技術的進歩は、知的修練や専門技術、さらに農事に直接かかわることなどが結びつくことが必要だが、そのどれもが全般的にこの地域には欠けていた。

昔のイスラーム時代の農業技術への貢献は、灌漑技術を除いて少なかったが、それにもかかわらず、中東のイスラームの農夫や商人たちは、農作物とくに食用作物の耕作範囲と種類をけたはずれに豊富なものにしてきた。東アジアと南アジア原産のいくつかの作物の西方への導入は、イスラーム興隆以前の諸帝国時代にすでに始まっていた。東アジア原産の作物が、古代ペルシアやイラクで栽培されていたことは、中世ペルシアの著作や『タルムード』にも出てくる。西へ行けば行くほど、そうした作物は全部ではないにしても、高価でエキゾチックな贅沢品に見えた。たとえば、桃は古代ローマでも知られていて、その現代名は、ラテン語の「ペルシクム・マルム」(ペルシアのリンゴ)に由来する。

イスラームによる征服で、西方はヨーロッパから、東方はインド、中国の国境にいたるまで、単一の政治・経済制度下の集団がはじめて出現した。中央アジアのムスリム兵士や旅行者、ペルシア湾からインドへ航海したムスリム水夫や商人たちは、これらの新しい作物の発見や普及に重要な役割を果たしたことは疑いない。イスラーム時代に、イランから「肥沃な三日月地帯」、北アフリカ、ヨーロッパに紹介されたもののなかには、米、トウモロコシ、砂糖キビ、綿、スイカ、ナス、アーティチョーク、オレンジ、バナナのほか、種々の食品、飼料、繊維原料作物、香辛料、医薬品もしくは化粧品用の植物が含まれていた。中世のムスリム旅行者たちは、それぞれ多数の亜種をもつ、驚くほど広い領域の作物について言及している。一四〇〇年に書かれた北アフリカ沿岸の調査報告では、ブドウ六十五種、梨三十六種、イチジク二十八種、アンズ十六種が挙げられている。

中東の人たちの力量が真に発揮されたのは灌漑技術だった。大河川の豊富な水を貯留し、分配するための堤防、貯水池、運河などの手の込んだシステムを組織し、維持する技術である。これはもちろん、農民ばかりでなく、専門技術者や官僚たちの業績だった。大河流域社会の集中灌漑システムに、近代の官僚国家と統制経済の源があるとする歴史家もいる。

刈取りは穀物の損失を防ぐため、通常、鎌で行なわれ、穀物は臼とすりこぎを手で回すか、奴隷または荷役用家畜を用いて挽き臼石で製粉された。このやり方は、現代でもこの地方に残っているところがある。

エジプトでは、毎年ナイル川の堆積土が土地に養分をもたらすので、肥料は必要なかった。だが、その他の地域では必要な堆積土がなかったため、深刻な土地の疲弊をもたらすことが多かった。イラクでは、川によって運ばれる塩分堆積で、土地はどんどん疲弊した。塩分は平和時や治安のよいときは除去されていたが、混乱期には堆積した。川が十分な水を供給する河川流域を除いて、農民たちは隔年システムで働き、一年おきに土地の耕作と休耕を繰り返すのが普通だった。

土地の浸食は長いあいだ問題であり、古代においてさえそうだった。これは中世を通じても同じで、現代になっても変わらない。社会秩序が崩れるたびに、遊牧民が砂漠から耕作地へやってきて作物を荒らすため、砂漠が広がってしまうのだ。

この現象はいろいろな形で生じる。まず、砂漠の浸食を抑えなくてはならない。社会秩序が壊れると、その防御手段が崩れ、砂漠が忍び寄ってくる。そのほか、もっと目に見える破壊要因は山羊だった。草を食む羊と違って、山羊は草を引き抜いてしまうため、表土が失われるか、やわらかくなってしまい、土埃になって風に飛ばされる。山羊はまた樹皮を食べるため、木が死んでしまい、風の通り道ができて表土が砂塵と化す。これらの原因その他で、この地方の多くのところで広範囲な土地浸食が起きている。現代の耕作領域と、古代の考古学的証拠からの耕作地を比較してみると、その差は歴然としている。エジプトの歴史家イブン・ハルドゥーンが十四世紀に書いているところによれば、その当時でさえ、北アフリカには「建造物や彫像の遺蹟、都市や村落の廃墟が示すような、豊かな文明が昔はあったが、今や廃墟化と荒廃が進んでいる」。

国庫収入その他の記録から、ローマ帝国後期時代以降、農業生産高と農作物からの収入が全般的に落ちこんでいることがわかる。アラブ人の侵入時には、この傾向はかなり進んでいたようだ。短い回復期はあったものの、それは中世イスラーム時代までつづいた。こうした衰退を示す証拠はたくさんある。中東や北アフリカのあちこちで見られる使われなくなった井戸や農場、崩れた台地、放棄された村落などの考古学的発見は、生産量の減少とそれにともなう収入減を示す文書や記録によっても裏付けられる。このような変化にともなう人口の減少、重税、金貸しの取り立てなどのトラブルで、村落から都市への逃亡者が増えた。

農業生産高の全般的な低下は、政府、上流階級、また宗教界にもある程度言えるが、土地の耕作とそれに従事する人たちを低く評価していたことが大きな要因であったことは確かだ。イスラーム教は隊商都市に生まれ、その預言者ムハンマドは商人貴族階級に属していた。彼の死後、信奉者たちは広大な帝国を征服し、あらゆる地方に張りめぐらせた軍営都市のネットワークを通じて全国を支配し、搾取した。これらの都市は急速にイスラーム文化と学問の中心になったが、農村部は長いあいだ、古来の、イスラーム勃興以前の諸宗教を守ったままだった。農民たちがイスラームに改宗し、同化するようになっても古い偏見は残った。インドやバルカン半島で、新しいムスリム帝国が設立されるようになっても、ムスリム都市住民が非ムスリム農民を支配するという同じパターンが繰り返された。預言者ムハンマドのものとされている伝承のなかには、商業の賛美はたくさんあるが、農業への敬意を表したものはほとんどない。「聖法（シャリーア）」も同様で、都市住民の生活と問題を主として取り扱い、それらを細かい点まで検証し、議論し、規定しているが、税金の取り立てを別として、農民問題にはほとんど関心を払っていない。こうした状態が、経済の国家統制が強まったことと、農業に無知で、支配地の長期にわたる繁栄に関心のない軍人が農地を管理していたことにより、悪化したことは確かだ。

牧畜

この地方の大部分は半乾燥気候地帯で、農業や草食の大きな家畜用には不適であるが、羊や山羊の飼育には十分であった。これらの動物は、肉、羊毛、皮革のほか、中東の食卓に必須なヨーグルトやチーズを供給した。この地方では、遊牧文化が数千年にわたって存在し、最初の原始的農業とあいまって、文明の萌芽を可能にした。ラクダを使った遊牧生活もまた、有史以前の時代からあったようだが、これは今でもベドウィンの経済と日常生活の中心になっている。ラクダは平和時にも戦時にも、大事な輸送手段だった。

古代アラビアでは、馬は少なかったが、アラブ種という名前と血統でよく知られ、高く評価されていた。イスラームの興隆後、アラブ人育種家たちはペルシア、ビザンツ帝国、のちにベルベルの馬種と交配し、頭数を増やし、広大な草原を利用して飼育した。馬も小馬(ポニー)もユーラシア草原の遊牧民族にとってたいへん重要な家畜であった。食肉、農作業用、あるいはペットとして飼育される家畜は少なかった。

他の文明の畜産では非常に重要であった豚の飼育は、ユダヤ教と同様イスラーム教でもタブーで、行なわれていない。ムスリム征服者たちがスペイン、バルカン半島、中国西部に到達したとき、豚がイスラーム教拡張の地理的限界のもとになったとさえ言う歴史家もいる。これらの地方の数世紀にわたるムスリム支配にもかかわらず、イスラーム教は、豚を飼育し食用とする人たちのあいだには根をおろさなかった。

ニワトリは食肉と鶏卵用に飼育されていたが、エジプトの養鶏農民が人工孵化の新技術を発明し、これをはじめて見たヨーロッパ人を驚かせた。一六五五年にエジプトを訪れたフランス人旅行者ジャン・ド・テブノーは、次のように書いている。

> 私がカイロで見た驚くべき事柄の筆頭は、ニワトリの人工孵化技術だった。雌鶏が卵を抱いて温めることなしに雛が孵化するなどということはお伽話だと思うだろう。そしてまた、卵が重量で量り売りされているのにさらに驚くだろう。だが、それは本当の話だ。彼らは卵を炉に入れ、自然のぬくもりに似た穏やかな温度で温め、孵化させるのだ……。彼らは、牛やラクダの糞を燃やしてできる熱い灰のみを使い、それを炉の焚き口に置く。そして毎日、同じ場所に、新しい熱い糞の灰を置き替える……。この方法は、暖かい気候のエジプトでなければできないのではないかと思う人が多いだろう。だが、フィレンツェの大公は技術者をエジプトから呼び、そこで、エジプトと同様にうまく卵

を孵化させることができた。ポーランドでも同様のことができたと聞いている。テブノーが記しているように、孵化技術として知られているこの方法はヨーロッパに導入され、のちに広く実用化された。

西ヨーロッパでは、農業と牧畜業は密接に関連しあっており、実際、同一人物が両方を行なっていることが多い。だが、中東では、農民と遊牧民は、太古の昔から分離しており、紛争が絶えなかった。農業と牧畜業は別々で、つねに対立する関係にあった。農民は日常生活のために少数の家畜を飼育することはあるが、運搬や食用のために家畜を飼育するのは遊牧民のおもな仕事だった。このような分業体制は、どちら側にとっても危険な利害の対立を起こすことがしばしばだった。

両者間の利害の対立は、中東最古の歴史物語の一つ「カインとアベル」の話にも登場する。羊飼いの弟アベルは、ほふった動物の捧げ物を神のもとにもってきた。農夫の兄カインは土の実りをもってきた。『旧約聖書』の「モーセ五書」〔最初の五書。「創世記」「出エジプト記」「レビ記」「民数記」「申命記」〕に出てくる神は牧夫をひいきにした。神はほふった生け贄を受け取り、土の実りを拒んだ。そこで、農夫のカインは牧夫のアベルを殺した。

中東の歴史では話は逆のことが多く、略奪のために襲いかかってくる遊牧民に悩まされたのは農夫のほうだった。中東の耕作地はみな、遊牧民の住む砂漠からすぐに到達できるところにあり、遊牧民族は、耕作地域の管轄当局による防備が手薄な徴候を抜け目なく利用した。文明地域の北のはずれのユーラシア大草原や、南のはずれのアラビア半島の砂漠には、やがて帝国になる遊牧民族の君侯国や王国があった。

工業

農業と牧畜業はともに、製造業、とくに中東の主要な製造業である繊維産業に原料を供給していた。ヨーロッパへの繊維輸出の重要度は、中東原産の多くの繊維名からも知ることができる。地名関連ではモスリン（イラク北部の都市モスル）、緞子（ダマスク）（ダマスカス）があり、専門用語関連ではガーゼ（ガザ）、モヘア（アラビア語のムハイヤル）、タフタ（ペルシア語のターフタ）などがある。中東で生産され輸出された繊維品には、衣類のほか、タペストリー、クッション、その他の調度品もあった。農民は亜麻と綿を、遊牧民は羊毛と皮革を供給した。他の重要な原材料である木材は供給不足のため高価で、ほとんど輸入に頼っていた。

鉱物資源はもちろん重要だった。鉱物資源としては、採取される石材や陶土のほか、採鉱による金属類があった。中東では金、銀および純粋な銅は、有史以前から採掘されていた。青銅は、メソポタミア東部では紀元前三千年代に、エジプトでは紀元前二千年代につくられていた。錫（すず）ははるかに遠い「錫の島」、つまりコーンウォール〔イギリス南西部の州〕から輸入されており、鉄はアルメニア、ザカフカズ〔カフカス山脈南のカスピ海と黒海とのあいだの地域〕や、現在のトルコ東部など、北方の数カ所から輸入された。中東の鉱山はすでに大昔に採り尽くされていたので、ムスリム諸国は遠隔諸州や、さらに遠いところからの輸入に頼ることが多くなった。鉱山は、主としてアルメニア、イラン、エジプト北部、スーダンなどの中東周辺部に残っていたが、「肥沃な三日月地帯」と呼ばれた中東の中心地域やエジプトにはほとんど残っていなかった。金や銀はほかの場所から調達せざるをえなかった。これらの金属の探査と輸送路の問題は、その後の事態の成行きに大きな影響を与えた。

イスラーム世界への金のもっとも豊かな供給源の一つがアフリカの鉱山で、とくにエジプトとスーダンの境界にあるアスワンの南のアラーキー地域の鉱山であった。イスラーム軍のサハラ砂漠以南への進出のおもな動機の一つが、金と奴隷を求めるものであったのは間違いない。銀は多くの場所で発見されたが、おもな埋蔵地はかつてのサーサーン朝ペルシア領内にあった。

工業技術は原始的な状態にとどまったままだった。唯一のエネルギー源は例外なく人間と動物の筋肉だった。簡単な自動装置もいくつか発明され、使用されたが、おもに玩具用だった。それ以外に機械と言えるものは、製粉機と飛び道具発射装置くらいしかなかった。風力と水力を動力にした機械装置は大昔から使用されており、現代でも用いられている。だが、これらの機械装置は中世初期のヨーロッパとくらべても、その数は少なく、灌漑とトウモロコシの製粉に用いられただけで、工業目的に利用されたことはなかった。その他の機械としては、戦時に敵の都市や海上の敵艦を攻撃するため、発火液体を詰めた容器を投げるカタパルトや同種の装置があった。

中世後期にヨーロッパから大砲と砲手が導入されるまで、これらの機械は、張力やねじれを利用した反発力で動かされていた。もっとも精巧な機械は天秤の応用で、投げる物体の重量と、反対側の錘（おもり）の動きで作動するものだった。これを使えば、これまでよりもずっと遠方に、もっと強い力で、より大きな投下物を投げることができた。そのほか、剣、短刀、盾、甲冑（かっちゅう）、大投石機などの武器は、工業生産、国際貿易のいずれにおいても重要品目であった。

エネルギーの産出で進歩がなかった大きな理由は、西ヨーロッパの薪（まき）、木炭、石炭、あるいは多くの川や滝から得られる水力に相当するものがなかったことである。もちろん、石油はあったが、その抽出や利用法の秘訣がわかるのはまだまだ先のことである。古代や中世の時代では、石油は自然にしみ出したものしかなかった。ゾロアスター教時代のペルシアでは、それを寺院の聖火を護持するのに用いた。ビザンツ帝国とイスラーム帝国では、そうした石油を含んだ泥が、主として兵器用の爆発物をつくるのに使われた。

衣服に次いでどこでも必要になるのは住まいである。個人の住居や公共の建物の建設、家具や内装のための資材を供給する多くの産業が発達した。都市住民が必要とするものには、鍋釜その他の家庭用品、石鹼、香水、軟膏（なんこう）のほか、もちろん筆記用具であるインク、羊皮紙、パピルス、のちには紙などがあった。

交易

輸送は、他の文明では工業生産促進の刺激になったが、イスラームの土地では重要性は低かった。それはおそらく、木材や金属の不足から、車両が用いられることはまれで、車両用の道路もほとんどなかったためであろう。荷車のことはときどき話のなかに出てきたり、書かれたり、絵に描かれたりさえしているが、明らかにめずらしいものとみなされていた。十四世紀に、出生地のモロッコから中東を越えて中央アジアまで旅行したイブン・バットゥータ〔イスラームの大旅行家。一三〇四―六八〕は、草原地帯のトルコ系住民が荷車を使用していたのに遭遇し、これを特記に値すると考えた。もっとあとの十八世紀に、フランス人旅行家のヴォールネイは次のように書いている。

シリア全土で馬車や荷車がまったく見られないのは注目すべきことだ。これはたぶん、これらの車両が役人に没収されて、一瞬のうちに大損害をこうむるのを恐れているためではないか。

輸送には駄獣〔荷物を背に載せて運搬する動物〕か船を使うのが普通だった。紀元前二〇〇〇年頃に家畜化されたラクダは、約五百四十キログラムの荷物を担いで、一日に三百二十キロ近く歩き、水なしで十七日間も旅することができる。だが、ラクダはどこでも使えるものではない。湿気の多いバルカン半島では、オスマン軍の補給品や軍需器材の輸送のため、アナトリアやシリアから連れていったラクダが病気になったり、死んだりして、オスマン軍の進軍の障害になった。だが、中東の乾燥した気候では、この動物は、道路を荷車で運ぶ方式にくらべてはるかに安上がりだった。近距離なら、小さなラバやロバでさえ、物資と人の輸送に役立った。

船による輸送はまた別問題である。古代から、地中海や東方の海、それに内陸水路のための造船業は大規模に発達していた。ローマの歴史家たちは、ローマ帝国内で小麦を荷馬車で百二十キロメートル運ぶのは、同じものを地中海の端から端まで船で運ぶよりコストがかかったと計算している。イスラーム時代でも同様だったであろう。

製造業、とくに織物業は通常、家内工業で、職人が自分の家のなかで家族といっしょに、あるいは小さな作業場で働くことが多かったようだ。製造は家族あるいは地元消費用がおもで、国際取引用ではなかった。国際的な商取引のレベルに達していた品目はカーペットを除いて少なかった。大規模な生産組織が発達した分野もある。たとえば、亜麻布職人が生産者に日給で雇われていたことを裏付ける中世のエジプトの文書がある。エジプトにとって、もう一つの重要な産業である製糖業でも、同じような取決めが行なわれていた。国家もまた多くのやり方で産業に介入し、後援者としてそれを奨励したり、支配者が資金投資をすることもあれば、国家独占事業を設立する場合もあった。

そのなかで、もっとも重要なものは〈ティラーズ〉〔つづれ織りの一種〕だった。古代アラビア語では、この言葉は一種の錦織り、あるいは刺繡品を意味し、これを身につけたり、あるいは身につけることを許可するのは王の特権だった。これを身につけることができるのは支配者か、あるいは支配者が名誉のしるしを授けたいと思う人たちだけだった。ティラーズは、一種の栄爵の尺度になった。こうした特殊な情勢のために、紀元後数百年間は、ティラーズ製造は用心深く守られた国家独占産業だった。ティラーズの工房は国家が所有し、監督官たちは官吏だった。のちには、そうしたシステムは緩和された。軍需産業もまた国家管理であることが多く、たとえば軍艦の製造やある種の武器の生産がそれに入る。

国家はまた、ときどき、価格を一定にするため、経済活動に介入することもあった。こうした慣行は大昔からあり、とくにローマ皇帝ディオクレティアヌス（在位二八四—三〇五）は大々的に価格を定めようとした最初の皇帝だった。預言者ムハンマドが言ったとされる「神のみが価格を決める」——自由放任経済（レッセフェール）を雄弁に表わしている言葉——が「伝承（ハディース）」にあるにもかかわらず、ムスリム統治者はしばしば、中世の経済学者が「適正価格」と呼ぶものを定めようとした。だが、このような政策はつねに失敗した。統治者のなかには、価格決定を越えて、独占事業まで行なおうとした者もいた。とくにエジプトのマムルーク王朝後期がそうで、政府は胡椒貿易に税金をかけることで一年にこんなに儲かるものなら、この取引を全部取りあげ、胡椒商人から税金を取るかわりに、すべての利益を取りあげればもっと稼げると考えた。とくに、マムルーク朝のエジプトのスルタン・バルスバイ（在位一四二二―三八）は、この国家独占政策を極端に推し進めた。その結果、中継貿易に混乱が起こり、これがポルトガル商人によるアフリカ回りの航路開拓の動機になった。

産業においても、他の分野と同様に、イスラーム時代の大きな進展の一つは、異なった地域からの伝統や技術のみごとな融合だった。地中海東部とイランからの古代文明は、イスラームの製陶業に新たな美しさを生みだした。十三世紀には、モンゴル族の大規模な侵入により、西アジアと東アジアがはじめて一つの支配下に置かれ、中東とくにペルシアに極東の美的観念や様式に目を開かせた。

貴金属の探鉱と採取技術の進歩は、広範囲に及ぶ流通・交換システムの発達を促進・助長した。元ビザンツ帝国領土で通用していた金貨と、元サーサーン朝ペルシア領土で通用していた銀貨という二種類の硬貨の同時使用により、金銀両貨本位制と通貨交換システムが事実上進んだ。広域をカバーする大規模な交易を行なう必要から、あらゆる主要な商業中心地で活動する両替商人階級が生まれ、それが究極的には、細分化された複雑な銀行制度に発展していった。

中世イスラーム世界の諸事情は、広範囲にわたる大規模な交易の発展にまことに好都合なものだった。モロッコから北アフリカを通って中東へ、さらに遠くのインドや中国の国境にいたる古代文明の広大な地域が、はじめて一つの政治・文化制度のもとに統合され、一時はこの広い地域が一つの中央政府の統治下に置かれた時期さえあった。国外あるいは地域内の情報伝達の媒体として広く使われていた微妙で、豊かな、洗練された語彙をもつアラビア語は、イスラーム世界の隅々にまで通用した。

『コーラン』には、「アッラーは商売はお許しになった、だが利息取りは禁じ給うた。……（この警告のあとで）だがまた逆戻りなどするようなら、それこそ地獄の劫火の住人となって」滅びる（二章二七五節）とある。『コーラン』で激しく非難している利息取りの禁止は、伝承や注解書でさらに強調され、その一つでは、一回の利息取り行為は三十三回の姦淫行為より悪いとまで断言している。この禁止の戒めを、ムスリムはつねに真剣に受け止め、今日でも、銀行業や投資行為は真に信心深い信者にはやりにくいものになっている。神学者や法学者の圧倒的多数の人たちが、この禁止条項は過度な利息ばかりでなく、どんな利息にも適用されると解釈している。この規則を厳密に適用すると、信用貸しや、それを基盤とした大規模交易の発達を妨げてしまうであろう。この点については、そのほかの多くの事柄と同様に、商人も法学者も抜け道を編み出した。これは法律用語では〈ヒーラ・シャリイイヤ〉(合法的手段)と呼ばれ、これによって、表向きは聖法を尊重しながらも、信用貸し、投資、合名会社、さらに銀行業まで組織できた。

イスラーム教の基本的義務の一つであるメッカへの巡礼〈ハッジュ〉は、すべてのムスリムにとって、少なくとも生涯に一度は行なうべきものとされている。巡礼は、広域交易の発展に著しく貢献した。毎年一回行なわれるハッジュには、イスラーム世界のあらゆる地域から多数のムスリムが参加し、同じ聖地での同じ儀式を共有する。これが共通の主体意識(アイデンティティ)を生み、維持するのに貢献してきたのは確かだ。

イスラーム世界には、非常に活発な地方伝統文化もたくさんあったが、統一された価値観、判断基準、社会規範をもつ、中世キリスト教世界には比類のない都市文化が、ほぼ最初の頃から存在した。「西欧人には二十五の言語があるが、自分の言葉以外の言語を理解するものはだれもいない」と、イル・ハーン国の政治家で歴史家でもあったラシード・アッディーンは書いている。これは、ムスリム世界の言語的まとまりに慣れているムスリムにとっては自然なコメントだった。イスラーム世界では二、三の主要な言語が、西ヨーロッパのラテン語のように狭い宗教界の媒体として使用されているばかりでなく、普通の人たちが使う地方の言語や方言を補足する普遍的な情報伝達の効果的手段として用いられていたからである。古代および中世において他に比類のないほどの、物理的移動、社会的・知的流動性に富んだイスラーム世界は、陸路と海路による広範囲の情報交換ネットワークれていた。

海陸どちらの旅も危険だった。一方では盗賊や山賊に襲われ、他方では海賊に脅かされた。いずれの旅行も時間がかかり、困難をともなった。海路や河川、運河などによる旅のほうがはるかに安上がりであったが、どちらにしてもたいへんな費用がかかった。そのため、広域交易は主として、事業の危険性を正当化するに十分な、一部の高価な品目に限られていた。

それゆえ、現代の貿易では重要性が高い食糧も、昔はあまり重視されなかった。食糧は一般的に安く、大量輸送する必要があったが、輸送費は高く、利益は少なく、危険は大きかったため、うまみがなかったのである。消費用の食糧の生産は、ほとんどすべて地元で賄った。広域交易は、船舶や隊商による長旅の危険と苛酷さを正当化できるほどのめずらしい、高価な三つの商品に限られた。それは第一にきわめて重要な鉱物、それに奴隷と贅沢品だった。

食糧は地元で生産され、輸入にはほとんど頼らなかった。金、銀、鉄はこの地方では産出せず、どんなに費用がかかっても輸入せざるをえなかった。

奴隷売買

大規模な広域奴隷売買は、主としてイスラーム時代に発達したもので、それがイスラーム法の人道的な面に負うところが大きいのは、歴史の悲しい皮肉である。古代の諸帝国時代はもとより、初期キリスト教時代もまだ、膨大な奴隷人口の大部分は地元で調達されていた。奴隷の供給はつねにさまざまな方法で補充された。犯罪者や債務者を奴隷にしたり、親に捨てられた子供を奴隷として「養子」にしたり、子供や自分自身まで奴隷として身売りする人間もいた。そうしたことはみな、ムスリムによる征服と、イスラーム法を徐々に適用してゆくことで終止符を打った。

イスラーム法学者によってつくられ、ムスリム支配者に広く尊重されていた基本原則によれば、人類の本来の姿は自由であるという。ムスリムであれ、他の公認の宗教（キリスト教とユダヤ教）の信者であれ、武装した反徒以外、ムスリム国家で自由の身に生まれた臣民はだれでも、借金や犯罪を理由に奴隷にすることはできなかった。捨て子は、奴隷の子であることが証明されなければ、自由の身であるとみなされた。奴隷の親から生まれた子供は、奴隷の身から解放されるまでは奴隷の身分のままだった。自由民は、聖戦で捕虜となった異教徒の場合以外は、奴隷にされることはなかった。捕虜となった異教徒の場合は、彼らやその家族は合法的な戦利品であり、征服者の財産にされたのである。

帝国内では、奴隷の両親から生まれる子供の自然増による補充だけでは、中東社会の際限なく奴隷をほしがる要求を満たすには不十分であった。それゆえ、帝国の辺境やそれ以遠から連れてこられる新たに奴隷にされた異教徒の売買が大きく発達した。奴隷の値段は高く、とくに若い女奴隷は高かったが、傷みやすい商品であるにもかかわらず、この取引は危険を償って余りあるものだった。若い去勢された男奴隷の値段は、宮廷、富裕な家庭、宗教関連施設での宦官の需要を満たすため、著しく上昇した。イスラーム法では身体の毀損を禁じているので、宦官たちは、イスラーム領土へ入る前に辺境地で「形成」手術を受けた。

奴隷はおもにヨーロッパ、ユーラシア草原、アフリカから連れてこられた。インド、中国などのはるか離れた地域から来た奴隷についての記述もあるが、その数はきわめて少なく、例外的なものだった。中世から近代にいたるまで、奴隷はつねにこれらの三地域から供給された。

中央および東ヨーロッパのスラブ人は、ムスリム・スペインや北アフリカの奴隷人口の大部分を占めていた。英語の「スレイヴ」（奴隷）という言葉はここからきたものである。中世には、これらの奴隷は西ヨーロッパ奴隷商人や仲介業者により供給されていた。東欧では、バルカン半島に進攻したオスマン・トルコ軍が、商人の手を借りず、直接スラブ人奴隷を現地調達することができた。

数は少ないが、無視できない西ヨーロッパ人奴隷を供給していたのは、バーバリ地方（アフリカ北部沿岸諸国）の海賊たちである。彼らは十七世紀までに、地中海沿岸から大西洋沿岸まで、船舶から航路にまで略奪の手を広げていた。一六二七年に、彼らはアイスランドを襲い、二百四十二人を捕えてアルジェリアの奴隷市場で売った。一六三一年六月二十日、彼らはアイルランドの漁村ボルチモアを襲った。当時、ロンドンへ送られた報告書によれば、ボルチモアの住民の妻、子供、女奉公人たちを含め総勢百七人が、「他のところで捕らえられた」四十七人とともに海賊に「連行」されていったという。当時の目撃者であったフランス人のダン神父が、目的地での彼らの到着の様子を次のように記している。

アルジェリアの奴隷市場で競りにかけられる彼らを見るのは哀れだった。妻は夫から離され、父は子供から離され、夫はここへ、妻はあそこへと売られ、抱えていた腕から娘をもぎ取られた母親は、その娘にもう会うことはできないのだ。

同じ時代に、東欧のタタール人支配者たちは、ロシア、ポーランド、ウクライナの村々を襲い、毎年、数千人の「草原の収穫物」である若い奴隷を連れ去った。彼らはイスタンブルに送られ、オスマン帝国のあちこちの都市に売られていった。こうした取引は十八世紀後半までつづいたが、一七八三年にロシアがクリミア地方を併合したため、終わりになった。

第二の主要な奴隷グループは、ユーラシア草原のトルコ系民族だった。彼らはイスラーム時代初期より、黒海の北から中国やモンゴルの辺境にいたる地方で、捕らえられたり、買われたりした人たちである。彼らは中世の東部イスラーム世界の主要な奴隷グループで、とくに軍事目的に使われた。このトルコ系民族の住む草原のイスラーム化により、このルートの調達はできなくなったが、新しい入手先がカフカス地方に見つかった。ここから、グルジア人やチェルケス人の男女奴隷が大勢、さまざまなサービス目的のため、オスマン帝国地域やペルシア地域に連れてこられた。このルートも、十九世紀はじめのロシアによるカフカス征服でほぼ断絶した。

　第三のもっとも長続きした奴隷売買は、サハラ砂漠以南のアフリカからの黒人奴隷だった。黒人奴隷はローマ時代にもときどき見られたが、とくにエジプトでは古代から黒人奴隷は知られていた。だが一般的に、黒人奴隷はどちらかと言えば例外だった。黒人奴隷の大量輸入は、ムスリム軍勢のアフリカ大陸への進攻時代から始まった。黒人奴隷は三つのルートから持ちこまれた。第一のルートは東アフリカから海路で紅海やペルシア湾を通ってアラビアやイランに入り、さらにその先の地へ向かうものだった。第二のルートは、スーダンから隊商により、ナイル渓谷を下ってエジプトにいたるものだった。第三のルートは、アフリカ西部からサハラ砂漠を通過して北上し、モロッコからエジプトにいたるすべての北アフリカ沿岸地域にいたるものである。これらのルートによる奴隷供給源は、熱帯アフリカのほとんどの地域でヨーロッパ諸国の植民地支配が樹立されたことで、まもなく途絶してしまった。

黒人奴隷は、農業、工業、商業など、いろいろな目的に使用されたが、やはり家事労働に使われることが多かった。黒人奴隷はイラクの灌漑事業のような農業、ヌビア〔エジプト南部、アスワンからスーダン北部にいたるナイル川流域の砂漠地方〕やサハラ砂漠地方での塩鉱や金鉱などの鉱山のほか、いくつかの製造業にも使役されたが、中世のイスラームの経済は、古代世界と異なって、奴隷使役に大幅に依存するものではなかった。

贅沢品の交易

最後に、かさばらず、軽量で高価、そして非常に価値のある贅沢品の交易があった。

そのなかでもっとも重要な品物は絹、絹ブロケードのような繊維品だった。ローマ時代後期、ビザンツ帝国時代、ペルシア時代、イスラーム時代初期には、絹は商業ばかりでなく、政治的にもかなり重要なものだった。絹の輸入、のちの絹の製造は支配者の独占事業だったことが多い。栄爵を表わす絹の礼服もまた、ときどき異邦人の小君主に着衣が許されたので、絹の交易には外交的な重要性もあった。東方諸国からの絹の輸入は、絹が輸送されてくる地域の政治史、軍事史において重要なテーマになっていた時期もある。

そのほかの主要な品物は香類で、他の芳香植物などといっしょに、アラビア南部やそれ以東の地域から輸入された。香類はギリシア・ローマ世界の神殿や、のちにキリスト教会でも広く用いられていたので、重要な商品だった。香類は古代世界の石油貿易のようなものだという現代の歴史家がいるくらいだ。つまり、香類は「うまく車輪を回らせる」という字義どおりの意味ではなく、「うまく事を運ぶ」という比喩的な意味で役立つというわけである。

イスラーム教では儀式や礼拝に香類を用いなかったので、この新しい宗教の出現と普及後、イスラーム世界ではこの商品はしだいに重要性を失ったが、キリスト教徒のヨーロッパでは引きつづき需要があった。香類貿易の衰退のあと、香辛料、なかでもマラバル沿岸〔インド南西部〕からもたらされる胡椒(こしょう)の交易がむしろ重要になってきた。ムスリム地域とそれ以遠では、胡椒その他の香辛料に対する大きな市場があり、これらの商品を取り扱う商人は裕福で、非常に尊敬されていた。

宝石用原石もまた、軽量で高価という利点があった。象牙や銘木、珍獣のような商品も同様だった。珍獣は、ローマ時代にはサーカス用にかなりの数が輸入されていた。

中東交易の衰退の原因

中世の最盛期には、中東イスラーム地域の交易は、資金面、規模、組織力などすべての点でヨーロッパより進んでいた。売る商品も買い付けのための資金も豊富のうえ、広域にわたる巧妙な取引網が完備されていたのである。だが、中世末期には、これらの役割は逆転した。中東貿易は、ひと頃考えられていたように、大航海時代の始まりとポルトガル人のアジア到来によって尻すぼみになったのではない。ヴァスコ・ダ・ガマがインドに到着してから百年以上も中東貿易がつづいたことは、今ではよく知られている。中東貿易の衰退は、大西洋横断航路の発見によるものでもなかった。この航路発見のもたらした経済的影響は、中東におけるさまざまな変化の結果であって、原因ではなかった。

西ヨーロッパの小さな国家であるポルトガルが海軍力を築き、通商国家に発展し、一時的ではあるにしても極東地域で覇権を誇ったことは特記に値する。だが、中東の大国であるマムルーク朝エジプト、オスマン・トルコ帝国、サファヴィー朝イランの諸国が、経済力を発揮するなり海軍力を充実するなりして、ポルトガル人を打ち破ることができなかったことのほうが、もっと異常なことだった。新大陸発見は中東貿易の衰退を促進したことは確かだ。だが、それが原因だったわけではない。歴史家はその原因を別のところに探すべきだ。

こうした衰退はイスラーム地域に限ったことではなかった。よく似たプロセスがビザンツ帝国の残存地域や、地中海ヨーロッパ諸国、とくにイタリアでもわずかながら認められる。かつての通商大国が、ヨーロッパ北西部で興隆してきた経済力に遅れをとってしまったのだ。衰退はたんに、イスラームの宗教的な社会風潮やイスラーム聖法の影響のせいにすることはできない。そうしたものの存在が、かつては商業の繁栄を妨げてはいなかったし、そうしたものがなくても、ビザンツ帝国やイタリアを救うことはできなかったのだ。

いくつかの具体的な原因がすぐに指摘できる。ヨーロッパの競争相手の国々がアメリカ大陸の金鉱や銀鉱を新たに発見していた頃、イスラーム諸国の鉱山や貴金属は枯渇したり、侵略者に奪われたりして、金がなくなっていた。黒死病その他の自然災害がキリスト教国とイスラーム諸国を襲ったが、イスラーム諸国はそのうえ、破壊的な侵略まで受けた。とくに東方では、モンゴル族が進攻し、北アフリカではヒラール族ベドウィンの襲来で荒らされた。

長い目で見れば、外国からの侵略以上に破壊的であったのは、交易に関心がなく、生産にも興味がない軍人貴族による国家支配によって起こった、国内の政情の変化だったであろう。地中海貿易でさえ、征服や圧力によってではなく、たんに積極的で効果的な商法に長けたイタリアの諸都市に乗っ取られてしまっていた。中東の農業や工業は、砂糖やのちのコーヒーのような少数の生産物を除いて、輸出可能な余分な商品を供給できなくなってしまった。そして、中東の貿易業者は、しだいにヨーロッパと東方地域間の中継交易に依存せざるをえなくなった。それゆえ、交易路が中東を迂回するようになったことが、思いがけない大きな痛手になったのだ。

他方、西ヨーロッパでは技術、金融、商業の進歩が、西欧の貿易業者に、中東市場を席巻する手段、財源、力量を与えた。そればかりか、オスマン帝国によってもたらされた統一と安定が、彼らの中東市場への参入を容易にした。オスマン帝国軍は地上を支配し、オスマン艦隊は一時期、海上も支配したが、ヨーロッパ商人は静かにかつ平和的に中東市場を征服した。

第十章　エリートたち

イスラーム世界の平等の概念

イスラーム文明には、歴史上知られた他の文明と同様に、多かれ少なかれ特権的なグループと、残りの画一的な人たちのあいだに差別が存在し、公認されていた。古典アラビア語では、この二つのグループは、「特別」と「一般」を意味する二つのアラビア語である〈ハーッサ〉（支配層）と〈アーンマ〉（庶民）と呼ばれていた。イスラームでは平等主義が原則で、生まれや家系、民族や国籍、あるいは社会的地位で信者間の優劣をつけてはいなかった。ただし、昔のイスラームの教えでは、キリスト教やユダヤ教と同様に、男と女、自由民と奴隷、信者と不信者は基本的に平等ではないとし、聖法の規定により、後者を地位の低いものと定めていた。このようなすでに確立されていた公認の不平等を除いて、イスラーム法とその教義は、信者のあいだに差別を認めなかった。敬神の念と善行は、富や権力、高貴な生まれに優るものとされ、信心深さと良き行為だけが礼賛された。だが、実際には、富や権力、あるいは学識のある恵まれた人たちは、これらの資産を子供たちに伝えたいと願うのが普通だから、人間社会はどこでも、世襲の特権階級グループが形成されるのは避けがたい。オスマン帝国時代以前には、政権が長続きしなかったために、安定した貴族階級が確立され維持されることはなかった。中世のイスラーム政権は内部抗争で倒されるか、もしくは、それ以上に頻繁に起こる外部勢力の侵略で崩壊することがしばしばだった。新しい支配者たちは、自分の親戚や取り巻きの者、支持者らとともに、当然、富や権力をもつ新たな貴族層を形成した。征服者と同じ種族の人たちは、征服によってはっきりした特権が与えられたが、そのような特権の保持期間は短かった。例外は、イスラーム政治体制を創出し、しばらくのあいだ統治したアラブ人と、中世後期から近代まで、政治的統治権と軍事指揮権をほぼ独占してきたトルコ人である。双方ともやがて、別々な方法で、それぞれ種族の独自性を――アラブ人はアラブ化した土着の庶民に、トルコ人はオスマン帝国の多国籍官僚エリートに、しだいに溶けこませた。

社会階級の問題のなかで、「聖法」の博士たちの論議の的になったのは次の一点のみである。それは、〈カファーア〉の原則、大ざっぱに訳せば、結婚における出生と社会的地位の平等に関する原則である。この原則は貴族特権のようなものを認めるものではない。また平等でない結婚を禁止するものでもない。何が不平等にあたるかについて、法学者たちの意見はまちまちだった。この規定の目的は、名望家の名誉を守るためのもので、彼らが望みさえすれば、不釣り合いな結婚を中止させることができる。カファーアの原則とは、女性の父あるいは合法的保護者が申し立てできるもので、女性が許可なく結婚の契約をすることを防いだり、あるいは許可なく結婚契約をした場合や結婚許可を不正に得た場合にも、子供がいないか、妊娠していないことを前提に、それを無効にすることができる。

この原則は、女性が自分より社会的地位が低い男と結婚し、彼女の家族の名誉を汚すことを阻止するために訴えることができるようにしたものだった。だが、男性が自分より社会的地位の低い女性と結婚することには反対はしない。というのは、法学者の見解によれば、女性はつねに劣者であるので、そのような結婚による社会的損失は起こりえないというわけだ。

平等な地位とはどういうものであるかについては、法学者のあいだで見解が著しく異なっている。一部の法学者は、この規定は宗教にのみ関わり合いがあり、信心深い女性が彼女の意思に反して不信者の男性と結婚させられることを防ぐためで、八世紀の偉大な法学者マーリク・ブン・アナスがいうように、他のすべての点では、「神の啓示によりイスラームのすべての人々はたがいに平等である」。だが、イスラーム勃興以前のペルシアの階級意識や慣行の影響を受けたと思われる別の一派の法学者たちは、カファーアを敬神の念や人格以外の問題と結びつけている。すなわち、相手の男性の家系、職業、経済的地位のほか、改宗者や解放奴隷の子供や孫たちであれば、その家族がイスラーム教徒になったり、解放されたりした日付も問題であるという。

支配層（ハーッサ）と庶民（アーンマ）との区別は、たんに持てる者と持たざる者といった経済的な分け方ではないことは明らかだった。貧しい紳士と金持ちの成り上がり者というテーマは、他の国の文学作品と同様に、イスラーム文学でもよくある話である。だが、数世代にわたって貧乏であった者は、ハーッサのメンバーとは仲良くやっていけないのも、同じように明らかだった。家系、出身、地位は、ハーッサを決めるさいに重要ではあったが、本来、これらによる差別は存在しなかった。ハーッサの父のもとに生まれ、ハーッサの家で育ったということは、少なくともハッーサの身分の必要条件の一つにはなる。時代や場所が違っても、社会的差別はそれをつくった経済的、政治的現実を越えて長続きするものである。実際の権力や富が失われても、社会的身分は高いという意識は残るものであるらしい。職業は明らかに重要であったので、中世のムスリムはものを書くときに、さまざまな商売人、職人、専門職従事者を分類し、これらの職業を社会的にどう位置付けるかに注意を払っている。

教育もまた身分を決める要因になりうるもので、経典を神聖なものとして奉り、経典が書かれた言語を尊び、その言葉を優雅に使える人たちを尊敬する社会では、教育はとくに重視されていた。最初にアラビア語、次にペルシア語、最後にトルコ語という三つの言語が、中東イスラームの主要領域の文化的存立基盤（アイデンティティ）を明確にし、それぞれの領域における有識者階級に、はっきりした文化的・精神的帰属意識を与えた。「一般」庶民はさまざまな地元言語や方言を使っていたが、ハーッサの人たちは共通の書き言葉、共通の古くからの経典重視の伝統で結ばれており、それらによって、共通の良識やマナー――行動と作法の申し合わせ――ができあがっていた。

イスラーム勃興初期には、とりわけアッバース朝バグダードとファーティマ朝カイロでは、イスラーム教徒であることがエリートの仲間入りの必要条件ではなかった。キリスト教徒やユダヤ教徒の詩人、科学者、学者が、同僚としてばかりではなく、友人、パートナー、生徒、先生として、ムスリムと同じ仲間同士の活動をしていた。だがのちには、おそらく国内および国外での宗教がらみの紛争のせいで、異教徒に対する態度がきびしくなり、イスラーム法によって規定された寛容な措置を享受していた非ムスリム社会の人々は、しだいにムスリム社会から分離させられ、孤立していった。中世後期から近代初期になると、非ムスリムの医師その他の専門家はしばしば最高位の待遇で雇われることが多かったが、異なった宗教を信じる人々のあいだの社会的、知的交流はぐっと少なくなった。

今に伝えられているイスラーム初期からの文学作品や記録資料のほとんどすべてが、支配層(ハーッサ)の人たちの手になるものだった。それゆえ、過去の記録やそれに基づく近代の歴史書は、ハーッサの人たちの興味、活動、関心事を反映したものが中心だったのはいたしかたない。近年になってはじめて、研究者たちは恵まれない庶民――農民、職人、都市の貧困層――の生活を研究しはじめた。中世から残っている面白い記録もあるが、このような研究は、主として詳細な公文書保管記録が残されているオスマン帝国時代のものに限られる。

官僚

イスラーム史研究の学問的証拠となる書籍、手紙、その他の文書の出所は、官僚と宗教界という二つの主要な社会集団からのものが圧倒的に多い。官僚機構は非常に古い時代から存在し、実際、その起源は中東にあったようだ。官僚機構はなんらかの実際的な必要性があって生じるもので、中東では、大河流域社会に灌漑（かんがい）システムをつくり、それを維持するために必要だった。すでに、紀元前四千年代の後半の時期に、古代エジプト王ファラオは湿地帯の排水をし、用水路を広げ、都市を建設して、水陸両方の交通による外国貿易を行ない、エジプトが必要としていた材木や鉱物を輸入していた。政治行政の発展のためにも、宮殿や神殿の建設のためにも、財務管理と記録保持システムが必要だった。この必要を満たすため、書くことを専門にする「手職」が生まれ、それにともなって、事務官あるいは書記という新しい社会階級が発生して、情報の記録、蓄積、伝達という革命的なことが可能になった。

ファラオから始まって、ギリシア人諸侯、ローマ人、キリスト教徒ビザンツ帝国人、アラブ人、その後のさまざまなムスリム支配者と、政権や文明までが次々と替わったエジプトでは、官僚機構は隆盛をきわめた。イラクやイランでも同様な官僚機構が発達したと言ってよい。この二つの国の官僚機構の伝統は、紀元前十一世紀のバビロニア王朝やその後の古代ペルシアの諸王朝にまでさかのぼることができ、サーサーン朝時代（二二六―六五一）を経て、ムスリム・カリフやスルタン時代にまで連綿とつづいてきた。官僚の原型は書記エズラ〔紀元前五世紀のユダヤ教律法学者〕である。その力量や役割は、彼の名を冠したヘブライ語の聖書〔『旧約聖書』の「エズラ記」〕に浮き彫りにされている。

　これらの官僚機構にはみな、時代を超えたいくつかの特徴が見られる。もっとも重要かつ長続きした特徴は、政府のこうした形態が長期にわたって書写文字によって運営されてきたことだ。文字と計算は行政の要（かなめ）の一部であり、書くことと計算できることが、役所で働く人たちに必要不可欠な能力だった。イスラームの古い文献の大半は、書記たちが書記たちのために書いたもので、彼らの気風や職業的興味、関心事などが反映されている。これらの文献から、官僚機構にははっきりした役割分担と階層制があったことがわかる。各々の役人には、上位の役職により規定された職務を果たす任務があった。各役人の役目はきちんと決まっており、権限には制約があった。この官僚機構には、網の目のような命令系統とも言うべきものがあり、これがまた一種の出世階段になっていた。各役人は自分の前途がほぼ見えており、また切望している昇進を達成するために何をなすべきかも知っていた。また、このような階層制には監督と管理がつきもので、責任の所在をはっきりさせておくことが大事だった。

ある官僚機構の特徴を明確にするためには、そこでの官僚の雇用法と賃金支払法を知る必要がある。その特徴として、書記は俸給で働く雇い人だった。官僚の収入は、相続財産でもなく、定期所得を生む資産を所有したり、管理しているわけでもない。地位からくる役得もない。臨時収入の当てもなければ補助金を受けているわけでもない。官僚は仕事をすることによって、賃金が支払われた。しっかりとした組織があって、それがうまく機能している官僚機構では、賃金は現金で支払われる。財政的に苦しいとき、支配者は役人に賃金のかわりに権限を授与する形で支払うことがあるが、これはまさしく政府を崩壊に導く処方箋にほかならない。

中東の官僚機構は、数千年のあいだに、政府、宗教、文化、文字の変遷が多々あったにもかかわらず、驚くほどの持続性と連続性を保ってきた。キリスト教の勃興からイスラームの興隆のあいだの数百年間の行政機構は、西半分ではギリシア式、東半分ではペルシア式であった。イラクから西のローマ帝国、その後のビザンツ帝国の支配下にあった地域では、行政事務にはラテン語ではなくギリシア語が使われ、ギリシア諸王朝のやり方を踏襲していたように思われる。

歴史家にとっては幸いなことに、エジプトにはかなり安定していて長続きした中央集権政府と乾燥性気候という特殊条件があったために、たくさんの行政関連文書が保存され、現在まで残っている。おかげで歴史家は、他の地域では調査が不可能であった詳細な点まで、ローマ帝国、ビザンツ帝国、イスラーム時代のエジプトの行政実務の実態を調べることができ、その官僚機構がいかに機能したか、あるいはいかに変化していったかを知ることができる。

エジプトに匹敵する資料的証拠はシリア領域には残っていないが、利用可能な文書から、ここでもエジプトと同じようなことが行なわれていたという説が裏付けられる。シリア領域でもまた、ローマ帝国時代、ビザンツ帝国時代の官僚機構は、行政実務をギリシア語で行なっており、財務記録や通信文はギリシア語だった。全部とは言えないまでも、多くの役人はギリシア人ではなく、ギリシアに同化した現地人で、イスラームによる征服時には、彼らの大多数はキリスト教徒だった。

気候的影響やたびたびの政権交代が重なって、ペルシア帝国ではエジプトに匹敵する文献は残っていない。だが、『旧約聖書』やギリシア人の著者などの外部からの証言によれば、歴代の古代ペルシア皇帝の治世下には、せっせと働く専門的な公文書保管庁のようなものがあったらしい。さらに、のちのムスリムの資料によれば、歳入その他の財務関連事項について詳細な記録が存在していたという。将来の資料として、記録を書写し、巻き物のあとに発達したコデックスという冊子状に製本して保存する段取りを整えはじめたのは、ペルシア政府であったことは確かなようだ。

ローマ時代とビザンツ帝国時代の官庁で普通に使用されていたパピルスは、コデックス様式には向かず、書物だけではなくパピルスを使った記録は通常、巻き物になっていた。羊皮紙やベラム〔子牛、子羊、子山羊などの皮を文字を書くために処理したもの〕はもっと使いやすく耐久性もあったので、初期キリスト教時代には書物をつくるために広く用いられた。この頃から、書物は現代の形に似たものになりはじめた。ペルシア帝国でも、羊皮紙類は記録書をつくるのに用いられ、これらの記録書はアラブ時代まで残っていて、新しい支配者であるアラビア人の参考になった。紙の導入以降は、イスラーム世界では記録の保持は当たり前になった。

官僚機構は不変というもっとも驚くべき例は、たぶん七世紀のアラブ・ムスリムによる征服戦争後の状況だろう。ペルシア帝国は存在しなくなり、ビザンツ帝国から広大な土地が奪い取られ、新しいアラブ・イスラーム帝国に統合されるという大きな変化があったにもかかわらず、エジプトのパピルス古文書によれば、政府の日常業務に関しては何の変化もなかった。エジプトのキリスト教徒の役人は同じ規則に従って税を徴収し、彼らがそれまで行なっていたのと同じように、古いエジプトのキリスト教時代の暦に従って日付をつけ、同じ行政書類を作成していた。税収の最終的行き先が替わっただけで、そのほかのすべては同じだった。

官僚機構で起きていた真の変化が文書にも表われるのはゆっくりで、一世紀以上もあとのことにすぎない。ギリシア語とアラビア語の二カ国語で書かれたパピルス古文書が表われはじめるのは、さらに遅くなってからである。その後、時世の流れにしたがってアラビア語の文書が多くなり、ギリシア語の文書は減って、八世紀末にはギリシア語文書はまったく姿を消し、アラビア語文書だけになった。文献記録から見ると、シリアやイラクでも同じことが起こっていたと思われ、東方でも、古いペルシア語書体や言語に代わってアラビア語が使われるようになった。

これらの変化があったにもかかわらず、前の官僚がやめさせられたり、交代させられることはなかった。アラブ人支配が始まって長い時間がたってからも、前からいる官僚族は特殊技能による手仕事を守り、とくに秘伝の記録法を公表しなかった。アラビアの年代記には、アラブ人が征服者としてやって来たとき、前の政府を乗っ取ろうとしたが、専任財務官以外に財政記録を読むことができず、また役所の事務官以外に通信文を取り扱えなかったので、政府の接収はうまくいかなかったという話がたくさん載っている。そこで、アラブ人は譲歩せざるをえなくなり、自分たちは帝国の確固たる政治・軍事の支配者であるにもかかわらず、前政府の役人たちに同じ仕事をつづけさせざるをえなかったという。

ムスリム時代になってから百年以上もたってやっと、アラブ人支配者はかなりの努力を重ねてようやく役人たちにアラビア語を使わせることに成功し、帝国の異なった地域間に、なんらかの統一性を導入することができた。だが、それさえも、必ずしも前からいた官僚族を一掃することにはならなかった。彼らはとっくにアラビア語に熟達していたからである。多くの官僚は新しい言葉に習熟するとともにイスラームに改宗した。だが、全員がそうしたわけではない。ずっとあとの十三世紀から十四世紀になってさえ、エジプトではコプト教徒、すなわちキリスト教徒が、依然として行政を運営したり、税金を徴収したりしており、真面目なムスリムが自分自身の国なのに公正な機会を得がたいという深刻な不満が、敬虔（けいけん）なエジプト人ムスリムから出ている。

こうした官僚伝統が驚くほど長続きしたのは、偉大な官僚族あるいは書記族という存在があったからである。伝統的な正史には、主としてカリフやスルタン、軍司令官や地方総督など、政治上、軍事上の偉大な人物に焦点を合わせ、それらの人物名が歴史書の頁を独占している。だが、少なくとも、年代記作者がめったに取りあげない人たち、また文書の調査から、名前を見出すのがやっとであるような人たちにもっと注目するべきである。これらの人たちは、部局の長、文書保管所長、財務監督官、税額査定人や徴税吏、あるいはこうした人たちの下役を務め、何世代にも、何百年にもわたり、政府の実務を遂行し、王朝の伝統を確立してきた場合が多い。それがまた、事実上、彼らを一種の官僚貴族にした。八世紀初頭のある官僚が、同僚たちに送った手紙のなかで、国家と社会を維持している自分たちの役割を誇らしげにこう書いている。

神は……あなたがた教養と有徳の人たち、知識と洞察力のある人たちを、とりわけ高い地位の書記にした。あなたがたのおかげで、カリフ国家の美点はよく守られ、その業務はきちんと維持されている。あなたがたの助言で、神は政府を人民に合うようにし、国土を繁栄させている。王はあなたがたなしでは何もできないし、あなたがた以外に、有能な人物は見つけられない。それゆえ、あなたがたは、王にとって、聞く耳であり、見る目であり、語る舌であり、協力をとりつける手であるのだ。

他の地位や権力の保持者と同様に、子供たちに有利な地位を継がせたいという官僚たちの自然な願いは、教育分野に大きな影響をもたらした。ムスリム帝国には国家試験による登用システムは発達していなかったようだ。そうした人材登用システムは、印刷や火薬と同様、中国の発明であるが、ヨーロッパ諸国経由で導入されるまで、イスラーム世界には到達していなかった。官僚の登用は徒弟制度によった。官僚たちは、適当な時期に、自分の息子や甥、あるいは他の息のかかった者を役所に推薦し、はじめのうちは無給の下級職から仕事を始めさせ、しだいに上級職への階段を昇ってゆかせる。このやり方は近代までつづき、指名・任命、推薦などを行なう官職任命権は、この地域における強力な政治的武器であった。他の地域でもそうであるが、この庇護者（パトロン）と被庇護者（クライアント）の関係は、社会的にもっとも重要で、実利的なものの一つだった。

官僚機構では、他の職種とは異なって、庇護者の存在とその庇護だけでは不十分だった。官僚候補者は専門的な技能と、それを取得できるための十分な教育もまた必要だった。それゆえ、官僚と有識者のあいだには重要な絆があった。この関係は中世のキリスト教ヨーロッパにおけるほど緊密ではなかったが、中世後期には重要さを増していった。

中世のイスラーム社会には、二種類の教養・教育のある階級があり、それぞれが別々に文学や知識を発達させていた。その一つは〈アダブ〉と呼ばれる。文化人なら知悉していて当然と思われる詩、歴史、純文学その他のアラブの言語文化である。もう一つは、文字どおり「知識」を意味する主として宗教学からなる〈イルム〉で、イスラーム法・神学者の掌中にあった。『コーラン』とその解釈、預言者ムハンマドの伝承、ムハンマドとその弟子たちの人生と彼らのつくった慣例、そこから生まれる神学や法学などの派生的学問などもその範疇に入る。

ビザンツ帝国とペルシア帝国の行政機構は、しだいに修正され、取捨選択され、同化され、アラブ化、イスラーム化が進んでいった。新局面が展開されたのは、最初にトルコ族、ついでモンゴル族が草原地帯から侵入してきて、中東イスラーム世界に支配圏を確立し、またイスラーム世界が、スンナ派とシーア派、アッバース朝とファーティマ朝、それにこれらの集団内の穏健派と急進派に分かれて宗教がらみの紛争を巻きおこし、分裂しはじめてからである。この時期に、官僚の養成法、気風、全般的な将来の見通しに著しい変化が起こった。官僚の教育と養成に、イスラームの教えが強調され、とくにイスラーム法とその施行に重きが置かれた。その結果、官僚はしだいにウラマー階級の人たちが行なう宗教教育を受けた人たちになっていった。

書記〈アラビア語で〈カーティブ〉〉として知られる官僚たちは、イスラーム社会のなかで数も多く、大きな勢力を誇る自己顕示欲の強い集団を形成していた。彼らは〈ダッラーア〉と呼ばれる一種のマントのような独自の衣服を着用し、その最高位者は、カリフあるいはスルタン治世下の行政長官でもある宰相だった。軍事政権が確立する以前は、この宰相が他のすべての高位高官より序列が上で、儀式などでは役所の象徴であるインク壺をもって行列の先頭に立った。

宗教学者

イスラーム教には祭司職はないとよく言われる。それは神学的意味合いからすればたしかに正しい。イスラーム教には聖職位授与式もないし、聖職者を管理する役所もなく、資格のある聖職者のみが行なえる典礼もない。原則的には、必要な知識のある者ならだれでも礼拝の指導者になり、モスクで説教を行なったり、結婚式や葬儀の司式をすることができる。原則として、神と信者とのあいだの司祭によるとりなしもない。原則的に祭司職がないから、祭司職の位階制もなく、高位や下位の聖職者もいなければ、主教、枢機卿もいない。宗務院もなければ、宗務会議もない。求道に一生を捧げる人たちでも、手工芸や商業のようなまっとうな職業で生活費を稼ぐのが当然とされていた。この点では、ムスリムの立場はキリスト教徒とかなり異なり、むしろユダヤ教徒の立場に近い。

　ユダヤ教徒は、エルサレム神殿は破壊され、祭司制度が解体されてからは、新しい祭司制度を認めず、ラビはたんなる導師であり、法学者であるとしかみなしていなかった。ラビたちが三世紀に編纂したと思われる『祖先たちの格言』〔ユダヤ教のピルケ＝アボス、ミシュナの一書。箴言・警句と倫理・律法・宗教の基本がおもな内容〕のなかの有名な格言が、「トーラー」〔ユダヤ教の聖典を構成するいちばん重要な部分「律法」のヘブライ語名。『旧約聖書』の〈モーセ五書〉（「創世記」「出エジプト記」「レビ記」「民数記」「申命記」）を指す〕を学び、教える人たちをこう戒めている。「それ〔ラビ〕を王冠にして輝かせてはいけないし、またそれを鋤(すき)にして土を掘ってもいけない」同様な格言はムスリムの書物にも見出せるかもしれない。

　もちろん、現実は少し違う。時の経過とともに、ラビもウラマーもアマチュア身分ではなくなっていった。律法の適用範囲がさらに拡大され、複雑になるにつれて、律法を運用し、裁定を行なう専任者が必要になった。宗教文献の集成が、核となる聖典から発展し、広範囲の注釈、解釈、体系化が行なわれるようになると、その研究のためには、やはり専従の専門家が必要だった。聖職位授与式こそなかったが、ユダヤ教徒もムスリムも認可制をつくり、学生は所定の学習コースを終えたのち、教師により、宗教学のれっきとした学者であり専門家でもあると認定され、免許状を得ることができるようにした。神学者や神学生も食べてゆく必要があったので、彼らの物質的必要に応えるための制度も工夫された。

　イスラーム教では相変わらず祭司がいないというのは事実だったが、祭司と呼ぶのは適当ではないにしろ、専門的で学問的に資格のある宗教人の階級が出現してきた。書記と同じように、彼らは独特の衣服を身に着けた。なかでも、もっとも重要なものはターバンである。やがてターバンは宗教学者階級の象徴であり、特権の徴（しるし）になった。

ウラマーは村や近隣のモスクの慎ましい祭式執行者から、裁判官（カーディー）や法学裁定官（ムフティー）のような、重要な法曹界の要職者まで多岐にわたっていた。イスラーム教では、原則的には神によって啓示された一つの法規範しかないことを思い出していただきたい。そのため、その解釈は宗教学の一つとして位置付けられ、その専門家たちはウラマー階級に属していた。そのなかには、「聖法」を適用するために支配者によって任命された裁判官である〈カーディー〉、係争中の法律問題に裁定を出したり、意見を述べるよう求められる法学裁定官である〈ムフティー〉、政府によって任命された、市場と風紀の監督官である〈ムフタシブ〉などが含まれる。ムフタシブの任務は、『コーラン』にもたびたび出てくるように、すべてのムスリムに課せられている「義（ただ）しいことを勧（すす）め、いけないことを止めさせる」（三章一〇四節、一一〇節、二二章四一節ほか）ことにある。十九世紀まで、イスラーム法学では弁護士という役目は知られておらず、そうした職業は存在しなかった。

イスラーム史の最初の数百年間は、国家とウラマーとの関係は疎遠で、相互不信の時代も何度かあった。真に信仰深い者にとって、国家は必要悪であり、善良な民は関わり合いをもとうとしなかった。国家の税収は強奪によるもので、国家から俸給を受けている者はその罪の共犯者だから、国家に役立つ仕事は卑しい、ある意味では罪深いものでさえあった。敬虔(けいけん)で学のある人たちの伝記には、伝記の主人公たちが国家からの任命を断わった話がよく出てくる。任命の申し入れは彼らを有名にし、その拒絶はその人物の高潔さを示した。裁判官(カーディー)ももちろん国家により任命されたが、イスラームの民話や庶民的講話では、笑い種(ぐさ)にされる人物になった。法学裁定官(ムフティー)は独立した存在だったので、もっと尊敬されていた。ムフティーの地位は、すでにムフティーになっている人たちが新メンバーを選ぶという制度により決められていたが、手当はそのつどの謝礼もしくは宗教財団が出した。全般的にウラマーとその制度は、アラビア語で〈ワクフ〉〔アラビア語で「停止」の意。イスラーム法では、不動産などの所有権の永久停止を意味し、それらを寄託された財団が維持・運用して利益を慈善目的に使用する〕と呼ばれる宗教財団に大幅に依存していた。

国家とウラマーとのあいだには、いつのまにか非公式で曖昧な権力の線引きが行なわれていて、国家は通常、「聖法」に関してはすべてウラマーに独占的権限を与えていた。こうした国家による公認に加えて、ウラマーが国家から超然としていることが重なって、とくに公職に就いていないウラマーの道義的判断には絶大な権威があった。イスラーム教では、「聖法」はほとんどの社会的・個人的関係を規定しているので、その権威ある解釈者は、社会の広い範囲に及ぶ重要な役割を果たしていた。一般庶民はとくに、結婚、離婚、相続などの広い範囲の事柄についてウラマーの指導を求め、裁定まで彼らに委ねた。

宗教界と国家とのあいだのこのような関係、あるいはむしろ関係の欠如と言ったほうがいいかもしれない実情が、深刻な問題を引き起こしてもいた。ウラマーは政治的権利と義務について独自の教義を展開していたが、帝国の支配者たちは、ほとんどの点でこの教義が政治的には実行不可能であると見た。支配者たちは、ウラマーの支持を仰ぐことが必要な場合がしばしばあった。そのようなとき、ウラマーは支持の条件として、神聖化され神話化された過去を手本に、理想的な体制を構築するように求めることがあった。スンナ派のウラマーにとっては、それは初期の四人の正統カリフのやってきたことに、ウマイヤ朝のカリフ・ウマル二世の慣例を補足したものを意味する。だが、シーア派のウラマーにとっては、預言者ムハンマド自身とカリフ・アリー〔ムハンマドの娘婿〕の慣例のみが有効で、それ以外のいわゆる「正統」カリフたちは決して正統とはみなさなかった。

もちろん、ウラマーは政治生活から完全に隠遁していたわけではなく、両者間に一種の休戦状態、つまり暫定協定（モーダス・ヴィヴェンディ）のようなものがいつのまにかできあがっていた。支配者たちは原則的には「聖法」を認め、とくに儀式や社会道徳に関しては、その規定にあからさまに違反するのを避け、ときどきウラマーの意見を求めたり、彼らを権威ある地位に祭りあげたりした。ウラマーの側では、公的権威への深い関わり合いをできるだけ避けようとした。ウラマーの一員がそのような地位への就任を余儀なくされたとき、当人はしぶしぶ引き受けた。それでも、敬虔なウラマーからは非難の目で見られた。

こうした事情から、ウラマーは二つのグループに分裂しがちだった。一つは、非常に敬虔な人たちで、同僚からも国民の大半からも、公正で清廉潔白な真理の守護者であるとみなされていた。もう一つは、人の言いなりになる現実主義者と呼んでもいい人たちで、公職に就き、そうすることで道義的権威をあらかた失っていた。あまり仕事に忠実でなく、正邪に厳格でない人たちが公職に就き、忠実で敬虔な人たちが公職を避けるという事態は、国家にも宗教界にも有害な影響をもたらした。国民一般の共感は、明らかに公職を避ける人たちに集まり、宗教的な文献に出てくる忠告の多くは、公職を事実上、避けるように求めている。

十二世紀から十三世紀にかけて、いくつかの重要な変化が起こった。この時期には、イスラームの信仰と共同体の存続そのものが脅かされかねない大きな宗教がらみの闘争が何度か起きた。イスラームは、国内外の敵――西から、東から、そして国内から――の猛攻撃にさらされた。この危機が起こる前に、ムスリム社会のかつては分離、敵対さえしていた人たちが協力しあい、陣営を固めるようになっていた。軍事であれ、民政であれ、国家の役人たちは宗教に関心を示すようになり、宗教界の国家への敵対意識は薄くなった。

この政府と宗教界、これらに携わる人たちの協調関係に大事な役割を果たしたのが〈マドラサ〉と呼ばれる一種の神学校かカレッジのような、ムスリムの高等教育の大きなセンターだった〔口絵18参照〕。初期の頃の初等・中等教育は、モスクかあるいはモスクと協同で行なわれていたが、九世紀から十世紀にかけて高等教育のセンターも一部のモスクに付設された。ここでは主として宗教学が教えられたが、教科はそればかりではなかった。このようなセンターは支配者、民間人の双方から財政援助を受けていた。大きなセンターのいくつかには図書館も付設され、学生や学者に利用された。さらに一般にも一部開放された図書館もあり、ここには数学、医学、化学、哲学、音楽など、宗教と関係のない本も置かれていた。

九世紀初頭、アッバース朝カリフ・アル・マームーンが、バグダードに有名な「知恵の館」を創設したが、これが多々ある高等教育施設の走りだった。これはたぶん、それより古いペルシアのゴンデシャープール校をモデルにしたものと思われる。ゴンデシャープール校は、ビザンツ帝国の宗教迫害を逃れて、サーサーン朝ペルシアに庇護を求めたネストリウス派のキリスト教徒によって創設され、ギリシアの学問、とくに医学の教育センターで、この学校自体、アレクサンドリアやアンティオキアの古いギリシア学校をモデルにしていたようだ。

典型的なマドラサが出現するのは十一世紀で、これを皮切りにたくさんのマドラサが設立されるようになった。同じような学校がイスラーム世界全域に建てられた。マドラサはモスクに付設される場合もあれば、モスクとは独立しているが、教官や学生たちの便宜を考えて小さな礼拝所——一種のチャペルのようなものが付設されることもあった。のちには、マドラサは組織化されたカレッジのようになり、講義大要や時間割、報酬を受ける常勤教官、学生のための奨学金や施設をもつようになった。中世にできた大寺院付属学校と同様、マドラサは主として宗教と法規範の講義を行なった。イスラーム教では、この二つは一つの全体像の異なった側面を表わしている。だが、のちには、マドラサは西欧のカレッジや総合大学と同様に、有識者階級の形成に大きな役割を果たした。

　公職従事者が心機一転、真摯に職務を遂行するようになると、宗教界の大御所も積極的に公務に携わるようになった。オスマン帝国の一部では、彼らが征服した地域で遭遇したキリスト教会組織に触発されて、イスラームの宗教界が政府機構の一端を担うようになったことは疑いない。カーディーとムフティーも政府により任命され、キリスト教徒の主教管区に相当するそれぞれの司法管区に配属された。これによって宗教界は、官僚機構と軍事組織に次ぐ帝国政府の第三部門になった。宗教界の位階制の頂点には、オスマン帝国の最高指導者と言ってもいい〈シェイヒュル・イスラーム〉（イスラームの長老、首都の法学裁定官の長）がいた。

　ウラマーが国家と密接な関係を結ぶようになるにつれて、彼らは必然的にどんどん庶民から遠ざかり、それまで享受してきた信望の多くを失った。ムスリム庶民にとって、ウラマーの存在に取って代わったのが、やや異なった形の信仰心を代表するスーフィー（イスラーム神秘主義者）の長老たちだった。中世後期以降、イスラーム神秘主義者たちはいくつかの教団を結成し、それぞれ異なった神秘的教義にのめりこんでいった。こうした教団の指導者やメンバーは「デルウィーシュ」と呼ばれ、月並みのイスラーム教にはない多くのものを庶民に与えた。デルウィーシュの集会や儀式は、精神的な糧と霊的交わりを信者に与え、ときには生きてゆくのに精いっぱいの人たちに、連帯感と援助を与えた〔口絵22参照〕。

「筆の人」

中世ムスリムの著作では、社会層——明らかに社会を動かしている人たちを意味する——を「剣の人」と「筆の人」という二つの大きなグループに分けていることが多い。第一のグループは間違いなく軍人で、第二のグループは官僚や宗教界の人たちを指していた。だが、知力や読み書きの能力を発揮して生計を立ててはいるが、これらの二つのグループのいずれにも当てはまらない人たちがいた。たとえば医師である。彼らは歴史や伝記文学のなかで、支配者の医学顧問として、あるいはイスラーム世界で繁盛していた多くの病院で働く医師として、また彼らが行なった研究や著作によって異彩を放っていた。中世イスラーム医学の理論と実践は、主としてギリシア医学の伝統を受け継いだものだったが、ムスリムはそれに多くのものを加えた。中世の最盛期には、イスラーム世界の医学知識と臨床技術のレベルは、当時のヨーロッパのレベルよりもはるかに進んでいた。だが、近代初期になると、彼らはひどく遅れをとってしまった。ヨーロッパの医学文献は少ししか翻訳されなかった。十五世紀から十六世紀にかけては、ヨーロッパからの難民、それも大部分はユダヤ人医師が、イスラーム領内で医療に従事した〔口絵21参照〕。十七世紀から十八世紀になると、オスマン帝国のたくさんのキリスト教徒がヨーロッパへ医学の勉強に行き、帰国して郷里で開業した。だが、精力的な改革派の支配者の一部が、ヨーロッパの医学校へ学生を留学させ、自国に外人教師を招いて医学校を開設したのは十九世紀になってからのことである。これでようやく、中世からほとんど進歩していなかった古いギリシア・イスラーム伝統の医療技術に助け船が出された。

「筆（正確に言えば話し言葉）の人」のなかで、もう一つの重要なグループは詩人たちだった。たとえ小君主であろうと、少なくとも一人は詩人を抱え、君主の褒め言葉を詩にうたわせた。そうした詩は覚えやすく、たちまち広まった。有力な支配者であれば、一種の宣伝省として、宮廷詩人の一団を保持していた。詩的才能に恵まれた広報官はまた、裕福な人たちの誕生、結婚、その他の祝い事を詩に詠んで、それを商売にした。マスメディアがない時代では、詩や詩人は、ニュースの伝播や、好ましい印象を広めることに重要な役割を果たした。

詩人が支配者の同時代のイメージづくりに寄与していたとすれば、その支配者像を後世に伝える役目をしていたのは歴史家だった。中世の歴史家は詩人と異なって、フリーランサーでもなければ廷臣でもなく、たいていは官僚か宗教界のいずれかに属していた。歴史家がカリフ治世下で確固とした独立性と表現の自由を維持できたのは、たぶんそのためだったであろう。のちには支配者が、宮廷詩人と同様に、宮廷歴史家を任命するのが通例になり、オスマン帝国では「帝国歴史編纂官」という重要な官職が創設された。この編纂官はスルタンによって任命され、前任者の仕事を引き継いで、帝国の歴史の詳しい記録をつけるのが主要な任務だった。この官職は数百年にわたって維持され、オスマン帝国の没落寸前まで存続し、最後の帝国歴史編纂官はオスマン帝国史学会の初代会長になっている。

天文学者、占星術師、芸術家、書家、建築家、技師などの職業ももちろんあったが、その大部分は、時代が進むにつれて所属支配組織のどれかに雇われるようになった。オスマン帝国時代までは、建築と土木関連の職業従事者はほとんどすべて軍に属していた。

「剣の人」

中東では、世界の他の国々と同様、支配者が外部からの侵入者を追い払ったり、常時、自国内の秩序維持、国家の威権の擁護のために軍隊を維持してきた。

ローマ帝国支配下の防衛と治安維持は、ローマ軍団がその土地で編制した補助部隊の助けを借りて行なっていた。総勢は驚くほど少なかった。ペルシアと国境を接し、もっとも治安維持の厳重な東部地方に近いシリア州でさえ、ローマ帝国は平和時に四個軍団（一個軍団は約六千人）以上の兵力を駐留させたことはなく、ヨーロッパ側のゲルマニア国境地帯には八個軍団を駐留させていたのにくらべればひどく手薄だった。もちろん、兵力は、戦時には増加され、非常時には軍団の移動や増強が行なわれた。紀元五八—六六年のアルメニア戦争と、紀元六六—七〇年のユダヤ人の反乱が、軍事情勢にいくつかの重要な変化をもたらした。その一つが、第十フレテンシス軍団のシリア北部からエルサレムへの移動で、これによりエルサレムは新しく設立されたローマ領ユダヤ州の常設駐屯地になった。

ローマ軍団はローマ市民権保持者のみを採用していたが、属州民への市民権供与がしだいに拡大するにつれて、属州民の多くが入隊可能となった。小アジアや地中海東岸部(レヴァント)では、ローマ帝国の他の地域と同様、地方で徴兵された軍団兵は、出身地以外の所で兵役に就くのが普通だった。ローマ軍団には、主として治安を担当する補助部隊がいた。補助部隊のなかには、おおむねローマ帝国を支援する貴族支配者のもとでローマ化が進んだ部隊もあれば、ローマ人自身により創設され、徴募されたもので、ラクダ騎兵や騎馬射手のような特別部隊も含まれていた。これらの部隊に所属する辺境の砂漠地帯から来たアラビア部族民たちは、戦争を直接経験し、戦術や戦法を知っていて、イスラーム軍の征服戦争時に役立った。治安維持任務は通常、補助歩兵隊に委ねられていた。アラビア語で〈シュルタ〉〔語源は、「的確な目的のために、ある事物を他と区別する」という意味の「アシュラタ」という動詞からきている〕という彼らの呼び名は、カリフ国や後期イスラーム政権の警察の呼び名として残っている。

ペルシア帝国は侮りがたい軍事大国で、ローマ帝国が目を離せないライバルだった。封建諸侯から提供された農民歩兵部隊は、対抗するローマ軍に高く評価はされていなかったが、好戦的な辺境民出身の傭兵騎馬隊や補助部隊の評判は高かった。そうした軍隊の中核は貴族出身で、ペルシア風小札鎧（こざねよろい）や鎖帷子（かたびら）を着け、槍と弓で武装した騎兵は当時もっとも恐るべき軍隊だった。有名なパルティア人騎馬弓手の逃げながら（あるいは逃げるふりをしながら）後方に矢を放つ戦術は〔「パルティアン・ショット（捨てぜりふ）」という言葉はここから生まれた〕、ローマではよく知られ、恐れられていた。ペルシア軍のもう一つの重要な発明は鐙（あぶみ）で、これによって、鎧（よろい）を着た槍騎兵の殺傷力が強まった。これは中世初期の戦争における戦車であったと言ってもよいであろう。

ホスロー一世の治世（五三一―五七九）下のペルシア帝国は、大きな改革をいくつか行なった。とくに軍事組織はこれによって封建色が薄まり、職業軍人化した。兵士たちは俸給と装備手当が支給され、長時間のつらい訓練と、きびしい規律に耐えねばならなかった。軍隊は、一人で国防大臣と統合幕僚長の役目を兼ね、必要ならば、和平の調停者にもなる〈エランスパフバドフ〉（最高司令官）のかわりに、将軍、軍政官、将校という階層制が敷かれた。ホスロー一世の軍隊はかなりの成功を収めた。国内では内戦を終わらせ、前線には平和をもたらし、イエメンからエチオピア軍を追い出した。東方からの遊牧民エフタル族の脅威に終止符を打ち、ビザンツ帝国との戦いでは、シリアに侵入してアンティオキアを奪ったのも彼らである。だが、ペルシア軍はアラブ・ムスリム軍の強襲にはもちこたえられなかった。

イスラーム勃興以前のアラビアでは、成人男子の主力集団とは別に、常設の職業軍人部隊を設置するという考えは、そういう軍隊をもった王国という概念と同様に、異質で、強い反感を感じさせるものだった。北方の境界地帯には、ビザンツ帝国やペルシア帝国の補助部隊形成に協力することもある小君主たちが何人かいた。もっと洗練された定住民のいる南部諸国では、なんらかの形の職業軍人がいたようだ。だが、北部と中央アラビアでは、軍隊は襲撃や戦争のときに動員されるたんなる武装した部族民にすぎなかった。

ごく初期のムスリム歴史物語には、それが著しく変化してゆく様子が描かれている。預言者ムハンマドとその後継者たちは、一部族を支配しただけではなかった。彼らは異なった出身地の人々や、以前には敵対関係にあった人たちもいる宗教・政治共同体の長になった。彼らはほとんどひっきりなしに戦争をしていた。最初は偶像崇拝をするクライシュ族に対して、預言者ムハンマドの死後は征服戦争に乗り出した。

とくに征服戦争は、長期にわたり広大な地域にまで拡大されたので、軍隊は必然的に専門化し、職業化していった。アラビア語の文献によれば、中央部および北部アラビアでは、戦闘員と非戦闘員のあいだに、新たな、前例のない区別意識が育っていったことがわかる。のちに戦闘員のなかには長期従軍の専門家と、短期従軍の素人あるいは補助兵とがあった。のちにイスラーム法学者がつくった原則によれば、〈ジハード〉（聖戦）の義務は、防御のさいはすべての身体強健な男子にあるが、攻撃のさいは全共同体にあるとされた。後者は、征服戦争時代の状況を反映したものにちがいないが、それぞれの部族が戦闘員の割当て人員を供出するよう要請され、通常そのほとんどが志願兵により充当された。

ムスリム軍の長期従軍部隊の中核であった兵士たちでさえ、まだ専従の職業軍人ではなかった。戦争に従事しないときは、彼らは他の副業に就くことが許され、また、そうすることが多かった。少数の例外を除いて、彼らは家族から離れて兵舎に住むことはなかった。だが、戦争は彼らの第一の職業で、生計の主要な源だった。暮らしを支えるために、征服戦争中に得られた戦利品は気前よく分け与えられた。

ウマイヤ朝カリフの治世時代に帝国の首都圏になったシリアの一部の例を除いて、アラブ軍団は駐屯地に配備され、それらがやがて軍営都市となった。イラクのバスラやクーファ、エジプトのフスタート、チュニジアのカイラワーン、ペルシアのゴムなどがそれにあたる。シリアでは、アラブ兵士たちは、各軍団所有の軍管区に駐屯し、軍団を維持した。これらの軍管区は、北から南へ、ホムス、ダマスカス、ヨルダン、パレスチナと、すべて元ビザンツ帝国の区分のままだった。シリアのアラブ軍は、ビザンツ帝国との国境地帯へ季節ごとの遠征や、コンスタンティノープル攻撃のような大々的な遠征にも従軍した。彼らの戦争経験や技術の練度が高まり、固定給も高くなるにつれて、常備軍的な性格をもちはじめ、やがてシリアを基盤としたウマイヤ朝カリフの常備軍になった。だが、イラクやエジプトのアラブ軍入植者のなかでは、これに相当する組織は存在せず、彼らは、定期的な軍役を部族として嫌悪し、部族民兵の状態に戻っていた。

イラクに拠点をもつアッバース朝は同じ制度を継続したが、違いもあった。シリアの常備軍兵士のかわりに、アッバース朝勃興の地であるイラン東部ホラーサーン州出身の兵士を採用した。彼らはその後、長いあいだ軍隊を支える大黒柱になった。

これが重要な変化をもたらした。カリフ国の軍隊は最初、圧倒的にアラブ人で、シリアやエジプトの地元民を徴募しようとしたことはまったくなかった。地元民は、数百年にわたるローマ帝国やビザンツ帝国の統治下で、軍人という職業への熱意や気質を失ってしまっていた。イスラーム帝国の東側、元イラン諸州では事情は異なっていた。イラン人は、西側の隣人たちと違って、帝国の主人を次々と替えてはいなかった。彼らはまだ、自分たち自身の帝国の偉大さと、独自の武人としての伝統を忘れてはいなかった。新たにイスラーム教の信仰を受け入れた彼らは、ごく自然に政府と軍隊の両方で大事な役割を担う資格があると感じた。北アフリカの元ローマ帝国領域で、アラブ人の支配下に入ったベルベル人の場合も、多少受け止め方は違うが、同じことが言える。

アラブ人の戦闘隊長らは、初期の頃より、自分たちの部族の支援者となった〈マワーリー〉（被護民）と呼ばれる地位も低く給料も安い非アラブ人改宗者を軍隊に採用しはじめていた。マワーリーは、とくに、好戦的な人々がムスリム軍の進撃に大きく寄与する辺境地域では、しだいに重要な役割を果たすようになってきた。北アフリカのベルベル人は、スペインを征服したアラブ・ムスリム軍の主要な部分を構成していたし、イラン北部と中央アジアの人々は、帝国の境界を越えて、彼らの新しい信仰を未信心の同族にもたらす大事な役目を果たした。

これらの人々は、初期に大きな成果を上げたときでさえも、辺境民であり、補助兵であって、帝国軍隊の構成員ではなく、帝国の首都から遠く離れたところに留め置かれた。アッバース朝ホラーサーン人部隊のイラクへの到来で、事態は大きく変化した。ホラーサーン人は、本質的にはアラブ人だが、ホラーサーン州に数世代にわたって住み、イラン人女性と結婚し、多くのイラン人の生活様式を身につけていた。まもなく、彼らはイラン東部の生粋（きっすい）のイラン人を仲間にした。

アッバース朝政府は、軍隊名簿に載っているアラブ人に自動的に軍人年金を支払うのをしだいに廃止した。十世紀以降、兵士たちの俸給は、実際に兵役に就いているときのみ支払われた。軍人には二種類あって、俸給を受け取る常勤の職業軍人と、一回の遠征ごとに戦利品から支払われる志願兵がいた。

アッバース朝カリフのホラーサーン人守備隊は、ウマイヤ朝カリフのシリア常備軍ほど長くはつづかなかった。アッバース朝支配後、百年もしないうちに、彼らに代わってまったく違ったところから徴募された、新しい種類の軍隊にその座を奪われた。この新種の軍隊は、それから千年以上のあいだ、イスラーム国家の軍隊と政治を形づくってゆくことになる。

武装した奴隷や外国人補助部隊は別に新しいものではなかった。古代のアテネはしばらく、市の所有物であった武装スキタイ人奴隷部隊が治安維持にあたっていた。ローマ人高官のなかには、外国生まれの武装奴隷のボディガードをもっていた人たちもいた。ムスリム帝国の支配者たちは、ローマ人やペルシア人、中国人がずっと前からやっていたように、帝国の辺境か、それ以遠の「好戦的民族」からの兵士を徴募した。ヨーロッパの諸帝国では数百年も前からやっていたことである。だが、ムスリム諸国の軍事史には、新たな、独特なものが見受けられる。それは、奴隷兵士が奴隷部隊を構成し、それが奴隷の将軍によって指揮され、まことに皮肉なことに、やがて奴隷出身の王や王朝に仕えるのだ。

このシステムの原理は、十七世紀半ばにトルコを訪れたイギリス人ポール・リーコウがよく観察し、説明している。「家柄、血筋、社会的地位」によって取り立てられた家臣をもつヨーロッパの君主と対照的なトルコの情勢について、リーコウはこう書いている。

（トルコ人は）……自分が養育し、教育を与えた人たちに仕えられるのが好きだ。また、自分が与えた養育、教育に見合った部署に彼らを雇う義務がある。彼らが成人するまで食事を与えて体を育てるばかりでなく、彼らの心に知恵と美徳とを植えつける。そうすれば、育てた経費の元がとれる。彼らは妬みなしに育てられるし、また危険なく殺すこともできる。

オスマン帝国の高官になる青年は……戦時の捕虜、もしくは辺境地からの提供者といった者でなくてはいけない……この政策にははっきりした理由がある。彼らは異なった行動規範や習慣で教育されれば、両親を憎むようになるだろう。遠くから来ているので、知人もいない。それゆえ、学校を卒えて役人になると、自分を教育してくれた偉大な主人以外に、親類も扶養家族もいない。すると主人に忠誠を尽くす以外に道はない。

この制度は、明らかに、すべての専制君主がつねにもつ問題の一つを解決するために考案されている。すなわち、いかにして信頼できる軍人と役人を見つけだし、しかもそれによって、国家内に強力でまとまりの強い分子が生まれ、それが君主の権力をかすめ取ったり、完全に奪ったりしないようにするかである。

それぞれの時代や地域で、君主たちはこの問題に対しさまざまな解決法を見出していた。初期の頃より、ムスリム君主たちがとった解決法は、長期間勤務する職業軍人の軍隊を創設することであった。軍人たちは、子供の頃に捕らえられて奴隷となった外国生まれの者で、自分が訓練を受け、編入された軍隊以外に忠誠を誓うものがない。遠隔諸州や国境以遠から来た外国人である彼らは、地元の臣民に何の親近感も血縁関係もなく、話もほとんど通じない。自分の家族や環境から物理的に切り離され、文化的に根を断たれた彼らには、訪ねていく従兄弟も親類もない。しかも、奴隷兵士は一代限りで、息子たちによって補充されるわけではなく、遠方からの新しい奴隷の移入によって交代させられる。こうすることにより、奴隷兵士が新しい軍人階級を形成し、貴族階級になったり、専制君主の主権を脅かしたりするのを防げた。

だが、この制度〔少年徴集制度(デウシルメ)〕は完全ではなかった。奴隷兵士たちが部族連帯集団をつくったり、出身地域や部族に基づいた連隊をつくることさえあった。とくにオスマン帝国では、奴隷兵士が出身地の家族と連絡を取りつづけることもあり、自分が権力や利益のある地位に就くと、親類を呼び寄せて有利な立場を分かちあうようになった。奴隷兵士たちは他の親と同様、息子にはそれなりの準備を調えてやりたいと願った。息子たちを軍隊に入れることは容易にできなかったが、宗教界や官僚などの専門職に就かせることはしばしば可能だった。中世後期の偉大な書記や宗教界の一族のいくつかは、このようにして身を立てた人たちだった。

だが、この制度はおおむね非常にうまく機能した。それは強力な軍隊を生み、おかげで中東イスラーム世界は十字軍を打ち負かして追い出し、はるかに危険なモンゴル族の侵攻を食い止めることができた。だが、奴隷部隊は、これをつくり所有した君主を、つねに失望させたことが一つだけある。原則的には、奴隷兵士は君主以外に忠誠心をもたないことになっている。だが、実際には、兵士の忠誠心は、連隊とそれを指揮する将校たちに向けられた。やがて、自分自身も奴隷出身である軍司令官たちが、地方州や首都においてまで真の支配者になり、もはや実力のないカリフを牛耳るようになった。しまいには、奴隷出身の司令官が君主になり、大部分は短期間ではあったが、王朝を創設することもあった。中世後期のエジプトでは、奴隷の徴募と継承の原則を貫くうちに、奴隷出身のスルタン〔マムルーク朝〕まで誕生した。

イスラーム初期の頃に、すでに奴隷兵士についての記述があるが、彼らの大部分は解放奴隷として、彼らの主人や元主人に抜擢（ばってき）された人たちだった。奴隷連隊を導入したのは、八三三年から八四二年まで統治したアッバース朝カリフ、アル・ムータシムだったと言われる。その連隊は、イスラーム圏以東の草原地帯で若いうちに捕らえられ、少年時代から軍事訓練を受けたトルコ人奴隷で構成されていた。かなり短期間に、ムスリム支配者の戦闘部隊と駐屯部隊は、奴隷兵士、それも主としてトルコ人で構成されるようになった。北アフリカやスペインのようなイスラーム帝国のはるか西の地帯では、可能なかぎりヨーロッパからスラブ人の奴隷を徴集してきた。とくに、モロッコやエジプトでは、黒人奴隷が兵役のために雇用された。だが、大部分の奴隷兵士はトルコ人で、トルコ人自身がイスラームに改宗して法的に奴隷化できなくなるまでそれはつづいた。トルコ人支配者は、カフカスやバルカン半島の非ムスリムを奴隷兵士に徴用した。

戦争のやり方が変化し、とくに火器が導入されると、旧式の奴隷部隊は時代遅れになった。最後の偉大な奴隷部隊であるオスマン帝国の〈イェニチェリ〉は、十九世紀初頭まで存続したが、奴隷の徴用は十七世紀はじめにやめていた。それでも古い習慣は完全に消え去らなかった。十九世紀になっても、エジプトの支配者たちは、黒人奴隷部隊を広範囲に使っていた。一八六三年、エジプトの支配者は、盟友のフランス皇帝ナポレオン三世の援軍としてエジプト遠征軍をメキシコに送ったが、その兵士の大部分はナイル川上流地帯で捕まえた黒人奴隷だった。

地主と商人

いかなる経済的定義においても、富と、富が与えることのできる権力のおもな源泉は土地と交易だった。官僚、軍人、宗教界、王族でさえ、いわゆる支配階級エリートたちはみな、少なくとも自分の資本の一部をそのどちらか、あるいは両方に投資するのが普通だった。

イスラームの教えははじめから交易に好意的な見解を示している。交易についてのもっとも古い定義は、『コーラン』のなかの、商取引を認め、利息取りを禁じている部分がよく知られている。ほかにも、誠実な取引の枡目(ますめ)や目方(めかた)は公正にはかること、借金のきちんとした返済、契約の履行などの法の遵守が、『コーラン』の二章二七五節、二八二節、四章三三節、六章一五三節などにある。『コーラン』が生計の手段として交易を認めているのは、預言者ムハンマドと彼の仲間の一部の者とされる誠実な商人を称賛するたくさんの言葉によっても確認されている。

誠実な商人が、絹やブロケード、宝石、奴隷などの贅沢品の取引をすることを擁護する言葉さえある。伝承によれば、預言者ムハンマドは、「神が人間に富を与えるとき、人はそれを目に見える形でほしがるものだ」と言ったとされている。導師(イマーム)ジャーファル・アッサーディクについて初期のシーア派の著作のなかに、もっとびっくりするような話が出てくる。この導師はあるとき、弟子の一人から、あなたの祖先は粗末な衣服を着ていたのに、あなたは立派な衣類を身に着けていると非難されたことがあった。すると導師は、私の祖先は物がない時代に生きていたが、私は豊かな時代に生きている、自分自身の時代にふさわしいものを着るのは正しいことだと答えた。

こうした明らかに経典外の伝承は、イスラームの著作にしばしば見られる強い禁欲主義的傾向に対して、贅沢な暮らしや贅沢品の取引を正当化しようとする意図があることはたしかだ。ムハンマド・アッシャイバーニー(八〇四年没)は、生計のために稼ぐことは許されているばかりでなく、ムスリムの義務であると言っている。人間の第一の義務は神に仕えることだと彼は言う。だが、これを正しく行なうためには、人は衣食住が満たされていなければならない。それは、働き、金を稼ぐことによってしか達成されない。さらに、自分自身の露命をつなぐことだけにこだわる必要はないとも彼は言っている。贅沢品を買ったり、使ったりすることも許されているからだ。アッシャイバーニーとのちの何人かもまた、言おうとしているのは、商売もしくは手仕事によって稼いだ金は、公職あるいは兵役によって政府からもらう金よりも神の目を喜ばせるという。

もっとも偉大な典型的アラブの思想家の一人、ジャーヒズ（七七六―八六九）の指摘はさらに鋭い。「商人への称賛と役人への非難」と題するエッセイのなかで、支配者に仕える者の不安、屈辱、へつらいとくらべて、商人は安心、威厳、独立を保つことができると断言し、商人の信心深さと学識を、彼らの誹謗者に対して弁護している。神ご自身が最終的な預言の啓示を、商人の共同体を選んで行なったとき、商人としての生き方を認めたのだと彼は言う。同様に、中世の名だたるイスラーム神学者の一人、ガザーリー（一〇五八―一一一一）も、来世のために自分自身を備える方法として、理想的な商人の横顔と、商取引の弁護について書いている。

農業依存型の経済では、土地の所有もしくは管理が、社会的にも政治的にも何より重要であった。実際、地主は、典型的なイスラーム社会のなかで、大事なグループを形成していた。だが、「地主」という言葉は、中東の社会的背景のなかでは、定義しなおす必要がある。西ヨーロッパその他で知られているような独立した小地主は中東にも存在するが、どの時代にあっても、その数は少なく、例外に属した。農業には中央からの支持が必要で、したがって中央の支持・支配に黙って従わざるをえない人工的な灌漑システムに依存している地域では、独立した小地主は容易に繁栄しない。この地域では、大半はいわゆる大地主であるのが普通である。ただし、それにはいくつかの異なった形態がある。過去ならびに現在の中東の農業事情についての近代の著作では、しばしば「封土」とか「領地」とかいう言葉が使われているが、これらは西ヨーロッパの地方史だけで通用する意味をもった、その世界独自の言葉である。こうした言葉を、中東の社会的にも経済的にも非常に異なった現象に当てはめようとすれば、せいぜい当たらずとも遠からずの同義語といったところで、非常に誤解を招きやすい。

地主が自分の土地を所有もしくは保有する場合に、いくつかの合法的な保有形態があった。その一つであるイスラーム法で〈ミルク〉と呼ばれている形態は、英語でいう freehold（自由保有権）にほぼ相当するもので、オスマン帝国時代（最初の詳しい記録が残っている）には、おもに都市部や、居住地に隣接した部分の建設用地以外のブドウ畑、果樹園、農園などとして使われる土地の保有を指していた。

こうした保有形態は、農村部ではまれだった。地方の大半の耕作地は、建前上、なんらかの形で国から土地を下付された大地主が所有していた。ムスリム時代のごく初期のそうした下付地は、原則として、征服の過程で新たに生まれたアラブ国家が取得したとされる土地を、最初の頃のカリフたちが個人のムスリムに公有地の割譲という形で分け与えたものだった。そのような土地には、大まかに言えば二つのタイプがあった。一つは、元国有地、すなわちビザンツ帝国やペルシア帝国支配下の元国有財産であり、もう一つは元の地主が放棄した土地である。アラブ人が地中海東岸部、エジプト、北アフリカなどを征服したとき、大勢のビザンツ帝国の貴族たちは領地を捨てて逃げ出した。それらの土地が国有財産とされ、やがて元国有地に同化された。さらに、「死地」と呼ばれた、耕作も使用もされていない土地も、この方式で下付された可能性がある。

いずれも国家の意のままに処分できるこうした土地は、事実上、終身変更不可能な下付地として個人に割当てられた。終身ということは、譲渡も世襲も可能で、しかも奉仕や身分などの条件は付いていなかった。だが、そのような下付地受領者は、住民から自分で税を徴収し、イスラーム法に基づいて、国庫にその土地から上がる収入の十分の一を税として払わなくてはならなかった。農民から集めた額と国家に支払う額との差が、下付地からの収入ということになった。

たぶんビザンツ帝国時代の「エムフィティウーシス」（終身借地権）に由来するこのよく似た制度はしばらくつづいたが、怒濤のような征服時代の終焉とともに消滅した。やがて、それに代わる別のもっと一般的な協定ができた。それは土地を下付するのではなく、国有地の徴税権を委ねる制度である。この制度は、国家が個人の諸サービス、とりわけ一般的になってきた軍事奉仕の見返りとして、国庫から俸給を支払うかわりに、ある地域の徴税権を認可するものである。原則として、軍の将校その他の公務従事者は現金で俸給が支払われることになっていたが、国の財庫に現金が乏しくなるにつれて、こうした授権の慣習がどんどん広まっていった。そのような税金の割当てを受けた人は、自分なりの徴税の段取りを整えなくてはならない。彼らはもちろん国に税金は納めない。国に課された税金を払うかわりに、税金集めをするのである。

そのような授権は、原則として供与した奉仕に対する見返りとして、職務上与えられるものだった。授権者がなんらかの理由でその奉仕の供与をやめれば、徴税代行の権利も打ち切られた。こうした授権は、初期のカリフ時代のような変更不可能、終身のものではなく、原則として、それが授与される条件がなくなれば機能しなくなる、一時的、限定的、変更可能なものだった。それは譲渡可能でもなければ、世襲もできない、授権者個人のものだった。だが、職権乱用によって、しばしばそれは終身の、譲渡可能な、世襲もできるものになった。似たような規則の乱用で、奉仕がもはや提供されなくなっているのに、権利だけが保持されることもしばしばあった。この制度が中世ヨーロッパの封建制にいくらか似てくるのはこの段階になってからである。

だが、それでも相違点のほうが類似点よりもはるかに多い。授権者は、中世ヨーロッパの封建貴族の領主権のようなものは何ももっていなかった。授権者は徴税権を除いて、管轄地の住民に対して何の権利もなかった。もちろん、徴税のために、必要ならば行使しなくてはならない強権発動の権利は別である。だが、ヨーロッパの荘園主と違って、法の施行はしなかった。自分の領地をさらに小さく分けて下付することもなかった。のちの時代にはめずらしいことではなくなったが、原則的には自分自身の家臣としての私軍も保持しなかった。ヨーロッパの封建領主と違い、通常、下付地に住むことはなく、ましてや疑似独立君侯国として支配することもなかった。

授権というよりは契約に近いもう一つの協定では、国がある地域もしくは私有財産、なんらかの団体から税金の取り立てを命じ、その見返りにあらかじめ定めておいた金額をまとめて払うものである。この方式では、国家やその代理人は、税金の評価や徴収に直接の関わりはもたない。その仕事は、部族長や宗教共同体の長、もしくは徴税請負事業者などの仲介人に委ねられる。そのような徴税請負権は、国家もしくは軍部その他の国家から税収割当てを受けている授権者から買い取ることができる。徴税請負人は自分が協定を結んだ財庫あるいは当事者に、協定した額を支払う義務があった。徴収額や方法は、請負人に一任された。国家の役目はせいぜい税務署長で、この徴税の当事者というより監督官だった。国家も民間土地所有者も、その土地の長期的繁栄に当然の関心をもっていた。徴税請負人は、まず第一に自分の投資を回収することに腐心し、その次に利益を上げることを願った。徴税請負権は、通常一年契約だった。

政情不安や激動期には（そういうことは多々あった）、下付地の統合や歳入の増大を図る傾向があった。有力な大地主は、騒乱時に自分の所有地を護(まも)ることができにくい近隣の微力な小地主たちに、しばしば保護の手を差し伸べた。内戦、侵略、秩序の崩壊など、厄介な問題をかかえた小地主が、近隣の有力者に自発的に援助を求め、その見返りに一定の収入になるような権利を、相手に与えることもあった。こうした保護はしだいに定着して、やがて大地主が小地主の所領を、事実上乗っ取るような格好になった。征服あるいは大々的な反乱によって、一つの体制とその支持者たちが打倒され、新体制が設置されるというような、もっと過激な変動が起こることもたびたびあった。そんなとき、現存の管轄区や財政上の区分はそのまま維持され、受益者だけが代わるということがある。そうした管轄地が全部国家管理に戻され、やがて新しい受益者に異なった方法で再配分されることはさらに多かった。

私有地と国家からの借地の区別は、概してあまり明確ではなかった。強い国家が管理している時代には、国家権力が民間地主の犠牲の上に繁栄する傾向があった。政治勢力が弱まり、その結果地方分権が進むと、個人が権力を強奪し、ときには国有財産までも奪うことになりがちだった。たとえば、十七世紀末から十八世紀にかけて、徴税請負権さえ世襲になり、自由保有権と区別がつかなくなった。「強奪」という言葉は、国有地が私有地になることにも、私有地が国有地になることにも使われることがあった。

「封建制」という言葉と同じように、「郷紳」や「貴族」というヨーロッパの言葉も中東の社会に適用するには問題がある。だが、建前上は自由保有地、借地、下付地、あるいは徴税請負権などいろいろな形の所有権を保持し、それを父から息子へとうまく譲り渡す世襲地主階級が形成される明らかな兆しが見えた時期も一度ならずあった。ムスリム支配者の一般的傾向として、こうしたプロセスの進行を妨害、中断、逆行させ、すべての権力、すべての富、すべての権威が、世襲あるいは安定した公認の社会的地位からではなく、国家から直接に引き出されることを望んだ。専制的な支配者は、当人の信用に依存するのではなく、地主のような世襲の富、ウラマーや、ときとしては地方の郷紳のような、公認の特権階級に依存する分子を、撲滅もしくは一掃しようとすることがしばしばあった。そのような自立した集団は、王権がなんらかの理由で弱まっているときに形成されて、しばらく存続し、王権が強く、とくに新たな征服のあとなどでは、徐々に力を失ったり、しばしば打倒されたり、少なくとも入れ替えが行なわれたりした。

イスラームの歴史にはこうしたたえまない抗争の痕跡が随所に見られる。近代では、その抗争は専制国家に有利で、それを阻止できたかもしれない社会的勢力にとっては不利な決着がついたように見えるであろう。それは近代的な科学技術、とりわけ近代的な情報交換や武器の導入によって起こった。それらのおかげで、中央集権化された専制政治への長年にわたる実質的な邪魔物はようやく除去された。伝統的な制度下では、支配者の権力は原則的には絶対であるが、実際は何から何まで中間的権威や権力の制約を受けていた。近代化によってそうした権力を阻止したり権威を排除したりすれば、支配者の権力に制限も制約もなくなり、どんな小物の近代的独裁者でさえ、アラブのカリフや、ペルシアのシャー、トルコのスルタンのなかの最強者さえ及ばないような途方もなく大きな支配権をもつことになる。独裁的な権威の乱用に対する伝統的な抑制手段はなくなってしまった。なんらかの新たな歯止め、あるいは歯止めの再構築への模索はつづいている。

第十一章　庶民たち

神聖不可侵な差別

イスラームは人類平等主義の宗教であるとよく言われる。この言い分はおおむね正しい。イスラームが起こった時代のこの教えが示す行動規範や、その実践の仕方のかなりの部分までが、これをとりまく当時の社会――イランの階層化された封建制、インドのカースト制、ビザンツ帝国やヨーロッパ・キリスト教国の特権貴族階級――とくらべれば、イスラームの制度には、間違いなく平等のメッセージが提起されている。イスラームでは社会制度や種族の弁別を認めないどころか、はっきりと、決然とした口調で否定している。『コーラン』に次のような一節がある。

これ、すべての人間どもよ、我らはお前たちを男と女に分けて創り、お前たちを多くの種族に分かち、部族に分けた。これはみなお前たちをお互い同士よく識り合うようにしてやりたいと思えばこそ。まこと、アッラーの御目から見て、お前らの中でいちばん

貴いのはいちばん敬虔な人間。（四九章一三節）

預言者ムハンマドの行動や発言、伝承に残っているイスラームの初期の支配者たちに尊ばれていた慣例でも、血筋、生まれ、地位、富、種族による特権的地位さえも、激しい言葉で否定し、人間のランクや栄誉は、イスラームにおける敬虔さと称賛に値する行為によってのみ定められると言っている。

そのような考え方に前例がなかったわけではない。『新約聖書』のよく知られた一節に、「ユダヤ人もギリシア人もなく、奴隷も自由な身分のものもなく、男も女もありません。あなたがたは皆、キリスト・イエスにおいて一つだからです」（「ガラテヤの信徒への手紙」三章二八節、同様の記述が「コリントの信徒への手紙一」の一二章一三節、「コロサイの信徒への手紙」三章一一節にもある）。それより古い『旧約聖書』の「ヨブ記」にさえ、主人も奴隷も同じ母の胎内から生まれたのだとはっきり書かれている（「ヨブ記」三一章一五節）。

だが、ユダヤ教徒、キリスト教徒、ムスリムのいずれも、人間全体としての共通点と、個々の人間のあいだに、ある種の基本的な違いが普遍的に存在することには矛盾を感じていない。前記の「ガラテヤの信徒への手紙」の一節は、人種、社会的身分、性別による違いをなくしたり、軽視したりするのでなく、そうした違いによって宗教上、なんらかの特別扱いされないことを強調していると解釈されている。信者と不信者のあいだには、はっきりと一線が引かれていることは最後の数語からはっきりわかる。三大宗教のどれも、個人の価値と自主性、神の目から見た個々の魂の重要性を主張している。いずれの宗教も、敬虔さと善行が、富や権力、高貴な血筋をしのぐものとされている。だが、そのいずれも、人間は平等であるという点には原則として同意している一方で、そうした平等を全面的に享受しているのは、歴史的に見て、事実上、解放された成人男子の同じ宗教の信者という必要条件を満たしている者に限られている。つまり、この三つの宗教のいずれにも、奴隷、子供、女性、不信仰者の四項目に類する人間は、さまざまな点で劣位の存在であるという前提が暗に秘められていたのである。

三大宗教には、そのような劣った資質がどのように生じ、どうしたらそれらが最終的に消滅しうるかについて、それぞれ伝統に則った規定がある。すなわち、奴隷は主人から解放されればよいし、不信仰者は真正な信仰を信奉することによって不信心から解放される。子供はいつかは成人する。女性だけが、伝統的な宗教的世界観のなかで、救いようもなく劣性が固定されていた。

三大宗教の信者にとって、不信仰者とは、それぞれ個人の選択によってそうなっている存在である。だが、この三つの宗教のあいだでは、不信心と改宗していない不信仰者の地位の定義と概念には重要な違いがある。それ以外の項目については、違いは少ない。女性と子供は生まれながらのもので、その地位を自分で獲得するわけではない。奴隷の出生については、奴隷の親から生まれた子供は奴隷の身分であることを、どの宗教も認めている。ユダヤ教とキリスト教は、昔からの掟による一般的な慣習に従って、いろいろな方法で自由人を奴隷化することを認めていた。イスラーム法と慣習では早くから、自由人を奴隷化するのは、事実上、戦争によって捕虜にされたか、征服された非ムスリムに限られた。

前記の社会的不平等者の四項目のなかにはまた、三宗教でそれぞれに違う中間的な身分がある。自由人と奴隷のあいだには、元奴隷だが「解放された人」がおり、法的には自由であるが、解放してくれた元主人にいくばくかの義務と義理がある。子供と成人のあいだには青年がおり、法的制約はあるが社会的にはかなりの重要な地位を占めている。男性と女性のあいだには宦官がおり、男性居住区と女性居住区のあいだを自由に出入りできる。そして、真の信仰者と不信仰者のあいだには、神の真理の全部ではないが、一部を共有する人たちがいる。

この最後の項目については、三宗教のあいだでいちばん大きな違いがある。ユダヤ教徒にとって、それ以外の人、つまり部外者は異教徒である。この分類は、キリスト教徒やイスラーム教徒の不信仰者の概念よりも、ギリシア人が未開人に対する概念に近い。その境界は越えることが可能である。未開人はギリシア化できるし、異教徒はユダヤ化が可能である。そうすれば、彼らのコミュニティーの一員として認められる（『旧約聖書』の「レビ記」一九章三三―三四節）。だが、その変化は期待されないし、ましてや要求はされない。

ギリシア人とユダヤ人は、部外者がギリシアやユダヤに同化しなくても特典を獲得できることを、ギリシア語やヘブライ語ではっきり示している。ユダヤ教導師（ラビ）の教えによれば、すべての人々のなかで正義の人は天国に行ける。これと反対に、キリスト教徒やムスリムでは、彼らと同じ信仰をもたず、改宗にも反対する人たちは、神の言葉、もしくは少なくともその大部分の否定者である。よって彼らは、処罰に値するこの世の無能者であり、来世でも永遠に地獄に追放される。

　奴隷、女性、不信仰者という三種類の成人劣位者はみな、それぞれ必要な役割を果たしていると見られていた。ただし、不信仰者についてはときとして疑義が唱えられている。だが、それぞれの立場には重要な相違があった。不信仰者の劣位はみずから選んだものである。ムスリムに言わせれば、「故意」ということになるかもしれない。不信仰者はいつでも、簡単な意思表示、すなわちイスラームの信仰を告白することによってその劣位に終止符を打つことができ、その後はあらゆる門戸が開かれる。奴隷の身分も変えることができる。奴隷は法的措置さえあれば「解放された人」になれるが、その場合重要なのは、奴隷自身ではなくて主人にその意思があるかどうかによる。いちばん救われないのは女性で、彼女たちは自分の性別を変えることはできず、いかなる権威者も変えてやることはできない。

　三者にはもう一つの大きな違いがある。イスラームの土地における奴隷は、経済奴隷ではなくて家事奴隷であることが多く、したがって、女性ばかりでなく、奴隷にも、家族や家庭生活のなかに居場所があった。奴隷に関する規定は、聖法(シャリーア)の内輪の砦(とりで)としての個人の身分に関する法の一部とみなされていた。他方、非ムスリムの身分は、個人の問題というよりも公的な問題で、そのために異なった概念でとらえられていた。

非ムスリムの身分の制約を設ける目的は、奴隷や、女性の娘・姉妹・妻・母としてのムスリムの家庭内の神聖な義務を保持するためではなく、ムスリムがつくりだした政治体制や社会のなかで、イスラーム教徒の優位性を維持するためだった。こうしたグループの法的従属性に抗議したり、修正したりしようとすることは、ムスリム家庭における男性としての個人的権威と、ムスリム国家における社会的優位〔イスラームの優位性については「異教徒保護民」の項目で後出〕という二つの微妙な分野で、自由人である男性ムスリムへの挑戦と受け取られたであろう。中世初期以降、高貴な生まれと卑しい生まれ、金持ちと貧乏人、アラブ人と非アラブ人、白人と黒人のあいだの垣根を取りはずそうとする、イスラーム世界内で起こった一連の過激な社会的・宗教的抗議運動はみな、そのような垣根はイスラームの同胞の真の精神に反しているとみなされたからである。さらに注目すべきは、これらの運動のどれ一つとして、奴隷、女性、不信仰者の従属的身分を定めている三つの神聖不可侵な差別は問題として取りあげていないことである。

奴隷

慈悲深いイスラームの教えの影響は、アラブ人が征服地で知ったローマ人やペルシア人の奴隷の使い方、それよりももっと、征服、献納、購入によって得られた奴隷の数が急速に増えたという二点によって、さまざまな点で薄らいでいった。奴隷はきびしい法律によって、資格を剝奪(はくだつ)されていた。奴隷は自由人の裁判を司るあらゆる役所の圏外にあった。彼らは証言することができなかった。奴隷に対する犯罪は、自由人に対する同じ犯罪の刑罰の半分ですむというように、自由人よりはるかに下に見られていた。

だが、奴隷はわずかながら、所有権、相続権、待遇などについて市民権を得ていた。イスラーム法では、奴隷は医療、食物、老後の生活は保障されることになっている。〈カーディー〉（裁判官）は、奴隷の持ち主がこれらの義務の遂行ができないときは、その奴隷を解放するように命じることができた。奴隷の所有者は、奴隷を人間的に扱い、過剰労働をさせないように命じられていた。奴隷は、主人の許可があれば結婚することができる。理論的には、奴隷は自由人の女性とでも結婚できることになっていたが、そうしたケースはまれだったようだ。主人が女奴隷と結婚するには、まず彼女を解放してやらなければならなかった。奴隷は法律で定められたさまざまな手続きにより解放されることがあった。

ヒジュラ暦三一年（西暦六五一―六五二）、ムスリムの歴史伝承によれば、エジプトのアラブ人部隊がアフリカ南部のヌビア人と戦い、やがてムスリムとヌビア人はたがいに相手を襲撃しないという合意のもとに休戦条約を締結した。その見返りとして、ヌビア人は毎年、ムスリムに一定数の奴隷を提供することを約束し、ムスリムはヌビア人に大量の肉とレンズマメを渡すことになった。この協定で、ヌビア人は毎年三百六十人の奴隷を供給したと言われる。この協定の最新版には次のような指定条項が含まれている。

毎年、三百六十人の奴隷をムスリムの教主(イマーム)に差し出すこととする。奴隷は、極端な老齢者や一定年齢以下の子供を除く男女、心身に欠陥のない良質の者を提供すること。彼らをアスワーンの総督に引き渡すこと。ムスリムの逃亡奴隷をかくまったり、ムスリムもしくは〈ズィンミー〉(非ムスリム保護民)を殺害したり、ムスリムが貴国の都市の中心部に建設したモスクを破壊したり、三百六十人の奴隷の一人でも提供を差し控えたりするならば、この協定と安全保障は破棄され、神が裁断を下されるまで、敵対関係に逆戻りする。神は最高の判事である。

別のいくつかの資料によれば、さらに四十人の奴隷が総督個人用に付け加えられた。この協約が本物であるかどうかには問題があるが、多くの法律学者がその事実を認めており、ヌビアがムスリム帝国の圏外にあって、献納国として生き残るためには、双方に好都合な取り決めであったことを正当化するときに引用されている。ムスリムの法律は、ムスリム領土内の人間を奴隷化したり、身体を切断したりすることを固く禁じていたので、家庭内で働く奴隷や宦官の数に限りがあった。だが、ムスリム地域外から、奴隷や宦官を輸入することはできたので、ヌビアはその願ってもない供給源だったわけだ。

奴隷はさまざまな目的に役立った。イスラーム世界は、ギリシア・ローマ世界のような、基本的に奴隷を基盤とした経済体制ではなかった。農業はほとんど自由人か半自由人農民に委ねられていたし、工業は自由人の職人たちが担っていた。例外はいくつかあって、大半がアフリカ系の黒人奴隷が、特定の経済プロジェクトに大量に投入されていた。イスラームの初期から、イラク南部の塩田の排水作業に黒人奴隷集団が雇われていたという記録がある。劣悪な作業環境に対して、一連の奴隷蜂起が起こった。エジプト北部やスーダンの金鉱、サハラ砂漠の塩坑などに雇われていた黒人奴隷もいた。

だが、奴隷は主として家事使用人もしくは軍事目的に利用された。前者はおもにアフリカ出身者で、宮殿や一般家庭、商店、市場、神殿やモスクで働いていたのに対し、後者はほとんどが白人奴隷で、イスラーム軍に組みこまれて出陣した。

女奴隷にはあらゆる種族の出身者がいて、イスラーム世界の〈ハレム〉（婦人部屋）で個室または召使いとして大勢働いていた。両者の違いは必ずしもはっきりしていない。若い女奴隷のなかには教育を受ける者もいた。訓練を受けて、歌手、ダンサー、楽士などの芸人になる者もあった。文学史上で有名になった人さえ、わずかながらいる。こういう人たちは庶民というよりエリートに属する。同じことは、皇室の後宮（ハレム）の女奴隷についても言える。こちらではスルタンのお気に入りになったり、ましてや統治者であるスルタンの生母であったりすれば、公務においても、陰ながらではあるが、重要な役割を果たすこともできた。

奴隷制度は近代まで存続し、大いに活用されたが、植民地帝国では十九世紀に、この地域の独立国では二十世紀に廃止された。

女性

一般に、イスラームの到来によって、古代アラビアの女性の地位は大幅に改善され、所有権その他の多少の権利が保障され、夫や所有者からのひどい待遇に対して保護が与えられるようになった。女の幼児殺しは、異教徒のアラビアの習慣では認められていたが、イスラームでは違法とされた。だが、女性の地位は相変わらず低かった。他の多くの事柄と同様に、イスラーム本来のメッセージが推進力を失い、既存の考え方や習慣の影響を受けて変わってゆくにつれて、その傾向はひどくなった。一夫多妻制は合法とされており、妻は四人までもてたが、実際には金持ちや権力者を除いてまれだったようだ。だが、正式の結婚のほかに、内縁関係はごく普通のこととして法的にも認められていた。未婚の女奴隷は、持ち主の意のままにされた。自由人の女性は、男性奴隷を所有することができたが、彼らに対してそのような権利はなかった。

法律専門家は、社会における女性の地位を、その女性なりの一人の人間としてではなく、娘、姉妹、妻、母など家庭のなかの役割で定義した。その埋め合わせも少しはあった。一部の所有権については、女性も男性と同様に認められていた。宗教上の違反行為については、男性より懲罰が軽かった。たとえば、棄教の罪は死刑ではなく、投獄もしくは鞭打ち（むち）ですまされた。だが、法律専門家の目から見れば、これは特権であるよりも地位の低い徴（しるし）だった。保護民や奴隷と同様、女性は法律上、明らかに劣位に置かれていたのである。たとえば、相続や、訴訟における証言において、女性は男性の半分しか評価されなかった。

異教徒保護民（ズィンミー）

寛大に扱われた異教徒は〈ズィンミー〉（保護民）、もしくは〈アフル・アル・ズィンマ〉（ズィンマの民）と呼ばれた。これはムスリム国内で寛大な扱いを受け、保護されている非ムスリム臣民を指す法理論上の用語だった。事実上、その内訳は、キリスト教徒、ユダヤ教徒、および東部のゾロアスター教徒だった。〈ズィンマ〉は、ムスリム支配者と非ムスリム・コミュニティーとのあいだの協定による彼らの身分を指し、したがって、基本的には一種の契約である。この契約の根底には、保護民（ズィンミー）はイスラームの優位性とムスリム国家の支配権を認め、従属民として一定の社会的制約、ムスリムには課せられていない人頭税（ジズヤ）の支払いなどを承知することが前提となっている。その見返りとして、彼らは生命と財産の安全を保障され、外敵から保護され、信仰の自由をもち、自分たちの問題の処理については大幅な自治権が認められていた。したがって、保護民は奴隷よりもずっと地位が高かったが、重要ないくつかの点では、自由人ムスリムよりも制約が多かった。

保護民のコミュニティーはそれぞれ、女性については独自の規定があった。イスラーム地域内で解釈、適用されていたユダヤ法によれば、一夫多妻制は認められるが、内縁関係は禁止されていて、処罰の対象とされた。キリスト教の掟では（どこのコミュニティー内でも）その両方が禁止されていて、違反者は破門その他の処罰に処せられた。

奴隷、女性、不信仰者の劣位を定めた法規定は、必ずしもイスラームの高いモラルと、宗教的基本原則に準じたものではなかった。だが、同時に、この三つのカテゴリーに属する人たちの社会的現実は、法規定以上に恵まれていることも少なくなかった。保護民はムスリムよりも地位は低いが、経済力を行使して豊かな暮らしを享受し、まれではあるが、政治的権力をもつことさえあった。女性は男性より地位が低いが、家庭のなかや、市場、宮殿内では采配を振るうことができた。奴隷は自由人よりも地位が低いが、数百年にわたるイスラームの歴史のなかで、奴隷兵、奴隷出身の指揮官や総督の数はしだいに増え、なかには君主になった者さえいる。

近代以前のイスラーム史時代には、非ムスリム臣民の身分や地位はおおむね法規定が示すものよりもよかった。こうした規定そのものがしばしば再制定されたところを見ると、所定の制限事項はそうきちんと実施されていなかったと推定される。全般的に、スンナ派支配者のもとでの保護民は、他の宗派の支配下にいるよりも厚遇されていたように思われる。大半のカリフやスルタンのもとで、ユダヤ教徒もキリスト教徒もイスラーム帝国政府でなんらかの役割を果たし、とりわけ行政職に就いている。概して、そのような雇用に対してとくに強い反対はなかったようだ。キリスト教徒の官吏に対してたまに反対運動があったり、それが暴力沙汰にまで発展したこともあったが、それは保護民の官吏があまりにも侮辱的に権力を行使したような、数少ない場合に限られた。

だが、保護民の地位はその後も低いままで、自分たちの劣位をつねに自覚していなければならなかった。彼らはムスリムの法廷では証言することができず、奴隷や女性と同様、傷害の補償も、ムスリムよりは額が少なかった。ムスリムはキリスト教徒やユダヤ教徒の女性と自由に結婚できたが、保護民はムスリムの女性と勝手に結婚すれば死刑にされた。彼らは衣服にも、それとわかる印を付けることが定められていた。乗馬についても、馬に乗ることは認められず、ロバかラバだけだった。彼らの礼拝の場は、規定によれば、古い会堂を修理することはできるが、新しいものを建設することはできなかった。こうした規定は必ずしもいつも厳格に実施されなかったが、たえず引き合いには出された。保護民は大金持ちであることが多かったので、そうした富から通常生まれる社会的・政治的利点の恩恵を得られないことが、彼らのうちの少数とはいえ、政治的目的を達成するために陰謀に走らせ、それが、保護民自身にも、ムスリムの政治体制や社会にも悪影響を及ぼした。

イスラーム諸国では、初期から昨今まで、自由人の男性ムスリムはかなり自由に好機を選ぶことができた。以前、古代帝国の一部だった国々に、はじめは征服者によってもたらされたイスラームの教えは、計り知れなく大きな社会変革をもたらした。イスラームの教義では、原則的には君主制さえ含む、あらゆる種類の世襲的特権に強く反対していた。こうした素朴な平等主義はいろいろな点で修正されたり、弱められたりしたが、それでも貴族や特権階級の台頭を防ぎ、能力や野心がある人間が報いられる社会を保持することができるくらい、幅を利かせていた。のちのオスマン帝国時代になると、この平等主義はやや鳴りを潜めた。奴隷の官吏への登用の廃止が、社会のなかの上昇移動の道を閉ざしただけでなく、ムスリム君主国はどこでも、名家や〈ウラマー〉（イスラーム法・神学者）のような揺るぎない特権階級集団が形成されたことによって、新参者の参入できる分野は少なくなった。だが、それにもかかわらず、十九世紀初頭の時点でさえ、身分の低い生まれの男が、オスマン帝国内で富や権力、名声を得る機会は、革命後のフランスを含むヨーロッパ・キリスト教国のいずれよりも高かったというのはたぶん事実であろう。

庶民の流動性と活力

歴史家は、富や権力、知識の保持者のことしか調べないという非難をよく浴びせられる。彼らは民族、国家、時代の歴史を書いているというかもしれないが、実際には一握りの特権階級のことだけを書き、大多数の庶民のことを無視していると。こうした非難は、おおむね正しい。だが、それは歴史家たちが悪いのではない。小説その他の想像をもとにした文学の書き手と違って、歴史家は自由に使える証拠に制約を受ける。比較的最近まで、国によっては今日まで、書くということは権力、富、知識の保持者か、それらの人々に雇われた者の特権だった。そのため、歴史家が過去の記録を再構築するために探し求めている書物、記録類、銘刻その他の痕跡を残すことができたのは、多くの場合、こうした人たちだけだったのである。

だが、例外はある。近年、歴史家たちはあちこちの雑多な資料の断片をたんねんにつなぎあわせて、声なき庶民の歴史や体験を理解しようとしている。ギリシア・ローマの世界、ヨーロッパ・キリスト教国、オスマン帝国もある程度まで、下層階級の歴史の研究は少しずつ進んでいる。だが、中世イスラーム史については、この仕事はやっと始まったばかりだ。都市や、都市部住民のさまざまな要素についての研究はいくらかあるが、その大半は経済活動に関するもので、社会史ではない。いくつかの短い論文はあちこちで書かれているが、中世イスラームの庶民の日常生活に触れたものは、数少ない学術論文に加えて、大半はほかの主題について書かれた本のなかの数章にとどまっている。十五世紀末以降については、オスマン帝国の中央、地方の古文書保管所にある膨大な資料が、都市部ばかりでなく地方の村々の庶民の日常生活について、驚くほど豊富な資料を提供してくれている。中世についてのそうした仕事は困難ではあるが、不可能ではない。オスマン帝国やヨーロッパ諸国に匹敵するような古文書保管所はないけれども、かなりの量の記録は残っており、その大半がエジプトにある。それらの資料と、いろいろなジャンルの文学作品を参照したり補足したりすれば、支配層(ハーッサ)とくらべて庶民(アーンマ)の生活がどんなものだったかを推察することができる。

そこから浮かびあがるのは、実にさまざまな活気ある都市住民の姿である。都市住民のおもな構成者は職人と熟練工で、経済のさまざまなレベルで働く親方、見習い職人、徒弟らが職種別にギルドを形成していた。彼らは人種、宗教が必ずしも同じでないこともあり、市中の特定の一角に住んでいることもあった。政治、軍事、宗教を司る既成階級は支配層の一部を形成していたが、そのいずれにも、生活水準や暮らし方は、エリート層とくらべて庶民に属する低賃金の下層労働者がいた。秩序維持にはいろいろな形の警備隊もあった。その一部は軍隊に属していたが、大半が町の住民から募集した民兵だった。夜警員は〈アサス〉、おもに若い年季奉公者から選ばれた一種の民警は〈アフダース〉と呼ばれた。こうした各種警備隊の仕事はなかなかたいへんだった。

中世のイスラーム教徒の埋もれた下層階級の暮らしぶりや、社会慣行、言葉遣いまでが推測できるアラビア語の流布本がわずかながら残っている。それによれば、種々雑多な住民がいたようだ。泥棒、ペテン師、詐欺（さぎ）師、殺し屋などの犯罪者もいれば、曲芸師、奇術師、ダンサー、役者などの芸人もいた。旅回りの説教師や講談師もそのなかに入れてもよいかもしれない。医者もどきの存在について書いている文献もある。一人で医者、歯医者、薬種屋、精神科医を全部やってのけるこうした人物が、おそらく庶民にとって唯一の施療師だったのだろう。魔術、占星術、呪術などをやる人もいた。庶民に必要な安い日用品を売りにくる行商人もいた。彼らはそういうものしか買えなかったのだ。医者もどきやこうした行商人は、特権階級にとっての商人や著名医師と同様、重要な経済的、社会的機能を果たしていた。

資料のなかでいちばん注目を引くのは、外目にも明らかな乞食たちだった。彼らには、敬虔な人たちが宗教的な義務として、貧窮者に定期的に施しをする機会を与えるという大切な宗教的役目があった。彼らは知恵をしぼって、驚くべき多種多様なトリックや道具を使っていたことが、資料のなかに詳細に記されている。中世ヨーロッパの放浪者たちの記録はもっとたくさんあり、研究も十分行なわれているのはたしかだが、中世イスラームの放浪者たちもまた、注目に値しないわけではない。

アラブ文化では、乞食さえも詩をつくる。十世紀の典型的なほら話にこんなのがある。


おいらは若者、陸でも海でも、おいらだけはほんとに隅に置けない若者だ。

おいらはシナからエジプト、タンジールまで、あらゆる人間から税を取り立てる。

おいらの元気な馬は世界じゅうありとあらゆるところを駆けまわる。

一所（ひとところ）が暑くなったら、さっさとそこを出て、別のところへ行くだけさ。

全世界はおいらのものだ。そこに何があろうと、イスラームの土地も異教徒の土地もたいして変わりはしない。

だから、夏は雪のあるところで過ごし、冬はナツメヤシの生える土地に移る。

おいらは乞食の兄弟分、だれもおいらの高きプライドを否定できない。


盗賊や略奪者は特殊な存在だ。彼らは、険しく人気（ひとけ）のない山中や砂漠を旅する金目のものを携えた隊商（キャラバン）を襲って、いつの時代にもあちこちで大活躍した。彼らのなかには正真正銘の犯罪者もいたが、犯罪者とみなされたり、そう扱われたりする人たちもいた。一部には、社会に対する抗議を表明することによって称賛を浴びたり、ときには世俗的な崇拝の対象になったこともある。たとえば、古代アラビアでは、〈スルーク〉（山賊詩人）と呼ばれる人たちが活躍した。スルークは放浪者で、部族の組織圏外に生活し、組織によって何一つ保護されていなかった。そのような人たちがきわだって優れた詩を生みだし、中世のみならず近代の文学史家たちからも称賛された。とくに異色なのは、十六世紀から十七世紀にかけてオスマン帝国のアナトリア地方を荒らしまわっていた〈ジェラーリ〉と呼ばれる山賊集団である。除隊された兵士、土地のない農夫、神学校を卒業した失業者などの不満分子の集まりだった彼らは、高い評価を得て成功し、彼らの指導者のなかには、アナトリアの民話や民族詩にその名が残っている人もいる。

歴史はさまざまなレジスタンスに対してあまり親切ではなく、非難するか、あるいは忘れてしまいたがる。たとえば、奴隷はことあるごとに主人に抵抗した。なかでもよく知られているのは、中世初期にイラクの農業プロジェクトに雇われた東アフリカ出身の奴隷たちが何度か起こした反乱である。いちばん大きな反乱は、八六八年から八八三年まで十五年間つづいた。彼らは帝国軍を何度か敗北させ、一時はバグダードのカリフ座に深刻な脅威を与えたようだ。一四四六年にはエジプトで、奴隷対奴隷のちょっとおかしな反乱が起こったという記録がある。年代記によれば、その年、カイロ郊外の牧場でマムルーク〔白人奴隷出身〕の主人の馬の世話をしていた約五百人の黒人奴隷が、武器を取って蜂起した。彼らは独自のミニ国家と宮廷をつくったと、エジプトの歴史家は記している。彼らの指導者は「スルタン」と呼ばれ、玉座に据えられた。おもだった従者は、マムルーク・スルタン宮廷の高官と同じ肩書を与えられた。彼らは隊商を襲撃して暮らしを立てていたが、「スルタン」の地位を要求するライバル同士の内輪もめで消滅した。

イスラームの社会・政治体制にとってもっと大きな脅威だったのは、一連の庶民の蜂起だった。彼らの綱領は、ふつう宗教用語で表明されるが、実際は社会的、経済的不満に駆りたてられて立ちあがることが多かった。どんどん独裁的になっていくムスリム国家の性格に抗議した〈ハワーリジュ派〉〔「脱出した人々」の意〕は、遊牧民、アラブ人、その他の大きな支持を得た。彼らから見れば、いかなる権威も、自分たちの自由や尊厳を侵害するもののように思えたのである。

預言者ムハンマドの血筋の者がカリフ座に就くべきであると主張するシーア派は、現在その地位の保持者の正統性に疑いを差しはさむことによって、抑圧されたり疎外されたりしていると感じている人たちの悲嘆の表明や、怒りの捌け口を与えた。八世紀のアッバース朝、十世紀のファーティマ朝、十六世紀のサファヴィー朝など、こうした運動を通して、実際に権力を獲得した人たちもいれば、期待どおりに蜂起の目的を達成できず、憤懣やるかたない追随者たちをさらに過激な運動へと駆りたてた例もある。通常はずっと平和的な〈スーフィー〉〈イスラーム神秘主義者〉でさえ、庶民の支持を得て、大々的で危険な蜂起に加担したことが何度かあった。

一般に信じられているのとは反対に、中世のイスラームは、農村や砂漠ではなく都市の文明だった。その正史、文学、法律は都市の問題を扱い、都市の生活状態を反映したものである。古文書保管所で農民の日常生活を調べることができるようになったのはオスマン帝国時代になってからで、農民の暮らしを描いた文学はもとより、農民文学が現われたのはごく最近になってからにすぎない。農業技術、灌漑、土地の利用法や土地の保有条件などについてはかなりよく知られているが、中東の歴史の大半を構成している大多数住民である農民については、ごくわずかしか知られていない。

実際に土地を耕している農民は、彼らの労働の成果を享受する人たちとは違って、寡黙である。彼らのものの考え方や、胸をよぎる思いなどの大部分は、その土地の歴史の情報源となる文学や記録資料には反映されない。農民の出身でも、ときには商人や、イスラーム法学者、地主、官吏、軍人になって、社会の上層部へ出世する者はいた。だが、そうなった暁には、彼らはもはや農民ではなくなり、農民の視点は反映されなくなってしまうのが普通である。農民と接触があったのは、山賊や反乱の指導者たちだけだったようだが、そうした人たちのことはあまり知られていない。昔はなかった新しい意思伝達手段を駆使できる近代になってからでさえ、これらの国々の農民が実際に何を考えているかを知ることは、まだ非常にむずかしい。民間伝承、民話、民族文学やことわざが、たぶん農民の思想や気持ちを伝える最上の証拠であるかもしれない。オスマン帝国の古文書保管所にある苦情、もめごと、調査、決定などに関する山のような詳細な記録が、事実上、農民がどんな暮らしをしていたかを示す唯一の証拠を提供してくれている。

中東では農地はそう遠くまで広がっておらず、その先は砂漠で、遊牧民が食料、衣類、輸送用の動物を飼育したり、ときどき襲撃によってその他の必需品を獲得したりしながら、ほそぼそと暮らしていた。アフリカ北西部の遊牧ベルベル人、北アフリカと西南アジアのベドウィン・アラブ人、アナトリア高原やイラン、中央アジアの遊牧トルコ系民族やイラン系民族は、経済にとっても、ときには政治組織にとっても看過できない存在だった。中東では、農業と牧畜が別々であるという特殊事情のため、遊牧民は経済的に必要な存在で〔牧畜という重要な産業分野を支えていた〕、それゆえ、都市部や農村部を支配する歴代諸政権が彼らを支配下に入れようと懸命に努力してきたにもかかわらず、遊牧民は彼ら特有の暮らし方を保持することができた。政府が強いときには、遊牧民は比較的おとなしかったが、政府が弱ければ、彼らは勝手気ままに振舞い、オアシス地帯や農村を襲ったり、隊商を襲撃したり、かつては農地だったところに自分たちの家畜を放し飼いにしたりした。ときには新しい宗教指導者の本来のイスラームに帰れという説教に鼓舞されて、定住民のいる国に進出、征服したり、新しい王国や王家をつくることもあった。

第十二章　宗教と法律

一神教の系譜

七世紀半ばにイスラーム帝国が樹立されて以来、イスラーム教は中東の支配的な宗教になった。当初、それは征服者、定住者、支配者ら一部の少数派だけの宗教だった。元ペルシア帝国、元ビザンツ帝国双方の住民の大多数は、古来の宗教を信仰していた。はっきりした時期の特定はできないが、時がたつにつれてムスリムが多数派となり、大部分の地域でその比率は着実に高くなって今日にいたっている。非ムスリムが住むことを禁じられている地域は一つだけあった。伝承によれば、第二代カリフ・ウマル（在位六三四―六四四）は、聖地――ムスリムにとっては預言者ムハンマドの故郷アラビア半島を意味する――には、イスラーム教徒だけしか居住を認めず、キリスト教徒やユダヤ教徒は出て行けという布告を出した。だが、これもアラビア半島南部には適用されなかったため、キリスト教はこの地に数百年にわたって存続することができ、ユダヤ教も今日までつづいている。

ほかのところでは、ムスリムの支配もしくは影響下にある非ムスリム・コミュニティーの運命は多種多様である。イスラーム帝国の辺境にある北部のグルジアやアルメニア、南部のエチオピアなど、キリスト教的性格を保ち、なかには独立を達成した国々もある。「肥沃な三日月地帯」とエジプトでは、キリスト教会の数はしだいに減りながらも繁栄をつづけ、ビザンツ時代の最大関心事だった正しい信仰の定義と押しつけがなくなったことが、かえって利点になった地域もある。これと対照的に、北アフリカでは、キリスト教は消滅した。東部、中部、西部諸州でかなり根を張っていたユダヤ人コミュニティーは、キリスト教徒と同じような地位が認められた。彼らの地位はキリスト教徒支配下にいたときよりもかなり改善された。

キリスト教徒のように外国の強力な味方からの激励もなく、ユダヤ人のようなしぶとく生き残る技術ももっていないゾロアスター教徒は不運だった。一部はインドに脱出して、パルシー教徒と呼ばれる小さなコミュニティーを形成し、それは今日までつづいている。それイランにおける正統派ゾロアスター教徒は、小さな少数派に成りさがってしまった。それにくらべ、国家権力に依存せず、既成の祭司階級の戒律にも従わない一風変わった反体制派のゾロアスター教徒集団は、どちらかと言うとうまく生き延び、ムスリム支配初期のイランの社会、文化、政治史上にかなり重要な役割を果たしている。そのなかでよく知られた集団の一つがマニ教（キリスト教とゾロアスター教を混ぜあわせたものを基礎にした宗教）信者たちで、中東やヨーロッパでゾロアスター教徒やムスリム、キリスト教徒らから激しい迫害を受けながらも生き延び、三大宗教の信者からも信奉者を惹きつけつづけた。

昔のカリフ国の中心地、西南アジア、北アフリカでは、文明はいろいろな面でその地域の古代文化の深い影響を受け、非ムスリム少数派の貢献によって豊かに花開いてきた。だが、深遠な意味で、だれの目にも明らかな独特の性格をもったイスラーム文化は、非ムスリム・コミュニティーの哲学、科学、文学、芸術、日常生活から精神面にまで明らかにそれとわかる影響を与えた。

「イスラーム」とは、ムスリムその他の人々の一般的な説明によると、アラビア語で「絶対的に服従する」、つまり信者の神への絶対的服従という意味だと言われている。同じ動詞の能動分詞である「ムスリム」は、「絶対的に服従する者」を意味する。この言葉は、その昔「そっくりそのままの状態」という別の概念を意味する言葉でもあったことが、アラビア語その他のセム系言語で証明されている。そういうわけで、ムスリムとは、自分自身を他のいっさいを除く唯一の神だけにそっくりそのまま捧げる者、すなわち、七世紀の異教徒の国アラビアの多神教徒に対して、一神教信徒を意味した。

ムスリムの伝承では、預言者ムハンマドの使命は、長年にわたる一神教と多神教の確執に改変を標榜することではなくて、その延長線上で、新たな、そして最後の決着をつけることだったと理解されている。ムスリムにとって、ムハンマドは、「トーラー」のモーセ、「詩編」のダビデ、「福音書」のイエス・キリストにつづく天啓の書をもたらした一連の神の使徒の「最後の預言者」だった。ムハンマドは彼らにつづく最後の、そしてもっとも偉大な預言者で、それまでの啓示書を完成させ、そのすべてに取って代わる『コーラン』をもたらした。

そういうわけで、ムスリムの概念では、ユダヤ教もキリスト教もその勃興時には真の宗教であって、同じ使命と啓示を伝える一連の宗教の初期段階にあたると解釈されている。だが、使徒ムハンマドの出現でこれらの啓示は時代遅れのものとされるようになった。これらの啓示に含まれている真実は彼のメッセージにも組みこまれていた。組みこまれなかったものは真実ではなく、初期の経典の取るに足りない擁護者によりゆがめられ、原意が損なわれてしまったからだとされている。

「イスラーム」という言葉は今日、たくさんの異なった意味で使われている。ムスリムにとっては、厳密に言えば、天地創造以来のたった一つの真なる信仰を意味しており、その意味では、アダムも、モーセも、ダビデも、イエスその他もみんなムスリムということになる。一般的には、それまでの一連の啓示の信奉者たちは別のそれぞれの名（キリスト教徒、ユダヤ教徒）で存続しているので、「イスラーム」という言葉は、その最終段階、すなわちムハンマドと『コーラン』に限定されて使われている。だが、ここでもまた、意味の違いは多少ある。

最初のうち、「イスラーム」という言葉は、預言者ムハンマド自身が『コーラン』や彼自身の教えと実践を通じて示したと代々伝えられ、そう記録されている宗教を意味した。その過程で、後代の人たちが預言者ムハンマドの教えや、彼について書かれたものを土台にしてつくりあげた神学、法律、慣習のからみあった総体を意味するようになった。これには、ムスリムが〈シャリーア〉と呼ぶ「聖法」の大系、彼らが〈カラーム〉と呼ぶイスラーム神学の集大成も含まれる。もっと広い意味では、「イスラーム」という言葉は、とりわけ非ムスリムのあいだで、キリスト教ではなく、キリスト教国に匹敵する存在という意味に使われることが多く、ムスリムの信仰と社会の保護のもとに発達した豊かな文明全体を意味する。この意味での「イスラーム」は、ムスリムが何を信じているか、あるいは何を信じていると思われるかではなくて、彼らが実際にしてきたこと、つまり、歴史としてわれわれが知っている、現存するイスラーム文明を指している。

モスク

「モスク」という言葉は、さまざまな形と異なったルートで、ムスリムの礼拝場所を指す言葉としてキリスト教国の言語すべてに入りこんでいる。これはアラビア語の〈マスジド〉から出た言葉で、文字どおりには「ひれ伏す（スジュード）場所」、すなわち、信者が体をひれ伏して神の前にひざまずく場所という意味である。だが、それはムスリムにとってキリスト教徒の教会に匹敵するものではない。モスクは礼拝所、会合や勉強の場所としての建造物であって、それ以上のものではない。ムスリムの用語で言う「モスク」は、彼ら独自の組織や階層制、法律や法的管轄区域をもった機関を指したことは一度もない。イスラーム初期には、信者たちが集まるたんなる祈りの場としての公共建造物でさえなかった。祈りは個人の家や、公共の場、野外、征服時代の初期には、征服された民族のさまざまな宗教のために建てられていた礼拝堂で行なわれることもしばしばあった。

征服者が彼らと祈りの場所を共用したり、あるいは接収したりした例もある。これを最初にやったのはアラブ人で、ダマスカスの聖ヨハネ教会の敷地を共有し、のちにそれをモスク（現在のウマイヤード・モスク）につくりかえた。それから数百年後、トルコ人はコンスタンティノープルのアヤ・ソフィア大聖堂をオスマン帝国のモスクに模様替えしている。仕上げには、建物の外側のドームの上に三日月を設置し、四隅には、そこから〈ムアッジン〉（礼拝時間予報係）が「神は一つ、ムハンマドはその使者なり」と呼びかけを行なう四本の尖塔（ミナレット）を建てた。建物の内部からはキリスト教徒関連の像やシンボルを取り払ったり、『コーラン』の一節その他のイスラームの教本からの言葉を図案化したもので内装しなおした。

モスクの内部は簡素で飾り気がない。イスラーム教は典礼を行なわないし、任命された聖職者もないので、祭壇もなければ至聖所もない。導師（イマーム）は祭司の役割はもっておらず、礼拝の指導者にすぎない。実際の導師は定職者として専用の執務室をもっているのが普通だが、この仕事を司るための慣習を知っているムスリムならば、だれが行なってもよい。モスクの内部には、〈ミンバル〉と〈ミフラーブ〉という二つの注目すべき場所がある。ミンバルは、金曜礼拝のときに大きなモスクで使用される高所にしつらえられた一種の説教壇で、ミフラーブは、メッカの方向を示す〈キブラ〉（アラビア語で「向かう方向」の意）の壁のくぼみのことである。ムスリムはみな、この方向に向かって祈りを捧げる。ミフラーブは通常、壁面の中央にあり、これを軸として建物は左右対称になっている。

ムスリムの共同礼拝は、一定の手順に従って、普遍的で無形の一つの神、創造者への服従をみんなで示すものである。イスラームにはドラマも神話もなく、典礼用の音楽や詩もなく、ましてや奉納美術品もない。とりわけ彫像は、偶像崇拝に近い、神への冒瀆（ぼうとく）として禁止されている。そのかわりに、ムスリムの美術家は、抽象的で幾何学的なデザインを使い、献辞、銘刻などを整然と配して装飾の基礎とする。神、預言者ムハンマド、初期のカリフらの名前、ムスリムの信仰告白、『コーラン』の一節や、ときには一章を丸ごと、モスクの壁や天井の装飾に使うことがある。ムスリムにとって、『コーラン』の文章は神聖なものであり、これを書いたり、読んだりすることは一つの礼拝行為である。さまざまな書体が使われ、巨匠の手になる書字法は複雑で深遠な美しさを生みだすことができる。このような装飾的な書字はムスリムの信仰心を表わす賛美歌であり、フーガであり、イコンである。それらはムスリムの敬虔さや、ムスリムの美学を理解する鍵である。

モスクの外形のもっともよく知られた特徴は尖塔（アラビア語ではマナーラ）である。通常は別構造になっていて、その天辺から礼拝時間予報係が信者に祈りの時を告げる。それはムスリム世界の統一性と多様性の両方をよく表わしている。ミナレットはどこでも、ごちゃごちゃした小道や市場の上にそびえ立って、信者に合図や警告を送るという同じ宗教的・社会的目的をもっていると同時に、イスラームの大事な地域にはそれぞれ独自のスタイルのミナレットがある。それはしばしば、それより以前の構造物の輪郭を想起させるもので、必ずしも宗教的なものではないが、たとえばバビロニアの階段塔、シリアの教会の尖塔、エジプトの灯台などを模したものである。

イスラームのモスクのもう一つの意味は、ローマ時代の「フォーラム」、ギリシア時代の「アゴラ」（どちらも公共広場を指す）の延長線上にあったことで、とりわけ新しい駐屯地の町では、ムスリム政治体制と社会の中心に位置していた。モスクのミンバルは、説教者や祈りの指導者のための説教壇であるばかりでなく、役人の任命や解雇、新しい支配者や総督の就任、戦争や政府のニュースその他の重要な出来事の報告・決定などが発表される場でもあった。基地の町では、このモスクと政庁と軍隊の野営地がいっしょになって一種の要塞を形成し、支配者もしくは総督自身がこの説教壇から重要な発表を行なうこともしばしばあった。初期の頃は、説教壇への登壇者は、イスラームの統治権の象徴である剣か指揮棒——襲撃によってその地を征服した場合には剣、条件付降伏をさせた場合には指揮棒——を手にもつのが慣習だった。

ムスリムの政府や社会が複雑になるにつれて、モスクの政治的役割は小さくなったが、完全になくなることはなかった。たとえば、新しいカリフの即位などの重要な任命は、やはり説教壇から発表されたし、〈フトバ〉と呼ばれる毎週の説教に先立つ祈りでは、支配者や総督の名を挙げて、そのために祈りを促す大事な政治的役目をもっていた。フトバで名前を唱えられることは、イスラーム世界において、支配者には統治権、宗主に対しては忠誠といった政治的権威が認められた証しだった。宗主の名がフトバから除外されることは、独立宣言を意味した。

『コーラン』と「聖法（シャリーア）」

よく引用される『コーラン』の一節は、ムスリムに対し「これ汝ら、信徒のもの、アッラーのお言いつけをよく守り、またこの使徒（ムハンマド）と、それから汝らの中でとくに権威ある地位にある人々の言いつけをよく守るのだぞ」（四章五九節）と命じている。この一節は、ムスリムの信仰によれば、神（アッラー）がもたらした啓示ばかりでなく、神が行ない、語ったことすべてに、神聖な啓発を受けた預言者ムハンマドの行為と発言についての「ハディース」（伝承）に『コーラン』と同じ権威を与えるものと解釈されている。ムハンマドの教えと実践に関する口述伝承は、何世代にもわたって語り継がれ、のちにそれらが書きとめられて立派な集大成となり、そのいくつかはムスリムから信頼に値する権威あるものとみなされている。中世にはすでに、ムスリムの学者がこうした伝承の一部の典拠の正しさに疑問を呈しており、近代の厳格な学者たちはもっと極端な形で疑義を表明している。だが、標準的な伝承集大成は、今でもムスリムの大半に『コーラン』に次いで尊ばれている。

イスラームの「聖法」はこの二つを基礎にしたものだ。歴代の法律専門家や神学者たちによって練りに練られたこの法規範のすばらしい構成は、イスラームの大きな知的業績の一つであり、おそらく、イスラーム文明の特徴と神髄を余すところなく表明していると言っていいであろう。

十八世紀末、ミールザー・アブー・ターリブというムスリムがイギリスを訪れ、下院を見学したときの様子を記したものがある。彼は自分の旅の印象を文字にして残した最初の人物の一人だった。彼は下院が法律の発布や不法行為者の罰則を定めるなどの機能と義務をもっていると聞いて仰天した。イギリス人は、ムスリムと違って、神から啓示された聖法を認めていない。それゆえ、しかたなしに便法として、「時代や環境の因果関係、政務、裁判官の経験内容に合わせて」自分たち自身の法律をつくらざるをえなかったのだと、彼は読者に説明している。

原理上、イスラームの法体系は、この旅行者がイギリスで見聞したものとはまったく異なっていた。ムスリムにとって唯一の根拠の確実な法規範は、神によって啓示され、『コーラン』や「ハディース」に明示され、のちにイスラーム法・神学者によって、説明・解釈されたものだった。イスラーム法自体が神によって定められ、預言者ムハンマドによって公布されたとみなされており、法学者と神学者が別々な観点から同じ仕事に携わっている。「聖法(シャリーア)」の専門家たちは官僚ではなく私人であり、彼らの判定には公的な束縛力もなければ、一貫性もなかった。法廷で裁判を行なうのは、国家に任命された〈カーディー〉(裁判官)である。彼の任務は法律を適用することであって、解釈することではなかった。法律の解釈の役目をするのは〈ムフティー〉と呼ばれる法学裁定官で、彼の意見もしくは判定は〈ファトワー〉(法的見解)と呼ばれ、法律ではないが、法的に権威あるものとして引用される。

「聖法(シャリーア)」は原則として、ムスリムの公私両面の生活全般に適用されるものだった。その条項のなかで、とりわけ結婚、離婚、所有権、相続権その他の個人的な立場に関連する問題については、信者であれば従うことが期待され、国家はその強制措置をとることができる民法的な性格をもっていた。別の側面から見れば、シャリーアは、個人と共同体双方のあるべき姿を体系化したものだった。政府のあり方を定めたシャリーアの政治や憲法に関する条項は、この二つ(個人のモラルと共同体としてのモラル)の中間に位置し、時代と場所によってそのどちらかに近いものになった。

ムスリム法学者はシャリーアを大きく二つに分けている。一つは信者の理性と感情に関するもので、いわば教義と道徳律である。もう一つは神と人間の関係における形式的な行為、つまり礼拝と、民事、刑事、社会生活に関する行動規範である。後者の目的は、諸規定の仕組みを明確にすることだった。これらを遵守すれば、信者はこの世でまともな生活を送り、来世で永遠の祝福を受ける準備を整えることができる。イスラーム国家と社会の基本的な役目は、これらの規則を維持し、守らせることである。

実際には、イスラームと西欧の法の実践面には、ミールザー・アブー・ターリブの説明が示すほど大きな違いはない。イスラーム国家ではシャリーアが人間の立法権を認めていないが、ムスリムの支配者や法学者たちは、預言者ムハンマドの布教以来、千四百年以上にわたって、実践面で神の啓示が何も明快な回答を与えてくれないたくさんの問題に遭遇し、答えを見出してきた。その答えは、法の制定もしくは立法として提示されたのではなかった。下から表われたものは慣習と呼ばれ、上から示されたものは規定と呼ばれた。いちばん頻繁に答えを出すのは法学者だが、これは解釈と呼ばれた。法学裁定官は、神聖な原典の再解釈においては、他のいかなる社会の法律専門家にも劣らないくらい熟練していた。だが、ミールザー・アブー・ターリブの観察がたしかに正しい点が一つある。新法の作成は、ごく一般的なものでさえ、つねにどこで行なわれているのかわからないくらい、ひそかに進められていたため、ヨーロッパの民主主義の出発点を形成したような立法議会ができる余地はなかった点である。『コーラン』の不変の原典と承認されている「ハディース」の集大成がもつ拘束力にもかかわらず、ムスリムは、「規則は時代の変化とともに変わる」という法学者が定めた原則に従って、それらの法を大幅に修正、拡大解釈してきた。こうした展開のなかでとりわけ重要な二つの要素は、支配者が任意な行動をとれる権能と有識者の合意である。

スンナ派の法学者の定義によれば、イスラーム国家は統治権、立法権、司法権の唯一の拠り所を神とする神政国である。神の道具であり、代理人である支配者は、「カリフ」や「スルタン」という称号で呼ばれる「この世における神の影」である。実際に、ムスリムは早くから国家の円滑な運営のために、たとえ敬虔なムスリム支配者であっても、権力を行使し、規則をつくり、処罰を行なう必要に迫られた。それは聖法によって定められた権力に事実上、対抗するものではなくて、しばしばそれを補うものだった。これらの権力はアラビア語で〈シヤーサ〉（行政法）と表示された。ほかのムスリムの言語にも同等の言葉がある（ペルシア語の〈ウルフ〉、トルコ語の〈カーヌーン〉）。〈シヤーサ〉は本来、馬の調教と管理を意味する言葉だが、今日では政策、もしくは政務の意味で使われている。中世およびオスマン帝国時代には、聖法によって授与されている以外の支配者の任意の権能を意味し、とくにこの任意の権能によって行使される処罰、とりわけ死刑を意味した。聖法の専門家でさえ、聖法と世俗法の二種類の権威の必要性を認めるようになり、オスマン帝国時代までには、スルタンは〈カーヌーン〉（世俗法）と呼ばれる複雑な構成の規定を発布し、地方州、国の省庁、君侯国や中央政府自体の諸問題の取締りを行なった。カーヌーンは、聖法を破棄してそれに取って代わるものではなく、地元の慣習や、現行もしくは過去の支配者の勅令を取り入れて聖法の諸条項を拡大解釈したり、時勢に合うように修正することができた。

ウラマー

そのような規定や規則を発布、施行するにあたって、ムスリムの統治者、とりわけ信心深く、明確な政治意識をもったオスマン帝国人は、〈ウラマー〉（イスラーム法・神学者。トルコ語では「ウレマー」）の支持、もしくは少なくとも黙認を求めた。初期の頃、ウラマーのなかでも敬虔な偉い人たちは、国家から遠ざかって、公職から生じやすい心の誘惑を避ける傾向があった。だが、十一世紀以降、国の内外の新たな脅威が支配者とウラマーの距離を縮めた。セルジューク朝およびオスマン朝やその同時代のほかの王朝下でのウラマーのうち、とりわけ法律関連の人たちは、国務に関わりをもつ機会が増え、ある意味で政府の機構の一部になりつつあった。

それでも、彼らは教会のようなものを形づくるようにはならなかった。イスラームはキリスト教徒用語で言うような正統派的学説を唱えたことは一度もなかった。イスラームの歴史には、真理を定義し、過ちを弾劾するような公会議や宗務院（シノード）もなければ、信仰の正しさを証明したり、審議の判断をしたり、守らせたりする教皇や高位聖職者、宗教裁判官もいなかった。イスラームの神学者であり法学者でもあるウラマーは、個人として、あるいは学校で、またのちには公務の保持者として、教義を定式化したり、経典の解釈をしたりすることはあっても、たった一つの正統な教義や解釈を主張し、それに沿わない者を異端とするような、体制としての教会組織を形成したことはなかった。そういうわけで、一つの公認された信仰を押しつける教会のようなものはなかったのである。国家がそうしたものを置こうとしたことはあったが、そうした機会はまれで、たいていは不成功に終わった。

だが、正しい信仰の公認のチェック機構のようなものはあった。それは〈イジュマー〉（信者の合意）と呼ばれ、現代用語なら、有識者と有力者のあいだの共通の見解とでも表現したらよいであろうか。こうした共通の見解の神学的根拠は、預言者ムハンマドの「わが共同体（ウンマ）は誤りにおいて合意することなし」という言葉にある。これは、預言者ムハンマドの死後、神の導きはムスリム共同体全体に広まり、まさにその事実によって、共同体が認め、利用するものは正しいイスラームの教義と実践であるという意味に解釈された。スンナ派の法学者たちは通常、敬虔な有識者なら一定の範囲内に限り、誠実な信仰の守り方に違いがあっても、同じ信者の集団内にとどまってよいとする原則を認めていた。それにより、彼らは聖法のいろいろな学派の共存と、相互の寛大さを当然のことと考えた。そうした学派のなかで、ハナフィー派、シャーフィイー派、マーリク派、ハンバル派の四つが、イスラーム・スンナ派の公的学派として確立し、今日にいたっている。このイジュマーの原則によって、意見の相違や変更が是認され、むしろ助長されるようになった。

時代とか場所により異なるそうした合意は、ほかの組織立った権威ある体系にくらべれば漠然としていて、変わりやすいもののように見えるかもしれない。初期のイスラーム時代には、実際にそうだった。「聖法」の神学・法学用語では〈イジュティハード〉（教義決定および立法の行為）と呼ばれる、人間の類推や個人の意見に委ねられる部分が非常に大きかったのである。だが、時がたつにつれて変動幅は縮まり、しまいには問題はとるに足りない、末梢的な、地域限定的なものになってきた。たった一つの重要な例外は新しい問題である。

西暦九〇〇年頃からは、シーア派ではなく、スンナ派の法学者たちのあいだで、すべての未解決の問題は解決したので、「イジュティハードの門は閉ざされた」という合意がなされた。だが、つねに新しい問題はあった。たとえば、近代ではコーヒー、タバコ、武器について、現代ではその数はさらに多くなった。実際、イスラーム法学者のなかには、この門を再開するべきだと唱える人もいる。シーア派はこの門が閉ざされたことを認めていない。シーア派の宗教学者は、教義決定および立法行為を行なう者という意味の〈ムジュタヒド〉と呼ばれている。だが、彼らはスンナ派の同僚よりきわだって革新的であるというわけではなかった。

ムスリムから見た異端

合意と、差し支えない範囲での独自の判断との相互作用を通して、正しい行ないと信仰のための規定の骨子としてのイスラーム法と神学の土台ができあがり、広く認められるようになった。その成立にいたる指針は、伝統すなわち〈スンナ〉（先祖代々踏みならわされてきた道）の尊重だった。古代アラビアでは、これは先祖伝来の慣例、種族の規範的慣習を指す。イスラームの初期には、スンナはまだ、共同体の生育過程にある伝統で、当初のカリフや預言者ムハンマドの仲間および後継者たちの行為や方針によって拡充されつつあった。イスラーム時代が二世紀目に入ると、もっと伝統主義的な見解が幅を利かすようになった。スンナは、純粋な伝承の語り手によって伝えられているとおり、預言者ムハンマド自身の教えや実践と同等と考えられるようになり、『コーラン』そのものを除くすべてが無視されるようになったのである。真偽のほどはばらつきがあるが、こうした見解と、預言者ムハンマドの示した慣行を記録したものとして提出された伝承の集大成〈ハディース〉が広く認められるにつれて、法学者たちの見解や合意の役目は、完全になくならないまでも、しだいに縮小された。

教義決定（イジュティハード）および立法行為に代わって、法学者たちは既成の教義を躊躇（ちゅうちょ）なく受け入れる

〈タクリード〉（先人の意見にそのまま従う）に依存することが多くなった。すると、既成の教会の権威によって認定された正しい教義というキリスト教徒的な意味ではなく、どちらかと言えば、伝統的な慣行や教義と一般的に認められているという限定的な意味でのイスラームの正統派の慣行のようなものがまかり通るようになり、それから離れたり逸脱した者は、状況しだいで、過ち、犯罪もしくは違反として非難されかねないようになった。

この正統派の慣行を承認した人たちが「スンナ派」と呼ばれた。この言葉は、公式に定義された教義の信仰とか、教会の権威に服従するというよりも、共同体に忠実で、その伝統を認めることを示している。スンナからの逸脱の意味でムスリムが使ういろいろなイスラーム法学用語にも、同じように共同体や社会との密接な関係が示唆されている。

おそらく、キリスト教徒の異端という概念にいちばん近いムスリムの言葉は、〈ビドア〉（逸脱）であろう。伝統の遵守はよいことであり、イスラームの「スンナ派」の呼び名はまさにその行為に由来する。伝統から離れることを「ビドア」と言い、特別の場合を除いて悪とされる。極端な伝統主義的見解がよく表われているのは、預言者ムハンマドが言ったとされる次の言葉に要約されている。「最悪なことは改変である。改変はみな逸脱であり、逸脱はみな過ちである。過ちはみな地獄の刑罰につながる」教義に対するビドアの罪のいちばん重要な点は、まず第一に、それが間違っているからではなくて、慣習や伝統を破る新奇なものだからである。ムスリムの啓示の最終的極致を信じていれば、慣行や伝統を尊ぶ気持ちは強化されるはずだった。

そういうわけで、キリスト教徒の異端という概念と、ムスリムの逸脱（ビドア）の概念には重要な違いがある。異端とは、間違った教理を選択したり、強調したりする神学上の違反行為を指す。逸脱は、神学上の違反行為と言うよりも社会的な違反行為である。同じことが、〈イルハード〉（正しい道からの逸脱）、アラビア語源の度を越すという意味の〈グルッウ〉（行き過ぎ）の二つの非難の言葉についても言える。後者は、『コーラン』のなかでは、おもにユダヤ教徒やキリスト教徒に呼びかける形で使われている。「これ啓典の民よ（ここではキリスト教徒への呼びかけ）、汝ら、宗教上のことで度を過ごしてはならぬぞ。アッラーに関しては真理ならぬことを一ことも言うてはならぬぞ」（『コーラン』四章一七一節）。ここでは、この言葉はイスラーム教徒が「行き過ぎ」とみなすキリスト教徒の信仰について言っていることは明らかである。のちに、行き過ぎ（グルッウ）という言葉はムスリムの過ちについて使われることのほうが多くなった。

共同体内部の多少の意見の相違は無害どころか、有益であると思われる。ハナフィー派の祖と言われる法学者アブー・ハニーファ（六九九―七六七）のものとされ、のちには預言者ムハンマド自身のものだったと言われるようになった言葉によれば、「わが共同体内の意見の相違は、神の恵みである」。「聖法（シャリーア）」にはいくつかの異なった学派があり、それぞれに独自の法源と個別の法規定、裁判制度があり、それらが相互の寛容により共存していた。それらの相違の大半は儀式関連のものだったが、教義そのものに関するものも多少はあった。だが、限界は設けなければならない。その限界を越えた人たちが行き過ぎ（グルッウ）で、「間違った人（グラート）」もしくは逸脱者を意味する「マラーヒダ」と呼ばれた。神学者のなかには、彼らをムスリムとは考えない人さえ大勢いたようだ。

特筆すべきは、神学者によってどこに境界線を引くかが違うことである。たとえば、イスマーイール派のような過激で極端な行動をとるシーア派グループを、イスラームの仲間から除外することに同意する神学者はたくさんいた。だが、ムスリム社会の大半は彼らに寛大であろうとし、彼らが社会的に見て破壊性の強い、政治的に見て扇動的な活動をしないという条件付きで、ムスリムの身分を認めようとした。このような非正統派的寛大さは、今でも地中海東岸部（レヴァント）のアラウィー派やドルーズ派、たくさんのムスリム国家のなかのイスマーイール派などの境界地方に住むグループに対して向けられている。イスラーム史においても、今日のイスラーム世界においても、もっとも重要な非スンナ派グループであるいわゆる穏健なシーア派の立場については、もっと複雑である。

異端はムスリム神学の概念の分類項目に入っておらず、したがってムスリムの法規範にも関係がない。自称ムスリムだが、神学者の最小限の要求にも応えないような人は、不信仰者あるいは背信者という、はるかに大きな非難を浴びせられる。ムスリム神学者たちは、彼らが認めていない教義への改変、行き過ぎ、逸脱をすぐさま非難できる立場にありながら、通常は理詰めでその罪を追及することを嫌がった。ある教義と、それを信奉する人を非イスラームと非難することは、そうした人たちが名目上はムスリムでも、背信者で極刑に値することになるからだった。宗派が違うだけならば、その人物の信仰の一部がさしあたりイスラームの主流派の合意からはみ出していたとしても、ムスリムであることに変わりはなく、法的には社会におけるムスリムの身分と特権、すなわち所有権、結婚、相続、証言、公職への就任などは認められる。たとえ戦争や反乱で捕虜になったとしても、ムスリムとして取り扱われ、即刻の死刑執行や奴隷化はされず、家族や財産も法律によって保護されることになっている。罪人であっても、不信仰者でなければ、来世の住処(すみか)はあると期待してよい。

イスラームにおける重要な境界は、スンナ派と分派のあいだにあるのではなくて、分派と背信者のあいだにあるのだ。背信は道義上の罪であるだけでなく、法律上の犯罪で、背信者は現世でも来世でも永遠の断罪を受ける。その罪は「裏切り」、すなわちその人間が属していて、忠誠を尽くす義務のあった共同体を捨てて、背を向けることである。それゆえ、罰として生命を断たれ、財産は没収される。背信者は感覚を失った手足のようなもので、切り捨てられて当然だった。

背信の告発はめずらしいことではなかった。初期の頃、「不信仰者」と「背信者」という言葉は、宗教論議のなかでよく使われた。「神学者の敬信の念は、せっせと反体制派を不信仰者と弾劾することで形成されてゆく」とアラブの思想家アル・ジャーヒズは言っている。ガザーリーは、「神の大きな慈悲を自分に忠実な者に限定し、天国を神学者の小さな派閥の聖禄地（ワクフ）にする」そうした人たちを軽蔑している。実際には、そのような非難はあまり影響を与えなかった。非難された人たちはほとんど何の苦痛も受けず、なかにはムスリム国家の高位高官の座を占める人さえあった。

ムスリムの法律で規定や罰則が体系化され、きちんと施行されるようになるにつれて、背信の告発はまれになった。自分たちと違う信仰をもつ人間に対して、背信者として訴えようとする神学者も、またそれができる人もほとんどいなくなった。シリアの法学者イブン・タイミーヤ（一二六三―一三二八）のようなあらゆる改変に断固反対するような人でさえ、疑わしい個人集団に対して、必要ならば説諭、目にあまる場合は強制的措置によって、一種の社会的追放を選んだ。逸脱（ビドア）がはなはだしく、持続的かつ積極果敢である場合に限り、その信奉者たちをイスラーム共同体の圏外に追いやり、容赦なく撲滅した。

イスラームに単一の強制的に押しつけられた教義上の正統派が存在しないのは、怠慢であるからではなく、スンナ派ムスリムが、彼らの信仰風土にとって異質であり、彼らの共同体の利益にとって危険であると感じられるものを拒否したためである。だが、ムスリムは、ほかの宗教の信奉者と同様、必ずしもいつも自分たち自身の行動規範を守るわけでもなければ、自分たちの経典に従うわけでもなかった。たとえば、オスマン帝国時代にも、それ以前にも、支配者のなかには特定の形のイスラームを押しつけようとしたり、非ムスリムの臣民に改宗を強要したりさえする支配者はいた。「逸脱した」信仰の保持者が順応を強いられたり、それを拒否すれば拷問や死罪になるという時代もあった。

だが、全般的には、寛容も不寛容も、ある意味で法的に定義された制度的なものである。寛容さは、神の存在や唯一性を否定する人、すなわち無神論者や多神教信者には適用されない。それらの人たちは、征服されたとき、改宗するか死を選ぶか、選択の機会を与えなければならない。奴隷は死刑を免れる。寛容さは、必要最小限度の信仰をもつにいたった人たちには適用される。すなわち、イスラームが信ずるに足る経典をもった啓示宗教（キリスト教とユダヤ教）と認めている信仰を告白した人たちである。ただし、彼らが所定の経済上、その他の不利な点を承認し、その規定に従うという条件付きである。背信者は、いかなる状況下であっても、寛容な措置は受けず、ムスリムを捨てた者は死刑である。裁定者によっては、背信者が自説を取り消した場合は、この罪を軽減することもあれば、それでも死刑を主張する場合もある。神は来世でその人間を許すかもしれないが、この世の法律では罰せざるをえないというのがその根拠である。

中世ムスリムの教条主義者アル・アシュアリー（八七三―九三五）の最後の言葉とされているものに二説ある。一説では、「メッカのほうを向いて祈る人間を、私は異教徒とは思わないと断言する。それらの人たちはみな、祈りのなかで自分たちの心を同じ目的に向けているのであり、その表現の仕方が異なるにすぎない」と言ったとされる。もう一つの説によれば、彼はムータジラ派（他の宗派の信者を処罰する）の過ちを呪いながら死んだという。アシュアリーについて、どちらの説が本当であるにせよ、正しい信仰に対するスンナ派イスラームの全般的態度としては、前者のほうが信頼できる言質であることは間違いなさそうだ。イスラームの信仰告白は、硬貨に彫りこまれ、尖塔から呼びかけられ、日々の祈りのなかで繰り返されているように、「アッラーのほかに神なし、ムハンマドはアッラーの使徒なり」と唱えることで、それ以外は末梢的なことにすぎない。

イスラームの五柱

〈シャハーダ〉（信仰告白。文字どおりの意味は「証言」）はイスラームの五柱の第一である。その第二は礼拝で、イスラームではこれを〈サラート〉と言い、決まった言葉を夜明け、正午、午後、日没、夜半と日に五回唱える。ムスリムは、規定や儀式に縛られずに、個人で、自発的な〈ドウアー〉（祈り）をいつでも捧げられる。だが、礼拝は男女を問わず、成人ムスリム全員の義務である。信者はしきたりに従って身を清め、清潔な場所に陣取り、メッカのほうを向かなければならない。祈りは〈シャハーダ〉の一部でもあり、『コーラン』の一節が唱えられることもある。

ムスリムもユダヤ教徒やキリスト教徒と同じように、一週間のうちの一日を集団礼拝のためにとってある（『コーラン』六二章九―一一節）。ユダヤ教徒は土曜日、キリスト教徒は日曜日であるのに対し、ムスリムは金曜日が集団礼拝の日とされている。だが、ユダヤ教徒やキリスト教徒の安息日と違って、この日は休息の日というよりも、『コーラン』に示され、その後の歴史のなかで確立されてきたように、市場その他のところで公共活動が活発になる日である。週に一度の仕事の休みの日という概念はとくになかった。こうした習慣は中世にもときどき言及されており、オスマン帝国時代には一般的になって、今日のムスリム諸国では周知のこととされている。

イスラームの第三柱（第五柱としているものもある）は〈ハッジュ〉（巡礼）である。ムスリムはみな、少なくとも一生に一度はメッカとメディナに巡礼を行なうことが必要とされている。これは、ユダヤ教徒やキリスト教徒がエルサレムに巡礼に行くような価値ある選択ではなくて、宗教的義務である。巡礼は、毎年ヒジュラ暦第十二月（ズー・アルヒッジャ）第七日から十日のあいだに行なわれ、犠牲祭とメッカの大モスクの中央にあるカーバ（立方体）神殿のまわりをめぐり歩くことで最高潮に達する。聖なる黒石のあるその建造物は、「神の館」（バイト・アッラー）として知られ、ムスリムにとっては聖都のなかのもっとも聖なる場所である。

イスラームの歴史を通じて、巡礼の社会的、文化的、経済的影響は計り知れなく大きかった。初期の頃から毎年、イスラーム世界のあらゆる場所のさまざまな異なった社会的背景をもった、いろいろな種族のムスリムが、共通の信仰的行為に参加するために、家を離れ、しばしばはるか離れたところから旅をしてきた。こうした旅は、古代や中世の民族の集団的大移動とはまったく異なる。どの巡礼も自発的かつ個人的なもので、個人の決断によって行なわれる個人的な行為であり、旅を通じて幅広い、重要な個人的体験を得る。近代以前の社会では類例のないこのような大規模の物理的移動は、初期の頃から大きな社会的、知的、経済的影響を及ぼしてきた。巡礼には、裕福な人たちは大勢の奴隷を連れて行くことが多く、旅の途中で奴隷を売って旅費の一部にすることができた。商人であれば、巡礼の旅は商用出張を兼ねて、道中で品物の売り買いをし、ついでにいろいろな土地の産物、市場、商人、商慣習などを知るチャンスだった。学者であれば、講義を聴いたり、同僚と会ったり、書物を手に入れたり、知識や思想を広めたり交換したりする機会にもなった。

巡礼に必要な条件を整えることは、すなわち行政や交易に必要な条件を権威者が信念をもって強化することにもなり、それが広範囲にわたるムスリムの土地の連絡網の維持に役立った。巡礼の経験は、旅に関する豊富な文献を提供し、遠く離れた場所の情報を伝えた。そして何より重要なことはおそらく、より広い世界への認識を高めたことであろう。こうした認識は、メッカとメディナへの巡礼という共通の儀式や祭礼に参加することによって促進された。

相当な数の男性、それにしばしば女性も加わった大勢の人間の物理的移動は、中世のイスラーム世界を、幾層ものがっちり固まった階層制社会とこまごました地域伝統にがんじがらめになった比較的狭いヨーロッパのキリスト教国とは非常に違うものにした。イスラーム世界は広大かつ多様だが、中世ばかりでなく近代のキリスト教国が一度も達成したことのないような、概念的にも実際にもある程度のまとまりがあった。巡礼は、イスラーム世界の文化的統一を助長する唯一のファクターであっただけでなく、それをもっとも効果的に可能にした要素の一つであったことは確かである。ヨーロッパの大航海時代以前に、自発的、個人的移動のもっとも重要な働きをするこのようなしきたりは、これを通じて旅行し、また戻っていく巡礼者たちのあらゆる共同体に絶大な影響を与えたにちがいない。

伝統的な数え方に従えば、イスラームの第四柱は断食である。ヒジュラ暦の第九月〈ラマダーン〉には、成人男女すべてのムスリムは日の出から日没まで断食しなければならない。高齢者、病人、子供などは免除される。旅行中の者や、〈ジハード〉に従事している者は断食を延期してもよい。

最後の第五柱は〈ザカート〉、ムスリムが共同体や国家に払う賦課である。本来は宗教的な目的のために信者から集められる慈善事業のための献金であったが、やがて一種の税金もしくは献納金に変わり、これによって、イスラームを承認したことを公式に表明するようになった。それは、宗教的な義務としての「喜捨」を意味する。

この信仰の五柱は、ムスリムが義務として行なわなくてはならない拘束力をもった戒律である。ほかにも、それを犯したら宗教的に罪になるという戒律がたくさんある。たとえば殺人や強盗は、社会的な共存のための基本的な掟のようなものであるが、豚肉、酒、非合法な性的関係、利子を取ることの禁止などは、特定の宗教的な意味合いをもっている。性にまつわる罪、金銭に関する罪は、定義の仕方は違うが、ユダヤ教徒やキリスト教徒と共通している。豚肉の摂取禁止はユダヤ教徒と共通しているが、キリスト教徒にはこの規定はない。アルコール飲料の禁止はムスリム独特のものである。これら四つの禁止事項の社会的、経済的影響力は、昔も今も、計り知れなく大きい。

ジハード

ほかにも、法・神学者が拘束力のある戒律として定めているのが〈ジハード〉(聖戦)である。これは、攻撃においては共同体全体の義務、防御においてはムスリム個人の義務である。〈ジハード〉という言葉は、便宜上「聖戦」と訳されているが、文字どおりの意味は「努力」、もう少し具体的に言えば、『コーラン』の一節にある「神の道に奮闘努力すること」である。ムスリムの神学者、とりわけ近代の学者のなかには、「神の道に奮闘努力する」という義務を、精神的・倫理的な意味に解釈する人たちもいる。だが、初期の権威者の圧倒的多数の人たちは、『コーラン』や伝承の関連箇所を引用して、〈ジハード〉を軍事用語として論じている。

実際には、「聖法」のどの手引書にも〈ジハード〉についての一章があり、開戦、戦争の遂行、休戦、停戦、戦利品の分配にいたるこまかい規定がある。聖戦の戦士は、相手が先に攻撃してきた場合を除いて婦女子は殺さない、捕虜を拷問したり、手足を切断したりしない、敵対行為の再開は正々堂々と警告する、協約は有効と認めて、その条件に従うことが定められている。「聖法」は非戦闘者をていねいに扱うことを求めているが、敗北者の財産や征服された人たちに対する勝利者の広範な権利は認めている。彼らを奴隷にしてもよいし、女性ならば内妻にしてもよい。

神と信仰のための戦争である聖戦の発想は、中東では新しいものではない。『旧約聖書』の「申命記」や「士師記」には、この思想がみなぎっており、キリスト教徒のビザンツ帝国人はその思いを胸に、ペルシア人と戦い、アラブ人やのちにはトルコ人侵略者たちと戦って彼らを撃退した。だが、これらの戦いの目的は、約束の地の征服、非キリスト教徒からキリスト教国を守ることに限定されていた。ムスリムの「聖戦（ジハード）」とよく比較されるキリスト教徒の十字軍でさえ、〈ジハード〉に対する遅ればせの目的限定型の対応であり、部分的には模倣行動でもあった。〈ジハード〉と違うところは、それが、元来、侵略の脅威にさらされているキリスト教徒の領土の防衛か、失った領土の再占領に限られていたことである。少数の例外はあるが、南西ヨーロッパでは失地回復には成功し、聖地奪還やバルカン半島へのオスマン帝国の進出阻止の戦いのほうは敗北に終わっている。

これと対照的に、ムスリムの〈ジハード〉には限界がない。それは、全世界がムスリムの信仰を取り入れるか、あるいはムスリムの支配に従うまでつづけられることになっている宗教的義務だからである。後者の場合、ムスリムが啓示宗教として認めているものの信仰告白をした人たち（ユダヤ教徒とキリスト教徒）は、経済上その他の不利を承知するならば、自分の信仰する宗教の慣習を守ることが認められている。偶像崇拝者や多神教徒などは、改宗するか、死を選ぶか、奴隷になるかの選択肢が与えられていた。

ムスリムの法律によれば、異教徒、背教者、反徒、山賊の四つのタイプの敵に対して戦うことは合法とされている。四つとも合法ではあるが、〈ジハード〉とみなされるのは最初の二つだけで、別規定があり、勝者の権利にも違いがある。とりわけ大事なのは奴隷化に関することで、対象とされるのは非ムスリムのみで、ムスリムはたとえ反徒や山賊として征服された人たちであっても除外される。〈ジハード〉の目的は、全世界をイスラーム法のもとに置くことである。それは、力ずくで改宗させることではなくて、改宗への障壁を取り除くことである。聖トマス（十二使徒の一人）も聖ベルナール（十二世紀の宗教改革者）も、キリスト教徒十字軍について、同じような見解を表明していた。

〈ジハード〉の戦士に対して『コーラン』は、現世では戦利品を、来世では天国に入る喜びを、報償として約束している。「神の道」の途上で殺された人たちは殉教者と呼ばれる。

アラビア語の〈シャーヒド〉の文字どおりの意味は「証人」だが、語源的には、ギリシア語の〈マルティラス〉（目撃証人）からきたmartyrと同じでも意味合いは異なる。ムスリムの法・神学者たちは早くから、〈ジハード〉が、たとえば奴隷狩りや略奪に悪用される危険に気づいていたので、宗教的な動機の重要性を強調し、それがなければ真の〈ジハード〉ではないと言っていた。初期の「ハディース」のおもな集大成にあるジハードについての章のなかには、こうした義務を当初、どう考えていたかを示唆するものがある。

> 天国は剣の陰にある。
>
> 〈ジハード〉は、たとえ支配者が信心深かろうと、専制的であろうと、あなたがたの義務である。
>
> 蟻のひと嚙みのほうが、武器による切り傷、刺し傷よりも殉教者を傷つける。なぜなら、殉教者には、暑い夏の日の甘く冷たい水よりも、武器のほうが歓迎されるからである。

よく引用される「ハディース」の一節では、「神は鎖につながれて天国に引きずられてくる人々に驚嘆する」と、敗北の結果、奴隷になってからイスラームに改宗した異教徒たちが膨大な数にのぼり、しかも増えつづけているありさまを述べている。

信仰ゆえの聖戦が繰り返し行なわれ、イスラーム史の主要テーマとなった時代もあった。

イスラーム世界の国境周辺地域では、いつでもそれが起きる可能性があった。近年、イスラームに改宗した人たちの多いそれらの地域では、自分たちの信仰を戦争と伝道によって、国境以遠の未改宗の親族に伝えようとした。そのような国境周辺の君侯国の支配者たちによる地域的〈ジハード〉は、おもに中央アジアとアフリカで近代までつづいた。

イスラーム圏の中心部にいて、高度な文化と複雑な政治制度をもっていた人たちのあいだでは、〈ジハード〉の概念はたびたび変わった。アラブ勢力の拡大最盛期には、歴代の家父長的なウマイヤ朝カリフのもとで、イスラーム軍は実際、神の掟にかなった行ないをしているという発想のもとに維持され、その行為は予測可能な近い将来に完了するはずである――当時としてはいかにもその可能性がありそうだった――という信仰によって支えられていた。はじめて〈ジハード〉の矢面に立たされたキリスト教徒であるビザンツ帝国人は、これに従事する人たちのことをしばしばひどくけなし、彼らが無類の戦闘好きなのは、結局、戦利品がほしいからだとこきおろした。だが、だれもがそう思っていたわけではない。ビザンツ皇帝レオン六世（在位八八六―九一二）は、聖戦の信条とその軍事的価値に注目し、『戦術教書（タクティカ）』でキリスト教徒も同じような方式を取り入れてはどうかと提案までしている。

そうしたのは彼だけではなかった。八四六年には、シチリア島から出航したアラブ艦隊がイタリアのテベレ川の河口付近に現われ、アラブ軍がその河港都市オスティアとローマで略奪を行なった。フランスで開かれた教会会議で、すべてのキリスト教徒の君主に「キリスト教徒の敵」と戦う連合軍の派遣を呼びかけることが決議され、教皇レオ四世は、ムスリムと戦って死んだ者全員が天国に入れるように祝福を与えた。教皇ヨハネ八世（在位八七二―八八二）も、聖なる神の教会とキリスト教徒の宗教と政治体制防衛のために戦った人たちの罪を許し、異教徒と戦って死んだ人たちに永遠の命を与えることを約束した。歴代教皇の座す都市にアラブ人の襲来を受けたことによって発生したこのような考え方は、明らかにムスリムの〈ジハード〉の概念を反映しており、のちに西欧のキリスト教徒十字軍の先鞭をつけることになる。

だが、その本元の国々では、〈ジハード〉の勢いは当面下火になりつつあった。アラブ軍はたびたびアナトリア（現在のトルコのアジア部）の征服とコンスタンティノープルの奪取を試みたが失敗に終わり、九世紀にはイスラームの支配者たちの国境線はほぼ一定して、変更はめったに起こらなくなった。すると、国境以遠には非ムスリム国家が恒常的に存在し、交易、外交、ときには文化的交流も可能であるという事実を認めざるをえなくなる。聖法（シャリーア）の厳密な考え方によれば、世界をイスラーム化するための永遠の戦いのなかの短い幕間にすぎない休戦であるはずの敵対行為の中断が、事実上、ヨーロッパ諸国間で相互に調印されることの多い恒久的平和条約とほとんど変わらないくらい永続性のある平和協定になった。〈ジハード〉という概念がムスリムの意識から消えて、十一世紀末に西欧の十字軍がパレスチナを占領してエルサレムを奪取した頃には、十字軍の駐留や彼らの行動は、周辺のムスリム諸国の関心をほとんどかき立てなくなった。ムスリムの支配者のなかには、彼らと喜んで友好関係を結ぼうとする者さえいた。ムスリム諸国同士のややこしい敵対関係のさなかに、キリスト教徒の諸侯と同盟を結ぼうとする者さえいたほどである。

十字軍に対抗する形の新たな〈ジハード〉が、サラディン（サラーフ・アッディーン）をリーダーに結集しはじめたのは、それから約百年後のことである。そのきっかけは、十字軍の首領、ルノー・ド・シャティヨンによる挑発的行為だった。彼は一一八二年、エルサレム王とサラディンのあいだで取り交わされた協定を破って、メッカへの巡礼途上にあるムスリムを含む隊商（キャラバン）を襲って略奪を行なったり、さらにひどいことに、紅海に海上遠征してアフリカやアラビア半島の海岸にまで襲撃の手を広げた。この海上遠征の途中、ルノーの率いる海賊たちはメディナの近くの港アル・ハウラとヤンブーでムスリムの船舶を焼き討ちし、一一八三年にはメッカへの上陸港の一つアル・ラービグにまで進出した。三百年前にローマの門前まで来たサラセン人と同様、メッカの門前に現われた十字軍は、誇り高いムスリムの支配者なら無視できない挑戦を仕掛けたことになる。ただちにエジプトから派遣されたムスリム艦隊が、十字軍襲撃者たちをほぼ完全に壊滅させた。十字軍一掃気運が盛りあがったおかげで、サラディンはこの十字軍王国と、これを救うためにヨーロッパから派遣された新たな十字軍の両方を征伐することができた。

サラディンの〈ジハード〉は、目的も期間も限られていた。彼の後継者たちは地中海東岸部（レヴァント）に残っていた西洋人（フランク）と平和な関係を再開し、一二二九年には、後継者の一人であるエジプトの支配者アル・マリク・アル・カーミルが、取引の一部として皇帝フリードリヒ二世にエルサレムを喜んで譲渡さえした。

十字軍の到来と駐留について、ムスリム支配者と臣民双方の懸念のおもな理由は、それがイスラーム世界のまとまりやイスラーム共同体の統一にさらに大きな脅威となるように見えたからである。地中海東岸部に十字軍の駐留していた二百年のあいだ、当時のアラブ人歴史家たちは彼らに驚くほど少ししか関心をもたなかった。文学、政治、神学分野の人で彼らに言及した人はほとんどいない。

だが、そうした人たちも、ムスリムの信者集団内の宗教的分裂の問題については強い懸念を示していた。さしあたりの脅威は、過激シーアのイスマーイール派からきた。十世紀に、イスマーイール派導師（イマーム）の信奉者たちは、精力的で活発な革命運動を起こし、エジプトを中心としたファーティマ朝カリフ国の樹立に成功していた。これはイスラーム世界の指導的地位にあったアッバース朝に対抗する一種の反体制派が樹立したもう一つのカリフ国であり、スンナ派イスラームとはかなり違う教義を基盤にしていた。スンナ派ムスリムの解釈によれば、サラディンの大きな功績は、十字軍を阻止し、彼らの支配権を縮小したことではなく、ファーティマ朝カリフ国を一掃し、イスラームの統一を回復した（アイユーブ朝の成立、一一六九―一二五〇〕ことである。エジプト領内にあるすべてのモスクの礼拝前の祈りに、アッバース朝カリフの名が再び唱えられるようになったことで人々はそれを知った。

キリスト教国に対する典型的な〈ジハード〉を再開したのは、オスマン朝である。オスマン朝はムスリムの大きな王朝の一つで、ムスリムの信仰と聖法の維持・施行に、終始一貫もっとも熱心だった。オスマン帝国史の初期には、〈ジハード〉が政治、軍事、精神生活の主要テーマを形成している。オスマン帝国の歴代スルタンたちは、少なくともスレイマン大帝の時代まで、高度の倫理的、宗教的目的によって支えられていたことは確かである。オスマン帝国のキリスト教国に対する〈ジハード〉は、一六八三年、ウィーン城壁の下で最終的に挫折した。以後、何度か試みられはしたが、ムスリム国家がキリスト教国にこれに匹敵するような挑戦はしていない。旧式の勢力拡大型の〈ジハード〉は国境付近で断続的につづいてはいた。一八九六年、アフガニスタンの支配者たちが、そのときまで政治的に独立した非ムスリムの居住地で、不信仰者の土地という意味の「カーフィリスターン」と呼ばれていた北東部の山岳地帯の征服を目指して〈ジハード〉に乗り出した。アフガニスタンが征服されて、住民のイスラーム化が行なわれたあとは、「光の国」を意味する「ヌーリスターン」と呼ばれるようになった。イスラーム世界のもう一方の端では、西アフリカの好戦的なムスリム指導者たちが、異教徒や堕落しつつあるムスリムに対して、また、十九世紀末頃にはヨーロッパの植民地主義侵略者たちに対して〈ジハード〉を布告し、戦った。十九世紀末から二十世紀初頭にかけて、ムスリム国が次々とキリスト教徒ヨーロッパ大国に脅かされたり、征服されたりするにつれて、しだいにこの最後のパターンの〈ジハード〉が増えてくる。

〈ジハード〉の典型的な概念と行動様式は、外敵に対して戦場で戦うことだった。だが、異教徒、背信者、もしくは非合法政権に向けられる「国内の〈ジハード〉」という考えも、めずらしいものではない。それはもちろん、シーア派のさまざまな宗派にもなじみ深いものだった。彼らにとって、スンナ派のイスラーム支配者たちはみな、侵害者であり、圧制者だった。国内の〈ジハード〉は、異教徒モンゴル人もしくはイスラームを本当に信仰しているかどうか疑問のある名目上のムスリム・モンゴル人諸侯、つまり被保護者のもとで暮らしているスンナ派のあいだでも支持を得ていた。この考え方は今日でもそれなりの妥当性をもっていて、近代化を推進する支配者たちを、内部からのイスラームへの裏切りと見る反対運動の旗印とされている。

イスラーム神秘主義教団

たとえ異教徒に対する典型的な〈ジハード〉でも、つねに普遍的な支持を得ていたわけではなかった。十九世紀はじめのオスマン帝国の歴史家エサド・エフェンディは、一六九〇年の対オーストリア戦中の神秘主義教団ベクターシュ〔イスラーム以前のトルコ的伝統を保持すると同時に、ギリシア正教との共通要素を含み、イェニチェリ兵士やバルカン出身者の帰依を容易にした）の修道士について次のように語っている。

……ムスリム軍に混じって行軍中、夜になって露営地に入り、兵士たちに次々とこう言ってまわった。「おい、おまえらばかもん、なんで馬鹿げたことに自分の命を捨てるんだ？　恥を知れ！　聖戦だの戦場での殉死の価値だのについておまえらが聞いている話はみんな無意味だ。オスマン帝国の皇帝が宮殿で愉快に過ごし、西洋人（フランク）の王は自国で遊び興じているあいだに、なんでおまえらがこの山の上の戦いに命を投げ捨てなければならないのかわからない！」

この話は、ベクターシュ教団が勅令によって解散させられた頃のものとされているだけに、出所に疑問があるが、この教団について巷（ちまた）に広がっていた疑念と、とりわけ彼らのイスラームの基本的教義や義務についての姿勢が反映されている。

いくつもあったイスラーム神秘主義教団についての情報の大半は、オスマン帝国時代になってからのものである。彼らは当時の社会の目立った存在として知られていたが、その起源は初期イスラーム時代にまでさかのぼる。彼らの信仰や慣習はさらに遠い古代に由来するものが多い。南北ヨーロッパでキリスト教に改宗した異邦人たちが、キリスト教徒のクリスマス行事を装って、古代ローマのサトゥルナリア祭（古代ローマで十二月中旬に行なわれていた収穫祭・冬至祭）やスカンジナヴィア地方の降誕祭の慣習を保持しているのと同じように、古い文化をもちながらイスラームに改宗した人たちは、彼らの昔からの儀式や習慣を維持していた。さまざまな神秘主義教団の信仰と慣習のなかには、古代エーゲ海周辺地方の踊る宗教、エジプト、バビロニア、ペルシアの季節祭、中央アジア・トルコ族のシャーマン信仰による忘我状態、新プラトン主義の神秘主義哲学などがあったことが知られている。

イスラームが勃興してまもない頃、改宗者たちは新しい信仰に充実感を覚え、その権威ある唱道者たちの指導を歓迎した。だが、そうした人たちがただちに知識階級の遠い存在になるにつれて、しだいに増加するムスリムの精神的、社会的要求を満たせなくなり、やがてムスリム庶民は生活や信仰の指導をほかのところに求めはじめた。それから数百年のあいだに、人々は意見を異にするいくつものイスラーム集団に分かれ、とりわけシーア派はたくさんの宗派に分裂した。そのシーア派諸宗派は、カリフやスルタンの支配、スンナ派法・神学者（ウラマー）の指導のもとにあるイスラーム共同体が間違った方向へ進んでしまっているので、真理にいたる道に戻らなければならないという点で意見が一致していた。だが、シーア派のイスラーム革命の試みはことごとく失敗した。その理由は、企てのうちに芽を摘まれた場合もあるが、せっかく成功して権力を掌中にしても、何も変わらなかったためでもある。シーア派が衰微するにつれて、別な運動である〈スーフィー〉〔イスラーム世界における神秘主義者。由来については前出第五章参照〕の活動がしだいに大きな影響を与えるようになった。

スーフィズムは純粋に個人的な神秘体験として始まり、やがて一般庶民のあいだに大勢の信奉者をもつ社会運動になった。やがてスーフィーは、アラビア語で〈タリーカ〉（元来の意味は「道」）、トルコ語で〈タレカット〉という名で知られる教団を結成した。スーフィーは、シーア派のように、スンナ派を正面切って拒絶しなかった。政治的にはもっとも寡黙であったこともシーア派とは違っていた。彼らのなかには、実際、政府と関わりをもって、そのいくつかの部門とのつながりを維持していた人たちもいる。たとえば、ベクターシュ教団は、オスマン帝国の〈イェニチェリ〉（スルタンの常備軍）と、この軍団の歴史の始めから終わりまで、密接な関係があった。

いくつもあったスーフィー同胞団は、いろいろな手段でスンナ派信仰の謹厳さと、ときにはウラマーの冷厳な律法主義を補った。この意味で、スーフィーの聖人や指導者たちは、人間と神のあいだに広がるスンナ派の教義のギャップを縮めようとした。スーフィーの指導者たちの役目は、スンナ派のウラマーと違い、精神的指導者であり、道案内者だった。彼らの信仰は神秘主義的、直観的で、礼拝は情熱的、忘我的だった。スンナ派と違うのは、彼らは求道の補助的手段として音楽や歌、踊りを利用し、これによって神との神秘的な一体感を醸しだそうとした。ウラマーが政府機関と手を結んだのに対し、スーフィーは庶民の側にとどまり、ウラマーがしばしば失っていた影響力や尊敬を保持した。

スーフィズムは通俗的・神秘主義的性格をもっていたにもかかわらず、ムスリム（非ムスリムにさえある程度まで）知識人に多大な影響を与えた。スーフィーの教義をイスラームの主流へ導入したのは、中世イスラーム最大の神学者で哲学者の一人ムハンマド・アル・ガザーリー（一〇五八―一一一一）という才人である。一部はペルシア語、大半はアラビア語で書かれた一連の大著によって示された彼の考え方は、ムスリム宗教学のその後の発展に計り知れなく大きな影響を与えた。イラン東部のホラーサーン州トゥースに生まれた彼は、ニシャープールとバグダードの高等学林（マドラサ）で勉学を重ね、一〇九一年、セルジューク朝のペルシア人でニザーム・アルムルク〔「王権の管理者」の意〕の称号をもつ宰相が設立して、その名を冠したニザーミーヤ高等学林〔当時バグダードにあったイスラーム世界の最高学府〕の教授に任命された。四年後、ムハンマド・アル・ガザーリーは突然教授の地位を辞任し、あらゆる公的職務と縁を切り、隠退、独居して宗教の基本問題について瞑想することにした。彼の内省的生活は十年ほどつづき、そのあいだに神学、哲学、法律を深く研究し、メッカ、エルサレム、ダマスカス、アレクサンドリアなど広範囲にわたる旅をした。ダマスカスのウマール・モスクを訪れた人は今でも、アル・ガザーリーが一人座って思索に耽っていた場所を見せてもらえる。ガザーリーはすばらしい自伝的作品のなかで、形式張った神学、理詰めの哲学、シーア派の教義にまでも必要とする答えを求めながら見出せなかった自分が、最後にいかにしてスーフィズムに真理を発見したかを詳しく述べている。一一〇六年、彼は生まれ故郷に戻り、スーフィーの庵（いおり）を建てた。

アル・ガザーリーは決して過激派ではなかった。一連の小冊子のなかで、彼はシーア派の難解さと哲学者たちの唯利主義の双方に対して、主流のスンナ派の立場を擁護している。同時に、彼は当時の一部の知識階級の動向に対して、知性の偏重、学風固執、「体系づくりや分類、用語や用語についての議論」へのこだわりに鋭い批判を浴びせかけ、主観的な宗教体験の重視や、少なくともスーフィーの教義と慣習の一部をイスラームの主流に取り入れることを求めている。この点で彼が成功したことは、のちの世代が彼に信仰の復活者を意味する「ムイールディーン」という贈り名を献上していることでも推し量ることができる。

スーフィーの信条や慣習のなかにはその根拠を疑いたくなるものもあった。とりわけ一部のスーフィーの教師たちには、宗教的信条や律法の維持への無関心、真の信仰とそうでないものとのあいだの境界についてさえどうでもよいという態度があった。今なら相対主義と呼ばれそうなそのような傾向は、もっとも偉大な神秘主義詩人の一人、ジャラール・アッディーン・ルーミー（一二〇七―七三）の作品によく表われている。中央アジアのバルフ（現在のアフガニスタン北部）で生まれた彼とその家族は、トルコの都市コンヤに移り住み、生涯をそこで暮らした。ジャラール・アッディーンの詩の一部はトルコ語で書かれ、また、当時のアナトリアではまだ広く使われていたギリシア語で書かれたものもいくつかある。だが、彼の主要作品にはペルシア語が使われている。そのなかには、伝統主義者がスーフィズムについてもっとも嫌っていることがありありと描かれている。

わが最愛の人（神）の彫像が異教徒の寺院にあるならば、
カーバ神殿をめぐり歩くことはゆゆしき過ちなり。
カーバ神殿にわが最愛の人の香りがなければ、
そこはユダヤ教徒の会堂（シナゴグ）にすぎない。
その会堂にわが最愛の人と一つとなる香りを嗅ぐならば、
その会堂はわれらのカーバ神殿なり。

もう一つの詩はもっと直截にこう謳（うた）っている。

ムスリムは何をなすべきか？　私自身、わからない。
私はキリスト教徒でもなければユダヤ教徒でもなく、
ゾロアスター教徒でもなければムスリムでもない。
東や西から来た者でもなければ、陸や海の生まれでもない。
自然界の生まれでもなければ天国からやってきた者でもない。
土でできている者でもなければ、水や空気や火でできている者でもない……

インド人でもなければ中国人でもなく、ブルガール族でもない。
二つのイラクの王国の出身でもなければ、ホラーサーンの出身でもない……
わが地位は定かならず、わが出自は明らかでない。
身も心も特定されない、人間のなかの一人なのだ……

このような教えを目にしたスンナ派のウラマーたち、とりわけ司法行政に直接携わっている人たちは、いっそうスーフィーに疑念を抱いたにちがいない。彼らは一度ならず、スーフィーを汎神論の保持者で、神との先験的一体感を否定する人たち、イスラームの偶像崇拝禁止令を破って聖人や聖所を崇拝する連中、呪術や忘我状態を含む怪しげな慣習をもった人たちであると非難し、神と交わるという不可能な目的を追求しているうちに神の掟（おきて）の遵守を怠り、周囲の人たちにもそのような怠け癖を奨励したと、口をそろえて詰（なじ）った。

神秘主義教団の指導者たちが、自由にコントロールしたり発散したりできる危険な、鬱屈したエネルギーに対する政治的不安もあった。セルジューク朝とオスマン朝スルタンの時代には、神秘主義教団の反乱まであり、ときとしてそれが既成秩序に対する深刻な脅威となった。そのような危険を封じるために、政府は神秘主義教団を認めて、その指導者たちに特権的地位を与えたこともあった。

西欧では「踊るデルウィーシュ」という名で知られているジャラール・アッディーン・

ルーミーの創立したメウレウィー教団はその一つである。メウレウィー教団は、いくつもある神秘主義教団のなかでもっとも体制順応型の教団だった。信奉者たちの大半は都会の中流・上流階級で、その考え方は洗練されており、公認の教義からの逸脱は最小限にとどまっていた。十六世紀末までには、彼らはオスマン帝国スルタンの庇護を受けるようになり、一六四八年には、教団長が新しいスルタンの即位式にあたる着剣の儀にはじめて司式を執り行なった。その後も、同じ儀式に参加した教団長が何人かいる。

デルウィーシュ教団といってもいろいろあり、相互の確執もあった。ときには、彼らが革新的なものの擁護者だったように思われる。十七世紀には、オスマン帝国のこの教団の人たちは、スンナ派ウラマーが音楽や踊りに負けず劣らず非難するべき新習慣と非難したコーヒーとタバコの遵法性を擁護した。十八世紀末から十九世紀はじめにかけて、ロシア、イギリス、フランスが、ザカフカス、インド、アルジェリアへと支配権を拡大するようになると、帝国王義への庶民の抵抗運動の先頭に立ったのは、ウラマーではなく、デルウィーシュ教団の人たちだった。十九世紀のウラマーはどちらかと言えば、実質的に権力を奪取、保持、行使する権威者なら、だれにでも臣従するという慣習と教義さえ広めていたのである。

トルコには、デルウィーシュ教団員がムスリム社会についてもっている不満と、ムスリム社会がデルウィーシュ教団に抱いている疑念を、風刺漫画風に描いた古い小話がある。

ある日、デルウィーシュの一人が金持ちの家を訪ねて慈善の施しを求めた。デルウィーシュの信仰心に疑問をもっていたその金持ちは、その男に、イスラームの五柱を言えるかと尋ねた。それに答えてデルウィーシュは信仰告白を唱えはじめ、「アッラー以外に神はなく、ムハンマドは神の使徒であることを証言します」と言って、沈黙した。「残りはどうした？ ほかの四つは？」と金持ちが訊いた。するとそのデルウィーシュは、「あなたがた金持ちは巡礼と喜捨をやめてしまったし、われわれ貧乏人は礼拝と断食（だんじき）をやめてしまっている。すると、唯一の神とムハンマドは使徒であるという告白以外に、何が残っていますかな？」と答えた。

ムスリムにとって、またムスリム政権下のイスラームが支配的な社会の一員として生きるユダヤ教徒やキリスト教徒にとっても、宗教はたんなる信仰、礼拝、共同体組織体制の問題ではなかった。それは、主体意識（アイデンティティ）の究極的な基盤、忠誠心のおもな向けどころ、権威の唯一の正統な源泉だった。イスラーム世界には、アラブ人、ペルシア人、トルコ人などの民族国家があった。エジプトやオスマン帝国のスルタン、ペルシアのシャーの統治する王国のような領土としての国家があった。だが、伝統的なイスラーム国家では、民族や領土といった概念がヨーロッパの政治的・文化的生活のなかでもっていたような重要性を帯びた時代はなく、領土の統治者もしくは民族の指導者が、宗教やその公認された唱道者の権威に限界を定めたり、ましてや追い払ったりしたことはなかった。

第十三章　文　化

中東文明の多様性と不連続性

中東は世界で最も古い古代文明の発祥地の一つである。だが、インドや中国のような他の大昔の文明とくらべてみると、中東にはそれらとはまったく対照的な二つの特徴があることにすぐに気づく。

その一つは多様性であり、もう一つは不連続性である。

中国の数千年の歴史には、初期からごく最近にいたるまでずっとつづいてきた基本要素がある。現代の中国と古代の中国のあいだにはさまざまな変化はあったが、彼らは同じ言語を使い、同じ文字を書き、同じ宗教や哲学を信奉してきた。中国文明の最古の記録から、今日の人民共和国にいたるまで、中国人の自己認識には連続性があり、地域差は多々あるものの、全土に行きわたっていた中国文明を共有してきた。

インドについても、範囲は小さいが、同じことが言える。インド文明は中国文明のように排他的でもなければ同質的でもないが、結合力や統合力はもっている。ヒンズー教、ナーガリー文字〔ブラーフミー文字に由来し、十世紀以降、全インドに普及したヒンディー語、マラーティー語の表記文字。サンスクリットなど古代語の表記にも用いる〕、サンスクリット語〔紀元前五世紀―前四世紀頃にインドで宗教語・古典文学語として確立した〕の古典や経典などは、インド文明を貫く大きな、事実上、支配的な要素であり、インド人のあいだでは古代から現在にいたるまでつづいてきた本質的なものとして認識されている。

古代の中東にはそのような一貫性はなかった。古代から現代までのそうした連続性もない。古代においてさえ、中東の文明は多様性に富んでいて、漢字やナガーリー文字、儒教哲学やヒンズー教信仰のような共通の結合要素はなかった。中東の文明はいくつもの異なった場所で発生し、別々な流れに沿って発展した。そして、それらがしまいにはたがいに混ざり合いはしたが、文化、信仰、生活様式のかなり大きな違いは残った。

だが、こうした初期の違い以上に重要なのが、この地域の文化史に見られる驚くべき不連続性である。インドや中国では、連綿とつづいている学問の伝統のなかにある遠い過去の記録が未だに大切にされ、研究されている一方、古代中東では、そうしたものは紛失したり、忘れられたり、文字どおり葬り去られたりしてしまった。中東の諸言語は死語となり、原典に残された文字はだれも読むことができない。彼らの信仰した神々は、はるか昔の時代に属していて、少数の専門家や学者にしか知られていない。中東には、インドとか中国のように具体的な集合名詞さえない。われわれの世紀になって、はじめは西欧で、やがて世界のそのほかの地域で、最後にようやくこの地域の人々のあいだにも、「中東」あるいは「近東」という輪郭も形態も、色彩もはっきりしない、まったく相対的な名称で知られるようになったのはそのためである。そうした名称には、インドや中国という国名が想起させるような威厳や威信は明らかに欠けている。

この違いに着目すれば、その原因は明らかである。古代中東の文化や伝統が埋もれてしまったのは、一連の社会的大変動の結果だった。なかでもいちばん重要なのは、ギリシア化、ローマ化、キリスト教化、イスラーム化が次々と進むあいだに、古代中東の文字文化の大半が消し去られてしまったことである。これらの四つの変遷の痕跡は今日まで残っており、その四番目にあたるイスラーム化の影響は、七世紀以来この地域を大きく特徴づけている。古代エジプト語、アッシリア語、バビロニア語、ヒッタイト語、古代ペルシア語その他の大昔の言語は捨て去られ、東洋学者たちが発掘して解読し、翻訳し、歴史というより歴史学のなかに、究極的にはこの地に住む人々のもとに戻すまで、まったく忘れられていた。長いあいだ、そうした努力はもっぱら中東以外の人の手で行なわれ、今でもおおむねその傾向がつづいている。中東の人たちの集団的自意識のなかで、イスラーム以前の古代との関連に対する自覚は未だに希薄である。実際、近年のイスラーム復興によって、やっと積極的な関心がもたれるようになってきた。

目を転じてヨーロッパと比較してみると、それがよくわかるであろう。西ローマ帝国を壊滅させた異邦人たちは、少なくともローマ帝国の形態や組織の維持に大きな努力をした。

彼らはローマ帝国の宗教であるキリスト教を取り入れ、その言語であるラテン語を使おうとし、自分たち異邦人の習慣を、ローマ帝国政府と法律の枠組みに合わせようと懸命に努めた。そうした行為によって、彼らは自分たち自身がローマ帝国の正統性をいくらかでも受け継ぐ者であることを証明しようとした。

だが、中東や北アフリカのキリスト教徒ローマ帝国の領土の大半を征服したムスリム・アラブ人たちは、そのようなことはしなかった。それどころか、彼らは自分たち自身の宗教であるイスラーム、自分たちの言語であるアラビア語、彼らの聖典である『コーラン』を持ちこみ、自分たち自身の帝国をつくりあげた。この国家は、当然のことながら、イスラームではない先駆者や近隣諸国からの影響は受けたが、それにもかかわらず、イスラーム支配時代の到来は、明らかに新しい社会、とりわけ新しい政治組織体の始まりを示している。そうした社会のなかで、イスラームは主体意識（アイデンティティ）の基盤であったばかりでなく、正統性と権威の源（みなもと）でもあった。

この新たに樹立されたイスラーム世界では、アラビア語が、ヘレニズム世界におけるギリシア語、ヨーロッパにおけるラテン語、南部および東部アジアの文明におけるサンスクリット語や中国語と同じような役割を果たした。アラビア語が、通商や文化、日常生活ばかりでなく、事実上、政治、法律、行政の唯一の言語であった時期もある。イスラーム世界にペルシア語やトルコ語など、他の書き言葉が登場したときでさえ、それらはアラビア文字で書かれ、アラビア語の語彙が、西欧語のなかのラテン語やギリシア語と同じくらい広範かつ重要な位置を占めている。

たしかに、イスラームの領邦内でも、キリスト教国と同じように、アラブ人支配以前やイスラーム勃興以前の旧秩序がかなり残ってはいたが、イスラーム領邦内ではキリスト教国とは違って、そのような過去の遺物は公然と認められず、正統性も与えられなかった。イスラーム以前、アラブ人支配以前の昔からある単語の音声、文法の名残は、イスラームになってからのアラビア語のなかに散見することができる。そうした痕跡が、主としてさまざまなアラビア語方言のなかに残っているのは驚くにあたらない。さまざまな方言の話し言葉は変わってゆくが、基本的構成要素はそのまま残っているのである。標準的な古典アラビア語にも、『コーラン』のなかにも、わずかながらその痕跡は認められる。だが、この地方のそれ以上大昔の言語と確認できる痕跡はほとんどなく、残っているかどうかも疑問である。残っているものはせいぜい、イスラーム以前といってもかなり近い過去のものので、残存語彙の大半は、シリア語やヘブライ語からの神学用語、ギリシア語からの科学や哲学用語、中世ペルシア語からの広範な社会・文化用語などである。

言語が示す文化導入の経緯

そのような残存語彙は、古典アラビア語や、アラビア語に大きな影響を受けている他のイスラームの言語の発達にとって、それほど重要な役割は果たしていないが、文化の導入の経緯をたどるうえでは有用な証拠を提供してくれる。わかりやすいものとしては、〈キーミヤー〉（化学(ケミストリー)）、〈ファルサファ〉（哲学(フィロソフィー)）などがある。ちょっとわかりにくいのは、ローマ時代に警備の仕事を委託されていた補助部隊からきたらしい〈シュルタ〉（警察）、〈アスカル〉（軍隊）も、たぶんラテン語の〈エクセルシトゥス〉（「訓練された」の意）からきたようだ。よく知られた例としては、『コーラン』のまさに出だしの章で、ムスリムがたどるように命じられている〈スィラートゥ・アル・ムスタキーム〉（正しき道）がある。「スィラートゥ」はもちろん古代ローマの「道(ストラータ)」にほかならず、英語の「ストリート」にも近い。間接的な借用も散見される。土地税にあたるイスラームの法律用語〈ハラージ〉は、イスラーム以前のアラム語では「ケラガ」と言い、その元は、厳粛な公式行事の合唱隊の費用を市民が負担するために払う賦課を意味するギリシア語の「ホレーギア」だった。

借用語ではなくて、借用訳語もある。現代でも使われている例として、古典アラビア語の電気を意味する〈カフラバー〉は、ペルシア語の〈キャフラバー〉が起源で、本来の意味は「琥珀(こはく)」であるが、それが「電気」を意味するようになったのは、ギリシア語の琥珀を指す言葉「エレクトロン」が西欧でもつようになった意味（十七世紀初頭のイギリスで、琥珀が摩擦によって電磁気を帯び、静電気を生じることがわかったことに由来）を反映している。もっと典型的な例は、メッカの呼び名で、『コーラン』

（六章九二節）にある〈ウンム・アル・クラー〉（あらゆる都の母）は、たぶんギリシア語の「メトロポリス」〔古代ギリシアなどの植民地の母都〕の翻訳借用であろう。

中世末期には、中東および北アフリカの宗教・言語の分布図は、一部の例外を除いて、ほぼ現代の形に近いものに定着した。アラビア語、ペルシア語、トルコ語の主要三言語のそれぞれが、いくつかの異なった形で数カ国で使われていた。アラビア語は、共通の標準書き言葉と、話し言葉としてのさまざまな方言があり、これが最初に使われだしたアラビア半島ばかりでなく、今日のイラク、シリア、レバノン、ヨルダン、イスラエルにあたる肥沃な三日月地帯と、エジプトからモロッコまでの北アフリカ沿岸諸国全部およびやや南のアフリカ半砂漠地帯でも支配的な言語になっていた。

ペルシア語（ファールスもしくはパールス地方の言葉〈ザバーヌィ・ファールスィー〉。「ペルシア」というこの国のギリシア語名およびヨーロッパ語名はここから由来する）は、イラン（この国の古代名）および、東端は今日のアフガニスタンとタジキスタン共和国を含む地方にいたる中央アジアにまで及ぶ一帯で、話し言葉としても書き言葉としても使われていた。タジク語と、アフガニスタンの二つの公用語の一つであるダリー語（もう一つはやはりイラン語に属するパシュトー語）は、ペルシア語の異形である。

トルコ語もしくはオスマン・トルコを最西端の代表とする緊密な関連グループで使われているトルコ系諸言語は、黒海の南北沿岸からアジアを通って太平洋にいたる広大な地域で話されている。

これら三つの主要言語のほかにも、特定の地域だけで使われている言葉はたくさんある。アラム語やコプト語などの古代文化の遺物のような言語は、非ムスリムのキリスト教徒少数派によってほそぼそと使われてきた。ベルベル語やクルド語などはまだ大勢の人たちに広く使われているが、標準的な書き言葉がないため、書き言葉の伝統があれば提供できたであろう安定性や連続性に欠けている。ユダヤ人少数派の宗教語・文化語として残っていたヘブライ語は、現代になって話し言葉として、また民族言語として復活した。

芸術

古典時代の概念では、洗練された芸術に位置づけられ、それを専門とする人が注目を浴び、尊敬されたのは文学だけだった。音楽家は、演奏者も作曲者も奴隷その他の社会的に低い階級の人たちで、音楽はたんなる媒体、詩の伴奏としてしか重視されなかった。名前を知られている音楽家はほとんどおらず、文学作品のなかでわずかに言及されているにすぎない。

視覚芸術（彫像制作や肖像画が禁止されていた時代や地域があった）は職人の仕事だった。初期の頃、こうした人たちはほとんど非ムスリムで、征服した国々の原住民を連れてきてその仕事に当たらせた。のちにイスラーム化が進むにつれて、ムスリムの美術家や建築家は増えたが、中世時代のそうした人たちについてはほとんど知られていない。オスマン・トルコやサファヴィー朝イランで、画家が宮廷の社交界で尊敬される地位を獲得するようになるのは数百年もあとのことである。大勢の画家の名前が、詳しい経歴や、当人のものと確定できる作品とともに知られている。彼らのなかには学校を建てたり、弟子を育てたりした人たちさえいた。

建築家は――オスマン帝国時代にはその大半が軍人だった――特殊な分類になる。彼らは芸術的な技量に加えて、相当な報酬をもらって事業を行なう組織者兼管理者で、政府や宗教関連、都市の基本的要望に応えてまず第一に宮殿や要塞を建て、第二にモスクや修道院、大学を建設し、その次に橋や公衆浴場、市場、宿場、さまざまな種類の住居を造った。偉大な建築家はその名を知られていたばかりでなく、歴史家や伝記作家からさえ敬意を表され、注目された。

宮殿でも個人の家でも、室内装飾に家具を使うことはまれだった。古代の中東でよく見られたテーブルや椅子は、中世にはもはや使われなくなっていた。それに代わるものとして、人々は遊牧民から入手しやすい動物の毛や皮を利用した。室内の家具らしいものと言えば、基本的には絨毯(じゅうたん)やマットレス、座布団や背当てクッションなどだった。さらなる調度品として、彼らはさまざまな金属、ガラス、陶器を使った盆、ランプ、鉢、皿などの家庭用品をつくりだして利用した。彫り込みや刻み込みを施した金属製品、絵柄入りの陶器やガラス製品は、中世イスラーム社会の工芸の重要な一部を形成していた。木材は貴重品だったので、木彫技工士は材料をことさらていねいに扱い、手の込んだ彫刻を施した間仕切りなどがつくられることもしばしばあった。これに加えて、室内装飾ではいちばん重要な役割を果たす織物芸術にも、さまざまな独創性が発揮された。

アラブ人支配時代のいちばん古いものとして知られている絵画もまた、装飾目的のものである。今も残っているウマイヤ朝時代のいくつかの宮殿の一部を飾るフレスコ画は、たしかな文化の連続性を生き生きと伝えており、テクニック、テーマ、肖像画のしきたりなどさまざまな点で、ビザンツ帝国やイスラーム以前のペルシアの現在もなお活力の衰えない芸術の伝統を髣髴（ほうふつ）させる。だが、他の分野と同様、この方面でも、伝統の古いほうからしだいに同化が進み、新しいものに生まれ変わった。芸術も文明の展開に似て、昔の伝統には縛られずに豊かに花開き、アラブ人によってつくりだされ、支配された政治社会におけるアラブ人の好みや、イスラームの価値観によって進化し、イスラームの信仰に貢献した。

女性の裸体像もある初期のフレスコ画などは、およそイスラーム的とは呼べないが、それでもすでに古いテーマを新しい目的のために取り入れはじめている。たとえば、ビザンツ帝国時代の画家がキリスト教徒なら宇宙の守護者（コスモクラトール）を描く位置に、ムスリム・カリフの肖像を描き入れた。まもなく、こうした裸体像ばかりでなく、あらゆる人物像がムスリムの壁画や室内装飾から消え、かわりに装飾用の、とりわけ文字を装飾的にデザインしたものが使われるようになった。サファヴィー朝ペルシアの宮殿や謁見の間の一部に壁画が再現するのは数百年後のことであり、オスマン帝国ではさらにあとになってからだった。いろいろな点でもっとも重要であるイスラームの絵画の発達の次なる段階は、書物の挿し絵という形で出現した。これはアラブ人のあいだで盛んになり、とりわけペルシア人やトルコ人のあいだでは大流行した。人間の顔や姿を描くことへのためらいは、やがてなくなってしまったようで、ムスリムの絵画にはそのような似顔絵風のものがかなりある。中世末期以降は、書物の一部ではなくて、おおむね画用紙に描かれたデッサンと彩色画との両方を見ることができる。これらもまた、おもにトルコやイラン、あるいはこの両国の支配や影響下にあった国々で見つかっている。彫像は相変わらず全面禁止がつづいており、実物をモデルにした肖像画さえ、知られていないわけではないが、うさん臭く思われていた。

オスマン帝国スルタンのなかで、トルコ人画家に肖像画を描かせた者が数人おり、とくにメフメト征服王のようにヨーロッパの画家に描かせた人もわずかながらいた。イタリアの画家ベリーニの描いたメフメト征服王の有名な肖像画は〔口絵11参照〕今、ロンドンのナショナル・ギャラリーに展示されている。スルタン・メフメトの死後、信心深かったその息子と、後継者スルタン・バヤズィトは、ほかの絵といっしょにこの肖像画を売ってしまった。国王の肖像画を描くことは、後年のオスマン帝国その他の支配者たちで個人的に奨励する人もいたが、公式には禁止されていた。きわめてまれな例外を除いて、ムスリムの統治者は硬貨に自分の横顔を彫らせたり、後世にも肖像画入りの切手を発行させたりはしなかった。

一七二一年にオスマン帝国大使としてパリに行ったチェレビイ・メフメト・エフェンディはこう報告している。「こちらでは国王が大使たちにダイヤモンドで飾られた自分の肖像画を下賜するのが習わしですが、私が、ムスリムのあいだでは肖像画を飾るのは禁じられていると申しますと、それではと、かわりにダイヤモンドを飾りに埋めこんだベルトをくださいました」。国王の贈り物についてのメフメト・エフェンディのほほえましい詳細な描写はまだつづく。国王みずから案内してくれた画廊についてはこう書いている。壁に掛かっている絵は自分の文化の範疇のものではなかった。他方、自分にとってなじみ深い芸術形態であるタピストリーについては雄弁に語っている。ヨーロッパのタピストリーでさえ、これほどリアルな表現ができることに彼は深く心を動かされた。

> 楽しさのあまり笑っているように見える人間もいれば、悲しそうに塞いでいる人間もいる。恐怖で震えている人間もいれば、泣いている人もおり、病気に罹っている人間もいる。それぞれの人物の置かれた状態が一目でわかる。こうした作品の美しさは筆舌に尽くしがたく、想像を絶する。

ムスリムの礼拝では、一部の神秘主義教団の数少ない例外を除いて、音楽は役に立たなかったため、イスラーム領邦内の音楽家は、教会や高位聖職者に保護されているキリスト教徒の音楽家たちが享受していたような多大な利点はなかった。宮廷や名家の保護はたしかにありがたかったが、長続きしなかったり、一時的だったり、権力者の気まぐれに危険なまでに左右された。

ムスリムの音楽家たちは標準的な記譜法を編みださなかった。それゆえ、彼らがつくった曲は、不確かで変わりやすい記憶によってしか知られていない。ヨーロッパ音楽の伝統に匹敵するようなイスラームのクラシック音楽の集大成などは残されていない。残っているのは音楽理論についてのかなり詳しい文献、作家や芸術家の描いた音楽家の横顔や演奏会の様子、それぞれの発達段階で保存されたたくさんの古楽器、それに昔の演奏についての生の記憶しかない。

文学

伝承によれば、古典アラビア詩の歴史は紀元六世紀に始まっている。その頃、アラビア半島に住むいくつかの部族が、共通の公式書き言葉を生みだし、〈カシーダ〉(頌詩)と呼ばれる長いあいだアラビア詩の主流を成してきた砂漠野営地の頌歌の基本形式と、そのおもなヴァリエーションの両方を完成させたという。

だが、現代のアラブと西欧の双方の学者たちのなかには、残存する古代アラビア詩の集大成の大半が本物かどうか、疑問を投げかける人が大勢いる。彼らによれば、残存する原文には、せいぜい本物の基本的な部分が含まれているだけで、現存の形は、八世紀の新古典、もしくはロマン派の文芸復興としてあちこちに述べられている詩人もしくは言語学者たちによってつくられたのではないかというのである。同様の批判が、初期イスラーム時代のものとされている詩に対しても行なわれた。間違いなくその時代のものとされる詩は、シリアのウマイヤ朝カリフの時代になってからのものである。

その大半は、シリアの宮廷詩人や、詩人であるカリフのつくった頌詩(カシーダ)で構成されている。ウマイヤ朝時代の頌詩は、イスラーム以前の頌詩の延長上にあると言う人もいれば、のちの新古典派が手本とした特定できない過去のものと言う人もいる。たしかに現存のウマイヤ朝時代の頌詩は、当時すでに古いものとされていた伝統、すでに定式化された慣用表現を踏襲している。初期の頌詩は本来、部族のスポークスマンである詩人が、自分の属する部族の美点、武勇、手柄や、飼っている動物、ひいては自分自身を自慢するものだった。伝承によれば、遊牧民が季節移動のため露営地を引き払う前の祭りのさいに行なわれる詩のコンテストで、公開吟誦するためにつくられたものだった。頌詩は、詩人が捨てていく露営地に残る残骸を見つめ、彼の部族や愛する者たちがその周辺を占有していた幸福なひと時を思い起こす官能的なプレリュードで始まる。このプレリュードのあと、それぞれ独自の自慢を並べる後半部分がつづく。ウマイヤ朝の世紀とその後の宮廷の頌詩は、この自慢の部分が称賛になり、詩人が自分の部族のかわりに統治者やパトロンを称賛している。

プレリュードにはいくつかの決まって出てくるテーマがある。詩人はテントが撤去された野営地にやってきて、そこはかとない思い出を愉(たの)しむ。その場所を彼の仲間全員になぞらえて呼びかけ、過ぎ去った楽しい日々を思って涙する。ときには仲間が彼を慰め、いたずらに悲しむなと彼を諭す。詩人はしばしば、長くてやるせない別離の夜を嘆き、なかなかやってこない夜明けを詰(なじ)る。愛しい人の幻影が夢のなかで彼を訪れ、話しかけてさえくれるが、そのあとの目覚めはさらにつらい。通常、プレリュードには、部族同士が近くに露営しているとき、詩人自身が愛しい人を訪ねる夜のことが語られる。それは胸の痛む思い出であったり、たんなる自慢であったりする。愛しい人が、ひょっとして敵対関係にある別の部族に属していれば、彼女の一族が住むテントに忍びこむにしても、砂丘の彼方で逢引をするにしても、会うのは命がけだ。二人とも、自分たちを脅かす危険をたえず意識している。敵は、女性の貞節を守ろうとする夫や父や兄弟などの保護者、あるいは悪い噂をまきちらし、恋人のあいだを裂こうとする中傷者(ワーシュイ)だ。この二つに、のちには第三の敵であるうるさ方(ラーキブ)が加わった。うるさ方もまた、恋人たちに悪意をもっているように見えるが、公共道徳の擁護が建前なのだ。

別離というテーマは露営地の撤退と結びついている。春の放牧シーズンが終わると、部族は移動する。触れ人が部族民に準備をせよと命じる。ラクダに荷が積まれ、テントがたたまれ、心沈む恋人に思い出だけしか残さずに、部族は別々な方向に出立する。やりきれない日が近づくと、カラスの飛来などの不吉な前兆や、飛び立つ鳥の騒がしい啼き声に、愛する者の旅立ちが間近であることを予感する。

典型的なイスラームの詩を挙げるなら、恋愛詩であろう。恋愛詩が扱うのは人間の普遍的なテーマだから、異なった文化をもつ部外者にはもっとも親しみやすい。恋人同士の出会いと別離は、移りゆく社会を背景にしているので、文化史ばかりでなく社会史のさまざまな場面も反映している。

ウマイヤ朝時代には、伝統的な頌詩(カシーダ)に加えて、ヒジャーズの官能詩という新種の恋愛詩が出現した。アラブ人は広大な地域を占領して、故国に計り知れなく大きな富をもたらしていたが、その故郷のヒジャーズのいくつかの町、とりわけメディナには、裕福で洗練された、道楽好きの自由で新しい社会ができつつあった。信心深い人たちを仰天させたのは、聖都が派手な貴族階級の歓楽地になったことである。それらの御大家には奴隷女、歌い手、踊り子などが、解放されたアラブ人淑女たちと張りあって、信仰戦士の放埒(ほうらつ)な後継者たちの注目を惹こうとしていた。

ヒジャーズで作詩されたたくさんの官能詩のうち、残っているものはごくわずかで、その研究はとくにむずかしい。完全な詩集(ディーワーン)を残している名の知れた詩人はほんの数人しかいない。大部分はかなりのちの時代の名詩選(アンソロジー)や文学史に引用されている断片や、引用句として知られているにすぎない。この時代の人物や冒険にまつわる後年の伝承のせいで、夢想の靄(もや)がかかり、こうした断片の原作者がだれであったのか突き止めにくい。大部分は、それ自体が完全な詩であったのか、それとも長い詩からの抜粋なのかさえわからない。頌詩の断片ではあるが、残りの部分は消えてなくなってしまっているものもありそうだ。

これらの詩の主要テーマは、形式に則った頌詩のプレリュードと似たり寄ったりだが、変わっている点もある。砂漠という設定は省かれていることが多く、命がけの逢引も町に住む別の家庭婦人との密会という筋立てである。頌詩の場合と同様、詩人は解放されたアラブ人女性についての言及には慎重である。だいたいにおいて婦人の名前は出さないし、ときにはその女性の貞淑さを褒めたたえてさえいる。奴隷や酌婦については、詩人の言葉はずっと遠慮がない。

イスラーム法は男性の性欲に対して寛大にできているかわりに、不倫にはきびしい罰が宣告される。これはやがて、イスラーム以前には自由だった生き方に制約を加え、恋愛詩の横溢(おういつ)をいくらか抑えもした。カリフ・ウマルは、官能的な詩をつくることを禁じたとさえ言われる。そのため、詩人のあいだに貞節を尊重し、片思いの悩みをうたう傾向が増えた。高慢で鈍感な放蕩者がいる一方で、そこはかとない思いを告白する慎み深く、控えめな、遠くからの崇拝者もいた。後年の学者たちはそうした人たちを、片思いのために息子たちが死んだと言われるウズラ族になぞらえて、〈ウズリ〉と呼んだ。そのウズリ詩人さえ、伝統にこだわって、愛する者のテントを夜更けにひそかに訪ねても、相手の微笑（ほほえ）みと、固い握手、短い会話しか求めない。そして、意中の人の無情なほどの身持ちのよさを褒めもすれば、嘆きもするのである。フランスの学者レジス・ブラシェール（一九〇〇―七三）は、古典的な頌詩の作詩家のような自由思想家とウズリには大きな違いはないと見ている。アラブ人学者キナーニーが、ウズリのテーマは官能的な愛と新しい宗教道徳との妥協の産物であるとしているのは、たぶん正しいであろう。

八世紀半ばにウマイヤ朝からアッバース朝に代わり、首都もシリアからイラクに移されると、イスラームの歴史ばかりでなく、アラビア詩にも新時代が始まった。アラブ人部族の貴族階級にかわって、役人や地主などの新たな多民族の支配階級エリートたちが帝国を支配するようになった。部族の長のまとめ役に代わる古代東洋型の統治者がバグダードの支配者になると、宮廷はしだいに階層制のはっきりした身分社会になっていった。一応、アラブ人の王朝であり、政府や社交界、文化の唯一の言語はアラビア語ではあったが、アラビア風の様式や伝統が圧倒的に支配することはもはやなくなった。

大都市の宮殿では、アラブ人女性がかってもっていたような身分や自由はなくなり、後宮（ハレム）という大奥へ姿を消した。彼女たちをこっそり訪れることは、不可能ではないにしても、守衛や宦官の目を盗むという危険を冒さなくてはならなくなった。奴隷女や高級娼婦がせっせとそのかわりを務めるようになった。しばらくは、それまでの文学的潮流は消えずに残った。都市に住み、アラビアを見たことのない詩人が、想像上の野営地を去る悲しみを嘆き、恋愛詩に登場する女主人公の美しさを称えた。古いテーマを現在の実情に合わせようとする者もいた。ある年代記作者は、都市に住む高貴な身分の女性に捧げる叙情詩を書いたバグダードの詩人についてこう書いている。詩人はありふれた語句で、婦人に夢のなかに現われて彼の孤独で切ない夜を慰めてほしいと頼んだ。婦人は、金貨三ディナールをくれれば、本人みずからやってきて、彼を慰めてあげましょうと答えたという。

だが、アラビア詩にも新風が吹きはじめていた。大勢のイスラームへの改宗者のなかにペルシア人がいたが、彼らは征服者の信仰と言語を取り入れはしたものの、アラブ人の習慣や伝統をあからさまに軽蔑していた。ペルシア人その他の詩人たちは、恋愛詩を含むアラビア語の詩に新しいテーマと様式を導入した。言い寄る相手は、通常、奴隷女で、都市の社交界に女性的要素を添えてくれる教養のある高級娼婦の一人であることが多かった。忍び逢いや別離の背景は変わって、もはや秘密はほとんど必要なくなった。ムスリムの姦通禁止令は切実な問題ではなくなったが、飲酒禁止令は祭りや享楽好きには頭痛の種だった。詩人がひそかに会い、夜明けにひそかに別れるのは、女性ではなくて酒壜のほうだった。

イスラームの禁酒令にもかかわらず、ワインはたちまちアラビア詩にたびたび登場するようになった。イスラーム圏内で発達したペルシアやトルコの詩の伝統を引く人たちのなかではなおさら盛んであった。ワインの醸造、販売、飲酒はみな、ムスリムには禁止されていたが、ムスリム国内で寛大な扱いを受けていた非ムスリム臣民には許されていた。それゆえ、ムスリムが酒を飲みたくなったら、それを入手するためには異教徒のところへ行かなければならなかった。アラビア詩に出てくるキリスト教徒の修道院や、ペルシア詩に出てくるゾロアスター教徒の地方支部などは、たいてい居酒屋の別称である。恋と酒というテーマはしばしば結びつけられ、とくにペルシアやトルコの詩のなかでは、宗教的な意味を含んでいることがよくあった。酒神と官能的なイメージは、イスラーム神秘主義詩人も、信仰への帰依者と神との神秘的な一体感の象徴としてよく用いた。官能的な手段を宗教的な目的に利用することは、決して前例がないわけではない。ユダヤ教徒やキリスト教徒になじみ深い『旧約聖書』の「雅歌」にもそうした例がある。

文化に関する情報をたっぷり含んだもう一つのジャンルに狩猟の詩がある。とりわけペルシア人やトルコ人のあいだでは、人物を何かの象徴に見立てた主題を取り入れることがあり、これが狩猟の詩を美しく豊かにした。狩猟が重要な食料供給源であった時代はとっくに終わっていたが、それは重要な社交や文化、軍事的役割さえもっていた。イスラーム支配時代には、ギリシア時代のような各種の競技やスポーツ・コンテストなどの大部分は廃れてしまっていた。馬やラクダの競走、ニワトリ、ラクダ、拳闘手らの格闘などは庶民の娯楽である一方、弓術、馬術のような戦闘的な技芸は、軍隊の専門的技術の維持に役立った。だが、スポーツや余暇の活用が現代のように大々的に広まるまでは、狩猟は運動、リクリエーション、役に立つ訓練としてもっとも人気の高い方法だった。とくに王家が主催する大がかりな狩猟大会は、規模も大きく、期間も長く、参加者も大勢で、とりわけ意義があった。昔の狩猟は、近代的な軍隊の出陣準備のための模擬戦や軍事演習にもっとも近いもので、組織づくりやその管理、装備や補給品、作戦行動、指揮や統制など、ひとことで言えば戦闘実習の機会だったのである〔口絵24参照〕。

これらすべてが幅広く文学に反映されている。詩人たちは、動物の騎乗（馬、ラクダ、ときには象までも含む）、武器（剣、弓、槍）、随伴する動物（鷹、猟犬、ヒョウ）、その餌食になる動物などについて、雄弁に、ときには微に入り細にわたり謳った。彼らは仲間意識やライバル意識、ときにはハンターのロマン、追跡のスリル、仕留めるときの猛烈な喜び、そしてもちろん、それにつづく宴会を盛大に祝った。

詩はまた、重要な社会的、公共的、政治的役割さえもっていた。多くの詩人たちは、公式の場で発表する賛辞や風刺詩はお手のものだった。賛辞はとくに、暮らしを立てるための最上の手段だったのである。ジャーナリズムや宣伝活動、プロパガンダや広報活動が発達する以前の時代には、それに代わる役割を詩人が果たしていた。これは詩人にとって新しい役割だったわけではない。ローマ皇帝アウグストゥス〔ローマ初代の皇帝。在位、紀元前二七―後一四〕はローマに宮廷詩人をかかえていたし、その作品の一部はローマ帝国全体への広報活動の一翼を担っていた。このローマ皇帝はもとより、他の古代の支配者たちも、同様のことをしていたことは間違いない。称賛者の技巧が最高度に達したのは中世イスラーム時代で、詩人たちは支配者を、簡単に覚えられてよく使われる調子のよい詩句で褒めたたえ、全国に支配者のイメージを高めた。

詩によるプロパガンダは、肯定的なものもあれば、否定的なものにもなりえた。アラビア語で風刺を指す〈ヒジャー〉は、『聖書』に出てくる魔術とか魔法をかけるという意味のへブライ語「ヘゲフ」と同系であることはたしかに意味がある。風刺はたんなる侮辱や罵倒ではなくて、実際に成果が得られるような侮辱や罵倒なのである。部族の風刺家による敵対意識をもったプロパガンダの話は、イスラーム以前のかなり古い時代からあった。預言者ムハンマドの伝承による伝記によれば、彼自身、詩人によるプロパガンダの効果も危険もよく知っていた。当時、詩は全般的に認められておらず、古代アラビアのもっとも偉大な詩人の一人であるイムル・アル・クエイズは、「地獄への道の指導者」と言われたくらいだったが、ムハンマド自身は公式の場で賛辞を述べる人を雇っており、彼を攻撃したり、風刺したりする詩をつくった人間を処分した。風刺詩の作詩者を処刑したばかりでなく、その詩をうたったり、吟唱したりした歌い手まで殺してしまったこともある。

イスラーム時代になって最初の百年間にすでに、ウマイヤ朝カリフたちは宮廷詩人を雇い、以降、事実上すべてのムスリム支配者がこれに倣った。こうした慣習は支配者たちだけのものではなかった。もっと下位の者でも、宣伝や広報のために詩人を雇う者は大勢いた。その意味で、作詩はれっきとした専門職業で、年代記や文学史には、詩人への報償の与え方や額についても非常に詳しい資料が残っている。それは、パトロンの地位と、詩人の技量によって大きな差があったのは言うまでもない。他の似たような職業の場合と同様に、同じ素材が再利用されることはあった。ある支配者を褒めたたえる詩が、雇い主が代わると別な人物用に修正されて、もう一度売られたりした。

支配者のなかには、積極的なプロパガンダのために詩人のパトロンになることで有名な人もいた。十世紀のシリア北部で栄えたハムダーン朝の君主サイフ・アッダウラは、かなり大勢の詩人たちを庇護していた。彼らは、今日でもこの王の名を有名にする役割を果たしており、不注意な歴史家たちに誤った判断をさせている。ファーティマ朝のカリフたちが、ライバルのアッバース朝に対抗する意味で、ファーティマ朝の世界観や言い分を示すイデオロギー宣伝用の詩人を雇っていたのは容易に想像がつく。年代記には、公認詩人の名簿が載っているものもある。中世後期のエジプトの百科事典編集者によれば、ファーティマ朝は王朝直属の詩人職員を雇っており、それを二つのグループに分け、スンナ派の詩人たちにはスンナ派称賛の詩をつくらせ、イスマーイール派の詩人たちには、もっと極端な表現でイスマーイール派の導師たちを褒めそやす詩をつくらせていたという。

詩を利用したプロパガンダはまた、さまざまな反徒やセクト、政治その他をめぐる派閥、ときには個人的な目的のためにまで利用された。経済的な目的にまで利用されたことが、九世紀のアラビアの『キターブ・アル・アフガーニー』（歌の書）にある二つの例から証明される。物語の一つでは、八世紀のイラクのある総督が、公共灌漑（かんがい）システム拡大のために必要な土地を強制収用した。有名な詩人ファラズダクは、土地を没収された地主に代わって、総督を攻撃し、その圧政を非難する詩をつくった。結果はどうなったかの記録はなく、払われた報酬の額もわかっていない。同じ「歌の書」にあるもう一つの物語は完全な形で再現できる。

クーファ（イラク）の商人がメディナにヴェールを売りにきた。黒いヴェールだけが売れ残った。彼はアル・ダーリミーの友人で、彼にそのことをこぼした。その頃、アル・ダーリミーは隠者になっていて、音楽や詩から遠のいていた。彼はその商人にこう言った。「心配なさるな。私が処分してあげよう。全部売れますよ」

そこで彼は次のような詩をつくった。

《黒いヴェールの女性のところに行って尋ねよ
あなたは敬虔（けいけん）な修道士に何をしたのかと。

彼はすでに祈りのための装束に身を包んでいた。
あなたがモスクの入口に現われるまでは》

彼はそれに音楽をつけた。書記のシナーンもまたそれに音楽をつけた。すると、それは大いに受けた。人々は、「アル・ダーリミーはまた作詩に精を出して、禁欲生活をやめてしまった」と噂した。すると、メディナの洗練された上流階級の婦人で黒のヴェールを買わない者はいなくなった。イラクから来た商人の手持ちの商品はすっかり売れた。それを聞いたアル・ダーリミーは、隠遁(いんとん)生活に戻って、またモスクで日を送るようになった。

これは歌によるコマーシャルの最古のものと言っていいかもしれない。

叙事詩は、中世のアラブ人のあいだにはあまり広く行きわたっていなかった。散文と詩の混ざった長い庶民的な恋物語のようなものはいくつかあったが、それらはれっきとした文学とは認められておらず、戦場を謳ったいくつかの短編を除いて、古代や中世ヨーロッパの史詩や物語詩に匹敵するようなものはほとんどなかった。イスラームの中東における史詩の再生はペルシアで起こった。イスラーム以前のペルシアの詩の断片が残存していて、古代ペルシアに史詩の伝統があったことを証明している。こうした伝統の復活で、ペルシア人は自分たちの民族文化に再び目を開かれ、新しいムスリムによるペルシア語が出現した。

古代イランの神々と英雄たちの冒険を語る十世紀の詩人フェルドウスィーの長い叙事詩『シャーナーメ』（王書）は、ペルシアやトルコ文化のなかで、西欧における『イリアス』『オデッセウス』『アエネイス』に匹敵する位置を占めている。西欧の場合と同様に、これにもたくさんの模倣者が現われ、質もまちまちなたくさんの叙事詩がペルシアとトルコでつくられた。トルコでよく知られているのは、中央アジアのトルコ人についての英雄詩である。ペルシアやトルコで流行(はや)ったもう一つの叙事詩のジャンルは韻文の恋物語である。愛する二人の冒険（たいていは不幸に終わる）を扱った一冊の本くらいの長さのものもしばしばあった。これらの叙事詩や恋物語は、挿し絵の発達も促した。

もう一つのアラブ特有の文学ジャンルに、アラビア語で「人の集うところ」を意味する〈マカーマー〉がある。文学形態としてのマカーマーは、〈サジュー〉（押韻散文）で書かれた小話で、ところどころに詩も挿入される。マカーマーは通常、語り手と主人公の二人の架空の人物が登場する。内容は散文と韻文の両方を使い、旅行談や問答、説教や議論などさまざまで、社会時評的な要素を含み、しばしばユーモラスに語られる。そうした小話集（複数形は〈マカーマート〉）のなかには、アラビア文学の傑作に数えあげられているものもある。マカーマートはペルシア語にもヘブライ語にも模倣されているが、形式は明らかにアラブ独特のものである。

ペルシア語とトルコ語の詩はすべてムスリムのものだが、アラビア語の詩は必ずしも全部ムスリムのものではない。ごく初期と、ごく最近はとくに、かなりの数のキリスト教徒の作詩家が出ている。アラビア語で書いているユダヤ人の詩人もいるが、数は少ない。おもに叙情詩や宗教詩をつくるユダヤ人詩人はヘブライ語を使っていた。ヘブライ語はもはや日常語ではなくなっていたが、宗教、学問、世俗的な詩を含む文学ではまだ用いられていた。イスラーム領邦内におけるヘブライ語の詩は、作詩法、構成、テーマ、文学的慣習など、アラビア詩のパターンをほぼそっくりそのまま踏襲していた。

〈マカーマー〉は古典アラビア語の唯一の娯楽文学形態ではなかった。エッセイの技術もかなり高度に培われていた。さらに手軽な娯楽文学としてはフィクションというジャンルもあった。それも小説というより寓話的なもので、小話程度のものから一冊の本ほどの長さまでさまざまあった。その情景や筋書きは童話や児童読み物的なものが多いが、カリフの支配下のさまざまな地方の異なった社会階級の暮らしを、驚くほど生き生きと描いたものもある。

ユーモアはこうした文学のなかの大事な要素である。中世アラブ人作家は辛辣(しんらつ)な小話や、ウイットに富んだ当意即妙なやりとりを愉(たの)しんだ。彼らはまた、パロディーがとくに好きだったようで、聖典まで含むあらゆる種類のジャンルのアラビア語作品を使って遊んだ。それがよくわかる例を二つ挙げておこう。歴代のカリフに仕える官吏たちは、ほかの場所のほかの体制下の官吏に負けず劣らず、くどくどと仰々しい言葉を繰り返し使うことで有名だった。十一世紀の「馬鹿げたしくじり」話のなかに、アレッポの君主にまつわる物語がある。配下のアンティオキアの総督には間抜けの書記官がいた。あるとき、ムスリムの二隻のガレー船が乗組員もろとも海に沈んだ。その書記官は総督に代わってそのことを君主に報告した。彼はこう書いた。「慈悲深く慈愛あまねきアッラーの御名において。お方様に申し上げます。神のお力添えがありますように。二隻のガレー船が、つまり二隻の船が難破いたしました。つまり沈んだのでございます。海が荒れましたため、つまり波が高かったため、双方の乗務員全員が命を失いました。つまり死んだのでございます」。そこでアレッポの君主は副官にこう答えた。「貴殿の手紙がきた。つまり到着した。内容は諒解した。つまり読んだ。貴殿の事務官を叱責せよ。つまり、きつく言え。そして彼を更迭せよ。つまり追い払え。あいつはうすのろだ。つまり間抜けだ。さらば、つまり、この手紙はこれにて終わる」

別の物語によれば、ヒジュラ暦一世紀（西暦七世紀から八世紀頃）に、アシャブとかいう名の笑い話のうまい有名な語り物師が、その軽薄さを非難されたことがあった。「あんたが立派なムスリムなら、なぜ預言者ムハンマドの伝承『ハディース』を語らないのかね？」と彼は訊かれた。「『ハディース』も知っております」とアシャブは答えた。「それならその一つを語ってみよ」と相手は言った。アシャブはしきたりどおりに、伝承が言うところの権威ある語り手の名を連ねてこう始めた。「神の使徒が言ったことをイブン・ウマルから聞いたナーフィーが私にこう言った。「人間には二つの特質があり、その両方を兼ね備えた人を神は友の一人にお選びになる」」。すると相手は、それは本物のいい話だと思い、その二つの特質は何かと尋ねた。アシャブは、「ナーフィーは一つを忘れ、私はもう一つのほうを忘れました」と答えた。

娯楽文学もまた、他の古典アラビア文学のジャンルと同様、ペルシア語やトルコ語に伝えられ、やや異なった形で発展した。物語や寓話は大いにもてはやされたが、エッセイや対話形式は遊びや娯楽の要素が減り、説教調や道徳講話風になっていった。これは社会が厳格に、生真面目になっていったことの表われだった。

劇場は、たぶん古代の多神教徒の祭事を連想させるためか、イスラーム時代の中東からは姿を消し、再現されるのは数百年後になる。劇的な効果を狙ったパフォーマンスは、語り物師や、パントマイム、道化師や踊りなどの演技によってよく知られ、広く普及していた。役者たちが即席の脚本で短い喜劇風のエピソードを演じていた徴候はある。それは庶民に人気の高い娯楽の一つで、宮廷のパトロンがもっと手の込んだものの上演を奨励することもあったらしい。手が込みすぎて無遠慮な目的に利用されることもあった。ビザンツ帝国コムネノス朝の皇女アンナは、十世紀半ばに、痛風を患って(わずら)いた父のアレクシウス一世がセルジューク朝の役者たちに笑いものにされたありさまをこう書いている。

即興劇のうまい異教徒たちが、父の苦痛を面白おかしく演じた。痛風は喜劇の種にされ、彼らは医者と患者の役になって、「皇帝」を自己紹介させ、ベッドに横たわらせて、からかったのである。こうした子供っぽい演し物にみんな大笑いした。

もう一人のビザンツ皇帝、パライオロゴス朝のマヌエル二世は、十五世紀はじめにオスマン帝国スルタン・バヤズィトを訪問した折の楽士や歌手、踊り子、役者の一団について書いている。

叙事詩の朗唱の延長上にあって、あらかじめ脚本があるという意味で、芝居の概念がはじめて立証されるのは十四世紀で、その顕著な例は主としてエジプトとトルコに見られる。登場人物は、操り人形か、スクリーンに映し出される影絵によって演じられた。台詞を言うのは人形使いである。内容はたいてい喜劇で、茶番劇めいたものもあったが、鋭い社会・政治批評の要素を含んでいることがしばしばあった。こうした芝居の脚本は現在まで残っており、その作者の一部も名前がわかっている。

人形芝居は古代からあった。中部イスラーム領邦内ではもっと人気の高い影絵芝居は、トルコ人やモンゴル人が東西アジアの新たな連絡路を開いた頃に東アジアからもたらされたように思われる。

脚本があって、そのストーリーの展開に従って人間の役者が役どころを演じるという厳密な意味での演劇が導入されたのは、オスマン帝国時代になってからで、ヨーロッパから、とりわけ十五世紀から十六世紀にかけてスペインから追放されたユダヤ人難民の努力によるものであることはほぼ間違いない。宮廷その他の祝典のさいに、おそらくトルコ語で演じたであろうユダヤ教徒や、のちにはキリスト教徒（アルメニア正教徒やギリシア正教徒）の一座があったという話が伝えられている。だが、そうしたものはみな規模も影響力もきわめて限られていた。一つの芸術形態としての演劇が本格的に導入されたのは、十九世紀にヨーロッパの影響が大きくなった時代になってからのことにすぎない。

さらに絶大な影響力をもった演劇要素の強い催し物がある。それは、カルバラーにおけるホサインとその一族の殉教を記念して行なわれる〈タアズィーイェ〉と呼ばれるシーア派の哀悼祭行事のなかの受難劇で、毎年、ヒジュラ暦一月（ムハッラム）の第十日に演じられる。近代シーア派の宗教行事の中心であるにもかかわらず、タアズィーイェにおける最初の公演記録は比較的近代の十八世紀後半になってからである。

古典散文文献の大半は、娯楽のためではなく、情報を知らせたり、指示を与えたりするために作成されていた。こうした文献の大部分が、過去に関する知識、すなわち歴史、伝記、文学史を継承し、伝達することを目的としている。宗教および文明としてのイスラームは、ほとんどその発端から強い歴史感覚にあふれている。神自身が過去の人々について語っており、実際『コーラン』そのものが歴史からの教訓に満ちていると、十五世紀のエジプトのある学者が「歴史」を擁護して述べている。『コーラン』一一章一二〇節にはこうある。

「こうして汝（ムハンマド）にいろいろと（昔の）使徒たちの話しを語ってきかせるのも、みな汝の心を強固にしてやろうがため。こういう（話しの）中に、真理と訓戒が汝に授けられ、それがまた信者たちへの促しともなる」

もっとも古い伝承には、歴史的な一連の啓示のなかで預言者ムハンマドが置かれた位置と、天地創造から最後の審判までの、広大な神の意図のなかにある人間のありようを強く意識する人々の一団が描かれている。ムハンマドの使命は歴史上の出来事であり、その目的と意味は、記憶と記録によって保持され、伝えられてきた。〈イジュマー〉（合意）の基本原則は、これによって神の導きが預言者ムハンマドの死後、ムスリム・コミュニティー全般に伝達され、そのコミュニティーの行為と経験に永続的な意味を与えた。

ムハンマドの教友と、彼の死後まもない頃の後継者たちの権威と威厳は、彼らの人格やイスラーム到来という出来事、カリフ国の台頭にまつわる真実を確認し、ときには修正したり再発見していく苦闘のなかで、彼らの子孫たちに強く、生々しい刺激を与えた。

ムスリムの支配者たちは、当初から歴史上の自分たちの位置について自覚し、後世のために自分たちの行なったことを記録することを心がけていた。彼らは先駆者たちの行為に関心をもち、後継者のために自分たち自身の行為を記録しておくことに熱心だった。正史は預言者ムハンマドとその教友たちの伝記と、アラビア人諸部族の英雄的な歴史物語で始まった。それゆえ、歴史家にとってもっともありがたいのは、ムスリムを支配したほとんどどの王朝も、たとえそれがもっともひなびた地方のものであってさえ、なんらかの年代記を残していることである。実際、正史がイスラームの到来で始まっている国々はたくさんある。スンナ派ムスリムにとって（シーア派の見解はまた違う）、神を中心にした共同体は、人類に対する神の意図の具体的表現であり、その歴史は、神の摂理によって導かれ、神の意図の成果を示すものだった。そのため、正確な歴史の知識は何よりも重要だった。なぜなら、それこそが宗教のもっとも深遠な問題と、律法のもっとも実践的な事柄の双方に、権威ある道しるべを提供することができたからである。

　歴史が重要と言っても、それはつまりムスリムの歴史のことである。神の最終的な啓示を認めず、神の掟にも従わない非ムスリム国家や共同体の歴史は、そのような道しるべを示さず、したがって同等の価値はない。それゆえ、ムスリムの歴史家たちは、キリスト教徒ヨーロッパその他の隣国にも、自分たちの祖先であったキリスト教徒やゾロアスター教徒その他の非ムスリムなど、非ムスリムの歴史にはほとんど関心を払わなかった。古代史のなかで大事なことは『コーラン』や伝承のなかで語られていた。それ以外のことは忘れられるか、しばしば文字どおり葬り去られた。

中東におけるイスラームの正史は驚くほど広範囲にわたり、量も豊富で、バラエティーに富んでいる。狭い地域から広い地域、皇帝に関するもの、庶民を扱ったもの、古い時代のもの、現今のもの、伝記、数は少ないが自伝、詩人や学者、兵士や政治家、大臣や書記、裁判官、神学者、神秘主義者に関する歴史などがある。歴史的記述の様式もさまざまだ。英雄叙事詩の伝承のルーツは、イスラーム以前のアラビアの口承による戦争や異教徒アラブ人の襲来物語に端を発している。それが、預言者ムハンマドの異教徒征伐と、初期のムスリムによる広大な征服の記述となって新しい形を完成させた。のちに、この種の歴史記述は称賛やプロパガンダに堕落しがちだったが、それでもアラビア語によるサラディンの伝記や、トルコ語によるスレイマン大帝の戦争と征服物語のように、ほぼ叙事詩的物語の域に達したものもあった。

もう一つの種類の違う正史は、法学、ある意味では神学に関するものである。その目的は、預言者ムハンマドの行なったことや言ったことの記録や、「正統カリフ」たちの決断を大切に保存し、必要なときに甦らせて、イスラームの「聖法」を綿密なものにするために、とりわけ公共政策の諸問題における先例として役立てることである。アッバース朝時代（七五〇―一二五八）には、人数も増え職務も広がった官僚を対象としたような、より洗練された文学的なスタイルの正史が表われた。その目的は、統治の先例集のようなものを、彼らに詳しく教えるためであった。内容は、宗教的と言うよりも実務的な役所仕事に関連したもので、ムスリムばかりでなくペルシアの例まで含まれている。

しばらくのあいだ、イスラームの正史はみな、地域や著者に関係なく、アラビア語で書かれた。やがて、共通のイスラーム文明のなかに新しい文章語が発達するにつれて、新しい形のはっきりした文化的自己認識が、文学とくに詩や正史に表現の場を見出した。変化はほかにもあった。十世紀から十一世紀にかけて、スンナ派イスラームは戦いに明け暮れ、三つの敵との激しい闘争でおおむね勝利した。反体制のシーア派は服従するか制圧されるかし、キリスト教徒十字軍は撃退され、不信心者のモンゴル人は改宗するか同化した。こうした抗争と、その結果生じたスンナ派の大々的な復活の過程で、イスラーム国家、社会、文明は変化し、文化的生活は新たな経路をたどって花開きはじめた。そうした変化は文学、とりわけこの時代の歴史文学にありありと反映されている。歴史は相変わらず官吏の教育に欠くことのできないものの一つだったことは間違いなく、ある程度それをわきまえたうえで書かれていたことは確かである。

だが、セルジューク朝（一〇三八―一一九四）以降の宗教を中心とした高等学林（マドラサ）で教育を受けた役人は、アッバース朝時代の優雅で世知に長（た）けた書記らとはまったく異なる人種だった。中世末期の偉大なアラブ人歴史家が同時代の人たちのあいだで名声を博すには、歴史以外の、宗教がらみの学問分野に関心をもたなければならなかったことには重要な意味がある。歴史はマドラサのカリキュラムの一部になったことはなかったが、歴史家はマドラサの卒業生が多くなった。

これは看過できない変化だった。十字軍戦争後の安定した永続性のある君主国、とりわけオスマン帝国やイランでは、国家がみずから歴史を書くことに関心を示し、歴史家は国家の後援や保護、ときには雇われて執筆するようになった。これが歴史家たちの伝統的な姿勢を変えた。昔の歴史家はまず第一に伝承の収集家であり、真偽の鑑定家だった。彼らは正確に事実を把握し、それらの事実を過不足なく解釈した。だが、多少の修正はあったものの、昔の伝統はとくにオスマン帝国で存続した。ここには優れた歴史家がつねにおり、皇室お抱えの歴史学者という地位や身分ではあったが、支配者たちの長所や成功ばかりでなく、欠点や失敗も明確に記録した。十七世紀以降のオスマン帝国の歴史家による帝国の敗北の扱い方は、申し分のない学者精神の見本のようなものである。

学問

中世イスラーム世界には、ほかのさまざまな分野の学問も発達した。キリスト教と違って、イスラームは、原典を読めない人たちのために経典を翻訳することを奨励しなかった。それどころか、ムスリムの権威者のなかには、そのような翻訳の試みを不信心な、冒瀆(ぼうとく)的行為とまで非難する者さえいた。『聖書』のシリア語のペシタ版、ラテン語のウルガタ版、ドイツ語のルター版、英語のキング・ジェームズ版に匹敵するような、『コーラン』のペルシア語、トルコ語その他のイスラーム圏言語への公認された翻訳はない。注釈書という形の非公式な翻訳はいくつかあるが、ムスリムは母国語が何であろうと、『コーラン』をアラビア語で勉強し、暗誦しなければならず、アラビア語以外は認められていない。これは文法や辞書編集法の発達にかなり貢献した。その大きな目的は、すべての信者が経典に接しやすくすることだった。このおかげで、言語学がこれまでになく発達した。やがてアラビア語ばかりではなく、他のイスラームの言語にもその影響は及んだ。少なくともその一つがヘブライ語である。イスラーム圏内に住むユダヤ人たちは、ムスリムの例に倣って、ヘブライ語を収得していない人たちにも『聖書』に近づきやすくするため、聖書ヘブライ語の一語一語について、言語学的研究を進めた。

単語の異なった意味をリスト・アップし、古いテキストのなかの使用例を併記した中世のアラビア語大辞典は、称賛に値する偉業で、この地域のその後の文献学の基盤となった。これはまた、ほかのアルファベット順の参考文献の手本としても役立った。そのなかには、町や国、地理的特徴について、しばしば長いエッセイまで添えられた地名事典や、国別、世紀別、職業別に編纂された大がかりな伝記事典などもあった。

学識を深め、さらに広く科学や知識の伝播に重要な役割を果たしたのは翻訳者の仕事だった。九世紀以降、翻訳者は数学、天文学、物理学、化学、医学、薬学、地理学、作物栽培学その他の哲学を含む広範なジャンルの、おもなギリシア語文献をアラビア語に訳すという一連の画期的な仕事をやりとげた。原典の一部は地元の非ムスリムが所持していたものであったり、ビザンツ帝国から特別に輸入されたものもあった。注目すべきは、彼らがギリシア人歴史家の著書を訳さなかったことである。古代異教徒の込みいった事柄には何の意味も価値も見出せなかったからだ。彼らは詩人の作品も翻訳しなかった。ムスリムには自分たち自身の詩の作品がたくさんあったし、第一、詩は翻訳不可能だったからである。

翻訳者も、当然のことながら王室その他のパトロンも、いちばんの関心は実用的なものだった。後代にとって幸いだったのはそのなかに哲学が含まれていたことである。当時、哲学は、人類が現世の諸問題に対処し、来世の審判に備えるのに役立つ有用な学問とみなされていた。重要なギリシア語の作品の多くが、異邦人や無関心な西欧人のあいだで、一時的に(ときには永遠に)姿を消してしまっていたが、それらがアラビア語訳を通して知られるようになり、これをもとに、のちにラテン語版がつくられた。翻訳者の大部分は、キリスト教徒、ユダヤ教徒などの非ムスリムで、神秘主義セクトの一つ、サービア教徒〔南イラク方面に住む民族で、『コーラン』では「啓典の民」の一つとして扱われている〕もこれに入る。おそらく言語について必要な知識をもっていたのは彼らだけだったからであろう。

翻訳書のなかにはギリシア語から直接訳されたものもあれば、ギリシア語の原典に基づくシリア語版から訳されたものもある。直接もしくは間接にギリシア語から訳された翻訳書が多い一方、イスラーム以前のペルシア語や、インドの文献からさえ訳されたり、改作されたりしたものもわずかながらある。知られているかぎりでは、ラテン語からの唯一の翻訳作品は、五世紀のスペインの神学者・歴史家オロシウスの遺著の年代記で、スペインのムスリム史の背景の理解に役立った。

以来、西欧への関心はほとんど見られなかったが、数百年後にやっと、実用上の理由から、学者や科学者ははじめて西欧に目を向けるようになった。それぞれ方面の違う新たな関心を示す例を二つ挙げておこう。その一つは、オスマン帝国大宰相府の主席書記官の命令によって、発生から一五六〇年までのフランスの歴史がトルコ語に翻訳されたことである。この翻訳は唯一の手書き本として現存している。これに匹敵する西洋史への探求は、その後数百年間行なわれなかった。もう一つの差し迫った必要から起こった西欧への関心は、ペルシア人医師バハー・アル・ダウラ（一五一〇年没）の『ファラーサト・アッタジャーリブ』（経験の本質）と題する著書によく表われている。そのなかで彼は、新しい病気すなわち梅毒のことを「アルメニア人のただれ」とか「西欧人の痘瘡（とうそう）」とか呼んでいる。彼によれば、この病気はヨーロッパが起源で、そこからイスタンブルやそれ以遠にもたらされたという。一四九八年にはアゼルバイジャンで見られ、その後、イラクやイランに広がった。十七世紀までには梅毒（トルコ語その他のイスラーム圏の言語では「西欧人の病気」という意味の〈フィレンギ〉として知られている）は、おもにヨーロッパで出版されている文献をもとに詳しく論じられている。

中世イスラームの学問的業績は、ギリシアの学問の保護や、古代やはるか離れた東方から得た基礎知識の集大成のまとめにとどまらなかった。中世のイスラームの科学者たちが近代世界へ引き渡した遺産は、彼ら自身の努力と貢献のおかげで、まことに豊かに開花した。ギリシアの学問は、全体として理論的な傾向があったが、中世の中東の学問はずっと実用本位で、医学、化学、天文学、作物栽培学などの分野では、古くからあるものは論点をはっきりさせ、中世の中東における実験や観察によって補足された。そうしたプロセスがよくわかるのが数学である。いわゆる「アラビア数字」（ゼロから始まる位取り記数法）はインドからきたものだが、これを九世紀か、もしかするともう少し前に、新しい算術の出発点にしたのは中東人だった。イスラームの幾何学は、ギリシアのものを基礎とし、インド人の教えに影響を受けているが、その実践者たちは、さらに新しい独自のものを、測量、建設、兵器製造などに応用するなど、実践面でも理論面でも幅を広げた。三角法の大半と代数はすべて、中世中東人の考案である。もっと有名な考案者のなかに代数学のオマル・ハイヤーム（一〇四八―一一三一）がいる。彼は東洋では数学関連の著作で有名だが、西洋では、余暇に即興的につくった四行詩『ルバイヤート』の作者として名を知られている。

こうした科学者のうち、とくに医師には、キリスト教徒とユダヤ教徒がかなりいる。その大半は地元生まれだが、なかにはヨーロッパで迫害されて逃げてきた難民もいた。だが、彼らはムスリムの同僚といっしょに一つの学者コミュニティーの一部を形成していて、彼らの仕事はその地域共通の中世イスラーム文明の一端と考えられている。

偉大なイスラームの著者のなかには、その著作がラテン語に訳され、ヨーロッパで研究の対象にされて、近代科学の発展に大きく貢献した人たちもいる。たとえば、現在のテヘランの近くのライイ生まれのムハンマド・ブン・ザカリヤー・アル・ラージー（八五四―九二五）は、ヨーロッパではラーゼスと呼ばれているが、おそらく中世の医師のなかでもっとも偉大な人物だったであろう。彼には天然痘に関する立派な著書がある。ブハラ生まれの高名なイブン・シーナー（九八〇―一〇三七）は、ヨーロッパではアヴィケンナと呼ばれているが、大著である医学典範をまとめあげた。この書は十三世紀にクレモナのヘラルドによってラテン語に訳され、『カノン』という題名でその後数百年にわたってヨーロッパの医学研究の教科書になった。

中東から西欧の医学に学問的な貢献があったばかりでなく、実践面で役立ったものもあった。コンスタンティノープル駐在イギリス大使夫人メアリー・ワートリー・モンタギューは、トルコ人のあいだで使われていた天然痘のワクチンの接種法について、一七一七年、トルコのエディルネから次のように書いている。

疾病（しっぺい）についてひと言、きっとあなたご自身こちらにいらっしゃりたくなるようなことをお知らせしようと思います。天然痘は私たちのあいだでもよくある死病ですが、こちらでは（彼らが使っている用語によれば）移植の発明のおかげでまったく無害になっています。これを実施するのを仕事にしている老婦人グループがいて、毎年秋の九月に、ひどい暑さも下火になった頃、家族のなかで種痘（しゅとう）を受けたい人がいるかどうか調べにきます。それから接種を目的にした寄合を開き、（通常十五―十六人くらい）集まったところへ、かの老婦人の一団が、精製された天然痘の種の詰まったごく小さな容器を携えてやってきて、どの静脈を切開したいか尋ねます。係の女性は、てきぱきと指示した場所を太めの針で裂き広げ（ちょっと引っかいた程度の痛みがあるだけです）、その針の先に載るくらいの分量の毒物を静脈に入れ、貝殻のようなもので小さな傷口をふさいで、さらに四、五カ所の静脈に同じ処置をします……。やがて熱が出て、二日か、まれには三日ほどベッドにいなければなりません……八日もすれば、病気の前と同じくらい元気になります……。毎年、数千人がこの処置を受けています。フランス大使は、ここでは人々が、他の国では気晴らしに鉱泉水でも飲むように種痘を受けていると、面白そうに言っています。

メアリー夫人はこうしたやり方にいたく感激して、翌年、自分の息子を予防接種に連れていった。この予防接種法は、やがてイギリスに導入され、のちに世界の他の地域にも取り入れられた〔ちなみに、ジェンナーが種痘の効力を証明したのは一七九六年である〕。

文学や学問、さらには教育全般の進歩は次の二つの新しいものの導入によって計り知れないほど大きく前進した。両方とも極東で生まれたものである。中国の発明である紙の導入は、紀元七五一年、アラブ人が中央アジアでの中国人部隊との小競り合いで、数人の中国人紙つくり職人を捕虜にしたときであると言われている。彼らが紙つくりの技術をイスラーム世界に紹介すると、最初は使うだけだったが、紙の製造もまたたくまに中東と北アフリカを越えて西方に広がり、十世紀のはじめにはスペインにまで伝わった。それまであまり効率のよくないパピルス、羊皮紙などの筆記用材が紙に替わったことが、中東社会に多大な影響を与えた。一つは、安く、迅速に本をつくることができるようになったことである。これは学問や教育にたいへん役立った。もう一つは、行政や交易の記録・保存が格段に増えたことだ。アラビアのある年代記によれば、カリフ・ハールーン・アッラシード（アッバース朝第五代カリフ、在位七八六―八〇九）は、政府の役所に紙を使うことを命じたという。紙に書かれたものは痕跡を残さずに消したり、変更したりできなかったからである。

中東のイスラーム社会は、もう一つの極東の発明である印刷術にはかなり抵抗を示した。十五世紀ヨーロッパの可動式印刷機の発明（あるいは改良と言ったほうがいいかもしれない）

に、オスマン帝国領内でだれも気づかなかったわけではない。一四八五年、スルタン・バヤズィト二世は勅令を出して印刷を禁止した。それから数年後、本をつくるためのこの新しい技術は、スペインからのユダヤ人亡命者たちによって導入され、十六世紀はじめまでにはイスタンブルとサロニカに印刷所が設立されていた。その後、トルコのほかのたくさんの都市にも広がった。それらの印刷所は、トルコ語やアラビア語の文字による印刷はしないという条件のもとに許可された。その理由はおそらく、ムスリムの経典あるいはムスリムの言語でさえ、印刷機を利用すると罰が当たると考えられたためであったようだ。書記や書字家の職業上の大きな既得権益が侵されるかもしれないということも、この禁止令といくらか関係があったかもしれない。それゆえ、ユダヤ人の印刷所では、いくつかのヨーロッパ言語に加えて、ヘブライ語の書物の印刷に仕事の範囲を限定していた。

一五六七年には、トルコ中北部のトカト州の出身で、ヴェネチアで活版印刷術を学んだアルメニア人アブガル・ティビルがイスタンブルに印刷所を設立し、ケファリニア島〔ギリシア西海岸のイオニア諸島の一つ〕生まれで、オクスフォード大学ベリオール・カレッジを卒業したギリシア人ニコデムス・メタクサスは、イギリスから輸入した印刷機と活字をもとに、一六二七年に印刷所を興した。このアルメニア人もギリシア人も、ユダヤ教徒と同じ制約に従うことを条件とされていた。

アラビア語の活字書体が考案され、アラビア語の印刷所ができたのは、十六世紀はじめのイタリアである。発行されたのは、おもに東方のアラビア語を話すキリスト教徒のための『聖書』や祈禱書その他の宗教関係の校訂本だった。残存する最古のアラビア語の印刷本は、一五一四年に教会領の一つであるイタリア中東部の城郭都市ファーノで印刷されたキリスト教徒の祈禱書である。宗教関係でもなく、キリスト教関連でもない書物も印刷されている。よく知られたものとしては、アヴィケンナの『医学典範』があり、ほかに地理関係の書物数冊などがある。一五三八年頃、パリでアラビア語の文法書も出版されている。東洋研究学者が台頭するにつれて、古典アラビア語の書物の出版点数はしだいに増えた。そのなかには、中東諸国の個人の図書室に所蔵されたものもある。

だが、中東でアラビア文字による印刷が公認されたのは十八世紀はじめになってからだった。これを率先したのは、一七二一年にオスマン帝国パリ駐在大使の父親に同道したサイード・エフェンディという青年だった。彼はフランスで印刷術に興味をもち、その有用性を確信したらしい。トルコに戻ると、大宰相の支持を取りつけて、首都にトルコ語の印刷所を設立しようとした。保守派や書字家などの専門家の多少の反対はあったが、それは成功した。いちばんの協力者は、イブラヒム・ミュテフェッリカという人物で、この人が初代トルコ語印刷所の創立者兼所長になった。イブラヒムはハンガリー生まれで、たぶんユニテリアン〔プロテスタントの一派〕だったらしいが、イスラームに喜んで宗旨替えし、オスマン帝国官僚として出世した。彼はサイード・エフェンディと協力して、印刷の有用性についてメモランダムを起草し、それを大宰相に提出した。支持は意外なところから得られた。ムスリム帝国の宗教組織の長にあたる首都在住のイスラームの長老を説得して、宗教関連以外のテーマについても、アラビア文字を使ったトルコ語の書物の印刷を認可する〈ファトワー〉（イスラーム法学解釈回答書）を発行してもらったのである。『コーラン』や『コーラン』の注釈書、伝承、神学、イスラームの「聖法」などの印刷はまだ除外されたままだった。

一七二七年七月五日、ついにスルタンの勅令（フェルマーン）により、「神に高度に守られた都市コンスタンティノープル」に、トルコ語の書物を印刷出版するトルコ人の印刷所の設立が公認された。印刷機と活字は、最初、すでに市内で稼働していた地元のユダヤ教徒やキリスト教徒の印刷所から入手し、ユダヤ人の活字鋳造工と植字工のものを使わせてもらった。のちに印刷機と活字はヨーロッパから、とりわけオランダのライデンやパリなど、すでにアラビア語の印刷所が設立されているところから輸入された。最初の出版物である二巻ものの辞書が出版されたのは一七二九年である。その第一巻の巻頭には、編者のまえがきにつづいて、印刷所設立の許可を与えるスルタンの勅令の全文と、印刷が合法的であることを宣言したイスラームの長老の〈ファトワー〉、帝国の主席裁判官二名と、他の高位聖職者の承認証書が添えられていた。そのあとにさらに印刷の有用性を説く論文がつづいた。

一七四五年のイブラヒム・ミュテフェッリカの死去までに、この印刷所は全部で十七冊の本を発行した。その内訳は、文法書をはじめ、軍事問題、地理、数学、歴史などだった。発行部数は少なく、版を重ねることも少なかった。どれも初版と第二版は千部ずつ、第三版は千二百部、それ以降は五百部ずつだった。それにもかかわらず、これらの書物はイスラーム世界の知的生活に、新時代の始まりを告げるものだった。

最盛期の中東のイスラーム文明は、まさに壮観だった。いろいろな意味で、その時点までに人類の成し遂げえた最高のものだった。当時、インド、中国、規模は小さいがヨーロッパにもほかの文明はあった。どれも高度に洗練されたもので、おそらく個々のものや地域によってはイスラームより優れたものもあったかもしれない。だが、そのいずれも、基本的には狭い地域の、せいぜいよくても地域限定型の文明だった。イスラームは、その唱道者に委ねられた真理が普遍的であるばかりでなく、唯一のものであること――すなわち、彼らは神の最後の啓示の唯一の管理者で、それを世界じゅうの人々にもたらすのが自分たちの義務であると宣言した最初の宗教ではなかった。だが、ムスリムは一つの人種、地域、文化の境界を越えた宗教文明を生みだすことにより、この目的を達成することに並々ならない進歩を示した最初の信徒だった。中世半ばのイスラーム世界は、国際色豊かで、多人種、多民族で、大陸にまたがるとまで言えそうな世界だった。

イスラーム世界は、時間と空間の両方の中間という意味での「中間の文明」と言われる。

その外縁はヨーロッパ南部、中央アフリカ、南部・南東部・東部アジアに及び、それらの地域のすべての基本要素を包みこんでいる。時間的にもまた、古代と現代の中間にあって、ヨーロッパとギリシアやユダヤ教徒・キリスト教徒の遺産を共有し、さらにそれを遠隔の地と諸文化の要素を取り入れて豊かなものにしていた。古代ギリシアから現代への道筋のなかで、近代的、普遍的文明への進展をしっかりと約束してくれたのは、ギリシアやヨーロッパ・キリスト教国の文明と言うよりも、アラブ人のイスラーム文明であると思われていたのは無理もない。

だが、勢いに乗って進歩したのは、キリスト教徒ヨーロッパの貧弱で、偏狭な、単一波長の文化で、中東のイスラーム文明は創造性も、エネルギーも、推進力も失っていった。その後の展開は、しだいに大きくなる喪失感の自覚、その原因究明、過ぎし日の栄光を復活させようというあせりで、すっかり見劣りするものになってしまった。

第Ⅴ部　迫りくる近代化の波

第十四章　西欧からの挑戦

第二次ウィーン攻略の失敗

中東をはじめ世界の他の地域も含めて、近代史の起点は、西欧の影響、もっと具体的に言えばヨーロッパ帝国主義の出現と拡大、それによる変化の始まりと定義するのがしばらくのあいだ慣習になっていた。その影響がいつ始まったかについては諸説がある。フランスの遠征軍が一七九八年にエジプトに足を踏み入れたときとする人もいれば、戦勝国ロシアが敗戦国トルコを衰退へと追いやったキュチュク・カイナルジャ条約（一七七四年）締結時という人もおり、いやそれより前の一六八三年にウィーン城壁下でのトルコの決定的敗北であったとする人もいる。

ムスリム文明は、その独自な宗教的認識によって定義されていた。その文明圏は、〈ダール・アルイスラーム〉（イスラームの家）と呼ばれるイスラーム法が行きわたり、ムスリム政府が支配する全土を指す。それは四方を、ムスリムの信仰をまだ受け入れず、ムスリムの支配に屈服していない異教徒が住む〈ダール・アルハルブ〉（戦いの家）に囲まれている。だが、歴史・地理関連文書に反映されているイスラーム国境以遠の諸地域に対するムスリムの認識の仕方は、場所によって明確な違いがある。イスラーム世界の東部と南部には、学ぶべき有益なものをたくさんもっている文明人もいれば、野蛮人もいたが、ことイスラームの信仰に関しては、真剣に立ち向かってくる競争相手はおらず、世界的大国としてのイスラームのカリフ国にとってゆゆしきライバルはなかった。文明人も野蛮人も含めたさまざまな異教徒は比較的素直で、イスラーム世界へ引き入れやすく、実際そういう道を選んだ人は大勢いた。

東方からの脅威はなかった。中国とインドの偉大な文明は、一度もイスラーム世界に真剣に挑戦してこなかったばかりか、脅威を与えもしなかった。東方から大々的な異教徒集団として侵入してきたモンゴル族は、大きな影響を与えはしたものの、結果的には、勝利者自身が改宗・同化して、イスラーム世界の一部どころか大部を形成するようになった。

西方、とりわけイスラーム世界の北西の国境に位置するギリシアとローマというヨーロッパ・キリスト教国では、状況は大分違った。ここでは、ムスリムも、ライバルが自分たちと同じように神の最終的啓示の保持者であり、その信仰を全人類に広める義務があるという使命感を抱いた世界的宗教の信者であることをはっきり認めていた。そのうえ、キリスト教国ではイスラーム国と同じように、戦争その他の手段を使って自分たちの大義名分を推し進める強い王国、のちには大帝国を形成していて、彼らの信仰は、政治的にも軍事的にも支持されていた。やがて、ムスリムにとっての異教徒と言えばキリスト教徒を意味するようになり、「戦いの家」と言えばキリスト教徒ヨーロッパを指すようになった。ムスリムはビザンツ帝国を古代ギリシアとキリスト教徒ローマの後継者として、ある程度、敬意は抱いていた。ムスリムがビザンツ帝国人を尊敬はしていても、恐れてはいなかったのは、両国の長い関わりが一四五三年のトルコによるコンスタンティノープルの奪取により、ビザンツ帝国が後退した物語がたえず念頭にあったからである。

イスラーム勃興後の最初の数百年は、ムスリムは北部および西部ヨーロッパのギリシア人以外の異教徒を、恐れも尊敬もしていなかった。彼らは脅威でもなければ魅力的でもない粗野な未開民族で、奴隷にする以外に役には立たないと見ていたのである。こうした認識に変化が表われはじめたのは、西方のキリスト教徒が反撃に出て、イタリア南部とイベリア半島を再征服し、キリスト教徒の軍隊が十字軍として地中海東岸部（レヴァント）に戻ってきたときである。だが、結局はキリスト教徒の聖地奪還は不成功に終わった。

この二つの世界システムが機能しはじめてから最初の千年ほどのあいだは、相対的にムスリムのほうが優勢だった。実際には巻き返しもあった。一時的には十字軍が地中海東岸部へ到来したり、スペイン、ポルトガル、シチリア島はほぼ永久的に奪回された。だが、これを補ってあまりあったのがトルコのヨーロッパ南東部への進出で、キリスト教徒の地に新たなムスリム国家を建設して、しばらくのあいだヨーロッパ中心部を脅かすことになった。

ヨーロッパとイスラーム世界との社会的・文化的関係は、十字軍以前からあったが、十字軍以降は範囲も規模も格段に大きくなる。イスラームのヨーロッパへの貢献は計り知れないほど大きい。そのなかには、イスラーム独自のものもあれば、彼らが地中海東岸部の古代文明や、はるか彼方のアジアの文化から取り入れ、加工したものもある。ギリシアの科学や哲学はヨーロッパでは忘れられたが、ムスリムはそれらに改良を加え、保持した。中世のヨーロッパは、インドの数字、中国の紙、オレンジやレモン、綿や砂糖、さまざまな種類の植物とその栽培法など、少数の例外を除いて、大部分を、地中海沿岸部の自分たちよりずっと進んだ高度の文明をもつイスラーム世界から学んだり入手したりした。

ヨーロッパ世界からイスラーム世界への貢献もわずかながらある。長いあいだ、それらはおもに素材と技術に関連したものだった。美術や文学、科学や哲学の分野では、中世のヨーロッパにはムスリムの関心を惹くようなものはあまりなかった。ムスリムのほうも、自分たちから見れば廃れた宗教と原始的な社会から生まれた発想は、だいたいにおいて拒否する傾向があった。だが、ヨーロッパ人は手先が器用で、ムスリムが便利だと思って取り入れたものもたくさん生みだしていた。時間を計る各種の時計、視力や視野を改善するメガネや望遠鏡は、十五世紀の中東で使用されていたことが証明されているので、当然それより以前に入ってきていたであろう。何種類かの食用植物さえ、ヨーロッパから取り入れている。たとえば、エンドウマメは、今でもアラビア語でもトルコ語でもイタリア名で知られている。西欧から輸入されたり移植されたりする食用その他の植物の数は、逆ルートをたどったものよりも少ないものの、アメリカ大陸発見後は急速に増えた。トウモロコシ、ポテト、トマトに加えて、いろいろな意味でイスラーム世界をもっとも驚かせたのはタバコだった。

だが、その頃までに、イスラーム世界の生死にかかわる西欧からのなにより重要な貢献は武器である。十字軍時代にすでに、西欧人の捕虜が要塞の建設に雇われ、彼らの技術力の一端が知られていた。サラディンと同じように、ある人物がカリフ宛の手紙のなかで、十字軍から奪い返した海港にヨーロッパ人商人の残留の許可措置を正当化したものがあるが、その理由は、「われわれにとっては有益だが、彼らにとっては不利益な戦闘用の武器を運んできて、われわれに売ってくれる者がひとりならずいる」ので、連中は便利な存在であると説明している。こうした慣習は、十字軍時代も、オスマン帝国の進出・撤退を経て近代にいたるまで間断なくつづいた。

教会にも国家にも、時折、そうした武器の輸送を非難し、止めようとする人たちはいた。ある国の政府が別の国の政府に対し、武器輸出を大目に見たり、ときには奨励してさえいると非難することもよくあった。教会の態度は徹底していた。たとえば、十六世紀から十七世紀にかけて、ローマ教皇庁は、「馬、武器、鉄、鉄線、錫(すず)、銅、真鍮(しんちゅう)、硫黄(いおう)、硝石その他の火器、攻撃用器具製造材料、武具、装置ならびにロープ、木材その他の航海用品などの禁制品、これらを使ってキリスト教徒に戦いを挑むサラセン人、トルコ人その他のキリスト教徒の敵に引き渡した者は破門、放逐する」という布告を出している。それでも取引はつづき、たびたびの禁止措置は効を奏さなかった。

その頃までの西欧からの輸入武器のなかでもっとも重要視されていたのは、言うまでもなく攻城砲、野戦砲、各種鉄砲などの火器である。当初、そうした騎士道に反する異教徒の武器の使用にはいくらか抵抗があった。だが、オスマン人はそれらを大々的に採用し、それによって、中東の覇権を競う他のムスリム勢力に対し格段に有利に立った。

イスラームとキリスト教国とのあいだの勢力関係の転換期がいつであったかは、他の歴史上の転換期と同様、明確に示すのはむずかしい。そうした変化が起こるときはつねにそうであるように、画期的な出来事がはじめて外目にも顕(あらわ)になるずっと前から、新秩序の始動が感知されるものである。同様に、旧秩序は明らかに廃止されたあとも、長いあいだ機能しつづける部分が多い。そのような「転換期」は、歴史の事実ではなく、歴史家の恣意的判断やこじつけなどによって大幅に異なる。だが、それも、歴史の論議には有用であるばかりでなく、実際に必要なことである。ヨーロッパとイスラーム世界の関係の変化を明確にする重要な出来事が多々あるなかで、十七世紀末に起こった諸事件は、おそらくそれを説明する最上の根拠を提供してくれるであろう。

一六八三年九月十二日、トルコ軍はウィーンの城壁を包囲して六十日間宿営したあと、撤退しはじめた。ウィーン奪取は二度試みて二度とも失敗したが、前回と今回では大きな相違があった。一五二九年、スレイマン大帝がはじめてウィーンの城壁に迫ったときは、トルコ軍は数百年来の征服攻勢の絶頂期にあり、ヨーロッパ南東部全土を呑みこんだあげく、キリスト教国のまさに心臓部に挑みかかろうとしていた。スレイマン大帝はこの帝国の都を奪取できなかったが、取り返しのつかない失敗ではなく、決定的敗北にはほど遠いものだった。トルコ軍は整然と撤退した。これで敗北が決定したわけではなく、この攻城戦以来一世紀半にわたる膠着（こうちゃく）状態がつづき、その間、ハプスブルクとオスマン・トルコ両帝国は、ハンガリーと最終的には中部ヨーロッパの支配権をめぐって戦ってきた。そのあげくの二回目のウィーン包囲と撤退は、前回とは状況がまったく異なる。今回のトルコ軍の敗北は明白かつ決定的だった。トルコ軍は、ウィーンからの撤退途上で、度重なる大敗北を喫し、たくさんの都市や州を失い、軍隊は壊滅した。

一六九九年一月二十六日、カルロヴィッツ〔現在のセルビア共和国北部の都市スレムスキ・カルロブチ〕で結ばれた講和条約は、オスマン・トルコとハプスブルク両帝国間の関係だけでなく、それ以上にキリスト教国とイスラーム国間の関係が新段階に入ったことを示した。その変容ぶりは、条約の内容にも、交渉の過程にも散見できる。オスマン帝国にとって、それは、これまでに経験したことのない外交交渉だった。彼らがヨーロッパへ進出しはじめた頃は、本当の意味での条約というものが結ばれたことはなく、相互の折衝すらきわめてまれで、勝利者が被征服者に対して一方的に講和条件を指示するだけだった。一六〇六年のジートヴァトロク和約ではじめて、オスマン帝国は敵と対等に折衝した。それがカルロヴィッツ条約では様変わりした。オスマン帝国は戦場で決定的な敗北をし、基本的には勝利者である敵が定めた条件を呑む形で、講和条約に調印を余儀なくされた。敗北の痛手を緩和するため、オスマン帝国は、西ヨーロッパ諸国のなかでとりわけイギリスとオランダに、自分たちに代わって近隣諸国との勢力均衡の仲介役を頼んだ。こうした新たな軍事関係を基盤にした新外交政策は、以後、数百年にわたって慣習化されることになる。ウィーンでなめた敗北の苦杯と、カルロヴィッツでのとどめの講和条約を機に、キリスト教徒勢を目の前にしたムスリムの長い後退期が始まった。

オスマン帝国は事態の変遷を直視していた。当時のトルコの年代記編纂者は、「これはまさに、オスマン帝国出現以来、類例のない強烈な惨敗であった」と記している。その直後から、これは重大事とばかりに、その原因についての論議が始まった。国家やイスラーム世界の欠点について討議が行なわれるのはめずらしいことではなく、イスラーム世界が栄光に輝きはじめた頃から、ムスリムの宗教関連文献や政治関連文献にもその記録がある。それが今回の論議ではじめて、「われわれ」と「彼ら」という言葉が使われるようになった。なぜ、これまでいつもイスラームの勝利軍に征服されてきたみじめな異教徒どもが今回は勝ち、イスラーム軍は彼らの手にかかって敗北の苦杯をなめなければならないのか？この論議は、十八世紀はじめのオスマン帝国の公式文書に載せられ、長いあいだオスマン帝国の役人、軍人、有識者など内輪のメンバーのあいだで回し読みされていたが、国民の大半、とりわけ内陸部諸州の人たちはこうした世界情勢の変化はまったく知らず、暢気（のんき）に暮らしていた。だが、この論議はしだいに上層階級から一般庶民に、キリスト教国の挑戦に対して長いあいだイスラームの剣と盾であったトルコ人からそれ以外のムスリム世界へと広がっていった。

最初はロシア軍、つづいて西ヨーロッパ軍と、ヨーロッパ勢がじわじわと進出してくるにつれて、変化の実感はひしひしと感じられた。多くのムスリム居住地にヨーロッパの支配権が確立され、やがて通商条約もがらりと変わり、ムスリム地域ははなはだしく不利になった。効率のよい西欧の製造業、植民地的属州の低賃金で生産される安い織物その他の商品が、中東市場にどっと入ってきたのである。かつては中東から西側諸国への輸出商品の目玉だったコーヒー、砂糖、綿製品などが植民地で生産され、西欧の商人によって中東に輸出されるようになった。

ロシアの南進

イランのサファヴィー朝は、十六世紀はじめにオスマン帝国に敗北したにもかかわらず、その後、二百年以上も統治をつづけた。そのあいだにたくさんの重要な変化があった。宗教的には、はじめはやや押しつけがましかったシーア化政策により一般信者を増やし、やがてシーア派が多数派を形成した。ヨーロッパ人による通商の拡大と、それにともなうイラン人との商業的・政治的ライバル意識、オスマン帝国との果てしない政治、軍事、宗教上の確執がつづく一方で、同時に中央アジアやインドなど、さらに東方のムスリム諸国との新しい国交が展開されていた。

サファヴィー朝時代は特筆すべき芸術の開花期の一つで、とりわけ建築、絵画、工業美術に優れた作品が生みだされた。だが、見かけは堂々としたサファヴィー朝国家と社会も、急速に衰退しつつあった。それが顕著になったのは十八世紀初頭で、イランは東からアフガン族、西からはオスマン帝国、北からはロシア軍の侵攻を受けた。

中東のムスリム諸国同士の敵対関係は、北方からの二大キリスト教徒大国であるオーストリアとロシアからの新たな脅威で急速に影が薄くなっていった。相次ぐ戦争で、この二国は、オスマン帝国とイランを犠牲にして、かなりの領土その他の利権を獲得した。オーストリアはまず、以前トルコに奪われた元オーストリア＝ハンガリー帝国領土の奪回を狙い、やがてトルコからそれを取り戻した。彼らのバルカン半島への進出は控えめではあったが、彼らにとって重要なドナウ川の河口までの航行権を確保し、イスタンブルへの小道であるモラヴァ川渓谷にはじめて足を踏み入れた。

それよりはるかに重要なのは、モスクワ大公国の南進だった。ロシアの、南への帝国主義的拡大政策が新局面を迎えたのは十八世紀になってからである。最初は思うようにはかどらなかった。一七一〇年、ロシア軍はプルート川を渡ってオスマン帝国に接近したが、撤退を余儀なくされ、征服は諦めた。一七二三年には、ロシア軍はイランの混乱に乗じて、再びカフカス地方への進出を試み、カスピ海沿岸の都市デルベントとバクーを占領した。このときのロシア軍は、いくらかオスマン帝国と協調して行動した。オスマン帝国は、東部および北部の国境付近へのロシア軍の進出をなんとかして抑え、イランが本当に崩壊した暁には自国の取り分を確保しておきたかった。だが、両国の勝利と領土獲得は短命に終わった。イランはナーディル・シャーという卓抜した軍事司令官のもとで、国家再建に乗りだしたのである。東西で一連の大勝利を上げたナーディルは、一七三六年にそれまでの支配者の死と同時に王(シャー)となり、アフガン族、オスマン・トルコ軍、ロシア軍をイランの領土から追い払い、新しい地域へ侵攻して、それらを征服してしまった。

オスマン帝国軍とイラン軍のこのような善戦にもかかわらず、イスラーム諸国とヨーロッパのライバル諸国とのあいだの勢力の均衡は容赦なく変化しつつあった。十八世紀後半には、それが両陣営にとってますます明らかになった。一七六八年には、ロシア軍がオスマン帝国に対し新たな攻撃を開始した。今回、ロシア軍は圧倒的に優勢だった。ロシアの全陸軍をこれに投入し、海軍はヨーロッパを経由して地中海に回り、アナトリアやシリア沿岸部にまで迫った。

その結果結ばれたキュチュク・カイナルジャ条約（一七七四年）は、オスマン帝国にとってまったく屈辱的なもので、広い意味でヨーロッパと中東との関係の転換点を記した。ロシアの女帝エカチェリーナ二世（在位一七六二―九六）は、いみじくもこの条約締結を、「ロシアにとって前代未聞の」成功と表現している。

この条約でロシアが得た利益は、領土、交易、影響力の三項目にまとめることができる。ロシアに割譲された領土はそれほど大きくはなかったが、戦略的重要性の高いところだった。ロシアはすでに十八世紀初頭にタガンログ湾の先端部のアゾフを併合し、それまで完全にムスリム・トルコ人の支配下にあった黒海の北岸に足場を確保していた。キュチュク・カイナルジャ条約で、ロシアはさらに、タガンログ湾が黒海と交わるクリミア半島の東端の港ケルチとイェニカレ、ドニエストル川の河口のキーンブアン要塞を掌中にした。同時に、数百年にわたってオスマン帝国スルタンを宗主とするタタール・ハーン国の根拠地であったクリミア半島が独立を宣言し、黒海北岸沿いのクリミア半島の東西にあったタタール・ハーンとその臣属が、オスマン帝国の支配もしくは影響下から切り離された。これによって拡張政策に弾みのついたロシアは、一七八三年にはクリミア半島を併合した。

これは非常に重大な変化をもたらした。それまでの対オーストリア戦で、トルコ軍はいくつかのヨーロッパ側の属州から撤退を余儀なくされていた。だが、その大半は比較的最近の征服地で、住民は主としてキリスト教徒だった。ところが、クリミア半島は違っていた。住民はトルコ語を話すムスリムで、タタールとひとくくりにするのは正しくないにしても、十三世紀か、もしかするとそれより以前のモンゴル族による征服以来、クリミア半島に住み着いている人たちだった。このキリスト教徒征服者ロシアへの敗北で、オスマン帝国ははじめてムスリムの領土と住民を失うことになったのである。これはムスリムのプライドをいたく傷つけた。その屈辱がある程度まで緩和されたのは、クリミア・タタール人がロシアの支配下に入らずに独立を宣言し、スルタンはもはやタタール人に対して宗主権はもたないものの、カリフすなわち「イスラームの長」として、彼らに君臨する宗教的権威を保持することによって面目を保つことができたからである。

キュチュク・カイナルジャ条約でロシアが得た第二の利点は交易に関連するものだった。ロシアは、オスマン帝国のヨーロッパ側とアジア側諸州の港や陸の通商路への出入りが可能になったばかりでなく、黒海と、ボスポラス、ダーダネルス両海峡経由で地中海への航行と通商の自由も獲得した。これはまた、十九世紀にすべてのヨーロッパ大国がオスマン帝国の通商路に侵入する大事な一歩にもなった。

三番目に重要なロシアの利点は、オスマン帝国領域内に支配力と影響力を及ぼすことのできる立場を確保したことである。さしあたりもっとも重要なことは、現代のルーマニアにあたるモルダヴィアとワラキアというドナウ君侯国に、ロシアの特別な威信を認めさせせたことだった。この二国は原則的にはオスマン帝国の宗主権下にあったが、内政には大幅な自治と、ロシアの影響力が認められることになった。ロシアはまた、オスマン帝国諸都市に意のままに領事館を設置する権利を獲得した。これは西欧諸国が長いあいだ果たせなかった特権だった。それにくらべればあまり重要ではないように思われるもう一つの譲歩は、イスタンブルにロシア正教会を建立し、「あらゆる場合に、この新しい教会に有利になるように申し入れを行なう」(第七条)ことになったことである。

タタール人に対するカリフとしてのオスマン帝国統治者の宗教的権威は、あまり効果的に行きわたっていなかった反面、ロシアの女帝に与えられたこの譲歩は俄然、有効に働いた。条約の文中では首都のロシア正教会一つに限定されていた申し入れの権利が、自国に都合よく誤訳されて、オスマン帝国臣下のすべての正教徒に介入の権利があると拡大解釈された。

ロシアの領土拡大は、一七八三年のクリミア半島の合併で新局面を迎えた。そこからロシアはたちまちのうちに黒海の北岸沿いに東西に進出して、それまでトルコ人、タタール人その他のムスリムが支配し、居住していた土地を支配下に入れ、自国民を入植させた。東方では、一七八五年にカフカスを帝国領とし、その地域の原住民や族長に対する支配権を強化した。これがトルコとの戦争を引き起こし、一七九二年の停戦時には、トルコは、ロシアのタタール・ハーン国の併合と、両帝国の国境線をチェルケスのクバン川とすることをしかたなく承認した。一七九五年、ロシアはもとタタール・ハーン国領内のオデッサに港湾都市を設立し、一八一二年には、再度トルコとの戦争のあと、オスマン帝国の属州ベッサラビア（現在はモルドヴァと呼ばれている）を併合した。ロシア軍は数百年にわたるムスリムの黒海支配に終止符を打ち、オスマン帝国の国境を東西から脅かすことになった。ロシアはまた、一七九四年に権力の座に就いたイランの新王朝ガージャール朝も脅かしはじめた。ガージャール朝はある程度まで国内を統合し、権威を復活させたあと、ロシアに奪われたカフカスの領土の奪回を試みたが、成功しなかった。ペルシア軍の侵攻を受けた古くからのキリスト教王国グルジアの住民の一部が、ムスリムの征服に対してロシアの保護を求め、これに応えたロシア皇帝は一八〇一年一月、グルジアのロシア帝国への併合を宣言した。さらに一八〇二年には、ダゲスタン（グルジアとカスピ海のあいだの土地）をロシア保護下の土着族長連合として再組織し、一八〇四年にはグルジア人のもう一つの小王国イメレティを併合して支配圏を拡大した。

　これでイラン本国への攻撃に道が開けた。一八〇四―一三年と一八二六―二八年の二回のロシア・ペルシア戦争（イランが公式名称になったのは一九三五年）で、ロシアは、地元支配者からも、イラン本国の領土からも少しずつ領土を奪い、それがのちのソヴィエトのアルメニア共和国とアゼルバイジャン共和国を形成することになる。

　一八二八年にイランとの講和条約に調印してから一カ月後、ロシアは一八二一年に独立戦争に乗りだしていたギリシアを味方にして、トルコに宣戦布告した。一八二九年九月には、ロシア軍はトルコの首都まで二、三日の行軍距離のところにあるエディルネにまで進出し、自分たちにかなり有利な講和条約を押しつけることができた。ロシアはバルカン半島と、両帝国間のカフカス国境の両方で領土を獲得したばかりでなく、ドナウ君侯国の国内問題にまで影響力を広げ、ロシアの商人や商船の権利を再び主張した。

ロシアが中東で南進をつづけている頃、西側から新たな脅威が迫りつつあった。十五世紀後半以降、ヨーロッパは陸路はロシアから、海路は西ヨーロッパから拡大を進めていた。東西いずれにおいても、イスラーム領土への進攻は、タタール人からロシアを、ムーア人〔ヨーロッパ人が、北西アフリカのイスラーム教徒を指した呼称〕からスペインやポルトガルをというふうに、奪回と再征服という形で進められた。再征服には当然、反撃がともない、敵国領土に入りこんでの戦争になった。ロシア軍が南部と東部のアジア方面へ進出しているあいだに、スペイン軍とポルトガル軍はムスリム・アラブ人やムーア人からイベリア半島を奪い返し、元支配者を追ってアフリカやそれ以遠にまで遠征した。

発見のための大航海は、宗教戦争、十字軍の継続、同じ敵であるムスリムの再征服になることが多かった。ポルトガル人がアジア海域にやってきたとき、彼らのおもな敵は、トルコ、エジプト、イラン、インドのムスリム支配者たちだった。ムスリム支配者たちはポルトガル人の進出を阻止しようとしたが、不成功に終わる。ポルトガル人のあとにつづいて、西ヨーロッパからスペイン、フランス、オランダ、イギリスなどの海洋国家が進出してきた。そうこうするうちに、西ヨーロッパがアフリカと南アジアに主導権を確立し、それは二十世紀まで保持されることになる。

ポルトガル人が先鞭をつけて以来、西ヨーロッパ諸国の南アジアでの活動の中心は通商と海上貿易で、政治的支配の確立は二の次だった。当時でさえ、それは主としてインド、東南アジア、東アフリカに限定されており、中東への影響は間接的なものだった。西欧諸国の関心は依然として商業にあり、十九世紀はじめまで、イスタンブルのイギリス大使館は、この地域でのイギリスの貿易振興のための重要な出先機関として、国王の特許状によって設立されたレヴァント・カンパニーによって維持されていた。

オランダとイギリス勢のアジアでの地固めが進んだことで、中東は両サイドから西ヨーロッパ人の攻勢を受けた。紅海とペルシア湾経由の香料の取引が大幅に減ったのは、ポルトガル人によるそれより前のアフリカ回りの航路の開拓よりも、むしろオランダ、イギリスのアジア進出のほうが大きな原因だった。アジアとアフリカでのヨーロッパの帝国主義支配は、まだ直接中東にまで及んでいなかったが、中東を経由する戦略的ルートへの西欧の関心はどんどん高まった。革命は世の趨勢(すうせい)となり、ナポレオン戦争はそうした考え方に拍車をかけた。英仏の相互関係、さらにこの両国とロシアの関係への相互の思惑から、ヨーロッパ勢は中東の中心部への介入を開始する。トルコはもはやオーストリアとロシアだけでなく、英仏を含む四カ国と取引せざるをえなくなった。

ナポレオンのエジプト遠征

十字軍以来はじめて、中東の中心部へ軍事遠征を開始したのはフランスだった。一七九八年、ボナパルト将軍（ナポレオン）の率いるフランス軍は、当時オスマン帝国の一州だったエジプトに上陸し、苦もなくここを占領した。だが、エジプトからパレスチナへのフランス軍の遠征は失敗し、一八〇一年、彼らはエジプトから撤退する。こうした成行きに貢献したのは、エジプト人でもなければ、彼らの宗主国であるトルコでもなかった。戦いは主としてフランス軍とイギリス軍とのあいだで行なわれ、地元民の役割は比較的小さなものだった。フランスの占領は短期間で終わり、エジプトはムスリムの支配下に戻った。フランス軍の到来で、西側大国の小規模な遠征隊でさえ、中東の心臓部の一つを簡単に征服できることが露見した。彼らの撤退も、別の西側大国が彼らを追い出したにすぎないことは明らかで、それは不吉な予兆を感じさせる二重の教訓だった。

十九世紀前半の西ヨーロッパ諸国の中東における大きな関心は、相変わらず通商と外交で、とりわけライバル同士で張りあっていた。彼らの中東での活動はしばしば、国内問題にも果敢に干渉したが、中心部へ攻めこむのは避け、周辺部を少しずつつかみ取ることに終始していた。ロシアとトルコのあいだでアドリアノープル条約が結ばれた一年後の一八三〇年、フランスは、オスマン帝国の宗主権下にあった独立王朝によって支配されていたアルジェリアに侵攻してここを併合した。同じ頃、イギリスはアラビア周辺に地歩を築きつつあり、一八三九年には、インドへの航路の燃料補給地として便利なアデンを占領した。イギリスは同じ通商上・戦略上の配慮から、一八五三年には地元支配者たちと協定を結び、やがてペルシア湾の制海権を確立した。

十九世紀半ばには、ロシアが再びオスマン帝国に強い圧力をかけはじめた。外交交渉がもつれあうなかで、ロシア軍は一八五三年七月にドナウ君侯国へ侵攻した。イギリスとフランスはトルコを支援し、一八五四年三月にトルコと同盟を結んでロシアに立ち向かった。通常、クリミア戦争として知られているこの戦争は、二年後のパリ条約で終結し、これによりロシアは一部の領土その他の譲歩を行ない、諸大国は、トルコの〝ヨーロッパ協調〟への仲間入りを認め、トルコの独立と領土の保全が尊重されることになった。この戦争ではじめて、オスマン帝国は西ヨーロッパ同盟国と手を結び、同盟国の相当数の軍隊がトルコの領土内に進駐してきた。こうした西側との直接の接触は、計り知れない大きな変化をもたらした。

中東への進出が頭打ちになったロシアは、中央アジアに矛先を変え、何度か大規模な進軍を行なった。カスピ海の東から中国の国境にまで広がる地域は、数百年にわたってイスラーム・トルコ系のブハラ、コーカンド、ヒヴァの三つのハーン国に分かれていた。ロシアは立てつづけに軍事遠征を行なって、これらの国々をロシアの支配下に入れた。併合された地域もあれば、ロシアの占領と保護を条件に「地元の君侯」に委ねられた地域もあった。

一八五六年のパリ講和条約は、ロシアの黒海での活動に制約をつけていた。西ヨーロッパが普仏戦争に専念していた一八七〇年、ロシアはこのときとばかりにそうした制約をはねのけた。これを機に、ロシアは改めてトルコに圧力をかけはじめ、ついに一八七七年四月二十五日、宣戦布告した。地方諸州での反乱と、中央部での憲法をめぐる政局の混乱に注意を削がれていたトルコは、ロシア軍の侵攻をくい止めることができなかった。ロシア軍は首都イスタンブルからわずか数キロのサン・ステファノ（現在の国際空港のあるイェシルキョイ）に迫り、スルタンにとって過酷な講和条約を突きつけた。西側諸国のうち、主としてイギリスが介入して、外交交渉によりかろうじてトルコの全面的敗北を防ぎ、一八七八年のベルリン条約により、再度ロシアのオスマン帝国を犠牲にした勢力拡大を抑えた。

ロシアはもう一度東進を開始し、一八八一年の新たな侵攻で、カスピ海以遠地方を正式に併合した。一八八〇年代にはさらに、ロシア軍はカスピ海とオクサス川のあいだの地域を鎮圧した。一八八四年のメルヴの奪取で、イランとアフガニスタンの中央アジア国境までロシア帝国が拡大された。

イギリスの思惑とドイツの進出

今回もまた、東ヨーロッパからの進攻と並行して、西ヨーロッパの拡張政策も勢いを増した。フランスが一八八一年にチュニジアを占領したのにつづいて、イギリスは一八八二年にエジプトを占領した。どちらの地域でも、ロシアの中央アジアでの場合と同じように、土着の君侯国とその政治体制は多かれ少なかれそのまま保持されたが、軍事占領と政治・経済全般の支配は免れなかった。

中東におけるイギリス外交の基本方針は、インドへの道を脅かす外国勢力への盾として「オスマン帝国の領土保全と独立」を保持することだった。だが、オスマン帝国への攻勢はつづいた。フランスも、それより規模は小さいながらロシアも、オスマン帝国にじわじわと侵攻し、一八八〇年以降は、すでにイギリス帝国主義のいちばんの大敵であるドイツも、中東地域への強い関心を示しはじめていた。イギリスの目から見れば、歴代のオスマン帝国政府が、ドイツの意図を黙認しているのが気がかりだった。ドイツの資本家や企業家がさまざまな権利を獲得し、ドイツ軍の将校がオスマン帝国軍の訓練や再組織化に乗りだし、ドイツの科学者や考古学者がオスマン帝国のアジア領土の探検にきていた。一八八九年、ベルリンとイスタンブル、アレッポ、バグダード、バスラを結んで、最終的にはペルシア湾にいたる有名なバグダード鉄道の工事が始まった。

イギリスが、当初は一時的のつもりだったエジプトの占領を保持する決意をした理由の一つは、こうした北からのドイツの脅威を強く意識したからだった。同じような懸念から、一九〇七年にはロシアと協定を結び、イランを二つの地域に分けて、ロシアとイギリスとがそれぞれににらみを利かせた。これは、オスマン帝国領イラクから東方と南方への、ドイツのさらなる勢力拡大を防ぐためだった。

一九一一年、ロシアのイラン北部への軍事侵攻で、情勢は新局面を迎えた。このときから第一次世界大戦の勃発まで、多少の抵抗はあったものの、イランはロシアの支配下に巧みに取りこまれた。他方、フランスはモロッコへの影響力を強め、一九一二年にここを保護国とした。フランスのチュニジア占領に苛立ち、モロッコへの進出に警戒感を抱いたイタリアは、一九一一年九月にオスマン帝国に対し宣戦布告し、オスマン帝国のトリポリタニアとキレナイカを併合し、イタリアの植民地にした。

イスラーム教徒の中東は、十六世紀以来、ヨーロッパの拡張政策により両側からの挟み撃ちにされた。鋏(はさみ)の片刃であるロシア軍は北からやってきてトルコとペルシアに脅しをかけ、西ヨーロッパ勢は、最初はアフリカ回りで、やがて地中海を横切ってアラブ世界に迫った。

第十五章　忍び寄る変化

経済の衰退

同じ頃、中東へのヨーロッパの経済的、政治的影響力は格段に大きくなった。まず第一に、政治・軍事面において、両者間に勢力の不均衡が生じたのはそのためである。東西ヨーロッパと比較して、十九世紀を迎える頃の中東は、最盛期の十六世紀当時よりはるかに弱体化していた。中東における経済力の衰退は、相対的であると同時に、独自の要因もあったという証拠が不確実ながらある。

こうした変化には、いくつかの要因がからみあっている。中東はヨーロッパとの関わり合いが増えるにつれて、武器や戦争のやり方が複雑になり、かつコストも高くなっていった。ところが、国内経済は十六世紀から十七世紀にかけての高度インフレの影響で、その後も物価高がつづいた。対外貿易は、ヨーロッパにおける大西洋横断ルートや、南アフリカ回りで南アジア海域へ出る海洋貿易が盛んになって、中継貿易のうま味はなくなり、中東地域の相対的重要性は急速に低下した。もう一つの環境要因は、オスマン帝国と東方諸国との貿易収支の悪化がつづいたことである。帝国の金銀が東のイランやインドへたえまなく流失していった。中東の農業、工業、輸送の技術的進歩の遅れがそうした傾向に拍車をかけた。

変化はほかにもあった。土地保有制度の変更もその一つである。増大する行政費や戦費を賄うために多額の現金収入が必要になった政府は、それまでの軍事封土制を廃止し、かわりに徴税請負制度を導入した。これは農村部でも中央部でも不評だった。もう一つの変化は人口が急速に減少したことである。これはとくに農村部で目立ち、十八世紀に入ってから顕著になった。入手可能なかぎりの資料によれば、一八〇〇年のトルコ、シリア、エジプトのいずれにおいても、人口は一六〇〇年よりも減少しているように見受けられる。

物価の大きな変動は十六世紀後半に始まったようだ。中東にそれがじわじわ広まったのは、アメリカからの金銀の流入でこうむった大打撃も一因であることは否めない。こうした貴金属の購買力は西欧よりもオスマン帝国のほうが高かったが、イランやインドにはかなわなかった。絹をはじめとするペルシアの産物は、オスマン帝国でもヨーロッパでも大きな需要があったが、オスマン帝国の産物はそれほど大きな、持続的な需要はなかった。中東からヨーロッパへの主要輸出品目は穀物と織物の二つだった。織物は一時期、生産物の大部分を占めたが、その貿易量はしだいに減り、わずかに木綿地だけがしばらくのちまで中東からヨーロッパへの重要な輸出品目であったにすぎない。ヨーロッパがインドの布地を含む工場生産された織物を中東に送りこみ、原材料である綿花、モヘア、とくに絹などを、主としてイランから輸入するようになると、貿易収支はあっというまに逆転した。西欧からの金銀の流入にもかかわらず、オスマン帝国が硬貨の鋳造に事欠くほど貴金属の慢性的不足状態に陥ったのは必然の成行きだった。

農業は、西欧からの新しい農作物の導入でいくらか利益が上がっていたものの、全般的状況は、技術的にも経済的にも停滞期に入っていた。ヨーロッパでの農業革命は中東諸国とは比較にならないほど進んでおり、ましてや農業革命ではいっそう差がついていた。中東の産業は相変わらず十八世紀後半に盛んになった手工業の域を出ず、生産技術の進歩の兆しはほとんど見られなかった。

生産技術の遅れが著しかったのは、造船と兵器の分野である。十八世紀にはすでに、オスマン帝国はヨーロッパ海軍の技術者を雇い入れ、スウェーデンやアメリカから軍艦も商船も購入していた。帝国内では道路網の整備や運河の掘削など、社会基盤の改善はほとんど行なわれなかった。十九世紀初頭の中東の大部分の場所では、車両輸送はほとんど行なわれていない。都市部の高位高官が乗る少数の馬車、農村部でわずかに見られる荷車を除いて、トルコ領土の大部分で、輸送はまだ荷運び用の動物、川や運河の小舟に頼っていた。

通商条件にも、オスマン帝国その他の中東諸国にとって不利な変化があった。大洋航路の開拓とその後の発達で、中東は迂回された。原材料入手先としても税収入源としても重要だったペルシアの絹貿易までがトルコを素通りして、しかもそのほとんどを西ヨーロッパの商人が牛耳るようになった。黒海側に起こった同様の変化も、トルコの立場を弱くした。黒海北岸へのロシアの勢力拡大が、この地域での東ヨーロッパの商取引を盛んにした。キュチュク・カイナルジャ条約によって商業権を獲得したロシアの商人や船主は、トルコの首都を迂回してオスマン帝国の臣民と直接に取引をしたり、ボスポラス、ダーダネルス両海峡経由で地中海に船を送ったりできるようになった。ロシアが獲得したこうした権利はすぐに他のヨーロッパ大国からも要求され、これが与えられると、黒海貿易でトルコはヨーロッパ勢、とくにギリシア人にほとんどお株を奪われてしまった。

ヨーロッパ貿易全般でトルコのシェアは大幅に低下した。対フランス貿易は十六世紀後半には二分の一だったものが、十八世紀後半には二十分の一に減った。対イギリス貿易は十六世紀半ばに十分の一だったものが、十八世紀末には百分の一になった。同時に、輸入はフランスとオーストリアから大幅に増え、安くてしかも品質もよいことが多いヨーロッパ製品が、地元の産物を市場から駆逐した。

同じ頃、オスマン帝国の農業生産物にヨーロッパの新しい市場が開けた。場所はおもにキリスト教徒の住むバルカン半島の諸州である。これにはオスマン帝国の地域住民と重要な社会的因果関係がある。伝統工芸の衰退で、大半のムスリムの職人や工芸家は暮らしが立たなくなり、未熟練労働者に成りさがったのに対し、キリスト教徒の少数派は、農民、商人、船積み人として新たな活路を得た。新しい仕事に就いた彼らは、取引先のヨーロッパ大国から便宜や助成を得て豊かになり、おかげで教育の機会に浴し、富や教育がもたらす権力や影響力ももてるようになった。やがてオスマン帝国とヨーロッパの貿易の大部分は、キリスト教徒やときにはユダヤ人などのヨーロッパ人か少数派の人たちの手に握られるようになった。

アラブ人の住む諸州では、経済的衰退はトルコ本土よりも進んでいたように思われる。イラク、シリア、エジプトでは、耕地面積も人口も大幅に減った。たとえば、エジプトでは人口はローマ時代の推定八百万人から十四世紀には六百万人になり、一八〇〇年には三百五十万人に減少したと言われる。人口の減少はおもに農村部で起こったように見えるが、都市部でもかなり減り、農業は進展しないどころか、事実上、衰退していたという証拠がある。工芸家の数も、彼らの仕事の質も、大半の都市部で低下し、大きな海港のなかにはすっかりさびれてしまったところもあった。

政治的権威の崩壊

中東のこうした変化は、ある程度まで政治的要因による。特筆すべきは権威の崩壊、大なり小なり独立気運の強い地方支配者の台頭、生まれながらの遊牧民や傭兵に荒らされた地方の被害の増大などが挙げられる。全般に、支配階級の軍人や官僚たちは地域経済の振興にあまり関心がなく、多少努力しても計算高いヨーロッパ人に裏をかかれて、徒労に終わった。衰退の原因の一部はまた、恒常的な経済要因、とりわけ木材、鉱物、水資源の不足が長いあいだつづいたことによる。燃料とエネルギー源の不足は、輸送や産業、有用な工業技術の発達を妨げた。水車、風車などの初歩的な技術革新や、動物を牽引(けんいん)するのに便利な馬具の改良さえ、中東ではほとんど行なわれず、ヨーロッパにはるかに遅れをとったままだった。木材、鉱物、水力、輸送の発達したヨーロッパの豊かさに加えて、こうした要因が中東を相対的に弱め、結果的にこの地域におけるヨーロッパ人による経済的支配の確立と維持に便宜を与えてしまった。

オスマン帝国の衰退は国内の変化というよりもむしろ、科学技術、和戦両用の術策、行政、通商面で西欧の進歩の速さについていけなかったことにある。トルコの指導者たちはこうした問題に十分気づいており、いくつかの解決案もなかったわけではない。だが、彼らは新しい手段や新しい発想を受け入れるにあたって、途方もなく大きい制度的、イデオロギー的障壁を克服することができなかった。ある著名なトルコの歴史家が言っているように、「科学という波が文学や法学の防壁を突き破った」。新しい状況に適応できなかったオスマン帝国は、われわれの時代のソヴィエト帝国と同じように、現状への不適応によって滅びたのだ。

オスマン帝国とソヴィエトの運命を比較するとき、注目すべきは、帝国、民族主義や自由主義の爆発的エネルギー、時代遅れなイデオロギーの破綻、古い政治制度の腐敗などの、政治的・イデオロギー的要素である。ロシアはこれらすべてにおいて、かつてのトルコ人と同じ道をたどった。運がよければ、彼らにも民族の歴史に新しい一章を開いてくれるケマル・アタチュルク〔トルコ共和国初代大統領。在任一九二三―三八〕のような人物が見つかるであろう。

通商関係の変化

だが、オスマン帝国の衰退には、今日とは同列に比較できにくいもう一つの側面がある。ソヴィエトと違って、中東経済の弱体化は統制経済の行き過ぎによるものではなかった。それどころか、そのような管理体制はまるでなかった。おもに職人組合や農村市場のレベルでなんらかの経済規制はあったが、国家としての経済力の発動や展開となると、オスマン帝国は西ヨーロッパよりはるかに遅れていた。この国は圧倒的に消費者本位の社会だったのである。

反対に、生産者本位の西欧の重商主義の台頭は、ヨーロッパの商社や、商社を保護し、その活動を促進しようとする国家が一定のレベルの商業組織をつくり、東洋の未知で無尽蔵の経済的エネルギーを集結するのに役立った。そこでは、理論でなく、実際問題として、「市場エネルギー」がきびしい制約も受けずに動いていたのである。商売熱心な政府の助けを借りて、西欧の商社はまったく新しい勢力の象徴的存在になった。経済力と意欲にこうした大きな格差があったおかげで、西欧の商人、のちには製造業者、やがては政府まで、中東市場と、おもな中東の製造業にまで、ほぼ全面的に支配権を確立することができた。同じ頃、工場生産された織物の取引にまで西欧の手は伸びていた。イギリスの商人は、インド綿その他の布地をオスマン帝国やペルシア帝国の港に大量に運びこんだ。かつては西欧で高く評価されていた中東の織物は、はじめは対外市場から、やがては国内市場からさえ駆逐され、ずっと安く生産され、積極的に売りこまれる西欧製品に取って代わられた。

通商関係の変化は、中東では庶民的な道楽である一杯のコーヒーにまで如実に表われた。コーヒーもそれに入れる砂糖も、はじめは中東からヨーロッパに広められたものである。十七世紀の終わり頃には、コーヒーは中東からヨーロッパへの重要な輸出品目の一つだった。ところが、一七二〇年代には、オランダがジャワ島でヨーロッパ市場用のコーヒーの栽培を始め、フランスは西インド諸島の植民地で栽培したコーヒーをトルコに輸出するようにさえなった。一七三九年には西インド諸島産のコーヒーは、トルコ東部のエルズルムにまで知られるようになっている。西欧植民地産のコーヒーは、紅海地帯産のものより安かったので、後者からの供給はしだいに減った。

砂糖も、もとはと言えば東方の発案品である。インドとイランではじめて精製されて、エジプト、シリア、北アフリカ経由でヨーロッパに輸出され、やがてアラブ人によりシチリア島やスペインに移植された。これもまた、西インド諸島の植民地がすかさず機会をとらえて栽培に乗りだした。一六七一年、コルベール〔ルイ十四世の財務総督〕の命令により、フランス人がマルセイユに砂糖の精製所を建て、そこから植民地産の砂糖をトルコに輸出するようになった。たぶん西インド諸島産のコーヒー豆は苦みが強かったので、トルコ人がコーヒーに砂糖を入れるようになって、砂糖の消費量はぐんと増えた。それまでは彼らはおもにエジプト産の砂糖を使っていたが、西インド諸島産のほうがずっと安かったので、まもなくこちらが中東市場にどっと出回るようになった。十八世紀の終わり頃には、トルコ人やアラブ人が飲むコーヒーは、コーヒーも砂糖もヨーロッパの植民地産で、ヨーロッパ人によって輸入されたものになった。地元で供給するのは熱湯だけだった。十九世紀にはそれさえも怪しくなり、ヨーロッパの会社が中東諸都市の新しい公共設備に肩入れするようになった。

中東での西欧の経済的支配は、さまざまな方法で奨励、維持された。中東の産物の西欧への輸出には規制があり、場合によっては保護関税により締め出されていたが、西欧の中東における貿易は、「キャピチュレーション」という通商特権制度によって守られていた。キャピチュレーション（ラテン語では〈カピチューラ〉すなわち項目表の意）という言葉は、オスマン帝国時代にオスマン帝国その他のムスリム支配者たちが、キリスト教国家に対して許可した特権を指していた。すなわちムスリム支配者がその臣下の非ムスリム市民に対して、財政その他の不利な制約を押しつけられることなく、ムスリム領土内に居住し、交易を行なう許可を与えたものである。この種の特権は十四世紀から十五世紀にかけてイタリアの海洋諸国家に与えられていたが、十六世紀にはフランス（一五六九年）、イギリス（一五八〇年）その他の国にも拡大された。一五八〇年のイギリスへのキャピチュレーションの当時の訳文には次のような条項が含まれている。

　われらの神聖不可侵のムスリム皇帝にして……強大なる君主ムラト・カーンは、わが帝国の友好の徴として、昨今のイギリス女王エリザベス……ならびに同女王の国民および臣民が、安全かつ無事に、その所有物ならびに商品、船舶の大小にかかわらず、船荷その他の海上輸送物資、馬車ならびに家畜による陸上輸送物資とともにわが皇国に渡来し、何人も危害を加えられることなく、いかなる妨害も受けることなく売買を行ない、自国の慣習と秩序とを遵守してよいことをここに示し、宣言する……

一、既婚、未婚を問わず、この国に居住もしくは旅行者として来たイギリス人が、人頭税を払う必要はない……

一、イギリス人のあいだで意見の不一致もしくは論争が起き、それについて領事もしくは総督に訴えたい人がいれば、妨害することなく、自由にそれを行なわせ、始まった論争は彼ら自身の慣習に従って終了させてよい……

一、わが帝国軍艦が海洋に出て、商品を積載するイギリス船舶に遭遇することがあっても、それらを決して妨害せず、むしろ友好的に扱い、不当に遇することはない。われわれがすでにフランス人、ヴェネチア人、その他のわが同盟国の王侯に認めている条項および特権を、イギリス人にも同様に認める。よってわれわれの神聖なる法と特権に反する行為はいっさい控えられたし。

……さらに、エリザベス女王側で、この特権に明示されたような同盟と聖なる平和が順当に維持、遵守されるかぎり、わが帝国側もまた、同様の条件を変更することなく、末長く維持、遵守するよう、関係各位に指示、命令する。

相互関係については、通商以外の事柄にも触れられている。一五九〇年六月にスルタン・ムラト三世からイギリス女王エリザベス一世に宛てた書簡（公文書保管所に残されているたくさんの文書の一つ）は次のように結ばれている。

貴国が敵対、紛争中のスペイン人異教徒の反撃に向かうならば、神のご加護により、必ずや勝利されるでありましょう。彼らが剣の触れるところ、矢の届くところにまで現われるのを座視されませぬように。貴国のそうした問題をわれわれに知らせることをお忘れなきように。相互の連絡は大切であります。神もし許したまわば――神の名が崇められんことを――わがほうは無為に時を過ごさず、機を見てスペイン異教徒に対して必要な措置ならびに侵攻を行なうでありましょう。いかなる場合においても、貴国の役に立ち、援助を惜しみません。この点、どうかご留意あれ。

外国からの干渉

ムスリム諸国の威勢が衰え、近隣のキリスト教国との望ましい関係に変化が生じてくるにつれ、キャピチュレーションは本来の意図以上の過大な特権となってしまった。十八世紀後半から十九世紀はじめ頃までに、ヨーロッパ大国の保護は、重要な商業的・財政的利益をもたらすようになった。それが慣習化することによって、ヨーロッパの外交使節団は、自分たちに与えられたキャピチュレーションによる特権を乱用して、〈ベラト〉(特別に保護されている特権階級の肩書)をばらまくようになった。本来こうしたお墨付きは、ヨーロッパの領事館が地元で雇った職員や情報員を保護するだけが目的だった。それが特権や保護的地位を手に入れようとする大勢の地元の商人にどんどん与えられたり、金で買われたりするようになった。オスマン帝国当局はそうした乱用を阻止しようとしたが、功を奏さなかった。

十八世紀末から十九世紀はじめの頃、スルタン・セリム三世はヨーロッパ大国の領事たちを敵に回すことができず、自分から同調して、スルタンみずからそのような〈ベラト〉を、ムスリムにではなくオスマン帝国内のキリスト教徒やユダヤ人商人に対して発行した。

これは、一定の法的、財政的、商業的義務の免除と特権をもってヨーロッパとの通商ができる権利で、オスマン帝国の臣民が、大なり小なり外国人と同等の条件で競争できるようにするのが目的だった。すると、航海術に長け、機を見るに敏なオスマン帝国在住のギリシア人が、まもなく優位に立つようになった。十九世紀はじめには、この制度がムスリムの商人にも適用されたが、これをうまく活用できる人間はあまりいなかった。

比較的素朴な経済システムの社会が、積極的で複雑な社会の商取引に刺激されたときの歴史によくあるような例はほかにも見られる。中東では、例外的に、内外の変化の仲介者や直接の受益者がよそ者だった。外国人と言えば、もちろんヨーロッパ人だが、ムスリム諸国の国内でさえ、主役は事実上は外国人ではないにしても、支配的多数派社会のなかでは重要視されていない宗教的少数派のメンバーだった。よく使われるトルコ語では、ヨーロッパから来た外国人を「フランク人」、表面だけヨーロッパ化した地元のレヴァント住民を「甘い汁を吸うフランク人」と呼んで区別していた。

二十世紀初頭には、金融界における外国人と少数派メンバーは圧倒的に優位に立っていた。一九一二年に作成されたリストで、イスタンブルの四十人の銀行家のうち、名前でわかる人種はギリシア人十二人、アルメニア人十二人、ユダヤ人八人、レヴァント人もしくはヨーロッパ人が五人となっている。イスタンブルの三十四人の株式仲買人についての同様のリストによれば、ギリシア人十八人、ユダヤ人六人、アルメニア人五人で、トルコ人は一人もいない。

ギリシア人、アルメニア人、トルコ系ユダヤ人らは、宗教ばかりでなく言葉も違うため、隣人とは交わらず、固まって暮らしていた。アラビア語を話す国では、少なくともこうした棲み分けはなく、キリスト教徒もユダヤ人も共通語であるアラビア語でムスリムの隣人たちといっしょに暮らしていた。おかげで、一八三〇年代にベイルート港周辺に台頭した新しいキリスト教徒商人の中産階級は、十九世紀半ばまでに、それまでにかつてない裕福で、教育程度の高いアラビア語を話す中流階級を形成するようになった。彼らはキリスト教徒であることによって、社会的にも政治的にも大きな役割を果たすことは禁じられていたにもかかわらず、アラビア語をマスターして、これを使えたために、アラブ文化復活に大きく貢献することができた。

宗教的少数派もまた、中東諸国内で権力や影響力のある地位を獲得するという次なる形での西欧進出の一翼を担った。キュチュク・カイナルジャ条約締結後、ロシア人はオスマン帝国在住のロシア正教徒に対して、事実上の保護権を確立した。正教徒は、ギリシアやバルカン半島諸州の住民のなかでは圧倒的多数を占めるが、アナトリアやシリアでは少数派ながら、侮りがたい存在だった。ロシア皇帝が正教徒の保護者の役目を引き受けたことによって、オスマン帝国に住む要人に対するロシア人の影響力は並々ならないものになった。フランス人も、スルタンの臣民であるローマ・カトリック教徒に対して、同じような保護権をもつようになった。彼らは、正教徒にくらべて数こそ少ないものの、とりわけレバノンの東方帰一教会マロン派は、欠くことのできない重要な存在だった。

宗教的少数派の保護の要請に関して、イギリスはライバル国のフランスやロシアとくらべてかなり不利だった。イギリス、ドイツ、アメリカの宣教師たちが信者を増やそうと熱心に努力していたにもかかわらず、プロテスタントのコミュニティーはまだまだ小さかった。イギリスの歴代の外相は折にふれてユダヤ人やドルーズ派など、他の宗教団体にイギリスの保護の手を差し伸べる案を実験的に試みていた。彼らからの要請、もしくは保護の必要があったかどうかは疑問だが、保護しておけば彼らからの見返りの奉仕が期待できそうだったからである。プロテスタントが圧倒的に多いドイツもまた不利な立場にあったが、彼らはオスマン帝国を全面的に保護することでこの問題を解決しようとした。

そのような宗教的保護はさまざまな形を取った。表向きの関心事は、保護される宗教の信徒であるオスマン帝国臣民の利益と繁栄である。キャピチュレーション制度に明らかに見られるオスマン帝国の弱さとヨーロッパの強さという十九世紀の特殊事情のなかで、結局のところ、保護という名目でオスマン帝国の国内問題のほとんどあらゆる面に、ほぼ無制限に干渉する権利を与えてしまったに等しい。さらに、オスマン帝国在住のキリスト教徒とユダヤ教徒の宗教活動や教育面での要望が高まって、伝道所や学校その他の教育、文化、社会組織は網の目のように細分化して増えていった。いちばん数の多いのがキリスト教徒のもので、ユダヤ教徒や非宗教団体のものもいくつかあり、少数派に属する生徒ばかりでなく、これに魅力を感じるムスリムの数もしだいに増えた。中東の西欧系の学校を出た人たちは、高等教育を求めて西欧の大学に進学した。十九世紀後半には、中東のたくさんの都市に西欧系の大学が設立された。

教育は、その支援国の文化ばかりでなく、究極的には経済的、政治的影響力を拡大する重要な手段になった。中東で最初にそれに成功したのはフランスで、次にイタリア、のちにはイギリス、ドイツ、アメリカがそれにつづいた。ロシアの肩入れは、正教徒のあいだでは重要視されたが、それほど大きくなかった。西欧の宣教師たちは、彼らの表向きの宣教活動対象であるムスリムの改宗者はほとんど得られなかった。ムスリムにとって、背教はイスラーム法では死罪に値することだったからである。だが、キリスト教徒住民のあいだには少なからぬ影響を与えた。ロシア正教徒、アルメニア正教徒その他の東方教会系のキリスト教徒が、少数ながらプロテスタントやローマ・カトリックになんらかの形で改宗したからである。

大国のもう一つの宗教的関心事は、エルサレムやパレスチナのキリスト教徒の聖所の保護だった。これについては、何百年にもわたって、地元の教会と、傲慢だが全体としては有能なトルコ側当局とのあいだに激しい議論が交わされてきていた。大国がそれぞれの支持する教会の保護者として介入してくると、地元のローカルな論争が国際問題になり、クリミア戦争の一因にもなった。

保護は大使館や領事館を通じて実施され、キャピチュレーション制度のおかげで、オスマン帝国内に司法権と権力を拡大した。彼らは独自の法律、独自の裁判所や拘置所、郵便局まで運営していた。

軍艦外交

ヨーロッパの中東における教育面での肩入れで、とりわけ重要だったのは軍事指導だった。その頃のヨーロッパの軍事技術は、イスラームよりも優れていることが戦場で証明されていたため、必要に迫られて、ムスリム諸国家はヨーロッパに教えを請わざるをえなかった。ずいぶん前から、ヨーロッパ人が軍事専門家や顧問官として一旗揚げようと、個人の資格でトルコにやってきており、めざましい出世をした人もいた。十八世紀後半になると、そうした個人的な手だてだけでは間に合わなくなった。一七九三年秋、スルタンはフランスから招聘(しょうへい)したい将校や技術者の名簿を添えた書信をパリに送った。数年後には、二回目のもっと長いリストがイスタンブルからフランスの公安委員会に届いた。一七九六年、新任のフランス大使は一通りの軍事専門家たちを同伴して、トルコにやってきた。一七九八―一八〇二年の戦争ではフランスとトルコが敵対関係になったため、両国間の軍事協力は一時中断されたが、一八〇六―〇七年にイギリスとロシアがトルコを攻撃したときには、フランスとトルコは同盟国として協力を再開し、緊密度は増した。

新たな出発点は一八三〇年代だった。改革派のスルタン・マフムト二世は、軍部の近代化に西欧政府の援助を求めた。プロイセン軍使節団が到着したのが一八三五年、イギリスの海軍使節団派遣が一八三八年で、後者との関係は十九世紀から二十世紀にいたるまでづいた。

オスマン帝国総督ムハンマド・アリー・パシャが独立君侯国をつくろうとしていたエジプトでは、同じような展開がもっと早くから始まっていた。彼もまた、外国、とりわけフランスの軍事・技術の専門家を個人的に招聘しはじめ、一八二四年には、ナポレオンの決定的敗北以降、軍人があぶれていたフランスから、軍事使節団をごっそり招聘した。彼らはその後、続々とやってくる使節団の走りとなった〔口絵30参照〕。

ヨーロッパの権力の中枢からは遠かったイランでは、変化は遅かった。イランがはじめてヨーロッパとの政治的駆引きに巻きこまれたのはナポレオン時代だった。フランスとイギリス双方が、第一回目は一八〇七―〇八年に、第二回目は一八一〇年に、イラン軍の訓練のために軍事使節団を派遣している。以後、ロシア軍、フランス軍、イタリア軍将校が指導員としてやってきたが、成果はあまりなかった。イラン軍の近代化が本格的に始まったのは、二十世紀になってからである。軍事指導者はおもに西ヨーロッパからやってきた。イギリス、フランス、プロイセンが多く、ドイツはやや遅れる。イタリアからの指導者も少数ながらあった。アメリカの南北戦争（一八六一―六五）後は、国内で出番のなくなった大勢の将校たちが、エジプトに活路を求めてやってきた。ロシア軍は、イランを除き、教師や顧問として登場するのは二十世紀になってからである。

軍事指導は多岐にわたり、かなりの成果を収めた。中東から西欧の陸軍や海軍の士官学校へ生徒を送ったり、西欧の将校が中東の幹部養成校で教えたり、西欧人を顧問や、ときには軍幹部として雇ったり、西欧側からの武器、装具、高度技術の提供を受けることももちろんあった。一九五〇年代以降まで、そのような一連の方策が大規模で重要性の高いものになることはなかったが、十九世紀から二十世紀のはじめにかけての武力外交において、かなり重要なファクターであったことは否めない。

十九世紀のヨーロッパ大国が、中東の国内の経済問題に直接、積極的に介入するようになるにつれて、中東も国際的な貿易や金融のネットワークのなかに急速に組みこまれるようになった。その結果起こった変化は、中東の人々の生活のほとんどすべての面に及んだ。

外国資本と技術の流入

さしあたりの成果の一つは、数百年も放置されていた耕作可能な土地を利用した耕作地の大幅拡大だった。これを容易にしたのは保安条件の改善、土地改良、あちこちでの大々的な灌漑（かんがい）システムの建設だった。輸出すればすぐに現金化できる綿、絹、タバコ、ナツメヤシ、阿片、コーヒー、小麦、大麦などが導入され、作付け面積が大幅に広げられた。生活の糧を得るための耕作から換金作物の栽培への変化と同時に、法制度の西欧化も起こり、これが土地保有権にも重大な変化をもたらした。これまでのような村や共同体、あるいは部族所有という形態は廃れ、ヨーロッパ式の自由保有権へとどんどん移行していったのである。

このような農業の拡大は、だいたいにおいて地元民のあいだで行なわれ、政府が率先して肩入れすることもあれば、自由保有権をもった地主階級の新たな台頭によっても促進された。だが、必要な資本の大半は借款や投資の形で外国から入ってきた。キャピチュレーションという治外法権によって政府の支配から守られていたヨーロッパの諸会社は、中東諸国の資源の利用に非常に優位だった。

また、外国企業や外国人の技術は、公共事業にも決定的な役割を果たした。水道、ガス、都市交通、のちには電気や電話ばかりでなく、電報、地中海東部の主要な港や、エジプト、トルコ、シリア、イラクを結ぶ鉄道まで、外国人の息がかかっていないものはなかった。黒海やエーゲ海とイスタンブルを結ぶ蒸気客船航路は地元の経営だが、はじめてのヨーロッパ航路は外国系だった。オーストリアの会社が運行を開始したのが一八二五年、まもなく、フランス、イギリス、ロシア、イタリアの船会社がオスマン帝国とヨーロッパの港を結ぶ航路、および帝国内の各港を結ぶ航路の運行に参入した。画期的な新展開が始まったのは一八三七年である。イギリスはヨーロッパからアレクサンドリアまでを船で、アレクサンドリアースエズ間を陸路、スエズからインドまでを海路で結び、郵便物、商品、乗客を運ぶ定期航路を開設した。最初のうち、二つの港をつなぐ内陸部の輸送は、運河は蒸気船、新しく建設された道路は荷馬車だった。一八五一年にエジプト鉄道が建設され、さらに一八六九年にスエズ運河が開設されると、エジプトは再びヨーロッパと南アジアを結ぶ交通の要衝になった。そのあいだにカスピ海やペルシア湾の蒸気船による航行も発達し、イランとロシアおよび西ヨーロッパとはぐんと距離がせばまった。

ヨーロッパ金融界の進出が新局面を迎えたのはクリミア戦争のあいだだった。オスマン帝国政府はすでに十八世紀末から十九世紀初頭にかけて、国債を発行して金を集める計画を立てていた。それがクリミア戦争を機に需要が高まって、ヨーロッパの金融市場で新たに外債を集める気運が強まった。手はじめは一八五四年にロンドンで起債した年利六パーセントの外債三百万ポンド、第二回分は翌年、年利四パーセントで募集された。一八五四年から七四年まで、外国での起債はほぼ毎年行なわれ、名目上の総額は二億ポンドにのぼった。

それより二、三十年前から、イギリスその他の個人銀行家がすでに地中海のあちこちの海港に地盤を築いていた。一八五〇年代以降、中東では、イギリス、フランス、ドイツ、イタリアの大手銀行の支店だけでなく、エジプト銀行（一八五五年）、オスマン銀行（一八五六年）、イギリス・エジプト銀行（一八六四年）その他の法人組織の銀行の設立を含む一連の大きな進展があった。こうした銀行はすべてヨーロッパ系で、彼らのあいだで中東の金融の采配を振るっていた。地元のトルコ、イラン、エジプト、もしくはアラブ系の銀行が設立されたのは第一次世界大戦以後で、しかもそれらの銀行が全面的に財政ビジネスの大半をコントロールするようになったのは第二次世界大戦後になってからである。

オスマン帝国の財政破綻

トルコは危険融資先と見られていたので、借款条件はいつも非常に不利だった。その金の大半が定期歳出、もしくは不経済な開発計画に費やされていた。その結果、一八七五年十月六日、オスマン帝国政府はついに利子と割賦（かっぷ）償還の支払いが不可能という破産状態に陥った。何度か交渉が重ねられ、ヨーロッパの債権保持者の代表たちとのあいだに合意ができて、一八八一年十二月二十日、「オスマン債務管理局」が設置され、そこが外国の債権者たちの管理、対応をすることになった。その任務は、オスマン帝国の負債の整理統合を確実に進めることで、そのために歳入の一定額を「何がなんでも、いっさいの変更なしに……債務が完済されるまで」オスマン帝国からこの債務管理局に引き渡されることになった。一九一一年までに、オスマン債務管理局の職員総数は、帝国財務省の総職員数より多い八九三一人となった。エジプトでも並行して破産がつづき、管財人の管理下に置かれた。一八八〇年の破産法で、エジプトの歳入総額の半分をエジプト政府の行政目的に使い、負債償却積立金を別にした残りが借金の支払いに充当されることになった。

どちらの国でも二十世紀初頭にはさらなる借款契約が取り交わされたが、その頃までには債権者が設立したさまざまな団体が、資本や少なくともその一部は確実に生産性の高いものに使われるように、自分たちの投資を保護するようになった。

帝国の地方分権化

しかも、こうした変化がつづき、ヨーロッパの企業や、少数の外国人受益者の活動が急速に拡大しつつあったにもかかわらず、大多数の庶民の立場にほとんど変化はなかった。ある意味で看過できない重要な変化は人口である。何百年も停滞もしくは衰微がつづいていた人口が、十九世紀には大幅に増加した。いくつかの資料がそれを如実に示している。イスタンブル、アナトリア、周辺の島々を合わせた人口は、一八三一年には六百五十万人、一八八四年には一千百三十万人、一九一三年には一千四百七十万人にのぼった。エジプトの推定人口は、一八〇〇年には三百五十万人、一八四六年には四百五十八万人、一八八二年には九百七十一万人、一九〇七年には一千百二十九万人になった。

だが、農村部でも都市部でも、労働者階級の生活水準にはほとんど改善の兆しが見られず、むしろ一部では悪化していたと言っていいかもしれない。同じ頃、下層階級が社会の変化に置いてきぼりをくっているあいだに、上流階級社会の西欧化が進んで、旧体制のなかで両者を結びつけていた忠誠心、義務、共通の価値観がとりもつ複雑な絆を弱め、新たな紛争が生じ、新たなリーダーシップを求める気運が広がった。

キリスト教国ヨーロッパにくらべてオスマン帝国の軍事的、政治的、経済的弱体化はさまざまな点から論じられている。大陸発見につづく大航海時代の西欧世界の飛躍的な進展にともなう一連の科学技術、経済、社会、政治面の変化は、イスラーム世界とは比較にならないほど大きかった。だが、ヨーロッパの進歩だけでは十分に説明できない。オスマン帝国内部にもたくさんの弱体化の兆しが見られる。ヨーロッパ諸国の政府が新しい役割を担いつつ富と力を獲得しつつあった頃、スルタンは、首都では大臣や廷臣たちに、地方諸州では独立心旺盛な世襲支配者たちに権力を奪われ、ほとんど名のみの宗主になりつつあった。

こうした帝国権力の地方分権化にともない、土地保有や徴税制度は大きく変化した。伝統的なオスマン帝国体制のなかで、軍事的にも財政的にも重要な土地保有制度の中心的存在は、〈ティマール〉と呼ばれる軍事封土を保有する〈スィパーヒ〉(封建騎士)たちだった。

スィパーヒ制は、十六世紀はじめから半ば頃に最盛期を迎えた。以後、衰退が始まり、十九世紀初頭には消滅する。スィパーヒが重要性を失うにつれて、戦場では常備軍が、農村部では徴税請負人が台頭してきた。スィパーヒの死亡もしくは解雇でティマールが空くと、それが別のスィパーヒに与えられずに、国庫への税収を増やすために帝国領に戻されることが多くなった。だが、その収益はだいたいにおいて、国家の役人によって直接徴収されるのではなく、一年ごとに徴税請負人が一定の金額を前払いして、向こう一年間の徴税請負権を買い取るシステムになっていた。ところが、この制度が乱用され、徴税請負権が認められる期間はどんどん長くなり、しまいには〈マリカーネ〉と呼ばれる土地保有制度が発達した。これは、理論的には一定期間の徴税請負権であったものが、事実上は終身の、世襲や譲渡さえ可能な自由保有権になってしまったのである。十七世紀末までには、こうした制度が帝国の多くの州に導入され、十八世紀にはそれを廃止しようという試みがあったにもかかわらず、一般化した。

マリカーネ制度は、在地の事実上の支配者となった〈アーヤーン〉（地方名士）に経済的基盤を提供した。中央政府の弱体化と地方諸州へのきちんとした管理の欠如が、アーヤーンに政治権力を獲得させ、ときには独立した地元支配者にまで成り上がらせてしまった。徴税請負権は、政府から買い取ったり、授与されたり、長年の使用により慣例的に取得したり、当局の権威などものともせず単純に強奪したりなど、さまざまな手段で自由保有権に変わっていった。

アーヤーンの出自はさまざまだった。裕福な地主もいれば商人もおり、軍事封土として授与されるよりもうま味があるうえ、土地保有形態としても危険が少ないと見たスィパーヒもかなりいた。そのうち、宮廷や後宮の役人たちがこぞって自分の利益のためにこのビジネスに従事したり、仲介を務めるようになった。やがてアーヤーンは自由土地保有権をもった地主階級に近いものになりはじめ、その指導者は政府によって任命されるのではなく、自分たち自身で選んで、それを政府に認めさせるようになった。

アーヤーンの経済力が増すにつれて、彼らは法や秩序の維持にまでその役目を広げるようになった。そのために、彼らは自分たち自身の軍隊を養成、維持し、そのなかには特定地域の世襲支配者になる者さえ出てきた。彼らの権力が大きくなると、イスタンブルの中央政府は、アーヤーンに地方問題の処理やいくつかの地方都市の運営をかなり広範囲にまで委ねたほうが便利であることがわかった。一七八六年、彼らの勢力伸張を恐れたスルタンと中央政府は、彼らを地方自治体から追い出して、中央から行政官を任命することにしたが、たちまち行政官派遣制を廃止して、アーヤーン支配を復活せざるをえなくなった。

この頃までには、アーヤーンは地方地主や行政官以上の存在になっていた。十八世紀の初頭から、アナトリアの地方支配者たちは非常に広い地域を支配しはじめた。これらの〈デレベイ〉（地元有力者）の出自はさまざまである。最初は中央政府から地方役人として派遣されてきた者もおれば、地元の名家の出身の者もいた。中央政府から黙認、もしくは公認されていた彼らは、スルタンの臣下というよりもむしろ、臣下として保有している領土に独立した世襲君侯国を樹立し、戦時には、他の分遣隊とともにスルタン軍に馳せ参じる疑似封建軍団のようなものになっていた。彼らは大宰相府から、総督とか地方長官などの正式な肩書をもらっていたが、事実上は自分自身の領地内で自立していた。十九世紀はじめのアナトリアのほぼ全域が、さまざまなデレベイの掌中にあり、イスタンブルの直接行政管理下にあったのはカラマンとアナドルの二州だけだった。

同じような事態がバルカン半島でも起こっていた。有名なヤニナ〔現在のギリシアのイオアーニナ〕の総督テペデレンリ・アリー・パシャやヴィディン〔ブルガリア北西部〕の総督パスワンオウル・オスマン・パシャのような地元支配者は、なかなかのやり手で、自分たち自身の軍隊を養成し、自分たちなりに税を徴収し、独自の通貨を鋳造したり、外国の大国と外交関係の維持までしていた。アリー・パシャの軍事行政を担当する家臣たちの多くは、独立志向が強く実行能力もあるギリシア人のなかから起用されていた。

帝国のアラビア語圏のなかで、エジプトは事実上自治州になっており、イラクやシリアの中部と南部では、総督は名目上は中央政府から任命されていたが、実際には独立した地方王朝のように振舞っており、地元の部族や封建領主と権力闘争までしていた。アラビア半島ではオスマン帝国の権威が確立したことがなく、ワッハーブ派の宗教復活運動〔十八世紀半ばにアラビア半島に起こったイスラーム改革運動。復古主義的立場でイスラームの純化を目指す〕に鼓吹された新しい王朝であるサウード家の台頭で、すっかり面目を失っていた。

十八世紀までには、宮廷の廷吏養成学校の採用者の大半はカフカス人奴隷になり、そのなかから帝国の総督や行政官が大勢輩出した。それでも、これでかつてバルカン半島出身者に握られていた政府の要職が、カフカス人に全面的に取って代わられたというわけではない。かなりの人数はそのまま残った。かつては奴隷の成り上がり者で占められていた他の部署と同じように、宮廷内でも自由民ムスリム臣下から登用の道が開かれた。それは、最初は異例だったが、のちに慣習化した。〈デウシルメ〉(少年徴集制度)を通しての新人の起用が減ったり、停止されたりした分が、カフカス人奴隷の獲得で全面的に穴埋めされたわけでもない。その結果生じた官吏の人材不足が、これまであった異なった人脈のあいだの垣根を低くし、これまでのような軍事・行政部門にいた奴隷出身エリートの特権だった地方総督や大宰相のような役職にまで、文官が台頭するようになった。

十八世紀までは、オスマン帝国体制のなかに二つの大きな文官キャリア制度ができていた。一つは官僚で、デウシルメ採用組の末裔(まつえい)がその職を占めることが多かった。もう一つは〈ウラマー〉と呼ばれる宗教指導者の階層組織である。公務のあらゆる部門で、専門職や、生涯をかけた特別職が世襲化されがちだった。これはとくにウラマー層に顕著に見られた。彼らはイスラーム法の宗教財団に関する部分をうまく利用して、情勢不穏の時代に一族の財産を保持、移行した。この点について、一七一七年にすでに、コンスタンティノープル駐在イギリス大使夫人で文筆家のメアリー・ワートリー・モンタギュー夫人は、ウラマーについて次のように書いている。

彼らは法曹界と宗教界で同じように高い地位を占める有能な人たちです。彼らはこの二つの学問を一つにし、ここでは、法律専門家兼聖職者はこの一語（ウラマー）で表現されます。この人たちはオスマン帝国のなかで事実上唯一の侮りがたい存在です。うまみのある雇用先や宗教団体の収入などをすべて牛耳っているのですから。一族の跡取りである偉いさんは、自分の土地や財産に指一本触れずに、ちゃんと子孫に間断なく継承されるようになっています。廷臣になったり、長（バシュ）と名のつく地位に就いたりすると、この特権を失うというのは本当ですが、そういうばかなことをする人はあまりいません。帝国の学識や富のほとんどを独占している彼らの実力が、どれほどのものかよくおわかりでしょう。軍人は革命の役者ですが、本当に国を動かしている張本人は彼らです。

（「書簡集」第一巻より）

権力構造の腐敗

そういうわけで、スルタンは新たに形成された地主階級や行政官の台頭で、地方諸州の支配権を失いつつあると同時に、中央における権力自体も、階層組織化された権威の保持者たちの、新しい複数の集団と共有せざるをえなくなっていた。オスマン帝国の歴代スルタンたちは、世襲の独占権保持者や支配者の形成を阻止しようと長いあいだ闘い、はじめのうちはそれがうまくいったものの、最終的には失敗した。こうした弱体化の時期に、土地を所有し、税金を集め、法を施行し、地方諸州の支配権、ひいては首都や統治権をめぐって相互に争うような新しい分子が登場した。

　現時点でのオスマン帝国史の研究では、こうした集団をきっちりと突き止め、定義することはできない。だが、十七世紀末から十八世紀にかけてイスタンブルで起こった諸事件の方向を決定づけた、対立する諸集団とその利害関係の輪郭を、おおまかにではあるがとらえることはできる。

　その一つが、のちに「崇高門（シュブリム・ポルト）」〔建物の入口に壮麗な門があった〕として知られるようになる大宰相府である。これは、スルタンと御前会議の実権の衰微につれて、権威と行政の事実上のセンターになった。大宰相の支配下には、古参官僚と大勢の役人が一団となった筋金入りの忠誠心の強い階層型組織があった。これらの役所は、先祖はバルカン半島にまでさかのぼる首都の行政管理職を牛耳るたくさんの名家の拠り所だった。それらはまた、首都や地方都市の自由民で、教育のあるムスリムの登竜門でもあった。

　大宰相府の大敵は宮廷だった。ここもまた、一部は世襲化した社会集団になりつつあったが、それでもまだ続々とやってくるカフカス人やアフリカ人奴隷に大きく影響されていた。アフリカ人奴隷の大半は下働きの召使いだが、宦官として大きな権力のある地位に昇ることもできた。〈クズラル・アースィ〉（女たちの長）として知られる黒人宦官長は、オスマン帝国宮廷のもっとも影響力のある人物の一人だった〔口絵26参照〕。この宮廷族は、統治者のもとへの人の出入りを司るという重要な役目を利用して、帝国内に大きな権力を行使することができ、大宰相に独自の候補を任命させることさえ可能だった。大宰相府に賛同的な歴史家たちは、こうした時代の宮廷支配を「お部屋様（スルタンの寵姫）と宦官の支配」と決めつけて、私利私欲に走る無責任な廷臣やその手先を軽蔑した。

権力闘争を大宰相府対宮廷、官僚対廷臣と無造作に言うのは単純化しすぎであろう。それぞれがいくつもの派閥や党派に分かれており、ときにはその境界線を越えて一時的に提携することもあった。ほかにもいがみ合いに発展する利害関係はあった。それぞれが独自の方針と利害関係をもっている独立集団である〈イェニチェリ〉（常備歩兵軍団）と階層的宗教者組織、中央官僚と地方官僚、現金をたっぷり与えてイスタンブルに手先を置いている君侯と地方名士、おもにギリシア人で、政治生活からは表向きは除外されているが、宮廷とも大宰相府ともコネや意思疎通もある商人と金融業者、数においても重要性においても衰えたとはいえ、危機のときにはまだ出番のあった封建騎士の生き残り組もそのなかに入る。

廷臣と官僚、奴隷と自由民、カフカス人とヨーロッパ側行政州の住民が、政府組織の支配や強奪をめぐって争っているあいだに、オスマン帝国自体が、多くの人たちにそう見えたとおり、死にかけていた。だが、帝国は死ななかった。十八世紀の重篤期でさえ、オスマン帝国はありったけの力を奮い起こして、ムスリム諸州のほとんどを外国勢もしくは地元の敵対者に永久に奪い取られないように守った。さらに驚くべきことは、首都にも地方諸州にも、この国に仕える忠誠心と高潔の志をもった人間が十分いたことである。彼らはこの国の分裂と混乱という最悪の事態を防いだ。

だが、十八世紀末までにはスルタンもその顧問官たちも、危機が迫りくるのを十分認識していた。オスマン帝国は地方諸州の反抗的な支配者たちに対して、一時的にではあるが統治権を取り戻すほどの立ち直りを見せたが、領土内の分裂と権威の縮小を止めることはできなかった。彼らはまた、対ロシア戦と対オーストリア戦でのささやかな勝利が、自分たちの善戦のせいと言うよりも、敵方同士の足並みの不揃いや猜疑心、プロイセンの勢力拡張への不安、フランスでの新たな蜂起に対する計り知れない脅威によるものであることを知っていた。

第十六章　対応と反発

軍事改革と西欧化の推進

ムスリムは何百年ものあいだ、自分たちは神の真理の担い手で、それをムスリム以外の人類に伝達するという神聖な義務をもっているという歴史観を抱いていた。彼らが属しているイスラーム共同体は、この世における神の意図が具体化される場所である。彼らを支配するイスラームの統治者は、預言者ムハンマドの後継者であり、預言者が神から授かったメッセージの守護者だった。すなわち、「聖法」の維持と適用、その適用範囲の拡大が、神から与えられた統治者の義務だったのである。これを推進することに、原則的にはなんの制約もなかった。十六世紀に、あるトルコ人は、ヨーロッパ人が発見し、征服した「新世界」アメリカが、やがてイスラームによって開化され、オスマンの王国の一部となることを願うと記している。これは、ムスリムがはじめて書いた唯一のアメリカについての著書で、長いあいだ読まれた。

ムスリム国家と異教徒の隣国とのあいだにはたえまのない、義務としての戦争状態がつづいた。それは、いつかはきっと不信仰者に真の信仰を与え、全世界を「イスラームの家」に組み入れる勝利で終わるはずだった。同時に、イスラームの国家と共同体は、啓蒙と真理の唯一の宝庫で、その外側には蛮行と不信仰が渦巻いている。神がご自身の共同体に与える恩寵は、ムハンマドの時代から勝利と支配という形で証明されてきた。

中世から受け継がれてきたこうした信仰は、イスラーム軍が十五世紀から十六世紀にかけて大勝利し、十八世紀にはキリスト教国のまさに心臓部にまで近づいて、つかのまではあるが何度か感動的な勝利を上げたことで十分に強められた。それゆえ、歴史の流れがムスリム国ではなくて、敵方のキリスト教徒によって決定され、国家の存続そのものが、ときとしてキリスト教徒大国の援助や善意にまで左右されるようになるという新しい事態をムスリムが認め、それに適応していくには、長くて苦しい道のりがあった。

いちばん説得力のあるわかりやすい説明は、戦場での敗北を引き合いに出すことである。オスマン帝国の支配者層のなかで、西欧のやり方を調査し、模倣するに値するものを探し出そうとする試みがはじめて行なわれたのは、大きな敗北の最初の公式記録となったカルロヴィッツ条約調印（一六九九年）後のことだった。

最初、トルコは、問題は主として軍事的諸条件にあると見て、その改善策を案出した。キリスト教徒の軍隊のほうが優っていることは、戦場で証明されていた。それゆえ、勝者の武器、軍事技術、軍人の養成法などを取り入れることは好ましい結果を生みそうだった。

十八世紀には何度か、オスマン帝国政府はトルコ人将校や士官候補生を教えるヨーロッパ人指導教官を雇い、ヨーロッパ式の戦法を教える兵学校を設立した。このささやかなスタートが、やがて大きな変化をもたらした。それまでは若いムスリムが西欧人を野蛮な不信仰者と軽蔑するのが習わしだったのに、今度はその人たちを教師として受け入れ、彼らの言語を学び、彼らの書いた本を読まねばならなくなったのである。十八世紀末までに、マニュアルを読むためにフランス語を習った砲兵学校や工兵学校の若いトルコ人士官候補生たちは、ほかの文書も読めるようになった。彼らはさまざまな考え方を知った。そのなかには、砲術の教官が教えてくれたものとはくらべものにならないほど起爆力が高いものがあることもわかった。

軍事改革につづいて、二つの世界を隔てていた垣根は別のところでも破られた。一七二九年、印刷術に対するトルコ人の長いあいだの抵抗がようやく緩和されて、トルコでの印刷が公認された。この印刷所は一七四二年に閉鎖されるまでに十七冊のトルコ語の本を出版した。そのなかには、ヨーロッパの軍隊の戦法に関する論文や、一七二一年にフランスに駐在していたトルコ大使が書いたその国についてのこまごました記述もある。

西欧の文化的影響はごくわずかだった。翻訳された書物の数は少なく、しかもその大半が実用的な、政治・軍事に関したものが多かった。だが、ヨーロッパからの輸入品は、トルコ人の好みを左右しはじめた。ヨーロッパの影響は、オスマン帝国のモスクなどの宗教関連の建築のような基本的な問題にまで及んだ。ある社会の建造物というものは、その社会の本質、現状、感性などが如実ににじみ出る。近代ニューヨークの摩天楼、古代エジプトのピラミッドや寺院、イスタンブルの壮大なオスマン帝国のモスクなどは、繁栄、拡大をつづける社会の自信と力強さを表わしている。それまでの中東の国々と同じように、オスマン帝国はなんと言ってもイスラーム国家であり、そのもっとも特徴ある壮麗な建造物は例外なく礼拝の場である。それにくらべれば、歴代スルタンが何百年も住んだトプカプ宮殿は、ほとんど取るに足りない建造物である。たしかに宮殿の敷地は広大で、絢爛豪華な品々が納められてはいるが、だいたいにおいて小さな建物群の寄せ集めであり、そのなかのどれ一つとしてとりわけ人目を引くものはない。新しいスルタンの即位を祝う群衆が、「スルタンよ、驕るなかれ、神はあなたより偉大だ」と叫んだ気運が反映されていることは間違いない。

雰囲気ががらりと変わりはじめたのは、グランド・バザール〔トルコ語では「屋根つき市場」（カパル・チャルシュ）〕の入口に一七五五年に建てられたヌーリ・オスマニエ・モスク（オスマンの光のモスク）からだった。全体の構造はオスマン帝国モスクと同じだが、その内装はイタリア・バロック風である。オスマン帝国社会のど真ん中にあるこのモスクの見慣れない内装は、ゴシック風カテドラルにアラビア風の内装を施したかのように人々を唖然とさせた。それは自信喪失の最初の徴候だった。

そのような徴候は、十九世紀にはさらにたくさん見られるようになるが、なかでも目を引くのは、一八五三年に建てられたドルマバフチェ宮殿であろう。これは二つの点で注目される。その第一は、スルタンや建築家が資材をふんだんに使って世界をあっと言わせようとしたのが、モスクではなくて宮殿だったことである。もう一つの変化は、過去のオスマン帝国の建造物に見られる伝統的価値観、規範、趣味のよさといったものまで、ほぼ完全に崩壊してしまったことだ。ウェディングケーキ風のドルマバフチェ宮殿の金に糸目をつけない内装や、ヨーロッパから輸入した様式と雰囲気の異常な混交は、十九世紀の改革がいかに野心的で、その目指す方向がいかに混沌としたものであったかを如実に物語る。

だが、社会全体としての西欧の影響は小さく、ヨーロッパ人の考え方に触れたのは人口のごく一部に限られた。こうした狭い範囲の侵入でさえ、反動派の活動によって阻止されたり、一七四二年の最初のトルコの印刷所破壊のような逆行現象が起こることもあった。軍事的敗北が大きな刺激であったとしても、オスマン帝国がなんとかもちこたえ、ときにはいくつかの勝利を上げさえした十八世紀には、その影響はやや薄れた。だが、侮りがたい勢力が、再度挑発してきた。露土戦争によるキュチュク・カイナルジャ条約(一七七四年)で、オスマン帝国はクリミア半島を失い、やがてフランスはエジプトを占領したのである。

十九世紀初頭から、オスマン帝国は領土保全に関して再び脅威にさらされた。国境を越えて攻めこんでくる外国勢に加えて、今度は自治や独立まで求める地元指導者の運動があちこちで起こったのである。そのなかには、地域独立を果たしてしまった〈アーヤーン〉(地元名士)や、行政官として派遣された諸州の一部を自分の君侯国にしてしまった大勢の反抗的な〈パシャ〉(地方長官)や〈デレベイ〉(地元有力者)など、十八世紀にすでに顕著になっていた時流の延長線上にある活動もあった。首都の権威を回復したいというオスマン帝国政府の意図は、たちまち抵抗を受けた。最初は、反対者たちがかなりの成功を収め、一八〇八年にはアーヤーンとデレベイが手を結んでイスタンブルに集まり、中央政府の著名人数人を抱きこんで、自分たちの主張を公にするための相互支援協約に署名した。即位したばかりのスルタン・マフムト二世は、不本意ながらこれを認めた。十九世紀はじめには、スルタンは封建的特権とオスマン帝国の地方自治を認める許可書にしかたなく署名させられた。

帝国の中央部諸州では、スルタンはしだいに自分の権威を取り戻し、強化することができたが、首都から離れたところでは、それがますますむずかしくなっていた。とりわけアラビア語圏諸国(アラビア半島、イラク、レバノン、とくにエジプトなど)では、さまざまなタイプの独立心旺盛な支配者たちが実質的支配権を要求して戦いを挑み、オスマン帝国の宗主権は名目にすぎなくなっていた。一八〇五年から四八年までエジプト総督だった有名なムハンマド・アリー・パシャは、このオスマン帝国スルタンと、外交面だけではなく、軍事面でも争い、スルタンはヨーロッパ大国の介入によってかろうじて完全な敗北を免れた。だが、ムハンマド・アリーは、エジプトを独立した世襲の君侯国にすることができ、それを機に近代化へ乗りだした。彼の後継者たちは二十世紀半ばまでこの国を統治した。彼らは自分たちの称号を何度も変えた。最初は〈パシャ〉からオスマン帝国内の君主に準じる地位を象徴する〈ヘディーヴ〉（副王）へ、それから〈スルタン〉、やがては独立を宣言し、オスマン帝国やイギリス王と肩を並べる〈マリク〉（国王）と変化した。

十八世紀末から二十世紀半ばまで一世紀半にわたる中東へのヨーロッパ人の影響と支配は、さまざまな事態に計り知れない変化をもたらした。こうした変化はある程度まで、西欧の支配者や助言者の働きかけや干渉によるものだった。だが、全体として、彼らの政策は用心深く保守的なものになりがちで、もっとも重要な変化はヨーロッパ人よりも中東の西欧化推進者によって行なわれたと言えよう。

経済の分野では、中東の支配者たちの直接の貢献は比較的少ない。とくにトルコやエジプトのようないくつかの国では、政府は機会あるごとに強制的で急速な工業化を進める国家主導の経済開発プログラムの考案と実施に努めた。それが西欧型の富と支配のカギを握ると見ていたのだ。そうしたプログラムは十九世紀全般にかなり大規模に導入されたが、永続的な効果はあまりなかった。十九世紀後半には、政府は灌漑（かんがい）事業、輸送、通信などのいわゆる「社会関連資本」に注意を転じ、直接に生産を行なう経済活動は民間企業に委ねていった。やがて農業は例外として、そうした経済活動を外国人や社会の少数派メンバーにまかせるのが常態となった。

中東政権の努力目標は、軍事の近代化と行政の中央集権化の二つに向けられた。この相互にからみあった計画の目的は、国内では分離主義者その他の反体制派に、国外ではどんどん実力を増していく敵国に、政府の権威の復活と維持を認識させることだった。これを成し遂げるために、政府は入念な改革プログラムに着手した。

手はじめは純粋に軍事的なものだった。ヨーロッパの軍事力に牛耳られているこの世界で生き残るには、それがどうしても必要だったのである。だが、近代的な軍隊をつくることは、たんに指導教官を雇って兵士の訓練をし、武器を購入して装備を整えればすむという問題ではなかった。近代的な軍隊を指揮するには高等教育を受けた将校が要る。すると、教育の改革や、彼らを維持する部署も必要だ。そこで行政の改革、武器を供給する工場、さらには経済の改革、彼らに払う給与のやりくりと、一連の遠大な財政改革や進取の気性が必要になった〔口絵27参照〕。

軍事改革者たちは、長いことイスラームとキリスト教徒を隔てていた堰（せき）の水門を開け、一定の水量を定期的に流れるようにすればすむと思っていた。ところが、やってみると水が洪水のように流れ出て、コントロールができなくなってしまった。ヨーロッパの武器や科学技術を携えてやってきた人たちといっしょに、旧体制をぶちこわすようなヨーロッパの思想も入ってきたのである。教育、外交、貿易、旅行などを通じて個人的な意思疎通が増えるにつれて、そうした新しい思想は急速に普及した。中東人のあいだに外国語学習熱が高まり、翻訳を行なう団体の強化や、印刷術によってもそれらは広められた。一八二〇年代以降は定期刊行物や、のちには日刊紙の発刊で、新しい思想はさらに広まった。

宗教界からの反発

西欧の軍隊の影響によって、昔からの確固とした優越感がくじかれたことが、イスラーム社会に深い不定愁訴を醸成した。それは最初、ムスリム軍とひいてはムスリム国家の近代化を目指す改革運動や、科学技術の限られた分野における西欧文明のいくつかの産物の採用にあたって表われた。だが、それからまもなく、異質な思想の普及、それをもたらす異質な外国勢の侵入には、なおさら強烈な反発が起きた。

最初、それは宗教的な形をとった。十八世紀にはすでに、西欧勢力の増大に対するイスラームの反発の意思表示として、二つの新しい重要な運動が別々に進展していた。どちらも当初は、俗塵に汚されない純粋な信仰からの堕落という、イスラームの内部的衰微に対する反発から始まった。どちらも外国勢の侵入を憂えずにはいられなかったのである。

こうした運動の一つは、イスラーム神秘主義〈スーフィー〉に起源をもつ改革派のナクシュバンディー教団の活動である。インドから中東へと広まったこの活動は、最初はアラブ諸国に、次いでトルコへ、最終的にはカフカス地方にまで及んだ。エジプトでは、あるナクシュバンディー派のインド人学者が、アラビア語学習の復活とエジプトのルネッサンスの始まりに重要な動機を与えたが、フランス軍の侵攻で頓挫した。アラビア半島では、別のナクシュバンディー派のインド人が、古代エジプト人の偉大さと、本来のイスラームの純粋性が後世の影響によってゆがめられたことについて書いている。

このような考え方は、当時アラビア半島中部で起きた二つ目の大きな運動であるワッハーブ派の台頭に大きな役目を果たした可能性がある。だが、ワッハーブ派は、当時の信仰の堕落と腐敗の一因と考えられていたスーフィーの神秘主義とは真っ向から対立していた。概念としてはピューリタン的で、実践においては好戦的なワッハーブ派は、アラビア半島の大半を征服し、十八世紀末までには「肥沃な三日月地帯」の国境線上でオスマン帝国に挑戦できるほどになっていた。彼らは一八一八年には滅ぼされてしまうが、ワッハーブ派の信仰は生きつづけた。それはアラビア半島で一度ならず復活し、他のムスリム国でも間接的にではあるが、並々ならない影響を及ぼした。徹底したワッハーブ派の教義の信奉者は中東では少なかったが、その教義が旗印にしていた宗教的な復興運動は、たくさんの国のムスリムに影響を与え、その後のヨーロッパ人侵入者との闘争に新たな好戦的気運を煽った。

侵入者たちがやってきたとき、抵抗運動の指揮をしたのはスルタンや宰相、軍人や学者たちではなく、こうした復興運動の代表者として、激しい情熱と一途なエネルギーをかき立てることができた人望のある宗教指導者たちだった。

西欧の影響へのイスラームの二番目の反応は、西欧への適応と協力だった。それがいちばん顕著に表われたのがロシア領中央アジア、イギリス領インド、フランス領北アフリカなど、植民地帝国である。この三つの地域のどこでも、指導者が現われて、国民に宗主国の言語を学習し、それによって進歩には欠かせない近代的な知識を取得するように熱心に勧めた。中東の中心部はまだ、そうした外国の宗主に牛耳られてはいなかったが、改革派の支配者や近代化を推奨する知識階級が同じような教訓を吹きこみ、懸命に説得を図った。

十九世紀の改革運動や活動には、たがいに相争う二つの潮流が見られる。一つは中部ヨーロッパの啓蒙思想から生まれたもので、権威主義の改革者はこれを歓迎して受け入れた。彼らもまた、中部ヨーロッパの先達と同じように、国民にとって何が最上であるか知っており、その適用という仕事を、いわゆる人民政府と呼ばれる連中に奪われたくなかった。昔からの伝統を手本にしたり、それに服従したりすることに慣れている大衆は自主性に乏しい。彼らを運命のなすがままにまかせず、歴史的に見て適任である知識階級や軍人が、教えたり、命令したりしなければならないと彼らは考えた。

もう一つの見解は、中部ヨーロッパというよりも西欧から鼓吹されたもので、政治的、経済的（こちらの影響はやや軽微）自由主義の原則の影響を受けたものである。国家の全般的な進歩につれて、立憲民主主義政権が国民の権利を保障するという時代風潮は、最初はトルコで、やがて他の国々にも広がった。自由は西欧人の活力、富、偉大さのまぎれもない源泉であるように見えた。

自由という言葉にはたくさんの意味がある。十九世紀はじめにヨーロッパの政治思想が中東に導入された頃は、まだヨーロッパ人による直接支配が確立されていなかったため、のちのように、「外国人に支配されていない、もう少し正確に言えば独立した集団」の特性を指す言葉としては使われていなかった。彼らはむしろ、市民が政府から不当もしくは恣意的な処遇を受けるのを免れるという、西欧的な意味での集団のなかの個人の立場を指してこの言葉を使い、その概念をさらに進めて、政府の形成や運営に参与する権利を含めるようになった。こうした概念の輸入、採用、ある程度までの適用は、十九世紀から二十世紀はじめの大きな政治的進歩の一翼を担うものである。

最初の暫定的実験として、任命制による諮問委員会や会議が設置されたのは十九世紀はじめだった。トルコでもエジプトでもこの種の会議が開設されて、農業、教育、税金などの問題が討議された。一八四五年、オスマン帝国スルタンは各州二名の州代表からなる議会を召集した。代表者には「繁栄の必要条件や住民の特色を知っており、知性と知識のある人として尊敬され、信頼されている人」を選んだ。こうした立派な資格にもかかわらず、この実験は頓挫し、やがて廃止された。イランでも、まもなく同じようなことが起こった。

だが、スルタンやシャー、パシャたちがそのような任命制の諮問委員会を試みにつくっていた頃、臣民のなかにはもっと過激な思想をもてあそびはじめた人たちがいた。ヨーロッパを訪れた人たちは、そこで議会制政府が機能しているのを見て、その長所を激賞した。それまでの中東からヨーロッパへのおもな旅行者と言えば学生や政府の使者だったが、これに政治亡命者が加わった。一八六〇年代と七〇年代には、立憲制は広く受け入れられつつあるように見えた。一八六一年には、オスマン帝国のゆるやかな宗主権の下で独立王国のようなものになっていたチュニジアの支配者が、イスラーム国家としてははじめて、憲法を発布した。これは一八六四年には廃止されてしまうが、その風潮は残った。一八六六年、エジプトの支配者は、任期三年の限定選挙人による間接選挙で選ばれた七十五人の代議員による審議会を召集した。他方、憲法制定運動はトルコで盛んになりつつあり、その積極的な支持者たちは一八六七年にはイギリスやフランスへ亡命を余儀なくされていたが、一八七六年には、華やかなファンファーレが鳴り響くなか、新しいスルタン・アブデュルハミト二世（在位一八七六―一九〇九）によってオスマン帝国憲法が発布されたときには、意気揚々と姿を現わした。

最初のオスマン帝国憲法制定の幕間劇は長くはつづかなかった。選挙は二回行なわれ、議会が活気を帯びてきたところで、スルタンによって突然解散させられた。最初のオスマン帝国議会は五カ月のあいだに二回開かれただけで、その後三十年間も再開されなかった。

アブデュルハミトによるオスマン帝国議会の停会以後、なんらかの形の国会議員選挙が存続したのはエジプトだけだった。何度か議会選挙が行なわれてその機能を発揮し、一八八二年にイギリスに占領されてからもそれはつづいた。一八八三年に制定された「基本法」によって、限定選挙人、限られた権力、短時間でしかもめったに開かれない会合とはいえ、一応二つの国会と呼べそうな組織体が整えられた。それらは一九一三年には一本化されていくらか大きな権力が与えられるが、選挙や議会の仕事全体が一九一四年の戦争勃発で頓挫した。

他方、ほかのところでは、もっと思いがけない事態が展開しつつあった。一九〇五年、立憲国家日本が専制君主国家ロシアに勝ったのである。数百年来はじめて、アジア人がヨーロッパの大国を相手に勝利を上げたということは、否定することのできないある明確なメッセージを伝えていた。国民の圧力に負けて、形式的には立憲制が敷かれた敗北国ロシアにさえ、それは聞こえてきた。立憲制は生きるための万能薬であるから、すぐに一服、処方しなければならないと。最初の一服を飲んだのはイランだった。一九〇六年夏、立憲革命が国王(シャー)に国民議会の召集と自由主義憲法の承認を強いた。二年後、「青年トルコ人」という名で知られるオスマン帝国将校の一団が、気乗りうすのスルタンに一八七六年の憲法復活を迫り、オスマン帝国にとって二回目の立憲制議会政権をとりあえず発足させた。今回の幕間劇は前回より長く、その意義も大きかった。

こうした初期の立憲制への改革は、明らかにヨーロッパに影響されて、それを手本にしたものであり、ヨーロッパと対等につきあいたいという願望の表われであった。それらはまた、借款(しゃっかん)その他の便宜は受けたいが、干渉や占領はされまいとするご機嫌取りのジェスチャーでもあった。こうした目的はうまく達成されなかった。チュニジアでも、それよりいくらか長続きしたエジプトの議会制の実験的試みも、破産、混乱、支配、占領へとなだれこむのを押しとどめることができなかった。立憲改革がかえってそれを加速したという人もいる。

そのあいだにも、ヨーロッパの進出は両側からつづいた。こうした新たな侵略に対する中東のムスリムの反発は、今回もまた、宗教的な形で表明された。汎イスラーム思想、キリスト教徒帝国全般の脅威に対するムスリムの共同人民戦線は、一八六〇年代と七〇年代に始まったように思われる。それには、国民と国家の統一を果たしたドイツ人とイタリア人の成功に刺激された一面も多少はあったであろう。これまで生き延びてきたもっとも大きなムスリム独立国としてのオスマン帝国なら、プロイセンがドイツ人に、ピエモンテがイタリア人にしたようなことができるはずだと考える人たちはトルコにもいた。大事なのは、それによって全ムスリムの団結と結束が実現できると見られていたことである。つまり、ムスリムが想定していたのは、宗教もしくは同信者共同体として定義される集団であって、トルコ人その他の民族や言語、領土的なまとまりを基盤にした国家という概念は、当時のほとんどのムスリムには魅力がなかった。

一定枠内の統制のとれた汎イスラーム主義は、オスマン帝国の公式政策となった。それは、さまざまな破壊活動分子に対して、ムスリム臣民の忠誠を求めるスルタンを助けるという意味で国内で役に立ったし、オスマン帝国住民でないムスリム、とりわけヨーロッパ諸帝国に住むムスリム臣民のなかに支持を得ることができたという意味で国外でも役に立った。この第二の任務は、くるくる変わるオスマン帝国の公式見解よりももっと過激で、好戦的な形の汎イスラーム主義を必要とした。それを提供したのは、一連の指導者たちだった。彼らのなかには並々ならない影響力を及ぼした者もいる。だが、さしあたり、汎イスラーム主義は、当時の過激派エリートたちの政治的プログラムのなかで大きな要素ではなかった。彼らがヨーロッパから学んだ自由主義思想や、国家あるいは国民という新しい概念のほうが脚光を浴びていたのだ。

第十七章　新しい思想

フランス革命の影響

一八六二年九月、当時のオスマン帝国外相アーリ・パシャは、パリ駐在トルコ大使宛に、外交官用語で「状況概観（トゥール・ドリゾーン）」と呼ばれる一通の書状を送った。彼は国から国へと渡り歩いてヨーロッパ全般の外交事情を調べてまわったが、最後の訪問地イタリアは、当時、民族統一紛争と必死に取り組んでいる最中だった。アーリ・パシャはそれを次のように観察している。

イタリアは、同じ言語を話し、同じ宗教を信奉する単一民族しか住んでいないのに、国家統一をめぐりさまざまな問題に直面しています。さしあたり到達したのは、無政府状態と無秩序です。トルコで異なった民族すべての願望に自由な捌（は）け口を与えたらどうなるかお察しあれ……。まずまずの安定を得るのにさえ、百年の歳月とおびただしい流血が必要でありましょう。

アーリ・パシャは鋭い予言者だったが、実際には彼の推定した「百年」では足りなかった。実際、彼は当時の状況の観察者としてよりも、予言者としてのほうがずっと優れていた。なぜなら、彼が非常に恐れていた民族主義というウイルスは、はっきり言ってすでに国民のなかに入りこんで増殖を始めており、それがオスマン帝国国民を発熱させ、衰弱させ、やがては死にいたらしめたからである。

その感染源、型、時期は、歴史の研究ではめずらしくはっきりと特定できる。それはフランス革命の思想とともに始まり、フランス人によって精力的に促進され、オスマン帝国住民のなかの少数派（マイノリティー）に熱心に受け入れられた。少数派は最初は取るに足りない存在だが、必ず増殖して、ときとして優勢になるものである。中東のイスラームとキリスト教徒ヨーロッパ世界との交流は、とりたてて新しいものではなかった。物資はもとより、科学技術の情報交換さえ、すでに何百年も前から、ときにはかなり大々的に行なわれてきた。その初期には、中東のほうが新しい嗜好品や技術をヨーロッパに供給したり教えたりしていた。近年になると、ヨーロッパの軍事力と経済力の向上で、大きな流れはもはや東から西へではなく、その反対になった。だが、その流れはほとんどすべて物質的なものであって、知的なものは皆無に等しかった。中世には、思想の流れは圧倒的に東から西へ向かい、貧しく遅れていた西ヨーロッパ社会は、医学、数学、化学、天文学、哲学や神学の世界においてさえ、イスラーム世界の生徒だった。

だが、西欧の歴史家たちが「中世」と呼ぶ時代の末期には、東のイスラーム国からヨーロッパに教えることはあまりなくなり、ヨーロッパは教わる必要がなくなってきた。絵画、文学、芸術面では影響力はいくらか残ったが、それもたいして重要なものではなかった。イギリスの作家デフォー（一六六〇—一七三一）の『ロビンソン・クルーソー』のテーマはおそらく、それより少し前に英訳が出版された中世アラビアの哲学的小説から取られているように思われる。一七〇四年から一七年にかけての、『千夜一夜物語』として知られる偉大なアラビア語の説話集のフランス語訳の出版は、ヨーロッパの事実上すべての言語の文学に取り入れられたり、模倣されたりした。スペインのムーア人、バルカン半島のトルコ人の音楽が、ヨーロッパの国境地帯の民族音楽や、のちには芸術性の高い音楽にも顕著な影響を与えた。他方、オスマン帝国大使とその一行が、時折ヨーロッパの首都を一つならず訪問して、建築、内装、ときには服装にまで「テュルケリ（トルコ風）」の新しいファッションを流行(はや)らせた。

反対方向への知的コミュニケーションは事実上ゼロだった。中世のヨーロッパには、はるかに進んだ、洗練されたイスラーム社会に差し出せるものはほとんどなかった。物質面ばかりでなく、知的面での勢力の均衡に変化が生じた頃には、今度はイスラーム世界が以前のような受容性を失っていた。とくに、キリスト教国からきたものはまったく受けつけなかった。つまり、ムスリムの概念からすれば、キリスト教国は、イスラームを極致とする宗教文明からすれば古い時代遅れの社会だったのである。主として軍事関連問題については、ヨーロッパの優秀性が早くから認められていたため、その文化的側面も多少は取り入れられていた。たとえば、地理学や地図作製学に関する情報、「新世界」アメリカに関する記述や地図などもそのなかに入る。

だが、こうした情報は知的生活にほとんどなんの影響も及ぼさなかったように思われる。オスマン帝国政府がヨーロッパ大国と取り引きするにあたって役立つはずの歴史関連情報の量も、同じような理由からきわめて少なかった。ヨーロッパの歴史に関する文献もごくわずかで、その影響も微少だった。ルネッサンス、宗教改革、啓蒙思想、科学革命などの大きな運動も、注目されることもなく、したがってなんの影響も及ぼさずに通り過ぎていった。数百年前のイスラームのルネッサンスはヨーロッパにまで並々ならない影響を与えていたが、ヨーロッパのルネッサンスや宗教改革にはなんの反応もなかった。そうした思想やそれにつづく変化は、キリスト教徒のものだから、たいしたことはないとみなされていたのである。ムスリムにとって、そうしたものは無関係で、興味も関心もなかった。

中東に著しい影響を及ぼし、この地の人々のその後の考え方や行動を変えるきっかけとなったヨーロッパの思想の第一波は、フランス革命である。これはヨーロッパではじめて、キリスト教徒用語を使わずにその思想を表明した動乱だった。それどころか、その唱道者のなかには反キリスト教徒さえいたのである。そのような世俗主義はムスリムにはアピールしないどころか、逆だった。つまり、ライバルで、しかも時代遅れの宗教であるキリスト教には染まっていなくて、ヨーロッパのオスマン帝国の宿敵すべてが反対している運動となると別問題だったのである。少なくとも、その功罪を見てやろう、もしかしたら西欧の威力や富というつかみどころのない秘密が明らかにできるかもしれないという思惑から、ムスリムの関心は高まった。

フランス革命と、それ以前のヨーロッパの運動とのもう一つの違いは、フランス人がその思想を中東の人たちに広めようと積極的手段を講じたことである。当初、フランス革命のプロパガンダにはわずかな反応しかなく、しかも主としてキリスト教徒臣民に限られていた。ところが、彼らのあいだにそれが急速に広まると、まもなくオスマン帝国の臣民ばかりでなく主人側にも影響を与えはじめた。同時代のオスマン帝国の何人かの著述家が使っている比喩によれば、この新しい西洋人の思想は、新しい「西洋人の病気」〔梅毒〕のように広がった。

自由、平等、博愛の思想は、イスラームの人々にとってまったく新しい、なじみのない概念ではない。博愛は、信者同士の同胞愛という基本原則であり、平等は民族や貴族階級の特権によって妨害されることはなかった。人の世の常で、イスラームの土地でも、そのような特権階級は必然的に生じるが、それはイスラーム国家であっても生じるのであって、イスラーム国家であるがゆえに生じたのではない。ヨーロッパのようにそのような特権が不動のものとして公認されたことはなかった。

イスラームの信者と不信者のあいだの平等はまた別問題だった。だが、みずから選んだ無資格は、いつでも改宗という簡単な行為によって解消することができる。奴隷と女性の不平等な地位はそう簡単には解消されなかったが、当時も、その後も長いあいだ、あまり強い反発は起こらなかった。解放奴隷は高位高官に出世することができたし、スルタン付きの奴隷はいろいろな意味で事実上、帝国の支配者だった。女性に関しては、その地位の低さは、神の定めであり「聖法」に記されていたため、しばらくのあいだ問題として取りあげられなかった。「聖法」の影響はマイナス面ばかりではなかった。ムスリムの女性には、たとえば、西欧の女性にはない所有権など、いくつかの権利が認められていたからである。この事実は西欧からの女性訪問者が一人ならず気づいている。

合法的奴隷所有の廃止は、概して西欧の支配、干渉、影響によって達成され、それほど多くの関心や議論を巻き起こさなかった。これと対照的に、女性の解放は明らかに西欧の思想に刺激を受けてはいたが、西欧の圧力や干渉のおかげではなかった。いかなる進展も内部的要因によるもので、熱心な国内の議論に支えられた進取の精神のおかげである。こうした限られた範囲の進歩でさえ、伝統派、革新派双方のイスラームの活動家にとって大きな不満があった。イスラーム復興運動のもっとも顕著な成果の一つは、男性ではなくて、女性による完全な伝統的服装への回帰だった。イランでは、イスラーム革命以来、男性が西欧拒絶の証しとして、ネクタイなしの洋服を着た。女性からはさらに多くのことが要求された。

平等と博愛にくらべて、自由は、少なくとも政治的な意味においては新しい発想だった。「解放された」とか「自由」という言葉は、イスラームの用法では第一に法的な、第二に社会的な含みがある。「解放された」男もしくは女とは、奴隷として合法的に所有されている人間ではないということである。この言葉はまた、時と場合によって、ある種の特権や免除、たとえば強制労働その他の強要や不当な要求を免除されているという意味にも使う。だが、「自由」という言葉は、広い意味で政府の本質とか、良い政府と悪い政府の比較を論じるときには使われない。ムスリムの伝統では、暴政の逆は自由ではなく、公明正大であって、これはもともと臣民の権利というより支配者の義務と思われてきた。政治参加や代議制も含めた西欧風の市民権という概念は、革命を経験したフランスの影響や衝撃があってはじめて知られるようになった。

イスタンブルのフランス大使館は、かなり初期の段階からプロパガンダのセンターになっていた。革命関連の文書は、トルコ語、アラビア語、ギリシア語、アルメニア語などさまざまな言語に翻訳されて、フランスからオスマン帝国に輸入されたり、大使館の敷地内にある印刷所で印刷されたりした。一七九三年、ボスポラス海峡の宮殿岬の先に停泊した二隻のフランス船に、共和国の新しい三色旗が掲揚されて、おごそかな祝典が行なわれた。「暴君と結託して手を汚したことのないオスマン帝国、アメリカその他の大国の旗が、この二隻の船上にはためいた」と当時のフランス大使が書いている。長々とつづいた祝祭行事は、フランス大使館の中庭のトルコの土に植えられた自由の樹のまわりで、フランス人とその友好国の人たちが「共和国ワルツ（カルマニョール）」〔フランス革命当時はやった円舞曲〕を踊ってお開きになった。

こうした活動は一部の人に警戒感を抱かせた。だが、それはおもにヨーロッパ大国の大使館員などで、トルコ人のあいだではなかった。あるオスマン帝国の歴史家が記しているところによれば、オーストリア、プロイセン、ロシアは合同で、三色の花形帽章その他のフランス人による革命記念記章をトルコ国内で見せびらかすことを禁止するよう求めた。この要求に対して、大宰相府の書記官は次のように答えている。

友好国の方々、たびたび申し上げておりますように、オスマン帝国はムスリム国家であります。われわれはだれ一人としてお申し越しのような記章には関心をもっていません。われわれは友好国の商人を賓客と思っております。彼らはそれぞれ好みのものを頭に着けますが、なぜそうするかと尋ねることは大宰相府の仕事ではありません。心配ご無用と存じます。

異説によると、このオスマン帝国の役人は、大宰相府は外国人賓客の被り物、履き物いずれにも関知しないと答えたという。これらの初期の文書から察すると、トルコ人は昔と同じように、宗教という免疫(めんえき)があるから西欧の弊風には染まらないと信じていたようである。

だが、彼らはたちまち目を覚まされた。一七九七年十月、ハプスブルク皇帝は革命戦争中のフランスとカンポ・フォルミオ和約を結ばざるをえなくなった。この和約の取り決めの一つとして、ヴェネチア共和国の長い歴史に終止符が打たれ、その領土はハプスブルク帝国とフランス共和国のあいだで分割された。イオニア諸島、ギリシア西部の港町プレヴェサとその隣接するギリシアの沿岸部およびアルバニアはフランス領になった。この地域のフランス支配は、一七九七年から九九年までと、二度目は一八〇七年から一四年までと短かったが、影響はかなり大きかった。過去数百年間、これらの地域はトルコではなく、ヴェネチアの支配下にあったが、住民はギリシア人で、フランス支配の幕間に導入された急進的で革命的な変化は、近隣のペロポネソス半島内のオスマン帝国諸州に住むギリシア人にたちまち大きな影響を与えた。

フランスは長いあいだオスマン帝国の昔からの友好国という役割を演じてきた。昔の友好国は今や新しい隣国となり、その衝撃で友好関係は頓挫した。まもなく、オスマン帝国領ギリシアから首都へ、フランス支配下地域で起こった出来事について驚くべき報告が寄せられはじめた。貴族から特権を剝奪する行政命令が出され、農民が強制労働から解放され、選挙が実施され、自由や平等について語ることが普通になったのだという。なかでも、オスマン帝国の歴史家のいういちばん不吉な予兆は、「古代ギリシア国家時代を思い起こさせることによって、この地方の正教徒を共和制へと駆りたて、近隣のオスマン帝国臣民の心を堕落させる仕事に着手した」ことだった。

この教訓がさらに痛切に感じられたのは、フランス人が、圧倒的にムスリムの力が強いオスマン帝国属州であるエジプトを驚くほど簡単に、すばやく征服し、古代の栄光と近代の自由について同じように危険で破壊的な話題を口にしはじめたときである。

自由と平等という二つの思想の組み合わせは、別のさまざまな嗜好と相まって、圧倒的な魅力をもつようになった。市民権という意味での自由はなじみが薄く、最初は一部の人にしかアピールしなかった。ところが、ヨーロッパから愛国思想と民族主義という別の二つの新思想が輸入されると、その効能は格段と向上した。主体意識（アイデンティティ）と忠誠心、それゆえの正当性と忠節の決定要因として、宗教のかわりに国家や国民が認められるようになったのである。

その危険、とりわけ世俗的な意味での危険が看過されるはずはなかった。スルタン政府からトルコ語とアラビア語で配布された当時の反駁は、読者に次のように警告している。

フランス人は……天と地の主の一貫性を信じず……すべての宗教を放棄した……。彼らは……復活もなければ報いもなく、審判もなければ天罰もない、問いかけもなければ答えもないと言わんばかりである……。彼らは、人はみな人間社会において平等であり、人間であることにおいて変わりがない、だれも他者より以上に優れているわけでもなければ、長所があるわけでもない、だれもが自分の心の赴くままに身を処し、自分の人生の段取りを整えると主張する。そして、このむなしき信条と非常識な見解をもとに、彼らは新しい原則を打ちたて、新しい法をつくり、サタンのささやきに耳を傾け、宗教の基盤を破壊し、禁じられていたことを合法化し、情熱の欲するままに振舞うことを許し、庶民を唆して訳のわからぬことを言う狂人のようにし、宗教界に扇動の種をまかせ、国王や国家に害毒をまきちらすなどの不正に誘いこむ。嘘だらけの書物や俗悪な間違った考えを携えてあちこちの集まりに行き、「われわれはあなたがたや、あなたがたの宗教、あなたがたの社会に属する者です……」などと言ってまわる。彼らは悪徳や放蕩にすっかり身をまかせ、背信と無礼の馬に乗って過ちと不信心の海へ飛びこみ、サタンの旗印のもとに結束する。

たびたびサタンを引き合いに出しているところに、強く関心を喚起する意図がありありと見える。『コーラン』の最後の章（一一四章五節）に、サタンは「ひそひそ声で人の心に私語(ささや)きかける」という言葉がある。同じテーマが、二十世紀後半のヨーロッパ人の誘惑、のちにはアメリカ人の考え方やライフ・スタイルを阻止しようとして再登場する。

平等な市民権の要求

オスマン帝国で花開き、いくらか修正されてイランの国王(シャー)の領土内でも栄えた伝統的な政治・社会制度は、古いイスラームの法と慣習、さらにははるか昔の古代中東文明にその起源がある。他の宗教文化と同じように、それは明らかに不平等を前提としていた。なぜなら、神の最終的な啓示を認める人と、故意にそれを拒絶する人とを平等に扱うことは不適当であるばかりか、まったく不合理だからである。近代の護教学者のなかには、伝統的なイスラーム体制の宗教的寛容さを公正に称賛し、それを平等な権利の制度と表現する人もいるが、それは違う。当時なら、平等に扱うことは称賛すべきことではなく、当然のことをしていないと見られたであろう。不信仰者の平等を認めないという点については、イスラーム国家は、権威ある宗教の共通のしきたりに従っていた。

他の大半の宗教と違うところは、それらの不信仰者に対して、イスラームの「聖法」によって定義され維持され、しかも大勢のムスリム住民が容認できる公認の社会的地位を認めていたことである。これは平等な地位ではなかったが、一定レベルの信教の自由は与えられていた。それは他の制度下にある国家では、国教制度が廃止されるか、あるいは少なくとも宗教が公共問題への影響力がほとんどなくなるまでありえなかったことである。ムスリムの宗教的寛大さは、もちろんイスラーム以前の神の啓示を認める一神教信者に限られていた。実際問題として、中東では、これは各派のキリスト教徒とユダヤ教徒を意味する。イランでは、わずかに残っているゾロアスター教徒の共同体もあった。オスマン帝国では、こうした少数派は〈ミッレト〉と呼ばれる宗教共同体を形成していた。

〈ミッレト〉は、信奉している宗教によって規定される宗教行政上の共同体だった。そのメンバーは、それぞれの首長が管理・責任をもつ宗教上の規則や掟（おきて）に従わなければならない。もちろん、それらは国家の法律や利益に矛盾しない範囲においてという条件付きである。こうした信仰の自由と宗教共同体としての自治が認められるかわりに、非ムスリムは国家への忠誠の義務を負い、〈ズィンミー〉（保護民）という立場の限界と制約に甘んじなければならなかった。

オスマン帝国では、大きな順からムスリム、ギリシア正教徒、アルメニア正教徒、ユダヤ教徒の四つの大きなミッレトがあった。四つともすべて、宗教的条件だけで定義されていた。ムスリム・ミッレトは〈ミッレトゥ・ハキム〉（最有力ミッレト）とも呼ばれており、その構成員の使用言語はトルコ語、アラビア語、クルド語、アルバニア語、ギリシア語その他のいくつかのバルカン半島やカフカス地方の言語まであった。

第二のミッレトはギリシア正教徒で、こちらもいろいろな人種がいる。民族としてのギリシア人ばかりでなく、ヨーロッパ地域にはセルビア人、ブルガリア人、ルーマニア人、アルバニア人、アジア地域にはアラビア語やトルコ語を話す人たちもいて、西欧人は彼らをキリスト教徒アラブ人とかキリスト教徒トルコ人と呼んだりしている。

第三のミッレトはアルメニア人のもので、大半がアルメニア正教会に属するアルメニア国のメンバーから成る同族集団だった。だが、なかにはトルコ語をしゃべる人も大勢おり、アルメニア文字でトルコ語を綴る人たちもいた。また、ある時期には、エジプトのコプト正教会や、シリアのシリア正教会の信奉者も、キリスト単性論者であることからアルメニア正教会につながりがあるとしてここに含まれていた。東方帰一教会信者（本来ギリシア正教であったが、ローマ・カトリックの一部となり、ローマ教皇を首長と認める人々）その他のローマ・カトリック教徒ギリシア人やアルメニア人、のちにはそのどちらかのグループからプロテスタントに改宗した人々は、ギリシア正教徒やアルメニア正教徒のミッレトに含まれていないことは注目に値する。

ユダヤ教徒のミッレトには、一四九二年の追放命令（カスティリャ女王イサベル一世が出した、イベリア半島からのユダヤ人追放令）の前後にスペインから逃げてきたスペイン語を話す移民や、シリアやイラクの土着のアラビア語を話すユダヤ人共同体、ペロポネソス半島のギリシア語を話すユダヤ人、規模は小さいがその他いくつかの言葉を話すグループなどが含まれていた。

このような宗教的に定義されたミッレトは、民族やときとしては部族によるさまざまなグループに分かれていた。こうした内部分裂は看過できない。彼らはグループごとに団結し、それを基盤に政治、官僚制度、通商、社会的地位をめぐって反目しあっていたからである。それが何百年ものあいだ、文学作品に取りあげられたり、今日でもまだよく知られているようなさまざまな民族にまつわる固定概念や偏見を生みだしたりしていた。だが、昔ながらのミッレト制がそれぞれ独自の内部的論理に従って機能しているあいだは、そのような民族的団結が基本的な独自性を定義することもなければ、究極的な忠誠心を決定することもなかった。

われわれがトルコ人とかアラブ人とか呼んでいる人たちは、かなり最近まで、自分たちをそうした名称では表現しなかった（今日では当人たちも自分たちをそう呼んでいるが）。しゃべっている言葉はトルコ語であることは知られていたが、イスタンブルその他の都市に住む教養ある市民は、自分たちのことを「トルコ人」とは呼ばず、素朴な農民やアナトリアの遊牧民の代名詞のように使っていた。同様に、アラビア語を話すエジプトや「肥沃な三日月地帯」の住民たちは自分たちの言語のことはアラビア語と呼ぶが、実在する人間としての「アラブ人」とは、砂漠の辺境に暮らすベドウィンのことを指した。洗練された都市住居者が、自分たちをこれらの民族を表わす言葉で呼ぶようになったのは、ヨーロッパ人の国家としての政治的独立性という概念の影響を受けるようになった近代になってからのことにすぎない。

こうしたヨーロッパ人の考え方の影響は、当然のことながらオスマン帝国のキリスト教徒のあいだでいっそう強く、しかもただちに表われた。最初はギリシア人やセルビア人、しばらくしてバルカン半島の人々、やがてアルメニア人がこの新しく力強い民族主義というイデオロギーに遭遇し、反応した。非ムスリムの少数派のなかでは、いちばん小さく、弱く、もっとも影響を受けにくいユダヤ人まで、やがて独自の民族主義を唱道するようになった。一八四三年、イェフダ・アルカライというユダヤ教導師（ラビ）がささやかな本を書き、ユダヤ人は神の救済を待たずに自分自身の努力によって聖地に戻り、その再建をするべきだという新しい考え方を助長した。ラビ・アルカライはオスマン帝国の都市サラエボに生まれ育った人である。

十九世紀に、オスマン帝国のキリスト教徒少数派は、三つの異なった折り合いのつきそうもない目標を追求しはじめた。その第一は、オスマン帝国内での平等な市民権、つまりムスリム多数派と同等な権利を求めたのである。宗教に関係なく同等の市民権をという思想は、ヨーロッパ大国が自国でそうした運動が進んでいることと照らし合わせて、トルコにもそれを求めたのであるが、オスマン帝国のリベラル派や改革派はそれを歓迎した。当時の啓蒙派の見解としては、それは当然認めるべき最低水準だったのである。

旧時代の不平等が受け入れられなくなったのは、新しい考え方のせいばかりでなく、新たな成功のせいでもあった。フランス革命期とナポレオン戦争時代につづく十九世紀はじめに、非ムスリム社会は全体としてかなり裕福になっていた。彼らは一般的にムスリムよりも高い教育を受け、外界との意思疎通がしやすいという利点もあった。その結果、彼らはますます繁栄しつつあった。そうなると、社会的にも政治的にも、一段下の地位に押しつけられて黙っているはずがない。権利の平等は、十九世紀のオスマン帝国政府が発布した一連の大きな改革勅令によって、正式に立法化された。結果は法の規定どおりには行かなかったが、かなりの程度まで達成された。

オスマン帝国内のキリスト教徒が増え、そのエネルギーが活発化するにつれ、独立もしくは自分たちの民族領域内での自治が、第二の目標として求められるようになった。十九世紀から二十世紀初頭にかけて、最初はセルビア人とギリシア人が、つづいてバルカン半島の他の住民が、自分たちが民族領土の一部とみなす地域に独立統治国家を設立した。いずれも近隣諸国や他のオスマン帝国領土に対し、自分たちの領土回復を宣言したのである。オスマン帝国のアジア地域全土にちらばっていて、しかもどこでも多数派を形成できなかったアルメニア人の立場はずっとむずかしかった。バルカン半島の人たちや、のちのアラブ人やユダヤ人と違って、こうした事情にあったアルメニア人の闘争はとりわけ困難がつきまとい、近代になっても、ソヴィエトの崩壊で元ソヴィエト連邦アルメニア共和国が正真正銘の独立を達成するまで、一度も主権国家を名乗ることはできなかった。

めったに公言されることはないが、執拗に求めつづけられていた第三の目標は、〈ミッレト〉が旧体制下でもっていた特権と自治の維持だった。つまり、自分たち独自の宗教法を維持し、施行する権利、自分たち自身の言語による独自の教育制度の管理、広い意味での自分たち独自の文化を維持する権利である。ヨーロッパの新制度のなかで十九世紀に導入された徴兵制は、この特権リストに重要な項目を付け加えた。それまで武器の所持を禁止されるという屈辱的で不利な条件が、徴兵義務免除という大事な特権になったのである。旧時代の人頭税は徴兵免除税と名が変わったが、この特権を受けるために払うにはたいした額ではないように思われた。

長い目で見れば、これら三つの目標は両立不可能だった。短期的に見てさえ、たちどころに不都合なことがいくつかあった。平等な市民権は、レベルを上げると同時に下げもしたのである。当時のオスマン帝国を観察していたジェウデト・パシャ〔オスマン帝国の政治家・歴史家。一八二二―九五〕は、一八五六年の大改革勅令の発布についてこう書いている。

> 長老たちは……不快に思っている……。昔のオスマン帝国には社会に序列があった。一位はムスリムで、次がギリシア人、その次がアルメニア人、それからユダヤ人というふうに。ところが今ではみんな同じレベルに置かれてしまった。ギリシア人のなかには「政府はわれわれをユダヤ人とひとからげにしている。イスラームの優位性ならまだ甘んじていられたのに」と言って、これに異議を申し立てる者もいた。

「一部のギリシア人」のこうした反応は理解できる。十七世紀から十八世紀にかけて、首都のギリシア人貴族階級は、オスマン帝国と共生に近い関係を築いていた。とりわけ、イスタンブルのギリシア正教主教座の近くのファナル（灯台）地区に住んでいたことから、「ファナリオット」と呼ばれていた貴族階級集団は、オスマン帝国の役所のいくつもの重要な地位を事実上独占していた。大宰相府の通詞局もその一つである。名目上はたんなる通訳だが、事実上は帝国の外交の最新問題を担当していた（口絵23参照）。ヨーロッパへ派遣されるオスマン帝国の大使はみな、この通詞局からギリシア人通訳を同行し、大使館の仕事の大半を委ねていた。のちにルーマニア王国を形成することになる二つのドナウ君侯国の総督の地位もまた、「ファナリオット」に与えられていた。

独立の要求、ましてや独立の達成は、必然的に非ムスリム臣民、とりわけ非ムスリムの公務員の忠誠心や信頼性に疑念を抱かせるようになった。変化はゆっくり起こった。ギリシア独立戦争（一八二一―二九）の発端となったギリシア人の蜂起の初期に、大宰相府の通詞が、暴徒と通じていたという根拠に乏しい罪で、即座に絞首刑にされた。一八四〇年にオスマン帝国がアテネに最初の外交使節団を送ったときの使者で、ファナリオット・ギリシア人のコスタキ・ムスルスのように、のちにオスマン帝国のロンドン駐在大使になった人もいるが、オスマン帝国在住のギリシア人は全般的に、かつてこの帝国内で享受していた信用と実力者としての地位を失い、二度とそれを回復することはできなかった。

他方、少数派の相対的な地位の変化はほかにもあった。十六世紀のユダヤ人は、ヨーロッパの知識と技術をもっていて、しかもヨーロッパの敵国に同調する懸念のない唯一の集団だったため、歴代のオスマン帝国支配者たちは彼らを経済問題、政治問題の両面で有用な人材であると考えた。だが、ユダヤ人は他の少数派集団以上に、オスマン帝国権力の衰退に巻きこまれた。この国に在住するキリスト教徒と違って、彼らはヨーロッパの商人の好意やヨーロッパ政府の保護を当てにできなかったのだ。彼らはまた、十九世紀後半になるまで、キリスト教徒集団を再活性化したような教育的、知的復活を経験することもなかった。ビジネスにおいても官職においても、首都でも地方諸州でも、彼らはしだいにキリスト教徒であるギリシア人、アルメニア人、それに大事な新顔である地中海東岸部のアラビア語を話すキリスト教徒少数派に取って代わられた。

なかでも、ギリシア人はますます危険な存在になりつつあった。他方、アラビア語を話すキリスト教徒は、どちらかというとまだ帝国の辺境に閉じこもったまま、あまり目立たず、影響力ももっていなかった。こうした変化で大きな得をしたのはアルメニア人だった。長いあいだ、〈ミッレトゥ・サディカ〉(忠実な宗教共同体)として知られていた彼らは、オスマン帝国からも西欧からも、オスマン帝国にもっとも忠実な少数派集団と思われていた。それより以前のギリシア人と同じように、彼らは西欧での教育や通商の好機をつかんで、裕福になった。二十世紀初頭には、アルメニア人が主導権を取って、「青年トルコ人」

委員会と協力してスルタン・アブデュルハミト二世の専制支配を打倒し、一九〇八年に「青年トルコ人」革命を成功させた。革命後の政府内で、しばらくのあいだアルメニア人が外相を務めていたほどである。

だが、ギリシア人にとってと同様、アルメニア人にとっても、昔からの共生的関係はいずれ終わる可能性があった。ギリシア人がそうであったように、豊かになればよりよい教育を受けるようになり、文化の復活で、外界からの新思想を受け入れやすくなる。新思想は西からも東からも、しばしば競合、矛盾するメッセージを携えて到来した。西側からは、急速に広がるミッション・スクールを通じて、キリスト教徒の意見を再主張する形での民族自立と自由民主主義、東側からは、ロシア国家から差し出された保護とロシアの革命家撲滅のメッセージ（と方法）である。こうした思想にはそれぞれ信奉者ができた。信奉者たちにとっては、保護民（ズィンミー）という立場は、たとえ至れり尽くせりではあっても、もはや我慢できなかった。

愛国思想と民族独立志向の対立

オスマン帝国の国力の明らかな衰退で、いくつかの新たな期待が広まった。オスマン帝国の敗北につづく一八七六年のブルガリア危機と列強の国内問題への介入で、ヨーロッパ列強の野望はじわじわと達成されるかに見えた。破棄されたサン・ステファノ条約の第十六条を保留したベルリン条約（一八七八年）第六十一条は、言葉は明確ではないが、内容は具体的だった。それによれば、オスマン帝国政府は「アルメニア人の居住州における地元の要求する改革、改善を速やかに実行し、チェルケス人やクルド人から彼らの安全を保障する義務を負う。これらの適用を監督する（ヨーロッパ）列強に対し、この趣旨でとられる手段については定期的に通知する」。

この結びの一文が言おうとしていることは、諸般の出来事によっていっそう明確になった。ブルガリア人は、それまでのギリシア人と同様に、難儀しながらも蜂起、鎮圧、調停が功を奏して独立を勝ち取った。当時としては、同じ道をたどって、アルメニアも独立を達成できそうに思われた。世論を扇動する活動が戦闘行為を誘発すると、長いあいだ眠っていた宗教的、民族的反目を目覚めさせた。一八九〇年以降、とりわけ一八九五―九六年にかけて、反抗と抑圧、テロルと虐殺というぞっとするような繰り返しがトルコ東部で発生し、一時はその影響が首都にも及んだ。スルタン・アブデュルハミト二世の命令で地元でかき集められた〈ハミディエ〉と呼ばれる非正規兵（主としてクルド人）が、アルメニア人反政府分子や、彼らを援助、隠匿、もしくは彼らに同調した疑いのある者を含め、多数のアルメニア人を殺害した。これは革命運動を阻止するどころか、かえって勢いづかせる結果になった。キリスト教徒のアルメニア人とムスリムのトルコ人、チェルケス人とクルド人村民や遊牧民のあいだの襲撃や戦闘は風土病のように頻発した。

独立のための抗争では、先達のバルカン半島のキリスト教徒にくらべて、アルメニア人はいくつかの重要な点でずっと苦しい立場にあった。アルメニア人が多数派を形成しているオスマン帝国の町や地方はあちこちに散らばっていて、ギリシアやブルガリアのような民族郷土にまとまっていなかった。彼らは、居住するすべての州で少数派になってはいたが、多数派のムスリムはアルメニア人の願望や活動にだんだん不安を感じるようになっていった。古都を含めたアルメニアの中心部はロシア帝国に組みこまれており、ロシア皇帝はいろいろと保護や刺激を与えはするが、アルメニアの独立にはなんの関心ももっていなかった。

やがてトルコ人、アラブ人その他の帝国内のムスリムまでも、それまでの免疫を失い、自由、愛国心、民族主義などのヨーロッパの思想に感染した。

こうした思想は、正統性と忠節で成り立っている伝統的な社会構造を根底からむしばみ、古い政治制度を破壊した。それは最初は愛国心という形で西欧から、のちには民族主義という形で中部・東部ヨーロッパから、二段構えで到来した。

伝統的なイスラーム世界では、キリスト教国と同様に、国民と国家はしばしば民族と地域の同義語だった。中東のイスラームの三大民族であるアラブ人とペルシア人とトルコ人は、自分たちの言語や文学、歴史や文化、共通と推測される起源、独特の風俗やしきたりを誇りをもって意識していた。自分たちの出生地への素朴な愛着もあった。祖国愛、地元自慢、郷愁は、西欧文学と同じようにイスラーム文学でもおなじみのテーマである。だが、そこには政治的メッセージはまったく含まれていない。西欧思想が入ってくる以前には、民族とか民族郷土が政治的主体性や支配力をもった集団であるという思想が認められたこともなければ、知られてさえいなかった。ムスリムの存立基盤（アイデンティティ）は信仰だった。彼らの忠誠心は、信仰の名において彼らを支配する支配者もしくは王朝に帰属していた。

愛国心と民族主義はイスラーム世界とは異質のものだった。君主の称号や歴史家の記述に見られるように、民族や国家は統治権の範囲を限定もしなければ、存立基盤を明確にしてもいなかった。アーリ・パシャが見たところによれば、愛国思想や民族主義思想の導入がもたらした衝撃は絶大だった。

愛国心とは、たんなる出生地への素朴な愛着ではなく、政治的なもので、必要ならば自国への兵役義務を負い、要求があれば政府に金も出すという、古代ギリシアやローマ時代に起源をもつ西欧文明に深く根ざした心情である。イギリスやフランス、のちにはアメリカ合衆国では、愛国心はさらに別の二つの思想と結びついている。一つは、国内の多様な人種を同じ国民的忠誠心のもとに統一することであり、もう一つは、真の唯一の主権の源は教会でも国家でもなく、国民にあるという強い確信だった。

愛国心は、イギリスやフランスに住んでいる異なった言語を話し、さまざまな宗教を信仰する大勢の人たちをまとめて、統一された強い国家にした。ヨーロッパを自分の目で見たオスマン帝国人のなかには、そのような思想がオスマン帝国内のさまざまな民族や宗教共同体の結束を促し、自分たちの祖国、ひいてはそれを統治するオスマン帝国に共通の忠誠心を醸成することに役立つのではないかと感じた人たちもいた。

愛国思想は、しばらくして、その普及にはさまざまな強みのあるエジプトにも取り入れられた。エジプトは、この地域では他のどこの国よりも地理的境界も、歴史的輪郭もはっきりしていた。一つの川の渓谷とデルタ地帯から成るエジプトは、アラブ化、イスラーム化はあったものの、数千年にわたって受け継がれてきた独自性と、この地域ではユニークなある程度の均質性が保持されており、中央集権化が進んでいた。国が率先したこの愛国心という新思想が急速に広まったのは、名目上はオスマン帝国スルタンの宗主権下にありながら、事実上はエジプトに自治国を樹立してしまっていた副王（ヘディーヴ）王朝の野心に負うところが大きい。歴代の副王は、独立国家としてのエジプトの地位をはっきり自覚させる思想を助長してくれそうなイデオロギーに積極的な関心を示した。エジプトは十九世紀の多言語、多民族のオスマン帝国の一部というよりも、西欧人のいう民族国家という意味での一つの国と見るほうがずっとわかりやすい。だが、そのエジプトのなかでさえ、こうした新しい主体意識の受け入れには時間がかかり、抵抗もあって、今日でさえ、すべてのエジプト人に完全に容認されているとは言いがたい。

十九世紀半ば以降、もう一つの異なった思想である民族主義は、愛国思想のあとを追うようにして盛りあがり、やがてこれに取って代わるほどにまで勢いづいた。愛国心は、ばらばらだった国家と民族を事実上同一視するようになったという点で、西ヨーロッパでは大いに役立った。だが、条件の違う中部および東部ヨーロッパ、すなわちいくつもの領邦に細分化されているドイツ、多民族国家オーストリア＝ハンガリー帝国、「民族の牢獄」と言われたロシア帝国には適していなかった。そのような国での愛国心は、現状維持には役立つが、容認できない人間が増えてくる。国家や身分ではなく、言語、文化、共通の出自などで定義される民族国家という思想のほうが、自分たちの日常生活の現実によりぴったりする。それはまた、中東の現実にもぴったりだった。ここでは、中部ヨーロッパ的な民族主義のほうが、西欧のリベラルな愛国思想よりもずっとわかりやすく、受け入れやすかった。

愛国思想も民族主義思想も、中東に紹介されると、自由を主張する反体制派運動と結びついた。愛国心は、概して既成の政治秩序を強化する傾向があったが、民族主義はこれを打倒するほうに働いた。愛国者にとって、自国の独立は当たり前のことで、自由とはその国のなかでの個人の地位のありようにかかわる問題だった。民族主義者にとっては、国家は自分たちにとってなじみの薄い、抑圧的な存在で、生国も民族も外国の支配下にあったり、ときには分割統治下に置かれたりするものという認識であったようだ。自由とは、そうした異常な状態に終止符を打つこと、民族の独立と団結を達成することを意味していた。

こうした新思想の影響を最初に感じたのは、キリスト教徒ヨーロッパから発散される思想を快く受け入れやすく、自分たちを支配している政府は外国の専制君主であると思いこみやすい、オスマン帝国の非ムスリム臣民だった。政府だけではなかった。旧制度下でオスマン帝国内のギリシア正教徒全員を統一してきたギリシア人の宗教共同体（ミッレト）のなかにも、同じような事態が進行していた。十九世紀には、正教会の非ギリシア人信徒たちが、権威ある教会組織の高い地位をほぼ全部ギリシア人が占めていることに苛立ちはじめた。最初はバルカン半島の人たち、その少しあとには、あまり成功はしなかったが、アラビア語を話すシリアの正教徒たちが、自分たちの共同体内や教会組織のなかの問題について、より大きな決定権を要求するようになった。この新たな民族主義騒動がギリシア正教徒の宗教共同体を分裂させつつあった。それはやがてオスマン帝国を崩壊させることになる。

ヨーロッパから遠く、しかもあいだにロシアやオスマン帝国というクッションがあって西欧の直接の衝撃を受けにくいイランでは、西欧思想の影響はゆっくりで、時間差もあり、しかも軽微だった。歴代のイランの国王（シャー）は、スルタンと同様、宗教も言語も違う多様な住民を統治してきた。こうした言語や宗教上の少数派の役割は、オスマン帝国にくらべればイランではるかに小さく、彼らが既成の政治・社会体制に対し侮りがたい脅威になったことはない。オスマン帝国の実状とくらべれば、非ムスリムの少数派は数も少なく、裕福でもなく、ずっとおとなしかった。ユダヤ人とゾロアスター教徒は文化的には同化されていて、ペルシア語だけを話し、歴史的なルーツもイスラーム以前にさかのぼるという共通点があった。だが、彼らは法的にも社会的にも孤立しており、政治的には無力だった。規模の大小はあったものの、唯一のキリスト教徒共同体は、アルメニア人のものだった。彼らは多くの点でユダヤ人やゾロアスター教徒臣民よりもはるかに恵まれた地位にあった。アルメニア人が彼らと違うのは、ペルシア人とは宗教が違うだけでなく、自分たちは別の民族、言語、文化的存立基盤（アイデンティティ）をもっているという誇りがあることだった。イランの非ムスリム共同体はそれぞれ独自のコミュニティーを形成して、かなりの自治を保っていたが、これらのコミュニティーはオスマン帝国の宗教共同体とくらべて目立たなかった。

同じムスリムのなかでの民族的・宗教的少数派のほうが、一見、重要性が高いように見えたかもしれない。スンナ派は小さな少数派を形成していたが、もっと活発だったのは新興宗教のバハーイー教〔バハー・アッラーフと名乗るイラン人が教祖で、すべての宗教の根源は一つであるとし、人類の平和と統一を究極の目的としていた〕の信奉者たちだった。だが、前者には穏やかだったのに対し、後者にはきびしい制約を設けていた。

ペルシア語を話す人たちはイランの人口の半分くらいで、残りは北西部に住むアゼリーと呼ばれるトルコ人やクルド人、南西部にはカシュガーイー（トルコ系）やアラブ人、北東部にはトルクメン（トルコマーン、トルコ系）、南東部にはバルーチー人など、さまざまな少数派民族がいた。彼らの大半はオスマン帝国国境以遠や、カフカス山脈南部、中央アジアのロシア皇帝領内で話されているトルコ系の言語を話した。だが、民族の違いは、オスマン帝国内ほど重要ではなかった。これらの人々はみなムスリムで、その大半はシーア派だった。彼らは、ヨーロッパからじわじわと流れてくる国籍という新しい概念よりもずっと強力な宗教上の忠誠心と、文化的類似性という絆で結ばれていた。

それでも、イランはいろいろな点で、民族主義とまではいかないが、愛国心ならば確実に、新思想として受け入れやすく容認しやすい国だった。イラン人は、のちにアラブ世界を形成することになる「肥沃な三日月地帯」やエジプト、北アフリカの人々とは違って、自分たちのイスラーム以前の過去を知っており、その功績にある種の誇りをもっていた。彼らの過去の記憶は、厳密な歴史的証拠よりも伝説や叙事詩に負うところが大きいため、忠実よりも神話に近いが、実に生き生きとしていて、文学、美術、ペルシア人の自己認識と切っても切れない関係にある。もう一つアラブ世界の国々と違うところは、彼らは独自の言語をもっていたことである。それはアラビア文字で綴られ、語彙のなかにはアラビア語からの借用語がたくさんあるが、それでも基本的にはれっきとしたペルシア語であってアラビア語ではない。

イラン人は、十六世紀初頭のサファヴィー朝の勃興以来、一つの王朝政府のもとに統一された独自の王国を形成してきた。彼らはペルシア語を話し、ペルシア文化をもち、そのうえ、サファヴィー朝の勃興以来、最初は公認の、のちには支配的な宗教となったシーア派であることによって隣国と一線を画していた。隣国のオスマン帝国、中央アジアやアフガニスタン、インドなどのムスリム国家はみなスンナ派で、シーア派の信仰とは大きな違いがあったため、これらの国々との抗争は絶えなかった。愛国思想がイランに入ってきたのは遅いが、一旦入ってくると、それは反西欧、反近代、反世俗を標榜するシーア派の過激な運動者たちに抗しがたい魅力を感じさせた。

一八五三年一月九日、全ロシアの皇帝（ツァーリ）〔ニコライ一世〕は、サンクト・ペテルブルクのあるレセプションで、イギリス大使ジョージ・ハミルトン・シーモア卿と話しこんだ。シーモア卿の報告によれば、話題がオスマン帝国のことになると、皇帝はこう言った。「われわれにはもてあましている病人がいる。しかも重態でね。近いうちに、とりわけ必要な準備が整わないうちに病人がわれわれの手をすり抜けてしまうと、非常に困ったことになる」。シーモアは、この病人は手厚く看護して、回復を助けてやらなければなりませんと進言した。われわれに必要なのは内科医であって、外科医ではないと彼は言った。

内科医は国内にも国外にもたくさんいた。彼らは時折、激しく意見が対立するが、この病人の健康回復にいくらか役立っているように見えた。時間と安静が確保できたなら、彼らは成功していたかもしれない。だが、そのどちらの余裕もなかった。

第十八章　戦争の時代

中東内の勢力分布

オスマン帝国では、最終的決着がつくまで約百年にわたって、国内・国外双方の敵とのたえまない戦争がつづいた。そのうちの一つである一八二一年から二三年のイランとの戦争は、十六世紀はじめ以来、両国間で行なわれてきた一連の長い戦争において、第一に中東のムスリムの支配権をどちらが握るか、第二に両国の国境線をどこに引くかを決定するものになった。国境線は両者の合同委員会によって最終的に話し合われた結果、確定された。線引きについては、トルコとイラクとのあいだに多少意見の相違はあったものの、現在のイラクとトルコ共和国の東側の国境に落ち着いた。地域支配権をめぐるオスマン帝国とイランとの争いは、当事者および外部からの代替勢力の衰退でおさまった。双方の政治史をほぼ二百年にわたって左右してきたのは、ときには国内、場合によっては国外勢力の反目や闘争だった。こうしたたがいに張りあう外部勢力とその地元分子たちに対して、オスマン帝国は長いあいだ苦戦を余儀なくされ、引き延ばし作戦も結局、成功しなかった。

内敵との戦いもたくさんあった。その一部は、独立を求める民族主義運動にからむものである。そうした運動はみな、キリスト教徒が起こしたものだ。その大半が外部からの援助を得て、最後には勝利した。他方、帝国の混乱に乗じて、自分が統治している諸州を自治国にしようと野心を抱いた総督たちによる謀反もあった。その成功者の筆頭は、名目上はオスマン帝国の宗主権下にとどまりながら、ほぼ独立国に近い新王朝をエジプトに樹立したムハンマド・アリー・パシャである。規模こそ小さく、期間も短いながら、イラクやシリアにも似たような自治国をつくりあげた総督も一人ならずいた。

こうした総督たちの大半は、アラブ圏で軍事行動を起こしてはいるものの、アラブ人ではなく、トルコ語を話すバルカンやカフカス出身のオスマン帝国人だった。アラビア語を話す指導者が、ある程度の地域自治を獲得することに成功したのはわずか二つの地域にすぎない。

その一つがレバノンで、キリスト教徒もいればドルーズ派ムスリムもいる地元支配者たちが、山岳部に事実上の自治君侯国のようなものを樹立した。のちの大レバノン共和国はこれを核に形成されることになる。この君侯国と、まだオスマン帝国支配下にあった近隣地域は、十九世紀半ば以降、アラブ文化と経済のルネッサンスを迎えた。

もう一つのアラブ人の活動拠点はアラビア半島で、なかでもオスマン帝国、イラン、イギリスのあいだでもめごとの多いペルシア湾岸地域である。十八世紀末以降、部族や地域の首長たちはこうした反目を逆に利用して、かなりの自治を確保した。なかでも注目すべきは、一七五六年頃、名門サバーフ一族が実権を握ったクウェート(「要塞」を意味するインド語のアラビア語風縮小形)だった。

アラブ人で、オスマン帝国の正統性に挑戦したのはワッハーブ派だけだった。その創始者で、ムハンマド・ブン・アブド・アル・ワッハーブ(一七〇三―八七)と呼ばれるナジュド(アラビア半島中央部)の神学者は、預言者ムハンマドの純粋で厳格なイスラームへの回帰を呼びかけ、これを腐敗させゆがめている迷信、邪教崇拝、悪しき習慣、それらを支持、奨励する諸制度を拒否した。彼の帰依者のなかには、ナジュドのダルイーヤの首長ムハンマド・ブン・サウード(正確にはイブン・アル・スウード)がいる。伝えられるところによれば、ムハンマド・ブン・アブド・アル・ワッハーブは帰依者に、自分の主義主張と武器の使用の両方を教示したと言われる。十八世紀半ば以降、イブン・サウードに軍事技術の指導を受け、イブン・アブド・アル・ワッハーブの宗教的教義に感銘した新たな信仰戦士たちが、アラビア半島の大部分を征服し、やがてはシリアとイラクの国境地帯を脅かすようになった。信仰の浄化への戦いは、ムハンマドとその直弟子時代のイスラームの勃興と拡大の再現を思わせるものだった。だが、オスマン帝国は弱体化し多くの問題を抱えていたとはいえ、ワッハーブ派のサウードの攻撃を難なく撃退することができ、ビザンツ帝国もペルシア帝国も掌中にできなかった地域を征服した。七世紀には攻撃側も防御側もほぼ同じような武器を使っていたが、十八世紀から十九世紀のオスマン帝国には大砲があったのだ。

ロシアの攻勢と東方問題

オスマン帝国軍はベドウィンの反乱は鎮圧できたものの、ヨーロッパ諸大国を撃退するほどの実力はなかった。国外の戦争のなかには、国内の反乱に外部勢力が介入したことがきっかけで始まったものもあれば、大国同士の反目から生じたものもある。一八〇六年から七八年までのあいだに、ロシアはオスマン帝国に四回の戦争を仕掛け、そのたびに相当な領土を奪った。西側諸国が介入してその一部を放棄させることがなかったなら、オスマン帝国の敗北はもっとひどいものになっていたであろう。

これらの度重なる介入で、オスマン帝国の衰退という大きな変化が浮き彫りにされた。それはやがて外交官のあいだで「東方問題」と呼ばれるようになった。こうした状況下で、オスマン帝国の存続は、オスマン帝国軍の頑固だが結局は役に立たない防衛ばかりでなく、ロシアの勢力拡大を憂慮する他のヨーロッパ列強の介入という新しい要因に左右されることになる。大国間の敵対意識に気づいたオスマン帝国政府は、ますます巧みに漁夫の利をむさぼり、列強諸国の提供する好機を自国に有利に利用した。

遠い昔の一六九九年、第二次ウィーン攻略に失敗したオスマン帝国軍は最終的に撤退し、はじめて敗北者としての和約を結んだ〔このカルロヴィッツ条約でハンガリーを失った〕。このとき、オーストリアの勢力伸張を案じたイギリスとオランダ政府を代表する両国のイスタンブル駐在大使の助言と援助で、大分得をした経緯がある。

十九世紀になると、外交面ばかりでなく、軍事面の介入も常態となった。フランス革命とそれにつづくナポレオン戦争のあいだは、トルコ人はフランスと、敵対するイギリスの両方から援助を受け、のちにはロシアと敵対するフランスと手を結ぶ。一八二九年にトルコとの戦争で勝利したロシア軍に、講和条件の緩和を求める調停役をしたのはプロイセン人だった（アドリアノープル条約で占領地の大半を返還）。クリミア戦争（一八五三―五六）では、イギリスとフランスがともに対ロシア戦でオスマン帝国に味方した。一八七八年の第四次露土戦争で敗北したオスマン帝国は、イギリス外交官の介入でその政治的影響を軽減することができ、帝国の瓦解を二十世紀まで延期することができた。そのあいだに西側連合国は、この病人の遺産――オスマン帝国の直轄領ではなくて、一応オスマン帝国の宗主権下にあるが地元支配になっている遠隔地の分割について、事前の話し合いをつけていた。

十九世紀から二十世紀はじめにかけて、イランもオスマン帝国とほぼ似たような挑戦を受けた。イランのとった対策は、全体として単純なものだったが、抱いた危機感は同じようなものだったであろう。一八〇六―〇七年、イランがヨーロッパとの争いに巻きこまれたとき、ナポレオンはテヘランに使者を送ってイラン国王（シャー）に援助を申し出て、ロシアに奪われた北部の領土を取り戻し、南部のインドではイギリス軍を叩いてやった。だが、一八〇七年にティルジットでフランスとロシアの講和条約が調印されたあと、フランスはイランに関心をもたなくなった。ロシアとイギリスは相変わらず虎視眈々としており、イランの歴史は百年以上にわたって、この二大ヨーロッパ帝国のアジアでの対抗意識の狭間で揺れ動いた。地元支配者や国王に容赦せず踏みこんできたロシアは、最初にカスピ海の西側を、やがて東側も征服して、イラン北部と直接国境を接するようになった。インドに支配権を築いたイギリスは、イランの南東の国境にイギリス軍を配備し、国境以遠へのにらみを利かせていた。ロシア軍の南下と、テヘランへのロシアの影響力の増大につれて、イギリスはロシアの進出を大英帝国の利害関係を脅かすものとみなし、自国の勢力を伸張してロシアの侵略を阻止しようと懸命になった。

フランスは事実上撤退していたし、ドイツはオスマン帝国と同盟を結んで、その領土を通って進出してくる第一次世界大戦まで、大挙して攻め寄せてくる気配はなかった。オスマン帝国とは違って、イランはそれまで対抗するべき相手は北のロシア、南のイギリスという二つの大国だけだった。

イランは、いくつかの点でオスマン帝国よりも好条件下にあった。宗教上の少数派は規模も小さくて、アルメニア地方をロシアに奪われてからはとくに気にかかる存在ではなかった。民族的少数派も、必ずしもいつもイラン国家に屈従してはいなかったが、別の国に付いたり、新国家を樹立するような気配はなかった。これらは少なからぬ利点である。

イランの歴代国王がとってきた政策は、オスマン帝国のスルタンたちをある程度まで手本にしたもので、軍隊の近代化と中央集権化、それにともなう行政と教育の強化、通信網など近代的なインフラの整備には、必要ならば外国勢の進出も認め、西欧の科学技術や方式も必要最小限度は取り入れたり、自分たちに合うように改変したりする措置をとる一方で、敵対関係にある大国をたがいに牽制させておいて、自国の独立を保持するところなどもよく似ていた。

だが、国内、国外を含めたこれらの政策すべてにおいて、イランはオスマン帝国よりもスケールが小さく、達成度も低かった。軍部や民間の改革も徹底しなかったし、中央集権化政策も、地域や部族の党派主義によって妨げられたり、ぶちこわしにされたりした。そのため、敵対関係にある諸帝国の進出を阻止する企てもままならなかった。

ロシアからの圧力は、主として軍事的なもので、次々と条約を結んでは征服と併合を承認させた。イギリスはおもに経済面、外交面で触手を伸ばし、一連の協定や譲歩を取りつけた。だが、どちらの大国も相手の出方には無関心だった。イギリス軍は時々インドから出兵して、イギリスの意思をイランに押しつけ、ロシアのビジネスマンや外交官は、ロシアの活動範囲や影響力をせっせと広げた。一八六四年、イギリスの企業がインドとの通信連絡路の一部としてイランにはじめて電信を開設した。これにつづいて、一八七二年にはいわゆる「ロイター通信社への独占的開発利権」が認められ、イギリスの一会社にイランの鉱物資源の開発、銀行の設立、電信網・鉄道網の敷設などが認められた。イラン税関への支払い方法について約定も交わされた。ところが、実際の工事がはかどらず、加えてロシアからの強硬な反対にあって、イラン政府はこの開発利権契約を撤回した。一八七九年、ロシアは、表向きはイラン国王の衛兵という名目で、実はロシアで養成し、武器・装具もロシア製のうえ、一部には将校までつけたコサック軍団を設立するという快挙を成し遂げた。ロシアの中央アジアへの進出で、ロシアはイラン北部に地歩を築き、さらなる南下のための基地とした。ロシアの成功と進出がつづくなかで、唯一の重要な例外は、イギリスが一九〇一年に石油採掘権を取得したことである。

一九〇五年にはイランにとってばかりでなく、中東全域に大きな変化をもたらす出来事があった。ロシアが日露戦争で屈辱的な敗北を喫したのである。ヨーロッパの帝国がはじめてアジアの民族国家に敗れたのだ。この敗北でロシアでは深刻な問題が顕在化し、一九〇五年十月にはとうとう、ロシア史上はじめて代議制による議会政治を定めた憲法の発布を余儀なくされた。イランでも、その教訓はしっかり受け止められた。ロシアの歴代皇帝による専制国が敗北し、一八八九年にすでに憲法を発布している日本が勝ったのである。ロシアは日本を見習って、自由民主主義の力と有効性を証明しようとしていた。

ペルシアの立憲革命が始まったのは一九〇五年十二月である。若干の闘争はあったものの、一九〇六年十月にテヘランではじめての〈マジュリス〉（国民議会）が開かれ、起草された憲法に国王が署名した。

だが、そのあいだに国際情勢はイランに大幅に不利に変化していた。ドイツの勢力伸張に共通の不安を感じたロシアとイギリスが手を組んで、一九〇七年八月、協約を結び、事実上、イラン北部をロシアに、ペルシア湾周辺の南部をイギリスに分け、中央の帯状地帯は両国に開放する取り決めをした。それからしばらくのあいだ、国王と国民議会（マジュリス）、イラン人の反動派と自由主義勢力のあいだで紛争がつづき、まもなくロシアとイギリスの利害関係にも再びひびが入った。一九一四年に第一次世界大戦が始まったときには、ロシア軍のイラン北部への侵攻と占領はすでに着々と進みつつあった。

一九〇八年のオスマン帝国の立憲革命は、もっと幸先のよい国情のなかで始まり、一時は新時代の幕開けを予告するかに見えた。スルタン・アブデュルハミトの専制体制は打倒され、三十年間棚上げにされていた憲法が再び発布された。自由選挙が告示され、トルコ人、アルメニア人、ムスリム、キリスト教徒、ユダヤ人らが街頭で抱きあって、自由と人類同胞主義の新時代到来を期待した。この革命について、あるトルコ人歴史家は一九四〇年に出版された本のなかで次のように記している。

「世界じゅうでこれほど大きな期待を呼び起こした運動はほとんどない……同様に、期待がこれほど急速に失望に終わった運動もまことにめずらしい」

バルカン戦争と第一次世界大戦

オスマン帝国のキリスト教徒とヨーロッパ列強は、「青年トルコ人」革命を大きな前進と見て歓迎する一方、それによって自分たちの他の計画が妨害されることは許さなかった。それどころか、これを逸してはならない好機と見ていたように思われる。オーストリア＝ハンガリー帝国はすかさずボスニアとヘルツェゴヴィナを併合し、ブルガリアは独立を宣言、一八九六年のギリシアとトルコの戦争のあと、オスマン帝国内で自治が認められていたクレタ島はギリシアへの併合を発表した。一九〇九年には、反革命暴動が血みどろの闘争のあげく鎮圧された。

一九一一年九月、イタリアのトリポリ攻撃で新たな一連の戦争の幕が切って落とされた。この頃までにはすでに、エジプトからモロッコにいたる北アフリカの地中海沿岸のほぼ全域が、イギリスもしくはフランスの支配下にあった。オスマン帝国の管轄地はキレナイカとトリポリタニアの二つだけだった。帝国主義ゲームに遅れをとったイタリアは、「ヨーロッパの病人」の領土に少なくとも足場だけは築いておこうと決心し、ヨーロッパ列強の同意を取りつけて陸海両軍による攻撃に出た。イタリアの北アフリカ進軍は、思いがけず強硬なオスマン帝国と地元の反撃にあったが、同年十月、オスマン帝国がもっと近いところでもっと大きな脅威に新たに遭遇したために、抵抗は沙汰やみになった。

第一次バルカン戦争は一九一二年十月十八日に始まり、一三年五月三十日に終わった。バルカンの同盟国ブルガリア、セルビア、ギリシアはオスマン帝国からかなりの領土をむしり取り、アルバニアは独立国家の仲間入りをした。この勝利を収めた同盟国間で行なわれた一九一三年六—七月の第二次バルカン戦争で、オスマン帝国は失った領土のわずかな一部とはいえ、エディルネ地方をマリツァ川の線まで奪回することができた。これが現在のトルコとヨーロッパの国境になっている。

こうした紛争のさなか、大きな期待のもとに樹立された「青年トルコ人」によるかりそめの民主政権が樹立され、一九一三年一月のクーデターで、事実上は軍事政権が誕生した。翌年「青年トルコ人」は、ドイツ・オーストリア側について世界戦争に巻きこまれるというへまをやって死闘を繰り返し、元来の味方であるイギリスと宿敵ロシアに手をつながせ、敵に回してしまった。

第一次世界大戦は、オスマン帝国が他の列強に混じって大国として戦った最後の戦争だった。一九一四年十月末、二隻のドイツの巡洋艦をともなったトルコの戦艦数隻が、ロシアの黒海沿岸の港オデッサ、セヴァストーポリ、ティオドシア（フェオドシア）を砲撃した。オスマン帝国のスルタン＝カリフは、自分とその味方に武器をもって立ち向かう者全員に対して〈ジハード〉（聖戦）を布告した。イギリス、フランス、ロシアの三大同盟国は、中央アジア、北アフリカ、インドに散らばる膨大なムスリム人口を支配しており、トルコとその同盟国ドイツは、これらのムスリム臣民がジハードの呼びかけに応じて帝国主義支配者に反旗を翻すであろうと期待した。ところが、彼らは立ちあがらず、オスマン帝国は東部と南部の国境で、ロシアとイギリスという超大国に挑戦せざるをえなくなった。

最初のうち、事態はトルコに有利に展開した。一九一四年十二月、トルコはアナトリア東部で攻勢に出て、一八七八年にロシアに割譲していたカルスを奪回し、中立を宣言しているもののそれを保持する実力のないイラン国王政府を自由自在に操っているロシアから、イラン北部の都市タブリーズを短期間ながら奪った。南部では、一九一五年はじめ、パレスチナから出動したオスマン帝国軍がシナイ砂漠を越え、イギリス占領下にあったエジプトのスエズ運河を攻撃した。

だが、こうした成功も長続きはしなかった。東部ではロシア軍が強硬な反撃に出て、地元の助けを得ながらアナトリア東部のヴァン州に入り、しばらくそこを保持した。南部では、スエズ運河を襲ったトルコ軍が、その頃インドからペルシア湾に遠征部隊を派遣していたイギリスによって撃退された。一九一四年十一月二十二日、イギリス軍は当時オスマン帝国の港湾都市だったバスラ〔現在のイラクの南東部〕を占領。イギリスの当面の目的はイランから引いた石油パイプラインを守ることだったが、緒戦の成功でさらに野心的な作戦を立てていた。一九一五年のイギリス軍は、ティグリス・ユーフラテス両河畔のたくさんの地域を占領し、バグダードに向かって北進を開始した。

他方、オスマン帝国は首都のすぐそばで、はるかに危険な攻撃にさらされていた。一九一五年二月、イギリス軍はダーダネルス海峡付近で海軍による軍事作戦を開始し、リムノス島を占領して、そこに基地を設立した。その年の春から夏にかけて、イギリス軍とオーストラリア軍はガリポリ半島のあちこちに上陸し、オスマン帝国のボスポラス・ダーダネルス両海峡の防衛を突破して黒海のロシア軍との連携をもくろんでいた。

一九一五年末から一六年はじめにかけて、事態は再びオスマン帝国にやや有利になった。ロシア軍はヴァン州から追い払われ、イギリス軍はイラクで敗北し、降伏を余儀なくされた。スルタン軍はスエズ運河で再び攻撃を開始した。一九一六年初頭の激戦で多数の死傷者を出したイギリス軍とオーストラリア軍は、ガリポリ半島から撤退し、ボスポラス・ダーダネルス両海峡の奪取を諦めた。

だが、長期的には連合国の優勢は変わらなかった。一九一七年のロシア革命以降、東部からの圧力は緩和されたが、南部からのイギリスの進軍はもはや阻止しようがなかった。

アルメニア問題

こうした紛争と激動のあいだ、オスマン帝国臣民の大部分は、民族や宗教に関係なく、国家に忠実だった。だが、アナトリアのアルメニア人とアラビア半島のヒジャーズ地方のアラブ人のなかには例外もあった。アルメニア人やアラブ人の大半は平和を好み、法を守る人たちで、男性はスルタン軍に出仕していたが、両グループの民族主義指導者のなかにはこの戦争を、オスマン帝国支配を断ち切り、民族国家樹立の好機と見ていた人たちもいたのである。たしかに、さしあたりスルタンの敵であるヨーロッパ列強の助力なしに、それが達成されることはあるまいと思われた。ロシア軍は一九一四年に四つ、一五年にはさらに三つの大きなアルメニア人義勇軍部隊をつくった。これらは、最初はロシア領アルメニアで旗揚げしたものだが、そのいずれにもオスマン帝国臣民のアルメニア人が入っており、なかには戦場離脱者や著名人もいた。その部隊の一つを指揮していたのは、元オスマン帝国議会のアルメニア人議員だった。アルメニア人ゲリラ部隊はこの国のあちこちで活動しており、アナトリア東部のヴァン市やキリキアのジェイハンの町など、アルメニア系住民による武装蜂起が起きたところもいくつかある。

一九一五年春、アルメニア人反乱軍がヴァン州を制覇し、イギリス軍はダーダネルス海峡におり、ロシア軍が東部を攻撃中で、別のイギリス軍がバグダードに向かって進軍していることが明らかになったとき、オスマン帝国政府はアナトリア在住のアルメニア人の追放と強制移住を決定した。この地方では聖書の時代からよくあった悲しい慣習である。アルメニア人のなかでも、カトリック教徒、プロテスタント、鉄道労働者、軍人とその家族など、追放措置を免れた人たちもいる。だが、アナトリアでは、危険区域や怪しいグループからはるかに離れたところに住むアルメニア人まで、実に多くの人が強制移住などの致命的な影響を受けた。

強制移住者は筆舌に尽くしがたい苦労を味わった。交戦中の帝国は極端な人手不足で、兵士も軍警(ジャンダルム)も出せなかったから、強制移住者の移送の仕事は急いで駆り集めた地元の武装集団に委ねられた。統計によって数はかなり異なるが、少なくとも数十万人、百万人以上のアルメニア人が殺害されたことはほぼ確かなようだ。飢え、病気、遺棄で死んだ人も大勢おり、怠慢、もしくは護送隊の給料不払いや食糧不足、規律の乱れなどの複雑な事情がからんで、地元の部族や村人、あるいは護送隊員に残酷な殺され方をした人たちもたくさんいる。

オスマン帝国中央政府は、こうした行き過ぎの是正に少しは努力していたようだ。古文書保管所には、オスマン帝国当局高官からアルメニア人に対する暴力行為を禁止または処罰する旨の電報が残っている。そのなかには、オスマン帝国市民ならびに軍人が、追放者を攻撃した廉(かど)で裁かれ、なかには死刑に処せられたケースも含めて、約千四百例の軍事裁判記録が含まれている。だが、こうした努力もあまり功を奏さなかった。アルメニア人と、かつては平和に暮らしていた隣人とのあいだに、民族、宗教をめぐるもめごとがつづいた数十年間に蓄積された苦々しい体験により、事態はさらに悪化しつつあった。イスタンブルとイズミール、オスマン帝国支配下のシリアとイラクの大半の地域は、追放命令から除外されており、生き延びた被追放者たちはそこへ移った。

アラブ人の反乱

オスマン帝国に対するアラブ人の反乱は、場所、計画、タイミング、支援などすべての面でアルメニア人の場合よりも恵まれていた。アルメニア人はアジアのなかでもトルコの中心部にいて、まわりはムスリム多数派が占めていたのに対し、アラブ人の反乱は、世襲のアラブ人支配者、シャリーフ・フセインの統治下にあるアラビア半島のヒジャーズ地方で始まった〔口絵33参照〕。この地域は純粋なアラブ人の住むムスリムの地帯で、イスラームの二つの聖都メッカとメディナがある。オスマン帝国の権力中枢からは遠く、エジプトにいるイギリス軍との接触が容易だったことは、さらに大きな利点だった。アラブ人の反乱はまた、イギリス軍にも利するところがあった。一九一七年にシャリーフ・フセインがはじめてヒジャーズの独立を宣言し、のちにみずからを「アラブ人の王」と称するようになるまでには、両者の長い、慎重にして隠密な駆引きがあったのである。フセインとのあいだで取り交わされた手紙〔フセイン＝マクマホン書簡〕のなかで、アラブ人の独立をいいかげんな定義で約束していたイギリス政府は、この二つの宣言（ヒジャーズの独立と「アラブ人の王」を名乗ったこと）を認めた。

巨大な正規軍が散開する戦場で、数千人のベドウィン非正規兵が果たした軍事的役割は微々たるものであったかもしれない。だが、アラブ人部隊がトルコと戦うという心意気、ひいては二つの聖地の支配者が、オスマン帝国のスルタンと彼の呼びかけるジハードを堂々と非難したことのほうが、はるかに大きな意味があった。それはまた、配下のムスリム臣民に権威を保持したいイギリスやフランスにとって、とりわけ利用価値が高かった。アラブ人の反乱はまた、タイミング的にも好都合だった。アラブ人地帯全域でオスマン帝国軍が大々的に撤退を始めた時期だったからである。だが、おそらくいちばん重要なことは、アラブ人が後援者に恵まれたことであろう。ロシアと違って、イギリスは国内の革命でがんじがらめになっておらず、終始一貫、軍事援助をつづけることができた。その後の政治的約束の履行はまた別問題である。だが、少なくともイギリスはアラブ反乱軍をオスマン帝国の報復から守ったのだ。

一九一六年末、イギリス軍はエジプトからオスマン帝国領パレスチナへ進軍を開始した。別のイギリス部隊はイラクに上陸し、中断されていた北進を再開した。一七年春までには、イギリス軍はイラクのバグダードとパレスチナのガザを占領していた。一七年十二月にはエルサレムを、一八年十月にはダマスカスを奪取。一八年十月二十九日、三日間の予備交渉を終えたオスマン帝国代表団は、リムノス島のムドロス沖に停泊中の大英帝国海軍戦艦「アガメムノン」号艦上に赴き、翌日、休戦条約が調印された。

オスマン帝国の終焉

第一次世界大戦を境に、進出する西欧に対するイスラームの後退はピークに達した。公的には中立だったイランには、外国の軍人とその地元の補助部隊があふれた。オスマン帝国領内でのこの最終戦争は、クリミア戦争のときとよく似ていたが、ヨーロッパははるかに深く介入し、ありとあらゆる形の変化がすさまじい勢いで展開した。クリミア戦争と違うのは、この戦争が敗北に終わったことである。トルコはそのアラブ人地域をイギリスとフランスに割譲せざるをえなくなった。トルコ人の故郷アナトリアだけがなんとか勝利者への反抗を貫くことができ、苦闘のすえ、トルコ共和国として独立を果たした。

一九一八年から三九年のあいだは、ヨーロッパ史の枠組みのなかでは「戦間期」とよく言われるが、むしろ同じ戦争が別々の展開をするあいだの長い休戦期間と見ていた人たちもいる。だが、中東という枠組みのなかでは、そのどちらの定式化もうまく当てはまらない。これらの歳月はこの地域の歴史にとっては幕間劇、あるいは外科医用語で言う、「予定を狂わせる不測の出来事」と言ったほうがわかりやすいかもしれない。中東の枠組みのなかでのこの期間は、二つの世界大戦のみならず、両大戦間の気まぐれな平和をも含んでいるように思われる。

この時期は、良きにつけ悪しきにつけ、中東の大半に四百年以上も幅を利かせてきた旧秩序の崩壊、もう少し正確に言えば、破壊で幕開けした。オスマン帝国は、先人のいとなみの基盤の上に、長持ちする政治機構と、うまく機能する政治制度を構築していた。彼らはまた、それぞれの集団や個人が自分の立場、自分の権限や分際、さらに大事なのは、彼らが権利と義務、それもだれがだれに対して必要かということがよくわかる政治文化を生みだしていた。オスマン帝国の制度は何度か不運に遭遇したが、幾多の困難があったにもかかわらず、まだ機能しつづけていた。それはキリスト教徒臣民の大半からは見放されてしまっていたが、ムスリム人口の大部分からはその正統性が認められていた。オスマン帝国体制は、崩壊寸前の最後の数十年間に回復や改善の兆しさえ示しはじめていたのである。だが、そのような展開も、オスマン帝国の第一次世界大戦突入で雲行きが変わって尻すぼみになり、国家の崩壊と領土の割譲で帝国の終焉を迎えてしまった。

中東の諸事件の成行きが、とりわけ危機にさいして、ヨーロッパ列強の利害関係、野心、作戦行動によって深遠な影響を蒙るようになったのは、十八世紀末のボナパルト将軍（のちのナポレオン）のエジプト遠征後のことである。オスマン帝国が消滅し、ヨーロッパ大国がこの地の支配者として厳然と居座るようになってから、帝国同士の敵対意識は新たな、どぎついものになった。

こうした敵対意識には三つの側面があった。その第一は、この地方で采配を振るっていたのは主としてイギリスとフランスで、国際関係の主要テーマは両国間の競争にあった。第二の側面は、一九三〇年代から四〇年代にかけて、この地域の英仏支配に、最初はイタリアが、次いでナチス・ドイツが新たに挑戦してきたことである。第三は、第二次世界大戦中にイタリアと、やがてはドイツが姿を消し、その後フランス、次いでイギリスも弱体化してもはや支配的役割を果たせなくなり、遠くのほうでソヴィエトとアメリカという局外大国が新たにしのぎを削るようになって、それがその後の事態の進展を左右することになったことだ。

第一次世界大戦後、戦場の硝煙と外交の霧が晴れてみると、中東にはいくつかの大きな変化が起こっていることが判明した。東西ヨーロッパに支配されてきた人々にとって、新たな希望を抱かせる変化もそのなかにはあった。ロシアでは、革命のあと中央からの支配力がゆるんだことで、中央アジアとザカフカズの両方でリベラルな民族主義者ムスリム体制の設立が可能になる一方、さらに南部では、イギリスとフランスが支配下のアラブ人たちに民族自決と、やがては独立を約束した。北アフリカでさえ、一九一八年十一月には民族主義指導者らがトリポリタニア共和国の樹立宣言を行ない、イタリアはそれをしばらくのあいだ喜んで認めていた。

だが、こうした希望はたちまちしぼんだ。中央アジアとザカフカズでは、赤軍の活動開始とモスクワの支配の復活で、これらの国々の独立の試みに終止符が打たれ、ロシアの勢力範囲にしっかり組みこまれてしまった。イタリアも同様に、トリポリタニアとキレナイカで地方支配者を征服し、自国の権力下に入れた。この二国はイタリアの植民地となり、一九三四年一月に統合されて、リビアと呼ばれるようになる。

アジア南西部では、和平条約がアラブ人の期待に添うものではなかったが、それでも利するところは大きかった。イギリスとフランスは「肥沃な三日月地帯」を以前のような植民地や属州にするのではなく、分割して新しい国家とし、国境線を引きなおして新しい名前をつけ、国連からの委任統治下に置いて独立の準備をさせた。これらの新国家に、両国は自国をモデルにした諸制度を設立した。東側は、最初はメソポタミア、やがてイラクと呼ばれるようになって、イギリス委任統治下の君侯国として、シャリーフ・フセインの息子ファイサル王が統治した。それまで漠然とシリアとかレヴァント（地中海東岸部）と呼ばれていた西半分は、中央部と北部はフランスに、南部はパレスチナと名づけられてイギリスに割当てられた。委任統治を委託された英仏両政府は、その後さらに領土を細分化し、フランスはレバノンとシリアという二つの共和国を設立した。同様に、イギリスも委任統治地区を二つに分け、東側にシャリーフのもう一人の息子アブドゥラが支配するアラブ首長国をつくってトランスヨルダンと命名し、西側のパレスチナはイギリスの直接管理区とした。パレスチナという呼び名は、現在ではもっと限られた地区を指すものになっている。

アラビア半島では事態の成行きは大分異なる。イギリスの植民地であり保護領でもあった南西のアデンと、程度の差こそあれ、一時はイギリス支配下にあったペルシア湾岸沿いのいくつかの首長国を除いて、半島の大部分は事実上、独立を謳歌していた。なかでも目立った進展ぶりを見せていたのが、第二次ワッハーブ派教義を成功裡に広めていたサウード家である。一九一四年に戦争が勃発する頃には、当時の家長アブドゥル・アジーズ・ブン・サウードはアラビア半島部一帯にまで支配権を広げており、対トルコ戦ではイギリスの援助が必要だったので、イギリスとの絆も強めていた。第一次世界大戦後の彼は、アラビア半島北部と南部で征服、奪取、併合を進めて領土を広げ、前任支配者たちを退位させたり、追放したりした。

アラビア半島東部および南東部と大英帝国の利害関係をよく承知していた彼は、東部の首長国や君主国には戦争を仕掛けず、かわりにアラビア半島南西部にまだ二つだけ残っていて敵対関係にある国に勢力を傾けた。その一つが、対トルコ戦でアラブの反乱の英雄となったフセインの率いるヒジャーズ王国、もう一つは半島南西の端にある世襲教主（イマーム）の率いるイエメンである。

一九二四年、イブン・サウードはヒジャーズ王国征伐を開始し、二五年末までに、メッカ、メディナ、ジェッダを奪い、フセイン王は息子のアリーの国外退去を条件に退位した。二六年一月八日、イブン・サウードはヒジャーズの王とナジュドのスルタンに即位したことを宣言。三二年九月、国名をサウジアラビアと改めるまで、この称号を保持した。その後つづいた和平強化時代に、イブン・サウードはトルコ、イランをはじめ、長く激しい論議のあと、最終的にはトランスヨルダンとも友好条約を締結した。

一九三四年春、今度はイエメンとのあいだに新たな戦争が始まった。サウード家は軍事的勝利は可能だったが、イギリスの調停により、国境線を一部修正はするがイエメンの独立は保持することで和平協定を結ばざるをえなくなった。

トルコ共和国とイラン・パフラヴィー王朝の成立

一九一八年末には、中東の覇権をめぐって何百年も争ったり手を組んだりしてきたトルコとイランは、それぞれの国の独立自体が失われそうな、火急の危機に直面していた。オスマン帝国は敗北し、首都を占領されて、なすすべもなく横たわり、勝利した敵国はその領土を自国とその衛星国で山分けしようとしていた。イランは、名目上中立国だったにもかかわらず、トルコ、ロシア、ドイツ、イギリスなど、まるで主権国家であるイランなど存在しないかのように、外国勢の交戦国の戦場に利用され、西欧の増大する勢力に蹂躙（じゅうりん）された他のアジアやアフリカ諸国と同じ運命をたどるほかないように見えた。

ところが、トルコもイランも別々な経緯をたどってこの運命を免れる。変化はまず、一九一九年に起こった。のちに「父なるトルコ人（アタチュルク）」と呼ばれるようになるトルコ人将校ムスタファ・ケマルが、アナトリアの中心部で外国の侵入者・占領者に対する抵抗運動を組織し、そのリーダーになった。相次ぐ戦いでめざましい勝利をあげた彼は、外国勢をこの国から追いだし、戦勝国がスルタン政府に押しつけた過酷な講和条約を無効にした。スルタン政府はこうした新勢力と一致協力することを拒否したので、アタチュルクはスルタン制を廃止し、共和国樹立を宣言した〔口絵31参照〕。彼の主導権のもとにトルコ共和国は大規模で総括的な近代化計画を推進し、ムスリム世界では希有な政教分離を成し遂げた。

イランでは、同じ年の一九一九年、イギリス・ペルシア条約が締結され、イランの独立と統合を認めると同時に、事実上はイギリスの支配をやりやすくする協定が結ばれた。ところが、この条約を批准するために召集されたイラン国民議会は、条約の承認を拒否した。そこへイラン北部に、当時ボリシェヴィキを装ったロシア軍が再出現し、事態はいっそう複雑になった。しばらく無政府状態がつづいたあと、一九二一年二月、イラン・コサック軍の将校レザー・ハーンが権力を握り、二五年に現国王を退位させ、みずから国王を宣言して、事実上の独裁政権を確立した。のちにパフラヴィー朝と呼ばれるようになるレザー・ハーンによって創立された王朝は、一九七九年にイラン・イスラーム革命によって打倒されるまでつづく。アタチュルクと同様、レザー・ハーンも中央集権化と近代化政策を推進するが、違うところは、イスラームを廃止する意図はまったくなかったことである。

中東でムスリム国家として生き長らえたのは三つの地域にすぎなかった。しばらくのあいだは英仏の支配下で安定しているように見え、諍い(いさか)はあっても、それは両大国のあいだで終わっていた。ところが、二つの世界大戦のあいだに両国の支配意欲は衰えはじめる。経済の弱体化と士気の低下に苦しむ両国は、もはや帝国建設時代の先人の強靭な精神力や自信を失っていた。

逡巡がつづくうちに、被統治国の国民のあいだに新たな反乱ムードが台頭した。二十世紀初頭にロシアを敗北させた日本に、立憲君主制と産業の近代化のさわやかな手本を見ていたトルコは、今や戦勝国が押しつけた和議から解き放されて、民族主義の効能を如実に示しはじめていた。ムスタファ・ケマルの率いるトルコ軍が、アジア・アフリカでははじめての民族主義革命に成功すると、勝ち誇っていた連合国に対する彼らの勝利と勇敢な挑戦は、ムスリムばかりでなく、自分自身の武器で西欧にはじめて立ち向かい、勝利を上げた他の国民にも新たな希望を与えた。しばらくのあいだ、近代化に邁進するトルコ共和国は、それ以前のイスラーム教徒のオスマン帝国時代と同様、イスラーム世界全体の行く手を照らし出しているように思われた。だが、ケマル・アタチュルクが目指していたのはそういうことではなかった。彼の、イスラーム教の国教制度の廃止、国家と法律の宗教からの分離、トルコをヨーロッパの一員としようとする意図などは、最初は彼の勝利に喝采を送っていた多くのムスリムの反感をかき立てた〔口絵32参照〕。

パレスチナ委任統治の失敗

新しい支配者に対する暴動の頻発は、ほとんどのアラブ国でも起こり、直接支配という単純な政策ではうまくいかないことが判明した。そこで、委任統治政府はアラブ人政府を通して間接的に支配することにより、目的を達成しようとし、彼らにある程度の独立を認めることを提案すると同時に、国内に駐留軍を置く権利を含む、自分たちの特権的地位を守る協定に調印を求めた。

この政策は失敗だった。民族主義者たちに対して委任統治政府が示した譲歩は、つねに少なすぎるか、遅すぎた。取り決めができても、それが政治的に行動的な人たちの支持を得ていなかったり、なんらかの共通の外圧の影響下にあって民意を表明していない政府代表によって調印されていた。イタリアのエチオピア侵攻が、イギリスとエジプトの双方にとって脅威に感じられ、一九三六年に結ばれたイギリス・エジプト条約もその一つだった。アラブ人の失望は一連のさまざまな民族運動の形で表出した。彼らはきびしい闘争を耐えぬき、少なくとも政治的目標を達成するという点では、おおむね成功した。保護国だったエジプトと委任統治下にあったイラクは、まもなく形のうえで独立が認められた。だが、イギリスの駐留は、イラクには帝国空軍の常駐、エジプトのスエズ運河地帯その他には陸軍基地を置くという形でつづいた。民族主義者たちの努力もつづき、外国軍隊を最終的に撤収させ、不平等条約を破棄し、形式だけではなく実際の独立をようやく勝ち取った。

地中海東岸諸国では、委任統治制度はさらに長く存続した。フランスはシリア・レバノン地域に残り、イギリスはパレスチナの自治を徐々にトランスヨルダンの首長に委ねるという形をとりながらも、一応、直接支配をつづけていた。

どちらの地域でも事情は複雑だった。レバノンは、新たにできた中東諸国のなかでも、アジアにおけるオスマン帝国の崩壊の瓦礫の寄せ集め的な特殊な国だった。ほかの国々のように新しくできたのではなくて、既存の、しかも根深い歴史のある国で、数百年にわたるオスマン帝国支配のあいだも、しばしば大きな問題を抱えながらも、別途の自治権を保持するという昔からの伝統があった。フランスは、山岳部とその周辺という本来のレバノンの中心部に、いくつもの隣接地域を加えて「大レバノン」とした。その中心部は、おもにキリスト教徒と非スンナ派のムスリムが住んでいて、長いあいだ、オスマン帝国内の社会的に、知的に、ときには政治的に独立を求める人たちの避難所だった。ベイルートの北の地方は、中東全体で唯一の独立した自作農の共同体を形成しており、十九世紀のベイルート港周辺には、裕福なキリスト教徒中産階級が増えつつあった。彼らのエネルギーと才覚が、経済面ばかりでなく、政治的にも知的にも、アラブ文化の復活に計り知れない大きな貢献をした。ムスリム民族主義の台頭で、キリスト教徒の役割が縮小していくあいだにも、レバノンはしばらくのあいだ、アラブ世界のなかで文化や宗教の多元性と、経済的・政治的自由の残る唯一のセンターとして、ユニークな役割を果たしつづけた。

レバノンのキリスト教徒の砦が、アラブ・イスラーム世界で一つの例外的存在であったとすれば、そのすぐ南には、もっと大がかりな例外が生まれつつあった。パレスチナには大昔からユダヤ人がいたが、ローマ時代後期には人口の多数派ではなくなっていた。この国のユダヤ人口はしばしば、宗教心に啓発されて移住してきた人たちである。十九世紀の最後の二十五年間に、こうした事態にまったく新しい要因が加わり、大勢の若いユダヤ人が東ヨーロッパからパレスチナにやってきた。彼らを触発したのはシオニズム〔ユダヤ人の国家建設運動〕だった。これはある意味ではユダヤ人の宗教的伝統から生まれた運動であるとともに、当時流行した新しい民族主義イデオロギーのユダヤ人版でもあった。それがヨーロッパやのちには中東での彼らの受け入れ拒否や迫害に対応する必要に迫られて、勢いづいたのである。彼らとその後継者たちが築いた入植地は、その後のイスラエル国家の礎(いしずえ)になった。

第一次世界大戦末期の新旧合わせたユダヤ人コミュニティーはかなりの大きさになっていた。そこで、イギリス政府は一九一七年十一月、バルフォア宣言により、シオニストの漠然とした「ユダヤ人のための民族郷土」建設計画を公式に認め、これを支持することを宣言した。約束の諸条件は、国際連盟によって具体的に定められ、その委託によってパレスチナを管理するイギリスに委ねられた。この約束とその履行は、たちまちアラブ人のあいだに、イギリスの委任統治とユダヤ人の進出に反対する抗争を引き起こした。

一九三〇年代以降、西欧の中東支配は新たな脅威に直面する。それは被統治国国民の反乱ではなく、ファシスト・イタリアとナチス・ドイツという二つの帝国主義勢力への新参者だった。

一九三〇年代になると、リベラルな立憲政体は、一時、この地方に保持していたような魅力を失いはじめた。それらはあまりうまく機能しなくなっていたのだから、当然だったであろう。リベラルな政権は一握りの西欧化されたエリートたちのあいだでのみ支持されていて、全般的にその社会の実際の支持基盤をもっていなかったのである。概念的にも体裁も異質だったそれらの諸政体は、人々の過去の記憶をかき立てることもできず、現在の要求に応えることもできないばかりか、未来の希望を指し示すこともできず、八方ふさがりに陥った。なかでも最悪だったのは、それらが大半のアラブ人の心に、今では憎悪の対象である西ヨーロッパの帝国主義権力を連想させたことである。

ドイツとイタリアはそれに代わる魅力を提供した。両国とも、最近ようやくたくさんの小国を力ずくで解放し、統合していた。同じような条件のなかで、自分たちの苦境とその解決策を模索してきた国民の指導者たちは、この二つの国の歩みに目を開かれた。

そのうえ、両国は、パレスチナに進出しているイギリス、フランス、さらに増加の一途をたどるユダヤ人に対し、かつては政治的にも、作戦的にも、イデオロギー的にも敵であった。

ヒトラーが政権を奪取してまもない一九三三年にすでに、イギリス委任統治政府が任命したエルサレムのイスラーム法官（ムフティー）、ハジ・アミン・アル・フセイニーは、ドイツ領事館に接触して、自分の支持を表明し、助力を申し出ている。イギリス委任統治政府とユダヤ人を敵として、決して妥協せず何年も戦いつづけたこのムフティーは、やがてパレスチナを去り、ベイルート、バグダード、テヘランを転々として、一九四一年にベルリンにたどり着いた。途中の滞在地でいちばん重要なのは、四一年四月に、ラシード・アリー・アル・ガイラーニーと呼ばれるイラクの政治家が、軍部の支援を得て政権を奪取し、枢軸国（第二次世界大戦における、ドイツ・イタリア・日本を中心とした国々）寄りの体制を樹立していたバグダードだった。当時まだヴィシー政権（フランスの親独政権）の支配下にあったシリアからの援助が多少はあったものの、枢軸国は彼を救うには遠すぎた。ラシード・アリー政権は、イギリス軍とイギリス主導の多国籍軍によって打倒された。シリアでは、ラシード・アリー体制を支援する委員会が設立され、これがのちのバース党（第二次世界大戦後にアラブ諸国に生まれたアラブ民族主義政党）の母体となった。それが敵対する二派に分かれ、シリアとイラクを支配するようになる。

ラシード・アリーは逃亡して、のちにベルリンでアル・フセイニーと合流する。戦争中、枢軸国を支持または賛同した人たちのなかには、のちに有名になった人も何人かいる。エジプトのナセル（エジプト初代大統領。在任一九五六―七〇）はドイツのシンパだったので、その敗北に落胆した。サダト（エジプト第二代大統領。在任一九七〇―八一）は、彼自身の回想録によれば、ドイツの諜報活動の積極的な協力者だった。ラシード・アリーさえ、サダム・フセイン（イラクの政治指導者。一九七九年に大統領就任）のイラクに英雄として復活している。

一見、ナチスの大義名分へのこのような肩入れは、ひどく奇妙な印象を与える。ナチスの似非（えせ）科学に従えば、劣等民族である彼らに、ナチスの人種差別主義がアピールしたはずがない。ナチスのプロパガンダは、広義の「反セム族」ではなく、「反ユダヤ人」に的をしぼっているかぎりにおいて、かなりの支持を得てはいた。だが、ユダヤ人のパレスチナへの移住を促進し、その結果、この地域のユダヤ人コミュニティーを強化することになったのは、ナチス・ドイツやあちこちのその追随者がユダヤ人を迫害したからだった。ナチスはこうした移住の原因をつくっただけではない。アラブ人の善意を勝ち取ろうと必死だったイギリスが、ユダヤ人の移住をきびしく制限する政策をとったのに対し、ドイツは戦争の勃発までに移住を奨励し、便宜を図ってやりさえしていた。それにもかかわらず、多数のアラブ人は、ユダヤ人を入れないように懸命だったイギリスよりも、パレスチナにユダヤ人を送ったドイツに好意をもった。

枢軸国はいろいろな面でこうした風潮を利用しようとした。最初はファシスト・イタリアが、のちにはナチス・ドイツが、アラブ世界に大々的な宣伝活動と進出を始め、新しい世代の政治思想家や活動家にかなり大きな影響を与えた。とりわけナチスは、ユダヤ人への憎しみを唱道することによって、かなりの部分は自分たちが原因で起こった問題をいいように利用することができた。

枢軸国へのこのような方向転換は、用心深さも手伝っていた。戦争の初期、とりわけ一九四〇年から四一年にかけて、フランスの陥落とロシアへの侵攻のあいだ、イギリスは孤軍奮闘していたから、枢軸国の勝利は必須と見ていた人たちは大勢いたであろう。それならば勝利者側に連絡路を開いておいたほうがいいという単純な配慮が働いたのかもしれない。中東では帝国主義支配者に対して信服の義務や忠誠心を感じている人はほとんどいなかったのだからなおさらだ。

そういうわけで、エジプトのナハース・パシャ、イラクのヌーリー・アル・サイード、サウジアラビアのイブン・サウードのような西欧の友人として認められていた（あるいは非難されていた）政治関係者までが、ベルリンとの接触を密にしようとした。だが、それは成功しなかった。ナチスはすでに、もっと好都合で、割の合う援助の申し出を受けていたからである。枢軸国への支援の一部は、イデオロギーに基づいてはいたが、どちらかと言えば「敵の敵は味方」という昔から今にいたるまで有効な原則に依拠するところが大きい。枢軸国の大きな魅力は、それが西欧の冷酷無情な敵であるという点だった。後年、まったく別な勢力であるソヴィエトが、同じように、ときには同じ国々から支持を得たのはこの理由による。

列強に食いものにされた第二次世界大戦

第二次世界大戦では、結局、連合国側も枢軸国側も、中東のそれぞれの支持国を失望させ、また支持国に失望させられもした。どちらの陣営も、多少の軍事援助要員を動員することはできた。トランスヨルダンのアラブ軍団は、ラシード・アリーの打倒と中東での連合国の体制維持に重要な役割を果たした。ドイツ軍は、少人数ながら「オリエント軍団」

と呼ばれる義勇軍を創設した。そのなかには、フランス領北アフリカ軍、イギリス領インド軍の戦時捕虜、中央アジアやザカフカズ共和国から赤軍への徴集兵もおり、さらに残りを補っていたのは、ドイツ占領下のヨーロッパに集団移住したこれらの国の人々から成る志願兵だった。だが、そのいずれも、なんらめざましい働きはしなかった。パレスチナで召集されたユダヤ人部隊は、ロンドンではあまり信用されていなかったが、北アフリカやイタリア戦線に加わった。こちらもしかし、その軍事的重要性は比較的小さかった。

中東諸国は、連合国の戦争遂行に、自分たちの領土、資源、施設を利用させることで大きく貢献した。中東諸国の大半に、委任統治や保護国時代に設置された軍部の駐屯地があったことがそれを可能にした。中立だったイランでは、一九四一年にロシア軍とイギリス軍が同時に領土内に侵入してきて、これらを利用した。戦争終結のわずか数週間前まで中立を保っていたのはトルコだけだった。そのときになってトルコ政府が対日・対独宣戦布告をしたのは、勝利者のテーブルに着く資格をとっておきたかったからである。あるトルコ人政治家はのちに、「われわれは正客でなく、相伴にあずからせてもらいたかったのだ」と述懐している。

その結果、中東の国民も政府も少なからず失望させられた。ドイツは熱心なアラブ人信奉者たちをがっかりさせた。アラブ人はドイツ人の口説き文句が、ときとして曖昧な言葉で語られたり、アラブ人の意図をはっきり支持していないとは思っても、大目に見ていた。

ヨーロッパばかり見つめていたナチスは、中東には本当はあまり関心がなく、ドイツのヨーロッパの味方であるファシスト・イタリア、フランスのヴィシー政権、一九三九年から四一年までのソヴィエトなどを納得させるために、中東のドイツの被保護国をまたまた犠牲にする気でいたのである。

独立を与え、軍隊を撤収するという約束だったのに、戦争が終わっても連合軍の軍隊はまだほとんどのアラブ諸国に大勢駐留したままだった。北アフリカのそのような国々のなかには、未だに植民地支配下にあるところや、連合国からは信用されておらず、国民からは連合国の傀儡(かいらい)と嫌われている政権が支配しているところもあった。明らかにドイツ第三帝国のシンパではなかったパレスチナのユダヤ人たちでさえ、支配者たちから疎外されていた。イギリス委任統治政府は、戦争終結の前後、ヨーロッパのユダヤ人社会の生き残りの人たちの上陸をパレスチナ沖で断固阻止したのである。

戦争中、交戦国に対して二つの要求が繰り返し送られた。一つはロンドンとワシントンのユダヤ人組織が、英米政府に対してアウシュヴィッツの死の収容所を爆撃せよというものので、もう一つは、ベルリンへ逃げたエルサレムのムフティーの事務局が、ドイツ政府に対してテルアビブを爆撃せよというものだった。そのどちらも受理されなかった。どちらか一方が悪意で、他方が善意という理由からではなかった。そのような爆撃はなんの軍事的意図にも役に立たないばかりか、戦争に勝つために直接貢献することはなく、したがって、純粋に軍事的見地からすれば、危険を冒し犠牲を払うに値しないという判断のためである。

そういうわけで、一九三九年から四五年の戦争期間中、中東では、交戦国のどちらの陣営にも不満は残った。枢軸国の多大な努力と、彼らの大義名分に対する広範な共感があったにもかかわらず、それに見合った反応はわずかだった。ドイツにとって具体的な成果は、ヴィシー政権占領下のシリアの施設が使えたことと、四一年のイラクの枢軸国派のクーデターくらいのものだったが、どちらも短期間で終わった。アラブ民族主義との和睦を狙ったイギリスはもっとみじめで、連合国側は大量の軍隊を駐留させて、やっと中立を保たせるのがせいぜいだった。最初は対イタリア戦で、やがては対ドイツ戦でのエジプトの防衛は、イギリス軍とイギリス連邦軍に委ねられ、北アフリカの解放にはアメリカ軍が奮戦した。

第一次世界大戦のときと同じように、今回もまた、大戦争に巻きこまれた地域や人々に、急速で、大規模な変化が生じた。枢軸国と連合国の宣伝者は、それぞれ民族主義運動を盛りあげようと競いあった。両陣営の軍隊がアラブの土地で宿営し、戦い、近代戦にはつきものの苦痛や秩序の破壊をもたらした。その頃までに、アラブ諸国のいくつかは、大なり小なり独立していて、独自の外交政策を推進しはじめていた。一九四五年に創立されたアラブ連盟は、中東のアラブ主権国家すべてが集まって、合同で共通の政治目標を追求していた。もともとイギリス支援のこのプロジェクトは、イギリス主導の手綱をさっさと断ち切り、ときにはメンバー同士相容れない目的を掲げつつ成長した。

この地域で今世紀最大の変化の一つは、石油の発見と開発およびその利用だった。一連のこの事業は中東のロシア支配地域で始まった。最初の採掘は、それよりずいぶん前の一八四二年に、カスピ海に突き出たアプシェロン半島で行なわれていた。ロシアのアゼルバイジャンでの石油産業の発達は、アメリカのペンシルベニアでの事業展開とほぼ同じ時期にあたる。最初の精油所がバクーに建設されたのが一八六三年。アプシェロンの油田からバクーまでパイプラインが引かれたのが一八七七―七八年だった。ロシア革命前夜には、バクーの油田は全ロシアの石油の九十五パーセントを供給していた。もっと南の、まだどこにも依存していないイランとオスマン帝国領土内では、ヨーロッパやアメリカのビジネスマンらが、利権獲得の一番乗りを目指して画策していた。二十世紀初頭の最初の大きな利権は、イラン国王からイギリスのビジネスマン（事実上はニュージーランド人）ウィリアム・ノックス・ダーシーに与えられた。ダーシー利権は、その後創立されたアングロ・ペルシア石油会社〔一九三五年に国号が「ペルシア」から「イラン」に改められ、アングロ・イランと改名〕に転売された。これを皮切りに、一連の似たような取り決めが行なわれ、以後、中東の石油開発の大半は、中東政府との使用料協定のもとにイギリス、フランス、オランダ、アメリカ系の利権譲渡会社に委ねられた。最初はイラン、やがてイラク、のちにはアラビア半島その他で大きな新しい油田が開発され、中東は世界の主要な石油生産地域の一つになった。

こうした新しい開発が、中東諸国にいくつかの面で影響を与えた。ガソリン・エンジン、ディーゼル・エンジンなど、内燃機関の利用が陸路の交通機関をがらりと変えた。交通網は大きなセンター同士を結び、人間や商品、印刷物、ものの考え方などを、それまで夢にも思わなかった規模と速さで運んだ。馬、ロバ、ラクダはあっというまに自動車、バス、トラックに取って代わられ、それと同時に、急速に経済が発展し、印刷術、新聞、映画、ラジオ、テレビなどの西欧のコミュニケーション手段の普及が、大々的に社会を変え、それがだれの目にも明らかになった。

イギリスとフランスは中東に何を望み、何を手に入れたのかと問われるかもしれない。両大国がこの地にやってきて、二十五年以上もそこに居座っていた最大の動機は、戦略的なものだったというのがこれまでの定説になっている。つまり、この地域の軍事的可能性と危険性が両国にとってなにより気がかりだった。こうした戦略的目的の性格は、さまざまな形で想定される。たとえば、中東は緩衝地帯、東西の交差点、交通の要衝、軍事基地、国境警備隊駐屯所などのイメージがある。明らかな戦略的目標の一つは、もし西欧大国がそこにいてにらみを利かしていなければ必然的に入りこんでくる人たちを、阻止することだった。英仏両国はまた、中東以上に豊かな帝国領土を安全に守ることにも大きな意味があった。イギリスはインドのことを懸念し、フランスは北アフリカの支配地が心配だった。

どちらもこうした所領を、政府の弱体化を狙う勢力から守る必要があると感じていた。この地方の国々や国民は、しっかりした帝国支配、もしくは少なくとも影響下に置いておかなければ、中東のムスリム勢力に乗っ取られる可能性があると思われていたのだ。ほかの要素ももちろんあった。当時のフランス軍駐留の弁護者は、フランスの文化的、宗教的使命をよく引き合いに出した。具体的にはキリスト教徒、とりわけカトリック少数派の保護と、フランス文化の普及である。イギリスでは、そのような配慮はあまり重視されなかった。

かつては広く行きわたっていた帝国主義の解釈とは反対に、経済的動機はそれほど重要ではなかった。経済的利益はそれほど期待されていなかった。むしろ、英仏両国の大きな気がかりは、必要な戦略的・政治的目的を達成するための財政負担が高くつくことだったように思われる。両国ともつねに、その費用を最低限に抑えることに腐心していた。石油が重要な要因として浮上したのはかなり近年になってからにすぎず、そのときでさえ、後年ほど重要視はされなかった。二つの大戦のあいだの時期には、石油への関心は、経済ばかりでなく戦略にからんでいたのである。

振り返ってみると、中東におけるイギリスの立場にもフランスの立場にも、いくつかの基本的な弱点があった。双方とも権力維持の費用を負担することを快しとせず、反対勢力の打倒に武力を行使することにはためらいがあった。イギリスにもフランスにも、ためらい、不安、弱さがあったのだ。出発の時点から、計画全体が実行可能なのか、行なう価値があるのかを危惧していた。いっそのこと、全土をトルコに返してしまえばよかったのにと言わんばかりのウィンストン・チャーチル〔イギリスの政治家。一八七四―一九六五〕の言葉が引用されさえした。トルコ共和国は、そんな贈り物はきっぱりと拒否していたであろうが。

中東における英仏の立場が弱まるにつれて、この地域は他の敵対勢力――帝国主義傾向の根幹である貪欲、無情、独善的狭量さをまだ保持している国家や政権に脅かされるようになった。イギリスやフランスは、そのような気運にうんざりし、懐疑的になっていた。両国がたがいに相手から受ける脅威に、ひどく神経質になっていた時期もある。だが、両国とも、たがいに相手に対処するだけの気力と決意を失っており、この二つの委任統治支配を打倒し、それに取って代わろうとする内外のもっと大きな勢力の挑戦に対しても及び腰だった。

英仏の立場はたえまない反目、それもどちらかと言えばくだらない口論がつづいたために、いっそう弱体化した。それは実にさまざまな段階で多岐にわたって起こった。たとえば、イギリスとフランス対他の国々、英仏両国間、イギリス、フランスそれぞれの内輪もめなどである。本国政府と出先機関、官庁内にたくさんある社会的出自の違いや利害関係、目的の競合する派閥、部門、部局のあいだの数えきれないほどたくさんの執拗な議論が、今日では意思決定プロセスと呼ばれる一連の手続きを遅らせたり、偏向させたりした。

オスマン帝国は、外部からのさまざまな危険から中東を守るための機構や防御網を提供してくれていたが、それらはもう何もない。オスマン帝国の機構や制度は新しくなったが、それは機能せず、しまいには崩壊してしまった。防御網がまったくなくなったわけではなかったが、それはたがいに反目するヨーロッパ列強が提供したものである。それでも、中東諸国の住民の大半にとってはいくらか気休めになった。

一方のイギリスとフランス、他方の中東の諸国民にとって、どちらがどんな得をしたのだろうか？　中東における英仏の権力の幕間劇は、近代史上最大の軍事的勝利のあと、醜く悲惨な結末を迎える前に、何を達成したのだろうか？　ヨーロッパ大国にとって、あるいは中東やそこの人々にとって、何か価値あるものを残したのだろうか？

現段階では、こうした疑問に対して暫定的な仮の回答しか出せない。全般的に見て、もっともプラスの成果は、おそらく、当時はほとんど重要視されていなかった経済面と実生活面に関連したことであろう。中東の大半の人々にとって、生活は一九一八年よりも、あるいは一九一四年とくらべてさえ、一九三九年のほうがよくなった。全員ではないにしても、ほとんどの地域の住民の生活水準は上がった。生活を快適にする設備や施設は数も格段に増え、広く普及した。高齢者の生活もこれまでになく希望がもてるようになった。新しい社会基盤が築かれ、あらゆる種類のサービスが提供されるようになった。

このような利益は、中東にくらべて、イギリスの植民地インドやフランスの植民地の北アフリカのような、帝国の直接統治下にあった地域のほうが顕著だった。この点では、中東人は帝国主義の好ましくない点にはさんざん悩まされたのに、その大きな利益のほうはもらい損なうか、おこぼれ程度しか受け取れなかったのは不幸だった。だが、このおこぼれ程度の利益といえども無視できなかった。一九三九年までに、この地の人々はさまざまな物質面でずっとよい暮らしができるようになっていたのである。

彼らには、もう一つたいへん重要な利益もあった。それは言語面で、英語もフランス語も、この地域ではそれまでエジプトとレバノンを除いてごくわずかの人たちにしか知られていなかった。この二つの言語によって、近代世界とその文化や知識が、彼らにとって身近なものになった。西欧の、もっとはっきり言えば近代的な知識の導入は、この地域の人々にとって、概して利益と認められた。西欧の文化、とりわけその社会的影響についての反応はまちまちだった。熱狂的に受け入れる人もいれば、利害相半ばと思う人もおり、かつて西欧文化が入ってきたときと同じように、災いにほかならないと非難する人もいた。

英仏支配はまた、中東に一時的とはいえ、自由主義経済と政治的自由を与えた。政治的自由はつねに制約があり、ときにはそれが中断されてしまうこともあったが、そうした制約や中断はあっても、全体としては彼らがそれまでに経験したことのないほどの大幅な自由だった。そうした西欧的な諸制度の大半はすでにない。それらは廃止されたり、非難を浴びたりさえしている。新規巻き直しで、自由主義的な思想や慣行への関心が再燃したのはごく最近になってからのことだ。この地域の一部の国々における情勢の変化が、ようやく望ましい環境を用意できるようになったのかもしれない。

西欧の大国にとってでも、おそらく中東の人たち自身にとってさえも、究極的には英仏支配時代のもっとも有益な成果は、第二次世界大戦中に中東の果たした役割に見られるような、当初の戦略的目標の達成だったのではないだろうか。西欧への中東の最大の貢献は、枢軸国との戦争のあいだ、基地を提供し、便宜を図ったことである。その見返りとしての西欧から中東への貢献は、枢軸国の直接支配から彼らを守ったことだった。

第十九章　自由を求めて

民族国家の独立

第二次世界大戦における枢軸国の敗北と連合国の勝利（一九四五年）は、すぐに世界平和にはつながらなかった。東部・中部ヨーロッパへのソヴィエト帝国の進出と、西欧植民地帝国のアジア・アフリカからの撤退が、これらの地域に新たに大きな問題を提起したのである。主権国家としての独立を失ったところも、新たに得たところも、古い憎しみを復活させたり、新しい憎しみをかき立てたりして数百万人の難民を出した。中東もまた、戦後の帝国主義終焉後の動乱の波をかぶった。この地域の平和は移ろいやすく、不安定で、国内ばかりでなく、ときには国外の敵との闘争によってしばしば中断された。全体としては、中部・東部ヨーロッパにおけるソヴィエト支配による締め付けや、南部および東南アジアでのイギリス支配の段階的解消にともなう諸問題にくらべれば、中東の事態はそれほど深刻でもなければ、傷も深くなかった。だが、この地域の厄介さは、規模は小さくても激しやすく、外交的処理や政治的解決があまり役に立たないところにある。

中東では、その他の植民地主義以降の世界と同様、当初、国民の関心事はただ一つ、独立することだった。

第一次世界大戦直後、この地域のトルコ、イラン、アフガニスタンの三国は完全な主権国家としての独立を獲得し、以来、それを行使して長い年月がたっている。二つの世界大戦のあいだに、さらにサウジアラビア、イエメン、イラク、エジプトの四つのアラブ国家がその仲間入りをした。サウジアラビアとイエメンは、建前上も実際にも、かなりのところまで独立を達成したが、イラクとエジプトは元支配国に束縛されて、外交的には不平等な条約を結ばされたり、軍事的にはイギリスの基地の存続や軍隊の駐留がつづいた。地中海東岸部（レヴァント）からフランスがしかたなしに撤退したあと、シリアとレバノンはアラブ主権国家の一員になった。一九四五年三月、エジプト、イラク、シリア、レバノン、サウジアラビア、イエメンが「アラブ連盟」を結成。トランスヨルダンも、まだ建前上はイギリス委任統治領パレスチナの一部ではあったが、これに加入した。一年後の四六年三月、トランスヨルダンは「ヨルダン」と国名を変えて、やはり独立を獲得した。

これらの国すべてのまず最初の目標は、諸条約を破棄し、外国の軍隊を追い払うことによって、名目上の独立を実際の独立に変えることだった。西欧の帝国が属領のほぼ全域から撤退するにつれて、一九五〇年代はじめにそれは完了した。

同じ頃、アラブ世界の他の地域にもこうした変化が波及した。リビアは一九五一年、スーダン、チュニジア、モロッコが五六年、モーリタニアが六〇年、クウェートが六一年、アルジェリアが六二年、南イエメン（元アデンの植民地で保護領）が六七年、ペルシア湾岸諸国が七一年にそれぞれ独立した。これらの国すべてがアラブ連盟に加入した。南イエメンやアルジェリアのように、長くきびしい闘争のあと、やっと独立を獲得した国もあった。その他の大部分の国では、独立はときとしてねばり強い交渉の結果、合意に持ちこむことによって、多かれ少なかれ平和的に達成された。

パレスチナ委任統治の終了した一九四八年に建国されたイスラエルを除いて、戦後に独立した新国家すべてがアラブ系だった。ところが、一九九〇年代はじめに事態は一変した。九一年のソヴィエト連邦崩壊で、十九世紀にロシア皇帝（ツァーリ）によって取得され、二十世紀にソヴィエトにそのまま保持されてきたザカフカズと中央アジア地域が、まだ準備もできていないのに、いきなり独立を迫られたのである。

歴史的には、これらの国々はみな、中東の一部もしくは従属国だった。アルメニアとグルジアはキリスト教国だが、数百年にわたってトルコもしくはペルシアのムスリム帝国支配下にあった。アゼルバイジャンと他の中央アジア五カ国はムスリムが圧倒的に多く、トルコ語かペルシア語に非常に近い言語をしゃべり、その南側にある中東の隣国と強い歴史的・宗教的・文化的絆で結ばれていた。その一つであるタジキスタンは、言語も文化もペルシアと同じだった。ほかの四つの国カザフスタン、ウズベキスタン、キルギスタン、トルクメニスタンは、トルコ系の言語を話す。カザフ語を除いて、これらの諸国の言語の相違は、イラクからモロッコまでのアラブ地域で話されている日常語の相違と大同小異である。アラブ諸国と違って、トルコ系諸国は共通の標準書き言葉をもっていなかった。

だが、中東を長期にわたって支配し、その政治活動を牛耳ってきたアラブ世界によく似たトルコ系諸国が生まれたことは、新たな不安をかき立てた。それらの新興諸国は民族的にも、個人的にも自由の獲得や行使の準備がほとんどできていなかった。ところが、ソヴィエト連邦は消滅したにもかかわらず、新しいロシア国家は相変わらずこれらの共和国に関心と利害関係をもち、なんらかの形でロシアの影響力を残しておきたいという欲望をもっていた。それはいろいろな面で、これらのトルコ系諸国に、数十年前に昔の帝国の支配から解放されたときのアラブ世界と似たような経験を思い起こさせた。

だが、この地方の政治的いざこざでさえ、主権国家が独立を獲得したことで終わりにはならなかった。古くからのいがみ合いはそのまま残り、新たな諍い（いさかい）は国内、地域間、国際間のさまざまなレベルで噴出した。アラブ世界で新たに独立した国家のなかで、昔からその国なりの独自性を保持しつづけている歴史のある国は、めぼしいところでエジプトとモロッコなど、ほんの数えるほどしかない。それ以外は、国家としても政治体制としてもまったくの新興国である。征服により、いくつかの異なった部族や地域グループを結集してできたサウジアラビアは、少なくとも同族社会であるという利点があった。国民はみなアラブ人で、全員がムスリム、しかも東部地域を除いて圧倒的にスンナ派だった。その他の新興国にはこのような利点はなく、国内の敵対意識や憎悪で四分五裂した。それがときには暴動、革命、内戦などさまざまな言葉で表現される武力抗争に発展した。それらの違いは、戦闘地域の面積ばかりでなく、当事者たちの大局観にもよる。

なかでも、執拗で破壊的だったのは、レバノンにおける敵対グループや、しばしば同じ宗教のなかのセクト、同じ民族のなかの部族、同じ地方の地元別対抗意識など、同じ集団内の派閥闘争だった。外部勢力の介入で、それらの闘争はいっそう複雑化し、長引いた。これが一九五八年と、一九七五—七六年のレバノン内戦である。一九八三年から九一年にかけては、闘争は何度か中断されたり、不安定な休戦協定が結ばれたりした。

もう一つ紛争がつづいたのはアラビア半島南部である。一九六二年、エジプト支援の革命運動が、伝統的な教主国(イマーム)支配を打倒して、共和制を敷いた。その結果、外部勢力であるサウジアラビアとエジプトのあいだ、および王党派もしくは共和派のどちらを支援するかで反目する派閥間で、長いあいだ闘争がつづいた。元教主国と、アデンを中心とする元イギリスの属領の統合によって一九九〇年に形成された統一イエメンは、九四年に北と南で、再びすさまじい内戦に突入した。イエメン人はまた、一九六五年から七五年にかけて、スルタン国オマーンの一部だったジョファールが分離を求める長い紛争に巻きこまれた。ジョファール暴動は、イラン国王の派遣した遠征軍の助けを借りて最終的には鎮圧されたが、この分離派の暴動は、当時ソヴィエト連邦と密接な協力関係にあったマルクス主義国家である南イエメンが介入したことによって、たんなる地域紛争以上に重要な意味をもつことになった。

ほかにも、反体制の少数派や地方を、政府が武力によって鎮圧した国は中東にはたくさんある。トルコとイラクは、少数派のクルド人の不満や、ときには反抗に対峙せざるをえなかった。イラクはまた、シーア派が全体としては国内の多数派だったにもかかわらず、中部や南部のシーア派住民に軍隊を差し向けた。スーダンでは、アラビア語を話す北部のムスリムが、南部のアラブ人でもなくムスリムでもないアフリカ人と始終闘っていた。ヨルダンでは、パレスチナの指導者層とヨルダン王国の既成階級とのあいだの見解の相違が一九七〇年九月に顕在化して、パレスチナ解放機構（PLO）〔反イスラエル解放組織の統合機関として結成された、パレスチナ人を代表する政治機構〕がヨルダン国当局に挑戦状を叩きつけたが惨敗した。もっとも忌まわしい戦いはおそらく、一九九〇年代はじめのアルジェリアの内戦だったであろう。勢いづいたイスラーム原理主義運動〔イスラームの原理、つまり初期の共同体の理念に戻って社会や国家を再編すべきと主張する。イスラーム急進派〕とその指導者たちは、アルジェリア政府の正統性に疑問を投げかけ、異議を申し立てた。

アラブ連盟の基本原則の一つは、アラブ国家は他のアラブ国家に対して、紛争の決着をつけるために武力を行使してはならないと決めていた。アラブ国家間にはたくさんの紛争があり、ときにはある国が隣国の全領土を、帝国主義の介入によって分離分割させられた自国の領土と見て、返還を要求した。よく知られているところでは、モロッコはモーリタニアを、エジプトはスーダンを、シリアはレバノンを、イラクはクウェートの所有権を主張した。エジプトは一九五三年にスーダンの領土返還要求を撤回して、別個の主権国家として承認した。モロッコは一九七〇年にモーリタニアを承認した。イラクは、一九九四年十一月に、長く激しい闘争のあげく、やっと主張を取りさげ、クウェートの主権と領土保全をしぶしぶ認めた。

イラクの所有権主張は、国境線の変更を求めることもあれば、クウェートを丸ごと要求することもあった。一九六一年にイラクが威嚇行為に出たときには、イギリスがクウェートに迅速に軍隊を派遣して反撃した。これで一時的にイラクの進攻を止めることができたが、所有権主張はこれで終わりにはならなかった。シリアのレバノンおよび間接的には元パレスチナ委任統治領全土に対する領有権主張もまた、未解決のままになっている。一九六三年のモロッコとアルジェリア、一九八〇年および八六—八七年に、リビアとチャドその他のちょっとした国境紛争や小競り合いはあったものの、たんなる局地的な問題にとどまり、普遍的な現象として波及することはなかった。アラブ連盟の基本原則に最初に正面切って違反したのは、一九九〇年のイラクによる主権国家クウェートへの侵攻、占領、併合だった。アラブ圏内の内紛によって始まったこの戦争〔いわゆる湾岸戦争〕は、たちまち大きな国際的危機に発展した。

汎アラブ主義の理想的な形を求めて、正真正銘の元アラブ国家のあいだで、なんらかの形の自発的な連合の形成が何度か企図された。特筆すべきは、一九五八年のエジプトとシリアの合併によってできたアラブ連合共和国である。不安定な共存状態が数年つづいたあと、シリアはアラブ連合共和国から脱退し、六一年に別個の道を歩みはじめた。リビア政府主導によるそのほかのいくつかの試みも、うまくいかなかった。

帝国主義終焉後のアラブ諸国は、少数の例外を除いて、偶然によって誕生し、したがって不自然な性格をもっていたが、国家としての地位と領土の保全を驚くほどよく維持することに成功した。さまざまな確執があったにせよ、分裂した国家もなければ、イエメンのような問題を含んだ例外を除けば、合併に成功したところもない。

アラブ・イスラエル紛争

近年、この地域内で発生した戦争のなかで、とりわけ凄絶で、激しく、かつ長引いたのは、一九四八年に始まり、九四年にひとまず収拾されたイスラエルとアラブ諸国間の断続的な戦争と、一九八〇年から八八年の長いイラン・イラク戦争の二つだった。

アラブとイスラエルの戦争は、イスラエル国家の成立するずっと以前の諸事件にその源がある。パレスチナのアラブ人指導者たちは、この国のなかにユダヤ人の民族郷土を建設することを必死でやめさせようとしてきた。この抗争は、パレスチナという名前がまだその住民のあいだでさえ知られておらず、オスマン帝国の領土の一部だったときに始まっている。両者間の抗争は、イギリスの委任統治が確立されて、パレスチナにユダヤ人の民族郷土をつくるという原則が公式に承認されると、いっそう激しくなった。一九三〇年代から四〇年代にかけて、ナチス・ドイツが権力を握り、ナチスの思想と活動が、武力その他の手段によって他の多くの国々に波及するにつれて、危機は最高潮に達した。ヨーロッパの中心部で過激なユダヤ人排斥主義が賛美されるようになったことは、ユダヤ人の苦況に対するシオニストの分析が正しかったことを証明したように思われる。これまでの移民受け入れ国は、不況による経済の停滞を理由に門戸を閉ざし、ヨーロッパおよびのちの中東からの大量のユダヤ人難民は行き場を失っていた。

一九四五年に世界大戦が終わったときには、ドイツ占領下のヨーロッパにいたユダヤ人の大多数は死んでおり、わずか数十万人の生き残ったユダヤ人たちの大半は、いわゆる〝戦争による強制移住者〟収容所にいた。西ヨーロッパ出身者たちは故郷に帰り、それほど理不尽な困難には遭遇せず、元の社会に溶けこめたが、内乱や外国からの侵入、占領下にあった中部・東部ヨーロッパの出身者たちはさらにむずかしい問題に直面した。彼らが帰国しようとしても、多くの場合、元の隣人から敵意をむき出しにされたり、暴力を振るわれたりした。それゆえ、彼らの帰国を喜べない同国人による新たな抑圧や迫害に耐えるよりも、危険を冒してでも「約束の地」パレスチナへの旅を選んだ。

崩れかけた帝国の柱を支えるのに四苦八苦し、パレスチナその他の場所でアラブ人の恨みが噴出しつつあるのをひしひしと感じ取っていたイギリス政府は、突然のユダヤ人難民の流入に抗しがたいジレンマに陥った。イギリス政府は約二年間にわたって、ユダヤ人の出身国や経由国との外交、公海上での海軍作戦、委任統治下のパレスチナでの警察の取締りなどを通じて、難民の流入の阻止、行く先変更、撃退などにたえまない努力をつづけた。だが、海軍や警察の努力の成果は知れたもので、ナチスのホロコースト（大量虐殺）を知った衝撃からまだショックの醒めない西欧世界がユダヤ人に同情的であったのに対し、ソヴィエト・ブロックは別の独自の理由（六六九頁で後述）から反英ユダヤ人を支持していたため、外交努力は役に立たないどころか、有害でさえあった。

一方、イギリスのインド支配が終わって、中東に居座る第一の理由がなくなり、弱体化し経済的にも窮屈になった戦後のイギリスにとって、厄介で成功の見通しが薄く、国内でも国外でもますます不人気になりつつある政策を遂行する理由はあまりないように思われた。一九四七年四月二日、イギリス政府は、消滅した国際連盟から受けた委任統治義務を国際連合に返還し、パレスチナ委任統治を放棄する決意を表明した。数カ月後、委任統治の終了と撤退の日は一九四八年五月十五日（土曜日）に決定された。

それから約一年とちょっとのあいだ、イギリスはパレスチナにとどまってはいたが、すでに暫定政府にすぎなくなり、元委任統治領が今後どうなるかを決定する責任は国際連合に戻された。長い、ややこしい交渉のあと、国連総会は一九四七年十一月二十九日、パレスチナを、ユダヤ国家、アラブ国家、エルサレム市を国際管轄下の「分離地帯（コルプス・セパラトゥム）」の三つに分割する決議案を採択した。国連総会はこの決議案を必要な三分の二の賛成を得て可決したが、その実施と強制力についてはなんの規定もなかった。

だが、これを阻止する準備をしている人たちがいた。アラブ連盟委員会は、十二月十七日、この分割案に、必要ならば武力によって反対すると宣言し、パレスチナ人指導者層は、委任統治政府とユダヤ人の民族郷土に対して武力抗戦を開始した。パレスチナのユダヤ人指導者層は、国連の計画を受諾した。委任統治の終了日はちょうど彼らの安息日だったので、ユダヤ人は最後の数時間を胸を弾ませて待ち、一九四八年五月十四日金曜日、国連分割計画で定められた領土内にイスラエルと呼ぶ国家の樹立を宣言した。パレスチナ人指導者層はすでに、その樹立を阻止する戦いに入っていた。近隣のアラブ諸国の軍隊がそれに加勢し、遠方のアラブ諸国からも援軍が来た。

パレスチナのユダヤ人とアラブ人の争いは、大戦中は下火になっていたが、一九四七年に抗争は再び始まり、委任統治の終了後までつづいた。パレスチナ・アラブ人には、シリアからアラブ解放軍として知られる義勇兵が助けに入った。イスラエル国家が成立すると、アメリカ合衆国はそれをただちに「事実（デファクト）」として認め、ソヴィエト連邦は「法律上（デユーレ）」承認した。近隣のアラブ諸国の武力介入は、この紛争を表立った国際的紛争にまで拡大した。

形勢不利の状況のなかで、新国家イスラエルが存続できる可能性はあまりないように見えた。だが、数週間の激戦のあと、状況は一変した。敵軍と海のあいだに挟まれたイスラエル軍は予想外の強さを示した。一方、アラブ連合軍は自信過剰が判断を誤らせ、王家同士や国家間の反目で戦力は落ちた。

最初の戦争は、国連の仲介で何度か一時的な休戦協定によって中断されたものの、数カ月間つづいた。そのうちに軍事情勢に決定的な変化が起こった。イスラエルは最初のアラブの攻撃を受けて立ち、一歩も引かないどころか、守備範囲を広げさえした。残りのパレスチナ地域は、ガザ地区にはエジプト軍がおり、ヨルダン川西岸地区と東エルサレムにはヨルダン軍が、ガリラヤ湖の東岸の飛び地にはシリア軍など近隣諸国の軍隊が陣取っていた。一九四九年一月から四月にかけて、イスラエルと近隣アラブ諸国間の休戦協定が協議され、ロードス島で調印された。

それから数十年のあいだ、これらの協定は調印国間の関係を規定した当事者間の形式的な文書にすぎなかった。アラブ諸国は、休戦協定の受諾はいかなる意味においてもイスラエル国家の存在と、この国との国境線の承認もしくは受諾を意味するものではないとはっきり主張していた。レバノンとの協定では、両国間の元の国境線が確認されていたが、エジプト、ヨルダン、シリアとの協定では、休戦のための境界線が認められたにすぎず、政治的・領土的境界線は「パレスチナ問題の最終的決着」まで持ち越されることになっていた。

戦闘がつづくなかで、イスラエル占領地区に住む大勢のパレスチナ・アラブ人が、逃げ出したり、追い出されたりして、近隣のアラブ諸国へ避難した。双方の証言は矛盾しており、主張は一致しないが、両者の言い分がそれぞれの場所においては真実だった可能性はある。難民の数は、当時の国連機関の推定によれば、七十二万六千人だった。

戦場の混乱、外交交渉の行き詰まりのなかで、やむなく脱出や追放の憂き目にあったパレスチナ難民の苦労は、第二次世界大戦後の世界が秩序を取り戻すまでのインドや東ヨーロッパその他の地域で逃走したり、家を追われたりした何百万人もの紛争の犠牲者たちの血みどろの運命と共通するものがある。だが、パレスチナ難民が彼らと違うところは、本国への送還や再定住の機会もなく、難民キャンプに放置されたり、留め置かれたりし、当人ばかりでなくその子孫までが何世代にもわたって国籍のない難民のままになってしまったことだ。たった一つの例外はヨルダンで、ハーシム王国政権はヨルダン川西岸地区のヨルダン領土を正式に併合し、のちにすべてのアラブ・パレスチナ人に国籍を与えた。ほぼ同じ頃、イスラエルはアラブ諸国から逃亡したり追放されたりした数十万人のユダヤ人を受け入れた。彼らはアラブ人とユダヤ人の確執が激しくなって、いたたまれなくなった人たちである。

一九四八年から四九年にかけての戦争は、イスラエルと、近隣アラブ諸国があるときには合同であるときには単独で行なった、一連の戦争の始まりであった。これらの戦争勃発の直接の責任は、ほぼどちらにも同じくらいあったと言える。一九四八年と七三年の戦争は、明らかにアラブ諸国政府の決断によって始まった。一九五六年と八二年の戦争は、イスラエル側に責任がある。一九六七年の戦争はどちらかにその責任を押しつけるのはむずかしい。相互の敵対意識が表面化するまでの諸事件について、さらなる情報が明らかになるにつれて、当事者たちはまるでギリシア悲劇の主人公たちのように、あらゆる場面で、異なった役者たちの取る行為が次々と戦争へとつながっていったように思われる。

もっとも劇的だったのは、間違いなく一九六七年の戦争だった。イスラエル軍は六日間で敵に壊滅的な打撃を与え、エジプト、ヨルダン、シリアの軍隊、およびイラクからの遠征軍をまたたくまに次々と敗北させた。戦争が終わるまでに、イスラエルはヨルダン川西岸のパレスチナ委任統治領全土ばかりでなく、北部はシリアからゴラン高原を、南部はエジプトからシナイ半島を手に入れた。イスラエルの軍事的国境線はこれで、スエズ運河、ヨルダン川、ダマスカスからわずか五十キロ足らずのゴラン高原にまで及んだ。シナイ半島は、一九七九年にイスラエルとエジプト（アラブ国家としてははじめて）とのあいだに和平協定が結ばれるまではイスラエルの掌中にあった。この和平協定により、両国間で平和的かつ正常な外交関係が樹立され、イスラエル軍は、かつてのパレスチナ委任統治政府とエジプト王国のあいだで定められていた国境線にまで撤退した。一九九四年十月、今度はイスラエルとヨルダンとのあいだにアラブ国との二番目の和平協定が締結された。明らかに同じ趣旨の交渉が、すでにイスラエルとシリアのあいだでも始まっていた。

ヨルダン川西岸とガザ地区では、イスラエル支配がつづいたことが新たな論議の種になり、これにパレスチナ人指導者層が積極的に介入してきた。一九四九年から六七年にかけて、アラブ連盟と、とりわけパレスチナに占有部分のあるアラブ諸国は、パレスチナ人側に立って発言権を要求し、政治的交渉にパレスチナ人が積極的に参加することを思いとどまらせたり、ときには阻止したりした。

一九六七年の戦争でこれらの国々が敗北し、そのような要求ができなくなると、かわって三年前に創設されて、そのときまでは主としてアラブ諸国の政治活動機関だったパレスチナ解放機構（PLO）の重要性が浮上した。こうしてまったく新たな役割を与えられたPLOは、イスラエルに対するアラブ人反体制派のシンボルとして、撤退した軍隊にかわるゲリラ戦を展開し、急速に国際舞台で大役を演じるようになった。PLOは二十五年にわたって、さまざまな見地からレジスタンス、ゲリラ戦、テロなどの闘争を繰り広げた。彼らは最初ヨルダンを基地としていたが、一九七〇年にヨルダン王国政府との意見の不一致からレバノンに移らざるをえなくなった。レバノンでは内戦と中央政府の権威の弱体化という事情もあって、彼らはPLO管理下の、事実上国家のなかの国家のようなものを設立することができた。一九八二年、イスラエル軍がレバノンに進入し、PLOを確実に追い払うとともに、そうした状況に終止符が打たれ、PLOの指導者層と本部はやがてチュニジアに移り、一九九四年までそこにとどまった。

この最終段階で、PLOの対イスラエル抗争の性格が変わった。それまでPLOの作戦は、当初の目的の宣伝効果を狙って、イスラエル人や他の国外の標的への攻撃が中心だった。それが、一九八〇年代後半から九〇年代のはじめにかけて、占領地内の闘争、〈インティファーダ〉（アラビア語では「払いのける」の意）として知られる新たな形のレジスタンスと反抗へと移行するのが見られた。インティファーダは、国外の中立的な標的に対してではなく、地元の占領地の職員や機関を直接に狙い、世間の注目を惹くことよりも、占領の効力を弱め、管理をしにくくすることを最大の目的とした。一九九三年にはついに、PLOとイスラエル政府はたがいにその存在を認め、交渉に入った。その結果、ガザ地区とヨルダン川西岸地区の管理を、イスラエル警察と軍隊からパレスチナ人へと移行するという暫定協定が成立した。

当然のことながら、こうした進展は、アラブ・イスラエル抗争の国際的な背景に影響を受けたり、ときとしては左右されたりした。一九四八年から四九年のときは、アメリカとソヴィエトの双方が新国家イスラエルを外交的に支援した。当時のスターリン（一八七九―一九五三）にとって、世界でいちばんの敵はアメリカではなくてイギリスだったから、イスラエル新国家の成立を、イギリスの中東における立場を弱める絶好の機会と見ていた。

この目的を遂行するために、彼は当時ソヴィエトの衛星国だったチェコスロヴァキアに武器提供の許可を与え、おかげでイスラエルは緒戦を生き延びることができた。あらゆる交戦国への武器の輸出は表向きは禁止されていたにもかかわらず、アメリカから個人的ルートによる軍事援助物資が届けられたこともある。

一九五六年、イギリスとフランスはエジプトに軍隊を上陸させた。表向きはイスラエル軍とエジプト軍のあいだの仲裁を標榜しながら、事前にイスラエルとの協定があったことはほぼ間違いない。そこで、アメリカと、それにつづいてソヴィエト政府はこの三つの侵攻国に対して強硬な姿勢をとり、さまざまな手段を講じてエジプト領内から強制的に撤退させた。

だが、このころまでに戦略的情勢は大きく変化していた。第二次世界大戦直後には、ソヴィエトの圧力にもろにさらされていたのは、おもに北方連国と呼ばれるトルコとイランだった。ソヴィエト政府の圧力にも甘言にも抵抗していたこれらの国々は、アメリカに助けを求めた。以後、アメリカはしだいに中東の諸問題に介入するようになる。最初は、崩れかけていたイギリスの立場を支えることが目的だったが、やがてそれが不可能とわかると、予想されるソヴィエトの攻撃に備えて、中東の防衛体制を立ち上げることに力を注いだ。

一九五二年、ギリシアとトルコが北大西洋条約機構（NATO）の加盟国として承認された。五五年、イラク政府を誘い入れて、トルコ、イラン、イギリスのあいだにバグダード条約として知られる新たな同盟関係が成立した。当時のアメリカはこの同盟の正式加盟国にはならず、非公式な賛同国にとどまった。

西欧主導型の同盟にアラブ国家を引き入れようとする試みは、結局、功を奏さなかった。トルコとイランは古くからある主権国家であり、ソヴィエト連邦の南の国境線沿いにある両国は、過去の経験と現状の両方から、北からの脅威に十分気づいていた。アラブ諸国にはそのような経験がなかった。これらの国々の近代政治史の大部分は、最初は西欧支配から、その後は西欧の巻き添えを食うことから自国を解放することだった。イラクでは、バグダード条約機構に入ることは、西欧支配復活へと逆行するように見られた。他のアラブ諸国、とりわけ新しい共和制下のエジプトでは、エジプトに対する地域的勢力均衡を変えようとする西欧のもくろみであると受け取られた。一九五〇年代半ばに、ソヴィエトがトルコとイランの頭ごしにエジプトとその他のアラブ諸国と緊密な関係を樹立したとき、ソヴィエトは概して喜んで迎え入れられ、急速に勢力も影響力もある立場を確立することができ、アラブ諸国政府に条約の調印や基地施設の利用許可を求めるようにさえなった。

一九五〇年代半ば以降、六〇年代から七〇年代にはいっそう大きくなったソヴィエトの政策における重要な要素は、国連その他の国際舞台で、イスラエルに対するアラブの言い分を外交的に支持したことである。軍事面では、アラブ軍に精巧な武器を提供し、技術面、兵站面で支援した。これが翻ってアメリカとイスラエルに新しい緊密な戦略上の協力関係を結ばせ、やがてアメリカは財政的にもイスラエルを支援するようになった。

こうした展開は、アラブ・イスラエル紛争を冷戦の大きな争点にした。中東問題に限らず、超大国がその保護国側に介入すると、危機を抱えこみ、保護国の所期の目標に制約を与えることになると同時に、問題解決への実際の動きを止めることにもなる。中東和平を促進するには、世界の他の部分でも進行中の和平促進にとってと同様、冷戦の終結がなにより大事な必要条件だった。

中東の国家や民族間で行なわれた戦争のなかで、もっとも外界の注目を惹いたのはアラブ・イスラエル紛争だった。その理由の一つは、敵対する超大国が直接介入したこと、もう一つは、明らかに興味や関心はあるが、事件の成行きや理非曲直にはあまり深い関係がなかったことにある。こうした外界の態度は、どちらかの勝利によって紛争にはっきりと決着をつけるのを妨げた。この紛争は、事実上、一連の短期間の激しい戦いという形でせいぜい戦術的な勝利を上げただけで、戦略的勝利にはいたらないうちに国際機関が介入して終わりになった。それが思わぬ結果を招いた。問題の処理にあたって、国際機関の役割が、紛争の解決ではなく、解決の先送りになってしまったのである。

イラン・イラク戦争

一九八〇年から八八年にかけてのイラン・イラク戦争に対する外界の反応は大分異なっている。アラブ・イスラエル紛争と違って、どちらの陣営も強力な国際的支持を集めることができなかった。それどころか、どちらの政権も外界に強い反感をかき立てたのである。大国にも国際機関にも、戦争終結のための多大な努力や、大きな危険を冒す気はなかったようだ。その結果、この戦争は第二次世界大戦よりも長くつづき、死者総数と破壊度は、たびたびのアラブ・イスラエル紛争の合計を大幅に上回るものになった。

成行きもまた、ずっと複雑だった。アラブ・イスラエル紛争の経緯は基本的にははっきりしていてわかりやすい。問題は、終始一貫して次の三つに要約される。すなわち、イスラエルの存在を認めるべきか否か？　もし認めるとすれば、国境線をどこに引くべきか？　国境線の向こう側を支配するのはだれか？

イラン・イラク戦争にはたくさんの別な側面があった。人物像という観点から見れば、イランのホメイニー師とイラクのサダム・フセインという二人のカリスマ的な指導者のあいだの確執。民族的にはペルシア人とアラブ人の意識の違い。イデオロギー的にはイスラーム復興主義（原理主義ともいう）と世俗的な近代化志向（サダム・フセインはのちにこの点については心変わりした）の相克。党派的にはシーア派とスンナ派の対立。経済的にはこの地域の石油の支配権をめぐる争い。さらには領土紛争や地域覇権をめぐる抗争のような時代遅れの権力政治的構図として描くことさえできる。

この紛争の顕著な特徴は、イラン人もイラク人もともに自分たちの国と、自分たちを支配している政府への愛国的忠誠心をもっていることだった。イラン南西部のアラブ人少数派はイラク人には与しないし、イラクのシーア派住民は、ごく少数の例外を除いて、イラン革命（一九七九年）や制度に共感を示さなかった。

国内や外国からのプレッシャーに邪魔されず、双方とも石油輸出国だったことから、深刻な財政危機に見舞われることもなかった両陣営は、どちらにとっても破壊的な戦争を八年間もつづけることができた。最初はイランが優勢であるように見えた。イラクが口火を切った攻撃を押しとどめたあと、彼らは強烈な反撃に出て、イラク領土内に進軍した。アメリカから重要な情報と軍事物資の支援を受け、自国より裕福なアラブ諸国からは財政援助を得たイラク軍は、今度はイランの攻撃を抑え、その結果、イランはイラクにやや有利な講和を承諾せざるをえなくなった。

サダム・フセインのイランに対するある程度の勝利と、彼の攻撃に対する外界の黙認が彼を大胆にし、一九九〇年八月のクウェートへの侵攻、占領、併合という新たな戦争へと駆りたてた。

この二つの戦争を始めるにあたって、サダム・フセインは、政治的にも軍事的にも抜け目ない計算をした。それは正しいものもあれば、間違っているものもあった。イラン攻撃のときは、近隣諸国も外国勢も、イランの革命政権を腹立たしく思い、警戒感を抱いているにちがいないから、援助の手を差し伸べることはないだろうと読んだが、これは正しかった。だが、革命の動乱のさなかならイランへの侵攻は手っ取り早く、容易であろうともくろんだのは間違っていた。十年後のクウェートへの侵攻のときのもくろみの正誤は、逆だった。クウェートへの侵攻と併合は手っ取り早く容易にできるという彼の軍事的計算は正しかったが、地域勢力は協力的か、少なくとも黙認してくれ、外国勢はうわべだけのたいして効力のない抵抗しかしないと見たのはひどい誤算だった。

間違いは世界情勢の変化の読み違いから起こった。一九九〇年夏には、それから数カ月後にソヴィエト連邦の実態が暴露され、冷戦に終止符が打たれることになる一連のプロセスが始まっていた。これまでのように、サダム・フセインに危険な冒険を思いとどまらせる超大国からの警告はもはやなく、彼はこの新たな自由を最大限に享受していた。だが、その代償は大きかった。その結果が明らかになるにつれ、彼はもはやこの地域内で、イラクの犠牲になった国々の要請に応じて立ちあがった超大国から守ってくれと頼める、別の超大国がなくなってしまっていたのである。

この地域では新しいパターンが浮上しつつあった。その新たな位置関係のなかで、外部勢力はもはや中東の諸事件の成行きを決定することも、方向付けすることもなくなっていたが、中東のあちこちの政府は、政策や作戦行動を立てるにあたってだんだん消極的になっている外部勢力の介入を挑発したり、懇願したりした。一九九〇年から九一年にかけてのクウェートをめぐる戦争は、それまでこの地域で起こったたくさんの紛争と同様、外部の敵対関係によって影響を受けたり、長引かされたりはしなかった。アメリカ主導の外部勢力が介入したものの、それは地域内の、正真正銘のアラブ圏内の紛争だったのだが、この戦争とその直後の様子を見ると、超大国は一方だけでなく、両方とも中東の戦場からさっさと引き揚げていた。その理由は、一方には帝国の役割を演じたり、あるいはもっとつつましく、危険の大きくなった在留外国人の身辺保護のための地域警察の役目すらも遂行する能力がなく、他方にはその執念がなかったからである。八年間つづいたイラン・イラク戦争とは対照的に、地域および外部の連合軍は、サダム・フセイン軍を迅速かつ容易に敗北させた。だが、イラク軍をクウェートから追い出したものの、アメリカとその同盟軍は問題をそのままにし、サダム・フセインとその体制を権力の座に居続けさせた。

この決断については、さまざまなもっともらしい説についていくつかの解釈がなされているが、根底にある理由はかなりはっきりしているように思われる。一九九一年の諸般の事情から見れば、フセイン体制を崩壊させることは、そのかわりに別な人物を立てることを意味したであろう。すると、ある程度の後援や保護が欠かせないが、それは紐付きであることが見え見えで、保護を装った昔の委任統治や保護国扱いを想起させる危険がある。当時、アメリカはバグダードに属州総督のようなものを置く意思はなく、アメリカに賛同したアラブ同盟国もそのような措置を喜んで承認しそうもなかったと言われる。かわりに、イラクの現政権の保持、変革、交代などの選択を、イラク国民に彼らの権利として委ねることにした。この政策の実際面での影響は、イラクと連合軍との停戦後、ただちに表われた。サダム・フセインは北部のクルド人、南部のシーア派、中心部のあらゆる教派の異論派分子のあいだで起こった反体制運動を容赦なく弾圧しはじめたのである。

教訓は明らかだった。アメリカは自国や国際社会の利益の擁護に積極的に動くこともできたであろう。何が利益かの定義は、試行錯誤によって決定されうる。そうしなかったおかげで、中東の政府と国民は自立した。中東は自由度も危険度も高い場所になった。

二極間秩序崩壊後の中東の選択

冷戦の終結と、二つの超大国がときには張りあい、ときには同調して行動していた二極間秩序の崩壊で、中東の人々は、超大国の支配や介入から解放されたその他の地域の人たちと同様、危険な選択を迫られた。彼らは、世界の一部の地域で起こっているように、たとえのろのろと義務的にであろうと、自分たちの問題を解決し、近隣諸国と平和に暮らす方向へと歩みだすこともできたし、世界の別の地域がそうであるように、紛争や憎しみを野放しにし、衝突、流血、耐えがたい苦痛という悪循環に突入する可能性もあった。こうした血みどろの悪循環が無秩序へ突入する可能性はたしかにあり、それを食い止めようと積極的に動く（地域外からではなく内部からの）いくつかの勢力があることも知られるようになった。それがイスラエル政府、PLO指導者層、多くのアラブ諸国政府を交渉の席に着かせ、外部のとりわけアメリカの助けを得て、たがいに相手を認め、相互に寛容と、実際面ではイスラエルの占領地をパレスチナ支配に移行する方向に向かわせつつあるように思われる。

占領地域におけるイスラエル支配の終了の合意が成立するとともに、最後のアラブ人と言われるパレスチナ人は、自由という彼らの夢をいよいよ実現できそうに思われた。だが、パレスチナ人のあいだでは、以前、ほかのアラブ人たちのあいだにあったものと似てはいるが、別種の差し迫った問題が討議されていた。すなわち、外国支配から解放された暁には、実際にはどんな自由を享受したらよいのかということである。外国支配下にあった人々にとって、第一の目的は――そして大半の人にとっての唯一の目的は――その支配が終わることだった。だが、外国支配下にあってさえ、支配終了後の体制の性格について議論が始まっていた。独立が獲得されると、議論は白熱した。

フランスは議会制共和国を、イギリスは立憲君主国をというふうに、それぞれ自分たちのイメージに合わせて新しい国々をつくってきた。それらの国々のパトロンが去ったあと、ほとんどすべての国が崩壊したり、どこかに委ねられたりしたため、地域住民は別な手本を探すことになった。

枢軸国の敗北で、これらの国々による中東への政治的・戦略的脅威はなくなったが、民族主義やその種の運動に関する彼らの考え方の影響はそのまま残るか、むしろ大きくなりさえした。こうした新しいものの考え方や社会・政治組織は、二重の魅力があった。一つは、それが支配的な西欧に反対するもので、すでにその理由によって人気を集めていたこと。もう一つは、そのイデオロギーと、示された社会的戦略がさまざまな点でこの地域の現実と伝統にずっと身近に感じられたことである。領土の定義もまだ不確定で、民族としての主体意識（アイデンティティ）も不安定な国々では、人種別の民族主義のほうが愛国思想よりもずっとわかりやすかった。同様に、過激で独裁主義的なイデオロギーのほうが、自由主義思想よりもずっと魅力的だった。地域社会や集団としてのアイデンティティや権利のほうが、西欧の個人主義的な表現法よりずっと理解しやすかった。とりわけ当時としては、個人主義など、筋違いで不適切なものに思えたのである。

こうした影響は、エジプトよりもシリアやイラクでいっそう深く浸透した。エジプトには強い民族的なアイデンティティがあり、古くからのリベラルな伝統や、歴史も長く実績もある議会があったからである。

アラブ連合軍がイスラエル国家誕生の阻止に失敗したことが、アラブ諸国に深い反省を促し、それから数年のあいだに暴力的な手段で支配者を退陣させたり、ときにはそれに責任のあった政府まで転覆させたりした。最初に体制が崩壊したのはシリアで、一九四九年三月、フスニー・ザイーム大佐の無血クーデターにより、大統領と議会制を打ち切り、それから一連の軍事クーデターがつづくことになる。その軍事政権も五四年で終わり、議会制と選挙制が復活した。だが、それも長続きしなかった。五八年から六一年まで、シリアはアラブ連合共和国の一部となった。そこから分離したあと、この国はバース党（アラビア語で「復興」の意）独裁に向かって急速に動く。ヨルダンでは、さらに不運なことに、パレスチナにおけるアラブ軍の敗北の責任者だったアブドゥラ国王が、イスラエルとの講和を試みたことで、一九五一年に暗殺されてしまった。だが、ハーシム家は当時の人たちにはアラブ諸国のなかでもっとも脆弱に見えたが、意外に堅固で、王家の創立者であるアブドゥラ国王の死後、その息子と孫に引き継がれた。

情勢ががらりと変わったのはエジプトだった。一九五二年から五四年にかけての一連の民主主義運動のなかで、ファールーク国王は退位、追放され、君主制は廃止されて共和国宣言が行なわれた。革命の名目上の指導者で、最初の大統領になったムハンマド・ナギーブ将軍はまもなく退けられ、体制変革を実際に計画、組織、実行した「自由将校団」と呼ばれるグループの事実上の領袖ナセル大佐に取って代わられた。共和国政府はしだいに軍事的性格を失い、独裁制だけがつづいた。

やがて他のアラブ諸国にも革命の波が押し寄せた。一九五八年にはイラクで、とりわけ西欧との協調関係によって信用を失っていた王制は打倒され、かわって軍事独裁政権が台頭した。シリアでは、軍事政権支配がバース党による一党独裁に道を譲った。シリアの支配政党であるバース党は、イラクのそれと共通の起源をもちながら、たがいに犬猿の仲だった。

イスラエルと国境を接するアラブ諸国のなかでは、一九四八年の戦闘で何も重要な役割を演じず、ロードス休戦協定で示されたイスラエルの国境線を認めていた唯一の国レバノンは、おもに外部からの干渉が原因で起こった内戦で転覆されるまで、議会制民主主義制度を保持していた。

遠方のアラブ人政権のなかでは、アラビア半島南部のイエメン二国（のちのサナーとアデン）、北アフリカのリビアとアルジェリアもまた、革命勢力に乗っ取られた。パレスチナ紛争からは遠いモロッコやアラビア半島の他の場所では、伝統的な体制がつづいた。紛争に巻きこまれた国々では革命が相次ぎ、革命政権もめまぐるしく交代した。だが、新政権に権力を与えるにいたった、イスラエルがこの地域の中心部に出現したという基本問題は未解決のままだった。それ以上に耐えがたいジレンマは、そのイスラエルが、アラブ世界全土から敵視されているにもかかわらず、生き延びているばかりか、繁栄さえしていることだった。

数カ月にわたる激戦のすえ、イスラエルが緒戦を生き延びたのは、（アラブ側の）自信過剰に対する（イスラエル側の）絶望の勝利と説明することもできる。だが、その後のいくつかの戦争で、はるかに重装備になったイスラエル軍が勝ち得た迅速な大勝利は、同じ理由によって説明することはできない。

イスラエル国家の樹立と発展は、アラブ・イスラーム地域に対する西欧帝国主義の侵略行為の継続であると見る人たちもいた。こうした見地からすれば、イスラエルは西欧勢力の侵入、支配のための橋頭堡として役立てるために建国されたことになり、シオニズムは帝国主義の道具にすぎず、イスラエルは西欧大国の出先機関に等しかった。のちに、説明に窮して、この問題とヨーロッパのユダヤ人排斥主義のイメージを引き合いに出し、諸事件の役割をあべこべにして、同じように仰々しい言葉で説明する人たちもいた。

諸外国の誤った行為を検証したり、非難したりするよりも、アラブ人自身の社会の欠陥を発見し、それを改善することに関心を寄せた人たちもいる。彼らは両陣営のあいだの科学や技術の達成度、経済・社会構造、彼ら自身の置かれた状況とは対照的なイスラエルの政治的自由などの格差を指摘した。これらすべてにおいて、イスラエルは、どう見ても中東の国家であるにもかかわらず、(大ざっぱな意味での西欧勢力の道具であるばかりでなく、西欧文明の一部であるというもっと深い意味においても)西欧の一部とみなされていた。それゆえ、イスラエルの成功は、数百年来ムスリムの関心事だった、西欧の富と力に比較してムスリム諸国や国民の貧しさと無力という、より大きな問題の一部だったのである。

このジレンマにはたくさんの答えがあった。アラブ諸国の問題をむずかしくしている基本的原因は、不統一だと言う人もいた。かつては大きかったアラブ世界は、取るに足りない小さなことで争う国に分裂し、自分たちのあいだで折り合いをつけることができず、不毛な敵対意識や闘争にエネルギーを費やしていると。これを解決するのは、汎アラブ主義、すなわち、理想を言えば、それぞれのアラブ国家が、卑劣で偏狭な駆引きに明け暮れることをやめて、より純粋で壮大な、一つの大きな民族国家への忠誠心を高めることだ。こうした理想は帝国主義支配と闘っていた時代にピークに達したが、これらの国々が事実上の独立を達成し、それぞれの指導者たちがせっかく獲得した独立をより大きな政治体制に引き渡すのをしだいにためらうようになって、光彩を失った。いずれにせよ、ヨーロッパの、正確には西側世界の歴史全般からすれば、不統一は必ずしも物質的・知的進歩の障害にはならず、場合によってはその達成に貢献することさえあるというたくさんの証拠がある。

地域が分割されてできた国家が安定し、永続性をもつようになるにつれて、政治的な事柄や地域の現実への認識が深まると、政府も国民も問題を整理分析し、独立国家の枠組みのなかで解決法を見出したいと思うようになった。政治的独立のための抗争はすっかり遠い過去のものになるにつれ、注目が集まりだしたのは経済問題だった。もっとはっきり言えば、急速な経済開発の必要性が焦点になってきたのである。近代世界の仲間入りをし、近代的な敵に挑戦する実力を蓄えるにはそれしかないと思われた。これらの国々の大半の経済状態は、西欧や急速な経済発展を遂げている極東とくらべて、相対的に悪くなっているのではなく、急速な人口増加によって、生活水準の絶対的低下が進んでいた。

長いあいだ、こうした問題への解答は、社会主義用語で語られるのが常だった。よく言われるように、発展途上国は、市場経済のゆっくりした一貫性のない進歩を待っている余裕はないし、政治面でも民主主義の急激な高まりや不安定さを見守る忍耐力もない。すると、どうしても必要な急速な進歩を成し遂げることができるのは、確固とした中央計画経済、つまり独裁的社会主義政権だけである。こうしたアプローチはもちろん、当時の中東や北アフリカの大半の国にとってもっとも尊敬されていた国家ソヴィエト連邦の影響と前例に、計り知れなく大きな刺激を受けていたことによる。

二十世紀半ばにはすでに、社会主義は多くのインテリゲンチャのあいだで人気があったが、それに法的権限を与え、実施に踏み切らせたのは彼らではなかった。社会主義は、一つ前の世代にとっての自由主義と同じように、上から押しつけられたもので、うまくは行かなかった。エジプトでは、ナセルが大統領になって九年後に採用された。他の国々では、迅速な経済発展にはこれしか方法がないと信じるさまざまな性格の軍事政権や民族主義政権が、社会主義を取り入れた。社会主義と言ってもいろいろあり、大ざっぱに分けてマルクス主義を標榜するソヴィエト方式もあれば、もっと人間的で、それほどきびしくはなく、アラブの現状にあった「アラブ式社会主義」と呼ばれるものもあった。

一九九〇年代はじめには、アラブ式社会主義もマルクス主義的社会主義も失敗し、改革派政権によるしばしば間違った的外れな改革が、政府がもっともらしく約束し国民が心から待ちわびていた経済発展を、推進するどころか妨げてしまっていることが明らかになった。

ある意味で、この経済政策は、容赦なく権力を振るう一連の独裁政権の梃入れにだけは役立った。そのあいだに、伝統的なイスラーム社会の秩序正しさも、新たな西欧的秩序のもたらした自治権もむしばまれ、破壊された。いわゆる社会主義国と呼ばれたこれらの国々の新しい政治体制は、最悪の中部・東部ヨーロッパ・モデルを真似た（ときには専門家のガイダンスを受けてまで）さまざまな全体主義的独裁体制の見本のようなものだった。経済政策の失敗にもかかわらず、この時期は急速な経済変革期であり、たぶんそれ以上に社会的文化的に変化の時でもあった。政治的には、西欧の影響が最小限になったが、ほかのすべての点では、西欧の影響は急に大きくなりつつあった。

もっとも目につき、もっとも幅を利かせていながら、いちばん認識されにくい西欧の影響は、近代国家や都市の社会基盤、快適さやサービスなどの物質的領域である。その大半は、過去のヨーロッパ支配者や利権保持者たちがもたらしたものだった。近代化の進行を逆行させたり、偏向させたりしたいと思う人は皆無であることは明らかだった。飛行機や自動車、電話やテレビ、戦車や大砲などが、それらの発明を可能にした西欧的なもの、あるいは西欧哲学に関連したものであると思われることもまったくなかった。

イラン・イスラーム革命

公然と反西欧を標榜しているいくつかの国でさえ、西欧型の政治機構である憲法や立法議会を維持しているのはさらに注目に値する。イラン・イスラーム共和国は正真正銘のイスラーム政権の復活を宣言しているが、その政権はイスラームの教義や歴史には前例のない、成文憲法と選挙による議会という形をとっている。

中東に影響を与えた西欧の政治思想のなかで、もっとも強く、長続きしているのは、おそらく革命思想だったであろう。中東のイスラームの歴史には、他の社会と同じように、反乱や陰謀によって政権を打倒する例がたくさん登場する。暴君を退位させ、道理にかなった者をその地位に就かせるのは聖なる義務であると信じる指導者たちが、既存の社会・政治制度に挑戦するのは、古くからのイスラームの伝統でもある。イスラーム法と伝統では、支配者への信服の義務に限界を設けており、慎重に事態を協議のうえ、支配者から臣民に忠誠の義務を要求する権利を奪い、合法的に退位、もしくは譲位を求めるか、もしくは強要することができる。

だが、十六世紀のオランダ、十七世紀のイギリス、十八世紀のアメリカとフランスで花開いた革命という概念は、異質な新しいものだった。中東での最初の自己流の革命は一九〇五年のイランの議会主義者、一九〇八年のオスマン帝国の「青年トルコ人」によるものである。以来たくさんの革命が起こり、二十世紀の最後の十年には、この地域の大半の国々が、前任者を暴力で押しのけてできた政治体制が国を支配している。初期の頃、それは外国の支配者に対する民族主義者の抗争によって勝ち取られた。のちには、軍部の将校たちが、自分たちが仕えていた軍隊の支配者を退位させることによって目的を達成することが常態になった。それらはみな同じ熱情から発したもので、「革命」という名で呼ばれ、やがて中東で正当な政府を要求する権利として広く認められるようになった。

数こそ少なかったが、たんに上に立つ人間を交代させるだけでなく、もっと深遠な理由と大きな影響力をもつ大がかりな社会運動から生まれた変化もあった。一九七九年のイラン・イスラーム革命はその一つであることは間違いない。その起源、その様相、そしておそらく最終的な運命からも、よくフランス革命やロシア革命に匹敵するものと言われる。良きにつけ悪しきにつけ、この革命についてはその出発点からさまざまな見方があるが、イランで起こったのは古典的な意味での革命とみなされてよい。すなわち、広い国民の参加による大衆運動が、政治権力ばかりでなく経済面でも大きな変動を起こし、広範な社会改革のプロセスをスタートさせた。もう少し正確には、そのプロセスを継続させたと言えるかもしれない。

革命前のパフラヴィー国王統治下のイランでは、ブルボン王朝のフランスやロマノフ王朝のロシアと同様、大きな変化のプロセスがすでに始まっており、それを継続させるためには政権交代が必要であるという時点にまで進んでいた。イラン・イスラーム革命では、他の革命と同様に、何かが起こって、それによって変化のプロセスが思いがけない方向に変わったり、正しい道を逸れたり、突然失効さえしかねない可能性があった。これとは別の、ときにはまったく反対の前提からものを言うイラン人のなかには、早くから、革命はすでに起こっていたと断言する人たちもいる。革命政権が権力の座に居座るにつれて、彼らに同意する人はますます増えた。

イランの革命は、それまでの各国の名を冠せられた運動とは違って、イスラーム革命と呼ばれた。その指導者も推進者も、パリやペトログラードを決して手本にしてはおらず、ヨーロッパの左翼思想など、彼らが闘っている大きな顔をした異端の敵の肩をもつ右翼とたいして変わりはないと思っていた。彼らにとって、自分たちの社会は、異なった経典や書物、異なった歴史の記憶をもった別世界だった。革命のシンボルもスローガンもイスラーム的だった。それだけが大衆を闘争へと動員する原動力だったのである。

イスラーム教はシンボルやスローガン以上のものを提供した。革命の指導者やスポークスマンの解釈によれば、それは獲得するべき目標を図式化し、そのうえ無視しがたいのは、対抗するべき敵の定義をすることだった。それは歴史、法律、伝統によってよく知られている。つまり、国外では異端者、国内では変節者である。革命家たちにとって、変節者とはもちろん、真正なイスラームの教えの解釈を共有せず、勝手な思い込みによって異質で異端的な方式を輸入し、イスラーム社会を堕落させ、彼らが拠り所としている信仰や法律を台無しにするムスリム、とくにその支配者たちを指す。イランや、たまたまよく似た革命運動が定着した別の国々におけるイスラーム革命の目的は、だいたいにおいて、外国支配時代にムスリム居住地や人々に押しつけられた異質で異端的な付加物を一掃し、真に神から与えられたイスラーム的秩序を回復することだった。

だが、イランその他の地のこれらの革命家たちの記録を調べてみると、プロパガンダが示すような西欧や西欧が提供したものすべてを、全面的に無差別に拒否しているのではないことがわかる。イスラームから見て異端者の国から輸入されたものの少なくとも一部は、今でもたいへん歓迎されているのだ。

なかでも明らかなのは、イランにおけるイスラーム革命は、エレクトロニクス時代の最初の近代的な革命だったことである。ホメイニー師は、数百万人の同国人に外国から自分の演説をカセットに入れて送った最初のカリスマ的演説家だった。彼は国内の信奉者に亡命先から電話で指示を与えた最初の革命指導者でもある〔口絵34参照〕。それは国王（シャー）がイランとフランスのあいだに直通電話回線を引いておいてくれたおかげでできたことで、彼の以前の亡命先であるイラクからでは不可能だった。言うまでもなく、イランの革命指導者たちが公式、非公式に従事した戦争において、彼らは西側とその擬装者たちが喜んで売りつけた武器を最大限に利用した。当然のことながら、ファクス、インターネット、衛星放送用アンテナなどは、彼らを打倒しようとする相手にも利用されていた。

悲惨なことに、イランの革命政権がヨーロッパから借用したことがもう一つある。彼らのシンボルや引喩はヨーロッパ的と言うよりもイスラーム的であるが、彼らが手本にした流儀や手段はしばしばイスラーム的であるよりもヨーロッパ的だった。たとえば、イデオロギー的に敵と決めつけられた大勢の人たちの略式裁判や処刑、数十万人の男女の追放、私的所有物の大々的な没収、政権強化にともなう弾圧や転向の強要、暴力や洗脳などはみな、ムハンマドやアリーよりもロベスピエール〔フランス革命期の政治家。恐怖政治を断行〕やスターリンのやり方にずっと近い。これらの手段はおよそイスラーム的とは言いがたいが、まさに革命家の流儀にほかならない。

フランス革命やロシア革命のときもそうであったように、イラン革命も国内の支持者ばかりでなく、広く国際的な影響を及ぼし、イラン以外の同じ文化、同じ思考を共有する国々の人たちを強く惹きつけた。そのアピールは、当然のことながら、レバノン南部や湾岸諸国の一部のシーア派住民のあいだでもっとも熱心に受け止められ、身近なスンナ派の隣人たちのあいだでは不人気だった。一時は、シーア派が実際にはよく知られていないムスリム地域でも人々を惹きつけた。そうした地域では、党派の違いはあまり重要ではなかったのだ。ホメイニー師はシーア派とかイラン人としてではなく、イスラーム革命指導者と見られていたのであろう。パリやペトログラードの出来事に、当時の西側の若い過激派の人たちが救世主再来かのような熱烈な反応を示したように、イスラーム世界の数百万人の老若男女が、イスラーム革命の呼びかけに同じように感情を高ぶらせ、胸を躍らせ、希望を果てしなくふくらませて呼応し、あらゆる種類の恐怖や未来への不安を、なにかと口実をつけては大目に見た。

それから数年、イランでは苦しい時期がつづいた。国民は外国から仕掛けられた戦争、国内の内紛や弾圧、目に見えて悪化してゆく経済危機に悩まされた。ほかの革命と同様、過激派と穏健派、もっとありていに言えば、特定のイデオロギー唱道者と実利主義者(プラグマティスト)というように分類されるライバル派閥間の紛争が繰り返された。これらを含めたさまざまな変化のなかで、イラン式のイスラーム革命の理想は、全部とは言わないまでも、魅力の一部を失った。イランで起こったイスラーム革命運動に刺激され、他のムスリム国家に同時進行した運動が、真剣に権力の座を争う勢力となって成功したところもあった。

王国として伝統的な体制を保持しているところばかりでなく、さまざまな違いのある革命政権もみな、政治機構と、近代化を駆使した経済的利益の両方を維持、利用したいという願いは同じだった。恨まれたのは外国勢による経済機構の支配と搾取であって、外国生まれの機構そのものではなかった。

以前のイギリスやフランスと同じように、ライバル同士のソヴィエトとアメリカが、それぞれ自分のイメージに合った社会や政治体制を中東につくりあげようとしていた。どちらの任務も容易ではなかった。両陣営の一方のソヴィエトにとって、それはことのほか困難だった。独裁主義政権の支援は問題なかったが、イスラーム国にマルクス主義の社会主義政権をつくることはまた別問題だった。自由民主主義国家をつくることはもっとむずかしかった。だが、民主主義は生みだすのもむずかしいが、壊すのもむずかしい。長い目で見れば、それは中東地域内ばかりでなく、広く世界の民主主義諸国家の利益になり、独裁主義敵国の力を弱めることに役立った。

イスラーム原理主義と民主主義

ようやく勝ち取った独立をどう生かし、多くの人々の生活をどうしたら向上させられるかについては、イスラームと民主主義という二つの大きなイデオロギー的潮流をめぐって長いあいだ議論がつづいている。ムスリムが利用し、真似たり、見習ったりしてきた外国式のさまざまなやり方がみな、どう見てもうまくいかなかった頃、それらが外国の異端者たちのやり方で、害をもたらすだけだという議論がかなり優勢になったことがある。ムスリムにとって、その救済策はイスラームの信仰と規律に戻ること、本来の自分たち自身に返ること、国家や社会から外国の異端者の匂いのするものを排除し、真のイスラーム体制をつくりだすことだった。

もう一つの可能な選択は民主主義だった。それは、二つの世界大戦間に導入された西欧的民主主義の見かけだけの模倣、一握りのトップ実力者たちの派閥によって操作されていた民主主義ではなくて、小さな村から大統領府にいたるまであらゆる段階の国民生活に機能する本当に自由な制度である。イスラーム原理主義者と民主主義者が対立しているところでは、前者が圧倒的に有利だった。彼らには、モスクと説教者という、どんな専制的な政権もまったく支配できず、どんな集団も決してかなわない会合場所と意思疎通のネットワークをもっている。ときとして、専制政権が、競合する反体制勢力を除去することによって、原理主義者に道を拓くことさえあった。独立した行動をとることができる団結力、組織、手段をもっていて、この地域の政治的変化に大きな原動力となりうる他の唯一の集団は軍隊だった。軍隊はあちこちでさまざまな時期に、トルコでは民主主義のために、スーダンでは原理主義のために行動を起こした。

　イスラーム的解決法の支持者のあいだにも、民主主義的解決法の支持者のあいだにも、それぞれかなりの見解の相違があり、どちらにもさまざまな問題が提起されている。この二つの思想は相互に排他的であると考える人たちもいる。いわゆるイスラーム原理主義者は少数派だが、ムスリムのあいだでは積極的で重要な活動家である。彼らにとって民主主義は、政権の座への片道切符として以外には無用のものだ。民主主義者のなかの急進派は、一国の国民生活のなかでイスラームが果たしている伝統的役割を断ち切るか、少なくとも小さくする意図を隠そうとはしない。信仰に基づいたイスラーム国家の伝統と、政教分離という西欧的概念のあいだの相克はまだまだつづきそうである。

男性にとっても女性にとっても、解放への幕間は長すぎて、忘れ去るにはその影響が大きくなりすぎている。逆行現象は多々あっても、ヨーロッパ式民主主義は、イスラーム地域でも死んではいないどころか復活の兆しがわずかながらある。議会制、立憲制がしだいにうまく機能しつつある国々もあり、ためらいがちではあるが経済の自由化のみならず、政治の自由化に向かって進み出しているところもある。

西欧化の進む社会生活

文化や社会生活面へのヨーロッパ・スタイルの導入は、過激派の最先端の人たちでさえ気づかないほど、もしくは喜んで黙認するほど深く浸透していた。最初の変化は伝統の長い美術の分野だった。十八世紀末にはすでに、書物や建造物の内装に見られた細密画の古い伝統は廃(すた)れつつあった。十九世紀になると、西欧化の進んだ国々では、最初はその影響を受け、やがてはすっかりヨーロッパ風の新しい美術や建築に取って代わられた。古くからある細密画とアラビア文字を利用した書道は、しばらくは残ったが、やがてそれに携わる人たちは、わずかの例外を除いて、創作意欲も名声も失った。彼らにかわって美術の世界で自己表現をするようになったのは、キャンバスに油絵の具で描くヨーロッパ式の画家たちだった。建築もまた、モスクの建造でさえ、主流は必然的にヨーロッパの技術ばかりでなく、ヨーロッパ的美意識で設計されるようになった。ときには伝統的なイスラーム様式に戻ろうとする試みもあったが、それもしばしば意識的な新古典主義という形を取った。イスラーム芸術様式が保持された唯一の分野は、彫像制作がイスラーム法の禁令を破るものと思われていたために、あまり取り入れられなかった彫刻だった。トルコのケマル・アタチュルクやイランの国王のような世俗的な近代化推進者に対する大きな嘆きの一つは、彼らが公共の場所に自分の彫像を建てさせたことだった。これは異教徒の偶像崇拝と同じとみなされた。

美術の西欧化と並行して文学にも、時期はややずれるが、ゆっくりと変化は進んだ。十九世紀半ば以降、伝統的なジャンルは、一部の頑固な保守主義サークルのあいだで限られた影響力をもっていた以外は忘れられていった。それにかわって西欧から新しいジャンルや思想が入ってきた。伝統的な物語や寓話にかわって長編、短編の小説が現われ、評論や新聞記事、新しいジャンルやテーマが、この地方の人々の近代詩を一変させた。近代文学で使われる言葉まで、この地方のどこの国でも、西欧の言葉による意思の伝達法の影響を受けて大幅に変化し、その勢いは逆行することがなかった。

いちばん変化が目立たないのは音楽である。ヨーロッパの古典音楽の影響はまだ比較的小さい。ヨーロッパの影響がいちばん長く、しかも深いトルコでは、優れた演奏家たちがおり、そのなかには国際的に有名な人もいる。作曲家も西欧風の曲をつくっている。事実上、文化的には西欧の一部であるイスラエルのおもな都市は言うまでもないが、イスタンブルやアンカラも、今では国際的なコンサートの巡業地の一つになっている。これらの地域では、そうした巡業の採算が合うくらい、大勢の熱心な聴衆がいるのである。それ以外の中東の地域では、西洋音楽を作曲、演奏、あるいは鑑賞する人さえまだ比較的少ない。さまざまな伝統的な様式の音楽は今でも作曲され、演奏のレベルも高く、国民の大多数に好まれ、鑑賞されている。昨今では、西欧のポピュラー・ミュージックにも関心がもたれているが、そうしたものでも、概して大都市の比較的小さなグループ内に限られている。音楽はおそらく文化のもっとも深奥からほとばしり出る表現であるから、外国の影響にいちばん染まりにくいのは当然であろう。

もう一つの目に見えるヨーロッパの影響は衣服である。ムスリム軍隊の近代的装備や兵器の使用は必要に迫られてと言えるであろうし、敵を敗北させるためには異教徒の敵を模倣するのはイスラーム法にかなっていると宣言する昔からの伝統がある。だが、異教徒の服装まで取り入れるのは別問題で、それは文化的にも、象徴としても、宗教的にさえも重大な意味をもっていた。

十九世紀には、オスマン帝国は他のムスリム諸国につづいて、将校にも兵士にもヨーロッパ・スタイルの軍服を採用し、馬にもヨーロッパ式の武具を付けた。頭に被る物にはそれなりの理由があって、西欧化しなかった。トルコでは、ケマル・アタチュルクの革命以降、このイスラームの保守主義の最後の砦も崩壊した。一般国民と同様、トルコ軍もヨーロッパ式の帽子を採用し、他のほとんどすべてのムスリム国家でもまもなく、まず軍隊が、やがては多くの一般市民もこれに倣った。

女性の立場はまた違う。十九世紀から二十世紀はじめにかけて、女性の服装のヨーロッパ化は男性にくらべてゆっくりと、時期もずれて、限られた人たちのあいだに取り入れられた。これには強い抵抗があり、影響を受けたのはごく一部の人たちに限られた。男性が洋服を着るのは、社会のさまざまなレベルで普通のことになってきたのに、女性はまだ伝統的な服装を守っていた（あるいは守らされていた）。だが、二十世紀半ばまでには、西洋式の衣服を身に着ける女性はどんどん増えた。その傾向は、最初はモダンな有閑階級の婦人たちに始まり、やがて働く女性や学生たちに広がった。しかし、イスラーム復活のもっとも顕著な成行きの一つは、男性よりはるかに大勢の女性によるこの傾向の逆行で、伝統的な衣服に戻る運動だった。

西欧を手本にしたり、影響を受けた結果起こった変化のなかで、いちばん大きなものは間違いなく女性の地位に関するものである。財産としての奴隷の所有が禁じられて、内縁関係は違法となった。僻地などではこの習慣がしばらくつづいたが、普通に認められることはなくなった。トルコ、チュニジア、国王失脚までのイラン（その後は別）などいくつかの国では一夫多妻制さえ違法となり、これを合法的としているムスリム国家の大半でも、法律その他の制限付きになった。都会の中流・上流階級では、それは社会的に御法度となった。都会の下層階級では、もともと経済的にそれは不可能だった。

女性解放の大きな要因は経済的需要だった。農婦は大昔から労働力の一部だったから、おかげで都会の女性にはないある種の社会的自由を享受していた。経済の近代化で、婦人労働の需要が起こり、近代戦争の動員でそれが増幅された。これは、男性の大半が出征していた第一次世界大戦中のオスマン帝国では重要な要素だった。女性が経済の担い手になったことから生じた社会的変化は、両大戦間とその後もつづき、女性の利益となるような法律の改正もわずかながら行なわれた。それが社会や家族の生活に影響を与えた。女性のための教育もまた格段に前進した。一九七〇年代から八〇年代には相当数の女性が大学に入学した。彼女たちはまず、「女の専門職」と昔からヨーロッパで言われ、イスラーム圏でもしだいにそうなりつつあった看護婦や教師になった。やがて女性はほかの技能職や専門職にも就くようになった。イランでさえ、婦人患者用の女性医師や、もっと目立ったところでは女性の国会議員もいる。

女性が伝統的な職業に就くことさえ、過激派の一部にしてみれば許しがたいことで、ホメイニー師は、男の子を教えるのに女性教師を雇ったのが諸悪の根元だと思いこんで、怒りを顕（あらわ）にした。

議会制が機能している国々では、女性の政治的解放も大幅に進んだ。軍隊か政党による独裁政権下では、これは重視されない。どちらも圧倒的に男の世界であるからだ。西欧人は、女性の解放は自由化の一部と考え、自由な世界のほうが独裁的な政権下よりも女性は暮らしやすいと想定しがちだ。だが、そのような思い込みはときとして見当はずれで、しばしば事実と違う。アラブ諸国のなかで女性の法的解放がいちばん進んでいたのは、悪名高い弾圧政権であるイラクと南イエメンだった。遅れていたのは、アラブ社会ではさまざまな点でいちばん寛容で、開放的なエジプトだった。未だに男性主導の保守的な社会では、世論が変化に抵抗する。女性の権利がもっとも深刻な逆行現象に悩まされているのは、原理主義者の影響力の強い国々か、彼らが支配しているイランのようなところである。女性の解放は原理主義者たちの大きな不満の種の一つで、これを逆行させることが彼らの綱領の最先端にある〔口絵35参照〕。

それにもかかわらず、後戻りのできない変化が進みつつあることは確かだ。イスラーム「聖法」の完全復活を標榜する人たちでさえ、合法的な内縁関係を再導入することはなさそうだし、中東の都市部の高等教育を受けた階級のあいだで一夫多妻制に戻る可能性はまずない。原理主義の影響とその支配者たちのせいで、女性の教育の内容や方法はいろいろな面で変わった。だが、そうしたものも女性を以前の無知な状態に戻してはいないし、そんなことはできそうもない。ヨーロッパやアメリカと同様にイスラームの土地にも、自分たちの解放に反対する発言や運動をする女性たちはいるが、長期的な傾向としては、明らかにより大きな自由を求める方向に向かっている。今では高等教育を受けた相当数の女性、なかには欧米で高等教育を受けた女性がイスラームの土地にもいる。彼女たちはすでに大きな影響力をもっており、イスラームの国民生活は、これまで除外されていた人口の半分の貢献によって豊かになっていくであろう。

こうした変化と、それ以前や以後の法律、社会、文化の変容は、人々のあいだにさまざまなきわだった反応を巻き起こした。多くの女性にとっては解放と機会をもたらし、男性にとってはそれまで隠されていた世界が暴かれた。場所によっては、西欧の影響で、しばしば思いもかけなかったほどの金持ちになったところもある。西欧のテクノロジーと西欧式のビジネスが金儲けの新しい方法の手ほどきをした。西欧の消費文化がそれを使うさまざまな新しい方法を教えてもくれた。だが、そうしたことになんらかの影響を受けた人たちだけでなく、多くの人たちにとって、新しい方式は自分たちの身分相応の暮らしや慣習に対する侮辱、彼らの価値観のなかでもっとも大切な、社会の宗教的基盤を根底から揺るがす脅威だった。

近代化、すなわち衆目の見るところの西欧化は、貧富の差を拡大した。それはまた、格差をいっそう目につきやすく、明白なものにした。アラビア半島以外の大半の都市部では、金持ちは今や、近代化されていない一般大衆とは着る物、食べる物が違い、別な社会的ルールによって暮らしている。しかも、西欧的な情報入手手段、とりわけ映画やテレビによって、恵まれない庶民は自分たちと金持ちの差や、自分たちが手に入れ損なったものを、これまでになくよく知るようになった。

国によっては、急速な変化の時代に避けがたい苦痛や不安を、賢明で穏健な政府が和らげてくれたところもあった。だが、大半の国では、独裁政権の経済管理の不手際で、それらが増幅された。実際問題として、人口の急増に国内の食糧生産が追いつかないという現実があった。だが、かなりの資源がある国でさえ、それが乱費されていることがよくあった。問題の一つは、国内の秩序維持と国外の仮想敵との対決、もしくは抑止のために必要な、安全保障や軍事組織の維持に多大な費用がかかったことである。だが、こうした費用がすべてを説明するわけではない。あるフランスのニュース雑誌のインタビューに答えたアルジェリア人のコメントがそれをよく表わしている。「アルジェリアはかつてはローマの穀倉だった。それが今ではパンをつくる穀類を輸入しなければならない。動物が群れをなし、果樹の実る土地なのに、肉や果物を輸入している。石油とガスは豊富にあるのに、外債は二百五十億ドル、失業者は二百万人もいる」。彼はさらにつづけて、これは三十年にわたる悪政の結果だと言っている。

アルジェリアの石油収入は少なく、人口は多い。収入が多く、人口が少ないにもかかわらず財政を破綻させ、国民を貧乏にしている国もある。長い目で見れば、石油はそれによって支えられている国々にとって有利な天恵かどうかわからない。政治的には、石油収入は独裁政権を強化して、財政逼迫から解放し、ほかの国なら政府が民主化を承認せざるをえないような束縛も受けずにすむ。経済的には、石油による富は一定せず、世界の石油価格の変動などの外的要因に対して無防備で、長期的には石油そのものの価値にさえ変化が起こりかねない。産油国は中東以外にもあり、エネルギー源も石油以外にある。中東の窮境や不安定さにうんざりしている世界は、この両方を積極的に探している。

二十世紀の最後の十年に、中東は二つの大きな危機に直面した。一つは経済的・社会的なもので、経済的損失、それ以上に経済的秩序の崩壊、それらが社会に及ぼした影響である。もう一つは、政治的・社会的なもので、たとえ独裁政権のもとであっても、国民の合意の瓦解や、政治組織を動かし、社会が機能するためのルールや原則が崩壊してしまったことである。ソヴィエト連邦の崩壊は、そうした国民の合意が喪失したことによって起こったことをよく示しており、それがまた新たな喪失を生むという厄介な事態と危険をもたらした。

同じ頃、これらの問題に直面した中東の政府と国民は、しっかりと自分の足で立ちはじめた。域外の大国はもはやこの地域の問題解決を指図したり、ましてや支配したりしようとはしなくなった。それどころか、巻き添えになることを極端に避けるようになってきた。外界、つまりヨーロッパ、アメリカ、それに極東でも、しだいに中東への関心は基本的に次の三点にしぼられるようになった。すなわち、自国の商品やサービスの豊かで将来性のある市場、エネルギー需要のおもな調達地、この二つを確保するために必要な手段として、中東を国際法や秩序になるべく近い状態に維持することである。

サダム・フセインのクウェート侵攻と併合は、外部の軍事介入を誘発するそうした事情を浮き彫りにした。サウジアラビアと湾岸諸国もその余波の脅威にもろにさらされた。これは外部世界に二重の脅威を突きつけた。その第一は、世界の石油資源の大きな部分を占めるこの地域の石油資源が、好戦的な独裁者に独占的に支配されかねないことへの懸念。第二の脅威は、第二次世界大戦後に確立された国際的秩序全体が揺さぶられたことだった。あちこちの大陸でさまざまな紛争があったにもかかわらず、れっきとした国連加盟国が、別の加盟国からいきなり侵攻され、併合されたのはこれがはじめてだった。

サダム・フセインの思いきった賭けの成功を許していたなら、すでに評判の落ちている国際連合は、機能を失った国際連盟と同じように恥辱の汚名を着せられ、世界は暴力を辞さない、冷酷非情な人々の手に渡ってしまっていたであろう。

彼の成功は許されず、中東地域からも外部からも驚くほど大量の軍隊が動員されて、彼をクウェートから追い出した。だが、これこそ新時代を思わせる現象は、彼はクウェートから追い出されたのであって、イラクからではなかったことである。サダム・フセインは独自のスタイルの政府と政策を再開することができた。その教訓は明らかだ。イラク人が、これまでとは違った新しい政府を望むなら、自分たち自身でそれをつくらなければならないということだ。ほかのどこの国も、彼らのためにそれをつくろうとはしていない。

これは、おそらく二十世紀最後の十年の域外大国からのメッセージである。域外大国は、市場と石油確保という自分たち自身の利益と、国際連合の基本ルールをある程度まで尊重して、国際社会の利益を擁護するために活動するのがせいぜいであろう。ほかの点では、中東の国民と政府は、この二百年間ではじめて、自分たち自身の運命を決定することになる。彼らは新しい地域勢力を生みだすかもしれない。たがいに協調しつつそれを行なう可能性もあれば、地域覇権をめぐってたがいに張りあう可能性もある。彼らはユーゴスラヴィアやソマリアのように分裂と内輪もめという道をたどるかもしれない。それらを、彼らが信じている宗教的義務や民族としての権利との兼ね合いではなく、自分たち自身の選択として行ないたいという意思を、はっきり示した人たちや地域運動もある。内戦時代のレバノンの出来事は、この地域全体の動きの縮図と見てよいであろう。

もしかすると、一部の人たちがせき立てているような、新たな「聖戦（ジハード）」のために、彼らは一致団結するかもしれない。すると、昔のようにこれに対応する新たな十字軍の決起を促す可能性もある。あるいは、自分たち自身や隣人、そして世界全体のために、より充実した、豊かで自由な生活を求めて、自分たちの物質的資源ばかりでなく、精神的資質も活用したり、共有したりするようになるかもしれない。当面は、外部世界は彼らを平和な状態に置きたい、できることならそれが実現するように手助けしたいとさえ願っているように思われる。中東の国民と政府だけが、紛争続きの近代史の幕間に開かれているこの好機の窓を利用するかどうか、利用するとしたら、どのような方法を選ぶかを決めることができる。

◉年表

＊印は中東以外の事項

年	事項
紀元前 六三	ポンペイウスのシリア地方遠征、ペトラを拠点とするナバテア王国と接触。＊〔二七〕アウグストゥス初代ローマ皇帝となり、ローマ帝政始まる。
二三	ローマ人のアラビア遠征。
紀元後 三〇頃	イエス・キリスト、十字架にかけられる。
四七	（～四九）使徒パウロ第一回宣教旅行。
五四	（～五九）ローマ帝国のアルメニア征服。
六三	ローマ帝国とパルティア帝国、和解。
六六	（～七〇）第一次ユダヤ戦争。
七〇	ローマ人によるエルサレムの占領、神殿の破壊。
一〇六	ナバテア王国のローマ属州化。
一一四	（～一七）トラヤヌス帝のパルティア王国侵攻。
一三二	（～三五）バル・コホバの反ローマ蜂起（第二次ユダヤ戦争）。
一六一	パルティア王国のシリア、アルメニア侵攻。＊〔二二〇～二八〇〕中国、後漢が滅び、魏・呉・蜀の三国時代。

二二六　サーサーン朝ペルシアの成立。
二四一　(〜四四)ローマ、ペルシアと交戦。
二四二　(〜七二)サーサーン朝皇帝シャープール一世の統治。
二六〇　マニ教の教祖マーニーの宣教始まる。
二六七　(〜六三)オデナトゥスのパルミラ統治。
二七二　オデナトゥスの子ワバッラトゥスとその母ゼノビアがパルミラの独立を画策。
二九六　アウレリアヌス帝、パルミラを征服。
三〇三　(〜九七)ペルシア・ローマ戦争、二九七年の和約によりローマの勝利を承認。
三〇六　ディオクレティアヌス帝のキリスト教徒迫害令。
三一二　コンスタンティヌス帝即位。
三二五　ミラノ勅令(キリスト教公認)。
三三〇　ニケーア会議(アリウス派を異端とする)。
三八一　ローマ皇帝コンスタンティヌスによるビザンティオン遷都(コンスタンティノープルの成立)。
三九五　コンスタンティノープル宗教会議(キリスト教の三位一体説の正統性を最終確立、異端を禁止)。
五〇三　テオドシウスの死、ローマ帝国の東西分裂。　＊[四七六]西ローマ帝国滅亡。
五三一　(〜〇五)ペルシア・ローマ戦争。
五七一頃　(〜七九)ホスロー一世の統治。
六一四　ムハンマド(マホメット)生誕。　＊[五九三]聖徳太子摂政。
ペルシアによるエルサレム占領。

六二二	預言者ムハンマドがメッカからメディナへ移住。この年の七月十六日がヒジュラ暦（イスラーム暦）元年元日。イスラーム時代の始まり。　＊［六一八］中国、隋滅び、唐興る。
六三〇	ムハンマドがメッカを征服。
六三二	ムハンマド没。アブー・バクルが初代カリフに就任。
六三三	（～三七）アラブ軍によるシリアとメソポタミアの征服。
六三四	ウマル一世がカリフに即位。
六三五	（～三六）ダマスカス占領。
六三六	カーディシーヤの戦い、クテシフォン陥落。
六三八	ウマル一世エルサレム征服。
六三九	（～四二）エジプトの征服。
六四二	（～四六）アレクサンドリア奪取。
六四四	ウマル一世殺害される。ウスマーンがカリフに就任。　＊［六四五］大化の改新。
六五六	ウスマーン殺害される。イスラームの第一次内乱。
六六一	アリーがハワーリジュ派の刺客に暗殺され、ムアーウィア一世がカリフとなり、ウマイヤ朝成立。
六八〇	アリーの子ホサインが、カルバラーの戦いでウマイヤ朝軍に敗れて戦死。
六九一	エルサレムに「岩のドーム」建設。
六九六	アブド・アルマリク、アラブ式貨幣を発行。
七〇五	（～一五）ダマスカスにウマイヤド・モスクを建設。
七一〇	ムスリム、スペインに上陸。

七五〇	ウマイヤ朝の終焉。アッバース朝の成立。 ＊［七一〇］平城京に遷都。
七五一	中国から製紙法伝わる。
七六二	（～六三）アル・マンスールによるバグダードの建設。
	＊［七九四］平安京に遷都。
八〇九	（～一三）カリフ位をめぐって、アル・アミーンとアル・マムーンの兄弟が争う。
八三三	（～四二）ムータシムの統治。トルコ人マムルークの台頭と支配の始まり。
八六九	（～八三）南イラクで黒人奴隷の蜂起。
九〇九	北アフリカにファーティマ朝成立。
九四六	ブワイフ朝バグダード占領。
九六九	ファーティマ朝エジプトを征服、カイロの建設始まる。
九七〇頃	セルジューク・トルコが東方よりカリフ国領土内に入ってくる。
一〇五五	セルジューク朝のトゥグリル・ベクがバグダード入城。
	＊［一〇六六］ノルマンディ公ウィリアム一世、イングランド征服。
一〇七〇	（～八〇）セルジューク朝、シリアとパレスチナ占領。
一〇七一	セルジューク朝、マラーズギルドの戦いでビザンツ軍を敗北させ、アナトリアに進出。
一〇九四	ファーティマ朝カリフ、ムスタンシル死去。イスマーイール派が分裂して、ハサン・サッバーフが過激派アサッシン派のリーダーとなる。
一〇九九	十字軍エルサレムを征服（第一回十字軍）。
一一七一	サラディン、ファーティマ朝カリフ国の終焉を宣言し、シリアとエジプトにアイユーブ朝を樹立。
一一八七	ヒッティーンの戦いで、サラディンが十字軍を破り、エルサレムを奪回。

一二二〇	モンゴル軍がペルシアに侵入。　＊[一一九二] 源頼朝、鎌倉幕府を開く。
一二二九	フリードリヒ二世、交渉によりアル・マリク・アル・カーミルよりエルサレムを譲渡される。
一二四四	ムスリムがエルサレムを取り戻す。
一二五〇	（～六〇）アイユーブ朝の衰退にともない、マムルーク・スルタンの出現。
一二五八	モンゴル軍バグダードを征服、アッバース朝滅亡。イル・ハーン国成立。
	＊[一二七四] 蒙古襲来（文永の役）。
一二九〇	この頃、アナトリア西部にオスマン族が台頭。
一二九五	ペルシアのイル・ハーン朝がムスリムに改宗。
一二九九	オスマン帝国成立。
一三二六	オスマン帝国ブルサを攻略。
一三八九	オスマン帝国、コソボの戦いでセルビアを平定。
一四〇〇	（～〇一）ティムールがシリアを奪取。
一四〇二	ティムール、アンカラの戦いでオスマン帝国軍を破る。
一四四四	ヴァルナの戦いで、オスマン帝国がハンガリー・ポーランド連合軍を破る。
一四五三	オスマン帝国メフメト二世、コンスタンティノープル奪取。ビザンツ帝国滅亡。
	＊イタリア・ルネッサンスの最盛期。
	＊[一四六七～七七] 応仁の乱。戦国時代始まる。
一四九二	キリスト教徒グラナダ攻略。ムスリム、イベリア半島から撤退。ユダヤ人、スペインから追放される。
	コロンブス、新大陸に到達。

一四九八	ヴァスコ・ダ・ガマがケープタウン経由でインドへ航海。
一五〇一	シャー・イスマーイールがペルシアにサファヴィー朝を樹立、シーア派をペルシアの公認宗教にする。
一五一四	トルコ・ペルシア戦争。タブリーズ陥落。
一五一六	(～一七)オスマン帝国がシリアとエジプトを征服、マムルーク・スルタン国滅亡。メッカの太守がオスマン帝国の宗主権を承認。
一五二〇	(～六六)スレイマン大帝の統治。
一五二一	オスマン帝国ベオグラード奪取。
一五二二	オスマン帝国ロードス島征服。
一五二六	モハーチュの戦いでオスマン帝国がハンガリーを破り、領土の大半を併合。
一五二九	オスマン帝国による第一次ウィーン包囲。
一五三四	オスマン帝国がバグダード奪取、オスマン朝による初めてのイラク征服。
一五三九	オスマン帝国アデンを奪取。
一五五二	カザン・ハーン国がロシアに併合される。
一五五五	トルコ・ペルシア戦争、両国間でアマシアの和約成立。
一五五六	ロシアがアストラハーン・ハン国を征服。
一五五七	イスタンブルにスレイマニエ・モスク建設。
一五七〇	オスマン帝国がキプロス島を占領。
一五七一	レパントの海戦でオスマン帝国艦隊がスペイン、ヴェネチア、ローマ教皇庁の連合艦隊に敗れる。
一五八七	(～一六二九)ペルシアのシャー・アッバース一世の統治。 ＊[一五八八]スペインの無敵艦隊、イギリス海軍に敗れる。

一五九七　アッバース一世、首都をエスファハーンに移す。
一六〇七　オスマン帝国、ペルシア領土から追い出される。　＊［一六〇三］徳川家康、江戸幕府を開く。
一六三一　エジプト、イエメン、レバノンで反乱が起こる。
一六三九　オスマン帝国が最終的にイラクを征服。
一六八三　オスマン帝国の第二次ウィーン包囲失敗。
一六九九　カルロヴィッツ条約によりオスマン帝国がハンガリーを喪失。
一七三六　（～四七）ペルシアのナーディル・シャーの統治。
一七六八　（～七四）露土戦争。
一七七四　キュチュク・カイナルジャ条約により、オスマン帝国が黒海北岸をロシアに割譲、「東方問題」の発端となる。
一七八三　ロシアがクリミアを併合。　＊［一七七六］アメリカ合衆国独立宣言。
一七八九　オスマン帝国に改革派スルタン・セリム三世が即位。　＊［一七八九］フランス革命。
一七九五　カージャール朝がテヘランを首都にする。
一七九八　（～一八〇一）ナポレオンの率いるフランス軍がエジプトを占領。
一八〇三　ワッハーブ派がメッカとメディナを占領。
一八〇四　（～一二）セルビアで反乱。
一八〇五　ムハンマド・アリーがエジプトの実質的支配者になる。
一八二一　（～二九）ギリシア独立戦争。

一八二六	(〜二八)ロシア・ペルシア戦争、ペルシアがアルメニアをロシアに譲渡。
一八二七	ナヴァリノの海戦でオスマン帝国とエジプトの連合艦隊が、英・仏・露に敗れる。
一八三〇	フランス軍がアルジェリア侵攻。
一八五三	(〜五五)クリミア戦争。 *[一八六一〜六五]アメリカ南北戦争。 *[一八六八]明治維新。
一八六九	スエズ運河開通。
一八七六	オスマン帝国憲法発布。
一八七八	サン・ステファノ条約、ベルリン条約により、セルビア、ルーマニア、ブルガリアは独立、ボスニアとヘルツェゴヴィナはオーストリア＝ハンガリー帝国が占領、キプロス島はイギリスの支配・保護下に入る。
一八八一	フランスがチュニジアを占領。
一八八二	イギリスがエジプトを占領。
一八九四	(〜九六)アルメニア人の反乱と鎮圧。 *[一八九四]日清戦争。
一八九七	トルコ・ギリシア戦争。 *[一九〇四]日露戦争。
一九〇六	ペルシア立憲革命。
一九〇八	オスマン帝国で「青年トルコ人」革命。ヒジャーズ鉄道開通。
一九一二	第一次バルカン戦争。
一九一三	第二次バルカン戦争。

一九一四	第一次世界大戦始まる。トルコはドイツと同盟。
一九一六	ヒジャーズでアラブ人の反乱起こる。
一九一七	イギリス軍がバグダードとエルサレムを占領。
	＊［一九一七］ロシア革命。
一九一八	第一次世界大戦終結。オスマン帝国はアラブ人地帯の支配権を失う。
一九一九	ギリシア軍のイズミール上陸。
一九二〇	アンカラでトルコの大国民議会発足。トルコ独立戦争始まる。シリア州でフランス、パレスチナとイラクでイギリスの委任統治始まる。
一九二三	ローザンヌ条約調印。トルコはアンカラに遷都し、共和国を宣言する。
一九二五	レザー・シャーが即位し、パフラヴィー王朝の初代支配者になる。
	＊［一九三一］満州事変。
一九三二	イラクがイギリスの委任統治から独立。
一九三九	第二次世界大戦始まる。
一九四五	第二次世界大戦終結。アラブ連盟成立。
一九四八	イギリスのパレスチナ委任統治終了。イスラエル独立宣言。第一次中東戦争。
	＊［一九四九］中華人民共和国成立。
一九五一	リビア王国独立。
一九五二	カイロで自由将校団の革命起こる。ファルーク国王退位。
一九五三	エジプト共和国成立。
一九五六	スーダン、チュニジア、モロッコが独立。エジプトはスエズ運河を国有化。イスラエルとエジプト間で第二次中東戦争。

一九五八	アラブ連合共和国成立。レバノンで内戦発生。イラクで革命が起こり共和国となる。
一九六一	クウェートがイギリスから独立。シリアがアラブ連合共和国を脱退。
一九六七	第三次中東戦争（六日戦争）で、イスラエルはヨルダン川西岸地区、ガザ地区、シナイ半島、ゴラン高原を占領、東エルサレムを併合。イエメン人民民主共和国独立。
一九六九	リビア共和国となる。ヤーセル・アラファト、ＰＬＯ議長となる。
一九七一	湾岸諸国の独立。アラブ首長国連邦成立。
一九七三	第四次中東戦争（十月戦争）。
一九七五	（〜七七）レバノン内戦。
一九七九	エジプト・イスラエル平和条約調印。イラン革命でイラン・イスラーム共和国成立。
一九八〇	（〜八八）イラン・イラク戦争。
一九九〇	（〜九一）イラクがクウェート侵攻（湾岸戦争）。
一九九四	ヨルダン・イスラエル平和条約調印。

訳者あとがき

かつて「文明の十字路」と言われた中東はいま、その周辺部に当たるバルカン半島やアフリカ北部を含めて、「文明の衝突」によって起こる異常な緊張がみなぎっている。衝突によって生じる新しいエネルギーは、地球社会化（グローバリゼイション）時代の平和的共存に向かうのか、それとも、宗教や民族による主体意識（アイデンティティ）がいっそうあらわになって、限りなく細分化された小集団へと分裂してゆくのだろうか？

二〇〇〇年十一月に来日した当時のイランの大統領ハタミー師は、歴史や哲学に通じた、知的な格調の高い演説でその人柄を印象づけたが、国会での演説では、国会を意味する英語 parliament がフランス語の parler（対話する）に由来することから話をはじめ、「対話」で真に重要なのは、相手の思想に敬意を払うことだと述べた。また、東京工業大学の講演では、イスラームや仏教思想、詩や文学をも広く論じながら、西欧流の近代化を批判的に受容し、問題を克服してゆくためには、東洋的な自然との共生意識が重要と訴えて、「文明間の対話」を提唱した。

文明とはしかし、日本を含めた西欧化された世界で信じられているような、科学技術を武器に、あたりを払って前進してゆく、そしてそれで利をうることの多い人たちを頂点に載せて運んでゆく抗いがたい力なのだろうか？　システム化、人工化が限りなく進み、スイッチ一つ、クリック一つでえられる便利で快適な暮らしこそ文明と私たちは信じ、時がくれば満ちてくる潮のように、悠久の時の流れのなかで自然や運命と馴れ合いつつ生きる輪廻転生の衆生の叡智を、「遅れた文明」として軽視してきたのではないか？　本書を訳し終わったところで聞いたハタミー師の言葉が、まだ耳を離れない。

原著 *The Middle East: 2000 years of History from the Rise of Christianity to the Present Day*, 1995, London は、イスラーム史と中東研究の世界的大御所で、ヨーロッパ諸語をはじめアラビア語・ペルシア語・トルコ語にも堪能なプリンストン大学名誉教授のバーナード・ルイスが、複雑で深遠な中東の歴史的背景を複数の視点から考察し、国家の性格、経済、宗教と法律、文化、エリートや庶民の生活などの断面に切込みを入れながら、わかりやすく解明した労作である。

中東は古いようで新しい。地球社会化（グローバリゼイション）に向かって邁進する西欧型社会では比較的最近になって注目されるようになった通貨の変動相場制、国際結婚、マルチ・リンガル、自由市場、広域情報交換などは、中東では二千年以上も前から当たり前に行なわれてきた。シルクロードの要衝にあるオアシスの町の隊商宿（キャラバンサライ）では、さまざまな言葉が飛び交い、商人たちは峠に雪はあったか、次の井戸まではどのくらいの距離か、町の有力者はだれかなどとたがいの来し方の情報をたずねあったり、めずらしい品々の流通ルートや価格に耳をそばだてた。ローマ帝国金貨とペルシア帝国銀貨を中心とした通貨交換システムは早くから進んでいて、両替商は莫大な利益をあげていたらしい。イスラームの創始者ムハンマドは、そうした隊商路を行き来する世情に鋭敏で利に聡い商人の一人だった。

そのムハンマドに神が下された啓示を集成した『コーラン』をもとに、「人間の正しい生き方」を示したイスラームの「聖法（シャリーア）」は、モーセの律法、さらに遡れば「世界最古の法典」と言われた「ハンムラビ法典」の伝統を受け継いでおり、今日では、その「ハンムラビ法典」よりさらに数百年前の紀元前二千年ごろにすでに、この地にいくつかの法典があったことがわかっている。

ローマ帝国の社会基盤（インフラストラクチュア）、ギリシアの学問や哲学、エジプトやペルシアの官僚制度を土台に、そうした社会規範を軸として中東で形成された共同体に花開いたイスラーム文明は、中世末期の時点で、国際色豊かで、多人種、多民族を包括し、大陸をまたがるほどに広がる人類の成し遂げた最高のものだった。それがなぜ創造性も、エネルギーも、推進力も失っていったのか？　そこには今日の文明社会の抱えるさまざまな問題とよく似た現象が見られる。社会のしくみの成熟とともに世襲やコネによる特権階級がはびこり、理不尽な不平等が生じて経済に軋みが出て衰退に向かったところは、ソヴィエトの制度的崩壊によく似ているとルイスは指摘する。自分たちの文明に誇りをもっていた中東人の近代化、西欧化への批判的受容と反発は、そうした衰退を機に、少数派を含めた本当の意味での平等と人権の尊重を求める地域紛争という形で始まった。今日の中東の容易に決着のつきそうもない紛争や、狂気じみた過激派の行動は、ある意味でそうした「まともさ」の延長線上にある。

それらを取り巻く世界情勢も、このところ数十年で様変わりした。帝国主義の終焉で、大国はもう、かつてのように中東の内乱に干渉して自国民の血を流したり、莫大な戦費を負担したりする意思も余裕もない。国際社会は紛争をひとまず停止させ、敵味方をモザイク状に残したまま、未来を地域住民の民主的選択にゆだねようとしている。

ところが、その民主化にも落とし穴がある。世界的な傾向として、教育があり、判断力もある人たちは子供の数が少ない。良識ある中間層の討論の場やチェック機構が十分発達しないうちに、目先の利害しか考えられない人たちのあいだにどんどん生まれた子供たちが二十年、三十年のあいだに有権者となり、多数決を金科玉条とする民主主義が、独裁者を「民主的」「合法的」に権力の座に送ってしまう危険は十分にありうることも本書に示唆されている。

著者のバーナード・ルイスは一九一六年ロンドン生まれ。第二次大戦中は動員されてカイロその他に勤務した。その後、外務省を経て一九四九年からロンドン大学アジア・アフリカ学院の中近東部門の歴史研究担当教授となり、一九五〇年にあらわした *The Arabs in History*（邦訳『アラブの歴史』林武・山上元孝訳、みすず書房、一九六七年）は、刊行後まもなくアラビア語・ヘブライ語・フランス語・スペイン語に翻訳され、英語版は一九九三年までに六版、日本語版も一九九一年までに三版が出ている。ほかに *The Emergence of Modern Turkey*, 1961, 2nd edition 1968, *Istanbul and the Civilization of the Ottoman Empire*, 1963, *The Assassins*, 1967（邦訳『暗殺教団』加藤和秀訳、新泉社、一九七三年）がある。一九七四年にプリンストン大学付属高等学術研究所に移り、イスラーム史および中近東史研究のためのクリーヴランド・E・ドッジ基金を授与され、同基金による後輩研究者たちの指導に当たっている。

近年は、国際的なイスラーム学界の重鎮として北アフリカ、中東、ヨーロッパの大学で講義、講演し、またBBCで長期間放映されたものをまとめた *The Muslim Discovery of Europe*, 1982, reissued 1994は、二〇〇〇年三月、その一部が邦訳（『ムスリムのヨーロッパ発見（上）』尾高晋己訳、春風社）されて出ている。他に代表作として、*The Political Language of Islam*, Chicago, 1988, *Race and Slavery in the Middle East: an Historical Enquiry*, New York, 1990, *Islam and the West*, New York, 1993, *The Shaping of the*

Modern Middle East, New York, 1994, *Cultures in Conflict*, New York, 1994がある。ルイスはまた、『ケンブリッジ・イスラーム史叢書』の執筆者の一人であり、『イスラーム大百科事典』の編者でもある。二十冊を超える著書はヨーロッパ諸語をはじめアラビア語・ペルシア語・トルコ語・マレーシア語・インドネシア語など、二十カ国語以上に翻訳出版されている。

訳文中の固有名詞や特殊用語はできるだけ現地読みに近い表記を心がけたが、中東は大きく分けてもアラビア語圏、ペルシア語圏、トルコ語圏があり、ムスリムは母語が何語であっても、『コーラン』をアラビア語で学び、かつ読誦するため、共通語彙は多い。しかし発音は、たとえば「巡礼」をアラビア語では「ハッジュ」、ペルシア語では「ハージー」、トルコ語では「ハジ」、「フセイン」はアラビア語圏では「フサイン」、ペルシア語圏では「ホサイン」と発音するなど、母音や長音、濁音に微妙な違いがある。訳語の統一をはかれば、それぞれの地域を限定した書物の表記と異なったり、慣用表記と違ったりしていて、違和感を覚える読者もおられるかもしれない。しかし、中東全般を語るときの耳慣れない不協和音の混じった通奏低音として受け入れていただくほかない。

年表は原書を参照しつつ、世界や日本の主な出来事を挿入して作り直した。各章の小見出しは、訳者と編集者がつけたものである。その作業を助け、索引を作り、丹念な編集をしてくださった「編集室カナール」の片桐克博さん、草思社の増田敦子さんをはじめ、スタッフのみなさんに心からお礼申し上げる。

二〇〇一年六月

白須英子

文庫版のための訳者あとがき

あれから二十年のイスラーム世界

本書の単行本『イスラーム世界の二千年』（草思社）が刊行されたのは、アメリカで九・一一同時多発テロ事件が起こる一カ月前の二〇〇一年八月初旬だった。からりと晴れた九月の朝、二機の航空機がニューヨークの世界貿易センター・ツインビルに次々と突っ込み、炎上・崩落したリアルタイムのテレビ画像は今も記憶に鮮やかだ。事件後まもなくアメリカは、国防総省（ペンタゴン）などを狙ったさらに二機も含めて、犯行は国際テロ組織「アルカーイダ」のメンバーによる自爆テロと断定。実行犯全員がイスラーム教徒で、そのうち十五人がサウジアラビア出身とわかると、当時のジョージ・W・ブッシュ米大統領は、ラムズフェルド国防長官を急遽、サウジに派遣し、ファハド国王とのあいだに「犯人出身国への報復」ではなく、「テロとの闘い」において共闘するという同盟関係を確認させた。

この訪問について、『タイム』誌二〇〇一年十月十五日号に中東特派員スコット・マクラウドによるリヤドからの興味深い報告がある。

「ラムズフェルド国防長官はサウジアラビアの絢爛豪華な王宮を訪れてファハド国王と握手し、アブドゥッラー皇太子とテロリズムといかに闘うかについて意見交換を行なった。だが、長官が宮殿だけでなく、首都の中心部にあるカフェ、アル・マサアにも寄っていたなら、今回のテロリズム現象をやや違う視点で見ることができたのではないか。カフェの常連は九月の同時多発テロ事件で大勢の罪なき人たちの生命が失われたことに複雑な気持ちはもちながらも、もし、これが本当に「アルカーイダ」創設者ビンラディンの仕業なら、『やったぜ』と拍手喝采したいムードなのだ」。

事件後まもなくの情報アナリストたちの調査(『ニューズウィーク』誌二〇〇一年十月一日号掲載)によれば、中東全域の反体制急進派のあいだでビンラディンを現代のサラディンとみなす傾向が強まっているという。サラディンは、十二世紀にスンナ派とシーア派に分かれていたイスラーム世界で、そのまた分派の地方政権が乱立して分裂状態にあったのを好機と見て攻め込んできた十字軍を追い払い、エルサレムを奪回したムスリムの英雄である。

サラディンが、イスラーム世界で讃えられる最大の理由は、十字軍という敵に対抗することによって四分五裂していたイスラーム世界を統一したことだった。もし彼の慧眼と快挙がなかったら、イスラーム世界は内紛の果てに崩壊し、その後に開花した、当時としては世界最高の素晴らしい中世イスラーム文明の繁栄はなかったであろう。

だが、事件後（二〇〇四年）に作成された『「九・一一」委員会報告』によれば、事件の主役はビンラディンではなく、ハーリド・シェイフ・ムハンマドというクウェート生まれのパキスタン人で、アメリカに留学し、機械工学を学んだ人物だった。彼はもともと「アルカーイダ」のメンバーではなく、ビンラディンの人柄に惚れたわけでもなかったが、「アルカーイダ」が関与したと見られる一九九八年八月のケニアとタンザニアのアメリカ大使館同時爆破事件を見て、航空機を用いた大規模同時多発テロを実行できる組織は「アルカーイダ」しかないと確信し、自分の企画を「アルカーイダ」に持ち込んだのだという。

急遽、事件への対処に迫られたブッシュ大統領が「対テロ戦争」をうっかり「クルセイド…」と言いかけたのは、心ならずの過ちとはいえ、イスラーム世界に「アメリカはムスリムに対して十字軍のような聖戦を挑もうとしている」という印象を与えてしまったことは間違いない。

頻発するテロの実行犯とほぼ同世代のムスリムで、イラン系アメリカ人宗教学者レザー・アスランは、拙訳『仮想戦争――イスラーム・イスラエル・アメリカの原理主義』（藤原書店、二〇一〇）のなかで、「九・一一事件」のハイジャッカーたちは、「世界中にテレビ放映されることを計算の上で、こうした観念的な対立の構図を浮き彫りにする〝仮想戦争〟ドラマを演じたのだ」と述べている。

イスラーム教徒はなぜ過激化するのか？

震源は一九七九年二月のイラン・イスラーム革命だった。隣国イラクは同年七月、革命時のどさくさに付け込んでイランに勢力伸長を図ると、アメリカはイラクに肩入れして大量の武器、資金の援助を行ない、イラン・イラク戦争は八年も続いた。同年十一月には、サウジアラビアで、腐敗した国王の廃位を図る武装集団が、古来、世界中のムスリムが巡礼に訪れる、イスラーム教徒の総本山メッカの聖モスクを占拠。イスラーム教徒以外、絶対に入場を許されないこのモスクに、国王はフランスの特殊部隊をにわか信者に仕立てて突入させ、ようやく反乱を鎮圧させたあと、首謀者らを公開処刑した。

冷戦も災いした。同じ年の暮、アフガニスタンに侵攻してきたソ連軍に、共産主義拡大を恐れたアメリカは、無神論者を敵と見るムスリムを代理戦争に利用した。近年のムスリム青年層の反体制活動に手を焼いていた新興国の多くは、義援金を付けて彼らを戦場に厄介払いした。サウジからの義勇軍の一人にビンラディンもおり、中東最大のゼネコン、ビンラディン・グループ一族の豊富な資金を活用して、このアフガン戦争の兵站を担う基地（アラビア語で「アルカーイダ」）を立ち上げた。

一九八九年、ソ連の崩壊で冷戦が終わると、アメリカは資金や武器の援助からさっさと手を引いたため、義勇兵たちは「冷戦のゴミ」と化した。このアフガン戦争の軍事基地「アルカーイダ」で爆弾造りを学んだ聖戦士の成れの果がのちにテロ事件で度々言及される「アルカーイダ系〇〇」と名乗り、やがて世界のあちこちで不満分子を集めるようになる。

ソ連軍撤退後、サウジに戻ったビンラディンは、まもなく起こった湾岸戦争の防衛にアメリカ軍を駐留させようとする国王に、アフガン帰りで職のない復員兵たちによる国防軍の強化を提案したが、国王は軍部によるクーデターを恐れてこれを拒否。一九九四年、ビンラディンの国籍を剝奪した。スーダンに逃亡した彼は、ここで失業中の復員兵たちを助けるために農業や土木事業を行なうかたわら、反体制プロパガンダの発信をやめなかった。やがて彼はスーダンからも追い出され、ついにアフガン戦争時代に共闘したタリバン政権のもとに逃げ込み、一九九六年、「聖地を占領する米軍に対するジハード宣言」を出した。

前述の宗教学者アスランは、拙訳『変わるイスラーム』（藤原書店、二〇〇九）の「日本語版への序文」に、「ムスリム世界は十六世紀のヨーロッパに発生したキリスト教の宗教改革に似た改革のまっただなかにある」と書いている。キリスト教の宗教改革は、だれが信仰の意義を定義する権威をもっているかをめぐる論争だったが、イスラームの場合も例外ではない。「アラブ・イスラーム世界に広く蔓延している複雑な社会・政治的紛争は、ほとんどの偉大な宗教のなかで発生している〝普遍的な宗教がらみの現象〟」であり、ムスリムの世界では今、イスラームの宗教改革現象を促進する三つの大きな進展が見られるという。

その第一は、このところ五十年間に、『コーラン』の翻訳がこれまでにない率で増えたことだ。聖典として公認された七世紀以来、『コーラン』は原典のアラビア語だけに限定されてきたため、アラビア語を主要言語としない世界のムスリムのほとんどが、『コーラン』の意味とメッセージの解釈を自分たちの宗教指導者に頼らざるをえなかった。だが、二十世紀には、多数の言語に翻訳されるようになったことによって、大勢のムスリム平信徒が宗教指導者たちによる数百年にわたる解釈を無視し、性別にとらわれず個人として読むようになり、しかも、自分たち自身の新たに浮上してくる義務や責任に見合ったイスラームの再解釈を積極的に模索するようになっている。

第二の進展は、ヨーロッパと北アメリカへのムスリム移住者の急増である。欧米化した新世代の改宗者や、九・一一事件後、〝ヴェール復活派〟とも呼ばれるうわべだけ自分たちの信仰と伝統に戻ったムスリムたちが、地球規模に広がったイスラームのイメージを変えつつあり、事実、まったく新種のイスラーム教徒の生成を促しつつある。

第三は、インターネットの急激な普及である。この発明が果たした役割は、キリスト教の宗教改革に印刷物が果たした役割をはるかに上回る。今では、ムスリムが自分自身の宗教指導者の意見を検索できるばかりでなく、ムスリムの活動家、学者、イスラームの新しい独創的な解釈を提供する平信徒リーダーたちもネットを利用し、平和と寛容を推進するメッセージを伝える者もいれば、偏狭さとピューリタニズムの輪を広げようとしたり、破壊的行為を呼びかけたりする者もいる。

かつて免罪符を売るローマ法王庁に対してマルティン・ルターらが問いかけたように、イスラーム世界では昨今、『コーラン』を自分自身で読み、「神はだれの味方なのか？」を平信徒が真剣に問い、SNSで連帯を組む時代になっているとアスランはいう。

二十世紀後半以降、中東イスラーム世界の若者たちはグローバル化の影響を受けて、教育レベルや情報入手力、判断力や行動半径は親の時代とは様変わりしている。だが、イスラーム法を法源とする窮屈な社会規制、宗教指導者が牛耳る形だけの民主制度にうんざりした彼らが改革運動に出れば、想像を絶する激しい弾圧に遭う国が多い。不正をただすには、権力者たちが楯にしている宗教を若者自身が学び直して、その胡散臭さを暴くしかない。

皮肉なことに、先進国では急速なグローバル化の煽りで経済の低迷が続く一方、ヨーロッパ統合のような地理的国境の撤廃がもたらす地域伝統文化の希薄化に対する反動から、移民排斥などの右傾化が強まっている。やむなく祖国を出たムスリム移民は、すでに二世、三世もいて、たとえ教育レベルが高く、現地語に通じていても、よそ者扱いされ、帰るべき祖国には政治的自由や働き口がない。

彼らに対する欧米人の無知、無理解、差別、軽蔑が、移住先への同化よりも、人種・民族・国境を超えた宗教への集団的帰属意識を高めている。今や世界のどこにいても、携帯電話やSNSで「ジハード」への勧誘が可能だ、ネット上で組織化され、神を味方につけた仮想戦士予備軍はいくらでもおり、抑圧と不正に立ち向かうという基本物語によって結束し、善と悪とのあいだの〝仮想戦争〟にこそ自分たちの役割があると確信する。

「ジハード」とは、便宜上「聖戦」と呼ばれているが、本来の文字通りの意味は「努力」、『コーラン』の一節にある「神の道に奮闘努力すること」である。かつては、たとえば、帝国とか国家とかの政治的枠組みの中で、有資格の宗教権威者の命令によってのみ、主に集団的義務として遂行されてきたジハードが、いかなる制度的権力ともまったく無縁の、あくまでの個人の義務にされつつある。

アスランによれば、「今、ムスリム世界で起こっているのは、ムスリムのあいだの内部抗争であって、イスラームvs.欧米という外部的な戦いではない。欧米は、この物語の次の章をだれが書くかをめぐって、イスラーム世界で激しく揺れ動く対立関係に軽率に連座してとばっちりを受けた傍観者にすぎない」という。

二〇一〇年暮、チュニジアの小村の一露天商の青年の焼身自殺をきっかけに、「アラブの春」と呼ばれる権威主義政権に反対する大規模なデモがエジプトで始まり、あちこちに飛び火した。モロッコのように政権側が手早く適切に対処して、騒乱に至らなかった国もあるが、リビアでは内戦に発展して最高指導者カダフィーは殺害された。シリアでは、反体制派に近隣からの支援グループが入り乱れて内戦状態になり、多数の難民がトルコやヨーロッパへ流出したり、国内避難民も増えたりして人道問題になっている。エジプトではせっかく旧政権打倒に成功したと思いきや、たちまち軍部のクーデターで後戻りさせられた。

あれから二十年、世界は大きな変化の節目を迎えている。世界経済を石油で回す時代は終わりつつあり、産油国の王族たちの栄耀栄華や潤沢な政治資金にも翳りが見え始めている。加えて、新型コロナウィルスの世界的流行（パンデミック）による産油国への出稼ぎ外国人の減少を補うために自国の青年層の雇用機会の増加が図られつつある。イスラーム世界で男女の社会的役割が大幅に見直されつつあることも顕著な変化の一つだろう。中東全般で出生率が一九九〇年代以降、激減しているばかりでなく、女子の大学進学率が多くの国で男子を上回るようになった。世界で唯一、女性の自動車運転を認めていなかったサウジアラビアは、二〇一八年六月にこれを解禁。銀行口座開設、パスポート申請、留学など様々な活動に後見人を必要とする社会的慣習も改める方向に進んでいる。

地域共同体として出発したイスラーム「共同体（ウンマ）」もまた、地球社会化（グローバル）によって世界中に散らばるバーチャルな共同体に変容しつつある。その過程で、「神の道に奮闘努力する」というジハードの目的も手段も状況に応じて微妙に変化して行くであろう。しかし、このイスラーム勃興期以来の概念が彼らの思考の根底にあることを考慮に入れ、彼らの時として過激な行動の淵源を探り、いつの世にも人々の目に映る「許しがたい悪」とは何なのかを複眼的視座から見据える明敏な歴史感覚が必要とされるのではないか。

原著者ルイスは、九・一一事件直後の二〇〇一年十一月号の『ニューヨーカー』に寄稿した論文をもとに、アメリカの中東政策のダブルスタンダードにも言及した *The Crisis of Islam: Holy War and Unholy Terror*（邦訳『聖戦と聖ならざるテロリズム――イスラームそして世界の岐路』中山元訳、紀伊國屋書店、二〇〇四）を（邦訳されたものとしては）最後に、二〇一八年五月、アメリカで一〇二歳の誕生日少し前に他界した。

文庫版刊行に当たり、新たな読者のために、本書の一九九六年刊行のペーパーバック版の巻頭頁に掲げられた、英『エコノミスト』誌の A fine and challenging book……it is a historian's tribute to the people of the Middle East, which refutes on almost every page the common image of social stagnation or cultural irrationality（社会的停滞や理解しにくい文化というありきたりの中東のイメージの誤りを論破する歴史家としての中東人への敬意がほぼ全頁にわたって行間から偲ばれる示唆に富んだ良書）という本書への賛辞を記しておきたい。

筑摩書房の天野裕子氏をはじめ、校閲、表紙デザイン、営業その他の関係各位に心から感謝申し上げる。

二〇二〇年八月

白須　英子

don, 1975.
・Andrew Rippin and Jan Knappert, ed. and trans., *Textual Sources for the Study of Islam*. Chicago, 1986.
・Norman Stillman, *The Jews of Arab Lands*. Philadelphia, 1979; *The Jews of Arab Lands in Modern Times*. Philadelphia, 1991.

●事典

・*The Encyclopedia of Islam*, new edn. Leiden, 1954-.
・*Encyclopedia Iranica*, ed. Ehsan Yarshater. London and Boston, 1982-.
・*The Cambridge Encyclopedia of the Middle East and North Africa*. Cambridge and New York, 1988.
・*The Oxford Dictionary of Byzantium*. New York, 1991.

●系譜・年代記

・Eduard von Zambaur, *Manuel de généalogie et de chronologie pour l'histoire de l'Islam*. Hanover, 1927; 2nd edn, 1955.
・C. E. Bosworth, *The Islamic Dynasties: A Chronological and Genealogical Handbook*. Edinburgh, 1967.
・H. U. Rehman, *A Chronology of Islamic History 570–1000 C.E.* London, 1989.
・Robert Mantran, ed., *Les grandes dates de l'Islam*. Paris, 1990.

●図解書

・Donald Edgar Pitcher, *An Historical Geography of the Ottoman Empire from the Earliest Times to the End of the Sixteenth Century*. Leiden, 1972.
・*Tubinger Atlas des Vorderen Orients*. Wiesbaden, 1977–.
・William C. Brice, *An Historical Atlas of Islam*. Leiden, 1981.
・Jean Sellier and Andre Sellier, *Atlas des peuples d'Orient, Moyen Orient, Caucase, Asie Centrale*. Paris, 1993.

●記録資料

・Sylvia G. Haim, *Arab Nationalism: An Anthology*. Berkeley and Los Angeles, 1962.
・Charles Issawi, ed. and trans., *The Economic History of the Middle East, 1800–1914* (Chicago, 1966); *The Economic History of Iran, 1800–1914* (Chicago, 1970); *The Economic History of Turkey, 1800–1914* (Chicago 1980); *The Fertile Crescent, 1800–1914* (New York, 1988).
・Kemal H. Karpat, ed., *Political and Social Thought in the Contemporary Middle East*. London, 1968.
・Bernard Lewis ed. and trans., *Islam, from the Prophet Muhammad to the Capture of Constantinople*, 2 vols. New York, 1974.
・J. C. Hurewitz, *The Middle East and North Africa in World Politics: A Documentary Record*, 2nd rev. edn. New Haven and Lon-

【参考文献】

●関連図書・入門書

・J. D. Pearson, *et al., Index Islamicus, 1906–1955. A Catalogue of Articles on Islamic Subjects in Periodicals and Other Collective Publications.* Cambridge, 1958.

・Denis Sinor, *Introduction à l'étude de l'Eurasie centrale.* Wiesbaden, 1963.

・Jean Sauvaget, *Introduction to the History of the Muslim East: A Bibliographical guide.* Berkeley and Los Angeles, 1965. (Based on the second French edition of Sauvaget as recast by Claude Cahen.)

・J. D. Pearson, *A Bibliography of pre-Islamic Persia.* London, 1975.

・Diana Grimwood-Jones, Derek Hopwood, and J. D. Pearson, eds, *Arab Islamic Bibliography: The Middle East Library Commitee's Guide.* Hassocks, Sussex, 1977.

・Margaret Anderson, *Arabic Materials in English Translation: A Bibliography of Works from the Pre-Islamic Period to 1977.* Boston, 1980.

・Claude Cahen, *Introduction à l'histoire du monde musulman médiéval VII–XV siècle: méthodologie et éléments de bibliographie.* Paris, 1982.

・Wolfgang Behn, *Islamic Book Review Index.* Berlin/Millesport, PA, 1982–.

・L. P. Elwell-Sutton, ed., *A Bibliographical Guide to Iran.* Totowa, NY, 1983.

・Jere L. Bacharach, *A Middle East Studies Handbook,* rev. edn. Seattle and London, 1984.

・R. Stephen Humphreys, *Islamic History: A Framework for Enquiry,* rev. edn. Princeton, NY, 1991.

ラ行

ワ行

ヤ行

マ行

ナ行

ハ行

タ行

サ行

カ行

【索引】

ア行

本書は二〇〇一年八月、草思社より『イスラーム世界の二千年――文明の十字路中東全史』として刊行された。

裁判官と歴史家　カルロ・ギンズブルグ　上村忠男／堤康徳訳

一九七〇年代、左翼闘争の中で起きた謎の殺人事件。冤罪とも騒がれるその裁判記録の分析に著者が挑み、歴史家のとるべき態度と使命を鮮やかに示す。

中国の歴史　岸本美緒

中国とは何か。独特の道筋をたどった中国社会の変遷を、東アジアとの関係に留意して解説。初期王朝から現代に至る通史を簡明かつダイナミックに描く。

大都会の誕生　喜安朗　川北稔

都市型の生活様式は、歴史的にどのように形成されてきたのか。この魅力的な問いに、碩学がふたつの都市の豊富な事例をふまえて重層的に描写する。

共産主義黒書〈ソ連篇〉　ステファヌ・クルトワ／ニコラ・ヴェルト　外川継男訳

史上初の共産主義国家〈ソ連〉は、大量殺人・テロル・強制収容所を統治形態にまで高めた。レーニン以来行われてきた犯罪を赤裸々に暴いた衝撃の書。

共産主義黒書〈アジア篇〉　ステファヌ・クルトワ／ジャン＝ルイ・マルゴラン　高橋武智訳

アジアの共産主義国家は抑圧政策においてソ連以上の悲惨を生んだ。中国、北朝鮮、カンボジアなどでの実態は我々に歴史の重さを突き付けてやまない。

ヨーロッパの帝国主義　アルフレッド・W・クロスビー　佐々木昭夫訳

15世紀末の新大陸発見以降、ヨーロッパ人はなぜ次々と植民地を獲得できたのか。病気や動植物に着目して帝国主義の謎を解き明かす。（川北稔）

民のモラル　近藤和彦

統治者といえど時代の約束事に従わざるをえなかった18世紀イギリス。新聞記事や裁判記録、ホーガースの風刺画などから騒擾と制裁の歴史をひもとく。

台湾総督府　黄昭堂

清朝中国から台湾を割譲させた日本は、新たな統治機関として台北に台湾総督府を組織した。抵抗と抑圧と建設。植民地統治の実態を追う。（檜山幸夫）

増補 大衆宣伝の神話　佐藤卓己

祝祭、漫画、シンボル、デモなど政治の視覚化は大衆の感情をどのように動員したか。ヒトラーが学んだプロパガンダを読み解く「メディア史」の出発点。

ユダヤ人の起源
シュロモー・サンド
高橋武智監訳
佐々木康之/木村高子訳
〈ユダヤ人〉はいかなる経緯をもって成立したのか。歴史記述の精緻な検証によって実像に迫り、そのアイデンティティを根本から問う画期的試論。

中国史談集
澤田瑞穂
皇帝、彫青、男色、刑罰、宗教結社など中国裏面史を彩った人物や事件を中国文学の碩学が独自の視点で解き明かす。怪力乱「神」をあえて語る！（堀誠）

ヨーロッパとイスラーム世界
R・W・サザン
鈴木利章訳
〈無知〉から〈洞察〉へ。キリスト教文明とイスラーム文明との関係を西洋中世にまで遡って考察し、読者に歴史的見通しを与える名講義。（山本芳久）

図説 探検地図の歴史
R・A・スケルトン
増田義郎/信岡奈生訳
世界はいかに〈発見〉されていったか。人類の知が全地球を覆っていく地理的発見の歴史を、時代ごとの地図に沿って描き出す。貴重図版二〇〇点以上。

同時代史
タキトゥス
國原吉之助訳
古代ローマの暴帝ネロ自殺のあと内乱が勃発。絡みあう人間ドラマ、陰謀、凄まじい政争を、臨場感あふれる鮮やかな描写で展開した大古典。（本村凌二）

秋風秋雨人を愁殺す
武田泰淳
辛亥革命前夜、疾風のように駆け抜けた美貌の若き女性革命家秋瑾の生涯。日本刀を鍾愛した烈女秋瑾の思想と人間像を浮き彫りにした評伝の白眉。

明の太祖 朱元璋
檀上寛
貧農から皇帝に上り詰め、巨大な専制国家の樹立に成功した朱元璋。十四世紀の中国の社会状況を読み解きながら、元璋を皇帝に導いたカギを探る。

歴史（上・下）
トゥキュディデス
小西晴雄訳
野望、虚栄、裏切り――古代ギリシアを殺戮の嵐に陥れたペロポネソス戦争とは何だったのか。その全貌を克明に記した、人類最古の本格的「歴史書」。

日本陸軍と中国
戸部良一
中国スペシャリストとして活躍し、日中提携を夢見た男たち。なぜ彼らが、泥沼の戦争へと日本を導くことになったのか。真相を追う。（五百旗頭真）

カニバリズム論　中野美代子

根源的タブーの人肉嗜食や纏足、宦官……。目を背けたくなるものを冷静に論ずることで逆説的に人間の真実に迫る血の滴る異色の人間史。（山田仁史）

帝国の陰謀　蓮實重彦

一組の義兄弟による陰謀から生まれたフランス第二帝政。「私生児」の義弟が遺した二つのテクストを読解し、近代的現象の本質に迫る。（入江哲朗）

交易の世界史（上）　ウィリアム・バーンスタイン　鬼澤忍訳

絹、スパイス、砂糖……。新奇なもの、希少なものへの欲望が世界を動かし、文明の興亡を左右してきた。数千年にもわたる交易の歴史を一望する試み。

交易の世界史（下）　ウィリアム・バーンスタイン　鬼澤忍訳

交易は人類そのものを映し出す鏡である。圧倒的な繁栄をもたらし、同時に数多の軋轢と衝突を引き起こしてきたその歴史を圧巻のスケールで描き出す。

フランス革命の政治文化　リン・ハント　松浦義弘訳

フランス革命固有の成果は、レトリックやシンボルによる政治言語と文化の創造であった。政治文化とそれを生み出した人々の社会的出自を考察する。

戦争の起源　アーサー・フェリル　鈴木主税／石原正毅訳

人類誕生とともに戦争は始まった。先史時代からアレクサンドロス大王までの壮大なるその歴史をダイナミックに描く。地図・図版多数。（森谷公俊）

近代ヨーロッパ史　福井憲彦

ヨーロッパの近代は、その後の世界を決定づけた。現代をさまざまな面で規定しているヨーロッパ近代の歴史と意味を、平明かつ総合的に考える。

イタリア・ルネサンスの文化（上）　ヤーコプ・ブルクハルト　新井靖一訳

中央集権化がすすみ緻密に構成されていく国家あってこそ、イタリア・ルネサンスは可能となった。ブルクハルト若き日の着想に発した畢生の大著。

イタリア・ルネサンスの文化（下）　ヤーコプ・ブルクハルト　新井靖一訳

緊張の続く国家間情勢の下にあって、類稀な文化と個性的な人物達は生みだされた。近代的な社会に向かう時代の、人間の生活文化様式を描ききる。

はじめてわかる ルネサンス
ジェリー・ブロトン 高山芳樹訳
ルネサンスは芸術だけじゃない！ 東洋との出会い、科学と哲学、宗教改革など、さまざまな角度から光をあてて真のルネサンス像に迫る入門書。

増補 普通の人びと
クリストファー・R・ブラウニング 谷喬夫訳
ごく平凡な市民が無抵抗なユダヤ人を並べ立たせ、ひたすら銃殺する――なぜ彼らは八万人もの大虐殺に荷担したのか。その実態と心理に迫る戦慄の書。

叙任権闘争
オーギュスタン・フリシュ 野口洋二訳
十一世紀から十二世紀にかけ、西欧では聖職者の任命をめぐり教俗両権の間に巨大な争いが起きた。この出来事を広い視野から捉えた中世史の基本文献。

匪賊の社会史
エリック・ホブズボーム 船山榮一訳
抑圧的権力から民衆を守るヒーローと讃えられてきた善きアウトローたち。その系譜や生き方を追い、暴力と権力のからくりに迫る幻の名著。

20世紀の歴史（上）
エリック・ホブズボーム 大井由紀訳
第一次世界大戦の勃発が20世紀の始まりとなった。この「短い世紀」の諸相を英国を代表する歴史家が渾身の力で描く。全二巻、文庫オリジナル新訳。

20世紀の歴史（下）
エリック・ホブズボーム 大井由紀訳
一九七〇年代を過ぎ、世界に再び危機が訪れる。不確実性がいやますなか、ソ連崩壊が20世紀の終焉を印した。歴史家の考察は我々に何を伝えるのか。

アラブが見た十字軍
アミン・マアルーフ 牟田口義郎／新川雅子訳
十字軍とはアラブにとって何だったのか？ 豊富な史料を渉猟し、激動の12、13世紀をあざやかに、しかも手際よくまとめた反十字軍史。

バクトリア王国の興亡
前田耕作
ゾロアスター教が生まれ、のちにヘレニズムが開花したバクトリア。様々な民族・宗教が交わるこの地に栄えた王国の歴史を描く唯一無二の概説書。

ディスコルシ
ニッコロ・マキァヴェッリ 永井三明訳
ローマ帝国はなぜあれほどまでに繁栄しえたのか。その鍵は〝ヴィルトゥ〟。パワー・ポリティクスの教祖が、したたかに歴史を解読する。

戦争の技術　ニッコロ・マキァヴェッリ　服部文彦訳
出版されるや否や各国語に翻訳された最強にして安全な軍隊の作り方。この理念により創設された新生フィレンツェ軍は一五〇九年、ピサを奪回する。

マクニール世界史講義　ウィリアム・H・マクニール　北川知子訳
ベストセラー『世界史』の著者が人類の歴史を読み解くための三つの視点を易しく語る白熱の入門講義。本物の歴史感覚を学べます。文庫オリジナル。

古代ローマ旅行ガイド　フィリップ・マティザック　安原和見訳
タイムスリップして古代ローマを訪れるなら？　そんな想定で作られた前代未聞のトラベル・ガイド。必見の名所・娯楽ほか情報満載。カラー頁多数。

古代アテネ旅行ガイド　フィリップ・マティザック　安原和見訳
古代ギリシャに旅行できるなら何を観て何を食べる？　そうだソクラテスにも会ってみよう！　神殿等の名所・娯楽ほか現地情報満載。カラー図版多数。

オリンピア　村川堅太郎
古代ギリシア世界最大の競技祭とはいかなるものであったのか。遺跡の概要から競技精神の盛衰まで、綿密な考証と卓抜な筆致で迫った名著。（橋場弦）

アレクサンドロスとオリュンピアス　森谷公俊
彼女は怪しい密儀に没頭し、残忍に邪魔者を殺す悪女なのか、息子を陰で支え続けた賢母なのか。大王母の激動の生涯を追う。（澤田典子）

古代地中海世界の歴史　本村凌二　中村るい
メソポタミア、エジプト、ギリシア、ローマ――古代に花開き、密接な交流や抗争をくり広げた文明を一望に見渡し、歴史の躍動を大きくつかむ！

増補　十字軍の思想　山内進
欧米社会にいまなお色濃く影を落とす「十字軍」の思想。人々を聖なる戦争へと駆り立てるものとは？その歴史を辿り、キリスト教世界の深層に迫る。

向う岸からの世界史　良知力
「歴史なき民」こそが歴史の担い手であり、革命の主体であった。著者の思想史から社会史への転換点を示す記念碑的作品。（阿部謹也）

西洋文学事典　桑原武夫監修／黒田憲治／多田道太郎編

この一冊で西洋文学の大きな山を通読できる！20世紀の主要な作品とあらすじ、作者の情報や社会的トピックスをコンパクトに網羅。（沼野充義）

アレクサンドロス大王物語　伝カリステネス　橋本隆夫訳

アレクサンドロスの生涯は、史実を超えた伝説として西欧からイスラムに至るまでの世界に大きな影響を与えた。伝承の中核をなす書物。（澤田典子）

西洋古典学入門　久保正彰

古代ギリシア・ローマの作品を原本に近い形で復原すること。それが西洋古典学の使命である。ホメーロスなど、諸作品を紹介しつつ学問の営みを解説。

貞観政要　呉兢　守屋洋訳

大唐帝国の礎を築いた太宗が名臣たちと交わした政治問答集。編纂されて以来、帝王学の古典として屹立する。本書では、七十篇を精選・訳出。

シェイクスピア・カーニヴァル　ヤン・コット　高山宏訳

既存の研究に画期をもたらしたコットが、バフチーンのカーニヴァル理論を援用しシェイクスピア作品に流れる「歴史のメカニズム」を大胆に読み解く。

初学者のための中国古典文献入門　坂出祥伸

文学、哲学、歴史等「中国学」を学ぶ時、必須となる古典の基礎知識。文献の体裁、版本の知識、図書分類他を丁寧に解説する。反切とは？　偽書とは？

詳講 漢詩入門　佐藤保

二千数百年の中国文学史の中でも高い地位を占める古典詩。その要点を、形式・テーマ・技巧等により系統だてて、初歩から分かりやすく詳しく学ぶ。

シュメール神話集成　杉勇／尾崎亨訳

「洪水伝説」「イナンナの冥界下り」など世界最古の神話・文学十六篇を収録。ほかでは読むことのできない貴重な原典資料。豊富な訳注・解説付き。

エジプト神話集成　杉勇／屋形禎亮訳

不死・永生を希求した古代エジプト人の遺した、ピラミッド壁面の銘文ほか、神への讃歌、予言、人生訓など重要文書約三十篇を収録。

宋名臣言行録　朱熹編　梅原郁編訳

北宋時代、総勢九十六名に及ぶ名臣たちの言動を大儒・朱熹が編纂。唐代の『貞観政要』と並ぶ帝王学の書であり、処世の範例集として今も示唆に富む。

資治通鑑　司馬光　田中謙二編訳

全二九四巻にもおよぶ膨大な歴史書『資治通鑑』のなかから、侯景の乱、安禄山の乱など名シーンを精選。破滅と欲望の交錯するドラマを流麗な訳文で。

十八史略　曾先之　今西凱夫訳　三上英司編

『史記』『漢書』『三国志』等、中国の十八の歴史書をまとめた『十八史略』から、故事成語、人物にまつわる名場面を各時代よりセレクト。（三上英司）

アミオ訳 孫子（漢文・和訳完全対照版）　守屋淳監訳・注解　臼井真紀訳

最強の兵法書『孫子』。この書を十八世紀ヨーロッパに紹介したアミオによる伝説の訳業がついに邦訳。その独創的解釈の全貌がいま蘇る。（伊藤大輔）

和訳 聊斎志異　蒲松齢　柴田天馬訳

中国清代の怪異短編小説集。仙人、幽霊、妖狐たちが繰り広げるおかしくも艶やかな話の数々。日本の文豪たちにも大きな影響を与えた一書。（南條竹則）

フィレンツェ史（上）　ニッコロ・マキァヴェッリ　在里寛司／米山喜晟訳

権力闘争、周辺国との駆け引き、戦争、政権転覆……。マキァヴェッリの筆によりさらにドラマチックに彩られるフィレンツェ史。文句なしの面白さ！

フィレンツェ史（下）　ニッコロ・マキァヴェッリ　在里寛司／米山喜晟訳

古代ローマ時代からのフィレンツェ史を俯瞰することで見出された、歴史におけるある法則……。マキァヴェッリの真骨頂が味わえる一冊！（米山喜晟）

ギルガメシュ叙事詩　矢島文夫訳

ニネベ出土の粘土書板に初期楔形文字で記された英雄ギルガメシュの波乱万丈の物語。「イシュタルの冥界下り」を併録。最古の文学の初の邦訳。

メソポタミアの神話　矢島文夫

「バビロニアの創世記」から「ギルガメシュ叙事詩」まで、古代メソポタミアの代表的神話をやさしく紹介。第一人者による最良の入門書。（沖田瑞穂）

古典との対話　串田孫一

やっぱり古典はすばらしい。デカルトも鴨長明もみんな友達。少年のころから読み続け、今もなお、何度も味わう。碩学が語る珠玉のエッセイ、読書論。

書国探検記　種村季弘

エンサイクロペディストによる痛快無比の書物・読書論。作家から思想家までの書物ワールドを自在に飛び回り、その迷宮の謎を解き明かす。（松田哲夫）

朝鮮民族を読み解く　古田博司

彼らに共通する思考行動様式とは何か。なぜ日本人はそれに違和感を覚えるのか。体験から説き明かす朝鮮文化理解のための入門書。（木村幹）

アレクサンドリア　E・M・フォースター　中野康司訳

二三〇〇年の歴史を持つ古都アレクサンドリア。この町に魅せられた作家による、地中海世界の楽しい歴史入門書。（前田耕作）

天上大風　堀田善衞　紅野謙介編

現代日本を代表する文学者が前世紀最後の十二年間を凝視し、自らの人生と言葉をめぐる経験と思索を注ぎ込んだ同時代評より、全七一篇を精選。

シャボテン幻想　龍膽寺雄

多肉植物への偏愛が横溢した愛好家垂涎のバイブル。異端作家が説く「荒涼の美学」は、日常に疲れた現代人をいまだ惹きつけてやまない。（田中美穂）

真珠湾収容所の捕虜たち　オーテス・ケーリ

流暢な日本語を駆使する著者の「人間主義」は、「戦陣訓」の日本兵をどう変えたか。戦前・戦後の日本および日本人の、もうひとつの真実。（前澤猛）

クワイ河収容所　アーネスト・ゴードン　斎藤和明訳

「戦場に架ける橋」の舞台となったタイ・クワイ河流域の日本軍俘虜収容所での苛酷な経験を綴った、イギリス将校による戦争ノンフィクション。

虜人日記　小松真一

一人の軍属が豊富な絵とともに克明に記したジャングルでの逃亡生活と収容所での捕虜体験。戦争の真実、人間の本性とは何なのか。（山本七平）

クオリア入門　茂木健一郎

〈心〉を支えるクオリアとは何か。ニューロンの発火から意識が生まれるまでの過程の解明に挑む。心脳問題について具体的な見取り図を描く好著。

柳宗民の雑草ノオト　柳宗民・文　三品隆司・画

雑草は花壇や畑では厄介者。でも、よく見れば健気で可愛い。美味しいもの、薬効を秘めるものもある。カラー図版と文で60の草花を紹介する。

唯脳論　養老孟司

人工物に囲まれた現代人は脳の中に住む。脳とは檻なのか。情報器官としての脳を解剖し、ヒトとは何かを問うスリリングな論考。（澤口俊之）

スモールワールド・ネットワーク〔増補改訂版〕　ダンカン・ワッツ　辻竜平／友知政樹訳

たった6つのステップで、世界中の人々はつながっている！　ウイルスの感染拡大、文化の流行など様々な現象に潜むネットワークの数理を解き明かす。

ローマ帝国衰亡史（全10巻）　E・ギボン　中野好夫／朱牟田夏雄／中野好之訳

ローマが倒れる時、世界もまた倒れるといわれた強大な帝国は、なぜ滅亡したのか。一世紀から一五世紀までの壮大なドラマを、最高・最適の訳でおくる。

史記（全8巻）　司馬遷　小竹文夫／小竹武夫訳

中国歴史書の第一に位する「史記」全訳。帝王の本紀十二巻、封建諸侯の世家三十巻、庶民の列伝七十巻。さらに書・表十八巻より成る。

正史　三国志（全8巻）　陳寿　裴松之注　今鷹真ほか訳

後漢末の大乱から呉の滅亡に至る疾風怒濤の百年弱を列伝体で活写する。厖大な裴注をも全訳し、詳注、解説、地図、年表、人名索引ほかを付す。

ニーチェ全集（全15巻）　F・ニーチェ

謎に包まれた特異な哲学者のほぼ全業績を集成した文庫版全集。ニーチェ研究の成果に基づく詳細な訳注・懇切な解説を付す。

古典ギリシアの精神　ニーチェ全集1　F・ニーチェ　戸塚七郎／泉治典／上妻精訳

古典文献学の徒として出発したニーチェの若き日の諸労作を収める。人間形成の典型であるギリシア精神を、芸術家の目をもって探求した論考。

精神現象学(上)
G・W・F・ヘーゲル
熊野純彦 訳
人間精神が、感覚的経験という低次の段階から「絶対知」へと至るまでの壮大な遍歴を描いた不朽の名著。平明かつ流麗な文体による決定版新訳。

精神現象学(下)
G・W・F・ヘーゲル
熊野純彦 訳
人類知の全貌を綴った哲学史上の一大傑作。四つの原典との頁対応を付し、著名な格言を採録した索引を巻末に収録。従来の解釈の遥か先へ読者を導く。

象徴交換と死
J・ボードリヤール
今村仁司／塚原史訳
すべてがシミュレーションと化した高度資本主義像を鮮やかに提示し、〈死の象徴交換〉による、その内部からの〈反乱〉を説く、ポストモダンの代表作。

永遠の歴史
J・L・ボルヘス
土岐恒二 訳
巨人ボルヘスの時間論を中心とした哲学的エッセイ集。宇宙を支配する円環的時間を古今の厖大な書物に分け入って論じ、その思想の根源を示す。

経済の文明史
カール・ポランニー
玉野井芳郎ほか訳
市場経済社会は人類史上極めて特殊な制度的所産である——非市場社会の考察を通じて経済人類学に大転換をもたらした古典的名著。（佐藤光）

経済と文明
カール・ポランニー
栗本慎一郎／端信行訳
文明にとって経済とは何か。18世紀西アフリカ・ダホメを舞台に、非市場社会の制度的運営とその原理を明らかにした人類学の記念碑的名著。

暗黙知の次元
マイケル・ポランニー
高橋勇夫 訳
非言語的で包括的なもうひとつの知。創造的な科学活動にとって重要な〈暗黙知〉の構造を明らかにしつつ、人間と科学の本質に迫る。新訳。

現代という時代の気質
エリック・ホッファー
柄谷行人 訳
群れず、熱狂に翻弄されることなく、しかし自分自身の内にこもることなしに、人々と歩み、権力と向きあっていく姿勢を、省察の人・ホッファーに学ぶ。

知恵の樹
H・マトゥラーナ／F・バレーラ
管啓次郎 訳
生命を制御対象ではなく自律主体とし、自己創出を良き環と捉え直した新しい生物学。現代思想に影響を与えたオートポイエーシス理論の入門書。

道元禅師の『典座教訓』を読む　秋月龍珉

「食」における禅の心とはなにか。道元が禅寺の食事係である典座の心構えを説いた一書を現代人の日常の視点で読み解き、禅の核心に迫る。（竹村牧男）

原典訳 アヴェスター　伊藤義教訳

ゾロアスター教の聖典『アヴェスター』から最重要部分を精選。原典から訳出した唯一の邦訳である。比較思想に欠かせない必携書。（前田耕作）

書き換えられた聖書　バート・D・アーマン　松田和也訳

キリスト教の正典、新約聖書。聖書研究の大家がそこに含まれる数々の改竄・誤謬を指摘し、書き換えられた背景とその原初の姿に迫る。（筒井賢治）

カトリックの信仰　岩下壮一

神の知恵への人間の参与とは何か。近代日本カトリシズムの指導者・岩下壮一が公教要理を詳説し、キリスト教の精髄を明かした名著。（稲垣良典）

十牛図　上田閑照　柳田聖山

禅の古典「十牛図」を手引きに、自己と他、自然と人間、自身への関わりを通し、真の自己への道を探る。現代語訳と詳注を併録。（西村惠信）

原典訳 ウパニシャッド　岩本裕編訳

インド思想の根幹であり後の思想の源ともなったウパニシャッド。本書では主要篇を抜粋、梵我一如、輪廻・業・解脱の思想を浮き彫りにする。（立川武蔵）

世界宗教史（全8巻）　ミルチア・エリアーデ

宗教現象の史的展開を膨大な資料を博捜し著された人類の壮大な精神史。エリアーデの遺志にそって共同執筆された諸地域の宗教の巻を含む。

世界宗教史 1　ミルチア・エリアーデ　中村恭子訳

人類の原初の宗教的営みに始まり、メソポタミア、古代エジプト、インダス川流域、ヒッタイト、地中海地域、初期イスラエルの諸宗教を収める。

世界宗教史 2　ミルチア・エリアーデ　松村一男訳

20世紀最大の宗教学者のライフワーク。本巻はヴェーダの宗教、ゼウスとオリュンポスの神々、ディオニュソス信仰等を収める。（荒木美智雄）

世界宗教史3　ミルチア・エリアーデ　島田裕巳訳

仰韶、竜山文化から孔子、老子までの古代中国の宗教と、バラモン、ヒンドゥー、仏陀とその時代、オルフェウスの神話、ヘレニズム文化などを考察。

世界宗教史4　ミルチア・エリアーデ　柴田史子訳

ナーガールジュナまでの仏教の歴史とジャイナ教から、ヒンドゥー教の総合、ユダヤ教の試練、キリスト教の誕生などを収録。（島田裕巳）

世界宗教史5　ミルチア・エリアーデ　鶴岡賀雄訳

古代ユーラシア大陸の宗教、八—九世紀までのキリスト教、ムハンマドとイスラーム、イスラームと神秘主義、ハシディズムまでのユダヤ教など。

世界宗教史6　ミルチア・エリアーデ　鶴岡賀雄訳

中世後期から宗教改革前夜までのヨーロッパの宗教運動、宗教改革前後における宗教、魔術、ヘルメス主義の伝統、チベットの諸宗教を収録。

世界宗教史7　ミルチア・エリアーデ　奥山倫明／木塚隆志／深澤英隆訳

エリアーデ没後、同僚や弟子たちによって完成された最終巻の前半部。メソアメリカ、インドネシア、オセアニア、オーストラリアなどの宗教。

世界宗教史8　ミルチア・エリアーデ　奥山倫明／木塚隆志／深澤英隆訳

西・中央アフリカ、南・北アメリカの宗教、日本の神道と民俗宗教。啓蒙期以降ヨーロッパの宗教的創造性と世俗化などを収録。全8巻完結。

回教概論　大川周明

最高水準の知性を持つと言われたアジア主義者の力作。イスラム教の成立経緯や、経典などの要旨が的確に記された第一級の概論。（中村廣治郎）

神社の古代史　岡田精司

古代日本ではどのような神々が祀られていたのか。《祭祀の原像》を求めて、伊勢、宗像、住吉、鹿島など主要な神社の成り立ちや特徴を解説する。

中国禅宗史　小川隆

唐代から宋代において、禅の思想は大きく展開した。各種禅語録を思想史的な文脈に即して読みなおす試み。〈禅の語録〉全二〇巻の「総説」を文庫化。

ちくま学芸文庫

中東全史 イスラーム世界の二千年

二〇二〇年十月十日 第一刷発行

著者 バーナード・ルイス
訳者 白須英子（しらす・ひでこ）
発行者 喜入冬子
発行所 株式会社 筑摩書房
東京都台東区蔵前二—五—三 〒一一一—八七五五
電話番号 〇三—五六八七—二六〇一（代表）
装幀者 安野光雅
印刷所 株式会社精興社
製本所 株式会社積信堂

乱丁・落丁本の場合は、送料小社負担でお取り替えいたします。
本書をコピー、スキャニング等の方法により無許諾で複製することは、法令に規定された場合を除いて禁止されています。請負業者等の第三者によるデジタル化は一切認められていませんので、ご注意ください。
© Hideko SHIRASU 2020 Printed in Japan
ISBN978-4-480-51001-3 C0122